WOW!

Populærmusikkens historie

Yngve Blokhus og Audun Molde

WOW!

Populærmusikkens historie

Universitetsforlaget, Oslo

ISBN 82-00-22747-2
2. opplag 2000

Henvendelser om denne utgivelsen kan rettes til:

Universitetsforlaget AS
Postboks 2959 Tøyen
0608 Oslo

Tegninger: Christopher Nielsen
Omslag: Universitetsforlaget
Trykk og innbinding: PowerPrint AS, Steinkjer

Forord

Det fantes ingen bok som presenterte en helhetlig framstilling av populærmusikkens historie. Dette forbausende faktum ga oss inspirasjonen til å starte arbeidet med denne boka. Vi ønsker å presentere en oversikt over de historiske utviklingslinjene i populærmusikken, og sette disse inn i et kulturhistorisk perspektiv. Slike bøker finnes om andre musikkformer; folkemusikk, klassisk musikk og til dels om jazz, men ikke om populærmusikk.

Vår framstilling er gjort med henblikk på å forklare genrenes opprinnelse og utvikling, og presentere de sentrale musikalske stilskaperne. Vår erfaring er at musikkteoretiske begreper og genre-begreper ofte brukes upresist og ulikt, og vi ønsker derfor også å bidra til en klargjøring i begrepsbruken. Dessuten ønsker vi å knytte tråder til musikkindustri og teknologi, og gi en innføring i viktig teori omkring emnet. Vi legger vekten på musikken av flere grunner; mye av det som er skrevet om populærmusikk har andre innfallsvinkler, gjerne av sosiologisk eller antropologisk karakter – mye er også rent «kjendis-stoff». Det finnes mange lesverdige biografier om enkeltartister, bøker om ulike genrer, eller oppslagsverk med vekt på biografisk stoff, komplette diskografier og listeplasseringer. Vi legger mindre vekt på dette. Populærmusikken er i seg selv et viktig og interessant element i vår kultur og historie, og betyr mye for svært mange mennesker. Nettopp av denne grunn fortjener den å bli tatt på alvor også som musikkform.

Først og fremst er boka skrevet for den vanlige musikkinteresserte leser. Den er ment å kunne brukes av musikkstudenter; i videregående skoler, folkehøgskoler, konservatorier og andre høgskoler hvor det undervises i musikk. Den er også skrevet for musikere og andre med musikk som yrke eller hobby. Vi bruker musikkfaglig terminologi, men har forsøkt å skrive slik at lesere uten musikkfaglige kunnskaper også kan ha glede av boka.

Vi har ikke skrevet ut fra en norsk synsvinkel, men om populærmusikken i et internasjonalt perspektiv. Vi bruker kursiver på de viktigste navn og begreper der hvor de omtales grundig, og boka er også utstyrt med et stikkordsregister dersom man vil slå opp på enkeltord. Dette er ment som en hjelp dersom man ønsker å bruke boka også som et oppslagsverk. Vi har derfor ikke tatt med noen ordliste. Innledningskapitlene er ment å skulle danne et grunnlag for lesningen av den historiske framstillingen.

Vi vil takke Bjørn Aarseth, Anders Joh. Blisten, Øyvind Fjeld, Robert Jørgensen, Anette Gilje Molde, Lasse Pihlstrøm, Peter Sandwall, Odd Skårberg, Tage Slettemo, Ragnhild Svoren, Håkon Torgersen, samt elevene ved Musikerutdanningen i Oslo og Viken Folkehøgskole 1995/96 for konstruktive innspill og hjelp i arbeidet med boka.

«Wow!» er et spontant følelsesutbrudd. Det kommer gjerne som et uttrykk for glede, eller etter å ha gjort en oppdagelse. «Historie» er et ord som gjenspeiler refleksjon, oversikt og systematisering. Disse to ordene gir høyst ulike assosiasjoner. Vi håper at leseren opplever begge disse aspektene gjennom boka, slik vi har gjort når vi har arbeidet med den.

Oslo, september 1996

Yngve Blokhus og Audun Molde

Innhold

5 Euroamerikansk musikk 83

6 Urban underholdningsmusikk – Tin Pan Alley 106

Del II

7 Svart storbymusikk 127

8 Tenåringer, fritid og konsum 146

9 Rock'n'roll krysser Atlanteren 166

10 Britisk rhythm'n'blues 180

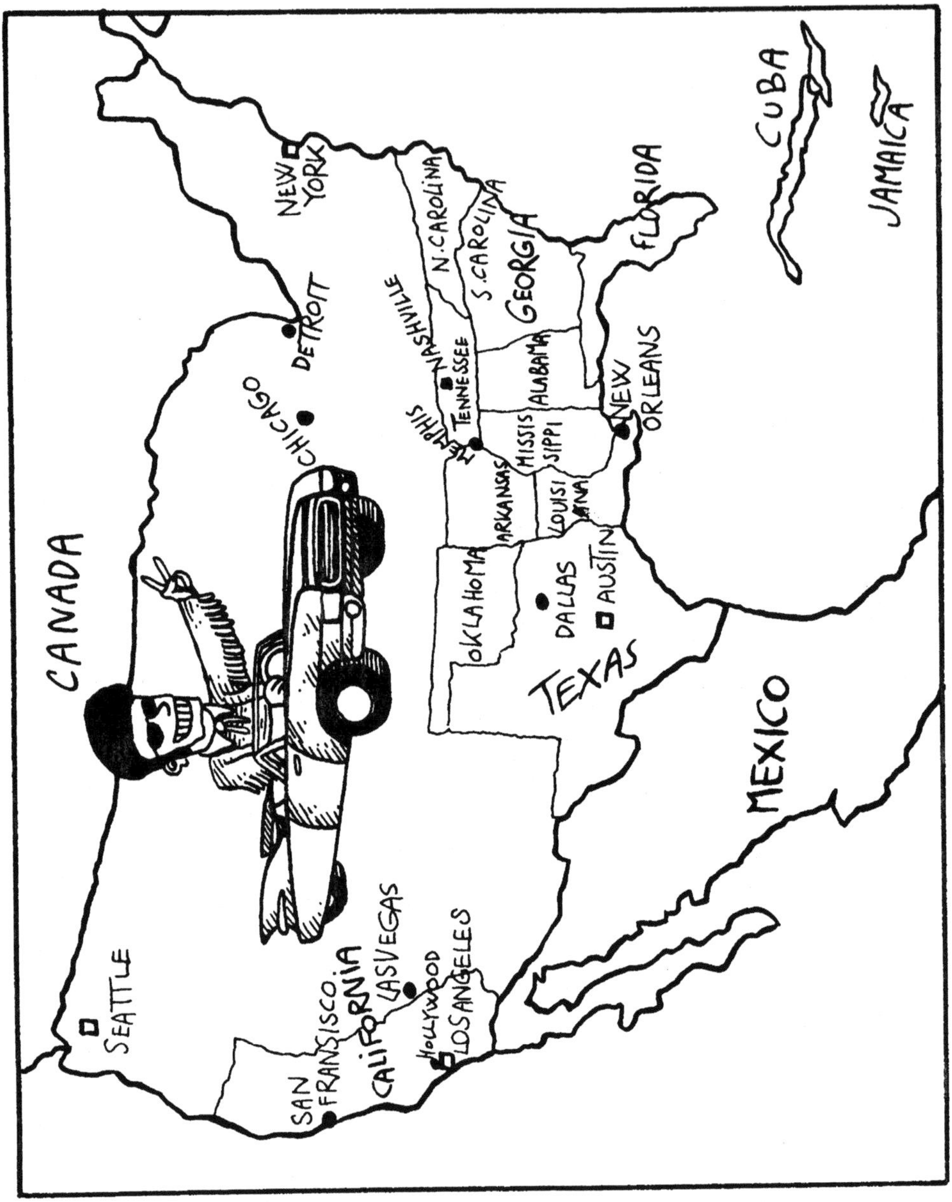
CANADA
SEATTLE
SAN FRANSISCO
CALIFORNIA
LAS VEGAS
HOLLYWOOD
LOS ANGELES
CHICAGO
DETROIT
NEW YORK
NASHVILLE
TENNESSEE
MEMPHIS
N. CAROLINA
S. CAROLINA
GEORGIA
ALABAMA
MISSIS SIPPI
ARKANSAS
LOUISI ANA
OKLAHOMA
DALLAS
AUSTIN
TEXAS
NEW ORLEANS
FLORIDA
CUBA
JAMAICA
MEXICO

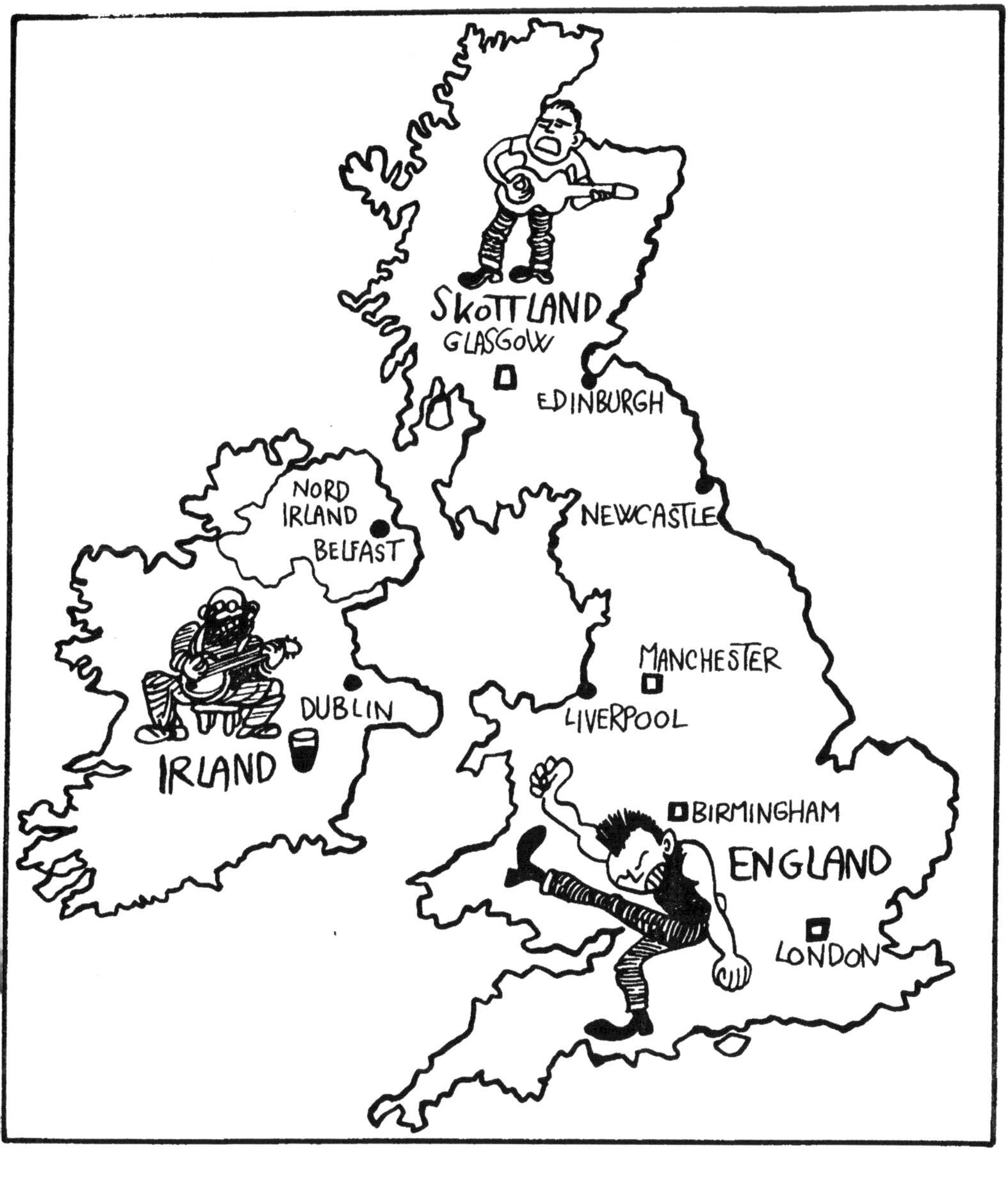
SKOTTLAND
GLASGOW
EDINBURGH
NORD IRLAND
BELFAST
NEWCASTLE
MANCHESTER
LIVERPOOL
DUBLIN
IRLAND
BIRMINGHAM
ENGLAND
LONDON

Innledning

1 Hva er populærmusikk?

Musikken tilhører alle. Å musisere er et grunnleggende menneskelig trekk. Til ulike tider og på ulike steder har musikk tatt ulike former. Den har alltid vært i bevegelse. Teknologisk utvikling og omfattende samfunnsendringer har lagt grunnlaget for en rekke nye musikalske uttrykk og stilretninger i det 20. århundre. De mest avgjørende impulsene for musikken i dette århundret har sitt utspring i den afroamerikanske og euroamerikanske musikken som ble utviklet på nordamerikansk jord. Den musikken som folk flest har et bevisst eller ubevisst forhold til, som vi utøver, danser og lytter til, som er en viktig del av vår hverdag, historie og identitet, kalles med en samlebetegnelse for populærmusikk. Denne boka handler om populærmusikkens historie i det 20. århundre. Men hva er egentlig populærmusikk?

Populærmusikk – ikke bare populær musikk

Da Ludwig van Beethoven ble gravlagt i 1827, var det over 20 000 mennesker som fulgte ham til graven. Både mannen og musikken var svært populære. Men Beethovens musikk passer ikke inn i vår intuitive oppfatning av ordet populærmusikk. «Populærmusikk» trenger altså ikke bety «populær musikk», i den forstand at mange liker den, eller at den er kommersielt utbredt. Det finnes former for rock som har en nokså snever appell – Tom Waits og Velvet Underground, for eksempel – men som stilistisk likevel hører til en populærmusikalsk tradisjon. Det finnes også mye klassisk musikk med stor popularitet – Mozarts «Eine kleine Nachtmusik» eller Vivaldis «De fire årstider», for eksempel – som likevel ikke faller inn under begrepet «populærmusikk». Innenfor enhver genre finner man populær og mindre populær musikk.

Ordet *populær* kommer av det latinske ordet «populus», som betyr «folk». Populært betyr derfor «folkelig» eller «for folk flest», noe som faller inn under «vanlige folks smak». Ordet populær har vært brukt i denne betydning i hvert fall siden omkring 1570, og den første koblingen mellom en slik forståelse og en musikalsk uttrykksform er å finne på trykk i boka «Popular music of the olden times» fra 1855. I første halvdel av 1800-tallet ble det produsert sanger for det raskt voksende, borgerlige kommersielle marked, såkalte «popular songs» (senere også «drawing-room ballads»), om enn ikke alltid klart skilt fra begrepene «folk songs» eller «traditional songs». Det «folkelige» signaliserte i utgangspunktet noe som appellerte mer til arbeiderklassen enn til borgerskapet og den kulturelle eliten. Man kan kanskje bruke betegnelsen populærmusikk både om middelalderens sjonglør- og minstrel-sanger og om romantikkens wienervalser, lieder og opera buffa, dersom man ser på disse musikkformenes funksjon i samtida. Sangen «Greensleeves» er et levedyktig eksempel på en folkelig populærkultur fra Shakespeares England – den er omtalt skriftlig første gang i 1580. Man kan fra et annet synspunkt si at forhistorien til den moderne populærmusikken startet med omveltningene som fulgte etter den franske revolusjonen i 1789. Dens egentlige historie startet omkring første verdenskrig, da den teknologiske utviklingen muliggjorde massedistribusjon av musikk i klingende form. Fra 1930-tallet begynte det å komme ut bøker med «popular music» i tittelen, som forutsatte at de fleste forsto omtrent hva dette begrepet betydde. Ordet populær brukes ofte i sammenstillinger som for eksempel «populærvitenskapelig», og da i betydningen forenklet eller lettfattelig. Men som vi skal se, gir ikke dette noen dekkende beskrivelse av populærmusikkens karakter.

Vi kan altså ikke fange inn begrepet «populærmusikk» ved bare å se på målbare størrelser. Likevel kjennetegnes populærmusikken nettopp av at dens verdi ofte måles kvantitativt heller enn kvalitativt. Hitlistene er et brutalt uttrykk for dette. Uttrykk som grammofonindustri, musikkindustri og underholdningsindustri («show-business»), forteller også noe om musikkens karakter av å være en vare. Noen vil betegne populærmusikk som «kommersiell musikk», og i dette ligger ofte samtidig en nedvurdering av kvalitet og den estetiske verdi. Men allerede tidlig på 1800-tallet ble det meste av musikkproduksjonen utført av kommersielle musikkforleggere, promotører og konsertarrangører. Musikk har gjennom flere århundrer vært en salgsvare. Det kommersielle aspektet er altså på ingen måte noe nytt eller noe som er unikt for populærmusikken, selv om dens eksistens i stor grad avhenger av det frie marked.

Musikk har alltid vært til stede i folks hverdag og ritualer, i form av det vi kaller *folkemusikk*. Denne utviklet seg gradvis til å bli et eget kulturområde, og profesjonell musikervirksomhet vokste fram. Begrepet *kunstmusikk* ble opprinnelig brukt om komponert musikk av navngitte komponister, som en motsetning til folkemusikken. Kunstmusikken ble støttet økonomisk av adelen, overklassen eller kirken, og i vår tid støttes den gjennom det offentlige både økonomisk og ideologisk. Kunstmusikken har i den vestlige kultur fått status som noe høyverdig, som appellerer til ånden og intellektet, og som skal lyttes til med respekt og kontemplasjon. Den har status som noe betydningsfullt og viktig, ja til og med kanskje tidløst. Her snakker man om «musikk for musikkens egen skyld», i motsetning til «bruksmusikk» eller «brukskunst» – begreper forbundet med folkemusikken, som gjerne har et preg av nytteverdi eller underholdningsverdi knyttet til dagliglivet. Bruksmusikk har i forhold til kunstmusikk tradisjonelt ofte blitt betraktet som en annenrangs eller mindre verdifull musikalsk uttrykksform, som en «populærkultur» i kontrast til en «høykultur».

Underholdningsmusikk skal fylle det umiddelbare behov for tidsfordriv og forlystelse. Den skal danses, drikkes og spises til, og den skal være lettfattelig og ha bred publikumsappell. Den har ingen pretensjoner om tidløshet eller noen form for opphøyet status, men skifter med moter og trender. Hvor kunstmusikken har tyngde og substans, er underholdningsmusikken lett og overfladisk. Mens kunstmusikken gjerne beskrives som kompleks og krevende, skal underholdningsmusikken være enkel og lett tilgjengelig. Klovnen er et symbol for underholderen. Klovnen har blitt sett på som en tulling, men han kan samtidig være dypt reflektert i sin formidling, og han taler til hjertet mer enn til fornuften. Underholdning er kanskje ikke alltid så komplisert, men det trenger ikke bety at den ikke er verdifull. Underholdning har ofte hatt et sterkt samfunnspsykologisk aspekt: Noen timers frihet fra undertrykkelse, å kunne glemme sine daglige sorger for en stund, en arena for fellesskap, kreativ livslyst og utfoldelse. Underholdning kan være blott til lyst, men også intellektuellt utfordrende. I den vestlige sivilisasjon har slike verdier likevel tradisjonelt blitt ansett som mindre høyverdige enn de åndelige og intellektuelle sysler.

Rent umiddelbart vil nok mange oppfatte begrepet «populærmusikk» som nærmere underholdningsmusikk enn kunstmusikk. Også populærmusikk blir i mange sammenhenger oppfattet som «lett musikk», som skifter med moter og trender, som har til formål å underholde, og som ikke har kunstneriske kvaliteter av varig verdi. Populærmusikken var nok en gang først og fremst underholdningsmusikk, men en slik oppfatning vil være en musikkhistorisk anakronisme: Slik populærmusikkens historie har tatt form, finner vi i høyeste grad begge dimensjoner representert. Vi finner i dens repertoar mange eksempler på verk med atskillig større kunstnerisk dybde og tidløs relevans enn i mange av den såkalte kunstmusikkens verk. Eksempelvis må U2s LP «The Joshua tree» vurderes som et betydelig tyngre kunstnerisk dokument enn G.F. Händels «Music for the royal fireworks». Schubert-sanger og Verdi-arier har gjerne kvaliteter nettopp i sin enkelhet, mens det på den annen side er vanskelig å betrakte Sex Pistols som lett tilgjengelige eller Frank Zappa som enkel. Et poeng som har lett for å bli glemt, er at kunstmusikken på sin side også ofte har et sterkt underholdende aspekt: Claude Debussy sa en gang at den franske musikkens viktigste hensikt var «å behage». Men vi finner i populærmusikkens repertoar også genuin underholdningsmusikk, både den som er håpløst banal eller gammeldags i ettertid, og den med stadig evne til å sjarmere og glede. Man kan som lytter møte enhver musikkform på et overfladisk eller på et dypt plan.

Vesentlige deler av populærmusikken har utgangspunkt i folkemusikalske tradisjoner, og har derfor fått et preg av brukskunst. Den afroamerikanske tradisjonen er autodidakt, og det å være selvlært har senere nærmest blitt opphøyet til et dogme. Den syngende slavearbeideren på bomullsmarkene hadde ingen realistiske utsikter til noen formell musikkutdanning, men kunne synge spontant og fra hjertet. Ikke noe konservatorium kunne ha lært ham eller henne noe som helst om «blue feeling». Etterkommerne spilte dessuten i barer og på lignende tvilsomme steder som respektable hvite fra middel- eller overklassen holdt seg langt unna, til fordel for opera- og konserthus. «Akseptabel smak» har altså tradisjonelt sammenheng med rase- og klassetilhørighet. Disse forholdene bidro også til populærmusikkens omdømme som noe mindre «kunstnerisk» enn den såkalte kunstmusikken. Ordet kunst er utledet av «å kunne», og dermed blir det autodidakte gjerne suspekt. Dessuten ble populærmusikk av samfunns- og kultureliten ofte omtalt som både platt, umoralsk og farlig. Slike stereotype oppfatninger har i en viss grad blitt hengende fast, også lenge etter at teknokratiske synth-programmerere og skalabevisste fantomgitarister med årelang akademisk musikkutdanning gjorde sitt inntog i populærmusikken.

Mange begreper som brukes om musikk, er både unyanserte og verdirelaterte. Begrepet *klassisk musikk* kan være problematisk, fordi selve ordet impliserer noe tidløst, noe som utmerker seg, som har varig verdi. «Klassisk» musikk i denne forstand finner vi innen alle genrer; det finnes klassiske rocklåter, Sinatra-klassikere og klassiske jazzinnspillinger. Som samlebegrep for en musikalsk tradisjon er begrepet «klassisk» likevel å foretrekke framfor «kunstmusikk», fordi alle musikkformer inneholder en kunstnerisk dimensjon. (Vi bruker med andre ord begrepet «klassisk» som et samlebegrep, altså ikke spesifikt om musikk fra den klassisistiske epoken.) God kunst kan blant annet uttrykke og skape levedyktige symboler for sin samtid. Mange av de viktigste eksemplene på slik samtidskunst fra det 20. århundre finner vi innenfor det konglomerat av uttrykksformer som vi kaller populærmusikk. Også derfor er det problematisk å skulle kalle én genre for «kunstmusikk», og dermed utelukke at også andre musikkformer kan betraktes som kunst. Enda mer meningsløst er uttrykket «seriøs musikk», som insinuerer at andre musikkformer skulle være «useriøse». Det finnes god og dårlig musikk innen enhver genre.

Å nærme seg en historisk og kulturell forståelse

Alle store og viktige ting i livet er det vanskelig å sette ord på, for ikke å si definere. Hvordan skal vi definere «livet»? Hvordan kan begrepet «Gud» defineres, eller begrepet «kjærlighet»? «Musikk» er et begrep i denne kategorien – noe grunnleggende for alle mennesker. Ingen har greid å lage en fullgod og dekkende definisjon av selve begrepet «musikk». Det nærmeste vi kommer, kan være å si: «Musikk er det mennesket til enhver tid oppfatter som musikk». På samme måte kan vi heller ikke gi en god definisjon av begrepet «populærmusikk». Det vi kan gjøre, er å avgrense og si noe om hva det ikke er, problematisere en del begreper, og forsøke å komme fram til en felles forståelse av hvordan vi skal bruke begrepene. Men selve saken lar seg heldigvis ikke fange inn av ord.

Det finnes ulike måter å lage definisjoner på. En normativ definisjon kan eksempelvis lyde: «Populærmusikk er dårlig musikk.» Dette ville være et høyst subjektivt utsagn, og lite tilfredsstillende. En sosiologisk definisjon kan for eksempel lyde: «Populærmusikk er musikk for ungdom.» Slike utsagn kan nok stemme i mange tilfeller, men i vår moderne verden er alt tillatt når det gjelder musikksmak, og ungdom ville i så fall være et svært generøst begrep. En teknologisk-økonomisk definisjon kan eksempelvis lyde: «Populærmusikk er musikk som er massespredt gjennom media.» Denne påpeker helt korrekt sammenhengen mellom populærmusikk, musikkindustri og media for øvrig. Men hva kan vi si når operatenoren Luciano Pavarotti selger millioner av plater – blir da plutselig Schuberts «Ave Maria» populærmusikk, og ikke lenger klassisk musikk? I så fall gir en slik definisjon liten hjelp til å forstå noe som helst. En negativ definisjon kan for eksempel lyde: «Populærmusikk er all musikk som ikke er klassisk musikk eller folkemusikk.» Denne kan gi en nyttig avgrensning, men skaper samtidig problemer når det gjelder hva man legger i disse forskjellige begrepene. Som vi har sett, har populærmusikk tradisjonelt gjerne vært satt opp mot mer «estetisk høytstående» musikk (klassisk) eller mer «autentisk» musikk (folkemusikk), alt etter iakttagerens eget sosiokulturelle ståsted. Alle disse definisjonsforsøkene viser seg altså å være både utilstrekkelige og verdiladede.

En objektiv og uttømmende definisjon er altså umulig å finne. Det er heller ikke sikkert at det er så viktig å lete etter akkurat dette. Louis Armstrong skal en gang ha kommet med følgende spissformulering om jazz: «Dersom du må spørre om hva jazz er, betyr det at du aldri vil forstå den.» Det er likevel mulig å påvise karakteristika ved forskjellige musikalske fenomener. En nøkkel til dette kan være å studere populærmusikkens historiske framvekst og utvikling. All musikk opptrer i en bestemt kultur, til en bestemt tid, og på et bestemt sted. Populærmusikken kan derfor ikke forstås uten at en også setter den inn i en sosial, kulturell, økonomisk, politisk og historisk kontekst. Denne kjensgjerningen kan hjelpe oss til å finne fram til en begrepsforståelse som gir dypere mening.

I det 20. århundre eksisterer det globalt, slik vi ser det, fire hovedstrømninger av musikk. Disse kan vi beskrive med følgende begreper: Folkemusikk, klassisk musikk, jazz og populærmusikk. Av disse er folkemusikken den mest utbredte og grunnleggende. Mye av folkemusikken har blitt tatt opp også i de kommersielle musikkformene i dette århundret. Både historisk og strukturelt har populærmusikken mer til felles med folkemusikken enn med den klassiske musikken. Dette gjelder særlig den afroamerikanske musikken, men også den euroamerikanske. Den klassiske musikken er rotfestet i en europeisk tradisjon, med tyngdepunkt etter renessansen på 1500-tallet (vi ser nå bort fra lignende tradisjoner i andre deler av verden). Denne musikken gjenspeiler mange av idealene og verdiene fra Europas kulturelle og økonomiske glansperiode som en toneangivende verdensdel. I det 20. århundre har den mistet mye av sin samtidsrelevans, og av natur blitt konserverende. Mens populærmusikken i andre halvdel av århundret i stor grad har vært nyskapende, har den klassiske musikken blitt tilbakeskuende, med eldre stilarter og komposisjoner som dominerer repertoarene. Den moderne klassiske musikken kalles gjerne «samtidsmusikk», og har mot slutten av århundret også fått en del interessante fellestrekk med de mer eksperimentelle avantgarde-retningene innen populærmusikken. Samtidas klassiske musikk er imidlertid en minoritetsinteresse uten populær appell. Det kan ved slutten av århundret diskuteres hva som egentlig er samtidsmusikk – ikke bare stilistisk, men også når vi spør om hvilke kulturuttrykk som klarest definerer samtida. Mange vil se på jazz som en del av populærmusikken. Det finnes mange gode argumenter for å gjøre dette, men vi har likevel valgt å utelukke jazz fra denne framstillingen. Med utgangspunkt i en afroamerikansk kultur, har den fra starten av århundret blitt etablert som en selvstendig tradisjon, parallelt med den populærmusikalske. Likevel finnes det mange tilknytningspunkter mellom jazz og populærmusikk.

Vi bruker altså *populærmusikk* som et samlebegrep som er svært vidtfavnende. Populærmusikk-begrepet sikter til hele det feltet som studeres av populærmusikk-forskere. Det er altså ikke synonymt med *pop*, som ofte brukes nærmest som en forkortelse for ordet populærmusikk, men som likevel er et langt snevrere begrep. Pop-begrepet er historisk sett aktuelt fra 1950-tallet av, og knyttet til framveksten av en tenåringskultur. Inne i sekken «populærmusikk» finner vi mange små og store sekker. Den største av disse heter *rock*. Både i og utenfor denne sekken finner vi igjen et utall mer spesifikke genrebetegnelser, fra punk og rap til western swing og boogie. Selve rock-begrepet er kanskje det mest upresise. Med utgangspunkt i ungdomskulturen knyttet til rock'n'-roll på 1950-tallet, oppsto rock-begrepet mot slutten av 60-tallet. Nå ble denne «tenåringsmusikken» utviklet til å være noe mer enn dansemusikk og lettfattelig underholdningsmusikk. Rock er også en fellesbetegnelse for noe langt mer enn musikk. Det har blant annet med kulturell tilhørighet og identitet å gjøre.

Begrepene «pop» og «rock» kan brukes som noenlunde synonyme samlebegreper for både hvit og svart populærmusikk fra omkring 1965. I dagligtale oppfattes de derimot ofte som litt forskjellige: Man snakker om «popete» eller «rocka» som både stilnyanserende og verdirelaterte adjektiver. Pop blir gjerne oppfattet som lettere og glattere, mer underholdningspreget, enn rock, som på sin side oppfattes som mer seriøs eller autentisk. Pop assosieres gjerne med synthesizere og orkestrering, og et mykt og kommersielt kalkulert sound med lite improvisasjon, mens rock assosieres med el-gitarer og hese vokalister, friere og mer progressiv i uttrykket. Dette impliserer også en forskjell i verdier, livsstil og miljøer; de fleste vil umiddelbart være enige i at Abba er et popband, mens Metallica er et rockband. Implisitt i en slik forståelse ligger en betraktning av pop som den melodiøse siden av genrekomplekset, gjerne med musikalske og estetiske elementer fra epoken før rock'n'roll, som music hall eller Tin Pan Alley. Rock betraktes imidlertid som den siden som har sterkest røtter i den afroamerikanske tradisjonen. Begge begrepene dekker like fullt som samlebegreper genrekomplekset pop/rock – som altså dominerer populærmusikken fra midten av 1960-tallet.

Denne boka handler ikke bare om rockens eller popmusikkens historie. Den belyser og trekker historiske linjer ved populærmusikkens utvikling i en videre forstand. Det har eksistert uttrykksformer som antagelig kan kalles populærmusikk i flere hundre år. Vi velger å gå inn i historien på ett bestemt sted og tidspunkt: Da afrikansk og europeisk kultur møttes i Nord-Amerika i slavehandelens tid. Her ble grunnlaget og utgangspunktet lagt for sentrale deler av det 20. århundres musikk. På dette kontinentet ble også de tekniske nyvinninger som muliggjorde den moderne populærmusikken skapt. Det betyr at vi begynner fortellingen omkring slutten av 1800-tallet, og avslutter den 100 år senere, ved slutten av 1900-tallet.

Å beskrive det ubeskrivelige

Musikk er en vesentlig del av menneskets identitetsbyggende prosesser, og av den sosiale samhandling. Stil har nær sammenheng med identitet. Begrepet «populærmusikk» impliserer et publikum. Vi velger likevel i denne boka ikke å gå for mye i dybden når det gjelder populærmusikkens sosiologiske dimensjoner – selv om disse også er viktige. Vi ønsker i stedet å legge vekt på de musikalske og stilhistoriske elementene, av flere grunner: Det er skrevet forbløffende lite om de rent musikalske sidene ved populærmusikkens utvikling. Innenfor musikkvitenskapen finner vi en massiv tradisjon som ideologisk ikke tillegger populærmusikken stor verdi. Populærmusikkforskningen på sin side befatter seg som regel med musikkens betydning i en samfunnsmessig sammenheng, heller enn å ta utgangspunkt i dens musikalske egenart. Den er som regel utført av antropologer eller sosiologer, heller enn av musikere og musikkvitere. Det synes langt enklere å drøfte pop og rock som kultursosiologi eller massekommunikasjon enn å si noe om selve musikken. Vanlige bøker om popartister og populærmusikere er som regel biografiske eller rene billedbøker; de er mer opptatt av «sladrespalte-stoff» enn av å si noe om musikalsk betydning og utvikling. Populærmusikk er livsstil, opprør og industri – men først og fremst er det musikk.

Musikk er i sitt vesen uoversettelig. Den er et eget språk. Det er derfor vanskelig å finne ord når man skal skrive om musikk. Det samme gjelder for andre kunstarter. Danserinnen Isadora Duncan beskrev en gang sin kunst slik: «Hvis jeg kunne si det, hadde jeg ikke behøvd å danse det.» Musikk kan lyttes til, snakkes om, og skrives om på mange nivåer. Musikkopplevelse er subjektiv. Man trenger et begrepsapparat som verktøy for å kunne forstå og tolke ethvert fenomen, også musikk. Musikkforståelse økes ved kunnskap, kjennskap og erfaring. Et problem når det gjelder analyse av musikalsk stil, er at musikkvitenskapens begrepsapparat i utgangspunktet er fullstendig basert på den klassiske musikkens egenart og terminologi, med en manglende stilfortrolighet når det gjelder populærmusikk. Når vi skal analysere populærmusikk, må begrepsapparatet derfor suppleres og justeres med relevante termer. Vi skal forsøke å karakterisere noe av populærmusikkens egenart i forhold til andre musikkformer – noe som kan være en hjelp til å lytte og oppleve, men også en veiledning til å kunne analysere og trenge dypere inn i musikken.

Populærmusikkens egenart

Å gjøre en analyse av noe betyr å undersøke det systematisk, del for del. Man forsøker å dele helheten opp i mindre deler, og igjen se hvordan disse delene former helheten. Målet må være å komme til et høyere erkjennelsesnivå, å få dypere innsikt i det man analyserer. Dette er en intellektuell prosess, og allerede her møter vi verdimessige motforestillinger: Noen vil hevde at man ødelegger musikkopplevelsen ved å gjøre dette, og at populærmusikk ikke bør analyseres. Andre vil hevde at populærmusikken er så lite verdt at den ikke fortjener en slik grundig behandling. De fleste vil nok se at begge disse synspunktene er lite fruktbare.

Verken denne eller andre bøker kan ta mål av seg til å presentere noen form for objektiv sannhet. All historieskriving har en forankring i ens egne referanserammer og egen kodefortrolighet, og det foretas ulike utvalg og vektlegginger. Hadde det ikke vært slik, hadde neppe resultatet vært særlig interessant for leseren. Samtidig må den være saklig og i en viss grad faktaorientert. Musikk er imidlertid ikke matematikk, og inneholder få objektive sannheter. En innsiktsfull omtale av musikk må derfor være opplevelsesorientert og inneholde tolkende elementer. Vi skal i denne boka ikke gå dypere inn i fagfeltet analyse av populærmusikk, men vi skal forklare noen grunnprinsipper. Det er viktig først å poengtere hva som er populærmusikkens medium: Den klingende musikken, representert ved innspillinger. Siden grammofonplata etablerte sin popularitet omkring 1920, har populærmusikken vært uløselig knyttet til dette mediet. Det er platene som er selve *verket* – ikke noteutgaver. Dette er en viktig forskjell fra klassisk musikktradisjon, som er notebasert, og hvor innspillinger oppfattes som tolkninger av verk som er definert i partiturene.

De svenske populærmusikk-forskerne Brolinson og Larsen har kalt rocken en *oral-elektronisk tradert musikkform*. Dette er en god beskrivelse, fordi den sier noe om rock som en muntlig tradert musikkform – i likhet med folkemusikken. Men rocken er også forankret i lydproduksjons-prosessen. Det samme gjelder for store deler av populærmusikken, som formidles gjennom plateinnspillinger. De fleste populærmusikere både lærer å spille og tilegner seg nytt repertoar ved å lytte til plater og lære av hverandre, heller enn gjennom skolering. Låter blir ofte til gjennom improvisasjon. Noteskrift har i populærmusikk ikke status som en konstituerende eller definerende representasjon for verket. Noter brukes bare som hjelperedskaper, og noteutgaver for salg er nesten alltid forenklede etterhåndskonstruksjoner basert på innspillingene, hvor bare enkelte elementer er med. Likevel finnes det dessverre mange bøker om populærmusikk som baserer seg på analyse av notetranskripsjoner. Noteutgaver kan gjengi elementer som harmonikk, tonehøyde, rytmiske figurer og lignende, men de sier ingen ting om elementer som ofte er helt avgjørende i populærmusikk, som feeling, groove, sound, klangeffekter eller vokal. Noter forteller heller ingen ting om personlig uttrykk, om blå toner og andre nyanser i intonasjon, heller ikke om frasering eller elektronisk klangbearbeiding. En noteutgave kan aldri gjengi essensen i Jimi Hendrix' musikk – da må man høre på platene. Her er vi altså ved en viktig egenart ved populærmusikken: Verkbegrepet er knyttet til plateinnspillingen, og den må derfor analyseres auditivt. *Auditiv analyse* vil si å ta utgangspunkt i det man hører, ikke det man kan lese ut av en note. Selvfølgelig er den klingende musikken viktig i all analyse, men i populærmusikk gir det altså svært begrenset mening å ta utgangspunkt i et partitur.

Mens klassisk musikk i høy grad er en skriftsentrert tradisjon, plasserer altså populærmusikken seg nærmere den folkemusikalske muntlige tradisjon, med en historisk tiltagende forankring i teknologisk lydgjengivelse. Selve verket, i populærmusikalsk sammenheng, er *låten*. Uttrykket «låt» poengterer at det nettopp er det lydlige uttrykket vi forholder oss til, og det er derfor et godt begrep. Det er også problematisk å si at en populærmusikk-artist «framfører et verk», slik for eksempel en operasanger gjør det. Populærmusikk er – i likhet med jazz – i høy grad en «performance art», og i mange tilfeller er det framførelsen som er selve verket. Dermed er det låten i lydlig form (plateinnspillingen) som definerer verket. Et slikt auditivt verkbegrep byr på en del problemer, blant annet med hensyn til cover-versjoner og opphavsrett: Når for eksempel Red Hot Chili Peppers spiller inn sin utgave av Hank Williams' «Why don't you love me», kan man i høyeste grad stille spørsmål ved hvorvidt de har skapt et nytt verk, eller laget en tolkning av Williams' verk. Deler av tekst og melodilinjer er intakt sammen med andre fragmenter av låten, men det auditive, klingende resultatet er høyst ulikt.

Når man skal beskrive musikk på en faglig måte, er man nødt til å ta i bruk musikkfaglige begreper. En låt har ulike strukturelle elementer: Dette kan være melodikk, tekst, form, harmonikk, dynamikk, rytmikk, instrumentasjon, arrangement eller produksjon. Disse har ulik betydning, og former til sammen den helheten som vi opplever som den klingende musikken. *Sound* er kanskje rockens viktigste dimensjon. Dette begrepet kan ikke umiddelbart oversettes med «lyd», og er heller ikke det samme som «klang». Klang kan forstås som vokal- eller instrumentalklang, eller brukes om elektroniske manipulasjoner i produksjonsprosessen (etterklang, filtrering, dynamisk prosessering). Klangen er dermed en del av soundet. Brolinson og Larsen har definert soundbegrepet som «grunnkarakteren av samtlige musikalske elementer slik de framtrer i et svært kort tidsavsnitt av musikken, men som normalt setter sitt preg på et lengre, sammenhengende avsnitt». Sound kan altså forstås som et vertikalt snitt gjennom den musikalske strukturen, som ikke beveger seg langs tidsaksen, slik de andre elementene gjør. Soundet er et utsnitt av den totale klang og bevegelse i musikken. I dette «musikalske nå» kan man gjenkjenne og vurdere musikk: Når man hører på nye plater i en forretning, eller skrur langs stasjonene på en radio, trenger man ikke mer enn noen få sekunder for å vurdere om man vil stoppe opp ved nettopp denne musikken. Det man da opplever og tar stilling til, er soundet. Man kan ikke på disse sekundene høre harmonisk utvikling, formoppbygning, rytmisk utvikling, melodiske linjer eller andre lineære musikalske elementer, man opplever bare det vertikale tverrsnittet av musikken. Sound som et analytisk begrep gir ikke på samme måte mening for andre musikkformer. Dette henger sammen med forståelsen av populærmusikk som noe som må analyseres auditivt; sound kan man heller ikke se på et noteark. Sound kan beskrives med metaforer («blått», «dystert», «tørt»), med tekniske begreper («elektronisk», «overstyrt») eller med musikkhistoriske («folkrock-sound», «house-sound», «80-tallssound»), og henger selvfølgelig nøye sammen med den musikkteknologiske utvikling. Viktige stilistiske koder er å finne nettopp her.

I moderne lydproduksjon gir det også mening å analysere soundet som et *lydrom*. Et slikt lydrom er et tredimensjonalt «lydbilde»: Høyre–venstre er plasseringen i stereobildet (panorering), foran–bak er en syntese av klang og volum, som gir effekten nært/fjernt og sterkt/svakt, mens høyt–lavt har med frekvenser å gjøre. Et slikt elektronisk skapt lydrom har blitt utviklet i den moderne studioproduksjonen som startet i tilknytning til rocken på midten av 60-tallet.

Begreper som «tekst» og «melodi» fanger ikke inn de auditive og fonetiske aspektene ved populærmusikken. Derfor bruker vi i mange tilfeller begrepet *vokal*, som kan gi bedre mening enn begrepene «tekst» og «melodi». Ofte er det i populærmusikk nettopp det vokale uttrykk og sound som står i sentrum, heller enn melodiske linjer og litterært tekstinnhold. Melodi er ofte det elementet som fanger inn oppmerksomheten på musikkens overflate, som gjør den umiddelbart tiltrekkende for lytteren. I elektrisk og elektronisk musikk framstår stemmen som den menneskelige representasjon. I dagligtale bruker mange til og med ordet melodi nærmest synonymt med «låt». (Når radioen eksempelvis spiller en «Beatles-melodi», impliserer dette uttrykket egentlig en nokså overfladisk musikkforståelse.) Vokalisten har ikke alltid som primæroppgave å framføre melodiske linjer og bevegelser; i mange tilfeller er vokalens rytmiske og fonetiske kvalitet, stemmebruk, frasering og sound vel så viktig som ord eller melodiske bevegelser. Igjen finner vi altså grunnleggende trekk som ikke lar seg fange inn av noteskrift. Vokalbegrepet innbefatter i motsetning til «tekst» og «melodi» også produksjonen og selve soundet. En tekst i populærmusikalsk sammenheng må ikke først og fremst vurderes som et dikt gjengitt på papir, men som en del av det klingende verket. Det er den framførte teksten, altså den vokale utførelsen, som er verket også i dette tilfellet. Man må altså skille mellom for eksempel rocktekster og lyrikk som formtyper. Eksempelvis gir det innenfor soul-tradisjonen mer mening å snakke om tekstsetting av musikk enn om den mer konvensjonelle tenkemåten tonesetting av en tekst. I populærmusikken er det også en sterk tradisjon for å bruke ordene primært som musikalske elementer, der fonetisk lek er et vokalt hovedtrekk. Mange vokalister bruker også teksten som et råmateriale for å uttrykke sitt eget «artistiske jeg», hvor hovedpoenget er det vi kan kalle artistens «vokale posering». Altså kan artisten selv betraktes som en vesentlig del av verket – og ikke bare som en tolker av et verk. Vokal posering kan være alt fra Little Richards uimotsigelige «awoopboopalooma aloopbamboom» og Joe Cockers skrikende «wooooaaaaaaahhhhhhhhhh», til de mer pyntelige «Shimmy shimmy» eller «Ooby dooby». Men for enhver primalskrikende og desperat Joe Cocker har vi en klokkeklar og ren Sir Cliff Richard, og for enhver snerrende og militant Johnny Rotten en filosofisk og poetisk Bob Dylan. Selvfølgelig finner vi i populærmusikken også mange tekster med høy litterær verdi, også i skriftlig form. Men at en tekst er innholdsmessig fullstendig intetsigende, trenger altså ikke bety at den er en dårlig tekst.

I vanlig omtale av populærmusikk og også i denne boka, snakkes det ofte om «svart» og «hvit» musikk. Disse begrepene har ikke så mye med raseforskjeller eller hudfarge å gjøre. De har mer med kulturelle brytninger, tradisjoner og strukturelle prinsipper i musikk å gjøre. Musikkforskeren Andrew Chester har gjort et forsøk på å lage en teori som fanger inn disse ulikhetene med litt andre begreper. Han deler inn musikk i to strukturelle prinsipper: «ekstensjonal» og «intensjonal». Den vestlige klassiske tradisjonen er prototypen på en *ekstensjonal struktur* i den musikalske oppbygning. Her utvikles temaer med variasjoner og kontrapunkt, harmonikk utvikles gjennom lange rekker av forholdninger og oppløsninger, og kompleksiteten skapes ved kombinasjon og utvikling av ofte enkle motiver og temaer. Man har også relativt standardiserte klangidealer for instrumenter og sangstemmer, og friheten til tolkning og improvisasjon utover det nedskrevne notematerialet er marginal. I tilnærmingen til slik musikk er tradisjonelt den intellektuelle og emosjonelle opplevelsen viktigst. Den skal lyttes til og respekteres.

Store deler av populærmusikken, og i særdeleshet rocken og den afroamerikanske tradisjonen, bygger på det motsatte prinsipp; *intensjonal struktur*. Dette er et fellestrekk ved mye ikke-europeisk musikk og folkemusikk. Vi finner ofte relativt enkle elementer av harmonikk, melodikk og rytmikk. Kompleksiteten ligger her i mikro-endringer i frasering, feeling, rytmiske nyanser og lignende. Musikken varierer korte rytmiske og melodiske elementer, noe som også kalles *riff*-teknikk. En blues er et godt eksempel på dette, og techno-musikk har også en grunnleggende intensjonal struktur. I tilnærmingen til slik musikk er tradisjonelt den fysiske og emosjonelle opplevelsen viktigst. Den skal danses til og nytes.

Vi kan forsøke å tydeliggjøre denne forskjellen: Ekstensjonalt oppbygd musikk er basert på utvikling «utover», på et makronivå. Denne utviklingen kan gjengis i noteskrift, og utvikler seg lineært langs tidsaksen. Vi kan si at musikken har en sterk horisontal retning og utvikling. Intensjonalt oppbygd musikk er derimot basert på utvikling «innover», på et mikronivå. Denne utviklingen kan ikke gjengis i noteskrift, og oppleves mer som en tilstand, vertikalt på tidsaksen. Vi kan si at musikken har en sterk vertikal dimensjon, som oppleves som sound.

Mellom disse to ytterpunktene beveger populærmusikken seg med en rekke nyanser i ulike stilarter og historiske epoker, og den har som regel trekk av begge prinsipper. Det finnes mange eksempler på populærmusikk med dominerende ekstensjonale trekk, som for eksempel Tin Pan Alley-slagere eller progrock (for øvrig genrer med sterke røtter i klassisk tradisjon). Men generelt heller store deler av populærmusikken mot det intensjonale prinsippet. Begrepene kan hjelpe oss til å se ulike musikalske dimensjoner og innfallsvinkler, som vi ikke ville kunne oppfatte bare med begreper som «hvit» og «svart».

Et viktig begrep i opplevelsen av intensjonalt basert musikk er *groove*. Dette kan oppfattes som den totale rytmiske grunnstruktur, og har gjerne en sterk fysisk opplevelsesdimensjon. Musikk med utspring i en afroamerikansk tradisjon kalles i noen sammenhenger for «rytmisk musikk». Dette er ikke et godt begrep, fordi rytmikk er et musikalsk grunnelement som ingen genre har noe monopol på. Men det er et faktum at de rytmiske elementene ofte trer i forgrunnen i både jazz og populærmusikk. Rockens mest sentrale formprinsipp er gjentagelsen. Dette kommer til uttrykk eksempelvis i en grunnleggende riff-basert struktur, i harmoniske og rytmiske ostinater (gjentatte musikalske figurer), repeterte hook-linjer (motiver som skal feste seg i lytterens hukommelse), i groover og også loop-teknikk i moderne produksjon. Dette skaper i mange tilfeller en tilstrebet monotoni som kan virke kjedelig på et teoretisk plan, men som i selve musikkopplevelsen tvert imot skaper en suggererende og ekstatisk effekt, og inviterer lytteren til en emosjonell og fysisk respons. Groove er det ved musikken som får oss til å danse, og er et kroppsrelatert begrep mer enn det noe snevrere begrepet «rytmikk», som kan være nokså matematisk og intellektuelt. Et annet uttrykk som ikke lar seg definere musikkteoretisk, er feeling. *Feeling* betyr ikke følelse, men heller sansning på et detaljert plan, en fortrolighet mellom utøver og lytter som er helt avgjørende for hvorvidt musikken oppleves som god eller dårlig. Man hører ikke om feelingen er «riktig» – man merker det intuitivt. Feeling mottas og oppfattes av sanseapparatet på et emosjonelt og gjerne underbevisst nivå. Feeling har også med stilistiske koder å gjøre; for eksempel snakker man om blues-feeling eller laidback-feeling, men ikke om punk-feeling. En viss stilfortrolighet er med andre ord en forutsetning for i det hele tatt å kunne ha en meningsfull oppfatning av feeling.

En fortelling gjennom mer enn hundre år

Populærmusikkens historie i det 20. århundre starter med folkemusikalske brytninger i grammofonens og musikkindustriens barndom. Veien fram mot populærmusikk som en vidtfavnende og moden kunstform med globalt omfang, har vært lang og full av overraskelser. Det har vært sideveier som har vist seg å være blindveier, andre som har dannet uventede veikryss og vært med på å forandre selve hovedveien, mens andre igjen har tatt sine egne ruter utenom denne. Gjennom en lang historisk utvikling har populærmusikken blitt formet av, og selv vært med på å forme, århundrets ulike decennier: Gjennom omreisende minstrelshow og vaudeville-forestillinger til 1910-tallets første grammofonstjerner, 20-tallets radio, 30-tallets dansehaller, 40-tallets klubber, 50-tallets TV, 60-tallets studioer og festivaler, 70-tallets stadionkonserter, 80-tallets videoer til 90-tallets digitale dataspråk. Å lese om denne historien gir størst utbytte dersom man samtidig hører på selve musikken – fordi det er den som er viktig. Hva er blues, hva er rock, hva er populærmusikk? Svarene er å finne i nærkontakt med musikken selv, slik den framtrer gjennom musikkhistorien. Kapitlene i denne boka er ment som en guide på denne lange og krokete veien.

2 Musikkindustri

Framveksten av en musikkindustri har utgangspunkt i en rekke oppdagelser og oppfinnelser av teknisk og vitenskapelig art, som ikke har noe med musikk å gjøre. Imidlertid er populærmusikkens utvikling og utbredelse muliggjort nettopp gjennom teknologi, og den moderne populærmusikken benytter dessuten sofistikerte instrumenter og teknologisk verktøy. Populærmusikk og teknologi er så tett sammenvevd at det er nødvendig også å kjenne til teknologiens og industriens utvikling for å kunne forstå populærmusikkens karakter. I et videre historisk perspektiv har den musikkteknologiske utviklingen i det 20. århundre fått så omfattende og grunnleggende konsekvenser at den antageligvis må betraktes som musikkhistoriens største revolusjon.

Populærmusikkens verkbegrep er altså den klingende musikken. Innspilling av musikk, og alle de tekniske og musikalske prosessene som dette innebærer, kaller vi med en fellesbetegnelse for *produksjonsprosessen*, mens avspillingens forskjellige aspekter kalles reproduksjons- eller *avspillingsprosessen*.

Historisk har musikkindustriens teknologi vært gjennom tre hovedfaser: Fra slutten av 1800-tallet fram til omkring 1925 brukte man en *mekanisk teknologi*. Denne var representert ved fonografer og sveivegrammofoner, og ble fra omkring 1925 og fram til omkring 1980 avløst av en elektromekanisk og senere en *elektronisk analogteknologi*. Nå kom på reproduksjonssida elektriske grammofoner med elektromagnetiske pickuper, senere også forskjellige båndspillere. På produksjonssida var først mikrofonen den viktigste nyvinningen, og senere kom en mengde elektronisk utstyr for bearbeiding av lyd. Denne teknologien ble i løpet av 1980-tallet mer og mer erstattet av en *digital teknologi*, som er den tredje fasen. Nå kom CD-spillere på reproduksjonssida, og digitalt utstyr og databasert teknologi på produksjonssida. Vi skal i det følgende se nærmere på disse tre fasene.

Mekanisk teknologi

Muligheten for å kunne lagre lyd har fascinert mennesker til alle tider. Det er ikke lenge siden ekko mellom fjellsidene var den eneste måten å «lagre» lyd på. Lyd beveger seg i tid – den er borte omtrent samtidig som den oppstår. Blant de første som eksperimenterte med mulighetene for lagring av lyd, var franskmannen Léon Scott. Han klarte i 1857 ved hjelp av en mekanisk innretning å registrere lydsvingninger på en sylinder som var dekket med sot. Sannsynligvis var dette det første lydopptak som noen gang ble gjort. Scott hadde imidlertid ikke noe system som kunne avspille denne lydregistreringen, så vi får aldri med sikkerhet vite hvorvidt han faktisk klarte det.

Siste halvpart av 1800-tallet var epoken da en rekke store tekniske oppfinnelser ble gjort, som skulle komme til å forme det neste århundret. Nå skjedde også revolusjonerende oppdagelser som skulle få store konsekvenser for den lydtekniske utviklingen: Fonografen og grammofonen, telefonen og trådløs telegrafi, samt telegrafonen. I 1877 klarte Thomas Alva Edison både å lagre lyd og å reprodusere den. Han talte inn i et traktformet horn, og i enden av dette hornet hadde han plassert en membran som ble satt i svingninger av lyden – ikke så ulikt Scotts idé. Til membranen var det koplet en nål som risset svingningene inn på en roterende sylinder dekket med tinnfolie. Ved avspilling ble det brukt et separat nål- og membransystem som reverserte prosessen, og lyden kunne dermed reproduseres: *Fonografen* var et faktum. Edison hadde ikke forutsett at fonografen kunne være av interesse for folk flest. Hans idé var å bruke den i kontorsammenheng som en diktafon, og en stund så dette ut til å kunne bli en suksess. Men da regjeringskontorene i Washington D.C. planla å gå til innkjøp av fonografer, begynte problemer å melde seg: Stenografer og sekretærer så sitt yrke truet.

Edison opprettet flere selskaper som skulle selge fonografen, deriblant Columbia Phonograph Company, som skulle operere på østkysten, og Pacific Phonograph Company i San Francisco. Louis Glass, som drev Pacific, var etter fiaskoen i Washington overbevist om at forretningen ville mislykkes. Han fikk ideen å utvikle en myntautomat-fonograf. I 1889 plasserte han et prøveeksemplar av denne fonografen i Palais Royal Saloon, og det varte ikke lenge før flere hundre av denne jukeboksens forløpere var plassert rundt omkring i butikker, iskrembarer og fornøyelsesparker. Fra sylindrene kunne man høre komiske sanger og vitser. Glass hadde vist at det fantes et marked for innspilt lyd som underholdning.

Skotten Alexander Graham Bell bygde senere et apparat som brukte voks på sylinderen i stedet for tinnfolie. Han kalte sin oppfinnelse grafofon. Neste skritt i utviklingen var den tyskættede Émile Berliners *grammofon*. Denne opptaks- og avspillingsteknikken brukte en flat plate for registrering av lydsvingningene i stedet for en sylinder. I det store og hele var likevel alle disse oppfinnelsene variasjoner over Edisons prinsipp. Fonograf, grafofon og grammofon var altså forskjellige apparater, men alle disse innretningene ble av folk flest kalt fonografer, og alle hadde til felles at virkemåten var rent mekanisk.

Hovedproblemet med fonografen var at det ikke fantes noen enkel og billig måte å kopiere sylindrene på. Kopieringsteknikken var svært tidkrevende og kostbar. Her hadde de flate grammofonplatene et fortrinn, og de første kom på markedet i 1894. De tekniske problemene med grammofonplatene var at platene hadde en tendens til å vri seg og bli skjeve, og fordi plata ble drevet rundt manuelt, skapte dette problemer med ujevn hastighet. Disse problemene ble imidlertid løst i 1899 av Eldridge Johnson. Selve platene ble nå laget i skjellakk i stedet for hard gummi, og man unngikk misforming av plata. Omdreiningen av platetallerkenen ble muliggjort av en stålfjærdrevet opptrekksmotor. Dette ble kalt en sveivegrammofon, og den ble produsert av Victor Talking Machine Company. Det var først nå at grammofonen ble en reell konkurrent til fonografen.

I musikkindustriens første tiår var med andre ord teknologien med hensyn til både produksjon og avspilling rent mekanisk. Innspillingene foregikk gjennom et innspillingshorn. Dersom man ønsket å justere nivået mellom forskjellige instrumenter under en innspilling, ble instrumentene flyttet nærmere eller lenger fra innspillingshornet alt etter behov. I løpet av 1890-tallet begynte innspillinger med musikk for et kommersielt marked å bli vanlig.

Elektronisk analogteknologi

Parallelt med, og delvis i forkant av, fonograf- og grammofonindustriens framvekst foregikk en intens forskning innenfor elektrisitet, og på 1870-tallet kom de første gjennombruddene innen forskning omkring elektromagnetisme. Elektromagnetismen dreier seg om forholdet mellom elektrisitet og magnetisme, og forskningen innenfor dette feltet la grunnlaget for telefoni, telegrafi og radio. I lydteknisk sammenheng ble oppfinnelsen av mikrofonen og høyttaleren svært viktig. Mikrofonen kunne omdanne lydenergi til elektrisk energi – eller sagt på en annen måte: Omdanne trykkvariasjoner i luft til elektriske svingninger. Når mikrofonen ble påvirket av lydbølger, skapte den et «speilbilde» av lyden i form av et elektrisk signal. I høyttaleren ble denne prosessen reversert, slik at et elektrisk signal kunne omdannes til lyd.

I 1896 demonstrerte italieneren Guglielmo Marconi for første gang prinsippet med en trådløs telegraf, og fem år senere kunne man sende et radiosignal over Atlanterhavet. Slike signaler kunne ikke inneholde lydinformasjon, det var bare en elektrisk puls. Men gjennom utviklingen av elektronrør ble det ganske snart også mulig å overføre elektriske signaler som inneholdt lydinformasjon via radiobølger. Dette muliggjorde produksjon av radiosendere og -mottagere.

På 1920-tallet ble *radiomottagere* tilgjengelige for vanlige folk. Den første permanente radiostasjon ble opprettet i Pittsburgh, USA, og den første sending herfra var 2. november 1920. I 1922 gikk det første radioprogrammet på lufta ved en kommersiell radiostasjon: WEAF i New York. Før 1920 fantes det omkring 5000 radioapparater i USA. Disse tilhørte for det meste teknisk personell med spesiell faglig interesse. Antallet radiomottagere steg svært raskt, og i løpet av 1924 fantes to og en halv million radioapparater i USA. 20-tallet ble tiåret for radiomediets definitive gjennombrudd, og innen 1930 hadde over 12 millioner husstander en radiomottager.

Mens radioen gjorde sitt inntog på markedet, arbeidet fortsatt musikkindustrien med sin mekaniske teknologi. Mange forbedringer ble gjort både med inn- og avspillingsteknikkene, med mulighetene for mangfoldiggjøring av sylindre og plater, og med mulighetene for mer plass til innspilt lyd på disse. Hovedutfordringen nå ble at radioens elektriske teknologi med bruk av mikrofoner på produksjonssida, var den mekaniske totalt overlegen med hensyn til lydkvalitet. Produksjonsselskapene begynte derfor å eksperimentere med elektrisk opptaksteknikk allerede omkring 1915. Ti år senere ble de fleste innspillinger gjort ved hjelp av mikrofoner.

Midt på 20-tallet brukte med andre ord selskapene både elektrisk og mekanisk teknologi: Elektrisk ved produksjon, og mekanisk ved avspilling. De som hadde sveivegrammofoner eller fonografer, kunne fortsatt avspille de nye platene og sylindrene, og Edison produserte både grammofonplater og sylindre helt fram til 1929. Fra 1930 var det imidlertid slutt på produksjon av fonografsylindre. De flate grammofonplatene hadde dermed vunnet en seier, og ble det dominerende formatet for innspilt musikk helt fram til 1980-tallet.

Selve innspillingen av musikk foregikk altså først ved hjelp av innspillingshorn, og siden gjennom mikrofoner. I begge tilfeller ble musikken gravert direkte inn i en plate med en nål. Denne graverte plata ble utgangspunktet for avstøpning av platene som skulle selges til publikum. Alle innspillinger ble derfor direktegravert, hvilket betydde at dersom noe gikk galt under innspillingen, måtte det hele gjøres om og om igjen til man var fornøyd. Det fantes ingen muligheter for å «reparere» noe som først var innspilt, og én plateside måtte innspilles sammenhengende uten pauser underveis. Innføringen av mikrofonteknikk ga noen nye muligheter med hensyn til nivåjustering mellom forskjellige musikkinstrumenter, og generelt bedret lydkvalitet, men bortsett fra dette foregikk musikkproduksjonen som den hadde gjort siden starten på 1890-tallet.

Det neste store gjennombruddet innen opptak av lyd kom med *båndspilleren.* Det var Tyskland som ble den ledende nasjonen innen forskning omkring magnetisk opptaksteknikk, og allerede på 30-tallet ble det produsert såkalte magnetofoner i Tyskland. Grunnlaget for denne utviklingen ble lagt av dansken Valdemar Poulsen og hans oppfinnelse av telegrafonen i 1898. Poulsen brukte mikrofondelen fra en telefon, og koplet denne til en elektromagnet. Mens han snakket inn i mikrofonen, førte han magneten med jevn hastighet langs en utspent pianostreng. Når han etterpå byttet mikrofonen med telefonens høyttalerdel, og igjen beveget elektromagneten langs pianostrengen, kunne han høre sin egen stemme bli avspilt. Poulsen hadde med andre ord funnet en måte å lagre lyd på ved hjelp av elektrisitet og magnetisme; pianostrengen lagret magnetisk det elektriske signalet som mikrofonen produserte, og på et senere tidspunkt kunne denne magnetismen gjenskape lyd i en høyttaler.

Det var ennå langt fram til moderne båndspillere, men prinsippet var oppdaget. Tyskernes magnetofon benyttet lydbånd av papir hvor den ene siden av båndet var dekket med jernpartikler. Så kom krigen i 1939, og det ble stille omkring magnetofonen. Ettertida viste at forskningen gikk for fullt i Tyskland også under krigen, og med gode resultater. Da Frankfurt falt i 1945, fant amerikanske sambandsoffiserer flere magnetofoner ved en radiostasjon. Lydkvaliteten fra disse apparatene var amerikanske og engelske magnetofoner overlegen. Etter annen verdenskrig overtok USA posisjonen som det ledende land innen utvikling av båndspillere. Dette skapte store og helt nye muligheter for lydopptak. Båndspillere ga mulighet for å redigere opptakene før musikken skulle graveres i platene, og man var ikke lenger tvunget til direktegravering. Når lyden først ble registrert på båndet, var det mulig ved enkel klippe- og limeteknikk å endre rekkefølge på opptak, eller å fjerne deler av opptak, på samme måte som man kunne klippe i film. Når innspillingene var ferdige, ble lydbåndopptakene (mastertapen) brukt som grunnlag for graveringen. I løpet av de første årene etter annen verdenskrig gikk de fleste innspillingsstudioene over til å bruke båndspillere.

Nå som vesentlige utfordringer ved innspilling var løst, oppsto en ny utfordring: Lydkvaliteten man oppnådde under innspillingene, og som faktisk fantes i platenes riller, kunne ikke gjengis på hjemmegrammofonene. Allerede i mellomkrigsårene fantes det elektriske grammofoner med elektromagnetiske pickuper, men det var først etter krigen at det kom store forbedringer når det gjaldt avspilling. Begrepet *high-fidelity* (hi-fi) oppsto, og begrepet betyr naturtro og høy kvalitet i lydgjengivelsen. Nå ble det viktig å utvikle alle delene av et musikkanlegg: Grammofoner, forsterkere og høyttalere. Det fantes imidlertid ingen vedtatte standarder innen den lydtekniske industrien før på 50-tallet. Da Record Industry Association of America (RIAA) satte slike standarder, ble det lettere for produsentene å lage musikkanlegg av høy kvalitet. Oppfinnelsen av transistoren (en erstatning for elektronrørene) ble avgjørende for denne industrien. Bell-laboratoriene utviklet transistoren i 1948, og fikk i 1956 nobelprisen i fysikk for sitt utviklingsarbeid. Transistoren gjorde det mulig å bygge billigere, mer kompakte og pålitelige forsterkere, og på 60-tallet skapte den japanske elektroniske industrien en revolusjon i billige musikkanlegg med høy kvalitet.

Et annet viktig framskritt var utviklingen av trykkammerhøyttaleren tidlig på 50-tallet. For å kunne gjengi lave frekvenser (bass) måtte man før dette ha svært store høyttalere, og slike egnet seg ikke til hjemmebruk, både på grunn av størrelsen og på grunn av prisen. Trykkammerhøyttaleren derimot ga god bassgjengivelse selv med små høyttalere som kunne få plass i en bokhylle.

Sommeren 1948 presenterte Columbia sin nye 12-tommers «long-playing microgroove»-grammofonplate: *LP.* Ved å sette ned platas omdreiningshastighet fra 78 til $33^{1/3}$ rpm (runder pr minutt), og ved å gravere rillene tettere, kunne nå en plateside romme over 20 minutter med musikk. En annen viktig endring fra 78-platene var at platene nå ble produsert i vinyl, et plastprodukt som var nærmest uknuselig. Dette sparte selskapene for store kostnader i forbindelse med transport og distribusjon. 78-platene var lette å knuse, og man måtte derfor bruke store ressurser på innpakning og spesialtransporter når disse skulle sendes ut på markedet. Konkurransen mellom Columbia og Victor var så sterk at de ikke ønsket å inngå noen avtale om standarder for produksjon av plater. Ikke lenge etterpå lanserte derfor Victor sin egen nyvinning, en 7-tommers 45 rpm microgroove-plate. I de nærmeste to årene konkurrerte disse to systemene i markedet, og selv om begge systemene hadde opplagte fordeler, var det vanskelig for publikum å velge. Det var nemlig ikke mulig å spille av $33^{1/3}$ rpm-platene på 45 rpm-utstyr, og omvendt. Etter hvert ble industrien likevel enig om at begge systemene burde finnes parallelt, da LP-platene hadde store fordeler for utgivelse av klassisk musikk, og 45 rpm-platene hadde fordeler i populærmusikk-markedet. Fordi 45-platene var godt egnet til å utgi én låt (på hver side), ble disse platene kalt *singleplat*er. Singlene hadde en stor fordel overfor det unge platekjøpende publikum; det var en forholdsvis rimelig plate. At platene var små og uknuselige, gjorde dem dessuten velegnet for bruk i radio og for avspilling i jukebokser. Innen 1952 hadde LP-plata blitt det vanligste formatet for utgivelse av klassisk musikk, mens singleplata ble formatet for populærmusikk.

I løpet av 50-tallet ble det i vestlige land slutt på produksjon av 78-plater, og LPer og singler ble standard. I Østen ble det produsert 78-plater helt fram til slutten av 60-tallet, og de fleste grammofoner hadde en hastighetsvelger som inkluderte 78 rpm i mange tiår etter at 78-platene var gått ut av produksjon. På denne måten kunne etter hvert enhver platespiller avspille både 78, $33^{1/3}$ og 45 rpm.

I 1940 gjorde Walt Disneys tegnefilm «Fantasia» stor suksess, og dette var den første filmen som gjorde stereolyd kjent. I *stereofoni* brukes, under både produksjon og avspilling av lyd, to parallelle signalkjeder, ett høyre- og ett venstresignal, på samme måte som vår hørsel bygger på to separate systemer, ett venstre og ett høyre øre. Resultatet av et slikt system er at det avspilte lydbildet kan oppleves som et lydrom, hvor lydene kan «bevege» seg i rommet, eller plasseres i et tredimensjonalt høyde-, bredde- og dybdesystem. I 1958 ble grammofonplater som kunne gjengi stereofonisk lyd lansert. Stereolyd kunne bare oppleves om man avspilte platene på et stereoanlegg, og slike anlegg ble lansert samtidig. Et stereoanlegg krevde en spesiell stereo-pickup på grammofonen, en stereoforsterker og to høyttalere. Stadig flere plater ble utgitt som stereofoniske selv om de færreste blant publikum hadde stereoanlegg. Imidlertid var det også mulig å avspille platene med vanlig monoutstyr, selv om dette ikke ga en fullgod gjengivelse. I siste halvdel av 60-tallet begynte stereoanlegg å bli vanlig i hjemmene.

På 50-tallet hadde spolebåndspillere blitt ganske utbredt også til hjemmebruk. Dette formatet ble aldri viktig for salg av musikk til private; maskinen ble brukt av lydentusiaster til å kopiere radioprogrammer og grammofonplater, og til å innspille tale. I 1963, derimot, da Philips lanserte *musikk-kassetten (MC)*, fikk grammofonplata en konkurrent. På samme måte som fonografen, ble MC-formatet opprinnelig utviklet for diktafonbruk. MCen ble imidlertid et svært populært format utover 60-tallet, og en stadig større del av LP-platene ble også samtidig utgitt på kassett. Både selve kassetten og kassettspilleren var enklere å håndtere, og tålte tøffere behandling enn grammofoner og plater. Populariteten skyldtes formatets hendighet, ikke lydkvaliteten, og på tross av noe dårligere lydgjengivelse steg salget av kassetter sakte, men sikkert. Fra 1983 ble det i USA omsatt flere kassetter enn grammofonplater (1987 i Storbritannia).

Tidlig på 70-tallet ble kvadrofoni lansert. Ved å plassere ett høyttalerpar også bak lytteren ønsket man å oppnå en reell romfølelse ved avspilling av musikk. Selv om stereo ga opplevelse av et lydrom, var det, rent fysisk, en lydflate som ble produsert i et stereoanlegg. Kvadrofonien var ment å skulle gi den ultimate lydrom-opplevelsen for lytteren, men ble aldri noen suksess. Imidlertid har nyere lydanlegg i kinosaler videreutviklet flerkanalssystemer med høyttalere plassert på forskjellige steder i rommet. Slike «surround sound»-systemer har også til en viss grad fått innpass på markedet for lydanlegg til hjemmebruk, gjerne tilknyttet TV- og video-avspilling.

Mens utviklingen av avspillingsutstyr mellom annen verdenskrig og 1980-tallet oppnådde store framganger med hensyn til både lydkvalitet, prisnivå og utstyrets stadig mer kompakte design, ble det også gjort tilsvarende framskritt på produksjonssida. Særlig fra siste halvpart av 60-tallet skjedde revolusjonerende endringer. Nyvinningene var et resultat av den teknologiske utviklingen, men den viktigste drivkraften for ingeniører og lydteknikere var ofte kreative ønsker fra musikere og produsenter. *Flerspors båndspillere* var blant de viktigste nyvinningene. Under opptak i mono trengte man i prinsippet kun ett spor på en båndspiller, og for stereo-opptak var det vanlig å bruke båndspillere med to eller tre spor – ett spor for det venstre signalet, ett spor for det høyre signalet, og eventuelt ett spor for sentersignalet. (Et sentersignal var et signal som gikk like mye til høyre som til venstre.) Felles for disse båndspillerne var at sporene måtte innspilles samtidig. En flerspors båndspiller hadde i starten fire spor, men fikk etter hvert stadig flere: 8, 16, og fra slutten av 70-tallet ble 24-spors båndspillere et stadig vanligere standardformat i profesjonell musikkproduksjon. Med en flerspors båndspiller er det ikke lenger nødvendig å spille inn alle sporene samtidig. Teoretisk kan derfor én person utgjøre et helt orkester, bare begrenset av antallet spor som finnes på båndspilleren. Når musikeren gjør sitt andre pålegg (overdub), kan han samtidig lytte til det første, og under tredje pålegg kan han lytte til både første og andre. Slik fortsetter prosessen hvor man «lag for lag» bygger opp låten. Når denne innspillingsprosessen er ferdig, er det fortsatt fullt mulig å gå tilbake og endre et hvilket som helst spor, uten at dette har noen påvirkning på de andre sporene.

De fleste innspillinger fram til slutten av 60-tallet, før flersporsspillernes tid, foregikk ved at musikerne spilte samtidig i studio, mens teknikerne tok musikken opp på lydbånd. Med den nye teknikken oppsto et helt nytt element i musikkproduksjonen: *Mikseprosessen.* Å mikse vil si å sette sammen de forskjellige sporene til en ferdig produksjon. I denne mikseprosessen ligger mange muligheter til å manipulere og endre lydbildet. Endringene kan innebære å justere balansen mellom de forskjellige instrumentene og plassere dem i stereobildet (panorering). Man kan imidlertid også endre lydkarakteren (klangfargen) på ett eller flere av instrumentene, eller på vokalen, og man kan ta bort, eller legge til, helt nye innspillinger etter hvert som mikseprosessen utvikler seg. På denne måten ble selvsagt teknikerens rolle radikalt endret, og behovet for en produsent ble større – en fagperson som kunne være bindeledd mellom musikere og teknikere.

Lydmiksere (miksebord) ble stadig viktigere. Miksere hadde eksistert siden mikrofonenes barndom. Disse tidlige mikserne muliggjorde bruk av flere mikrofoner samtidig, og nivåjustering mellom mikrofonene. De nye mikserne fikk også andre funksjoner, og en mengde forskjellig utstyr som kunne koples til miksere, ble utviklet. Dette kunne brukes til å manipulere de elektriske signalene fra mikrofonene før signalet gikk til båndspilleren og ble tatt opp. Filtrering, dynamisk prosessering eller tidsprosessering er eksempler på slik manipulering. Filtrering innebærer heving eller demping av visse frekvensområder i signalet. Slike filtre (equalizere) ble med tida også vanlige på hjemmestereoanlegg. Dynamisk prosessering handler hovedsakelig om å komprimere, ekspandere eller begrense lydsignalets nivåer, slik at de ikke blir for sterke eller for svake. Tidsprosesseringen dreier seg først og fremst om romklang og ekko, effekter som oppnås ved å tidsforsinke signalet (lyden), for deretter å mikse det sammen med det opprinnelige signalet. Ved hjelp av slike prosessorer kan man skape romlige illusjoner, ved å imitere akustiske egenskaper ved ulike typer rom.

Mikseprosessen ble en stadig viktigere del av hele produksjonsprosessen, og i tillegg til de aspektene vi alt har nevnt, kunne miksingen også inkludere bruk av en rekke andre effekter: Ved hjelp av en «phaser» kunne man oppnå en sfærisk effekt hvor det hørtes ut som om lyden svevde fram og tilbake i lydrommet. Den såkalte «chorus»-effekten skapte en fyldigere klang, og det kunne høres ut som om lyden var spilt inn flere ganger. En «flanger» kombinerte effektene man oppnådde gjennom en phaser- og en chorus-effekt. Mange flere typer effektutstyr ble utviklet, og mange av disse ble også produsert med tanke på bruk som ekstrautstyr til elektriske instrumenter. Ikke minst ble slike effektbokser populære blant el-gitarister, og forskjellige typer pedaler som ga ulike effekter ble produsert: Først og fremst «fuzz-pedalen» som skapte forvrengning, og gjennom denne oppnådde gitaristen et skurrende sound og gitartonen fikk mer «sustain» (tida det tar før en tone dør ut). «Wah-wah»-pedalen fikk navnet etter det gitarsoundet den skapte, og var i prinsippet et filter som bearbeidet signalets frekvensspekter. Utviklingen av transistorbaserte forsterkere for stereoanlegg fikk også gjennomslag i produksjon av forsterkerutstyr for elektriske instrumenter. Mange gitarforsterkere har imidlertid beholdt radiorørene fordi mange mener at den lyden en rørforsterker gir, er bedre enn den fra en transistorforsterker. Dette skyldes først og fremst at radiorøret gir en «ørevennlig» klang ved overstyring, mens transistorer gir en tilsvarende skarp, metallisk klang.

Nye miksere, bedre forsterker- og høyttalersystemer, samt tilgangen til stadig flere effekter, fikk også stor betydning for lydgjengivelse ved konserter. Utendørskonserter med band ble vanlig på 60-tallet, men bandene ble lett overdøvet av et støyende publikum. Utviklingen av såkalte PA-anlegg («public address»-anlegg), store høyttalersystemer hvor alle instrumentene ble forsterket, skapte helt nye muligheter for lydgjengivelse av konserter. Med slike konsert-lydanlegg ble det mulig å gjenskape skarpe lydbilder selv i svært store rom eller utendørs. Disse anleggene gjorde det mulig å ta i bruk studioets mikseprosesser også ved konserter, og i løpet av 70-tallet ble det mer og mer vanlig at en stab av lydteknikere også fulgte bandene på konsertturneer. I tillegg til musikkinstrumentene og instrumentenes forsterkerutstyr ble PA-anlegget og de mange tilgjengelige effektene et viktig grunnlag for rocken, som nå vokste fram som populærmusikkens mest sentrale uttrykksform. Innføringen av flersporsteknikken og mikseprosessen i studio på 60-tallet fikk helt avgjørende betydning for rocken, og i videre forstand også for all musikkproduksjon. Dette fikk imidlertid ikke tilsvarende konsekvenser innenfor verken jazz eller klassisk musikk, noe som blant annet har estetiske og ideologiske årsaker.

Ved overgangen til 70-tallet ble bruken av *synthesizere* mer og mer vanlig. Som selve navnet antyder, er det her snakk om en innretning som lager syntetisk lyd. Synth-basert musikk ble på 80-tallet vanlig, og innen populærmusikken oppnådde synthesizeren som instrument etter hvert status på linje med el-gitaren. Forsøk med synthesizere startet imidlertid allerede tidlig på 50-tallet. Viktige forløpere til den analoge synthesizeren var RCA electronic music synthesizer, utviklet i USA i 1952, og den tyske Siemens synthesizer fra 1959. Den sistnevnte ble installert i det berømte Studio für elektronische Musik i München, som ble et viktig studio for utvikling av klassisk elektronisk avantgardemusikk på 60-tallet. Disse «musikkmaskinene» var stasjonære monstre som krevde egne rom for å få plass. RCA-synthesizeren var om lag fem meter bred og to meter høy. Slike tidlige synthesizere var ikke musikkinstrumenter, og man kunne ikke spille på dem i vanlig forstand. De var datamaskiner som måtte programmeres, og i de fleste tilfeller foregikk matingen av informasjon med hullkort av papir. Disse synthesizerne ble for det meste brukt musikalsk innenfor den elektroniske musikken, men de ble også brukt til å skape lydeffekter for film.

Tidlig på 60-tallet ble det konstruert mer kompakte synthesizere, som det var teknisk og økonomisk mulig å masseprodusere. Blant de første anvendelige synthesizer-tangentinstrumenter som ble utviklet, var Robert A. Moogs Moog synthesizer, Donald Buchlas Buchla synthesizer og Paolo Ketoffs Synket synthesizer. Disse utviklet omtrent samtidig, og uavhengig av hverandre, nokså like instrumenter i løpet av 1964. Ennå skulle det gå omkring fem år før synthesizeren for alvor kom i bruk innen populærmusikken, og det var rockmusikere som populariserte synthesizeren.

De første kompakte synthesizerne var monofoniske, hvilket vil si at man ikke kunne produsere mer enn én og én tone. Senere ble stadig flere av synthesizerne polyfoniske, og det ble mulig å spille flere toner samtidig. Denne utviklingen gjorde at bruken av synthesizere utviklet seg fra å være melodisk orientert til også å få akkompagnerende funksjoner. En analog synthesizer består av forskjellige elektroniske enheter som kan koples sammen på ulike måter for å generere og modifisere lyder skapt av elektriske spenninger (spenningskontrollerte oscillatorer/VCO). Antallet elektroniske enheter, måten de kan koples sammen på, og hvordan de betjenes, varierer sterkt fra synthesizer til synthesizer. De første instrumentene besto av flere separate deler som musikeren koplet sammen med såkalte patch-kabler, men snart ble de fleste synthesizere konstruert som én fast enhet, og egnet seg derfor bedre som et musikkinstrument som også kunne brukes utenfor studioet. Begge typer syntehesizere besto for øvrig av et klaviatur og et kontrollpanel. Blant de viktigste analoge synthesizere nevner vi Korg (Japan, 1968), ARP (USA, 1970), Minimoog (USA, 1970), ARP Odyssey (USA, 1971), Oberheim (USA, 1974), Yamaha (Japan, 1975), Polymoog (USA, 1976), Roland (Japan, 1977) og Prophet (USA, 1978).

Digital teknologi

Sony og Philips introduserte *compact disc (CD)* i 1982. Dette formatet ble et alternativ til vinylplater og musikk-kassetter. Enkelte plateselskaper sluttet å utgi vinylplater allerede i 1985, og i løpet av det nærmeste tiåret overtok CD-platene stadig mer av markedet både i Europa og i USA. Mens grammofonen bruker en stift for å avlese platerillene, benytter CD-spilleren seg av laserlys – optisk avlesning. Dette betyr at det ikke er noen fysisk kontakt mellom CD-plata og CD-spilleren, annet enn det som trengs for å få plata til å gå rundt. I dette ligger kanskje CD-formatets største fortrinn framfor grammofonplata; den slites ikke ved bruk, og knitring og skraping på grunn av slitasje forekommer ikke dersom platene behandles riktig.

Som et grunnlag for å kunne forstå begrepet «digital teknologi» tar vi utgangspunkt i hva analog teknologi er. Grammofonplata bruker analog teknologi, hvilket kan forklares med at rillene er en direkte avtegning av lyden. Alle leddene i en analog prosess er en slik direkte avtegning av den opprinnelige lyden. Prosessen kan forklares slik: 1) lydbølgene i luft omdannes til elektriske svingninger i mikrofonen, 2) de elektriske svingningene fra mikrofonen omdannes til magnetiske svingninger i båndspillerens lydhode, 3) de magnetiske svingningene i lydhodet avtegnes som magnetiske mønstre på lydbåndet, 4) dette omdannes ved avspilling igjen til magnetiske svingninger i avspillingshodet, 5) disse magnetiske svingningene omdannes til elektriske svingninger, som setter en graveringsnål i svingninger og graverer disse inn som et rillemønster i en plate, 6) platespillerens stift settes i svingninger av platas riller, og i pickupen blir disse svingningene omdannet til strøm, som via en forsterker mates til en høyttaler, og 7) de elektriske svingningene blir i høyttaleren til slutt omdannet til lydbølger i luft. I denne lange prosessen har signalet vært igjennom en mengde elektronikk og kilometervis med kabler. «Analog» kan oversettes med «lik» eller «sammenlignbar», og som det ovenstående viser, er den opprinnelige lydens svingningsmønstre analogt i prosessens alle ledd.

I digital teknologi blir denne analogien brutt, og på ett eller flere steder i kjeden blir det analoge signalet «oversatt» til et digitalt språk, som altså ikke er analogt med den opprinnelige lyden. Et digitalt språk er et binært tallspråk, vanligvis bestående av to forskjellige tall: Null og en. Til å oversette mellom analogt og digitalt språk brukes konvertere; A/D-konvertere oversetter fra analogt til digitalt, og D/A-konvertere oversetter den andre veien. Slikt digitalt språk kan behandles av datamaskiner, som i seg selv arbeider i digitalt språk. Den digitale teknologien har åpnet mange nye muligheter for produksjon og avspilling av lyd. Selv om det stadig diskuteres hvorvidt CD-formatet gir bedre lydkvalitet eller ikke, opplever de aller fleste at CD-plata er et stort framskritt for forbrukeren.

Også på produksjonssida har innføring av digital teknologi og bruken av datamaskiner skapt store endringer. Når det gjelder selve innspillingsprosessen, har forskjellige digitale båndspillere mer og mer overtatt. Digitale miksere har gjort innspillings- og mikseprosessene langt mer oversiktlige, og graden av kontroll og styring av signalkjedene har steget betraktelig. Det har kommet digitale flersporsspillere og såkalte R-DAT-spillere (rotary digital audio tape). DAT-kassetten er svært kompakt, og har i produksjonssammenheng mer og mer erstattet analoge mastertaper. DAT-spillere til hjemmebruk har imidlertid ikke blitt noen suksess.

En *digital synthesizer* er et polyfonisk instrument basert på en mikroprosessor som kombinerer den analoge synthesizerens muligheter for tonegenerering og -prosessering med programmerings- og lagringsmulighetene i en datamaskin. Flere av den analoge synthesizerens produsenter lanserte utover 80-tallet digitale produkter, men de første som ble masseprodusert, var Synclavier i 1976 og Fairlight CMI i 1979.

Sequenseren har også blitt svært viktig. En *sequenser* kan lagre musikalske sekvenser som siden kan avspilles gjennom en synthesizer. Sequenseren lagrer ikke lyden, men informasjon om lyden. En slik lagret sekvens av lydinformasjon kan siden hentes fram og avspilles i en hvilken som helst tonehøyde. I tillegg kan sekvensens rytmiske forløp og tempo endres. Det viktigste er likevel at den innspilte sekvensen kan avspilles med en annen lyd enn den ble innspilt med (selv om den opprinnelige sekvensen ble innspilt med for eksempel en «pikkolofløyte-lyd», kan avspillingen gjøres med «pauke-lyd»). Etter hvert som utstyret har fått stadig større lagringskapasitet (minne), har det også blitt mulig å lagre stadig lengre sekvenser, og stadig flere lag av sekvenser. I løpet av 90-tallet ble denne kapasiteten så stor at begrensningene er mer av teoretisk interesse.

Samplere gjorde det mulig å gjøre opptak av en hvilken som helst lyd, bearbeide den og spille den polyfont fra et klaviatur. Slike kom i bruk fra 1980. Fairlight og Synclavier var de to banebrytende produktene også på dette området. Både sequensere, samplere og såkalte trommemaskiner ble lansert i den analoge synthesizerens epoke, men det er særlig gjennom innføring av datateknologi og MIDI at slikt utstyr har skapt gjennomgripende endringer i musikkproduksjon. *MIDI* (musical instrument digital interface) ble lansert i august 1983, og er en industriell standard som har gjort det mulig å kople sammen forskjellige digitale instrumenter, datamaskiner og annet digitalt utstyr, som kan utveksle sequenser- og annen data-informasjon. Forløperen til MIDI var USI (universal synthesizer interface).

Slike teknologiske nyvinninger muliggjorde også en helt ny innspillingsmetodikk. Ved innspilling av for eksempel slagverk ble det mulig å kople signalene fra de forskjellige trommemikrofonene til en digital «lydbank» (sampler). Når musikeren spiller på en av trommene, «trigger» dette anslaget sampleren, og de forskjellige anslagene fra slagverket blir tatt opp med de lydene som er valgt fra samplerens lydbank i stedet for slagverkets faktiske lyder. Dette skapte et alternativ til konvensjonell opptaksteknikk.

Utviklingen av den digitale teknologien har dessuten gitt stadig mer kompakt utstyr: Mens man tidligere opererte med forskjellige synthesizere, samplere, sequensere, effektenheter og datamaskiner, kunne man i løpet av 90-tallet få utstyr med alle disse funksjonene i én enhet. Slike enheter kan styres fra et klaviatur og/eller via et PC-tastatur. Lydkortet i en datamaskin kan eksempelvis inneholde flere synthesizere som hver for seg bare er en brikke på kortet. Det er ingen tvil om at innføringen av en digital teknologi innen lydteknikk har medført en revolusjon for musikkindustrien. På 90-tallet fikk dette enda flere dimensjoner i og med innføringen av interaktivt multimedia-utstyr for hjemmebruks-markedet.

Plateselskaper

Det franske plateselskapet Pathé ble etablert omkring 1890 av brødrene Charles og Émile Pathé i Paris, og må derfor regnes som verdens første plateselskap. De startet produksjon av fonografer i 1894, og åpnet et eget innspillingsstudio i 1896. Dette selskapet var det første som gjorde opptak med den berømte italienske tenoren Enrico Caruso. Det var likevel i USA at de største og mest toneangivende selskapene kom. Først og fremst var det selskapet Victor (Victor Talking Machine Company, 1900) med sine platespillere og grammofonplater, og Columbia (The Columbia Phonograph Company, 1877) med sine fonografer og sylindre. De kjempet ikke bare om å vinne markedet for sine metoder og avspillingssystemer (sylinder eller plate), de kjempet også om de beste artistene. Victor var opprinnelig Émile Berliners og Eldridge Johnsons selskap, og fram til omkring 1930 var dette det ledende selskapet i amerikansk musikkindustri. Columbia var, som nevnt, opprinnelig Edisons selskap, og var Victors rival gjennom hele pionertida. I og med at grammofonplata allerede fra 1902 begynte å utkonkurrere sylindre, fikk Victor overtaket i markedet. Columbia begynte på dette tidspunktet også å produsere flate plater. Atskillige tvister mellom disse rivalene i amerikansk musikkindustri ble prøvd for domstolene, og årelange krangler om patenter og gjensidige beskyldninger om idétyverier florerte. Omkring 1915 gikk imidlertid de fleste av pionertidas patentrettigheter ut, og en viss tilnærming mellom de store selskapene begynte. Dette samarbeidet gjorde det etter hvert lettere for forbrukerne, i og med at plater produsert av ett selskap snart også kunne avspilles på avspillingsutstyr fra et annet.

Det tredje store selskapet fra pionertida, The Gramophone Company, var engelskeid med base i Hannover i Tyskland. Selskapet kjøpte rettighetene til grammofonen utenfor USA fra Berliner i 1898. Året etter ble selskapets direktør William Owen tilbudt å kjøpe et maleri av Francis Barraud. Bildet viste en hund som med hodet på skakke lyttet inn i trakten på en fonograf. Owen var villig til å kjøpe bildet, dersom fonografen ble erstattet av en grammofon. Dette bildet ble senere verdens mest berømte varemerke, og The Gramophone Company ble senere kjent under denne merkelappen som «His Master's Voice» (HMV). Selskapet ble snart blant verdens ledende plateselskaper, og oppnådde store markedsandeler særlig innenfor opera. Det var for eksempel her Caruso senere gjorde sine legendariske innspillinger og oppnådde historiens første millionselgende plateinnspilling i 1907.

Mot midten av 20-tallet var musikkindustrien i jevn og stor vekst, men siste halvpart av tiåret ble likevel en katastrofe. Årsakene til dette var mange, men de to viktigste var radioens gjennombrudd og børskrakket med den påfølgende depresjonstida: I 1927 ble det solgt 104 millioner grammofonplater i USA, mens det i 1932, bare fem år senere, ble solgt bare 6 millioner plater. Mye ble endret i løpet av depresjonstida, og bare de selskapene som i utgangspunktet var økonomisk sterke, kunne overleve. En annen mulighet var å søke samarbeid med tidligere konkurrenter. På denne måten oppsto det nye selskapet RCA Victor (Radio Corporation of America og Victor). Columbia ble kjøpt av American Record Company (ARC), og i Storbritannia opprettet Engelsk Columbia og His Master's Voice selskapet Electric & Musical Industries (EMI), sammen med flere andre små selskaper.

Etter 1930 begynte USAs økonomi igjen å bedres, og plateselskapenes omsetning var igjen på vei oppover. En bestemt hendelse 5. desember 1933 skulle vise seg å få indirekte positiv betydning for plateselskapene:

Opphevelsen av brennevinsforbudet (det ble innført forbud mot produksjon og omsetning av rusdrikk i hele USA fra 1920). Forklaringen ligger i at svært mange nye utesteder åpnet eller gjenåpnet over hele USA, og den billigste form for underholdning var jukeboksen. Dette ga ny interesse for grammofonplater blant publikum, i presse og i kringkasting. Flere plateselskaper satset nå på produksjoner spesielt beregnet for jukeboks-spilling, og musikkindustrien opplevde en generell vitalisering.

De viktigste tilskuddene til den internasjonale platebransjen fram til slutten av annen verdenskrig var britisk Decca, som ble etablert i 1929 (amerikansk Decca, 1934) og det Hollywood-baserte selskapet Capitol Records, som ble stiftet i 1942. Så sent som i 1948 var det i USA fortsatt bare en håndfull forskjellige plateselskaper som kontrollerte det meste av markedet for innspilt musikk: RCA Victor, Columbia, Capitol og amerikansk Decca. Deres suksess med kontroll av markedet lå på tre plan: For det første hadde de nærmest monopolisert nettverket for distribusjon av grammofonplater til forbrukerne. For det andre hadde de sørget for å få flest mulig av sine artister (og andre ansatte i kreative stillinger) på langtidskontrakter. Dette sikret kontinuitet, og hindret eventuelle konkurrenter i å overta de etablerte artistnavnene. For det tredje hadde alle disse plateselskapene etablert og vedlikeholdt sterke bånd til de store nasjonale radionettverkene i USA. I noen tilfeller var det også snakk om samme eiere av både radiostasjoner og plateselskaper. Disse tre faktorene gjorde det nærmest umulig for små plateselskaper å konkurrere.

På 1950-tallet skjedde viktige endringer i dette bildet, noe som kom til å prege utviklingen både av radiomediet og av musikkindustrien for øvrig. På den ene side ble vinylplatene introdusert 1948. Dette brøt opp de store selskapenes distribusjonsmonopol, fordi de nye platene kunne sendes som vanlig post. Det krevdes ikke lenger spesialkunnskap og store ressurser å få sendt ut plater. Dette fikk to viktige konsekvenser: Mindre plateselskaper ble uavhengige av de store, og kunne selv sende ut plater for promosjon til radiostasjonene, og det ble enkelt å sende større partier plater til plateforretninger og musikkhandlere.

På den annen side skjedde en holdningsendring når det gjaldt å gi lisenser til nye radiostasjoner. Det var Federal Communications Commission (FCC) som innvilget eller avslo lisenssøknader for opprettelse av nye radiostasjoner i USA. Fram til 1947 førte FCC en restriktiv linje, ikke minst takket være sterk innflytelse fra de tre store radionettverkene, som var opptatt av å beskytte sitt marked. Men i 1947 opplevde de nasjonale radionettverkene at TV kunne bli en trussel, og de forlot derfor sin tidligere restriktive politikk. FCC ble oppfordret til å gi nye konsesjoner, og i løpet av de fire neste årene ble antallet radiostasjoner (med lisens) fordoblet i USA. De nye stasjonene hadde ikke store ressurser, og gjorde derfor heller ingen forsøk på å konkurrere med de store stasjonenes program av typen hørespill, underholdningsshow eller bredt anlagte sendinger med levende musikk. De måtte finne sin egen nisje i kampen om lytterne.

Dette sammenfallet av nyskapte muligheter for små plateselskaper og små radiostasjoner skulle vise seg å bli en kraftfull kombinasjon, da deres hovedformat ble å spille grammofonplater. En slik programprofil appellerte særlig til ungdom, og flere og flere radiostasjoner utviklet bevisst en programpolitikk rettet mot ungdom. De etablerte radiostasjonene var store og tunge organisasjoner. Slike organisasjoner er ikke enkle å velte, men de er heller ikke lette å snu. Derfor forble disse stasjonenes programformater knapt endret, og tenåringsmarkedet lå åpent for de nye, små og uavhengige radiostasjonene. Innen 1958 hadde de store nasjonale radionettverkene mistet tre firedeler av markedsandelene. En ny type programledere vokste fram, kalt *DJ*s (disc jockeys, «platepratere»). DJene ble radiopersonligheter som utviklet en ny og showpreget presentasjonsform som har preget mediet siden, etter hvert også utenfor USA. Denne vitaliseringen spredte seg til alle deler av musikkindustrien, og med hensyn til plateselskapenes historie betydde 50-tallet slutten på de store selskapenes hegemoni. Små selskaper, hvorav noen snart skulle bli store og mektige, vokste fram. Blant de viktigste nevner vi Sun Records, Atlantic Records, Stax, Chess, Vee Jay, Speciality, Motown og Imperial.

Fra tidlig på 70-tallet har den internasjonale platebransjen blitt stadig mer sentrert om få og store selskaper. Gjennom stadige fusjoner vokser de mektigste seg stadig mektigere. Ofte har kreative musikalske nyskapninger kommet fra små og uavhengige plateselskaper, men samtidig har mange av disse etter hvert blitt oppkjøpt av de store.

Hitlister og massemedia

Begrepetet «hit» er svært knyttet til populærmusikken. Uttrykket stammer fra det engelske verbet to hit (å treffe), men ble etter hvert som forskjellige popularitetsbarometre utviklet seg, brukt substantivisk: En hit. En hit er en plate som oppnår en plassering på en liste over de mest solgte eller mest spilte platene. Noen av disse listene legger plateselskapenes salgsopplysninger til grunn, andre bygger på opplysninger fra et utvalg plateforretninger, mens enkelte lister er et mål på hvor ofte plater spilles i radio. Slike lister er selvsagt mer eller mindre pålitelige, og det er en kjent sak at lister også kan manipuleres. Likevel har enkelte lister oppnådd status som offisielle.

Det amerikanske ukemagasinet Billboard opererte med en ukentlig liste allerede i 1894. Denne lista var ikke over platesalg, det dreide seg her om notehefter. I 1913 kom en tilsvarende liste over de mest populære vaudeville- og Tin Pan Alley-sangene. Såkalte hitlister ble introdusert av Billboard på 30-tallet, først som et barometer for radiospilling, og deretter for platesalget, henholdsvis i 1934 og 1935. Til å begynne med var det musikkindustriens (plateselskapenes) egne salgstall som ble lagt til grunn. Den første lista som bygde på salgstall fra platebutikker, kom i 1940. Opp gjennom årene har Billboards lister skiftet navn: I 1940 kom lista «Best-selling retail records». I 1955 ble denne lista kalt «Top Ten», og fra 1958 «Hot 100». En egen liste for singler på 101. til 200. plass ble kalt «Bubbling under». Etter hvert som salget av grammofonplater vokste, ble det i løpet av 40-tallet laget lister som delte platene inn i forskjellige genrer, som for eksempel «Best selling retail country and western records» og «Harlem hit parade». Senere fikk disse listene nye betegnelser, og det ble opprettet stadig flere lister i Billboard-magasinet; et forsøk på å gi et så nyansert bilde av platesalget som mulig. I og med at man ganske tidlig opererte med flere forskjellige lister, måtte man også regne med muligheten for at plater kunne komme på mer enn én liste. Slike plater ble kalt «crossover-hiter». Dette begrepet ble viktig fra 50-tallet, da det kom artister som opererte på tvers av tradisjonelle musikalske skillelinjer.

Denne oversikten refererer seg til Billboard. Det finnes tilsvarende lister i de fleste andre land, men disse er i prinsippet bygd opp på samme måte som Billboards lister.

Radio har uten tvil vært den viktigste formidleren av populærmusikk i det 20. århundre. Den eneste store utfordringen har vært *fjernsynet*. Kommersielle fjernsynssendinger i USA startet i 1941, og i 1949 fantes én million fjernsynsapparater i landet. I løpet av de neste ti årene steg antallet til 50 millioner. Til sammenligning fantes det i verden for øvrig 25 millioner fjernsynsapparater på denne tida. 50-tallet ble fjernsynets pionertid, slik 20-tallet hadde vært radioens.

I 1950 ble det populære radioprogrammet «Your hit parade» flyttet til fjernsynet, og snart presenterte amerikansk fjernsyn flere musikkprogrammer. Blant dem som la vekt på populærmusikk, konkurrerte særlig showene til Steve Allen og Ed Sullivan om seertallene på de landsdekkende TV-kanalene. Både Sullivans og Allens show presenterte mange av rock'n'roll-æraens store artister. I motsetning til radio var TV-mediet mer ømfintlig overfor publikumsreaksjoner, og konkurransen mellom de få landsdekkende stasjonene var meget sterk. Selskapene var svært redde for å provosere sine seere, noe som blant annet førte til at få svarte musikere ble presentert i TV på 50-tallet. I Storbritannia presenterte også BBC og ITV flere lignende musikkprogrammer fra midten av 50-tallet. De viktigste var «Oh Boy!», «Thank your lucky stars» og særlig «Ready Steady Go!» fra 1963.

Med TV-mediets inntog ble det visuelle aspektet langt viktigere enn før ved lansering av artister, og i utformingen av deres image. På 60-tallet begynte også enkelte artister å eksperimentere med korte filmpresentasjoner av sine nye plater. Etter hvert ble slik presentasjon stadig mer vanlig, og filmmediet ble erstattet med videoteknikk og redigering på data. *Musikkvideo* ble et nytt medium for presentasjon av populærmusikk på TV som fikk stor betydning etter at MTV (Music TeleVision) startet opp i USA i august 1981. Innen få år var nærmere 20 millioner amerikanske hjem knyttet til MTV, og kanalen oppnådde sensasjonelle seertall: Undersøkelser viste at på slutten av 80-tallet ble MTV sett regelmessig av 85 prosent av alle amerikanere mellom 18 og 34 år. De lanserte også sine egne hitlister. I 1988 ble MTV-Europe grunnlagt, og i løpet av 90-tallet har dette blitt den raskest voksende satelittkanal i Europa. Etter hvert har regionale avdelinger av MTV blitt startet i forskjellige deler av verden, med en regionalt tilpasset programprofil.

At MTV har hatt stor innflytelse for musikkindustrien, er hevet over enhver tvil. Konseptet har brutt radioens mangeårige hegemoni som et forum for presentasjon av populærmusikk og som en viktig påvirkningskraft for folks musikkvalg. Med stereo og forbedret lydgjengivelse på TV, har det også blitt et reelt alternativ med hensyn til lydkvalitet. For de store plateselskapene ble det etter hvert nødvendig å lansere nye låter og artister med en musikkvideo. I 1991 regnet man med at om lag 80 prosent av alle låter som nådde inn på Billboards Hot 100, ble lansert også med en musikkvideo.

Musikkvideo ble bare begynnelsen på en utvikling hvor det visuelle aspektet har blitt mer og mer dominerende i musikkindustrien, som i sin korte historie har vært mest opptatt av å forbedre lyd. I løpet av 1990-tallet har utviklingen av video, interaktive medier, CD-ROM og annet multimedia-utstyr redusert lydkvalitet til bare ett av mange viktige aspekter ved populærmusikken. Det kan se ut som selve lydkvaliteten har blitt så god som forbrukerne er villige til å betale for, og at utviklingen nå går mer i retning av brukervennlighet, nye formater og kompatibilitet mellom ulike medier.

Del I

3 Nordamerikansk musikkkultur på 1800-tallet

Det 20. århundres populærmusikk har sine røtter i en nordamerikansk kultur som ble skapt av innvandrere fra tidlig 1600-tall, og av deres etterkommere. Nord-Amerikas opprinnelige befolkning, indianerne, led en tragisk skjebne. Deres kultur ble nærmest utryddet, og vi finner derfor ingen spor etter indiansk kultur i populærmusikken. Både fordi europeerne innvandret først, og fordi de var flest, har deres tradisjon hatt den største innflytelsen på utviklingen av denne nordamerikanske kulturen. Etter hvert som de involverte seg i slavehandel, fikk vestafrikansk kultur også en vesentlig innvirkning. Graden av påvirkning fra afrikansk kultur i populærmusikken er bemerkelsesverdig: Tar vi i betraktning at slavene gjennom sin sosiale status hadde liten mulighet til aktivt å spre sin kultur, og at de var i mindretall, kan man undres over at afrikanske trekk i populærmusikken har blitt så sentrale. Musikken som på denne måten utviklet seg i Nord-Amerika, var altså et resultat av møtet mellom europeisk og afrikansk kultur. Dette møtet fant sted på et kontinent hvor begge kulturene var fremmede, og hvor begge i stor grad var avskåret fra sitt opprinnelige opphav. Nord-Amerika lå uoppdaget og utfordret innvandrernes vilje og evne til nyskaping og kreativitet. Vi skal i dette kapitlet se nærmere på den europeiske og afrikanske bakgrunnen, og på de nordamerikanske musikkformene som etter hvert utviklet seg.

Alle innvandrerne, enten de kom fra Afrika eller Europa, og uavhengig av om de kom frivillig, motvillig eller under tvang, hadde behov for å verne om sin opprinnelige kultur. De tok vare på sin musikk både i hverdagslige sammenhenger og for å markere høytid. Mange av innvandrerne kom til Amerika på grunn av manglende religionsfrihet i hjemlandet, og for disse ble selvsagt den religiøse musikken av stor betydning.

Europeiske innvandrere

Musikk som utviklet seg blant europeiske innvandrere i Nord-Amerika, kan med en fellesbetegnelse kalles *euroamerikansk* eller hvit musikk. Slike hvite musikkformer hadde mange fellestrekk, men de regionale og lokale forskjellene kunne likevel være store, ikke minst på grunn av de store geografiske avstandene. Uttrykket euroamerikansk er derfor ikke uttrykk for én musikalsk stilretning; det forteller noe om opprinnelse. Til tider har det vært tegnet et romantisk bilde av de europeiske innvandrernes liv, ofte i kontrast til de afrikanske slavenes. Faktum er imidlertid at det store flertall av innvandrerne fra Europa reiste fra hjemlandet i ren desperasjon; de flyktet fra sult og forfølgelse, eller begge deler, og det livet som møtte dem i «den nye verden», var langt fra lukrativt. De første nybyggerne startet bokstavelig talt på bar bakke, og levde et fysisk og psykisk utmattende liv. Mange av dem som kom senere, endte som tjenere, noe som i virkeligheten var en form for «midlertidig slaveri», i beste fall for en periode på omkring fem år. En annonse i avisa Virginia Gazette fra mars 1771 er illustrerende: «Nettopp ankommet til Leedstown med skipet Justitia, omkring hundre friske tjenere – menn, kvinner og gutter. Salget starter torsdag 2. april.» Det var altså ikke her snakk om slaver fra Afrika, men utvandrere fra Europa. Svært mange av 16- og 1700-tallets innvandrere endte opp med denne type «kontrakter», og praksisen fungerte til langt inn på 1800-tallet. Den behandlingen disse fikk, skilte seg mange ganger lite fra den afrikanske slaver fikk: De kunne selges videre til en ny eier, de kunne piskes, de måtte arbeide til de stupte, de fikk dårlig mat, dårlig innkvartering, og mange av kvinnene ble seksuelt misbrukt. En annen gruppe innvandrere var straffangene. Praksisen med å deportere straffedømte til koloniene i Amerika startet på 1600-tallet, og fra 1717 var dette offisiell britisk politikk. Etter uavhengighetserklæringen i 1776 ble det satt en stopper for dette, og britene startet i stedet sin beryktede deportasjon av straff-fanger til Australia.

Flertallet av de tidligste bosetterne på østkysten var engelskmenn, men utover 1700-tallet kom også mange tyskere, skotter og irer. En betydelig gruppe blant disse var skotske presbyterianere (medlemmer av Den reformerte kirke). På 1600-tallet flyktet disse fra Skottland til Irland, og av denne grunn har de senere blitt kalt «skotsk-irske». Deres religionsutøvelse brakte dem i konflikt med det øvrige samfunn hvor de enn slo seg ned, og etter et par generasjoner i Irland emigrerte de av samme grunn til New England i Amerika. Etter nok en kort periode her flyttet de videre sør- og vestover. Dette førte skotsk-irene ofte ut mot de ytterste utposter av de stadig voksende koloniene. Disse gruppene av skotsk-irske nybyggere har hatt stor innflytelse på den nordamerikanske folkemusikken. De grunnla mange av de nye bosettingene i koloniene, og på denne måten satte de sitt preg på samfunnene før andre innvandrere kom etter. En annen årsak til den store innflytelsen var de sterke musikktradisjonene som fantes i deres opprinnelige hjemland, Skottland. Faktisk var den skotske musikktradisjonen blant de eldste og best bevarte musikk-kulturer i hele Europa.

Sentral- og søreuropeere utvandret senere enn britene og irene, og slo seg for det meste ned i allerede etablerte samfunn, ikke minst i byene. Innvandringen fra Europa til Nord-Amerika nådde et høydepunkt mot slutten av 1800- og begynnelsen av 1900-tallet, men hadde pågått siden kolonialiseringen startet i de første tiår av det 17. århundre. Ved undertegnelsen av uavhengighetserklæringen i 1776 bodde omkring 3 millioner mennesker i de nordamerikanske koloniene, og omkring år 1800 innvandret årlig om lag 7000 mennesker. Dette antallet steg til over en halv million hvert år omkring år 1900. Fram til omtrent 1880 var flertallet av innvandrerne fra Nord-Europa, og de europeiske innvandrerne utgjorde mer enn 70 prosent av innvandrerne totalt, slavene iberegnet. Bosettingen startet på østkysten, og strakte seg etter hvert vest- og sørover langs Appalachene i retning Mississippideltaet. Mange av de nye småsamfunnene, særlig i innlandet, forble svært isolerte på grunn av store avstander og dårlig framkommelighet. Disse stedene utviklet seg temmelig upåvirket av omverdenen. I enkelte områder i Appalachene og på Ozark-platået i Missouri fantes helt inn i det 20. århundre slike isolerte samfunn. I sør var befolkningen dessuten svært spredt, og så sent som i 1860 var det i sørstatene bare New Orleans som kunne kalles en stor by. Ingen andre byer i sør hadde på denne tida over 10 000 innbyggere, og de aller fleste beboerne i sør var farmere.

De europeiske innvandrernes sanger

Balladene var en viktig del av sangtradisjonen fra de britiske øyene. Disse episke sangene hadde mye av den samme funksjon som eventyrene, og ble sunget som fortellinger til barna og mellom voksne. De bar i seg minner fra hjemlandet, bidro til å bevare myter og sagn og hadde også en underholdningsverdi. Enten de handlet om den store kjærligheten, naturen eller svik og hevn, representerte de viktige sider av innvandrernes kollektive identitet. Balladene var, som all folkemusikk, muntlig overlevert, og ble derfor litt etter litt endret og tilpasset den aktuelle virkeligheten. Selv om mange av sangene ble glemt, levde formen videre, men gamle tekster ble erstattet med historier som lå nærmere i tid og rom. De moderne balladene ble til *hendelsessanger* (event songs), som etter hvert ble svært populære. Forfatterne tok gjerne utgangspunkt i en aktuell hendelse, og koplet denne til gamle balladers motiver. Særlig utbredt ble sanger om dramatiske hendelser som naturkatastrofer, togulykker og gruveeksplosjoner, eller voldelige hendelser som ran, kidnapping og mord. Vanligvis var sangene bygd opp etter en formel hvor åpningen beskrev en god og lykkelig stemning. Så utviklet sangen seg mer og mer dramatisk, for til slutt å ende i en grusom tragedie. I siste vers kom moralen: Sangeren tok fram pekefingeren, og fortalte hva man burde eller ikke burde gjøre, for å unngå en lignende skjebne. Balladene og hendelsessangene var ikke sørgelige eller triste, de var tragiske. Til en viss grad fungerte disse sangene også som nyhetsmedier, og ikke sjelden var hendelsene kraftig overdrevet for å få fram poengene.

Det fantes imidlertid også sanger som var sørgelige og sentimentale. Slike sanger, ofte kalt *parlour songs*, var sørgelige for sørgelighetens skyld, og skilte seg derfor fra de tragiske balladene. Særlig blant folk i byene var slike populære. Romantisering av livet på landsbygda og nostalgi rettet mot «the old folks at home», hjembygda og landsbykirken, var noe amerikanerne elsket. De satte stor pris på å bli beveget av en beveget sanger. Slike stemningssanger kan spores tilbake til gamle britiske tradisjoner, som gjerne tok opp alvorlige temaer i en melankolsk stemning. Melodiene hadde ofte modal karakter (bygd på modale skalaer, ikke på dur eller moll), noe som var velegnet til å skape nettopp melankoli. Livet for nybyggerne var dessuten preget av tragedier som dårlige avlinger, arbeidsløshet, fattigdom, naturkatastrofer, sykdom, nød og død.

Som nevnt var mange av europeerne kommet til Amerika nettopp for å kunne utøve sin religion fritt. De hadde med seg sine *religiøse sanger*, som i all vesentlighet bygde på gamle salmemelodier. De ble nedtegnet i nye salmebøker, som for eksempel i Henry Ainsworths The Book of Psalmes: Englished both in prose and metre, første gang utgitt i 1612. I forordet til denne salmeboka skriver Ainsworth om melodiene: «... jeg kan ikke finne noen melodier gitt av Gud, så man får bruke den mest høytidelige, sømmelige og behagelige syngemåte man kan ... melodiene har jeg derfor hentet fra gamle engelske salmer der hvor de passer til teksten ... noen er også hentet fra de mest betydelige og enkleste franske og nederlandske salmene.» Mange av disse melodiene ble brukt til flere forskjellige tekster, og menighetssangen var unison og uten akkompagnement. Omkring midten av 1600-tallet ble også melodier av europeiske komponister som Thomas Morley, Thomas Tallis og John Dowland tatt i bruk. Tekstene var dels hentet fra Salmenes bok i Det gamle testamente og dels nyskrevne.

Disse nybyggerene ble kalt puritanere, og deres idealer var preget av det enkle og vanlige («plain and simple»), all ekstravaganse ble ansett som umoralsk. Denne sansen for det enkle gjenspeilte seg i deres estetikk: Klær og frisyrer var praktiske og uten stas, møblementet var spartansk og funksjonelt, og kunsten var ikke noe sentralt element i deres liv. Dette kan også forklare hvorfor sangene hadde enkle, gamle melodier, og at den samtidige europeiske mer høykirkelige musikken ikke fikk noe gjennomslag. Puritanismen ga seg også utslag i en høy arbeidsmoral, og ga næring til den melankoli og verdikonservatisme som har preget folks mentalitet i sørstatene.

Mot slutten av 1700-tallet og på begynnelsen av 1800-tallet opplevde sørstatene flere store vekkelsesbølger, og ikke minst Baptist- og Metodistkirken fikk mange nye tilhengere. Disse kirkesamfunnene hadde et annet syn på hvilken musikk som passet til religiøst bruk. De lot seg inspirere av svart musikk, og av hvit profan musikk i sine nye lovsanger og vekkelsessanger. Flerstemt sang begynte å bli vanlig i kirkene. I forhold til den puritanske tradisjonen med alvorstunge salmer, var dette en revolusjon.

Instrumenter og dansemusikk

Sørstatsmentaliteten var ikke bare puritansk; virkeligheten var mer sammensatt. Sørstatene oppfant både hjemmebrent og brennevinsforbud, de kjempet for retten til å holde slaver, samtidig som de kjempet for enkeltmenneskets frihet. Motsetningene kan illustrere ytterpunkter i denne mentaliteten. Side om side med puritansk salmesang levde vitale dansetradisjoner – samtidig som man i de fleste hjem kunne finne en bibel og en salmebok, fant man gjerne også ei fele. Den tidlige instrumentale musikken ble framført på fele. Det tok lang tid før noe annet instrument ble vanlig i hvit, amerikansk folkemusikk. Instrumentet var enkelt å transportere, og hadde lange tradisjoner i Europa som et av de viktigste folkemusikkinstrumenter der. Fela hadde ingen plass i religiøse

sammenhenger, men i enhver annen sammenheng var den en selvfølgelighet. Særlig viktig ble den ved de såkalte «house parties»: Når noen skulle arrangere et bryllup eller en annen fest, spredte nyheten seg, et eller flere rom i huset ble ryddet for møbler, og en felespiller ble engasjert. Ved større arrangementer ble festen flyttet ut på låven, og da kalte de det «barn dance». Som oftest var det kun ei fele som akkompagnerte dansen, men det kunne hende at andre instrumenter, som munnspill, piano eller salmodikon (harmonium) også ble brukt. Feletradisjoner ble holdt i hevd gjennom kappleiker. Her møttes musikanter til vennskapelig dyst om hvem som var den beste «fiddler». Under kappleikene ble ny og gammel dansemusikk utvekslet, tekniske finesser demonstrert og diskutert, og felespillerne lærte av hverandre og inspirerte hverandre.

Fela beholdt sin posisjon som nesten enerådende instrument blant de hvite på landsbygda til omkring 1860. Etter dette ble også banjoen stadig mer populær, både som soloinstrument og som akkompagnement. Banjolignende instrumenter ble brukt helt fra 1600-tallet, men ikke av hvite. Det var slavene som først tok i bruk dette instrumentet. Banjoens egentlige opprinnelse er uklar, det finnes beslektede instrumenter langt tilbake i historien fra både Vest-Afrika, Midtøsten og andre steder i Asia, men ikke fra Europa. Instrumentet ble i Nord-Amerika først kalt «banjer» eller «banjar», og mange steder i sørstatene er det fortsatt slik instrumentnavnet uttales. I 1775 ble instrumentet beskrevet som det mest utbredte instrumentet blant slavene i sørstatene. Den moderne banjoen ble utviklet av svarte musikere i siste halvdel av 1800-tallet. Opprinnelig var instrumentets hals uten tverrbånd, men slike ble vanlige på 1880-tallet. Banjoen hadde til å begynne med fire strenger, men fikk omkring år 1800 en femte streng. Denne var kortere enn de andre, med stemmeskruen plassert midt på halsen. Strengen var dessuten stemt slik at den passet til melodispill.

Mot slutten av 1800-tallet ble gitaren stadig oftere brukt blant de hvite i sør, og duoer bestående av gitar og fele ble snart vanligere enn solofele. Selv om seksstrengsgitaren opprinnelig kommer fra Europa, var det paradoksalt nok gjennom afroamerikanerne at også dette instrumentet ble kjent blant de hvite på landsbygda. Det var riktignok europeere som innførte instrumentet til Amerika, men gitaren ble først bare brukt blant den hvite overklassen i byene. Hvite musikere på mer avsidesliggende steder i innlandet så ikke gitaren før tida omkring den første verdenskrig. Afrikanske slaver hadde brukt gitaren i mange generasjoner før dette.

På slutten av 1800-tallet ble house parties og barn dances stadig oftere akkompagnert av band bestående av fele, banjo og gitar, og man begynte å kalle dem *stringbands*. Stringbandene fikk stor popularitet, og mange reiste omkring på landsbygda i sørstatene med sin danse- og underholdningsmusikk. I sin mer utviklede form hadde bandene også med kontrabass, mandolin og autoharpe, noen ganger også trekkspill og munnspill. Slike ensembler er de første tegn til formalisering av samspill i den hvite folkemusikken, og stringbandmusikken danner et viktig grunnlag både for ragtime, jazz og country.

Autoharpa ble populær på 1890-tallet. Instrumentet består av en resonanskasse med fra 21 til 49 strenger. Et system med knapper som demper alle strengene unntatt dem som skal klinge, gjør at man ved å dra fingrene over strengene får gjengitt den ønskede akkorden. De enkleste autoharpene kunne bare gjengi tre akkorder (C, F og G^7), mens de mest avanserte hadde mulighet til å spille opptil 72 forskjellige akkorder. Disse kunne også ha tverrbånd under én av strengene, slik at det var mulig å spille en melodilinje på denne. Instrumentet var spesielt populært blant omreisende musikanter, predikanter og lærere, men autoharpa fantes også i mange hjem, hvor den for det meste ble traktert av kvinner. Det fantes forskjellige spilleteknikker, men akkordisk akkompagnement til sanger var vanligst.

Slavehandel og vestafrikansk musikk-kultur

Fra tidlig på 1500-tallet begynte europeere en storstilt slavehandel hvor vestafrikanere ble fanget for å selges som arbeidskraft i Amerika. De fleste havnet i Mellom-Amerika og Brasil, men vi regner med at 10–15 millioner afrikanere ble tatt i bruk som arbeidskraft ved plantasjer i det såkalte bomullsbeltet i sørstatene. Slavene ble sidestilt med husdyr. De hadde ingen rettigheter, deres kultur ble brutalt undertrykt, og slavedrivernes mål var å knuse enhver annen tanke hos slavene enn den å arbeide. Unntatt fra denne systematiske undertrykkingen var alt som kunne spore til økt effektivitet og produktivitet, for eksempel arbeidssanger. Trommer og lydsterke blåseinstrumenter var imidlertid strengt forbudt, da man visste at disse kunne brukes til å sende meldinger mellom plantasjene. De forskjellige musikkformene som har sin opprinnelse blant disse slavene, kaller vi gjerne med en fellesbetegnelse for *afroamerikansk* eller svart musikk.

Det afrikanske kontinentet er så stort at vi selvsagt ikke kan snakke om én afrikansk musikktradisjon. De regionale forskjellene er til dels meget store, og regionene er dessuten mange. På grunn av dette blir det altfor generaliserende å omtale noe som «typisk afrikansk». I vår framstilling har vi valgt å betone de elementene som har hatt størst betydning for den afroamerikanske musikken.

I Afrika nord for Sahara er det den arabiske kulturen som dominerer, mens områdene sør for Sahara har fellestrekk som gjerne blir kalt «svart-afrikanske» (black African). Det var fra disse områdene, særlig fra Vest-Afrika og Niger-området, at de fleste slavene kom. «Det svarte Afrika» har kulturelle særtrekk som på flere måter skiller det fra både det hvite Europa og det arabisk dominerte Afrika. Når vi i det følgende refererer til Afrika eller afrikansk, er det altså «det svarte Afrika» det henvises til.

Afrikansk musikk er først og fremst bruksmusikk, og med andre ord ikke skapt for abstrakte formål, men for noe langt mer konkret. Mange sanger var arbeidssanger, men det fantes sanger for de fleste formål: Sanger for å holde orden i geleddene, til trøst for sørgende, for å

håne fiender, til styrking av moralen, for å opprettholde øvrighetens posisjoner og lignende, eller musikk hvis eneste funksjon var å underholde utøverne og tilhørerne. Lovsangen var også utbredt i afrikansk sangtradisjon, både i religiøs og praktisk sammenheng. Vanligvis ble denne formen brukt for å blidgjøre en potensiell velgjører, en det kunne lønne seg å stå på god for med. Vi kan altså si at den afrikanske tenkemåten kopler estetikk til hverdagslig funksjonalitet på en helt annen måte enn den europeiske.

En annen viktig forskjell mellom europeisk og afrikansk tradisjon er hvordan musikkens grunnelementer vektlegges. Mens europeisk musikk har melodi og harmoni som de mest sentrale, er det rytmiske viktigst i afrikansk musikk. Dette gjenspeiler seg på flere måter: Gjennom rytmisk kompleksitet i musikken, gjennom instrumentale og vokale klangidealer, og ikke minst gjennom polyrytmikk. Rytmen er ikke bare mer framtredende enn melodi og harmoni, den er i langt sterkere grad enn i Europa knyttet til bevegelser og dans. Et særtrekk ved afrikansk dans er at kroppens ulike deler utfører forskjellige og samtidige rytmiske bevegelser (polyrytmikk). Denne polyrytmikken gjenspeiler seg i musikkens høyt utviklede rytmiske strukturer. I afrikansk sammenheng går dans og musikk opp i en høyere enhet, hvor danseren og musikeren kommuniserer på et mer likeverdig plan. Musikken er med andre ord ikke kun et akkompagnement, det kan like gjerne være danseren som bestemmer musikkens tempo og utvikling.

Når det gjelder afrikanske talespråk, er avstanden mellom tale og sang generelt mye mindre enn i Europa. Talespråk og kroppsbevegelser er en viktig inspirasjon for musikken. Språket danner ikke bare et rytmisk grunnlag for sangtekster, det er også et rytmisk og klanglig ideal for musikkinstrumentene. Den største kompliment en afrikansk musiker kan få, er at han får instrumentet sitt til å snakke. I mange afrikanske språk spiller tonehøyde en vesentlig rolle for betydningen av ord. I Yoruba-språket finnes for eksempel ordet «oko», som alt etter hvordan tonehøyden plasseres på de to stavelsene, kan bety enten «båt», «spyd», «hakke» eller «ektemann». Vanligvis er det ikke snakk om eksakte tonehøyder, men i enkelte ord i noen afrikanske språk kan eksakt tonehøyde være avgjørende for ordets betydning. Afrikanske språk er følgelig langt mer musiserende enn mange andre språk, og dette gjenspeiler seg selvsagt i den afrikanske musikken. I afrikansk språk og musikk finnes også en forkjærlighet for onomatopoetika. I tillegg til slike lydmalende ord finnes også en mengde instrumenter som imiterer naturlige eller mekaniske lyder. Nærheten mellom sang og tale har blitt et sentralt kjennetegn ved all afroamerikansk musikk, både i jazz og i populærmusikk. Det afrikanske vokale klangidealet skiller seg derfor sterkt fra det europeiske.

Et særtrekk ved afrikanske instrumenter er at det legges stor vekt på perkusjonseffekt. Et utall av forskjellige trommer og rytmeinstrumenter finnes, men også i de melodiske instrumentene er denne effekten et viktig klangideal. Uttrykket «jungeltelegraf» har sitt utspring i dette: Gjennom en velutviklet klanglig nyanserikdom kombinert med avansert rytmisk uttrykksfullhet kunne dyktige musikere imitere talespråket, og på denne måten sende forståelige meldinger over store avstander ved hjelp av trommer. Dette fenomenet kalles instrumentale språk, og slik tradisjon finnes flere steder på det afrikanske kontinentet.

Typisk for afrikansk musikk er korte, rytmisk-melodiske fraser, i motsetning til det europeiske idealet med lange melodiske linjer. Også dette er et grunnleggende element i all afroamerikansk musikk, i form av riff-teknikk. Men det finnes også en annen viktig forskjell mellom europeisk og afrikansk melodikk. I europeiske melodilinjer oppfattes oftest høydepunktet (klimaks) bokstavelig talt som melodiens høyeste tone, og de melodiske kurvene (forholdet mellom høye og lave toner) er viktig. I afrikansk tradisjon, derimot, er man opptatt av store og små, eller viktige og uviktige, toner, og melodienes høydepunkt er oftest avslutningen. Melodiene starter gjerne med korte og svake toner, og avslutter med lange, kraftige toner. Som regel er linjene også fallende og avslutningen er selve tyngdepunktet hvor det hele faller på plass. I blues for eksempel blir denne type melodikk svært tydelig.

I afrikansk samspilltradisjon er dialog et sentralt begrep. Afrikansk musikk er nærmest gjennomsyret av dialog eller «konversasjon». Det kan være en solist i dialog med et orkester, eller enkeltmedlemmer i orkesteret som konverserer seg imellom, som en del av akkompagnementet. Mens det klassiske, europeiske samspillidealet tilstreber en slags objektiv og forutsigbar «orden», preges afrikansk samspill av stor frihet i form av improvisatoriske innfall i dialog mellom musikantene. Call-and-response-formen er et eksempel på slik teknikk, og dette er også grunnleggende i all afroamerikansk musikk.

På tross av viktige forskjeller mellom afrikansk og europeisk musikktradisjon finnes det også mange fellestrekk. Eksempelvis er call-and-response-formen ikke spesifikt afrikansk, men nærmest universell i folkemusikk. Modalitet er et annet eksempel på at både afrikansk og europeisk musikk har en fellesarv. Det oppsto tidlig en kulturutveksling mellom europeiske og afrikanske amerikanere. Dette afroeuropeiske kulturmøtet i Nord-Amerika la et viktig grunnlag for populærmusikken i det 20. århundre.

Tidlig urban musikk

Vi har i dette kapitlet beskrevet en musikalsk virkelighet som først og fremst knytter seg til landsbygda. Slik kultur kalles med en fellesbetegnelse for *rural*, i motsetning til *urban* kultur, som knytter seg til byene. En grunnleggende forskjell mellom by og land er graden av kommunikasjon med omverdenen. Byene var knutepunkter for kommunikasjon i vid forstand. Folk fra landsbygda sognet til et eller annet bysentrum, og ville fra tid til annen ha ærender i byen. Typisk for urban kultur er dermed et større mangfold, og en generelt raskere utvikling eller endring av kulturuttrykkene. Når det gjelder USA, er det dessuten en viktig forskjell mellom nord- og sørstatene. Før borgerkrigen fantes de fleste byene i nord, øst og vest, altså i nordstatene, mens det i sørstatene fantes få byer, og bare New Orleans kunne kalles en stor by. Derfor representerte sørstatene i større grad det rurale.

Byene i nord kunne tilby en ganske annerledes underholdning enn den man kunne finne på landsbygda i sør. Konsertsaler, musikkpavil-

jonger og forskjellige former for teater var typisk urban underholdning. Disse formene spredte seg også til landsbygda på forskjellig vis, og blant de første og viktigste formene var de omreisende *medicine shows*. Disse representerte for mange folk på landsbygda det første møtet med urban underholdning og musikk. Et medicine show ble drevet av en handelsreisende som gjerne kalte seg «doc». Med hest og kjerre (senere også bil) reiste han rundt i sørstatene for å selge sin flytende «medisin». Musikken var en viktig del av showene, og musikantenes funksjon var å tiltrekke oppmerksomhet mot hovedattraksjonen: Vidundermedisinen. Flaskene inneholdt vanligvis en eller annen form for «snake oil», og sprit var nesten alltid den viktigste ingrediensen. Medicineshowene kunne ellers tilby både underholdning, kroppslig helbredelse, åndelig frelse og gjenfødelse, og var et kjærkomment underholdningsinnslag i hverdagen. Doc kunne også fortelle nytt fra fjern og nær. Medicineshowene var en viktig arena for musikanter som ville prøve seg som profesjonelle musikere.

Det samme gjelder de såkalte «tent-rep shows» (av «tent repertory»). Slike mobile telt-show brakte urban teaterunderholdning, musikk, seriøst teater og vekkelsesmøter til landsbygda. Når en landsby fikk slikt besøk, stilte som regel hele befolkningen opp, gjerne flere kvelder på rad, og de som ikke kunne betale med penger, byttet til seg billetter mot matvarer fra farmen. Musikken som ble presentert på medicine show og tent-rep show, var for det meste av urban opprinnelse, men den ble altså presentert i rurale omgivelser.

I første halvpart av 1800-tallet ble *minstrelshow* svært populære i byene over hele Nord-Amerika. Selve betegnelsen «minstrel» er i slekt med ordet «minister», som betyr tjener eller narr. Det fantes egne minstrel-laug (fagorganisasjon for profesjonelle underholdere) i middelalderens Europa, men selve minstreltradisjonen er mye eldre. I mange afrikanske land var griot-kulturen (se kap. 22) et beslektet fenomen. 1800-tallets minstrelshow hadde imidlertid lite til felles med disse tradisjonene, bortsett fra at det dreide seg om underholdning i form av blant annet musikk. Minstrelshow var det første tegn til svart kultur i de hvites underholdning. Et typisk trekk ved slike show var sminken; hvite artister sotet ansiktet med brent kork, og opptrådte med såkalt «black face». Den eldste skriftlige omtale av denne typen underholdning er fra 1767.

Hvite minstrelartister var vanligst inntil 1865, men etter borgerkrigens slutt ble også svarte artister stadig mer involvert. Det pussige var at også de svarte artistene fulgte opp tradisjonen med å sote ansiktene. Minstrelshowene forsøkte på en romantiserende måte å beskrive de svartes liv ved plantasjene. De såkalte plantasjesangene var populære, og skildret «slavelivets gleder». Et eksempel på en slik tekst finner vi i Stephen Fosters kjente «O, Susannah»: «O, Susannah, don't you cry for me / I come from Alabama with a banjo on my knee.»

Minstrelartistene reiste fra by til by og tilbød variert underholdning med hovedvekt på musikk, sang og dans. Forestillingene var som oftest tredelte: Én avdeling med sanger, vitser og sketsjer, én avdeling med sirkuspregede innslag, og en avslutningsdel hvor publikum ble med i en fellesdans eller marsj. Herav den såkalte «cakewalk», hvor det var om å gjøre å finne på den mest vanvittige marsjmåte. (Vinneren fikk en kake.) Musikk og dans ved minstrelshowene ble altså forsøksvis presentert som svart tradisjon med motiver fra slavetida, sett med de hvites øyne. Etter hvert som det kom med flere svarte artister, fant disse seg

selv i en rolle hvor de skulle late som om de var negre, og det hele ble noe søkt. Kritikken mot minstrelshowene ble med tida stor, fordi mange oppfattet den som rasistisk. Musikalsk sett la minstrelmusikken et viktig grunnlag for ragtime, og den ble viktig for innføringen av banjoen i hvit musikk.

En av minstreltradisjonens viktigste komponister var *Stephen Foster* (1826–64). Han kom fra Pennsylvania (opprinnelig fra Irland), og ble 1800-tallets mest innflytelsesrike amerikanske komponist. Han skrev en rekke minstrelsanger og ballader, hvorav den mest kjente ble «Old folks at home», også kjent under navnet «Swanee river». Denne sangen ble skrevet i 1851, men innspillinger av den figurerte senere på hitlister med en rekke forskjellige artister helt fram til 1937. Som andre komponister innen minstreltradisjonen idylliserte Foster slavenes liv. Dette ble et problem etter som den amerikanske borgerkrigen nærmet seg. Foster hadde nå slått seg ned i New York, og skrev i stedet nordstats-patriotiske sanger. Det var likevel balladene som lå hans hjerte nærmest, og under borgerkrigen skrev han blant annet «Beautiful dreamer», en av hans mange ballader som har vist seg å være svært levedyktig. Stephen Foster levde et alkoholisert liv, og døde som en fattig mann, bare 37 år gammel. Hans sanger ble senere et forbilde for mange Tin Pan Alley-komponister.

Uttrykket *vaudeville* er avledet av det franske uttrykket «chanson du vau de Vire» (sang fra Vire-dalen i Normandie) som var berømt for sine folkelige, satiriske sanger. Formen var en videreutvikling av minstrelshowene. Mens disse som regel reiste fra sted til sted, og besto av en fast aktørgruppe, var vaudeville-showene i varietéstil. (Varieté betyr egentlig et lokale som tilbyr lett og avvekslende underholdning, og skriver seg fra et teater i Paris som het «Théâtre des Variétés».) Forskjellige faste og gjestende artister opptrådte med sine egne innslag, som kunne være alt fra dresserte dyr, sketsjer og gjøgleri, til sang og musikk.

Vaudeville-teatrene fikk stor utbredelse i USA, og før århundreskiftet hadde de fleste større byer slike teatre. Tony Pastor var en av pionerene innen genren. Han åpnet sitt første teater så tidlig som i 1865. Her presenterte han samtidas mest populære artister og nye talenter. De dyktigste og mest populære av vaudeville-artistene endte gjerne opp ved teatre på Broadway, den nye teatergata i den voksende underholdningsmetropolen New York. Disse teatrene hadde en mer sofistikert form, og la mer vekt på musikken og sangene, og fjernet helt det sirkuspregede gjøgleriet. Vaudeville-teatrene var for den vanlige mann og kvinne i gata, og hadde ingen appell i de høyere sosiale lag. Noen av teatrene utviklet seg i en dristigere retning, og kom til å inkludere innslag som for eksempel striptease. Disse showene ble ofte kalt «burlesque». Etter hvert som salget av grammofonplater og utbredelsen av radioen økte, ble vaudeville-teatrene mindre besøkt. Innen annen verdenskrig var denne underholdningsformen nærmest borte, og de mer spektakulære showene på New Yorks Broadway og tilsvarende scener i andre storbyer tok helt over.

George M. Cohan (1878–1942) ble en av de fremste pionerer for amerikansk musikkteater, og skaperen av den moderne amerikanske musikk-komedien. Han begynte sin karriere i svært ung alder, og turnerte med sine foreldre og sin søster, «The four Cohans», på vaudevilleteatre over hele landet. Hans talent som komponist viste seg i 1898 da han skrev en stor vaudeville-suksess, «I guess I'll have to telegraph my baby». Etter suksessen med denne sangen begynte hans showkarriere ved Broadways teatre. Han skrev og satte opp flere musikalske komedier her i løpet av 1900-tallets første tiår, for eksempel «The man who owns Broadway», «Little Johnny Jones», «Forty-five minutes from Broadway» og «Hello, Broadway». En del av hans låter ble også store hiter for grammofonartister, som «Give my regards to Broadway» og «The Yankee doodle boy». Like før han døde ble han hedret gjennom Hollywood-filmen «Yankee doodle dandy».

Den nordamerikanske musikk-kulturen som vokste fram på 1800-tallet, la grunnlaget for det 20. århundres populærmusikk. I de neste tre kapitlene skal vi følge utviklingen av den afroamerikanske og den euroamerikanske folkemusikken, og den urbane underholdningsmusikken, inn i dette århundret.

4 Afroamerikansk musikk

De afroamerikanske musikkformene som utviklet seg i Nord-Amerika var et resultat av det afroeuropeiske kulturmøtet på amerikansk jord. Vår kunnskap om tidlig svart amerikansk musikk hviler, i tillegg til på selve sangtekstene, for det meste på enkelte skriftlige nedtegninger av hvite. I et slikt notat blir en slavekvinne sitert: «... it can't be sung without a full heart and a troubled spirit.» En annen skrev: «... but of the manner and singing, it is impossible to give any idea. It is a very strange and wild thing.» To andre observasjoner gjort av hvite er megetsigende: «The odd turns made in the throat and the curious rhythmic effect produced by single voices chiming in at regular intervals, seem almost impossible to place on the score.» «Some of the songs appear extraordinarily wild and unaccountable. The way in which the chorus strikes in with the burdon between each phrase of the melody chanted by a single voice is very curious and effective.»

Sangen ble brukt av slavene til både å beskrive, bearbeide og flykte fra sin harde livssituasjon. Dette finner vi eksempler på i gamle tekstfragmenter: «O, de ole nigger-driver / o, gwine away / fust ting my mammy tell me / o, gwine away / tell me 'bout de nigger-driver / o, gwine away / nigger-driver second devil / o, gwine away.» «White man use whip / white man use trigger / but the Bible and Jesus / made a slave of the nigger.» «Me and my captain don't agree, / but he don't know 'cause he don't ask me.» «Asked my captain for the time of day / he got so mad he threw his watch away.»

Da vestafrikanerne ble fraktet som slaver over Atlanterhavet, fikk de ikke ta med seg noen instrumenter. I Amerika levde de oftest nokså isolert fra det hvite samfunnet, og fikk sjelden eller aldri åpent dyrke sin kultur. Like fullt fikk sangen umiskjennelige afrikanske uttrykk. Særlig var dette tydelig i måten å bruke musikk på: Musikken var funksjonell, og gjennom sangen kunne de oppleve et fellesskap. I arbeidssituasjoner brukte de sang også for å lette arbeidet, for eksempel ved å understøtte rytmen i tungt arbeid som krevde koordinerte bevegelser, eller kun for å holde motet oppe gjennom en utmattende, langvarig og monoton arbeidsdag. Slike *worksongs* var en viktig del av den afrikanske arven. Som regel var sangene bygd opp slik at en forsanger (arbeidsleder) sang én linje som deretter ble repetert eller besvart av koret (arbeidslaget), i et call-and-response-mønster. Når slike sanger ble brukt under arbeidet på åkrene, ble de kalt *field hollers*. Slike arbeidssanger var opplagt en arv fra Afrika, men er ikke et spesifikt afrikansk fenomen: Arbeidssanger er trolig like gamle som arbeid, og i de aller fleste kulturer finner vi tilsvarende tradisjoner. Det samme gjelder call-and-response-formen, som ligger vel til rette når et arbeid skal utføres av mange.

Negro spirituals og ragtime

Afrikansk religion ble selvsagt også undertrykt av de hvite, som samtidig så det som sin oppgave å omvende slavene til kristendommen. Baptist- og metodistkirkene hadde en sterk posisjon i sørstatene, og under de store vekkelsesbølgene på 17- og 1800-tallet ble svært mange slaver og deres etterkommere omvendt. Mange svarte ble grepet av det kristne budskapet, men mange fikk også oppfatningen av at kristendommen måtte være grunnlaget for de hvites makt. Frelseslæren med løfter om evig liv i det hinsidige paradis var dessuten en tiltrekkende tanke. Religiøs sang var også en arv fra Afrika, og innenfor den kristne kirken fikk sangen fritt spillerom. De svarte skapte snart sin egen musikalske og religiøse identitet gjennom negro hymns eller *negro spirituals*, som betyr negrenes åndelige sanger. Det musikalske grunnlaget hentet de fra europeiske salmer og vekkelsessanger (som ble kalt spirituals i Amerika), og gjorde dem til sine egne – på sin egen måte. I svart utgave fikk sangene innslag av improvisasjon, ornamentikk og synkopering. Det viktigste nye elementet i forhold til afrikansk tradisjon var harmoniene.

Lengselen etter paradiset ble et gjennomgående tema; døden ble frelse, ikke bare til noe, men i høyeste grad også fra noe. Fortellinger fra Det gamle testamente ble aktualisert for slavene, og dette ga negro spirituals en tydelig dobbeltbunn i frelses- og frihetssymbolene: «Go down, Moses, way down in Egypt's land, tell old Pharoah: Let my people go!» Nordstatene ble symbolet for frelsen, på Kanaans land, og mange greide også å flykte. Symbolikken blir i mange sanger svært tydelig: «I'm bound for the land of Canaan», «Crossing over Jordan» eller

«Run to Jesus, shun the danger». Slik symbolikk er typisk for negro spirituals, og sangene ble sunget med stor følelsesmessig innlevelse, enten det var sorgtunge hymner eller mer ekstatiske «shouts».

Vi kan i hovedsak dele negro spirituals i to ulike typer: For det første den langsomme og melodiske formen, eksemplifisert ved «Deep river» eller «My Lord, what a morning». Denne formen var mer rytmisk og melismatisk enn de europeiske salmene. For det andre de hurtigere negro spirituals, som for eksempel «Go down, Moses» eller «Joshua fit the battle of Jericho». I denne formen finner vi call-and-response og improvisatoriske elementer både hos forsanger og i korene. Grunnlaget var oftest europeisk funksjonsharmonikk, men med pentatone melodiskalaer (skalaer bestående av fem toner) og afrikansk rytmisering. Over en fast puls skaptes en vev av ulike rytmer og synkoper.

Negro spirituals var den første afroamerikanske musikkformen som ble populær blant den hvite middelklassen. En viktig årsak til at sangene slo så godt an blant mange hvite, var utvilsomt det faktum at musikken i stor grad også hadde europeiske røtter. Begrepet «spiritual» eksisterte blant hvite før det ble tatt opp av svarte, og i starten var de fleste menighetene for begge raser. En pastor beskrev i 1751 i et brev hjem til England hvordan han opplevde sangen til den svarte delen av sin menighet: «... it is breaking out in a torrent of sacred harmony, enough to bear away the whole congregation to heaven.» Etter at slaveriet offisielt var opphevet i 1865, ble undertrykkingen av de svarte overført til alle mulige andre områder. Derfor samlet de svarte seg i egne menigheter og skoler, som etter borgerkrigen opplevde en nærmest eksplosjonsartet vekst. Dette førte til en sterkere rendyrking av den særegne svarte religiøse musikken. Bare i løpet av 1860-tallet ble det dannet rundt 20 000 nye svarte menigheter, og disse fantes særlig innenfor Metodistkirken, Baptistkirken og pinsebevegelsen, eller Sanctified Church of God in Christ. Gjennom de svartes nye kristne identitet ble nå kristendommen et middel i kampen mot undertrykkerne – de hvite.

I 1871 fikk negro spirituals et internasjonalt gjennombrudd, i forbindelse med at universitetskoret Fisk Jubilee Singers dro på turne i USA og Europa. Turneen skulle skaffe penger til deres universitet for svarte, hvilket den også gjorde. Dette koret introduserte negro spirituals med stor suksess for et hvitt publikum. Vi kjenner til omkring 600 originale negro spirituals, hvorav mindre enn halvparten er nedskrevet og samlet.

Den første afroamerikanske musikkform som ble etablert i Amerika og internasjonalt kjent, var altså negro spirituals. Den andre ble *rag-*

time, som hadde en enorm popularitet i amerikansk musikkliv mellom 1900 og 1920. Den førte til en betydelig vekst i salget av både noter og pianoer til hjemmebruk. Musikken ble spilt i hjemmene, på bordellene, i barer, på de første grammofonplatene, og som akkompagnement til de første stumfilmene. Framfor alt gjorde ragtime synkopering populært: «To rag» er et verb som betyr å synkopere. Enkelte danser fra svarte miljøer i New Orleans ble beskrevet som «dances in ragged time», som kan oversettes med «danser i ujevn (synkopert) rytme». Det som i begynnelsen ble synkopert, og laget ragtime-versjoner av, var militærmarsjer. Den legendariske marsj-komponisten John Philip Sousa dirigerte U.S. Marine Band, som mellom 1895 og 1915 var blant USAs største grammofonartister. Militærmusikken hadde en sterk innflytelse på både ragtime og tidlig jazz. Og ragtime på sin side fikk stor innflytelse på flere andre amerikanske musikkformer.

Mange forbinder ragtime med pianomusikk, og ikke uten grunn: Den fremste ragtime-komponisten var afroamerikaneren *Scott Joplin* (1868–1917), som skrev en mengde ragtime-stykker for nettopp piano. Ragtime var, i motsetning til mye annen afroamerikansk musikk, komponert og notert. En typisk ragtime-komposisjon for piano består av marsjrytme i venstre hånd, mens høyre hånd spiller synkoperte melodier. Imidlertid finnes det også mye ragtime-musikk i form av sanger eller verk for orkestre, og det ble også komponert ragtime-valser. Mange stringbands spilte ragtime, og banjoen var også et viktig ragtime-instrument. Første gang et musikkstykke ble kalt ragtime fra komponistens side, var i 1897, og i løpet av de nærmeste 20 årene vet vi at nærmere 3000 slike instrumentalstykker ble publisert. Det utviklet seg dessuten samtidig en tradisjon med å «ragtimeisere» kjente stykker fra det klassiske repertoaret.

Scott Joplin ble født i Texas, fikk klassisk musikkutdanning, og behersket foruten piano også flere andre instrumenter. Han fikk sitt gjennombrudd som komponist i 1899 med «Maple leaf rag», som sammen med «The entertainer» er hans mest kjente komposisjon. Imidlertid ville han helst skrive større verk i mer klassisk stil, og hans skuffelse var stor da det viste seg at utgiverne ikke ønsket en slik utvikling av hans karriere. Han satte selv opp sin opera «Treemonisha» i Harlem, New York City, i 1911. Denne oppsetningen ble ingen suksess. En annen opera, «The guest of honor», ble ikke engang utgitt, og er nå gått tapt, og utgivelsen av balletten «The ragtime dance» i 1902 var en økonomisk fiasko. Joplin har etterlatt omkring 50 pianostykker i ragtime-stil.

Veien, toget og elva

Den tredje av de opprinnelige afroamerikanske musikkformene, og den som fikk størst betydning, var *blues*. Blues er en selvstendig genre, men ble også et viktig grunnlag for både jazz og rock'n'roll. Noen musikere har forsøkt å sette ord på hva blues er: «The blues are the roots and the other music are the fruits» (Willie Dixon), «The blues had a baby and they called it rock'n'roll» (Muddy Waters), «Blues is not a dream. Blues is truth» (Brownie McGhee), «It has more feeling than other music» (John Lee Hooker), «The blues are not wrote; the blues are lived» (Johnny Shines), «The blues will never die because it's the original thing. Blues will be blues until the world ends» (J.B. Hutto). Blues er opprinnelig folkemusikk, med en mengde avskygninger og stilretninger – blues spenner fra den dypeste religiøsitet, gjennom hverdagslighet, humor og ironi, gjennom innadvendt meditasjon til ekshibisjonisme, fra kjærlighet og hat til opprørsk aggresjon og utilslørt seksualitet.

Lenge før bluesmusikken ble en egen genre, var bluestilstanden et kjent begrep. Vi vet ikke når uttrykket «to feel blue» oppsto, men en av de eldste skriftlige referanser til ordet «blues» finner vi i Charlotte Fortens dagboknotat fra 14. desember 1862. Hun var født i nordstatene, hadde utdannet seg som lærer, og underviste på denne tida for slaver i South Carolina. Hun skrev: «I hadn't slept more than ten minutes when I was awakened by what seemed to me terrible screams coming from the quarters. These screams disturbed me all the following day, and I came sadly back from church. Nearly everybody was looking gay and happy, and yet I came home with the blues. Threw myself on the bed and for the first time since I have been here, felt very lonesome and pitied myself.» Sitatet forteller noe om bluesfølelsen, en feeling som vi kan gjenkjenne i bluesmusikk, og som er karakteristisk for musikken.

Blues var folkemusikk, den ble framført av amatører, og etter hvert av omreisende trubadurer. De sang fortellinger om hverdagslivet i alle avskygninger, om veien, om toget og om elva. Blues er hva vi kan kalle en «performance style»: En «blues-man» formidler «blues-feeling». På 1870-tallet ble blues for det meste framført av solister som sang sine historier uten akkompagnement. Blues og negro spirituals vokste fram samtidig i årene etter borgerkrigen, men mens negro spirituals var en utpreget kollektiv musikk, var bluesen individuell. Fra 1880-tallet ble instrumenter som banjo og fele brukt til akkompagnement, og snart kom også gitaren og munnspillet inn. Munnspillet egnet seg godt til å imitere den menneskelige stemmen. For å oppnå en lignende effekt med gitaren ble

bottleneck-teknikken utviklet. Denne teknikken gikk ut på at gitaristen brukte en glass- eller messingsylinder (flaskehals) tredd inn på lille- eller ringfingeren på venstre hånd. På denne måten oppnådde han en meget markant glissando-effekt når sylinderen ble ført langs strengene. Noen brukte en kniv i stedet for flaskehals. Det var først omkring århundreskiftet at akkorder ble vanlig i blues. Nå hadde denne musikken allerede blitt oppdaget av folkemusikksamlere. Den første publiserte blues var W.C. Handys «Memphis blues», som ble utgitt på noter i 1912. Ikke før i 1920 kom den første blues-grammofonplata med en svart sanger.

Vi skal se nærmere på de musikalske kjennetegnene ved bluesen, slik den utviklet seg rundt århundreskiftet. Call-and-response-teknikken er grunnleggende i blues. Bluessangeren lot gjerne gitaren svare og kommentere det han sang. I tråd med afroamerikansk praksis var også riff-teknikk grunnleggende for blues. Rytmisk er blues gjennomført synkopert, ofte med en 6/8-følelse (shuffle). Bluesens harmoniske og melodiske verden kjennetegnes også av *blue notes* – hva vi kan kalle blå tonalitet. Mens europeisk tradisjon i stor grad bygger på dur- og moll-skalaer, finner vi i blues oftest pentatone skalaer. Særlig utbredt er den såkalte moll-pentatone skalaen: Prim, liten ters, kvart, kvint og liten septim. Som vi har vært inne på i forrige kapittel, inneholder afrikansk melodikk tonale nyanser som ikke lar seg forklare gjennom europeisk skalatenkning, og som til dels har sammenheng med rent språklige fenomener. I afroamerikansk musikk kan man derfor ikke tenke tradisjonell dur-/moll-følelse. Disse blå tonene er ikke statiske, men intoneres som regel glidende, såkalte «bends», og lar seg følgelig ikke notere. Slik glidende intonasjon er naturlig i afroamerikansk vokalpraksis, og teknikken lot seg overføre til instrumenter som gitar og munnspill.

Selve bluesbegrepet, brukt som betegnelse for en musikkgenre, er en relativt ny term, og kom ikke i vanlig bruk før på 1890-tallet. Det viktigste europeiske elementet i blues er bruken av akkorder. Dette kom inn på et relativt sent stadium, og nærmere 1910 ble det såkalte 12-takters-skjemaet etablert som det vanligste. Det finnes innen blues mange andre formløsninger, og selv innenfor 12-takters-skjemaet finnes mange varianter. Bluesgitarister pleide å akkompagnere hovedsakelig på akkordenes grunntone og kvint, mens de improviserte med vekt på terser og septimer. Når det gjelder den harmoniske strukturen, kan vi dessuten si at subdominanten er mer sentral enn dominanten, i klar motsetning til europeisk tradisjon, hvor det motsatte er tilfellet. Prototypen på et 12-takters bluesskjema kan illustreres slik:

1. takt	Trinn I	C^7	Call: (vokal)	«She left me this mornin'
2. takt	Trinn IV / I	F^7 eller C^7		midnight was turnin' day»
3. takt	Trinn I	C^7	Response: (instrumental)	
4. takt	Trinn I	C^7		
5. takt	Trinn IV	F^7	Call: (vokal)	«She left me this mornin'
6. takt	Trinn IV	F^7		midnight was turnin' day»
7. takt	Trinn I	C^7	Response: (instrumental)	
8. takt	Trinn I	C^7		
9. takt	Trinn V	G^7	Call: (vokal)	«I didn't have the blues until
10. takt	Trinn V / IV	G^7 eller F^7		my good girl went away»
11. takt	Trinn I	C^7	Response: (instrumental)	
12. takt	Trinn I / V	C^7 eller G^7		

De 12 taktene er strukturert i en AAB-form, hvor første verselinje gjentas, etterfulgt av en utfyllende, konkluderende sluttlinje. Sluttlinja har ofte et ganske skarpt poeng, gjerne med en tragisk undertone, eller med humor: «A: When a man's down and out, you women don't want him 'round / A: When a man's down and out, you women don't want him 'round / B: But when he's got money, he's the sweetest thing in town.» Bluesakkorder er altså ikke en del av «definisjonen» av en blues: Blå tonalitet, call-and-response-mønstre og synkoper er langt mer grunnleggende musikalske elementer. En blues trenger i prinsippet ikke å ha akkorder eller fast form i det hele tatt.

Bluesdialekter og -sangere

Den tidlige bluesen kaller vi gjerne *country blues* eller rural blues. Det finnes mange lokale varianter av blues, men i det minste på overflaten har alle formene sentrale stilistiske og formale fellestrekk. Vi skiller mellom to hovedretninger: Texas-blues og delta-blues, henholdsvis fra Texas og Mississippideltaet. Av disse formene er delta-bluesen den som fikk størst betydning for bluesens videre utvikling, og det er også herfra vi finner de viktigste pionerene. Men vi skal først se litt nærmere på Texas.

I *Texas-blues* er vokal og tekst sentrale elementer. Gitaren, som utgjør det vanligste akkompagnementet, har en nedtonet rytmisk funksjon. Den understreker og utfyller tekst og stemning. *Blind «Lemon» Jefferson* (ant. 1880–1929) var den mest betydningsfulle stilskaperen her. Jefferson var blant de første bluessangere som gjorde plateinnspillinger, rundt 1925, og vi kjenner til om lag 90 innspillinger fra ham. «Matchbox blues» er hans mest kjente sang. Flere blinde sangere har spilt en viktig rolle i bluesens utvikling. Forklaringen på dette er trolig så enkel at den som ikke kunne se, heller ikke kunne gjøre arbeid på plantasjene. På denne måten hadde blinde mer tid enn andre til å utvikle sin musikk. Alt i tenårene spilte Jefferson på gata i hjembyen, men snart ble han å høre i mange byer i Texas, ikke minst i Dallas. Jeffersons stil skilte seg fra delta-bluesens svært rytmiske stil. Han var utpreget fri og rubatisk i sine tolkninger, sangene hadde ofte et field holler-preg som mer betonte tekst enn dansbare rytmer. Det har skapt problemer for ettertidas bluesmusikere å gjenskape hans spillestil fullt ut, på grunn av hans frie rytmiske form. Jefferson var en sanger med dyp innlevelse. Han hadde en ganske tynn stemme, men hadde likevel evnen til å gripe lytterne. Gitarspillet hans fungerte på samme måte: Rytmisk driv ble erstattet av følsomme nyanser som skulle understreke stemningen. Han brukte en effektiv call-and-response-teknikk mellom vokal og gitar, en stil som var svært utbredt i Texas, særlig i Dallas: Hver tekstfrase ble etterfulgt av et svar (response) fra gitaren i form av en kort frase eller en arpeggio (brutt akkord). I motsetning til de fleste bluessangere på denne tida oppnådde Blind «Lemon» Jefferson ganske stor popularitet, og til dels rikdom og berømmelse i sin samtid. På slutten av sitt liv hadde han endatil bil og privatsjåfør.

Jefferson sang ofte fortellinger om egne opplevelser og erfaringer, men det hendte også at han foretok rene observasjoner: «The mean old hangman is waitin' to tighten up that noose / The mean old hangman is waitin' to tighten up that noose / Lord I'm so scared I'm tremblin' in my shoes. // The croud around the courthouse an' the time is goin' fast / The croud around the courthouse an' the time is goin' fast / Soon a good-for-nothin' killer is goin' to breathe his last.»

I det følgende eksemplet, hentet fra sangen «Black snake moan», finner vi Jefferson i et annet lynne: «Eeeeeeheh, ain't got no mama now / Eeeeeeheh, ain't got no mama now / She tol' me last night you don't need no mama nohow. // Mmmmm-mmm, black snake crawlin' in my room / Mmmmm-mmm, black snake crawlin' in my room / And some pretty mama better get this black snake soon. // Well – wonder where that black snake's gone / Well – wonder where that black snake's gone / Lord that black snake mama, done run my darlin' home.»

Sangeren og gitaristen *Leadbelly* (Hudson «Huddie» William Ledbetter, 1889–1949) skal i en periode rundt 1910 ha spilt og reist mye sammen med Jefferson. Han behersket mange instrumenter: Mandolin, piano, trekkspill og munnspill. Først og fremst var han gitarist og sanger, og utviklet et høyt nivå på 12-strengsgitar. Leadbelly hadde et stort repertoar som gjenspeilte både svarte og hvite folkelige musikktradisjoner. Hans bluesstil var kjennetegnet av hans kraftige og uttrykksfulle stemme, og av hans teknisk avanserte gitarspill. Noen av hans sanger har vist seg svært levedyktige, særlig «Goodnight Irene» og «The midnight special».

Leadbelly opptrådte mye i nattklubb- og prostitusjonsstrøkene i byer som Dallas og Shreveport. Disse miljøene kunne være ganske voldelige, og kom til å prege både Leadbellys musikk og hans liv. Han tilbrakte flere perioder av sitt liv i fengsel og arbeidsleirer, dømt blant annet for mord. Mens han satt inne, ble han kontaktet av John Lomax fra kongressbiblioteket i Washington D.C., og gjorde noen innspillinger med ham. Senere ble han Lomax' assistent, sjåfør og kjentmann. I en periode over flere år reiste de sammen i sørstatene og gjorde opptak av bluesmusikere. Leadbelly bidro selv med mange innspillinger. (John Lomax arbeidet fra 1933 for kongressbiblioteket i Washington D.C., hvor det ble opprettet et eget folkemusikkarkiv i 1928. Johns sønn Alan kom med i farens arbeid på 1930-tallet.)

Innen *delta-blues* utviklet gitaristene en avansert instrumentalteknikk, ofte med kraftige rytmiske markeringer i backbeat på gitarens bass-strenger. I det hele tatt var det rytmiske aspektet mer sentralt i delta-bluesen enn i de andre formene, og gitaren hadde en framtredende plass. Det var her bottleneck-teknikken ble utviklet (slide guitar). Den fremste stilskaperen innen delta-bluesen var *Robert Johnson* (Robert Leroy (Spencer) Johnson, 1911–38). (Noen kilder oppgir fødselsåret til 1891.) Han har etterlatt seg mange låter som har blitt standardrepertoar for bluesartister verden over. Det at Johnson betegnes som stilskaper, betyr ikke nødvendigvis at han oppfant noe nytt. Å være stilskaper innebærer at utøveren makter å raffinere noe som allerede finnes, og løfte en tradisjon til et høyere kunstnerisk nivå. Johnson vokste opp i Mississippideltaet, og hadde hørt bluesmusikk framført av mange forskjellige musikere, og også selv spilt sammen med mange. Blant disse var bluesmenn som Charley Patton, Son House og Ike Zinnerman. Disse og andres tekster, syngemåte og spillestil dannet grunnlaget for Johnsons.

I løpet av 20-tallet hadde utgivelse av grammofonplater blitt vanlig. Det var ikke lenger en forutsetning å møte andre musikere personlig for å kunne la seg inspirere av dem. På denne måten var Johnson blant de første bluesartister som kunne la seg inspirere av sangere han aldri hadde møtt. Robert Johnson oppnådde ingen stor berømmelse i sin samtid, selv om han var godt kjent blant andre bluesmusikere. Det var først etter hans død at man begynte å forstå betydningen av hans innspillinger. I hans samtid var det få som fikk kjennskap til dem – til og med i hans nære familie. Hans nå legendariske innspillinger ble alle gjort mellom 23. november 1936 og 20. juni 1937, altså innenfor en periode på bare sju måneder. I alt dreier det seg om 29 forskjellige bluesslåter. Det ryktes at det skal finnes én innspilling til, men det er foreløpig ingen som har vært i stand til å finne denne.

Johnson hadde en høyt utviklet gitarteknikk, med klar inspirasjon fra barpianisters boogie-woogie-teknikk. Denne teknikken besto i en rytmisk jevn og repeterende venstrehåndsbevegelse, ofte innenfor skalatonene prim, stor ters, kvint, sekst og liten septim. Dette bassakkompagnementet fungerte som en rytmisk motor i musikken. Med høyre

hånd spilte man melodistemmen og improvisasjonene. Boogie-stilen ble først utviklet i Texas og Louisiana, og spredte seg derfra nordover Mississippi. (Det fortelles at en av grunnene til utviklingen av stilen var at pianister skulle kunne ta seg en slurk eller en matbit med høyrehånda uten å måtte avbryte musikken.) Denne teknikken overførte Johnson til gitaren.

Store deler av sitt aktive liv som musiker var Johnson på veien, alene eller sammen med andre opptrådte han over store deler av statene. Johnsons ettermæle er omspunnet av myter. Blant annet skal han ha solgt sin sjel til djevelen, for å oppnå sitt høye musikalske og tekniske nivå. Myten underbygges av tekstene i Johnson-sanger som «Hellhound on my trail», «Cross road blues», eller i «Me and the devil», hvor dette eksemplet er hentet fra: «Early this morning when you knocked upon my door / Early this morning when you knocked upon my door / And I said Hello Satan, I believe it's time to go. // Me and the Devil was walking side by side / Me and the Devil was walking side by side / I'm goin' to beat my woman until I get satisfied. // You may bury my body down by the highway side / You may bury my body down by the highway side / So my old evil spirit can catch a Greyhound bus and ride.»

Johnson kunne være ganske åpenhjertig når det gjaldt seksualitet, noe følgende eksempel fra «Travelling riverside blues» kan stå som et eksempel på: «If your man get personal, want to have some fun / If your man get personal, want to have some fun / Best come on back to Friars Point mama, barrelhouse all night long. // I got womens in Vicksburg, clean on into Tennessee / I got womens in Vicksburg, clean on into Tennessee / But my Friars Point rider hops all over me. // I ain't goin' state no color, but her front teeth crowned gold / I ain't goin' state no color, but her front teeth crowned gold / She got a mortage on my body now, and a lien on my soul. // You can squeeze my lemon till the juice run down my ... (till the juice run down my leg, you know what I'm talkin' about) / You can squeeze my lemon till the juice run down my leg (that's what I'm talkin' about, now) / But I'm goin' to Friars Point, if I be rockin' to my end.» Folk som kjente Johnson, og som jobbet sammen med ham, beskrev en person som var så opptatt av kvinner at det kunne grense til besettelse, og at Robert Johnson «... was rockin' to the end». Johnson døde i 1938 av at en sjalu ektemann forgiftet ham. Noen kilder oppgir at han ble stukket i hjel.

Blant de viktigste inspirasjonskildene for Johnson var *Charlie Patton* (1891–1934), som av mange blir kalt delta-bluesens grunnlegger. Like før århundreskiftet flyttet hele hans familie til Dockery Farms for å få seg arbeid. Denne storfarmen lå mellom Memphis og Vicksburg, og her holdt mange bluessangere til. Foruten Patton var Willie Brown, Jake Martin og Son House også bosatt her. Patton ble værende på Dockery til rundt 1925, omtrent samtidig som han gjorde sine første plateinnspillinger. Han fikk ikke et like sterkt ettermæle som Robert Johnson, Blind «Lemon» Jefferson og andre, men han regnes likevel som en av de viktigste pionerene innen country-blues, og han påvirket mange yngre musikere. Mange av hans sanger var hendelsessanger, slik som denne skildringen av den store flomkatastrofen i Mississippideltaet i 1927: «Lord the whole roun' country Lord, river is overflowed / Lord the whole roun' country, man it's overflowed / I would go to the hilly country, but they got me barred. // Now the water now mama, done struck Charley's town / Well they tell me the water done struck Charley's town / Well I'm goin' to Vicksburg on that high mound // Ooooh-uh the water is risin', families sinkin' down / Say now, the water was risin', airplanes all aroun' / It was fifty men and children come to sink an' drown. // Ooooh-uh Lordy women and grown men drown / Ooooh women and children sinkin' down / I couldn't see nobody home an' was no one to be found.»

Son House (Eddie James House, 1902–88) begynte ikke å spille blues før i 25-årsalderen, og gjorde sin første plateinnspilling i 1930. House var ingen virtuos bluesutøver, men har betydd mye for senere artister ved sine sjelfulle og overbevisende tolkninger. Fra hans første innspillinger finnes tre låter, og det letes etter en fjerde. På 1940-tallet var House på høyden av sin karriere, og i regi av kongressbiblioteket i Washington D.C. ble det gjort en del innspillinger hvor han spilte sammen med Willie Brown, Leroy Williams og Fiddlin' Joe Martin. Etter å ha turnert i mange år som bluesmusiker la han opp sin karriere i 1948, men han hadde en renessanse mellom 1964 og 1974, før han sluttet for godt. House sang i 1930 om de grenseløse problemene i deltaområdene; først flom i 1927 og siden børskrakk, depresjon og tørke: «I fold my arms Lord and I walked away / I fold my arms Lord and I walked away / Just like God tell you, somebody got to pray. // Pork chops' forty-five cents a pound, cotton is only ten / Pork chops' forty-five cents a pound, cotton is only ten / I can't keep no women, no, no – now or then. // It has been so dry, you can make a powderhouse out' the world / It has been so dry, you can make a powderhouse out' the world / Then all the money men, like a rattlesnake an' a squirrel. // Oh Lord, have mercy if you please / Oh Lord, have mercy if you please / Let your rain come down and give our po' heart ease.»

Cajun og vaudeville-blues

I Mississippideltaets frodige musikalske mangfold oppsto også *cajun*. Dette er betegnelsen på en kultur som utviklet seg i de fruktbare sumpområdene i det sørlige Louisiana. Den viktigste folkegruppen her kaller seg kreoler og snakker et særegent språk med fransk opprinnelse. De engelsktalende naboene kaller de hvite kreolene for cajun (Cajuns) og de svarte for kreoler (Creoles). De levde lenge relativt isolert fra det øvrige samfunn, og utviklet en egen kultur hvor blant annet språk og musikk skilte seg ut.

Kreolsk språk er fransk med oppblanding av uttrykk fra både engelsk, tysk, spansk, afrikansk og indiansk. På samme måten er cajunmusikken også påvirket av alle disse kulturene. Kreolenes kulturelle sentrum er Lafayette. Herfra spredte cajunkulturen seg til områdene omkring, og påvirket afroamerikansk musikk. Cajun er først og fremst dansemusikk. Opprinnelig var fele, gitar og munnspill de vanligste instrumentene. Fela hadde en såkalt «open tuning» (akkordstemming), og bueteknikken innebar at man spilte på to og to strenger, en slags drone-teknikk. Repertoaret besto av forskjellige typer gamle, europeiske danser, så som contredanser, mazurkaer og valser. Omkring århundreskiftet ble trekkspillet det viktigste cajun-instrumentet, og musikken fikk et mer diatonisk preg. Den første cajun-innspillingen ble gjort på et hotellrom i New Orleans i 1928; det var trekkspilleren Joseph Falcon og hans gitarspillende kone Cleoma som spilte sangen «Allons a Lafayette». Falcons svoger, Amedee Breaux spilte ikke lenge etter inn cajunmusikkens mest berømte sang: «Jolie Blonde».

Etter annen verdenskrig videreførte trekkspilleren Iry LeJeune den tradisjonelle cajun med sin berømte innspilling «La valse du pont d'amour» (1948). Cajun-musikken var allerede blandet inn i andre populære musikkformer, og dens popularitet ble ikke mindre på 60-tallet og senere. Men etter krigen ble også en svart utgave av cajun populær. Denne ble kalt *zydeco* eller zodico. Det er vanskelig å skille disse formene klart fra hverandre, og i Louisiana var det på 20- og 30-tallet svært mange fellestrekk mellom svart og hvit musikk. Lafayettes borgermester fra slutten av 1980-tallet, musikeren Rockin' Dopsie, har beskrevet zydeco som «litt jazz, litt blues, litt fransk og litt R&B, godt blandet sammen». I zydeco bruker man gjerne større trekkspill eller piano-trekkspill, for å kunne spille mer kromatisk og bluespreget, mens man i cajun foretrekker det mindre torader-trekkspillet. Clifton Chenier regnes som den viktigste stilskaperen i zydeco, og Rockin' Sidneys «My toot toot» er genrens største hit.

Blues var fra starten av, slik vi har sett, en mannsdominert musikkform. Mange av de første bluessangerne som gjorde seg gjeldende på grammofonplater, var imidlertid kvinner. De kvinnelige vokalistene opptrådte som oftest innenfor et konsept som kan betegnes som en egen retning innen bluesen, kalt både jazz-blues, classic blues og *vaudeville-blues*. Denne hadde for det første mange trekk fra hvit urban underholdning, selv om artistene var svarte. For det andre var den klart knyttet til New Orleans-jazzen, og ofte var det jazz-comboer som akkompagnerte. Den fremste blant disse kvinnene var *Bessie Smith* (1894–1937), som fikk tilnavnet «The Empress of the Blues». Hun begynte sin karriere i «The rabbit foot minstrels», og mellom 1923 og 1933 ble det utgitt i alt 160 innspillinger med henne. Hennes første kommersielle suksess var «Downhearted blues» (1923), som solgte nærmere 800 000 eksemplarer i løpet av et halvt år. Innspillingen «St. Louis blues» (1925) ble en av hennes mest kjente bluesłåter, og en av flere hvor også Louis Armstrong medvirket. Smiths forbilde som ung var bluessangerinnen Gertrude Ma Rainey. Også flere andre kvinnelige bluessangere gjorde seg på denne tida bemerket, som Clara Smith, Mamie Smith, Trixie Smith og Ida Cox (Smith-ene var ikke i slekt med hverandre). Mamie Smith ble med «Crazy blues» i 1920 den første svarte solist som spilte inn en bluesplate. Vaudeville-blues har primært fått følger for utviklingen innen jazz, og fullenderen av denne bluesformen ble Billie Holiday. Bessie Smith har også inspirert utallige andre jazz- og bluesorienterte vokalister, fra Mahalia Jackson til Janis Joplin.

5 Euroamerikansk musikk

Den hvite rurale folkemusikken i Nord-Amerika ble fram mot 1920-tallet kjent under en rekke forskjellige navn, som «old time», «mountain», «hill country», «songs from Dixie», «old familiar tunes», «folk» og lignende, men den ble aldri kalt «country». Billboard introduserte så sent som i 1944 en liste for hvit populærmusikk, som de kalte «the most played juke box folk records». I 1946 ble denne lista kalt «hillbilly», og året etter ble navnet endret til «country and western». Fra 1962 ble imidlertid western-delen fjernet, og navnet har siden vært «country». Country-begrepet er derfor en relativt ny term.

Country omfatter en rekke musikalske uttrykksformer. Det dreier seg om profane og religiøse, rurale og urbane, folkelige og kommersielle former, og det finnes både instrumentale og vokale stilretninger. Country er med andre ord ikke én bestemt stilretning, men har blitt et samlende begrep for hvit populærmusikk i USA med folkemusikalske røtter. Musikkens bakgrunn og opprinnelse er heller ikke enhetlig, men svært sammensatt. Country-musikk ble skapt av hvite amerikanere, hovedsakelig bosatt i sørstatene, og kunne tilsynelatende virke rendyrket hvit. Likevel bar den i seg elementer fra både europeisk og afrikansk musikk-kultur. Country ble med hensyn til både form, rytmikk, vokalteknikk og instrumentasjon influert av svarte musikkformer som blues, spirituals, ragtime, jazz og senere rhythm & blues og rock'n'roll. Den viktigste europeiske påvirkningen kom gjennom innvandrere med skotsk-irske musikktradisjoner, men senere også fra urban, hvit musikk, gjennom vaudeville og Tin Pan Alley.

De første hillbilly-innspillingene

Plateselskapene begynte å gjøre innspillinger av hvit folkemusikk på 20-tallet. Innspillingen som hevdes å være den første, var «Sally Goodin»

og «Arkansas traveller» med felespilleren Eck Robertsen i 1922. Disse innspillingene av Robertsens felespill er trolig den eneste innspilling som finnes bevart av autentisk feletradisjon i keltisk stil. Hans teknikk og spillestil bygde direkte på denne tradisjonen, og var neppe endret vesentlig fra sitt opphav på de britiske øyer. En av de sentrale pionerer innen opptak og utgivelse av de tidligste innspillingene var talentspeideren og produsenten Ralph Peer. Han begynte å arbeide for Columbia Records, og i 1920 ble han utleid til det nystartede OKeh Records. Peer foretok en rekke reiser i sørstatene for å spore opp, og gjøre innspillinger med, lokale talenter. Musikerne og sangerne han møtte, var farmere og vanlige arbeidsfolk som hadde musikken som en hobby. De få av deltagerne på slike tidlige innspillinger som var profesjonelle, hadde sin bakgrunn fra medicine shows og minstrelgrupper. Peers pionerarbeid fikk stor betydning for framveksten av country-musikken.

Uttrykket *hillbilly*, som egentlig betyr «fjellbonde», var kjent fra omkring århundreskiftet også som et uttrykk for en musikkstil. Det ble fra 1925 et allment begrep, da brødrene Al og Joe Hopkins, sammen med sin produsent Ralph Peer, gjorde det kjent gjennom plateinnspillinger med gruppa Al Hopkins and the Hill Billies. Begrepet ble i løpet av 20-tallet en fellesbetegnelse for all den hvite folkemusikken som ble presentert på grammofonplater, og har etter hvert blitt nærmest synonymt med det senere country-begrepet. Hillbilly-begrepet har levd videre i årtier – noen ganger brukt nedsettende, for å understreke det folkelige og «bondske» ved stilen, mens mange av country-musikkens utøvere med stolthet har kalt – og fortsatt kaller – seg hillbillies.

Al Hopkins and The Hill Billies var først og fremst et instrumentalt stringband, og flere andre slike band ble snart oppdaget og utgitt på plate. Blant de mest kjente var Charlie Poole and The North Carolina Ramblers og The Skillet Lickers. Den vanligste besetningen var fele, gitar og banjo. Fela var soloinstrumentet, og musikerne hadde ofte en spillestil med bluesinspirert melodikk. Femstrengs-banjoen akkompagnerte med brutte akkorder, og den mest brukte teknikken var en såkalt tre-finger-teknikk, som innebar at man spilte akkordtonene med tommel-, peke- og ringfinger på høyre hånd. Gitaren var også en del av akkompagnementet, men spillet var ikke akkordisk, slik vi kjenner det fra senere bruk av gitaren. Typisk var lange, melodiske linjer i samspill med, eller i kontrast til, fela.

Ralph Peer, samt talentspeidere fra mange andre plateselskaper, frambrakte mange plateartister på 20-tallet. Andrew «Blind Andy» Jenkins var en dyktig utøver på både gitar, banjo og mandolin, og ble også en viktig låtskriver innen tidlig hillbilly-musikk. Han var dessuten predikant, noe som gjenspeilte seg i hans tekster, som for eksempel «If I could hear my mother pray again» eller «God put a rainbow in the clouds». Han skrev også moralske cowboy-ballader med utgangspunkt i virkelige personer eller hendelser, som for eksempel hans svært populære sanger «Billy the kid» og «The death of Floyd Collins». Riley Puckett var blant de første hillbilly-artistene som forsøkte å gjøre musikken til profesjon. Han hadde en klar barytonstemme, og ble kjent for sin myke sangstil, som sto i kontrast til hillbilly-sangernes nasale klangideal. Puckett var også den første som spilte inn en plate med såkalte «yodels», en spesiell vokalteknikk som senere ble et kjennetegn innen country-musikk. Blant andre sentrale pionerer nevner vi Carson Robinson fra Kansas, Bob Miller fra Memphis, Bradley Kincaid fra Kentucky og ikke minst *Vernon Dalhart* (Marion T. Slaughter, 1883–1948) fra Texas. Han ville bli operasanger, og fikk klassisk musikkutdanning ved musikk-konservatoriet i Dallas. Ferdig uteksaminert reiste han til New York, og arbeidet som sanger ved flere av byens musikkscener. Han gjorde innspillinger alt i 1916, først for Edison, men senere for nesten alle plateselskaper som fantes i USA. Han tok kunstnernavnet sitt etter byene Vernon og Dalhart i Texas, men brukte også mange andre artistnavn – i alt 110 forskjellige er registrert. Dalharts popularitet som sanger innen «lett klassisk» repertoar ble aldri stor, og i 1924 avtok salget av hans plater så mye at han ble tvunget til å prøve noe nytt. På tross av Victors store betenkeligheter med å la en «seriøs» artist framføre hillbilly, som etter deres oppfatning var musikk av tvilsom kvalitet, fikk han likevel gjøre noen slike innspillinger. Nå fikk Dalhart sitt endelige gjennombrudd, og han ble en av 20-tallets mest populære grammofonartister. De to viktigste av hans første hillbilly-innspillinger var hendelsessangene «The wreck of the old 97» og «The prisoner's song». «The wreck of the old 97» var en sang om en tragisk togulykke med et posttog på Southern Railway i 1903, hvor tolv personer omkom. Sangen hadde versert på folkemunne i over 20 år før denne innspillingen, men satte nå en standard for hillbilly-hendelsessanger. Slike sanger ble svært populære, og «The prisoner's song» ble den fjerde mest solgte plate fram til 1954, med sine over 7 millioner solgte eksemplarer: «If I had the wings of an angel, over these prison walls I would fly». Etter suksessen med disse to sangene gikk Dalhart helt og holdent over til folkelige sanger. Han ble den første plateartisten som gjorde kommersiell lykke med hillbilly-musikk, og fikk følgelig stor betydning for populariseringen av genren.

Som vi har slått fast, var hillbilly et begrep blant landsens musikanter lenge før det ble kjent gjennom kommersielle innspillinger. I utgangspunktet var musikken et rent ruralt amatørfenomen. Når hillbilly ble utgitt på plater, derimot, startet en uunngåelig profesjonalisering og kommersialisering av musikken, og påvirkningen fra urbane stilretninger ble tydeligere. Medicine-, vaudeville- og minstrelshowene var ikke ukjente fenomener på landsbygda, men hillbilly levde nokså upåvirket av dette fram til 1920-tallet. Musikerne gikk fra å være amatører til å bli profesjonelle, og noen av plateartistene hadde også sin bakgrunn fra byene. Selv om mange hadde et sterkt ønske om å formidle hillbilly-musikken på en mest mulig autentisk måte, ble den urbane påvirkningen stadig sterkere, og country beveget seg gradvis fra å være folkemusikk til å bli populærmusikk. En lignende utvikling fant noe senere sted i blues.

En viktig faktor i urbaniseringen av country-musikk og andre rurale musikkformer var bilen. Bilen gjorde avstanden mellom by og land mindre. Sammen med utbygging av andre kommunikasjonsmidler gjorde bilen det enklere å utveksle kulturelle impulser med flere i et høyere tempo.

Musikantene blir artister

De første dagene av august 1927 skulle vise seg å bli viktige for country-musikkens framtid. Ralph Peer reiste på en av sine mange talentspeideturer. Denne gangen hadde han bestemt seg for å stoppe opp i Bristol, på grensa mellom Tennessee og Virginia. Som han pleide, fikk han overtalt den lokale avisredaktøren til å gi en førstesideomtale av hans formål med oppholdet. Mange meldte seg, og noen av den tidlige country-musikkens fineste innspillinger ble gjort disse sensommerdagene i Bristol. Dette ble starten for country-musikkens første gullalder, og ble musikalsk og stilmessig skoledannende for generasjoner av kommende country-artister. Først og fremst skyldtes dette at to av country-musikkens største navn gjennom tidene gjorde sine debutinnspillinger her: Jimmie Rodgers og The Carter Family.

The Carter Family var et familieforetak, og besto foruten ektemann *Alvin Pleasant Carter* (1891–1960) av hans kone *Sara Dougherty Carter* (1898–1979) og hans svigerinne *Maybelle Addington Carter* (1909–78). Gruppa besto fram til 1943, men alle medlemmene gjorde seg også i tida etter dette sterkt bemerket. The Carter Family skilte seg ut fra det etablerte hillbilly-soundet gjennom sin instrumentasjon, men også gjennom sine to- eller trestemte vokalarrangementer. Gruppa holdt seg trofast til den stilen de hadde etablert ved sine første utgivelser – deres utvikling besto i en perfeksjonering av dette musikalske uttrykket. Da The Carter Family i 1970 ble innlemmet i «The Country Music Hall of Fame» i Nashville, bar æresplaketten følgende påskrift: «De blir av mange oppfattet som selve uttrykket for country-musikkens storhet, og skapere av en stil som mange har kopiert.» Denne stilen var basert på instrumentene gitar, autoharpe og fele, i forskjellige kombinasjoner. Kombinasjonen gitar og autoharpe var ikke en nyskapning, men Maybelles gitarspill gjorde denne kombinasjonen til et særtrekk ved gruppas stil. Hun videreutviklet stringband-gitaristenes melodilinje-teknikk, ved å spille melodiske linjer med tommelen på bass-strengene samtidig som hun spilte akkorder på diskantstrengene med de andre fingrene. Denne teknikken ble et ideal for generasjoner av country-gitarister, og ble kalt «the Carter Family lick». Sara var hovedvokalist, og hadde en klar og kraftig sopranstemme. Høydepunktene i deres sanger var Saras og Maybelles duetter. Maybelles dypere og rundere altstemme balanserte vokalstilen. A.P. Carter selv var relativt tilbaketrukket, og ofte helt fraværende i lydbildet; hans viktigste innsats i gruppa var som låtskriver og som samler av tradisjonelle sanger. Han nedla et viktig arbeid med innsamling av slike sanger i Virginia, West Virginia og Tennessee, og i dette tok han med sanger av både hvit og svart opprinnelse. Hans innsats har betydd mye for bevaringen av tradisjonsmusikk fra disse statene.

The Carter Familys sanger handlet om kjærlighet til hjemmet, naturen, Gud, Amerika, til mor og far, til tradisjonene, og om det trygge samholdet i familien. Et viktig grunnlag for country-musikkens generelle konservatisme og nasjonalpatriotisme ble lagt her, men denne type holdninger til livet og samfunnet var rotfestet i den sørstatske folkesjela. Mange av sangene hadde sterke religiøse overtoner, selv om jordisk kjærlighet også ble besunget. The Carter Familys tilknytning til religiøse miljøer viser seg imidlertid ikke bare gjennom deres tekster. Det var ingen tradisjon for å synge flerstemt i folkemusikken, og når gruppa likevel gjorde det, var dette opplagt en inspirasjon fra kirken. Omkring 1930 var gruppa godt kjent i hele USA, men deres plater solgte aldri i de helt store opplag, og de opptrådte sjelden offentlig. Når de holdt konserter, var det nesten alltid i mindre forsamlinger i kirker eller på skoler. Deres popularitet skyldtes primært radio-opptredener. The Carter Family gjorde innspillinger for mange plateselskaper, som vanlig var på denne tida, men deres utgivelser på Decca mellom 1936 og 1938 har blitt stående som noe av det mest sentrale. Blant deres mest kjente sanger finner vi «Wildwood flower», «Keep on the sunny side», «Worried man blues» og «Will the circle be unbroken». Etter bruddet i 1943 fortsatte Maybelle og hennes tre døtre, Helen, Anita og June, med gruppa «Mother Maybelle and The Carter Sisters». June giftet seg senere med Johnny Cash, og Junes datter Carlene videreførte Carter-familiens stolte tradisjoner på 80-tallet.

Jimmie Rodgers (James Charles Rodgers, 1897–1933) har blitt kalt «the Father of Modern Country Music». Han inspirerte svært mange musikere gjennom sine plateutgivelser, sine radio-opptredener og konserter, og ble country-musikkens første virkelig store stjerne. Rodgers må også tildeles mye av æren for at country-musikk ble et stadig mer populært fenomen blant folk i byene. Hans oppvekst i Mississippi, med nærhet til svart musikk og svarte musikere, gjorde også at han var tydelig påvirket av blues. Dette gjenspeiler seg både i hans musikk og i hans tekster. Han fulgte tidlig sin far på arbeid ved Mobile and Ohio Railroad, og fikk her nær kontakt med svarte arbeidsfolk. En av hans mest kjente sanger, «Muleskinner blues», inneholder strofen «Hey, little water boy, bring that water 'round». Dette kan godt være selvopplevd, og hentet fra den tida da han som ung blant annet hadde ansvar for å hente vann til arbeidere ute ved jernbaneanleggene.

Jimmie Rodgers lærte tidlig å spille både banjo og gitar, og han begynte å skrive sanger som ganske ung. Allerede som 13-åring var han i en periode med i et medicine show, og mange av sine musikalske forbilder fant han ved vaudeville-teatre og gjennom Tin Pan Alley-musikk. Han var allerede fra ung alder plaget av svak helse, noe som ble sterkt forverret etter en lungebetennelse i 1920. Det ble derfor stadig vanskeligere for ham å gjøre tungt fysisk arbeid, og han forsøkte å livnære seg som sanger. I løpet av disse årene gjorde Rodgers verdifulle erfaringer, og da han møtte opp til prøveinnspilling for Ralph Peers i Bristol i 1927, var han derfor ingen uerfaren musiker. Innspillingene ble utgitt, og ble en umiddelbar suksess. Plateselskapet Victor forsto at Rodgers hadde et kommersielt potensial, og inviterte ham til nye innspillinger i sitt studio i New Jersey. Her gjorde han sin første i en rekke av tolv såkalte «blue yodels». Disse hadde en typisk bluesstruktur, og ved avslutningen av hvert vers la Rodgers inn en blue yodel. Dette ble hans mest karakteristiske kjennetegn, og var en sangteknikk som kom til å prege generasjoner av kommende country-sangere. Blue yodels er forskjellig fra den mer atletiske og virile jodlingen vi kjenner fra Alpene. Blue yodels var et mer melankolsk uttrykk, og vakte assosiasjoner til den ensomme prærieulvens ul. Rent teknisk ble frasene utført som et «Jodel-e-i, jodel-e-i, jodel-e-i», med den karakteristiske, vokale «knekk» i diatoniske sekst-intervaller på «e-i».

Mot slutten av 1928 reiste Rodgers på en stor turne ved vaudevilleteatre, og ble her lansert som «the singing brakeman» og «the blue yodeler». Nye innspillinger fulgte, og i 1929 kom den første hillbilly-utgivelsen som solgte over én million eksemplarer: «Yodeling Cowboy». I løpet av depresjonstida, mellom 1928 og 1933, solgte Rodgers om lag 20 millioner plater i USA – dette i en tid da musikkindustrien var inne i sin største krise. Hans siste innspillinger ble gjort i mai 1933, og to dager etter at arbeidet var ferdig, døde han av tuberkulose. De siste dagene i studio var han så redusert at det ble innredet et eget hvilerom for ham, hvor han kunne ligge og komme seg til neste opptak. Jimmie Rodgers' artistdrøm hadde gått i oppfyllelse, og han fikk oppleve noen få år med rikdom og berømmelse før han døde bare 35 år gammel.

Låvedans på radio

I løpet av 20-tallet nådde radiomediet ut til stadig flere lyttere i USA, og radioen ble kanskje den viktigste enkeltfaktoren for utbredelsen av hillbilly-musikk og framveksten av profesjonelle country-artister. Radiostasjonene i USA var privateide, og svært mange av dem ble finansiert av større firmaer, som på denne måten ønsket å profilere seg selv og sine produkter. Underholdningsprogram, og særlig musikk, ble i denne sammenhengen viktig, og fra midten av 20-tallet ble det opprettet stasjoner som bare sendte hillbilly-musikk. Denne typen sendinger ble gjerne kalt «barn dance», «shindig», «hoedown» eller «jamboree». Den eldste av disse, med betydning for ettertida, var stasjonen WLS i Chicago. Stasjonen ble finansiert av Sears, Roebuck & Company, et firma som i tillegg til å drive med postordresalg av klokker og smykker nettopp hadde åpnet verdens største varehus. Forkortelsen WLS står for «world's largest store». Herfra ble det sendt et ukentlig program med hillbilly og populærmusikk. Stasjonen holdt det gående uten store endringer i programtilbudet, under navnet «National barn dance» fra 1924 fram til 1968. Det var imidlertid i Nashville at den mest innflytelsesrike stasjonen kom: Journalisten George Dewey Hay ble, etter suksess ved WLS i Chicago, ansatt ved WSM Barn Dance, som var eid av forsikringsselskapet National Life and Accident (forkortelsen WSM står for «We Shield Millions»). I november 1925 kunne Hay ønske lytterne velkommen til den første sendingen, og to år senere ble programmet omdøpt til Grand Ole Opry. Sendingene ble raskt populære i områdene utenfor byen, men det fantes krefter i selve Nashville som så med stor skepsis på hillbilly-stasjonen. Det ble til og med gjort forsøk fra enkelte borgere på å få sendingene stoppet, da de mente at program med slik musikk kunne skade byens gode rykte. Opry har, på tross av dette, utviklet seg til å bli country-musikkens «La Scala», og en institusjon som byens borgere har blitt svært stolte over. At Nashville med tida ble et av USAs største og mest betydningsfulle musikksentra, og country-musikkens hovedstad, har klar sammenheng med opprettelsen av Grand Ole Opry.

Ved sendingene de første årene var det ikke publikum til stede, men det varte ikke lenge før presset fra entusiastiske lyttere ble så stort at WSM måtte bygge et studio som også ga plass for tilhørere. Etter som årene gikk og pågangen fra publikum økte, flyttet sendingene til stadig større lokaler, og i 1974 ble Grand Ole Oprys nyeste konsertsal, med plass til 4400 tilskuere, åpnet som del av «Opryland USA Park» i Nashville. George D. Hay, og den senere ledelse ved WSM, var konservative

og konsekvente i sitt repertoarvalg – langt fra all musikk slapp til. I løpet av det første tiåret var det nesten bare stringbands, ragtime og marsjmusikk som ble akseptert. Slagverk og blåseinstrumenter var for eksempel ikke akseptert, og så sent som i 1944, da Bob Wills hadde en gjesteopptreden, måtte orkesterets skarptromme gjemmes bak sceneteppet, slik at publikum ikke skulle oppdage den. Mange opplevde Grand Ole Opry som stivbeint og bakstreversk, men for de fleste country-artister var det å bli akseptert av denne scenen nesten ensbetydende med stor suksess. Oprys konservative politikk har også medvirket til bevaring av de tradisjonelle stilretningene. Da depresjonstida satte inn mot slutten av 20-tallet, falt mye av markedet for salg av plater bort, og radioen ble den viktigste formidler av musikk. Alle de store, stilskapende artistene hadde tilknytning til en eller flere radiostasjoner, og de viktigste popularitetsmålingene ble foretatt på grunnlag av disse radiosendingene.

En av hovedattraksjonene ved Grand Ole Opry ble *Roy Acuff* (Roy Claxton Acuff, 1903–92) fra Tennessee. Faren var felespiller, men også advokat og baptistprest. Musikken ble Acuffs hovedbeskjeftigelse fra 1932, da han ble med i Doc Hauers medicine show som turnerte i Tennessee. Her opptrådte han for det meste med sotet ansikt i minstreltradisjon. Han gjorde også noen plateinnspillinger, men det var først da han fikk opptre ved Grand Ole Opry i 1937 at hans egentlige gjennombrudd kom. Hans utgivelse av Carter Familys «Wabash canonball» (1938) ble en av de mest solgte platene det året.

Før 1938 var det instrumentalmusikk som totalt dominerte repertoaret ved WSM. Det var ikke uvanlig at bandmedlemmer sang, men det var instrumentalistene som var i forgrunnen. Roy Acuff var blant de første stjernene ved Opry som var sanger, og dette bidro til en utvikling bort fra de tradisjonelle stringbandene. Hans band, The Smokey Mountain Boys, var dessuten først ute med å bruke en dobro-gitar ved denne scenen. (Dobro-gitaren ble utviklet av fiolinbyggerne Dopyera Brothers, og det som skilte denne gitaren fra vanlige akustiske gitarer, var at lokket var av aluminium, noe som ga en metallisk, skinnende klang.) Acuff ble i løpet av 40-tallet Oprys mest populære artist, og var trofast knyttet til denne scenen helt til sin død i 1992. Men Acuff fikk også et stort publikum utenfor Opry, og ble på denne måten en nøkkelperson i utbredelsen av country. I årene like etter annen verdenskrig var han mer spilt på amerikanske radiostasjoner enn Frank Sinatra. Blant hans hiter under krigen nevner vi «Wreck on the highway», «Fireball mail», «Night train to Memphis», «Pins and needles» og «Low and lonely». Acuff hadde en allsidig karriere og satset også innen politikk og ikke minst i forlagsbransjen. Sammen med Fred Rose startet han det innflytelsesrike forlagshuset Acuff–Rose Publishing i Nashville.

Hollywood-cowboys

Westernfilmer ble populære i USA allerede i stumfilmens dager. Da lydfilmen overtok kinomarkedet, ble det skapt en ny type filmhelt, nemlig «den syngende cowboy». På 1930- og 40-tallet ble det innspilt en mengde slike filmer, hvor hovedkravet til skuespillerne var at de kunne både ri og synge. Slike filmer ble svært populære også i Europa, og det var gjennom disse at den såkalte country & western-musikken ble kjent. For de fleste europeere var det denne musikken som ble hovedreferansen til country, den mer genuine hillbilly-musikken ble lite kjent utenfor USA. Selve begrepet «country & western» har derfor også blitt hengende igjen i europeisk bevissthet lenge etter at man i USA hadde begynt å kalle musikken country. Sangene som filmcowboyene framførte, lå fjernt fra de tradisjonelle cowboyballadene, eller annen musikk som vi må anta at ekte cowboyer hadde et forhold til. Westernfilmenes musikk var sterkt influert av Tin Pan Alley. Man brukte nå noterte arrangementer, og orkestrering med blåsere, flerstemt kor og strykeseksjoner i stedet for felespill. Dette var et langt steg bort fra de folkemusikalske røttene, og country-musikken var nå for alvor i ferd med å bli en integrert del av amerikansk populærmusikk.

En av westernfilmenes første og største syngende helter var *Gene Autry* (Orvon Autry, 1907). Han medvirket i mer enn 100 westernfilmer, og ble en meget rik og berømt syngende cowboy. Som mange andre av sine samtidige startet han sin karriere som Rodgers-imitator. Gjennombruddet for Autry kom rundt 1930 da han fikk innpass ved National Barn Dance i Chicago, og i 1934 gjorde han sin første filminnspilling. Autry meldte seg frivillig som soldat i det amerikanske flyvåpenet under annen verdenskrig, og Roy Rogers overtok da hans rolle som «de syngende cowboyers konge». Autrys største salgssuksesser på plate var hitene «Rudolph the rednosed reindeer», «Here comes Santa Claus», «Frosty the snowman» og hans kjenningsmelodi «Back in the saddle again».

Også Rogers medvirket i over 100 filmer, og i mange av dem også hans hest, Trigger, som gikk for å være cowboyfilmens smarteste hest. Da Trigger døde i 1965, hadde Rogers så store problemer med å skilles fra den at han fikk den utstoppet.

Country-musikk for orkestre og band

Mens europeere forbandt western-begrepet først og fremst med en filmgenre, forbandt amerikanere begrepet vel så mye med *western swing*, en stilretning innen country som utviklet seg i Texas på 30-tallet. Western swing hadde utgangspunkt i stringbands, men inspirasjonen fra sam tidas jazz, og til dels blues, var også stor. I sørstatene, og særlig i Texas, hadde stringband-musikken fått et godt fotfeste, og det fantes mange dyktige instrumentalister, særlig felespillere. De nye bandene hadde fele og steelgitar som soloinstrumenter, og brukte et utvidet og mer moderne komp bestående av piano, gitar, banjo og kontrabass. Senere, med inspirasjon fra storbandene, ble også messing- og treblåsere vanlig.

Western swing-orkestrene hadde et bredt repertoar som tok utgangspunkt i gamle valser og andre danselåter fra tradisjonelle stringbands, men etter hvert ble også jazz-, blues- og ikke minst Tin Pan Alley-musikk vanlig å finne på repertoaret. På 30-tallet ble det gitt ut flere tusen plateinnspillinger i denne genren, med forskjellige western swing-band fra Texas og Oklahoma. Etter 1945 var det bare de store orkestrene som fortsatte, og det opprinnelige soundet ble borte. Western swing har hatt stor betydning for utviklingen og utbredelsen av country, og ble også en viktig forløper for rock'n'roll gjennom bruken av swingrytmer.

Western swing gjorde steelgitaren til et populært instrument. Denne gitarvarianten er en videreutvikling av den akustiske Hawaii-gitaren, som ble utviklet midt på 1800-tallet. Opprinnelig ble gitaren innført til Hawaii gjennom mexikanske kvegfolk som reiste dit i stort antall rundt 1830. Lokale musikere overtok raskt instrumentet og tilpasset spillestilen til sin musikk. Typiske hawaiiske glissando-effekter ble oppnådd ved at et avrundet stålstykke eller et knivblad ble ført over gripebrettet. For lettest mulig å kunne utnytte denne spilleteknikken ble gitaren lagt over knærne, slik at gripebrettet ble liggende vannrett. (Delta-bluesens slide-teknikk ble utformet omtrent samtidig, men her ble gitaren holdt i vanlig stilling.) Musikk fra Hawaii, og Hawaii-gitaren, ble tidlig på 1900-tallet populært i USA. Særlig ble steel-teknikken brukt på dobrogitarer, men i 1931 utviklet Rickenbacker sin såkalte «frying pan», en liten, elektrisk steelgitar, som ble forløperen til den moderne steelgitaren. I løpet av 30-tallet produserte blant annet Gibson elektriske steelgitarer som sto på bein. Steelgitaren ble brukt både til soli og til komp i western swing, og fikk noe av den samme funksjon som blåser-fills i storbandene.

Blant de mest kjente western swing-artistene nevner vi Light Crust Doughboys, Cliff Bruner's Texas Wanderers, Milton Brown's Brownies, Bill Boyd's Cowboy Ramblers, og Bob Wills' Texas Playboys. *Bob Wills* (James Robert Wills, 1905) ble født i Texas. Nitten år gammel flyttet han til Amarillo, kjøpte seg ei fele og forsøkte å gjøre et levebrød av musikken. Han spilte på lørdagsdanser og fikk innpass ved to radiostasjoner. I perioder medvirket han i medicine shows og opptrådte ofte med sotet ansikt. Fra 1930 fikk han sitt eget band, og fra 1935 et 12-manns orkester med stadig stigende popularitet. Bob Wills' Texas Playboys gjorde sine første plateinnspillinger dette året. Allerede på disse utgivelsene hadde bandet uvanlig stor besetning, og besto av to feler, to gitarer, steelgitar, saxofon, trombone, banjo, piano, slagverk, kontrabass og vokal. I en periode under annen verdenskrig besto hans orkester av 22 musikere, flere enn for eksempel storbandene til Goodman og Miller. Blant Bob Wills' Texas Playboys' mest kjente innspillinger nevner vi «New San Antonio rose», «Faded love», «Smoke on the water», «White cross at Okinawa» og «Stars and stripes at Iwo Jima».

Som vi har beskrevet, oppsto allerede i country-musikkens første tiår flere ulike stilretninger, som alle var viktige i genrens utvikling: Den instrumental- og dansepregede hillbilly-stilen, den balladepregede stilen til Carter Family, den bluesinspirerte stilen med blue yodels representert ved Jimmie Rodgers, slagerne til tenorsjarmørene til hest på Hollywoods filmlerreter, og den jazzinspirerte western swing-stilen. I en viss kontrast til denne utviklingen oppsto på 40-tallet også en mer tradisjonsbundet stil, *bluegrass*. Dette var en videreutvikling av stringbandmusikk, og på samme måte som western swing, var også dette musikk som vektla det instrumentale. I 1938 dannet *Bill Monroe* (William Smith Monroe, 1911–96) gruppa The Blue Grass Boys. Lite visste han da, at dette band-navnet et tiår senere skulle gi navn til en egen stilretning innen country. Monroe ble født i Kentucky, et område i USA hvor det faktisk finnes gras som er blått. Han vokste opp i en svært musikalsk familie, og lærte seg å spille mandolin. I 1939 hadde The Blue Grass Boys sin første opptreden på Grand Ole Opry, som ble en stor suksess. Siden ble Monroe en av de trofaste gjengangerne ved WSM.

The Blue Grass Boys dannet skole, og flere av bandets medlemmer var blant de aller fremste instrumentalister country-miljøet har fostret. Blant de mest framtredende i tillegg til Monroe selv var gitaristen og sangeren Lester Flatt, banjospilleren Earl Scruggs samt gitaristene Clyde Moody, Jim Eanes, gitaristen og sangeren Mac Wiseman, sangeren og banjovirtuosen Sonny Osborne, og sangeren Jimmy Martin. Bluegrass utviklet seg til å bli en svært virtuos form, med mange improvisatoriske innslag. Earl Scruggs utmerket seg spesielt, og hadde mye av æren for banjoens renessanse. Bill Monroe regnes som en av country-musikkens fineste mandolinspillere, og utviklet en instrumentalteknikk som løftet mandolinen til et virtuost soloinstrument. Monroe ble også berømt for sin høye tenorstemme, som ble retningsgivende for hvordan bluegrassvokal skulle låte. Han har blitt kalt «The Father of Bluegrass Music», og blant hans mange sanger nevner vi «Blue moon of Kentucky», «When the golden leaves begin to fall» og «Walking to Jerusalem», dessuten instrumentalnumre som «Pike county breakdown» og «Scotland».

Den vanligste besetningen i bluegrass ble fele, gitar, mandolin, banjo og dobro. Over dette kompet lå ofte flerstemt sang, og typisk var teknikken med å legge vokalen i et høyt register. Slik oppnådde sangerne den nasale og pressede effekten som kjennetegner bluegrass-vokal. Bluegrass opplevde en stadig økende popularitet utover 60-tallet, og spredte seg også da til et mer rock-orientert publikum. En egen stilretning ble kalt Newgrass, og blant hippier ble det spøkt en del med «Goodgrass» («grass» er et av mange slanguttrykk for marihuana).

Gamle verdier utfordres

Salooner og tavernaer var det mange av langs veiene i sør. Hit søkte folk i fritida, og særlig i helgene, for å slappe av med venner og kolleger over et glass øl. Noen steder var omtrent bare enkle skur, men det fantes også flottere steder som forkynte «ballroom» eller «night club» i blinkende neonlys. Uansett størrelse eller standard, ble disse utestedene kalt «honky-tonks» av folk flest. Det å dra fra sted til sted og drikke, danse og sjekke jenter fikk etter hvert betegnelsen «honky-tonking». Honky-tonks ble også viktig for country-musikere; ethvert vertskap med respekt for seg selv kunne tilby country-musikk. Når den ikke ble presentert fra scenen, fylte jukeboksen behovet. Stadig flere av disse stedene skaffet seg jukebokser, og mot slutten av 30-tallet var slike musikkmaskiner så vanlige at stedene ofte ble kalt «juke joints».

Country-musikerne som opptrådte på honky-tonks, eller som spilte inn plater til bruk på jukeboksene, ble tvunget til å legge om stilen. Country-musikkens tradisjonelle verdier hadde liten relevans her. En av de første kjente sangene som handlet om disse miljøene, var Al Dexters «Honky tonk blues» (1937), og snart utviklet det seg en egen genre. Tekstene skildret både de festlige og de problematiske sidene av disse miljøene. «I ain't goin' honky-tonkin' anymore», «Drivin' nails in my coffin every time I drink a bottle of booze», «Headin' down the wrong highway» og «Born to lose» er alle eksempler på sangtitler som gjenspeilte honky-tonk-livet.

Tidlig country-musikk ble selvsagt framført med akustiske instrumenter, og uten bruk av mikrofoner og forsterkerutstyr. I de nye honky-tonk-miljøene ble det imidlertid snart vanlig, og nødvendig, å benytte elektriske instrumenter og forsterket vokal for å bli hørt i støyende omgivelser. Da den akustiske gitaren ble byttet mot en elektrisk, ble det ikke bare mulig å spille høyere, det ga også nye klanglige muligheter.

Snart kom også de andre instrumentene i elektrifiserte utgaver, og den moderne country-musikken ble etter hvert elektrisk. I prinsippet var ikke honky-tonk-musikk vesentlig forskjellig fra hillbilly, det var tekstlig innhold og instrumentasjon som ble endret. Fordi denne utviklingen startet ved honky-tonks, ble begrepet for den nye musikken hengende ved, og artister som ikke hadde noe med honky-tonks å gjøre, ble likevel kalt for *honky-tonk*-artister. Den første viktige av disse var *Ernest Tubb* (1914–84). Han ble også en av Grand Ole Oprys største artister gjennom tidene. I tenårene ble han kjent med plateinnspillinger med Jimmie Rodgers, og han bestemte seg for å bli country-sanger. Tubb var musikalsk sett en ren Rodgers-kopi, og hans store interesse for denne artisten førte i 1935 til at han tok kontakt med enken etter Jimmie Rodgers. Han fikk møte henne, og hun kunne fortelle ham at han ikke hørtes ut som Jimmie i det hele tatt. Men enkefru Rodgers likte Tubb likevel så godt at hun ga ham Jimmies gitar, og hjalp ham til en prøveinnspilling med Victor.

I 1939 fikk Tubb platekontrakt med Decca, og ble sponset av firmaet Gold Chain Flour (melfabrikk), hvorfra han fikk tilnavnet «The Gold Chain Troubadour». Det kommersielle gjennombruddet kom i 1942 med hiten «I'm walkin' the floor over you». Han ble en stilskaper i Grand Ole Opry-sammenheng ved at han klarte å få gjennomslag der for sin honky-tonk, og det ble Tubb som innførte el-gitar ved Opry.

Selv om Grand Ole Opry med tida hadde akseptert el-gitar i sine show, hadde ledelsen en dyp skepsis til honky-tonk-artister, og det var mange av dem som aldri slapp til. Men i 1949 lot de *Hank Williams* (Hiram Williams, 1923–53) få slippe til med én låt. Han framførte sin hit, «Lovesick blues». Mottagelsen var enorm, og han ble framkalt hele seks ganger for ekstranumre, noe som aldri, verken før eller senere, har skjedd ved denne scenen. Williams ble like betydningsfull for 40- og 50-tallets country-musikk som Jimmie Rodgers var det for 20- og 30-tallets. I 1946 dro Williams til Nashville for å prøve seg hos de store plateselskapene. Han oppnådde kontrakt med det lille Sterling Records, og her ga han samme år ut sine første innspillinger med blant andre «Callin' you» og «When God comes and gathers His jewels». Fred Rose i Acuff–Rose Publishing ble etter hvert Williams' manager og produsent, og han deltok også noen ganger i låtskrivingen. Senere fikk Rose ordnet kontrakt med MGM-Records. Utgivelsene her, sammen med opptredener på det prestisjetunge radioprogrammet Louisiana Hayride, og senere Grand Ole Opry, førte til en kommersiell suksess som ingen countryartist til da hadde opplevd.

Hank Williams var en stor artistpersonlighet, hans evne til å kommunisere med lytteren gjenspeiler seg i hans suksess, både ved konserter, i radio og gjennom grammofonplater. På tross av sin lille stemme nådde han sitt publikum bedre enn mange store tenorer. Gjennom de allmennmenneskelige temaene han tok opp i sine sanger, og gjennom måten han sang på, ble han troverdig. Han brukte tidlig artistnavnet «Luke the drifter», og gjennom dette bygde han også opp under den romantiske myten om den ensomme og reflekterte eventyrer, som country-publikumet alltid hadde vært svake for. Williams var nyskapende og modig ved at han tok opp temaer som for eksempel alkoholisme og depresjoner i tekstene sine. Han sprengte noen grenser for hva en country-tekst kunne inneholde. Ved mange av sine konserter hadde han også rene resitasjoner, hvor han la for dagen et utpreget fortellertalent. Slike innslag ble svært populære blant country-artister utover på 50-tallet, og senere musikere innen andre genrer har også tatt opp denne tradisjonen. Williams ble en gang bedt om å forklare country-musikkens store popularitet, og han svarte: «Det kan forklares med ett enkelt ord: Oppriktighet! Når en hillbilly synger en vill og gal sang, så føler han seg vill og gal. Når han synger 'jeg begravde min mor', så ser han henne ligge der foran seg i kista. Han synger mer oppriktig enn andre fordi han har vokst opp i tøffere miljøer enn de fleste andre. Du må vite noe om hardt arbeid, og du skal ha lukta en del muldyrmøkk, før du kan synge som en hillbilly. En som har vokst opp som en hillbilly, vet hva han synger om, og setter pris på det.»

Williams hadde et stort alkoholproblem, som til slutt også ble hans bane. Alkoholbruken førte til mange skandaløse opptrinn, konserter hvor han ikke dukket opp, og andre avtaler som ble brutt. I 1952 fikk han av denne grunn sparken fra Grand Ole Opry. Han mistet støtten fra Fred Rose, og sist, men ikke minst, mistet han bandet sitt, The Drifting Cowboys. På tross av alt dette mistet han ikke sitt publikum. På vei til det som kunne blitt en av hans største konserter, nyttårsdag 1953, døde han knapt 30 år gammel. På veien ble bilen stoppet i en kontroll, og polititjenestemannen skal ha kommentert til sjåføren at personen i baksetet så ut som han var død. Sjåføren lot seg ikke merke for mye med dette, da han hadde sett at Williams konsumerte atskillig alkohol på turen. Dessverre viste det seg at politimannen hadde rett: Hank Williams var død. Mellom 1946 og 1952 spilte Williams inn 166 sanger. Blant hans beste listeplasseringer nevner vi «Lovesick blues» (1948), «Wedding bells» og «I'm so lonesome I could cry» (1949), «Long gone lonesome blues», «Why don't you love me?» og «Moanin' the blues» (alle 1. plass på country-lista i 1950), «Cold, cold heart», «Hey, good lookin'», «Howlin at the moon» og «I can't help it» (1950), og fra 1952 «Jambalaya» (en hyllest til cajun-mat), samt «Half as much» og «You win again». Hank Williams har vært en betydelig inspirasjonskilde for senere country-artister, og hans honky-tonk-musikk pekte fram mot 50-tallets rock'n'roll.

Country blir storindustri

Midt på 1950-tallet snudde rock'n'roll opp-ned på populærmusikken både i USA og i Europa. I den første tida ble rock'n'roll av mange oppfattet som en ny stilretning innen country, særlig i sørstatene, hvor hvite country-artister kastet seg over den nye musikken som de kalte rockabilly. Imidlertid ble rock'n'roll noe langt mer. Men 50-tallets musikalske omveltninger hadde likevel sterk innflytelse på country. Det var nokså åpenbart at country-musikken var i kommersiell stagnasjon i forhold til den unge og vitale rock'n'roll-musikken. Det var derfor ikke noen tilfeldighet at plateselskapene lette etter en ny vinkling for country. Nashville hadde blitt country-hovedstad; musikere, sangere, låtskrivere, arrangører, utgivere, plateselskaper, innspillingsstudioer og alt som hadde direkte eller indirekte tilknytning til country-musikk, ble drevet mot Nashville. Noen av musikerne var ikke artister i vanlig forstand, de stilte sine musikalske ferdigheter til disposisjon for dem som skulle spille inn plater. Dette miljøet av spesialiserte studiomusikere var ikke stort, men nettopp derfor ble deres spisskompetanse av stor verdi for plateartister og -selskaper. Dette elitemiljøet utviklet til og med et eget besifringssystem basert på tall, som har gjort det nærmest umulig for utenforstående å etablere seg. *Chet Atkins* (Chester Burton Atkins, 1924) ble på slutten av 50-tallet en nøkkelperson i prosessen som skapte «the Nashville sound». (Han ble selv en stilskapende el-gitarist, med mange egne plateutgivelser og stor popularitet.) Fra Atkins' side var dette en helt bevisst politikk. Som sjef for RCAs country-avdeling fra 1957 var det hans klare målsetting å skape et sound med kommersiell slagkraft, samtidig som det skulle bevare noe av den opprinnelige country-feelingen. I stedet for å ta opp konkurransen med rock'n'roll satset Nashville på en mer konservativ og polert musikk som rettet seg mot et voksent publikum. Atkins kjente Nashvilles studiomusikere, i og med at han selv var en del av denne indre sirkel, noe han utnyttet til fulle: Når mange nok av plateartistene brukte de samme musikerne og den samme produsent i studio, var det en forholdsvis enkel jobb å skape et felles sound. Viktige musikere foruten Atkins ble pianisten Floyd Cramer, trommeslageren Buddy Harman, bassist Bob Moore, og korister som stort sett besto av gospelkvartetter, ikke minst The Jordanaires og Anita Kerr Singers. The Nashville Sound har også blitt kalt «the Chet Atkins compromise», og er utgangspunktet for begrepet «country-pop», et uttrykk som henspiller på country-musikkens tilnærming til Tin Pan Alley-industrien. Country-sangere framsto nå som glamorøse pop-idoler, som neppe hadde luktet mye på muldyrmøkk.

Den artisten som på slutten av 50-tallet og begynnelsen av 60-tallet hadde størst evne til å nå både det voksne country-publikumet og pop-publikumet, var *Jim Reeves* (James Travis Reeves, 1923–64). Det var Reeves' talestemme som først brakte ham til mikrofonen: På grunn av sin behagelige, dype stemme, ble han ansatt som disc-jockey for et hillbilly-radioprogram midt på 40-tallet. Han hadde tidlig lært å spille gitar, og begynte snart også å synge hillbilly-sanger på radioen, i tillegg til å spille plater. I 1952 flyttet han til Shreveport, og ble syngende programleder ved Louisiana Hayride. Ved en anledning uteble kveldens hovedattraksjon, Hank Williams, og Reeves måtte steppe inn i hans sted. Dette førte imidlertid til at han umiddelbart ble tilbudt platekontrakt, og i 1953 hadde han suksess med to plateutgivelser: «Bimbo» og «Mexican Joe». Her sang Reeves i hillbilly-stil, og brukte på tradisjonell måte stemmens øvre register. Etter at han fikk innpass ved Grand Ole Opry i 1955, ble han også tilbudt platekontrakt med RCA i Nashville, med Chet Atkins som produsent. Det var her Reeves utviklet sin særegne og, i country-sammenheng, nye sangstil: Han senket stemmen til det lave registeret og sang nær mikrofonen. Teknikken var vanlig blant Hollywoods og Broadways croonere, men i country var den stikk i strid med all tradisjon. Hans intime og varme stemme brakte ham umiddelbart til hitlistene, og innspillingen av «Four walls» (1957) ble en stor suksess. Reeves ble betraktet som en country-artist, men Atkins anbefalte ham likevel å gjøre innspillinger av pop-standardlåter. Ofte ble de tradisjonelle instrumentene fele og steelgitar da erstattet med strykeorkester og piano, uten at selve arrangementet ble særlig endret. I tråd med sitt nye musikalske image, byttet Reeves også ut cowboyklærne med dress og slips. Han kunne nå minne mye om en gammeldags Tin Pan Alley-crooner (entertainere med en romantisk, lavmælt og intim syngemåte), og hans gjennomslag viste den suksessrike tilnærmingen mellom to i utgangspunktet så ulike musikkformer som country og Tin Pan Alley. En av nøklene til Reeves' suksess var også nostalgien.

Reeves oppnådde stor popularitet også utenfor USA, ikke minst i Europa og i Sør-Afrika. To av hans europeiske plateutgivelser, «I love you because» og «I won't forget you», lå på de britiske listene sammenhengende i over et halvt år. Blant hans mest berømte utgivelser er også «Billy Bayou» (1958), «Adios amigo» (1962), samt «This is it» og «Is it really over?» (1964). Reeves og hans manager og pianist omkom i en flyulykke i 1964.

En nøkkelperson for Nashville-soundet var låtskriveren Don Gibson. Han var selv en meget populær country-sanger, og hadde bak seg en lang rekke plateinnspillinger, men det var som låtskriver han hadde størst suksess. Han samarbeidet i flere år med Acuff–Rose Publishing, og skrev mange hiter for artister innen det nye Nashville-soundet. Mer enn 40 av hans låter ble hiter på country-lista, og mange av disse ble også crossover-hiter. «I can't stop loving you» var han største hit-komposisjon. Denne låten var en typisk Tin Pan Alley-ballade, og hadde ingenting til felles med tradisjonell country. Den kan stå som et godt eksempel på country-musikkens tilnærming til hovedstrømmen i amerikansk underholdningsmusikk.

Strømninger i country på 50- og 60-tallet

Mange artister på 50- og 60-tallet befant seg i et musikalsk grenseland mellom tradisjonell country, Tin Pan Alley og rock'n'roll. Hvem av disse artistene som havnet i hvilken bås, ble mer bestemt av hvilket plateselskap som utga dem, enn av den musikalske stil de faktisk representerte. Vi skal se nærmere på noen av disse country-musikerne.

Eddy Arnold (1918) var allerede på 30-tallet en kjent radioartist, men det var først på slutten av 40-tallet at hans popularitet som grammofonartist begynte. Arnolds stil var i utgangspunktet tradisjonell hillbilly-musikk, men han hadde alltid hatt stor sans for croonere, og sang mange ballader i denne stilen selv. Etter hvert ble dette hans stil, og på 50- og 60-tallet ble han country-musikkens største hit-maker, med 70 hiter på country-listas Top Twenty. Mange av disse fikk også gode plasseringer på poplista, for eksempel «I wouldn't know where to begin» (1956), «Make the world go away» (1965) og «The last word in lonesome is me» (1966).

Hank Snow (Clarence Eugene Snow, 1914) ble født i Nova Scotia, Kanada. Etter fire år som fisker gikk han i land med den klare ambisjon å bli country-artist, og hans store forbilde var Jimmie Rodgers. Han ble kjent under kunstnernavnene «Clarence Snow and his guitar», «The cowboy blue yodeller» og «The singing ranger». Utgivelsen «Marriage vow» (1949) kom inn på country-lista i USA, og åpnet dermed veien til Grand Ole Opry. Hans store gjennombrudd kom i 1950 med utgivelsen «I'm movin' on», som lå på førsteplass i hele 18 uker, og ble en crossover-hit. Selv om Snow fikk mange crossover-hiter, er han et eksempel på en country-artist som har vært mer trofast mot country-tradisjonene enn mange av sine samtidige. Blant hans mest kjente innspillinger nevner vi «A fool such as I» (1952, også hit for Presley 1959), «I don't hurt anymore» (1954) og «Miller's cave» (1960). Hank Snow oppnådde stor anseelse i country-industrien både som utøver og som låtskriver. Han har vunnet fem låtskriver-priser fra BMI (Broadcast Music Incorporated), er valgt til medlem i «Nashville Songwriter's Hall of Fame», og i 1979 ble han innlemmet i den prestisjetunge «Country Music Hall of Fame».

Marty Robbins (1926–82) var en annen av de store plateartistene innen moderne country. Han ble en av Grand Ole Oprys faste artister i 1953, og var ved denne scenen til sin død. Robbins' musikk dekket mange forskjellige genrer, som country-ballader, folkeviser, rockabilly og Tin Pan Alley-evergreens. Mellom 1950 og 1970 hadde han hele 50 Top Ten-hiter, hvorav halvparten ble crossover-hiter. I 1954 hadde han en stor hit på country-lista med «That's allright mama», en låt som samme år også ble den unge Elvis Presleys gjennombrudd. To år senere ble hans utgivelse av «Singing the blues» en nr. 1-hit på country-lista.

Patsy Cline (Virginia Patterson Hensley, 1932–63) ble også en av den moderne, kommersielle country-musikkens pionerer. Hun ville helst synge tradisjonell hillbilly, hun kledde seg i cowgirl-kostymer og sang blue yodels. Men sangene hun likte dårligst, var de som solgte mest – «Walking after midnight» (1956), «I fall to pieces» og Willie Nelsons «Crazy» (1961). Hennes klare og følsomme stemme var som skapt for popsanger, og plateselskapene gjorde hva de kunne for å få henne til å endre image. I 1962 la hun cowgirl-klærne bort, satset på pop-markedet, og framsto nå som en artist med et langt større kommersielt potensial. Hennes vokalstil var spesiell, og hun erstattet typiske country-teknikker som blue yodels, med feminine sukk, elegant knurring og bluesintonasjon. Hennes innspillinger nådde langt utover country-musikkens tradisjonelle nedslagsfelt, og hun åpnet dermed veien for en ny generasjon av kvinnelige artister innen moderne country.

Porter Wagoner (1930) fikk sitt gjennombrudd som country-artist i 1955 med «Satisfied mind». Han ble en av Oprys faste artister fra

1957, men er likevel best kjent for sitt nasjonalt dekkende TV-show «The Porter Wagoner show» fra 1960. Dette var USAs mest populære og viktigste country-show på TV. I likhet med Hank Snow var Wagoner en konservativ musiker som forsøkte å hegne om den tradisjonelle country. Han hadde en rekke hiter på country-lista, og var en ettertraktet konsertartist. «Sorrow on the rocks» (1964), «Green, green grass of home» (1965) og «The cold hard facts of life» (1967) er alle eksempler på store hiter fra Wagoner. Miss Norma Jean Beasler var en populær kvinnelig sanger ved Wagoners show, og de gjorde mange duetter, som også solgte bra. I 1967 fikk Wagoner imidlertid en ny kvinnelig halvpart til duetten, *Dolly Parton* (1946). De samarbeidet både som vokalduett og som låtskrivere, og hadde mange hiter på country-lista. Blant disse nevner vi «Say forever you'll be mine» (1975) og «Is forever longer than always» (1976). Parton ble senere en av country-musikkens fremste kvinnelige representanter, både som vokalist, låtskriver og filmstjerne.

En av 60- og 70-tallets mest populære country-sangere var *George Jones* (1931). I 1954 fikk han sin første platekontrakt, og han har siden den gang utgitt mer enn 250 LP-plater. Jones utviklet en stilsikker vokalstil, som spesielt kom til sin rett i de langsomme kjærlighetssangene. Han ble berømt for sine lidenskapelige tolkninger av hjerteskjærende klagesanger som «Don't stop the music» (1957), «Just one more» og «Color of the blues» (1958).

I 1969 inngikk Jones et stormfullt ekteskap med *Tammy Wynette* (Virginia Wynette Pugh, 1942). Country-publikummet i USA har alltid vært svakt for det sentimentale, ikke minst dersom det blir framført av en duett bestående av en kvinne og en mann. Duetten Jones/Wynette skulle bli en av country-musikkens mest berømte. Men Tammy Wynette gjorde det også bra som soloartist; ingen andre kvinnelige countryartister har hatt så mange nr. 1-hiter som henne. Hun begynte også sin karriere på 60-tallet gjennom opptredener på The Porter Wagoner Show. «Stand by your man» (1968) ble den mest solgte singlen med en kvinnelig country-vokalist. Sangen har i ettertid blitt kritisert for å uttrykke et reaksjonært kvinnesyn, noe Wynette selv imidlertid har tatt avstand fra. To andre av hennes store hiter kan kanskje nyansere bildet: «D-i-v-o-r-c-e» og «I'll keep on falling in love until I get it right».

På 60-tallet ble det polerte Nashville-soundet utfordret av «The west-coast sound», som var noe røffere og mer gitarbasert. Soundet gikk også under navnet California- eller Bakersfield-soundet. Den fremste representanten var *Buck Owens* (Alvis Edgar Owens, 1929).

Alt fra 16-årsalderen kunne han spille både mandolin og gitar. På slutten av 40-tallet jobbet Owens som trailersjåfør med base i Arizona, men i 1951 flyttet han til California, og fra nå av ble musikken hans levevei. Han arbeidet som studiomusiker for blant andre Sonny James, Wanda Jackson og Gene Vincent, men hadde også sitt eget band. Sin første soloplate ga han ut i 1957. I 1960 startet Owens bandet The Buckaroos, og sammen oppnådde de i løpet av 60-tallet hele 39 hiter, hvorav 19 var nr. 1. Blant de mest kjente nevner vi «Act naturally» (1963), «Together again» (1964), «I've got a tiger by the tail» (1965) og «Open up your heart» (1966).

Owens' lyse og nasale tenorstemme stemte godt med country-musikkens tradisjonelle idealer, og han briljerte med avansert el-gitarspill. The Buckaroos hadde en litt konservativ stil, fri for smektende strykearrangementer og andre «Nashville-effekter». De kunne derfor, på tross av at de nærmet seg rock'n'roll i soundet, virke noe tilbakeskuende. Gruppa sto for country-musikkens mest distinkte uttrykk på 60-tallet. Buck Owens ble en country-institusjon, han startet forlaget Blue book music og artistorganisasjonen Omac artists, han startet sitt eget TV-show, «Buck Owens ranch house» og bygde Buck Owens studios. Ikke så rart kanskje, at enkelte foreslo å omdøpe byen Bakersfield til Buckersfield.

En annen countryartist med utgangspunkt i California på 60-tallet, var *Merle Haggard* (1937). Han har blitt kalt «the poet of the ordinary man», og blir av mange sett på som en låtskriver i tradisjonen etter Woody Guthrie. Han skrev tekster om og for vanlige hardtarbeidende middelklassefolk, og nådde sitt publikum gjennom et enkelt og direkte språk. Mange av Haggards tekster hentet motiver fra depresjonstida, og handlet om fattige immigranter, bomser og hjemløse – for eksempel i sangen «Hungry eyes», som skildrer folks håpløse levekår på tross av hardt arbeid. Han sang også om fengselsliv og livet til tidligere straffedømte i mange av sine hiter: «I'm a lonesome fugitive», «Branded man», «Sing me back home», «Legend of Bonnie and Clyde» og «Mama tried».

Merle Haggards musikalske stil var i starten sterkt inspirert av honky-tonk-artister som Lefty Frizzell og Hank Williams. Han var imidlertid også svært opptatt av Bob Wills og hans western swing. Hans første plater hadde derfor et tradisjonelt honky-tonk-sound, hvor el-gitar og steelgitar hadde en sentral plass i lydbildet. Etter hvert fikk hans band, The Strangers, også med blåsere og fele, og nærmet seg western swing og jazz i uttrykket. Selv har Haggard beskrevet dette soundet som «country jazz». Flere av Haggards forbilder har fått en LP til sin hyllest: «Same train, a different time» (1969) til Jimmie Rodgers og «A tribute to the best damn fiddle player in the world – Bob Wills» (1970).

Country-musikk ble storindustri i USA i løpet av 60-tallet. Genren har fortsatt å inneholde mange svært forskjellige uttrykk, og stilpluralisme har forblitt et av country-musikkens mest karakteristiske trekk.

6 Urban underholdningsmusikk – Tin Pan Alley

To av hovedstrømningene i amerikansk populærmusikk i mellomkrigstida utviklet seg altså fra henholdsvis afroamerikanske og euroamerikanske røtter. Mens begge disse hadde folkemusikalsk bakgrunn, fantes det samtidig også en tredje hovedstrømning med et langt mer sofistikert, urbant preg; en gryende underholdningsindustri med røtter i minstrel- og vaudeville-tradisjoner så vel som i Wiens operetter og Londons musikkteatre. Uttrykket *Tin Pan Alley* karakteriserer både selve denne industrien og visse musikalske stiltrekk som var typiske. Tin Pan Alley hadde sin storhetstid fra første verdenskrig og fram mot omkring 1950, og amerikanske jøder var sentrale aktører i Tin Pan Alleys framvekst. Dette var en urban, hvit middel- og overklassekultur, skapt på kontorer og i studioer i New York og Hollywood av musikkindustriens menn. Den var folkelig i kraft av sin popularitet, men hadde ikke på langt nær samme appell til landsbygdas arbeiderklasse som blues og hillbilly. Musikalen ble utviklet som dens viktigste form. For dem som hadde råd til å betale inngangsbilletten til New Yorks musikkteatre, var dette en strålende kombinasjon av det folkelige og det sofistikerte. For dem som kunne kjøpe og lese noter, var det en rik kilde til hjemmemusisering. Spissformulert kan man si at Tin Pan Alley var glamorøs underholdning for den hvite, urbane og velutdannede middelklassen. Mange oppfatter dette som storhetstida innen amerikansk populærmusikk, og et uttrykk som «the great American songbook» sier noe om mange amerikaneres hengivenhet for denne æraens sanger. Etter hvert ble denne musikken i dagligtale kalt «slagere», «standardlåter» eller «evergreens».

Broadway og Hollywood

I New York vokste Broadway etter århundreskiftet fram som musikkteatrenes Mekka. Fram til 1890-tallet hadde det amerikanske musikk-

teatret vært dominert av den gamle kolonimakten Storbritannias impulser, men nå begynte en særegen amerikansk stil å vokse fram. Selve uttrykket Tin Pan Alley var egentlig et oppnavn på strøket mellom 5. og 6. aveny og 28. gate i New York, hvor mange av byens musikkforleggere hadde sine kontorer. Fra åpne vinduer kunne man her høre komponister som satt og skrev slagere på løpende bånd, noe naboene sarkastisk omtalte som «blikkboks»-musikk. Det sies også at uttrykket kommer av de separate air condition-anleggene som hvert øvingsrom og studio hadde, noe som resulterte i mange «blikkbokser» på utsiden av byggene.

En av de første store musikalstjernene på Broadway var sangeren og entertaineren *Al Jolson* (1894–1950). Hans forestillinger på 1910- og 20-tallet illustrerte forbindelseslinja fra 1800-tallets vaudeville- og minstrelunderholdning til den mer raffinerte og urbane Tin Pan Alley-industrien. Jolsons familie var emigranter fra Sibir, og jøder, som svært mange andre av pionerene innen amerikansk underholdningsindustri. I 1906 reiste Jolson USA rundt som blackface i sitt eget minstrelshow, og i 1911 var han etablert på New Yorks Broadway. I showet «Robinson Crusoe, jr.» i 1916 ble Jolson markedsført som «verdens største entertainer» – hvilket de fleste anså som udiskutabelt. Han var en god plystrer, historieforteller og komiker, som hadde publikum i sin hule hånd, og han hadde en kraftig vibratostemme og en følelsesladet vokalstil. At det forfinede New York-publikumet hadde akseptert Jolson, ble tydelig da han i 1918 etterfulgte operastjernen Enrico Caruso på scenen ved en felles opptreden, og innledet med ordene: «You ain't heard nothing yet!». I musikkbransjen sa man at dersom ikke Jolson kunne lage en hit ut av en sang, så kunne ingen gjøre det. Han lanserte evergreens som «Swanee», «My mammy» og «Rock-a-bye your baby with a dixie melody». Jolson hadde sine beste år i grammofonindustriens barndom, før mikrofonens tidsalder. I 1927 dro han til Hollywood for å spille hovedrollen i den første lydfilmen: musikalfilmen «The jazz singer». Her innledet han nok en gang med sin legendariske replikk: «You ain't heard nothing yet!» – hvilket vi så absolutt må gi ham rett i.

Årene mellom første verdenskrig og depresjonen var preget av en naiv optimisme og romantisisme, hvor folk «danset i champagnerus på verdens tak», som en skribent har uttrykt det. Tekstene til 20-tallets populærmelodier hadde ofte en begrenset nærhet til virkeligheten, og var gjerne sentimentale, banale og uskyldige. En populær dansemelodi var «Charleston» (1923), som var skrevet av komponisten og den mesterlige stride-pianisten James P. Johnson. 20-tallet var i det hele tatt en pionertid og en svært rik periode for amerikansk musikkliv og underholdningsindustri. Plateindustrien vokste seg stor og mektig i disse årene, og hundrevis av vakre, uskyldige og medrivende populærmelodier kom hvert år inn i amerikanske hjem via plater, pianonoter og radio. Tin Pan Alleys medier var musikaler og kabareter, radio, plater og notesalg. USAs hundrevis av vaudeville-teatre var Tin Pan Alleys opprinnelige marked for testing av sine produkter. Hitlåtene kom som regel fra kabareter, vaudeville og musikaler, og deretter ble de lansert på noter og plater.

På 30-tallet sto de store Tin Pan Alley-komponistene fram, og dette ble Tin Pan Alleys gylne tiår. Forleggere og komponister fikk nå et nytt og viktig medium i tillegg til radioen, nemlig Hollywoods voksende filmindustri. Lydfilmen ble en gullgruve i en tid da vaudeville-epoken ebbet ut, og musikkteatrene, nattklubbene og plateselskapene slet med store problemer i kjølvannet av børskrakket i 1929. Nå kom det også mange nye utfordringer for lydteknikere og komponister. Blant de nye filmkomponistene fantes både Mahler- og Strauss-elever, og mange av disse skrev nettopp i en senromantisk og dramatisk stil, basert på velprøvde retningslinjer for musikalsk retorikk. De ledende filmkomponistene i Hollywood på 30-tallet var Max Steiner, Erich Wolfgang von Korngold og Alfred Newman, men filmversjoner av musikaler ble også svært populære. Selv om det i de første årene ble laget en del musikalfilmer som med god grunn fort ble glemt, ble det etter hvert klart for alle at filmen også kunne skape levedyktige hits. Hollywood konkurrerte nå med New York som populærmusikkens hovedstad. I 1933 debuterte Ginger Rogers og Broadway-veteranen Fred Astaire som danserpar på filmlerretet, og de gjorde en serie suverene opptredener med forfriskende og sprudlende ny musikk på film. Blant deres suksessfilmer nevner vi «Top hat» (1935), «Follow the fleet» (1936) og «Carefree» (1938) med sanger av Irving Berlin, «Swing time» (1936) med sanger av Jerome Kern, og «Shall we dance?» (1937) med sanger av George og Ira Gershwin. Hollywoods største stjerne og hit-maker var likevel Bing Crosby, som lanserte en lang rekke hits i sine filmer på 30- og 40-tallet.

Selv om musikkfilmen var viktig, forble musikkteatret Tin Pan Alleys fremste kilde for hits, og musikalen var fortsatt dens viktigste form. Mange mener også at det ypperste av populærmelodier fra denne epoken kom nettopp fra Broadway. I løpet av 30-tallet ble det satt opp 184 ulike musikk-komedier og revyer her – Rodgers og Hart skrev ni av dem, Cole Porter skrev åtte, George og Ira Gershwin skrev seks, Jerome Kern fire og Irving Berlin to. Deres sanger fortsatte å leve – i tiår etter tiår: «Smoke gets in your eyes», «I got rhythm», «Begin the beguine», «Where or when», «Embraceable you», «Easter parade» og «Yesterdays» er bare begynnelsen på lista.

Et møte mellom jazz og populærmusikk

På 30-tallet fløt hovedstrømmene i jazz og populærmusikk i stor grad sammen. (Med populærmusikkens hovedstrøm mener vi da Tin Pan Alley.) Det kan faktisk være vanskelig å definere forskjellen på jazz og populærmusikk i denne perioden, og mange komponister og artister så

heller ingen grunn til å gjøre det. 30-tallet, og til dels 40-tallet, er derfor en historisk ganske enestående periode i forholdet mellom jazz og populærmusikk. Over hele USA opererte på 20-tallet populære danseorkestre i kjølvannet av New Orleans-jazzen. Paul Whiteman var den aller mest populære bandlederen, og hadde fra 1920 flere plateutgivelser som solgte over én million eksemplarer. Benny Goodman startet swing-æraen som et mediefenomen i 1935, og swingjazzen gikk i årene mellom 1935 og 1945 som en farsott som underholdnings- og dansemusikk. Goodman var «the King of Swing», og han var en av de mest populære personer i amerikansk musikkliv fram til 50-tallet. Swingstilen var primært utviklet av svarte storbandledere. Count Basie brakte Midtvestens swingstil til New York, med en bluesinspirert riff-stil som var en balansegang mellom arrangerte og improviserte elementer. De glamorøse og publikumsvennlige storbandene dominerte hitlistene, og mange av deres låter ble både jazz-klassikere og listetoppere. «Jazz» ble i likhet med «rag» brukt som verb, og swingjazzen ga gjennnomgripende endringer som overgikk ragtime-farsotten: De nye rytmene og det mer improvisatoriske, synkoperte spillet var et brudd med århundrelang tradisjon innen amerikansk hvit populærmusikk. Den noe glattere «sweet»-stilen var også svært populær, med bandledere som Guy Lombardo og Glenn Miller i spissen. Millers orkester hadde i perioden 1937 til 1948 ikke mindre enn 23 nr. 1-hiter i USA, hvorav hele åtte var millionselgere. Blant disse var «Moonlight serenade» og «In the mood» (1939), «Tuxedo junction» (1940), «Chattanooga choo choo» (1941) og «A string of pearls» (1942). Den mest innflytelsesrike enkeltmusikeren fra swingepoken var uten tvil Duke Ellington – en av de viktigste komponister i dette århundret. Vi skal ikke her gå inn på hans enorme innsats i jazzen, men nevne at en rekke av hans komposisjoner også må regnes som viktige bidrag til populærmusikken. Dette gjelder eksempelvis låter som «Solitude», «Prelude to a kiss», «Sophisticated lady», «Mood indigo», «In a sentimental mood» eller «Rockin' in rhythm». Det samme gjelder jazztrompetisten Louis Armstrong: Som sanger og entertainer ble han en brobygger som gjorde svart musikk respektabel i dannede hvite middelklassehjem.

De fleste storband på 30-tallet hadde vokalister som frontfigurer. Etter at mikrofonen kom i alminnelig bruk omkring 1925, ble den romantiske, lavmælte og intime syngemåten som kalles «crooning» vanlig. Denne sangstilen er slentrende og swingende, men i ballader kan klangidealene nesten minne om vokalidealer fra klassisk musikk. Sangstilen skiller seg markant ut fra country-musikkens nasale sang eller bluesens råhet og synkoperte tale-sang. Sangene disse vokalistene framførte, var Tin Pan Alley-produkter, og som regel gikk vokalistenes dominans på bekostning av improvisatoriske jazz-elementer. Flere av dem ble sangstjerner på egen hånd i det neste tiåret, da storband-musikken mistet mye av sin popularitet. De ti årene etter annen verdenskrig kan derfor karakteriseres som æraen med de store vokalister: Bing Crosby, Frank Sinatra, Perry Como, Eddie Fisher, Ella Fitzgerald og Helen Forrest er noen av dem. Vi kan også nevne Sammy Davis jr., Peggy Lee, Bille Holiday, Sarah Vaughan, Vera Lynn, Mel Tormé, Tony Bennett, og tyske Marlene Dietrich. Swingæraens avslutning har med krigen å gjøre, samt en langvarig storstreik som rammet musikkindustrien i 1942. Et eksempel på storbandenes falmende popularitet var Mills Brothers' enorme suksess med Johnny S. Blacks «Paper doll» i 1943: Sangen var et typisk Tin Pan Alley-produkt, men ble framført av en svart vokalkvartett, som sang i tette harmonier kompet bare av akustisk gitar, piano og bass. Innspillingen låt svært ulikt storband-soundet, men ble 40-tallets største hit nest etter Crosbys innspilling av «White christmas», med over 6 millioner solgte plater. Mills Brothers var aktive fra 1931 til 1968, og er en av tidenes mest populære vokalgrupper. Deres kvinnelige og hvite motstykke var trioen Andrews Sisters.

Musikalske stiltrekk i Tin Pan Alley

Selv om det er problematisk å kalle Tin Pan Alley en stilart, er det likevel mange generelle trekk ved denne tradisjonen. Den typiske Tin Pan Alley-sang er en rytmisk, myk og melodiøs sang med et tema som er lett å huske, ofte med ragtime-rytmer, og senere swing. Rytmisk svinger disse sangene på en måte som skiller dem fra samtidige europeiske sanger. Sanger med roligere tempo og mer lyriske melodilinjer ble kalt ballader. (Begrepet «ballade» fikk nå et annet innhold enn på 1800-tallet.) Når det gjelder form, bruker Tin Pan Alley-komponistene nesten alltid varianter av følgende struktur: Sangen har ett eller to rolige vers som skisserer en situasjon, en såkalt innledende vignett, hvorpå sangens hoveddel kommer, som kalles et chorus. Chorusets funksjon kan sammenlignes med operaens resitativ og arie. Fra 1920 og utover ble vignetten ofte tillagt mindre vekt, og kunne i enkelte sanger forsvinne helt, og selve choruset ble stående igjen. Et slikt chorus er gjerne på 16 eller 32 takter, og den arketypiske formen er 32-takters AABA-form, hvor hver del er på åtte takter. Jerome Kerns «Smoke gets in your eyes» fra 1933 er ett av utallige eksempler på denne formen. Varianter av denne symmetriske firdelte formen forekommer ofte, som ABAC, AABC, ABCA og så videre. Den mest suksessrike Tin Pan Alley-melodi av alle, Irving Berlins «White christmas» fra 1942, har symmetrisk 32-takters ABAC-form.

Harmonikken og tonaliteten i Tin Pan Alley baserer seg på dur og moll. Tin Pan Alleys harmonikk er funksjonell, og har to virkelig store klisjeer: Den ene er såkalte II-V-I-progresjoner, som også er et grunnprinsipp i jazz. Den andre er modulasjoner gjennom kvintsirkelen, ofte den såkalt tonale kvintsirkelen. Tonale kontraster ble gjennom 20- og 30-tallet mer og mer vanlig, gjerne med en B-del i en kontrasterende toneart, eventuelt med en modulerende bro tilbake til A-delen. Nå ble jazzharmonikken utviklet, med firklanger, metningstoner og altererte akkorder. Dette skjedde i tilknytning til populærmusikken. De fremste harmoniske nyskaperne var komponister som Gershwin, Kern og Rodgers, som alle hadde klassisk musikkutdanning. Det kan kanskje virke paradoksalt at mye av den harmoniske utviklingen gjennom 20- og 30-tallets populærmusikk og jazz faktisk er inspirert av klassisk-romantisk musikk. Det var dessuten svært vanlig at Tin Pan Alley-komponister lånte temaer fra klassiske komponister – særlig var Tsjaikovskij og Chopin populære, og det finnes også eksempler på direkte Schubert-sitater i Broadway-musikaler fra 20-tallet. Men vi finner ikke spor etter Schönberg, Bártok, Webern, Berg, Stravinskij eller Varése: Tin Pan Alley var konservativt i tonespråk, og knyttet til forrige generasjon av klassiske komponister – ikke den samtidige.

Et bærende element i Tin Pan Alley er «den gode melodi». Den skal være sangbar og attraktiv, og gjøre en sang til en hit. Også her finner vi tydelig inspirasjon fra klassisk musikktradisjon: Frasene er lineære med målrettet framover-bevegelse, og melodi og akkorder skal lede lytteren fra ett punkt til et annet. Melodisk sekvensering og tonale kadenser er grunnprinsipper i så å si alle Tin Pan Alley-melodier. Ofte blir dette intensivert ved kromatiske alterasjoner.

Tin Pan Alley skiller seg altså markant ut fra annen samtidig amerikansk populærmusikk: Den er i stor grad en «skriftlig» musikk-kultur, den er grunnleggende ekstensjonal i sin struktur, og den har vel så sterke forbindelser til den klassiske tradisjon som til den folkemusikalske. Dette var først og fremst komponistenes arena, og de bokstavelig talt skrev sine sanger, og formidlet dem gjennom noteskrift. Tin Pan Alley hadde altså musikalske og estetiske linjer til så vel forrige århundres klassiske musikk som til vaudeville-underholdning og samtidig swing-jazz.

Tekstforfatterne fikk i Tin Pan Alleys glansdager mye å gjøre, ettersom få komponister skrev egne tekster. Tin Pan Alley var underholdningsmusikk og skulle ta folks tanker bort fra problemer, ikke påminne om dem. Med bakgrunn i vaudevilletradisjonen ble humor et viktig element. Derfor finner man sjelden sanger som berører sosiale og politiske problemer (dette finner man til gjengjeld i rikt monn i blues og country). Ingen krig som USA har vært involvert i, har produsert så få sanger som annen verdenskrig. Gjennom 20- og 30-tallet ble tekstene tematisk snevrere, og handlet sjelden om begivenheter utenom det personlige. En økende andel tekster dreide seg om forskjellige aspekter av «romantic love».

De store komponistene

I New York og andre byer satt det hundrevis av komponister, tekstforfattere, arrangører og forleggere og arbeidet med ett mål: Å skape slagermelodier. Vernon Duke, Johnny Mercer, Harry Warren, Arthur Schwartz, Frederick Loewe, Walter Donaldson, Johnny Marks, Fats Waller, Johnny S. Black, Hoagy Carmichael og Victor Young var noen av de mange. Gene Austins innspilling av Walter Donaldsons «My blue heaven» fra 1927 var i 15 år verdens mest solgte plate. Innspillingen av Frederick Loewes musikal «My fair lady» ble i 1958 grammofonhistoriens første millionselgende LP. Men for å fokusere på Tin Pan Alley som stilepoke vil vi trekke fram de seks komponistene som i sterkest grad skapte denne æraen i amerikansk populærmusikk: Irving Berlin, Jerome Kern, George Gershwin, Cole Porter, Richard Rodgers og Harold Arlen.

Irving Berlin (Israel Baline, 1888–1989) var, i likhet med mange andre store personligheter i amerikansk musikkliv i denne epoken, jødisk immigrant. Berlin kom fra Sibir, men ble en av de mest typisk amerikanske komponister i sitt tonespråk. Berlins musikk representerer Tin Pan Alley i fortettet form, og han skrev sanger gjennom hele denne æraen og vel så det, med en aktiv karriere som strakte seg over omtrent 40 suksessrike år. Ragtime var trenden i USA like etter århundreskiftet, og mange av Berlins tidlige ragtime-inspirerte komposisjoner gjorde suksess som vaudeville-sanger, og var med på å sette punktum for en hundreårig minstreltradisjon. Hans første store hit-melodi ble skrevet i 1911, og het «Alexander's ragtime band», med den effektive hook-linja «Come on and hear!». Denne ble også en stor hit i England. I 1914 fikk han satt opp sin første Broadway-musikal. Kritikere kalte Berlins musikk nokså uriktig for ragtime og senere for jazz. Men han skrev mer og mer i det som skulle bli den typiske Tin Pan Alley-formen: En vignett, og deretter et 16- eller 32-takters AABA-chorus. Etter blant annet å ha skrevet sanger for den amerikanske hæren under første verdenskrig var Berlin på 20-tallet det største navn i amerikansk populærmusikk. Han skrev nå stadig flere introspektive og rolige ballader, som «A pretty girl is like a melody» (1919), «All by myself» (1921) og «How deep is the ocean?» (1932). Han utnyttet tidlig lydfilmens muligheter; komikerne Marx Brothers' «The coconuts» (1929) var den første filmen med musikk av Berlin. Utover 30-tallet gjorde han stor lykke med sang- og dansefilmene til Fred Astaire og Ginger Rogers, med hits som «Cheek to cheek», «Puttin' on the ritz» og «Let's face the music and dance». Berlin slo like godt an i Hollywood som han hadde gjort på Broadway. I 1942 skrev han julesangen «White christmas» til filmen «Holiday inn». Berlin, som hadde startet sin karriere før plateindustrien for alvor hadde kommet i gang, skrev nå tidenes mest solgte enkeltsang på plate: «White christmas» solgte 30 millioner plater og 5 millioner noter i løpet av 12 år. Den lå på hitlistene i 18 år på rad, har fortsatt å selge også etter dette, og er dessuten innspilt i et utall andre versjoner.

Berlin var en nøkkelfigur i utviklingen av den amerikanske musikalen og musikkteatret. Etter 35 år som framgangsrik komponist slo han i 1946 til med musikalen «Annie get your gun», hvor en av sangene oppsummerte hans karriere: «There's no business like show business». Berlin skrev oftest sine egne tekster, men var ellers nokså taus offentlig. Han kunne ikke noter, og arbeidet etter gehørmetoden med en assistent som noterte det han spilte. Berlins taushet omkring sin egen og andres musikk, og hans tilbaketrekning fra det offentlige liv, gjorde ham til en myteomspunnet figur.

Selv om Irving Berlins karriere spente over tidsepoken fra minstrelshow til TV, var det egentlig liten utvikling å spore i hans musikk. Slik sett er han også typisk for Tin Pan Alley: Det var en forholdsvis konstant stil gjennom hele epoken – det er ikke lett å høre om en sang er skrevet i 1920 eller i 1940. Dette kan ha ulike årsaker: Komponistene skrev ennå ikke sanger som var spesielt tilpasset ulike medier, som film, musikal, plater eller lignende. Slik tilpasning kom først på et senere tidspunkt i populærmusikkens historie, med rocken på 60-tallet. De musikalske impulsene var altså vedvarende og sterke, tross en revolusjonerende teknisk utvikling i musikkbransjen. Dessuten var Tin Pan Alley-musikken en form som ikke ble så fort «oppbrukt» – den viste seg å være vital, fleksibel og relevant gjennom flere generasjoner. Da de mest talentfulle komponistene gjorde sin entré utover på 20- og 30-tallet, var deres egentlige mål aldri å revolusjonere musikkhistorien, men å skrive udødelige melodier.

Jerome Kern (1885–1945) tilhører også den første generasjon av Tin Pan Alley-komponister. Han studerte i sin ungdom klassisk musikk, samtidig som han skrev populærmelodier og arbeidet som forlegger og akkompagnatør i New York. Han bygde rundt første verdenskrig opp en teaterkarriere parallelt i New York og London, som akkompagnatør, arrangør og senere komponist. I sin bakgrunn var han altså nokså ulik den samtidige Irving Berlin, som var selvlært og gikk til teatret først senere i karrieren. Kerns musikalske komedier på 1910-tallet bidro til å definere og etablere den amerikanske musikalstilen, en videreføring av George M. Cohans banebrytende musikk-komedier. Kern tilførte amerikansk populærmusikk impulser fra europeisk operette, og var en komponist med «en fot i Amerika og en i Europa». Han var dessuten den best betalte komponist i USA under første verdenskrig. «Show boat» (1927), skrevet i samarbeid med tekstforfatteren Oscar Hammerstein II, ble en milepæl i musikalens historie, med en svært amerikansk handling, stjerner i ledende roller, spektakulær regi og kostymer, og med klassikere som «Can't help lovin' dat man» og den negro spiritual-inspirerte «Ol' man river» blant sangene. Den dannet skole for musikaler i mange år framover. «Show boat» ble filmet for første gang allerede i 1929, og på 30-tallet erobret Kern Hollywood. Han skrev sanger som «Smoke gets in your eyes», «A fine romance» og «All the things you are» – en sang som i stor grad oppsummerer og definerer Tin Pan Alleys musikalske egenart, og som dessuten har fått stor betydning for jazz. Så å si alle Kerns sanger var skrevet for musikkteater og film, og de mest populære var lyriske ballader. Han lot seg i liten grad påvirke av ragtime og jazz, men var langt mer påvirket av operettetradisjonen. Han utviklet Tin Pan Alleys harmonikk mot det mer raffinerte, men Kern var først og fremst en melodiens mester. Selv om Kerns og Berlins stil ofte sammenlignes, var Kern likevel en stilistisk mer begrenset komponist enn Berlin, men sangene til disse to fungerte i høy grad som modeller for en strøm av unge komponister. Begge hadde dessuten god kjennskap til og stor respekt for tidligere amerikanske komponister, som for eksempel Stephen Foster.

En av disse unge komponistene var *George Gershwin* (1898–1937), som i unge år livnærte seg som pianist og forlegger samtidig som han studerte musikk. Hans musikksmak var svært bred, noe som også senere kom til uttrykk i hans karriere som komponist. I likhet med Berlin og Kern var han jøde og bosatt i New York. Han fikk sin første kontrakt med en større forlegger i 1917, og da Al Jolson sang hans melodi «Swanee» i sitt show «Sinbad» i 1919, var suksessen et faktum. Sangen solgte én million noter og senere to millioner plater i Jolsons innspilling. Opp gjennom 20-tallet vokste Gershwins renomé som slagerkomponist, og han overtok mye av Kerns posisjon i musikkteatret. Tidlig på 30-tallet dro også han til Hollywood, hvor han blant annet samarbeidet med Fred Astaire og Ginger Rogers. Gershwins karriere lignet altså svært mye på hans Tin Pan Alley-forbilder, men hans interesse for klassisk musikk og for jazz ga resultater som gjør Gershwin til en virkelig original personlighet i amerikansk musikkliv.

Den klassisk utdannede pianisten Gershwin insisterte gjennom hele sin karriere på at det ikke trengte å være noen uoverstigelig kløft mellom populærmusikk og såkalt «seriøs» musikk. Han vakte betydelig oppsikt da han i 1924 lanserte orkesterverket «Rhapsody in blue». Her brukte han strukturer og form fra klassisk tradisjon, innenfor et jazzvokabular. Hans ambisjoner om å forene elementer fra klassisk tradisjon, jazz og populærmusikk økte med «Concert in F» (1925), det symfoniske verket «An American in Paris» (1928) og «Second rhapsody» (1930). Den største suksessen og det mest omfattende verket kom i 1935, med den folkelige operaen «Porgy and Bess», som inneholdt sanger som «Bess, you is my woman now», «I got plenty of nuttin'» og «Summertime». Gershwin tilførte populærmusikken mer harmonisk raffinement enn noen av sine samtidige, og dette gjorde han med inspirasjon fra klassisk-romantisk musikk. Gershwins musikk kan ikke kalles jazz, men han var en av de få hvite komponister i sin generasjon som hadde en genuin interesse for svart musikk. Han stiftet vennskap med og fikk kjennskap til en rekke svarte musikere, og vant stor popularitet hos et svart publikum. Mye av dette gjenspeiles i Gershwins komposisjoner. I de to siste årene av sitt liv fortsatte Gershwin å skrive udødelige melodier som «Let's call the whole thing off», «A foggy day» og «Love is here to stay».

Gershwin tilhører de største navn i amerikansk musikk i første halvdel av det 20. århundre. Han krysset musikalske grenser, og samarbeidet med jazzmusikere som Benny Goodman, Gene Krupa og Glenn Miller før de slo igjennom på 30-tallet. Senere har mange av hans melodier blitt svært populære blant jazzinstrumentalister. Eksempelvis brukte bebop-musikerne på 40-tallet Gershwin-komposisjoner som «I got rhythm» og «Embraceable you» som grunnlag for mange improvisasjoner og nye låter. Gershwin samarbeidet ofte med sin bror, tekstforfatteren Ira Gershwin, som døde i 1983. På 80- og 90-tallet ble Gershwins musikk stadig spilt over hele verden.

Cole Porter (1891–1964) var født inn i en rik familie, og studerte både jus og musikk før han prøvde seg som profesjonell komponist. Hans første show åpnet og stengte omtrent samtidig i 1916. Porters bakgrunn var nokså ulik mange av sine kollegers: Han kom fra Indiana, ikke fra New York, han var i lange perioder bosatt i Europa, han studerte musikk på Harvard, Yale og i Paris, i stedet for å gå gradene som læregutt i New York. Han ble en velstående mann, som ikke opplevde noe gjennombrudd som komponist før han var midt i tredveårene. Tidlig på 30-tallet sto Porter fram som en moden og slagkraftig komponist, med sanger som «What is this thing called love?», «Love for sale» og «Night and day». Showet «Anything goes» ble en stor hit på Broadway i 1932, blant annet med «I get a kick out of you». Han fulgte opp med sanger som «My heart belongs to daddy» og «Begin the beguine», før han – som alle andre på den tida – prøvde lykken i Hollywood. Hans første film, «Born to dance» i 1936, inneholdt klassikeren «I got you under my skin». Utover på 30- og 40-tallet vekslet Porter mellom Broadway og Hollywood, men hans prosjekter fikk varierende mottagelse. I 1948 fikk han sin største hit på Broadway med musikalen «Kiss me Kate», som blant annet inneholdt sangene «Wunderbar», «I hate men», «Too darn hot» og «So in love». Etter et par nye Broadway-suksesser på 50-tallet sluttet Porter å komponere. Hans siste hit var sangen «True love» i 1956 – samme år som jazzsangerinnen Ella Fitzgerald tolket hans sanger i sin legendariske innspilling «The Cole Porter Songbook». Frank Sinatra gjorde også på 50-tallet flere av Porters sanger, som «I get a kick out of you» og «I got you under my skin», til sine varemerker. Porters sanger var fulle av vidd og sofistikert musikalitet, og de ble et forbilde for mange andre komponister. Han skrev i likhet med Berlin oftest sine tekster selv. Ofte utvidet og brøt han med Tin Pan Alleys vanlige mønstre og formskjemaer, kanskje på grunn av sin noe ukonvensjonelle bakgrunn. Han hadde et rikt og komplekst harmonisk vokabular, og Porter må også framheves som en stor melodiker.

Richard Rodgers (1902–79) bygde sakte men sikkert opp sin komponistkarriere fra 1925, da han fikk satt opp sitt første Broadway-show sammen med tekstforfatteren Lorentz Hart. Dette songwriter-teamet hadde moderat suksess med sine musikaler gjennom 20-tallet, men mange av enkeltsangene vant stor anerkjennelse og popularitet. På siste halvdel av 30-tallet skrev de også flere sanger som senere ble sentrale innen jazzen, som «My funny valentine», «Have you met miss Jones?» og «My romance». I 1942 avsluttet Rodgers og Hart sitt samarbeid. Han fant en ny samarbeidspartner i Oscar Hammerstein II, og deres første show var «Oklahoma!», som åpnet på Broadway i mars 1943 og ble spilt der hele 2248 ganger. «Oh, what a beautiful morning» var en storslager fra dette showet, som ble den til da største suksess i amerikansk musikalhistorie. Etter Broadway ble showet vist for anslagsvis 10 millioner mennesker på en ti år lang turne, og dessuten spilt i tre og et halvt år i London.

Rodgers endret mye av sin musikalske stil under samarbeidet med Hammerstein, og modellerte sine show mer i tråd med operettens formelle trekk, hvor sangene var integrert i librettoen i stedet for å komme i egne sang- og dansenumre. Tidligere hadde han skrevet musikk som Hart hadde satt tekst til, men nå skrev han musikk til en ferdig libretto, skapt for å fortelle en historie på scenen. I motsetning til mange av hans samtidige Tin Pan Alley-kolleger, avtok ikke styrken i hans karriere etter krigen – snarere tvert imot. Rodgers og Hammerstein ble viktige i utviklingen av den amerikanske musikalen. Både «Oklahoma!» og «South pacific» (1949) ble også populære filmer etter først å ha gjort furore på Broadway. På 50-tallet arbeidet Rodgers mye med musikk for TV, og fikk ikke de store hitene som han hadde hatt tidligere. Imidlertid gjorde Rodgers og Hammerstein et solid comeback på Broadway i 1959, da de lanserte «The sound of music», som ble deres aller største suksess. Den inneholdt sanger som «Edelweiss», «Do-re-mi» og «Climb ev'ry mountain», og gjorde også stor lykke på filmlerretet i 1965. LPen med musikk fra filmen solgte dessuten hele 19 millioner eksemplarer i løpet av 8 år. Etter at Hammerstein døde i 1960, avtok styrken i Rodgers arbeid, og man kan betrakte «The sound of music» som hans både siste og største verk. Rodgers' sanger er gjennomgående meget oppfinnsomt og detaljrikt utformet. Han var utvilsomt en av de mest talentfulle komponister i Tin Pan Alley-tradisjonen – ikke fordi hans sanger på noen måte var banebrytende, men fordi de var strålende eksempler på en stil som allerede var etablert av flere av hans eldre samtidige.

Harold Arlen (1905–86) tilhørte, som Gershwin og Rodgers, den andre generasjonen Tin Pan Alley-komponister – Berlins og Kerns etterfølgere. I likhet med Gershwin fattet Arlen en viss interesse for svarte musikere og deres kultur. Han arbeidet på 20-tallet som arrangør for en rekke jazzorkestre i New York, blant annet for swingbandlederen Fletcher Henderson, og han satte opp en rekke revyer på Harlems Cotton Club. Herfra kom hans første virkelige klassiker, «Stormy weather», skrevet for Cab Calloway og senere en stor hit for Lena Horne. Gjennom hele 30-tallet komponerte han for Broadway og Hollywood, og fra hans show og filmer kom det melodier som «The devil and the deep blue sea», «It's only a paper moon» og «Let's fall in love». Den melodien han huskes best for i ettertid, er nok «Over the rainbow» fra 1939. Arlens musikk er innspilt av utallige artister, og han prøvde seg også som sanger selv; blant annet har han gjort innspillinger med Duke Ellington og Barbra Streisand.

De store vokalistene

Komponistene var selvfølgelig avhengige av vokalister som kunne gi deres musikk en stemme. Al Jolson var en forløper for Tin Pan Alley-æraens slagervokalister, og den mest populære sangeren fram til 30-tallet. Han fikk to etterfølgere som framfor noen representerer sin generasjons populærmusikk-vokalister: Bing Crosby og Frank Sinatra. *Bing Crosby* (Harry Lillis Crosby, 1903–77) startet sin profesjonelle sangkarriere som sanger med Paul Whitemans orkester i 1926, i sangtrioen The Rhythm Boys. Crosby lærte mye av Louis Armstrongs rytmikk og frasering, og sang med en rekke jazzmusikere selv om han egentlig aldri ble noen jazzvokalist selv. Han tok imidlertid disse impulsene med seg inn i populærmusikken da han startet sin solokarriere i 1930. Crosby var også dyktig til å utnytte mikrofonens muligheter: Han var sentral i utformingen av crooning-stilen som ble så utbredt blant tidas vokalister, og Crosby var klart den mest populære crooneren rundt 1930. Hans kjennemerke var en avslappet og slentrende sangstil, som nesten ga inntrykk av at hvem som helst kunne synge slik han gjorde det. Han sang ofte svært ulikt komponistens intensjon med sangene, og satte et personlig preg på sine versjoner. Bing Crosby solgte, i særklasse, flere plater enn noen andre plateartister fram til 1954. Han var den mestselgende artist gjennom hele 30- og 40-tallet, og dersom vi legger til 50-tallet, solgte Crosby over 300 millioner plater gjennom tre tiår. Mellom 1931 og 1954 hadde han i USA 317 sanger inne på listene, hvorav 36 nådde førsteplass. Han spilte gjennom sin karriere også i over 60 filmer.

Fra midten av 60-tallet ble han mer tilbakeskuende, og de gylne årene var forbi. Crosby samarbeidet gjennom sin 50-årige karriere med en rekke andre ledende sangere, som Al Jolson, Judy Garland, Louis Armstrong – og helt på slutten av sitt liv David Bowie. Blant sangene Crosby huskes best for, nevner vi «Just a gigolo» (1931), «Red sails in the sunset» (1935), «Pennies from heaven» (1936), «Moonlight becomes you» (1942), «Easter parade» (1948) og selvfølgelig – «White christmas» (1942).

Frank Sinatra (Francis Albert Sinatra, 1915) er selve symbolet på

amerikansk show-business, men han var også den fremste stilisten blant populærmusikk-vokalister innenfor Tin Pan Alley-tradisjonen. Den unge Sinatra beundret Bing Crosby, og bestemte seg for å satse på en sangkarriere etter å ha overvært en konsert med ham i 1933. Rundt 1940 var han fremdeles relativt ukjent, men stilte på auditions med en enorm selvtillit og full overbevisning om at han skulle bli verdens største sanger. Etter en periode hos Harry James begynte han i 1940 å synge med den populære storbandlederen Tommy Dorsey. I de følgende årene sang han inn populære plater som «Polka dots and moonbeams» og «Fools rush in», som senere ble gjengangere på repertoaret. Han sluttet hos Dorsey i 1942 og startet solokarriere, hvilket viste seg å være et klokt trekk: Han ble gjenstand for en idoldyrkelse uten sidestykke, ikke minst blant unge jenter, og spilte inn en rekke underholdningsfilmer, hvor han også sang. Han fikk tilnavnet «The Voice», og Amerika så for første gang virkelig pophysteri. Karrieren så imidlertid ut til å stagnere tidlig på 50-tallet, og mange mente at Sinatra hadde for dårlig materiale å arbeide med. Men etter at han vant en Oscar for sin rolle i filmen «From here to eternity» i 1953, ble Sinatra tatt på alvor også som skuespiller. Kort etter inngikk han et samarbeid med produsenten Nelson Riddle, noe som resulterte i en serie LPer hvor han musikalsk nådde et høydepunkt i karrieren: «Songs for young lovers», «This is Sinatra», «A swingin' affair», «Come fly with me», «Swing easy», «In the wee small hours» og «Songs for swingin' lovers». Sinatra greide til og med å hevde seg på 60-tallet, selv om hans ballader av ungdommen ble betraktet som et reaksjonært ekko fra fortida: «Strangers in the night» ble en nr. 1-hit i 1966. I 1982 hadde han sin siste nyinnspilte hit med den disco-inspirerte «L.A. is my lady», og på 90-tallet gjorde han to overraskende innspillinger hvor han sang duetter med ledende rockvokalister.

Mennesket bak stemmen finnes det mange myter og historier om. Sinatra har engasjert seg i amerikansk politikk og samfunnsliv, han har store interesser i musikkindustri og næringsliv, og han har blitt utsatt for beskyldninger om lysskye virksomheter. Uansett er det i kraft av sine tolkninger av sentrale verk fra Tin Pan Alleys ledende komponister at Sinatra har blitt en hovedfigur i populærmusikken. I motsetning til Crosby, som han etter hvert passerte i popularitet, var Sinatra en mester i jazzfrasering. Han lærte mye av trombonespillet til Tommy Dorsey, om dynamikk, legato og pusteteknikk. Hans fraseringer litt bak taktslagene, og hans selvsikre og elegante timing er det umulig å kopiere – selv om mange har forsøkt. Denne improvisatoriske swingstilen ble hans vokale varemerke, og han var særlig i sitt ess i en medium-tempo swingstil. Han var en teknisk overlegen sanger med en tvers igjennom profesjonell innstilling til det han gjorde, og med enorm erfaring innenfor denne formen for populærmusikk. Frank Sinatra var antagelig den fineste vokalisten i sin generasjon og i sin tradisjon, han var Tin Pan Alley-slagerens fremste eksponent, han bidro til å gi underholdningsmusikken bred anerkjennelse, og han ble populærmusikkens første ikon. Frank Sinatra har satt sitt uslitelige stempel på sanger som «I get a kick out of you», «Fly me to the moon», «Chicago», «New York, New York», «Come fly with me», «The lady is a tramp», «Anything goes», «Strangers in the night», «All the way», «I've got you under my skin» og «My way».

Etterklanger fra Tin Pan Alley

Da en helt ny tenåringskultur på 50-tallet ble en dominerende kraft i populærmusikken, representerte denne også en motreaksjon mot alt som Tin Pan Alley sto for: Den ble ansett som en dekadent, konservativ og overfladisk underholdning for desillusjonerte middelklasseforeldre. Tin Pan Alleys storhetstid var nå definitivt over. Likevel har denne tradisjonen fortsatt å leve, som en mektig gren av underholdningsindustrien. Samtidig har de musikalske prinsippene gitt etterklanger på forskjellige felter.

Flere av Amerikas ledende klassiske komponister har nærmet seg populærmusikken som form, gjennom å arbeide med musikkteater, musikal og film. Her må vi særlig nevne pianisten, komponisten, dirigenten og pedagogen Leonard Bernstein, som oppnådde verdenssuksess i 1957 med musikalen «West side story». Her brukte han også elementer fra latinamerikansk musikk og jazz. Tekstforfatteren var Stephen Sondheim. Sondheim utviklet seg senere som dramatiker og komponist til å bli en av USAs mest nyskapende musikalkomponister, særlig med «A little night music» (1973). Sondheims musikk ligger nærmere operaen, og grenser i noen tilfeller mot atonalitet, men deler av hans arbeider kan også regnes som populærmusikk, slik som hans kjente melodi «Send in the clowns».

I New Yorks Brill Building satt popkomponister på 60-tallet og skrev hitlåter på løpende bånd – nærmest som en gjenklang fra Tin Pan Alleys storhetstid. Blant andre startet Carole King sin karriere her. Sangere som Pat Boone og Cliff Richard viste seg etter hvert å være like mye i slekt med Tin Pan Alley-entertaineren som med rock'n'roll-artisten. Elvis Presley gjorde suksess i showbiz-metropolen Las Vegas. Imidlertid viste også flere rockkomponister en sterk innflytelse fra Tin Pan Alley. Ikke minst gjelder dette Paul McCartney, som har blitt beskrevet som en «rockens Cole Porter». McCartney-komposisjoner som «Honey pie» og «Martha my dear» (1968), Fred Astaire-hyllesten «You gave me the answer» (1975), Mills Brothers-pastisjen «Baby's request» (1979) eller barnesangen «We all stand together» (1984), er eksempler på dette.

Mye av den kommersielle middle-of-the-road-musikken som ble populær på 70-tallet er mer i slekt med Tin Pan Alleys underholdningsmusikk enn med moderne pop og rock. Dette gjelder også slagerkonkurransen Eurovision Song Contest, og store deler av industrien for bakgrunnsmusikk. Her finner vi begreper som «easy listening» eller «lett underholdningsmusikk». Et eksempel på dette er amerikaneren Burt Bacharach, som gjorde stor suksess som hit-komponist fra midten av 60-tallet, ikke minst i samarbeid med vokalisten Dionne Warwick. Han er også kjent gjennom sine filmmelodier «Raindrops keep falling on my head» (1969) og «Arthur's theme» (1981).

Tin Pan Alley-tradisjonen fra Hollywood lever fortsatt videre i store deler av moderne filmmusikk og i musikalen. En av de fremste moderne eksponenter for musikalformen er briten *Andrew Lloyd Webber* (1948). Han har stått som rock-generasjonens eksponent for gårsdagens underholdningstradisjon. Blant Lloyd Webbers mest kjente og karakteristiske sanger, nevner vi «Don't cry for me Argentina», «Memory» og «Pie Jesu». Den musikkutdannede Lloyd Webber fikk sitt gjennombrudd tidlig på 70-tallet med oppsetningen «Jesus Christ Superstar», skrevet i samarbeid med tekstforfatteren Tim Rice. Senere gjorde han suksess på begge sider av Atlanteren både med sine mange musikaler og med det mer sakralt anlagte «Requiem» (1985). Lloyd Webbers plater har solgt i store opplag, hans «Jesus Christ Superstar», «Cats», og «Starlight express» er de oppsetningene som har hatt lengst spilletid i britisk teaterhistorie, og «Evita» og «Cats» ble også spilt i årevis på Broadway. Musikalen lever altså videre i beste velgående, ikke minst i teatermetropolene New York og London. Marvin Hamlisch og Edward Klebans «A chorus line» gikk på Broadway uavbrutt i femten år mellom 1975 og 1990. Den ble i løpet av 6104 forestillinger sett av over 6 millioner mennesker, og er den oppsetning i Broadways historie som har stått lengst på plakaten.

Del II

7 Svart storbymusikk

Den afroamerikanske musikken var fram til omkring 1920 i hovedsak del av en rural kultur. Etter den amerikanske borgerkrigen startet imidlertid en svært omfattende urbanisering og industrialisering i USA. Urbaniseringsprosessen hadde virkninger innenfor alle samfunnsområder; økonomisk, politisk og kulturelt gjennomgikk det amerikanske samfunnet fundamentale endringer.

Det var to hovedårsaker til urbaniseringen: På den ene side mekaniseringen av primærnæringene, som førte til mindre behov for arbeidskraft på landsbygda. På den annen side den enorme industrielle veksten i byene. De store industriområdene vokste fram der hvor det var lett å få transportert råvarer inn og ferdigvarer ut, og hvor det var tilgang på energi. Behovet for arbeidskraft i disse områdene økte eksplosivt. I California ble Los Angeles og San Francisco de største industribyene. Ved de store sjøene i nord var det Chicago, Detroit og Cleveland, på østkysten New York, Baltimore og Boston, og i sør Houston og New Orleans. Storbyene ble også sentra for en urbanisering av svart musikk. For å kunne danne et bilde av disse samfunnsendringenes omfang skal vi se litt nærmere på en del statistikk.

Etter borgerkrigen begynte en nærmest eventyrlig utvikling for USAs industri. Særlig mellom 1900 og 1920 var veksten stor, med omtrent en firedobling av industrivirksomheten. Med en slik vekst er det ikke så rart at behovet for tilførsel av ny arbeidskraft i industriområdene var formidabelt. Før borgerkrigen bodde langt de fleste på landsbygda, og det fantes få store byer i USA. Men allerede i 1910 levde 45 prosent av befolkningen i byene, en andel som steg til omtrent 60 prosent innen 1950. Etter dette stagnerte veksten i både industrivirksomhet og befolkning i byene.

Når behovet for arbeidskraft sank på landsbygda og samtidig økte i storbyene, var det ofte de svarte som flyttet først, da de fleste jordeierne var hvite. I sørstatene var rasediskrimineringen langt sterkere enn ellers i USA, og når svarte fra landsbygda ble tvunget til å flytte mot industriområdene, tok de ofte enkleste vei bort fra sørstatene. Svært mange av utflytterne fra Texas endte opp i California, mens folk fra Louisiana, Mississippi og Alabama reiste nordover til Chicago-området. Illinois Central Railway, som forbinder New Orleans og Chicago, og elvebåtene på Mississippi gjorde dette valget desto enklere og mer naturlig.

Elektrisk dansemusikk

Betegnelsen «svart storbymusikk» er en sekkebetegnelse for de afroamerikanske musikkformene som utviklet seg i USA i mellomkrigsårene, i forbindelse med urbaniseringen. Det musikalske uttrykket varierte fra område til område. Noen steder var det jazzmusikere som var toneangivende i utviklingen, mens det andre steder var bluesmusikere. Svart storbymusikk fikk derfor tre nokså forskjellige hoveduttrykk: For det første de klart jazzinspirerte musikkformene, som i stor grad hentet inspirasjon fra swingjazz og storbandenes musikk; disse formene ble gjerne kalt *rhythm and blues (R&B)*. For det andre mer genuine, urbane bluesformer, som bygde på en countryblues-tradisjon, i særdeleshet delta-bluesen. Denne formen kaller vi gjerne *urban blues*, et uttrykk som har blitt nærmest synonymt med begrepet *Chicago-blues*. For det tredje, og i tillegg til disse to profane uttrykkene, oppsto en urban form for kirkemusikk, kalt gospel. Med hensyn til hitlistene forholder det seg imidlertid noe annerledes. Billboard hadde en egen liste for svart musikk som fram til 1949 ble kalt «race records», men denne lista skiftet det året navn til «rhythm & blues». R&B ble altså i listesammenheng en samlebetegnelse for all svart musikk etter 1949.

Pionerene innen svart storbymusikk var førstegenerasjons innflyttere til byene. Blant de første av disse var *T-Bone Walker* (Aaron Thibeault Walker, 1910–75), som opprinnelig kom fra Texas. Hans foreldre hadde ofte hatt besøk av reisende bluesmusikere, og på denne måten vokste Walker opp med country-blues. Blant de mange besøkende var Blind «Lemon» Jefferson, og det fortelles at Walker var med ham som fører når han opptrådte på gatene i Dallas. Så tidlig som i 1929 gjorde han en innspilling på Columbia, sju år før Robert Johnson gjorde sine legendariske innspillinger. T-Bone Walker flyttet imidlertid til Los Angeles i 1934, etter å ha studert el-gitarspill med Chuck Richardson i Oklahoma City. Elektrisk gitar var på denne tida et instrument som nesten ingen kjente til, og Walker var sammen med jazzgitaristen Charlie Christian blant de aller første som brukte el-gitar profesjonelt. Christian og Walker var venner fra barndommen, og studerte samtidig hos Richardson.

Walker etablerte el-gitaren som instrument i blues, og ble selv en svært ettertraktet gitarist. Han ble en stilskaper ikke minst fordi han fikk el-gitaren til å låte som et nytt instrument, et instrument med nye klanger – ikke bare en forsterket akustisk gitar. Ved siden av å være en stilskapende musiker vakte han også oppsikt på grunn av sitt sceneshow; han pleide blant annet å spille soloer med gitaren bak hodet. Både som show-man og som musiker ble han et forbilde for senere gitarister som Chuck Berry og Jimi Hendrix. Walker medvirket på en rekke plateinnspillinger på 1930- og 40-tallet, og hans viktigste innspillinger under eget navn kom på midten av 40-tallet. Han var også en sentral låtskriver og vokalist. De låtene som først og fremst forbindes med T-Bone Walker, er «Call it stormy Monday» (også kalt «Stormy Monday» eller «Stormy Monday blues»), «I'm gonna find my baby» og «T-Bone shuffle», alle innspilt første gang i 1946–47.

Den svarte storbymusikken som utviklet seg i New Orleans, kjennetegnes blant annet av at pianoet var et sentralt instrument. De fremste stilskaperne var vokalister og pianister, og som pianister var de sterkt influert av boogie-woogiestilen. Byens geografiske beliggenhet førte også til at denne formen for R&B ble påvirket av afro-cubansk rytmikk, ragtime og cajun. Pianisten og låtskriveren Professor Longhair ble en tidlig stilskaper i denne regionen. Han har blitt kalt «the Bach of rock'n'roll», og påvirket mange senere musikere på tross av at han ikke var noen hit-maker.

Fats Domino (Antoine Domino, 1928) var også fra New Orleans, og hadde kreolske aner. Etter noen år som fabrikkarbeider, hvor musikken var en hobby, gjorde han sine første plateinnspillinger i 1949, med blant annet låten «The fat man». Dominos vitale mål tatt i betraktning, var dette en svært passende tittel. Han var pianist, vokalist og låtskriver, og ble en av 50-tallets mest suksessrike svarte artister – faktisk er han en av populærmusikkens største artister noensinne, om vi skal måle etter antallet solgte plater. Dominos stil var påvirket av både blues, New Orleans-jazz, kreolsk dansemusikk og boogie, men han skapte sin egen tilbakelente vokalstil, hvor han også viste påvirkning fra country og fra crooner-stilen. Domino ble berømt for sitt boogie-inspirerte pianospill med åttedels-trioler i høyre hånd. «Every night about this time» (1950) er et tidlig eksempel på dette. Totalt hadde Domino fram til

1962 hele 63 listeplasseringer på R&B-lista. Blant disse var «Goin' home» (1952), «Ain't that a shame» (1955), «I'm in love again» (1956) og «Blue Monday» (1957).

Det var vanskelig for svarte artister å slå igjennom hos et hvitt publikum. Mange svarte artister som skrev og framførte sine egne låter på plate, opplevde at cover-versjoner med hvite artister solgte bedre. Domino opplevde dette mange ganger, eksempelvis i 1955 da Pat Boones crooner-versjon av «Ain't that a shame» lå på første plass (renset for synkoper og blå toner), mens Dominos originalutgave lå på tiende plass. Likevel var Fats Domino blant de første svarte artistene som ble en hyppig gjest på Billboards «hvite» lister. Så tidlig som i 1956 hadde han fem crossover-plasseringer til Billboards popliste. Med typiske trekk i sine R&B-innspillinger, som sterk betoning av backbeat, piano åttedelstrioler og saxofonsoli, ble Domino en viktig forløper for rock'n'roll, men han ble også den første store svarte crossover-artist. Mye av forklaringen på at han ble akseptert hos et hvitt publikum, var hans standardlåter i croonerstil. De mest kjente blant disse var «Blueberry hill» (1956) og «Red sails in the sunset» (1963).

I New York ligger bydelen Harlem som i løpet av 20-tallet ble verdens største, svarte bysamfunn. Bydelen ble senere et av de tettest befolkede områder i hele USA. Rundt århundreskiftet opplevde bydelen en stor tilstrømning av fattige, svarte landarbeidere fra sørstatene, og utviklingen gikk mer og mer i retning av fattigkvarter og getto. Rundt 1920 ble flere klubber grunnlagt i Harlem. Den mest kjente var Cotton Club, som var tilholdsstedet for mange store artister, blant andre Duke Ellington og hans orkester. Svarte hadde ikke adgang til alle disse klubbene, og selv om de hadde hatt det, var det få som hadde hatt råd til å frekventere slike fasjonable steder.

Den mest populære svarte storbymusikken med base i Harlem, ble på denne tida kalt *jump*. Musikken var humørfylt, rask og svingende dansemusikk med utspring i storbandjazz og show-musikk. Dansene som hørte til, var jitterbug og jive. *Cab Calloway* (1907–94) ble en viktig overgangsskikkelse mellom storband-æraen og R&B. Han ble kalt «The hi-de-ho man», som har sammenheng med hans berømte «scatsang». Scat-sang eller å skatte kan forklares som improvisasjon over meningsløse ord à la «a-boodley-boodley-boo» eller «hi-de-hi-de-ho». Ofte ble disse scat-innslagene ropt ut til publikum (eller til orkesteret), som med stort besvær forsøkte å gjenta vokal akrobatikk med stigende vanskelighetsgrad. Scat-sangeren ga seg vanligvis ikke før det gikk totalt i stå for publikum.

Cab Calloway medvirket i mange forskjellige sammenhenger på Chicagos underholdningsscener, men i 1931 overtok hans orkester plassen som husorkester på Cotton Club i Harlem. Her fikk han sitt gjennombrudd som artist, ikke minst på bakgrunn av radiosendingene fra klubben. I tida fram til 1945 hadde han 43 hiter. «Minnie the moocher» var en nr. 1-hit i 1931 – og Calloway framførte den for øvrig til stor begeistring i «Blues Brothers»-filmen 49 år senere. Han var ikke bare en stor entertainer, han ledet også et orkester av svært høy kvalitet. Blant de legendariske jazzmusikerne som var innom bandet, nevner vi Ben Webster og Dizzy Gillespie.

Da storbandenes popularitet etter krigen begynte å dale, ble det vokalistene som kom i forgrunnen. R&B-bandene videreførte elementer fra storband-æraen, både i spillestil og i instrumentasjon. Dessuten var den nye jazzretningen be-bop mindre publikumsvennlig enn swing. Den nære forbindelsen fra tiåret før mellom jazz og populærmusikk ble nå svekket, og det var R&B som fylte behovet for danse- og underholdningsmusikk, mens jazzen på sin side ble oppfattet som mer komplisert og intellektuell. Man brukte i R&B mindre blåserrekker som var en forenkling av storbandbesetningen, og saxofonen ble et viktig instrument. Trommene la vekt på backbeat, med betoning av 2-eren og 4-eren i skarptromma, i motsetning til swingstilens like markering av alle fire taktslagene. En nøkkelfigur var saxofonisten, sangeren, entertaineren og bandlederen *Louis Jordan* (1908–75). Jordan begynte sin musikalske karriere med minstreltroppen «Rabbit foot minstrels» på 20-tallet, hvor han blant andre opptrådte med blueslegenden Bessie Smith. På 30-tallet hadde han base i New York, og spilte i en periode i Louis Armstrongs band. Det viste seg imidlertid at Jordan hadde et spesielt talent som solist og entertainer, og det varte ikke lenge før han dannet sitt eget band med seg selv som frontfigur og ablegøyemaker. Det store gjennombruddet for hans orkester «The Tympany Five», kom like etter annen verdenskrig, og flere av deres utgivelser solgte over en million eksemplarer: «G. I. Jive» og «Is you is or is you ain't my baby» (1944), «Caldonia boogie» (1945) og «Choo choo ch'boogie» (1946).

Jordans R&B i sprudlende jump-stil illustrerer linja fra swingjazz, via R&B, fram mot rock'n'roll. Mange senere artister har erkjent å være sterkt påvirket av ham. Hans låter havnet på repertoaret til artister som Little Richard, Chuck Berry og B.B. King. Jordan gjorde sine innspillinger på Decca med produsenten Milt Gabler. Rundt årsskiftet 1953–54 bestemte Jordan seg for å forlate Decca. Mye kan tyde på at han dermed åpnet veien for Bill Haley. I bakgrunnen opererte nemlig denne country-artisten, og like etter at Jordan byttet selskap, produserte Gabler «Rock around the clock» i typisk Jordan-stil med Haley. Etter hvert som yngre rock'n'roll-artister slo igjennom, kom Jordan stadig mer i bakgrunnen, og etter 1954 var han ferdig som toppartist. Mange av hans låter levde videre, og for eksempel «Let the good times roll» har vist stor overlevingsevne.

Bluesbyen Chicago

Av alle industribyene ble Chicago det viktigste senteret for utviklingen av svart storbymusikk. I 1837 fikk Chicago bystatus, og hadde da litt over 4000 innbyggere. Like før storbrannen i 1871 var folketallet kommet opp i 300 000. Byen ble gjenoppbygd i stål og betong, og nå skjøt industriutviklingen virkelig fart. Innen år 1900 hadde byen 1,7 millioner innbyggere, og på 20-tallet opplevde byen en økonomisk gullalder. Innbyggertallet steg dramatisk; mellom 1900 og 1920 økte det med ytterligere én million. Byen gjennomlevde i denne tida også mange dramatiske arbeidskonflikter, og ble med god grunn beryktet for politisk korrupsjon og gangstervelde. Hit kom i 1943 mannen som skulle bli Chicago-bluesens far: Gitaristen, sangeren og låtskriveren *Muddy Waters* (McKinley Morganfield, 1915–83). Som de fleste andre bluesmusikere som havnet her, kom også han fra Mississippi. Waters lærte tidlig å spille munnspill og gitar. I 17-årsalderen møtte han Son House, og både House og Robert Johnson hadde stor innflytelse på hans musikk. Han reiste mye i sørstatene, og i 1941–42 gjorde John Lomax tre opptak av ham for kongressbiblioteket. Da han kom til Chicago, spilte han på klubber om kvelden og natta, og arbeidet på papirfabrikk eller kjørte lastebil om dagen. De fleste svarte innflytterne slo seg ned på Chicagos South-side (sør for Chicago-elva). Her ble det etter hvert etablert mange klubber hvor musikanter og arbeidere møttes. Dette var steder hvor de fleste som opptrådte, hadde musikken som en hobby. Chicagos klubbscene hadde derfor lite til felles med de sofistikerte klubbene i Harlem.

I 1944 byttet Muddy Waters ut sin akustiske gitar med en elektrisk. Han gjorde noen innspillinger for plateselskapet OKeh, men disse ble ikke utgitt før i 1981, på samleplata «OKeh Chicago blues». I 1946 fikk han kontrakt med selskapet Aristocrat, som to år senere skiftet navn til Chess Records. Dette plateselskapet ble et av de viktigste for urban blues og jazz, og foruten Muddy Waters, fikk selskapet etter hvert artister som Howlin' Wolf, Elmore James, Willie Dixon, Chuck Berry, Etta James, Sonny Boy Williamson, Otis Rush og Buddy Guy i artiststallen. Plateselskapets sound var unikt, og ble blant annet formet av at toalettet ble brukt som klangrom: Chess-soundet var på ingen måte teknisk sofistikert, men ga en rå og direkte lyd som har blitt stående som selve symbolet for Chicago-bluesen. Et nærmere studium av Chess-soundet kan man foreta ved å lytte til Muddy Waters' innspillinger mellom 1948 og 1956; klassikere som «I can't be satisfied», «Rollin' stone», «Mannish boy», «She moves me», «Hoochie coochie man» og «I got my mojo working».

Muddy Waters knyttet til seg talentfulle musikere, og ledet fra omkring 1950 det mest innflytelsesrike bandet i Chicagos bluesmiljø. Mange av Chicago-bluesens store navn var i kortere eller lengre tid innom dette bandet. Muddy Waters' Chicago-blues bar sterkt preg av den arven han hadde med seg fra Mississippi-deltaet. Her fantes gammel overtro, utilslørt seksualitet, hjemlengsel, og kraftfullt og emosjonelt gitarspill i tradisjonen etter Robert Johnson. Musikken ble også hørt av hvite tenåringer, som ikke følte seg tiltrukket av den hvite popmusikken. Når de snek seg til å lytte til radiostasjoner som sendte svart musikk, opplevde de suggererende danserytmer og sjokkerende tekster som ikke lignet noe de hadde hørt før.

Muddy Waters dro på turné til England i 1958. Her ble han kritisert for høyt lydnivå på enkelte av de stedene han opptrådte, men mange av musikerne som opplevde ham, ble mektig imponert og inspirert. Dette ble avgjørende for etableringen av det britiske R&B-miljøet. En annen sentral pioner for Chicago-bluesen var *Howlin' Wolf* (Chester Arthur Burnett, 1910–76) fra Mississippi. Hans kunstnernavn er neppe tilfeldig valgt, og forteller noe om hans karakteristiske og kraftfulle sangstemme. Men Howlin' Wolf var også en dyktig gitarist, og ble regnet som en av de fremste munnspillere i Chicago. I sin tidlige karriere hjemme i sørstatene spilte han sammen med bluesmusikere som Robert Johnson og Sonny Boy Williamson. Sistnevnte var hans læremester på munnspill. Howlin' Wolf jobbet i landbruket til 1948, men satset deretter profesjonelt på musikken. Først i 1952 flyttet han til Chicago, hvor blant andre Muddy Waters hjalp ham med å finne arbeid. Howlin' Wolfs stil var råere enn de fleste andre innen Chicago-bluesen, og dette resulterte blant annet i at han ikke fikk et så stort platepublikum som for eksempel Waters. Han hadde imidlertid noen få hiter på R&B-listene, som «How many more years» (1951) og «Smoke stack lightning» (1956), en én-akkords-blues som ble hans varemerke.

Elmore James (1918–63) hører også med blant de stilskapende bluesmusikerne i Chicago. Gjennom hele 50-tallet gjorde han mange innspillinger. Den første og mest kjente, som ble hans varemerke, var innspillingen av Robert Johnsons «Dust my broom» (1951). Før James begynte som soloartist, spilte han i flere år sammen med Sonny Boy Williamson, og utviklet her sitt spesielle og effektfulle slide-gitarspill. Hans gitarstil ble et forbilde for senere gitarister som Jimi Hendrix, Peter Green, Brian Jones og John Mayall.

En av de viktige bakmenn i Chicago-bluesen var *Willie Dixon* (1915–92). Han kom fra Mississippi, og trådte sine musikalske barnesko i kirken. Som ung kom han på kant med loven og stakk av til Chicago, hvor han en tid livnærte seg som bokser. Han var i en årrekke Chess' A&R-sjef (artist og repertoar), produsent, bassist og låtskriver, og la ned et livsverk som sterkt preget Chicago-bluesens utvikling. Han ble en pioner for el-bass i og med at han var blant de første som tok i bruk dette instrumentet. El-bassen ble lansert av Leo Fender i 1951, og erstattet etter hvert kontrabassen. Med få og korte avbrudd ble Dixon værende hos Chess Records til 1971, og startet deretter sitt eget selskap, under etikettene Yambo og Spoonful. Dixon hadde en forkjærlighet for den «mollstemte» bluesen, noe hans låt «I can't quit you baby» er et godt eksempel på. Han er også mannen bak buesklassikere som «Hoochie coochie man», «Spoonful», «I just want to make love to you» og «Little red rooster».

Chicago-bluesens sound kjennetegnes av el-gitar, el-bass og trommer – en sammensetning som skulle bli stilskapende for rocken. I tillegg til dette var munnspill og vokal sentrale elementer i soundet. De fleste vokalistene brukte en energisk sangteknikk som skilte seg dramatisk fra det hvite crooner-idealet, og erstattet dette med rå kraft, sprukken og rusten klang, og en syngemåte som var en syntese av skrik, sang og tale. Her kan vi trekke linjer tilbake til slavetidas hollers og negro spirituals' shouts. Delta-bluesens formskjemaer og rytmikk ble beholdt og videreutviklet. Den vesentligste endring i forhold til rural blues, lå i at Chicago-bluesen ble elektrisk, og at den ble framført av et band, ikke av enkeltmusikere med akustisk gitar og munnspill. Når musikk framføres av én person, kan man ta seg store improvisatoriske friheter i framføringen: Tempoet blir ofte rubatisk, og rytmen ikke så fast. Når flere musikere spiller sammen, øker også behovet for struktur og logikk, og musikken blir nødvendigvis mer arrangert. Dette er dessuten helt nødvendig for at musikk skal kunne fungere som dansemusikk, hvilket Chicago-blues i aller høyeste grad var.

Tekstene i Chicago-blues bar mindre preg av sosial satire og reportasje enn country-blues. De var også morsommere, mer virkelighetsnære, og ikke minst mye frekkere enn hva hvit pop var. Hvor den hvite Tin Pan Alley-teksten forsiktig antydet, var R&B-tekstene, særlig i Chicago-bluesen, overtydelige. Dette, samt den svarte musikkens åpenbare fortrinn som dansemusikk, førte til at stadig flere hvite ungdommer ble nysgjerrige. Foreldregenerasjonen var sjokkert og provosert av denne musikken, mange fryktet og foraktet den. Kampanjer ble iverksatt for å demme opp mot hva de mente var skadelig for den oppvoksende hvite slekts moral: «Hjelp oss å redde Amerikas hvite ungdommer! Ikke kjøp neger-plater!» Det ble utover 50-tallet likevel stadig lettere å få tak i plater med svarte artister, og det fantes flere radiostasjoner som sendte svart musikk. Særlig i Chicago-området ble en del av disse stasjonene populære også blant hvite ungdommer. Radioen nådde ut til hele folket, uten hensyn til hudfarge, religion eller sosial status, og uten hensyn til lytternes alder. Hvite foreldre kunne nekte sine barn å gå på konserter med svart musikk og å kjøpe plater med svarte artister, men med radioen ble dette vanskeligere å kontrollere. På denne måten nådde radiostasjonene langt flere enn den levende musikken kunne nå, uten at man rokket ved det tradisjonelle raseskillet i det praktiske liv.

Flere små plateselskaper, som spesialiserte seg på utgivelse av R&B, ble etablert på 40-tallet. Blant de viktigste var Modern, Specialty og Aladdin i Los Angeles, King i Cincinnati, Chess i Chicago, Savoy i New

Jersey og Excello i Nashville. Noen få av selskapene var eid av svarte, ellers var amerikanske jøder sterkt inne på eiersiden.

Selv om begrepet «urban blues» assosieres sterkt med Chicago, fantes det flere sentrale musikere også fra andre områder. *John Lee Hooker* (1917) kom fra Mississippideltaet. På 30-tallet oppholdt han seg i Cincinnati og sang i flere gospelkvartetter. Først i 1943, etter å ha flyttet til Detroit, begynte han for alvor å spille blues. Hans første plateutgivelse kom i 1948. Det var låten «Boogie chillen», kun akkompagnert av hans eget el-gitarspill og tramping. Det var overraskende, både for ham selv og for plateselskapet, at utgivelsen ble en stor suksess. Fram til 1955 var så godt som alle Hookers utgivelser rene soloprosjekter. Blant innspillingene fra denne tida vil vi nevne «In the mood», «Rock house boogie», «Crawling king snake» og «Shake holler and run». Mange av hans innspillinger ble også gitt ut på andre selskaper, og under andre artistnavn: Johnny Williams, Birmingham Sam and his magic guitar, John Lee Booker, Delta John, The Boogie Man, Johnny Lee, Texas Slim og John Lee Cooker er noen av hans mange psevdonymer. Mot slutten av 50- og utover 60-tallet vokste hans popularitet blant hvit ungdom, og han gjorde mange nyinnspillinger av eldre materiale, hvorav «Boom boom» (1962) er den mest kjente og kopierte.

En annen sentral stilskaper innen urban blues som ikke hadde base i Chicago, var *B.B. King* (Riley B. King, 1925). Han regnes av mange som den fremste bluesartist i sin generasjon, og fikk et stort publikum over hele verden. Det tok imidlertid lang tid før King oppnådde en slik status. Han vokste opp i Mississippi i en fattig bondefamilie. I 1947 flyttet han til Memphis og fikk noen jobber på radiostasjonen WDIA som sanger i reklameinnslag, og etter hvert et eget program hvor han var DJ. «Riley King, the blues boy from Beale street» ble han kalt, og etter hvert ble dette forkortet til Bee Bee King.

Mellom 1951 og 1968 hadde King i alt 31 hiter på R&B-lista i USA, hvorav halvparten nådde Top Ten. Mange bluesmusikere aksepterte ikke Kings stil, fordi de mente at den ikke var autentisk nok – samtidig som hans musikk i alle fall var ekte nok til ikke å få umiddelbart innpass blant det hvite publikum. Han ble en overgangsskikkelse mellom urban blues og en mer moderne og kommersiell blues. Han hadde en «pen» sangstemme og et mye mer kontrollert og mindre aggressivt musikalsk uttrykk enn mange andre bluesartister. Som gitarist utviklet han et lett gjenkjennelig særpreg som var inspirert av T-Bone Walker, men også av den europeiske string-swing-gitaristen Django Reinhardt. På tross av problemene med å bli akseptert av andre bluesartister, fikk King med tida et stort publikum blant svarte. Hans listeplasseringer på 50-tallet er et tydelig bevis på dette. Fra slutten av 60-tallet har King opplevd en stadig stigende popularitet over store deler av verden, og han må regnes blant de fremste tradisjonsbærerne av denne musikken, og en av den urbane bluesens fullendere.

Urban kirkemusikk

Chicago ble ikke bare den urbane bluesens hjemby på 40-tallet, men også den urbane gospelens hjemby. *Gospel* er en form for svart kirkemusikk med opprinnelse i sørstatene, særlig innenfor svarte menigheter i Baptistsamfunnet, Metodistkirken og pinsebevegelsen. Begrepet «gospel songs» ble imidlertid brukt om hvite vekkelsessanger allerede på 1870-tallet. I de store kristne vekkelsesbølgene etter borgerkrigen ble det skrevet mange nye sanger. Særlig skrev sangevangelistene Dwight L. Moody og Ira Sankey flere populære sanger, som også ble sunget i Europa. Faktisk ble disse sangene av mange bare kalt «sankeys». Ordet «gospel» betyr «evangelium» eller «godt budskap», og disse sangene var forkynnende og gjerne svært følelsesladede. De hentet musikalske elementer fra populærmelodier, marsjer, hymner og salmer. Allerede i 1874 ble det publisert en notesamling kalt «Gospel songs», med sanger av bare hvite komponister.

Rundt århundreskiftet kom det også svarte komponister av gospelsanger, som de nå ble kalt, og de svarte kirkene overtok gospelbegrepet. Charles A. Tindley skal ha vært den første svarte gospelkomponisten som fikk utgitt sine sanger på noter. Den svarte gospelsangen ble enda friere og mer følelsesladet enn den hvite – i tråd med afroamerikansk vokalpraksis. Særlig baptistkirkene hadde stor frihet i sin samværsform, og prestene avleverte ofte prekenen på en svært dramatisk og musikalsk måte. På 20-tallet ble plater med opptak av gudstjenester faktisk svært populære. Pastor J.M. Gates var den aller mest populære, og skal ha utgitt over 700 gudstjenester på plate mellom 1925 og 1941. Pastor C.L. Franklin (Arethas far) utga over 70 innspilte gudstjenester. Det var ikke alltid lett å si hvorvidt predikantene talte eller sang. Dramatisk og kraftfull verbal avlevering av bibelhistorier, bønner, sang og tungetale var med på å forme denne «sangprekenen». En slik sangpreken hadde gjerne følgende forløp: Først talte predikanten, men i et stadig stigende stemmeleie, og fikserte etter hvert på én tone. Nå fulgte en rytmisering av tonen, samt denne tonens none, sekst og kvint, noe som skapte en dominant/tonika-følelse. Improvisasjonen gikk videre gradvis over i en bluesskala, og menigheten kom med i sangprekenen gjennom «Amen!»- og «Hallelujah!»-rop i call-and-response-form. Deretter kom instrumenter med, og det hele kunne kulminere under medvirkning av kor, instrumenter og dans. På denne måten kunne en ny gospelsang oppstå. Slike gudstjenesteformer hadde også en forbindelse tilbake til hollers og afrikansk musikalsk praksis.

I 1921 ble notesamlingen «Gospel pearls» utgitt, med 160 populære sanger fra svarte kirker. På 20-tallet vokste svart gospel fram som musikkform. Til forskjell fra negro spirituals, som var en av dens viktigste forløpere, var gospelmusikken ofte komponert. Den hadde en mer moderne rytmefølelse med backbeat: Klapping eller tamburiner på 2-eren og 4-eren i takten. Gospelens drivende backbeat ble ofte kalt «sanctified beat» – helliget rytme: Man økte gjerne tempoet i slutten av en sang – når deltagerne var åndelig og musikalsk mottagelige for det. Dette var en opphissende up-tempofeeling som inviterte til ekstatisk dans og åndelig forløsning. Syngemåten var preget av melismatisk utsmykning av stavelser og ord. På samme måte som i blues la man gjerne inn mye improvisasjon, som i gospel ble regelen snarere enn unntaket. Harmonisk ble gospel primært treklangs-orientert, sangene gikk ofte i durtonearter, og hadde en utpreget glad og optimistisk stemning. Dette kommer av at gospelmusikkens oppgave er å forkynne «det gode budskap». Mens negro spirituals oftest henter tekstene fra Det gamle testamente, henter gospel tekstene og temaene fra Det nye testamente. Sangene handlet både om det nye liv i denne verden, og om håpet om himmelen.

Innenfor Church of God Holiness og Church of God Sanctified var man først ute med å ta i bruk instrumenter, og fulgte oppfordringen fra Bibelens Salme 150 nokså bokstavelig. Tamburinen kom tidlig i bruk. På slutten av 20-tallet ble piano innført som et viktig instrument i gospel. Dette skyldtes hovedsakelig *Thomas A. Dorsey* (1899–1993). Dorsey var på 20-tallet en innflytelsesrik bluespianist. Under navnet Georgia Tom spilte han med blant andre Big Bill Broonzy, Ma Rainey og Tampa Red. Han begynte å komponere gospelsanger i 1930, og tok med seg flere trekk fra blues inn i gospelmusikken. Dorsey ble den viktigste enkeltperson i gospelmusikkens historie, og anses som grunnleggeren av moderne gospel. Dette har flere årsaker: Han var en pioner innen gospelkorbevegelsen i USA, og startet det aller første gospelkor i Pilgrim Baptist Church i Chicago i 1932. Han ledet dette koret i over 40 år. Fra 30-tallet ble det startet gospelkor i svarte kirker over hele landet, og Dorsey var som president i The National Convention of Gospel Choirs and Choruses en nøkkelfigur i denne bevegelsen.

Dorsey var ingen stor sanger, og konsentrerte seg i stedet om å komponere. Hans suksessrike bluesbakgrunn ga ham umiddelbart muligheter for å spille inn gospelsanger på plate. Han ble gospelmusikkens mest innflytelsesrike komponist, med klassikere som «Precious Lord, take my hand», «Walk over God's heaven», «We will meet Him in the sweet by and by», «Peace in the valley» og «The Lord has laid His hands on me». Hans komposisjoner var farget av blues og jazz, ofte med åpne strukturer og plass for improvisasjon, samtidig som de hadde melodisk slagkraft. Dorsey var aktiv som musiker, predikant og inspirator helt til 90-årsalderen.

I 1945 fantes det over 500 svarte kirker i Chicago, og gospelmusikken utviklet seg raskt. Man utvidet også gospelmusikkens instrumentasjon, framfor alt med Hammondorgelet, som fra 40-tallet ble gospelens hovedinstrument ved siden av piano. Det elektriske Hammondorgelet ble utviklet i 1934 av Laurens Hammond, og på slutten av 30-tallet ble det for første gang tatt i bruk i en kirke – First Church of Deliverance i Chicago. Akkurat dette Hammondorgelet hadde tidligere vært i bruk ved et vaudeville-teater, og elektriske orgler ble i starten generelt møtt med en viss skepsis i kirkene. Den samme skepsis hadde også pianoet blitt møtt med, fordi det først og fremst ble forbundet med barer og nattklubber. Når Hammondorgelet likevel ble populært – en tredjedel av alle Hammondorgler ble på 40-tallet kjøpt av kirker – hadde det sammenheng med at slike orgler var betydelig billigere i innkjøp enn et vanlig kirkeorgel. Dessuten hadde Hammondorgelet klangegenskaper som samsvarte godt med klangidealene i gospelvokal, med mye vibrato og klanglig fargelegging. Både piano og orgel var instrumenter med rike variasjonsmuligheter i funksjon og spillestil, og begge kunne brukes som «enmannsorkestre». Korlederne ledet ofte korene fra pianokrakken. Den treklangsbaserte arrangementsstilen i gospelkorene var i stor grad et resultat av akkordleggingen på pianoet. Senere kom også instrumenter som el-bass, trommer og el-gitar i bruk i gospel.

Gospelmusikken vokste fram i omgivelser preget av 30-tallets økonomiske depresjon. Historisk sett har kirken blomstret i vanskelige tider, og gospelsangenes optimisme og glede ble for mange troende en motvekt til nedgangstidenes motløshet. Gospelmusikken fikk sin gullalder fra omkring 1945 til 1965. Opprinnelig var det en ren kirkemusikk til bruk i gudstjenesten, ikke skapt for kommersielle formål eller underholdning. Dette endret seg imidlertid gjennom årene. Gospel fikk bred innflytelse på nyere genrer innen svart musikk som R&B, soul, funk og ulike former for rock. Særlig gjelder dette vokalteknikkene, akkordbruken og rytmestrukturene. Mange av stilskaperne i rock'n'roll på 50-tallet hadde også mye av sin bakgrunn i gospel, for eksempel Elvis Presley og Little Richard. Gospelmusikken framsto i sin storhetstid i tre hovedformater: Solister, kor og vokalgrupper.

Gospelmusikkens gullalder

Vi finner mange solister i tidlig gospel som viser den nære forbindelsen mellom gospel og blues. Den mest bemerkelsesverdige av disse var *Blind Willie Johnson* (ca. 1902–ca. 1950), som gjorde innspillinger av usedvanlig kvalitet mellom 1927 og 1930. Han utmerket seg ved sitt unike slidegitarspill og sin grove og intense stemme, og han ble en stor inspirator for både bluesgitarister og gospelsangere. Han sang og prekte både i landsens baptistkirker og som omreisende trubadur, men etter depresjonen ble han tigger og gatesanger og gjorde aldri flere innspillinger. En annen viktig gitarist var den blinde pastor *Gary Davis* (1896–1972). Davis ble i 1933 ordinert til pastor, og spilte fra da av bare religiøse sanger. I 1940 flyttet han til New York og spilte sin «holy blues» som gatesanger i Harlem. Først på slutten av 60-tallet ble hans betydning for gospelmusikken fullt ut anerkjent. På slutten av sitt liv fikk Davis også stor betydning for unge musikere som Bob Dylan, Ry Cooder og Donovan. Harlem ble for øvrig tidlig også et viktig senter for gospel, ved siden av Chicago. Her arbeidet «Sister» *Rosetta Tharpe* (1915–73), som utmerket seg både som bluesgitarist og som gospelsanger. I 1938 sang hun på de historiske «From spirituals to swing»-konsertene i Carnegie Hall, og samme år ble hun den første gospelsanger som opptrådte i en nattklubb. Hun var også en dyktig jazzvokalist, og sang med storbandene til Benny Goodman, Cab Calloway og Count Basie. Tharpe var en kontroversiell artist, ikke minst fordi hun skilte mindre tydelig mellom det sakrale og det profane enn hva som var allment akseptert innenfor kirken. Hun ble utstøtt fra Pinsemenigheten, men fant seg til rette i det mer åpne Baptistsamfunnet. Hun forårsaket ved flere anledninger store avisoverskrifter, som for eksempel da hun i 1951 inviterte 25 000 betalende gjester til sitt tredje bryllup.

De mest innflytelsesrike gospelsangerne opererte hovedsakelig innenfor kirken. En av disse var Willie Mae Ford Smith, som over lang tid samarbeidet med Dorsey. Den fremste av dem alle var *Mahalia Jackson* (1911–72). Hun var fra New Orleans, og sang i Baptistkirkens kor fra hun var 4 år gammel. I 1927 flyttet hun til Chicago, hvor hun umiddelbart fikk ry som en dyktig gospelsanger. Her skapte hun sin egen stil, basert på negro spirituals' melankoli, bluesintonasjon og frasering, inderligheten fra baptisthymnene og gospelens jublende uttrykk. Hun samarbeidet med Dorsey fra 1937, og spilte gjennom årene inn udødelige versjoner av flere av hans sanger. Hennes innspilling av hans komposisjon «Move on up a little higher» (1947) ble den første gospelinnspilling som solgte i over én million eksemplarer. Dette var også den første gospelplate som brukte Hammondorgel, og den bidro til å gjøre dette instrumentet enda mer populært. Mahalia Jackson var på 50-tallet etablert som den fremste kvinnelige svarte vokalist siden Bessie Smith. Hun sang i TV og radio, opptrådte på Newport Jazz Festival i 1958, turnerte i Europa og ble gospelmusikkens ambassadør også overfor et hvitt publikum. Hun ble kalt «The Queen of Gospel Music». Hennes status ble også bekreftet da hun sang ved president Kennedys innsettelse. Hun var en nær venn av Martin Luther King, og lånte sin stemme til borgerrettighetsbevegelsen på 60-tallet. Jackson takket nei til alle tilbud om en karriere utenom kirken, og hun ble kirkemusikkens første, og egentlig eneste, virkelige «stjerne».

Flere av de beste kirkekorene begynte etter hvert å reise på konsertturneer. Et av de mest populære var drevet av *Clara Ward* (1924–73), som også hadde en kraftfull sangstemme. Dette kommer tydelig fram på «Keep me everyday» (1965), som er innspilt live i en menighet i Harlem. Clara Ward Singers ble svært populære både i og utenfor kirken. De fleste korene var best på gudstjenester og konserter, mens treminutters plateinnspillinger ofte ble mer disiplinerte og mindre spontane i uttrykket. Men det finnes også mange innspillinger som dokumenterer den autentiske atmosfæren ved slike gudstjenester, for eksempel Charles Becks «Drive old Satan away» (1956) eller Abyssinian Baptist Gospel Choirs «Is anybody there» (1962).

Etter annen verdenskrig ble det startet mange vokalkvartetter som sang gospel. Disse la også vekt på eleganse i antrekk, dansetrinn og presentasjon, og var virtuose i sin stil. De ble utgitt av små plateselskaper. Flere brukte også band. De utviklet distinkte vokalstiler, men fellestrekkene var gjerne en fulltonende, noe rå og kraftig syngemåte, med kontrasten mellom dyp bass og høy tenor som grunnlag for rytmisk improvisasjon og ornamentering. Blant de fremste vokalgruppene finner vi to med navnet Five Blind Boys – en fra Mississippi og en fra Alabama. Sistnevnte var aktive og populære helt fram på 90-tallet, selv om disse gruppene ble startet allerede under krigen. (Som en kuriositet kan nevnes at The Blind Boys of Alabama var de første artister som overførte en konsert direkte på Internett, i januar 1995.) Den mest populære vokalkvartetten var The Golden Gate Quartet, startet i 1934. De hadde suksess på turneer over store deler av verden. Staple Singers, startet i 1948, var bluespreget og besto av tre søstre og deres far, Roebuck Staples. Han hadde i sin ungdom arbeidet på den tidligere omtalte Dockery Farms, hvor flere kjente bluessangere bodde. Både Staples og datteren Mavis var for øvrig aktive helt fram til 90-tallet. Soul Stirrers ble startet i 1935. Deres hovedvokalist fra 1950, Sam Cooke, ble senere en pioner for soul-musikken – en musikkform som i hovedsak springer ut fra gospel. Soul Stirrers' innspilling av Dorseys «Peace in the valley» (1951) kan stå som et eksempel på denne æraen i gospelmusikkens historie.

På 70-tallet hadde gospel blitt en viktig del av populærmusikken, med bred kommersiell appell. Den ga gjenklang hos mange rockartister, og i musikaler som «Jesus Christ Superstar» og «Godspell». Den ble nå viktig som kommersielt plateprodukt, ikke bare som kirkemusikk. Såkalt «contemporary gospel» eksperimenterte arrangementsmessig, hentet trekk fra rock og tenderte mer i retning av hvit korsang enn den opprinnelige svarte gudstjenesteformen. Sangene ble også mer strukturerte med innføringen av band og andre instrumenter. Ofte bygde de i høy grad på repetisjon av forholdsvis få elementer. Slike «vamper» finner vi ofte i musikken til *James Cleveland* (1931–91), som ble en populær og viktig figur innen nyere gospel, både som sanger, dirigent i Chicago og Detroit, og som komponist, musiker og produsent. «King James» hadde på 60-tallet stor popularitet, særlig innen den svarte middelklassen. Han utga gospelens første live-LP, «This Sunday in person», i 1962. Cleveland, som også var pastor, slo seg ned i Los Angeles, som ble hovedstad for moderne gospel. Herfra kom også Edwin Hawkins, som med sitt kor fikk en overraskende hit med sangen «Oh happy day» i 1969. Den moderne gospelmusikkens fremste representant ble keyboardisten, vokalisten og komponisten *Andrae Crouch* (1942) fra Los Angeles. Hans blanding av gospel og rock ble på 70-tallet aldri akseptert av gospelmusikkens purister, men den ble ikke desto mindre svært populær, særlig i Europa. LPen «Live in London» (1978) var ett av høydepunktene i hans karriere. En rekke av hans sanger har fått klassikerstatus, og han har også vunnet flere Grammy-priser. Hans sangere var på 80-tallet også korister for popartister som Michael Jackson, Elton John og Madonna. I 1994 pekte Crouch ut nye retninger for gospelmusikken på CDen «Mercy», i et moderne sound med sterke elementer fra jazz, reggae og annen latinamerikansk musikk.

Vokalt artisteri på gateplan

Amerikansk storbymusikk fra 1940- og 50-tallet omfatter i tillegg til urban blues, R&B og gospel også en vokalstil som kalles *doo-wop*. Selve stilbetegnelsen stammer fra vokale lydeffekter som bakgrunnssangere brukte når de koret: «Doo-wah», «doobee-doobee», «doopee-doowah» og lignende. Doo-wop er beslektet med gospelkvartettene, men er i motsetning til gospel en profan musikkform. Den kan også betraktes som en vokal form for R&B. Doo-wop var en form for vokalharmonisering som oppsto på gateplan i svarte bydeler, såkalt «street harmoni-

zing». Doo-wop-gruppene var svarte, som regel mannlige vokalkvartetter eller -kvintetter, som på plate ofte opptrådte med band og orkestrering. De sto for en virtuos vokalkunst, ofte med ekstremregistre i bass og falsettsang, men samtidig representerte de en atskillig mer søtladen stil enn gospelgruppene gjorde. Stilen hadde forbindelser til Tin Pan Alley-musikkens melodiøsitet, med mange ballader. Artistene var også svært nøye med image, antrekk og sceneframføring. Doo-wop fikk derfor også innpass i et konservativt hvitt platemarked. *The Orioles* regnes som pionerene innenfor denne vokale R&B-musikken. Deres debut-plate «It's too soon to know» (1948) ble stilskapende for doo-wop, med en pasjonert lead-tenor over slepen harmonisang og et nesten uhørlig diskret instrumentalakkompagnement. Deres sentimentale ballade «Crying in the chapel» (1953) ble 50-tallets første store crossover-hit; nr. 1 på R&B- og nr. 11 på poplista. Blant de trendsettende og mest populære doo-wop-gruppene på 50-tallet finner vi dessuten The Moonglows, The Flamingos, The Coasters, The Drifters, The Platters og The Ink Spots. Doo-wop-musikkens gullalder ble 50-tallet, hvor den også hadde stor betydning for rock'n'roll. Doo-wop fikk senere stor innflytelse på vokalarrangementer i rock og popmusikk.

8 Tenåringer, fritid og konsum

Industrialiseringen og urbaniseringen av det nordamerikanske samfunnet foregikk i et stadig akselererende tempo, og nådde et høydepunkt rundt midten av 1900-tallet. USA ble verdens rikeste land, om man regner etter levestandard og nasjonaløkonomi. Materielle forandringer endret også livsverdiene, og blant mange andre ting ble tre nye begreper viktige: Konsum, fritid og tenåringer. Disse begrepene er sentrale også i populærmusikkens historie.

USA var det eneste landet som etter annen verdenskrig hadde en bedre økonomi enn før krigen. Selv om musikkindustrien var inne i en bølgedal, nøt den øvrige industri store framganger, ikke minst gjennom en enorm etterspørsel etter krigsmateriell. I løpet av krigsårene ble inntekten for en gjennomsnitts hvit familie fordoblet, og for en tilsvarende svart familie tredoblet. Det amerikanske samfunnet var etter krigen preget av en sterk optimisme og økonomisk oppgang. USA ble et konsumentsamfunn. Landets produksjon av varer oversteg langt det som var nødvendig, og industrien skapte dessuten stadig nye behov i sin jakt på profitt. Et resultat av dette ble en sterkt forbedret levestandard for folk flest, og tilsvarende økt kjøpekraft. Industrien medførte også en endret samfunnsrytme: Industri og mennesker ble styrt av klokka. Fast arbeidstid ga også fast fritid, et begrep som ikke hadde hatt noen relevans i tidligere tider. Samfunnet fikk varer, og ikke minst tid, til overs. Dette la grunnlaget for det vestlige forbrukersamfunnet, med økonomisk vekst, økt kjøpekraft og bedret levestandard som noen av de viktige konsekvensene. Vest-Europa lå en del år etter USA, men den samme utviklingen fant sted også her.

Blant mange andre ting tillot dette overskuddet også en stadig større satsing på utdanning. Delvis tvang utdanningsbehovet seg fram gjennom industriens og teknologiens krav til spesialister, men satsingen på skole var også et utslag av ren overflod. Nå fantes både tid og økonomi

til å gi barna og ungdommen en god utdanning, og dessuten var ungdommene ikke lenger helt nødvendige, verken i familiens eller i storsamfunnets produksjonsprosesser. Slik ble ungdommers liv mer endret enn de voksnes, og selve begrepet «tenåring» oppsto. Før 50-tallet fant man knapt dette ordet i bruk, og en gjennomgang av aviser i USA på leting etter ordet «teen-ager», ville neppe gitt noe resultat. Ungdommen som befolkningsgruppe fikk ny status, og begrepene knyttet til ungdom og tenåringer fikk nytt innhold. Tenåringene ble en samfunnsgruppe som også opptrådte som en gruppe, og i kjølvannet av dette oppsto ungdomskultur, ungdomskriminalitet, ungdomsproblemer, ungdomsmoter, ungdomsspråk, og en rekke andre uttrykk knyttet til ungdom eller tenåringer.

I tenårene legges grunnlaget for vår identitet. Tidligere var det forbilder i familien, tradisjoner og nærhet til dagliglivets mange livsprosesser og gjøremål som dannet denne identiteten. I det urbaniserte samfunnet derimot, ble de unges nærhet til «de voksnes verden» svekket, og de ble dermed fremmedgjort overfor mange av samfunnets prosesser. I en slik kontekst måtte tenåringer søke sin identitet og sine idealer på andre måter, og på nye steder. I og med at 50-tallets unge ikke hadde noen tradisjon som samfunnsgruppe, fantes heller ingen ferdig utstaket kurs, ingen trygg og utprøvd vei å gå, og uttrykket «rotløs ungdom» fikk relevans. Dette ble i løpet av 50-årene et viktig tema i samfunnsdebatt, film, litteratur og musikk. Før var skillet mellom svart og hvit det mest åpenbare, mens det i løpet av 50-tallet ble skillet mellom tenåring og voksen som ble viktig.

Tenåringers identitet fikk, i det minste på overflaten, en tydeligere sammenheng enn i tidligere generasjoner med ting, som for eksempel klær, kosmetikk, grammofonplater, motorsykler og biler. Forbrukersamfunnet skapte nye verdier som tenåringene ble de fremste representantene for. Selvsagt var mange «gode, gamle» verdier også med i dette bildet, som for eksempel flørt og forelskelse. I tillegg til at ungdommenes status i løpet av 50-tallet ble en helt annen, og at selve tenåringsbegrepet oppsto, ble de også mer tallrike: Mellom 1946 og 1964 ble det født 77 millioner barn i USA, og innen 1964 var 40 prosent av hele befolkningen under 20 år. Kombinasjonen av drastisk bedret kjøpekraft og større tenåringskull førte til at tenåringene ble en viktig målgruppe for næringslivet og et stort kundepotensial. Tenåringene ble derfor utsatt for en stadig mer aggressiv reklame. Klær og musikk ble viktige varer, og musikkbransjen opplevde en stor økning av platesalget. Platesalget var i 1955 omtrent på samme nivå som i 1921, men fra 1955 til 1959 økte omsetningen av plater til det dobbelte, og det var tenåringene som sto for det meste av denne økningen.

Det er neppe grunnlag for å kunne snakke om et ungdomsopprør blant tenåringene i USA på 50-tallet. Det faktum at tenåringer skapte bråk, og gjorde en del hærverk, gir ikke grunnlag for en slik påstand. Dette var mer et uttrykk for frustrasjon enn målbevisste handlinger rettet mot noe spesielt for å oppnå noe spesifikt. Filmskuespilleren James Dean og hans rollefigurer ble et ideal som tenåringer identifiserte seg med. Særlig gjennom filmen «Rebel without a cause» («Rotløs ungdom», 1955), hvor han spilte rollen som en dongeri- og skinnjakkekledd tenåring i skarp konflikt med autoritetene, ble han en helt for mange. Mange tenåringer kunne kjenne seg igjen i dette: Problemer med å bli forstått og respektert av foreldre og foresatte, og opplevelsen av å være en fremmed, skapte aggresjon som ikke alltid fikk konstruktive utløp. En lignende problematikk ble tatt opp i filmen «Blackboard jungle» («Vend dem ikke ryggen», 1955), med Glenn Ford i hovedrollen som idealistisk lærer for en klasse med frustrerte og bøllete tenåringer. Begge disse filmene var kontroversielle i samtida, og satte fokus på en ny type utfordring for både tenåringer og voksne. Tenåringene fikk et stadig sterkere behov for å markere sin tilhørighet, å tydeliggjøre et fellesskap, som markerte at de verken var barn eller voksne. Gjennom flokkmentalitet og uniformering, gjennom moter og livsstil, og ikke minst gjennom musikk skapte tenåringene en kollektiv identitet.

Tenåringsmusikk for svarte og hvite

Årene etter annen verdenskrig brakte stillstand i den amerikanske musikkindustrien; musikken som ble utgitt var svært tilbakeskuende. De fleste utgivelsene var med allerede etablerte artister, og repertoaret besto hovedsakelig av country, Tin Pan Alley og såkalt lett klassisk musikk. Plateselskapene rettet seg mot et voksent publikum. Dessuten hadde musikkindustrien en krangel om hastighetsstandarder for vinylplater, en konflikt som førte til forvirring blant forbrukerne, og som la en viss demper på aktiviteten med utgivelse av nye plater.

På samme måte som det var et ganske skarpt skille mellom hvite og svarte artister, og mellom hvite og svarte plateselskaper, var det et tilsvarende skille ved radiostasjonene: Det var adskilte stasjoner for svart og hvit musikk. Svart musikk ble boikottet av mange hvite. Det fantes imidlertid også hvite som var positive til svart R&B, ikke minst blant tenåringene i byene. Det faktum at den svarte musikken ble ansett som vulgær, primitiv, stygg og skadelig for den oppvoksende hvite slekts moral, skjerpet mange hvite tenåringers interesse. De ville ha dansemusikk, og den hvite musikken som ble tilbudt, var stort sett countryballader og Tin Pan Alley-musikk. Tidlig på 50-tallet oppdaget mange hvite plateselskaper dette markedet, og i noen år framover ble hvite cover-versjoner av svart R&B en sterk trend. Her ble musikken gjort noe mer polert og tekstene langt mer uskyldige, og resultatet ble salgbart og lett fordøyelig for et bredt publikum. Eksempelvis ble «Roll with me Henry» til «Dance with me Henry» i den hvite cover-versjonen. Resultatene uteble ikke: De hvite cover-versjonene solgte gjerne mangedobbelt av hva de svarte originalutgavene gjorde.

Radiostasjoner fra Chicagos South-side fikk likevel et stadig større hvitt publikum, og tidlig på 50-tallet ble også flere originale låter fra R&B-listene godt kjent blant hvite tenåringer: The Dominoes fikk en stor R&B-hit i 1951 med «Sixty minute man», Lloyd Price i 1952 med «Lawdy miss Clawdy», The Moonglows med «Sincerely», og «Big» Joe Turner med «Shake, rattle and roll», begge i 1954. Disse artistene, og mange andre, bidro sterkt til å løfte R&B ut av dens status som utelukkende svart musikk, og inn i hovedstrømmen av den nye tenåringskulturen.

Da Billboard i 1949 endret navn på «race»-lista til «rhythm and blues», kom i de nærmeste årene en oppblomstring av radiostasjoner som sendte R&B. Innen 1954 var det fire slike stasjoner bare i New York, og mer enn 250 i hele USA. Antallet svarte DJer ved disse stasjonene steg raskt fra noen få til over 700. Noen få hvite deltok også i denne prosessen, og den viktigste ble *Alan Freed* (1926–65). Han hadde arbeidet som radio-DJ fra 1946, og ble i 1951 ansatt ved stasjonen WJW i Cleveland. Her fikk han ansvaret for et program som var sponset av en lokal platebutikk, og oppgaven ble å sende originale R&B-innspillinger. Han startet også sitt eget plateselskap, «Champagne», hvor han utga blant annet de første singlene til The Moonglows. Gjennom dette arbeidet ble Freed en av flere DJer som var med på å formidle svart musikk til hvite tenåringer. På tross av mye kritikk ble hans program en suksess; «Moondog's rock'n'roll party» hadde svært mange unge, hvite lyttere. Hans valg av programtittel har gitt ham æren for å ha instituert stilbetegnelsen *rock'n'roll.* Imidlertid var ikke rock'n'roll et nytt uttrykk, det hadde vært i bruk i mange år blant svarte musikere. I 1934, for eksempel, spilte The Boswell Sisters inn låten «Rock and roll», men det var også mange andre svarte musikere som brukte uttrykket i titler og tekster. Når hvite radiostasjoner ønsket å sende svart musikk, var det rett og slett fordi de fleste unge syntes at hvit pop var kjedelig og gammeldags, mens de opplevde R&B som spennende og ny musikk. De hvite plateselskapenes politikk med å lage cover-versjoner av svarte låter viste seg i lengden ikke å holde mål. Radiostasjonene var tilbakeholdne med å kalle den svarte musikken rhythm and blues, fordi det ville være å understreke for hvite lyttere at de lyttet til svart musikk. For ikke å støte bort potensielle nye, hvite lyttere ble musikken kalt rock'n'roll – et gammelt slanguttrykk i svarte miljøer for samleie. (Mange hvite var i starten ikke klar over ordets egentlige opprinnelse.) Dette betyr at den første musikken som ble kalt rock'n'roll, rett og slett var R&B.

Rock'n'roll utviklet seg likevel til en sammensmeltning av urbane svarte og hvite musikkformer, og begrepet fikk ikke noe gjennombrudd før hvite artister med bakgrunn i country begynte å spille R&B-inspirert musikk. Blant de første som gjorde dette med kommersiell suksess, var *Bill Haley* (William John Clifton Haley, 1925–81). Han var inspirert av honky-tonk og western swing, og opptrådte som en «yodelling cowboy» med trygg forankring i country. Sammen med gruppene «Downhomers», «Range drifters» og «The four aces of western swing» utga han mange country-plater fram mot 1951. Haley utviklet i mellomtida stor interesse for R&B, og i 1951 gjorde han en cover-versjon av den svarte R&B-artisten Jackie Brenstons «Rocket 88». Salget av plata gikk bra, og Haley satset fra nå av fullt og helt på sin nye stil: Energisk vokal og gitarsoli over et komp med kraftig backbeat i skarptromme, drivende rytme og tungt boogiebass-spill. Han omdøpte bandet til «Bill Haley and his Comets», og skrev låten «Crazy man crazy», som nådde 15. plass på listene i 1953. Bandet ble et populært dანseband som skapte vill og hemningsløs stemning blant publikum. I 1954 fikk de kontrakt med Decca og produsenten Milt Gabler, som hadde vært produsent for Louis Jordan. Gabler satte nå sitt jump-inspirerte preg på Haleys nye plater. Stilen ble finslipt, og bandet fikk også med saxofon. Den 12. april 1954 ble den senere så legendariske «Rock around the clock» innspilt. Riktignok ble denne utgivelsen ingen stor suksess i første omgang, men den ble brukt i filmen «Blackboard jungle», som var med på å gjøre den kjent. Året etter ble singlen utgitt på ny med stor suksess både i USA og i Europa. Bill Haley ble rock'n'rollmusikkens første symbol, og ble også stilretningens første internasjonale stjerne. I løpet av de neste tre årene hadde Haley and his Comets 14 hiter i USA og Storbritannia. Blant disse var «See you later alligator», «Rock-a-beatin' boogie», «Burn that candle» og «Rip it up». Men Bill Haley hadde nå passert 30 år, og konkurransen med yngre artister ble snart for stor.

Den hvite radio-DJen Sam Phillips bygde i 1950 et lite musikkstudio i Memphis, Tennessee, som han kalte Memphis Recording Service. Hans ambisjon var å tilby muligheter for innspilling for de mange bluesmusikerne som fantes i byen. I løpet av de to første årene gjorde han innspillinger med blant andre Howlin' Wolf, Ike Turner og B.B. King, og fikk ordnet plateutgivelser med disse på selskaper som for eksempel Chess i Chicago. Flere av disse innspillingene solgte bra, og i 1952 etablerte derfor Phillips sitt eget selskap Sun Records. I de følgende to årene gjorde Sun seg sterkt bemerket med sine R&B-utgivelser, med hiter som «Little» Junior Parkers «Feelin' good» og Rufus Thomas' «Bear cat». Sam Phillips ønsket også å arbeide med country-artister, og var spesielt på utkikk etter en hvit vokalist som kunne synge som en svart R&B-sanger. En hvit artist ville ha mye større sjanser til å oppnå stort platesalg, men han hadde samtidig også registrert at den svarte R&B-musikken hadde større appell blant ungdommer enn hva country hadde. Han fant hva han lette etter i den unge *Elvis Aron Presley* (1935–77) som i 1953 var innom studioet, og betalte 4 dollar for å få gravert en innspilling av Ink Spots' «My happiness». Denne plata skulle være en fødselsdagspresang til hans mor. Som mange andre unge musikanter i sørstatene var Presleys musikalske bakgrunn preget av stilretninger som gospel, blues og country. Han kunne spille gitar, og etter at familien i 1949 flyttet til Memphis, begynte han å oppsøke miljøer hvor han fikk kontakt med eldre musikere. Det var slik han ble oppmerksom på miljøet rundt Sam Phillips' studio. Phillips forsto at Presley kunne ha det talentet han lette etter, og i 1954 gjorde de sin første innspilling med tanke på utgivelse. Dette resulterte i singlen «That's all right mama», med Bill Monroes «Blue moon of Kentucky» som B-side. Til å kompe Presley hadde Phillips valgt country-gitaristen Scotty Moore og bassisten Bill Black. Plata ble en lokal hit, den solgte i alt nærmere 20 000 eksemplarer, og Phillips gjorde derfor i løpet av 1955 en rekke nye innspillinger med Presley, blant annet «Good rockin' tonight», «Milkcow blues boogie», «Baby let's play house» og «Mystery train». Presleys første singler hadde som regel en blueslåt på A-siden og en country-låt på B-siden. Suksessen åpnet for opptredener i radio, og i løpet av dette året var Presley innom både Grand Ole Opry og Louisiana Hayride. I country-kretser ble den nye musikken sett på som en ny og ungdommelig videreutvikling av honky-tonk. Stilen ble kalt *rockabilly*, og var en blanding av «rocking black music» og hillbilly. Det var singlene fra Sun Records som definerte rockabilly, og den typiske Sun-innspillingen ble kjennetegnet av et aggressivt komp med markert backbeat, bestående av akustisk gitar eller el-gitar, slagverk og kontrabass. Bassisten brukte ofte slap-teknikk, hvilket vil si at strengene ble trukket og sluppet mot gripebrettet, noe som frambrakte en perkusjonseffekt i tillegg til selve tonen. Phillips' studio ble også berømt for sitt spesielle ekko, en lett gjenkjennelig effekt som særlig ble brukt på vokal. Innspillingenes spesielle rå og uslipte klang kom fra studiorommets vegger, og da Sun noen år senere hadde råd til å flytte til finere og større lokaler, forsvant dette spesielle særpreget.

Presley gjennomførte mange konserter i Arkansas, Texas, Tennessee og Louisiana i forbindelse med utgivelsen av singlene. Han ble introdusert som «The King of Western Bop» eller «The Hillbilly Cat». Konsertene var store suksesser, noe Presleys sceneopptreden hadde mye av æren for: Publikum ble ville når han vrikket sexy på hofter og bein, eller falt på kne foran mikrofonen ved de dramatiske høydepunktene. Mange voksne syntes at showene var frastøtende og vulgære, men ten-

åringene, og særlig jentene, elsket dem. Presleys siste Sun-single var Junior Parkers «Mystery train». Innspillingen har alle ingredienser som kjennetegner en ekte rockabilly-låt, med pumpende rytme, dramatisk vokal og tøffe el-gitar-riff.

En musikalsk eksplosjon

Etter at rock'n'roll og rockabilly hadde slått an blant tenåringer i store deler av USA, var det som om en demning brast. Årelang akkumulering av musikalsk og sosial sprengkraft ble forløst i skjæringspunktet mellom hvit og svart populærmusikk. Mange artister, både hvite og svarte, og fra mange forskjellige deler av landet, ble lansert, og musikkindustrien opplevde en vitalisering som savnet sidestykke i dens historie. Rockabilly-begrepet, som var spesielt knyttet til Sun Records, ble etter hvert mindre brukt, til fordel for rock'n'roll, et begrep som inkluderte både den nye R&B og rockabilly. 1955 ble rock'n'roll-musikkens gjennombruddsår. Et unikt trekk ved dette gjennombruddet var at innenfor samme genre framsto både svarte og hvite artister som stilskapere. Riktignok fantes bare unntaksvis band med begge raser representert, men de hadde et homogent publikum; både svarte og hvite tenåringer danset til den nye farsotten.

Sun Records lanserte *Carl Perkins* (Carl Lee Perkings, 1932) med singlen «Movie Magg» i 1955. Året etter oppnådde han andre plass på både country- og pop-listene med sin «Blue suede shoes». Dette er et svært godt eksempel på rockabilly, med sin typiske shuffle-boogie og breaks i kompet, og den har siden vært å finne på repertoaret til en rekke artister. Etter suksessen med «Blue suede shoes» reiste Perkins til New York for å delta i Ed Sullivans TV-show. På veien dit ble han innblandet i en alvorlig bilulykke, som satte en foreløpig stopper for hans karriere.

I Chicago lanserte Chess Records sangeren, låtskriveren og gitaristen *Bo Diddley* (Elias Bates og senere Elias McDaniel, 1928) i 1954. Han fikk sitt gjennombrudd med singlen «Bo Diddley» på R&B-lista. Mange av hans singler hadde titler som inneholdt hans kunstnernavn: «Diddley's a gunslinger», «Diddley daddy», «Bo's a lumberjack» og «Diddey wah diddey». Diddley var inspirert av Chicago-blues, men var også en stor beundrer av Louis Jordans musikk. Det var imidlertid som rock'n'roll-artist han ble kjent, ikke minst gjennom Freeds radio-show, og gjennom den spesielle rytmen han brukte på flere av sine låter. Rytmefiguren går over to takter, og kan illustreres slik (sies fram med stumme parenteser): 1 (og) (2) og (3) (og) 4 (og), (1) (og) 2 (og) 3 (og) (4) (og). Rytmen har fellestrekk med karibiske danserytmer og med eldre rytmer fra det vestafrikanske malinke-folket. Den engelske gruppa «Pretty things» tok navnet sitt etter en Diddley-låt av samme navn, og mange andre britiske grupper på 60-tallet ble sterkt inspirert av denne nokså egenartede rock'n'roll-artisten med sin spesiallagde, firkantede el-gitar.

1955 var også året da gitaristen, låtskriveren og sangeren *Chuck Berry* (Charles Edward Anderson Berry, 1926) fikk sitt gjennombrudd på selskapet Chess. Dette året utga han «Maybellene», som kom på førsteplass på R&B-listene og også oppnådde femteplass på Billboards pop-liste. Musikken hadde det motoriske og suggererende drivet som ble typisk for rock'n'roll, og som gjorde den spesielt egnet som dansemusikk. Ingen rock'n'roll-artister har etterlatt seg så mange klassikere som Berry, og svært mange av disse har også blitt store hiter for andre artister, ikke minst engelske. «Roll over Beethoven» (1956), «Too much monkey business» (1956), «Rock and roll music» (1957), «Reelin' and rockin'» (1957), «Johnny B. Goode» (1958), «Carol» (1958) og «Sweet little sixteen» (1958) er noen eksempler fra Berrys penn.

Chuck Berry ble født i St. Louis, Missouri, hvor han utdannet seg til frisør, lærte å spille gitar, og var med i flere lokale band. Han ville treffe Muddy Waters, og dro derfor i 1955 til Chicago med noen demotaper i kofferten. Ved hjelp av Waters fikk han kontakt med Leonard Chess, og dette resulterte i utgivelsen av «Maybellene». Etter denne suksessen kom utgivelser på løpende bånd helt fram til 1959. Berrys særegne el-gitarspill ble et forbilde for mange senere gitarister. I enda sterkere grad enn hos andre rock'n'roll-artister var el-gitaren sentral i hans musikk. Berrys uttrykk lå nær Chicago-bluesen, hvor jo nettopp el-gitaren var det sentrale instrument. Et av tidenes mest kopierte gitar-riff er introen til «Johnny B. Goode», og samtidig er den et godt eksempel på hans spesielle, pianoinspirerte spillestil på el-gitar.

Det er imidlertid som låtskriver at Berry har gjort den største innsatsen som stilskaper. De fleste av hans tekster forteller en historie om tenåringenes dagligliv og drømmer. Et godt eksempel er følgende utdrag fra hans «School day (Ring! Ring! Goes the bell)» (1957): «Up in the mornin' and out to school / the teacher is teachin' the golden rule / American history, practical math / you study 'em hard and hoping to pass / workin' your fingers right down to the bone / and the guy behind you won't leave you alone // Ring! Ring! Goes the bell // Soon as three o'clock rolls around / you finally lay your burden down / close up your books, get out of your seat / down the hall, then into the street / up to the corner and 'round the bend / right to the juke-joint you go in // Drop the coin right into the slot / you gotta hear something that's really hot / with the one you love you're makin' romance / all day long you've been wantin' to dance / feelin' the music from head to toe / 'round and 'round and 'round you go // Hail! Hail! Rock'n'roll ... Long live rock'n'-roll ... the feelin' is there in body and soul.»

Som vi ser, nærmest definerte Berry tenåringstilværelsen. Låtens struktur er et lån fra 12-takters blues, og call-and-response-prinsippet utnyttes fullt ut mellom vokal og el-gitar. Kombinert med dansbare rock'n'roll rytmer, og et sceneshow med mye humor, ble Berrys musikk uimotståelig. Et sentralt element i showene var hans mange kreative ganglag, hvorav den såkalte «duck-walk» har blitt legendarisk.

Den siste av de store rock'n'roll-artistene som fikk sitt gjennombrudd i 1955, var vokalisten, pianisten og låtskriveren *Little Richard* (Richard Wayne Penniman, 1935). Richards første møte med musikk var gjennom kirken, hvor han lærte å spille piano og deltok i korsang. Han opptrådte i sin oppvekst blant annet med gospelsangeren Rosetta Tharpe. Bare 14 år gammel flyttet han hjemmefra, og deltok i vaude-

ville-forestillinger og ved et medicine show. Influert av R&B og boogie begynte han å eksperimentere med sin egen stil, og i 1951 gjorde han sine første plateinnspillinger, blant annet med «Every hour» og «Thinkin' 'bout my mother». Disse egenkomponerte låtene var sterkt inspirert av den pianobaserte R&B-musikken fra New Orleans, med saxofon og markerte boogie- og shuffle-rytmer.

Gjennombruddet kom altså i 1955, med utgivelsen av «Tutti frutti». Egentlig dro han til New Orleans for å spille inn noen blueslåter for Los Angeles-selskapet Speciality, men hans egen «Tutti frutti» ble også innspilt. Singlen solgte utrolige 200 000 eksemplarer i løpet av de ti første dagene etter utgivelsen, og Little Richard var etablert som rock'n'roll-stjerne. Little Richard var på alle måter en svært vital artist, noe han viste gjennom sin sceneopptreden, sitt pianospill (som innebar spilling med både armer og bein), og ikke minst gjennom sin stemmebruk. Hans utspekulerte image utfordret også mytene om «ekthet» som en selvfølge i svart musikk: Little Richard var åpenlyst vulgær, med sminke og oljet hår, og han dro på turne som «The King of Rock'n'roll» med trone, rød løper, silkekapper og uniformerte tjenere. Hans artisteri ble et forvarsel om hva som senere skulle komme i 70-tallets rock. Vokalstilen, som var sterkt preget av hans gospelbakgrunn, bygde på en uvanlig kraftfull stemme. Hans eksplosive utbrudd med skrik eller rop av typen «awoopboopalooma aloopbamboom» eller lignende, ble snart hans varemerke. Richard ble rock'n'roll-musikkens første «screamer»; han satte gjerne i et kraftig skrik som innledning til solopartiene. Han innførte også falsett-«oooh-ing» i sine vokale utbroderinger. På denne måten ble Richards rock'n'roll-vokal et forbilde for mange vokalister etter ham. I årene 1956 til 1958 gjorde han de fleste av sine mest kjente innspillinger: «Long tall Sally», «Rip it up», «Ready Teddy», «Lucille», «Keep a knockin'» og «Good golly miss Molly».

En kommersiell eksplosjon

Sam Phillips solgte sin kontrakt med Elvis Presley til RCA–Victor i november 1955, etter påtrykk fra Presleys nye manager, Tom Parker. Overgangssummen var 35 000 dollar (samt en rosa Cadillac til Presley), noe som på denne tida var en ualminnelig høy sum. Også for plateselskapet ble imidlertid handelen et viktig vendepunkt, og har i ettertid blitt vurdert som en av de beste investeringer i populærmusikkens historie. Slik fikk Presley et svært kompetent team av fagfolk på forskjellige områder som tok seg av hans karriere. Kort tid etter overgangen ble sju singleplater sluppet med korte mellomrom. Resultatet var at en av disse singlene til enhver tid lå som nr. 1 på listene mellom september og desember 1956, og mer enn 8 millioner plater ble solgt. Presley ble nå kalt «The King of Rock'n'roll», og ingen har noen gang gjort ham rangen stridig. Elvis Presley ble populærmusikkens største ikon, et symbol i ungdommers kollektive bevissthet, også lenge etter at både Presley selv og hans musikk var borte. Et godt talent for rock'n'roll kan alene ikke ha vært nok til å oppnå hva han gjorde, og vi må derfor lete etter forklaringer også utenfor det musikalske. I denne sammenheng var Parker en nøkkelfigur.

Colonel Tom Parker var ikke oberst, og het ikke Tom Parker. Han ble født i Nederland i 1909, ble gitt navnet Andreas Cornelius van Kuijk, og innvandret illegalt til USA på 20-tallet. Han arbeidet i mange år ved «The Royal American Shows», en gigantisk, omreisende underholdningsattraksjon som turnerte i USA og Kanada. Royal American hadde sitt eget jernbanetog med sytti fargesprakende vogner, overlesset med tivolimaskiner, klovner, magikere, sjauere og drømmer. I dette miljøet utviklet Parker sitt sjeldne forretningstalent. Han kunne alle tenkelige salgstriks, samt noen utenkelige: Det fortelles at han i sin tidlige karriere fanget spurver, farget dem gule, og solgte dem som kanarifugler. Parker entret musikkindustrien som en meget erfaren og uredd forretningsmann, med bakgrunn i noe av det største amerikansk underholdningsliv kunne framvise – han kom fra toppen, og tenkte stort. Før han ble Presleys manager, hadde han også jobbet for country-artistene Eddy Arnold og Hank Snow i Nashville. Det var altså denne mannen som sørget for Elvis-sirkusets mange reklamegimmicks, og som forhandlet fram svært fordelaktige kontrakter for Presley og seg selv. Hollywood-produsenten Hal Wallis har uttalt at han heller ville gjøre en avtale med djevelen enn med Parker.

Presleys første session for RCA var i deres Nashville-studio i januar 1956. Noen av byens fremste studiomusikere ble engasjert: Chet Atkins på rytmegitar, pianisten Floyd Cramer og Gordon Stokers vokaltrio, som senere ble til The Jordanaires. Blant låtene fra denne innspillingen var «Heartbreak Hotel» og «I got a woman». «Heartbreak Hotel» ble Presleys første listetopp, med førsteplass på både pop- og R&B-lista, samt femteplass på country-lista. Låten hadde rock'n'roll-energi i kompet, med flerrende el-gitar, subbende kontrabass og effektfulle breaks. Presleys vokal er også full av energiske utbrudd og intens nerve, hans framføring er så stilsikker at det grenser til det arrogante. Det faktum at Presley knapt hadde fylt 21 år, gjorde hans modne tolkning desto mer imponerende. «Heartbreak Hotel» hadde en tekst med typisk bluesfeeling: «Now, since my baby left me / I've found a new place to dwell / down at the end of Lonely Street / at Heartbreak Hotel / I'm so lonely / I'm so lonely / I'm so lonely / that I could die // And tho' it's always crowded / you still can find some room / for broken-hearted lovers / to cry there in the gloom / and be so lonely / oh, so lonely / oh, so lonely / they could die // The bell hop's tears keep flowing / the desk clarks dressed in black / they've been so long on Lonely Street / they never will go back / And they're so lonely / oh, they're so lonely / they're so lonely / they pray to die // So if your baby leaves / and you have a tale to tell / just take a walk down Lonely Street / to Heartbreak Hotel / where you'll be so lonely / and I'll be so lonely / we'll be so lonely / that we could die».

Neste studioperiode ble lagt til New York, og frambrakte etter manges mening Presleys aller beste utgivelser. Rent lydmessig er disse opptakene bedre enn dem fra Nashville, hvor særlig Cramers fine pianospill ble skjemmet av dårlig lyd. I New York sang Presley uten koring, slik han også hadde gjort i Sun-perioden. Her spilte han inn låter som Carl Perkins' «Blue suede shoes», Little Richards «Tutti frutti»; Lloyd Prices «Lawdy miss Clawdy» og «Big» Joe Turners «Shake, rattle and roll». Samtlige av disse låtene hadde allerede vært hiter for andre rock'n'roll-artister, men Presleys utgivelser har i ettertid blitt stående som de definitive versjonene. Mens plateselskapet arbeidet på spreng for å få innspilt og utgitt flest mulig singler og LPer, arbeidet

Parker med forberedelsene til Presleys første film, og ordnet kontrakter med TV-selskaper og konsertarrangører. Mens «Heartbreak Hotel» var på listene, gjorde Presley sin første opptreden på et riksdekkende TV-program. Reaksjonen fra voksne var preget av sjokk, og Ed Sullivan nektet å presentere ham i sitt populære «Saturday night show», på grunn av hans sexy sceneopptreden. Han ombestemte seg imidlertid da en konkurrerende kanal engasjerte Presley og dermed reduserte Sullivans seertall – men kamerafolkene ble nå beordret til å filme Presley kun fra hoftene og opp. Presley ble den første artist som gjorde sitt gjennombrudd via TV-skjermen. Med unntak av et par konserter i Kanada i 1957 opptrådte han i sin karriere heller aldri utenfor USA.

Da Presley-teamet i 1957 forsto at han ville bli innkalt til militærtjeneste innen ett år, satte de i gang en offensiv. Twentieth Century Fox produserte fire filmer innen 1958: «Love me tender» (1956) var Presleys filmdebut, og ble møtt med blandede kritikker, men gikk for fulle hus. De øvrige filmene var «Loving you» (1957), «Jailhouse rock» (1957) og «King Creole» (1958). Alle filmene ble selvsagt fulgt opp av soundtrack-plater og hit-singler.

Elvis Presley var ingen låtskriver, men han har blitt kreditert som medansvarlig på flere av sine innspillinger. Materialet til hans repertoar ble hentet fra de forskjelligste kilder, fra tradisjonell country-musikk, fra blues, rhythm'n'blues, og fra ferske låter skrevet av samtidige rock'n'-roll-artister. Han hentet til og med noen av sine låter fra Tin Pan Alley, en musikkform som rock'n'roll i utgangspunktet var en reaksjon mot. Noen av hans største hiter ble imidlertid skrevet spesielt til Presley av tidas fremste låtskrivere. Blant de mest kjente finner vi duoen Jerry Leiber og Mike Stoller. Leiber og Stoller var veletablerte låtskrivere og produsenter innen Presley fikk sitt gjennombrudd. (Den senere legendariske produsenten Phil Spector var en tid deres assistent.) Leiber og Stoller har selv uttalt at de ikke skrev låter, men de skrev plater, og de var ansvarlige for noen av Presleys største hiter: «Hound dog» (1956), «Jailhouse rock» og «Loving you» (1957), samt «King Creole» og «Trouble» (1958). Otis Blackwell var en annen framgangsrik låtskriver innen genren. Han leverte Presley låtene «Don't be cruel» (1956) og «All shook up» (1957), begge singlene lå på førsteplass i flere uker. Blackwell hadde for øvrig også ansvaret for to av Jerry Lee Lewis' store suksesser: «Great balls of fire» og «Breathless».

Tidlig i 1958 begynte Presleys toårige militærtjeneste, en tid han for det meste tilbrakte i Tyskland. Parker og RCA hadde holdt igjen noen innspillinger med tanke på utgivelse mens Presley var soldat. Flere av disse oppnådde svært gode plasseringer på listene, og har blitt stående som viktige låter fra hans repertoar. Da han i 1960 kom tilbake fra militæret, framsto han imidlertid som en entertainer ganske ulik den unge rock'n'roll-kongen som hadde blitt innrullert to år tidligere. I «It's now or never», en melodi basert på den italienske balladen «O sole mio», ga han til beste en opera-inspirert crooner-vokal, og han fikk en nr. 1-hit også med «Are you lonesome tonight», som Al Jolson hadde spilt inn i 1927. En LP-tittel som «Something for everybody» (1961) illustrerer også hans kommersielle tilpasning. Presley hadde nå passert toppen av sin karriere som plateartist. Etter utgivelsen av «Crying in the chapel» i 1965 hadde han ingen listeplasseringer av betydning. Som så mange slagervokalister før ham ble han en filmstjerne: I løpet av 60-tallet ble det produsert over 25 filmer med ham. De fleste filmene var rimelig gode suksesser rent kommersielt betraktet, og LPer med sanger fra filmene solgte også bra. Det hersker imidlertid ingen uenighet om at filmene ikke har bidratt til noen nivåheving i amerikansk film. Først i 1969 gjorde han et comeback som sceneartist, men det var en helt annen Elvis som nå trakk fulle hus i Las Vegas.

Artister i et musikalsk grenseland

Begrepet «rock'n'roll» har med tida utviklet seg til noe mer enn en musikalsk stilbetegnelse. Det har også blitt et begrep for fri og uhemmet livsstil. Et uttrykk som for eksempel «sex and drugs and rock'n'roll» har ingen forankring i 50-tallets amerikanske rock'n'roll-musikk, men det er likevel et faktum at mange stjerner var involvert i skandaler. I denne sammenheng stilte pianisten, sangeren og showmannen *Jerry Lee Lewis* (1935) i en særklasse. Hans legendestatus skyldes imidlertid ikke bare hans ville liv og sceneopptreden; han var også en viktig, stilskapende vokalist og pianist.

Lewis kom fra Louisiana, og var, som så mange pianister fra dette området, sterkt influert av R&B-musikkens rullende boogie-woogierytmer så vel som av country. Han medvirket i radioprogrammet Louisiana Hayride i 1954, men gjorde ikke noen plateinnspilling før i 1956. Hans første single, «Crazy arms», ble utgitt av Sun Records, og Lewis gjorde seg lokalt bemerket. Oppfølgeren, «Whole lotta shakin' goin' on», ble en fulltreffer som crossover-hit, med førsteplass på både country- og R&B-listene, samt en tredjeplass på pop-lista. At plata ikke nådde helt til topps på pop-lista, har sammenheng med at teksten av mange hvite ble ansett som umoralsk. Poenget med mange rock'n'roll-tekster var vokalens musikalske effekt, ikke ordenes innhold. Uansett hvor enkel teksten var, hadde den likevel en mening: «Come on over, baby / whole lotta shakin' goin' on / yeah, come over, baby / baby, you can't go wrong / honey, I ain't beggin' / I got a whole lotta shakin' goin' on.»

Fram mot 1960 hadde Lewis hiter på både amerikanske og britiske lister med låter som «Great balls of fire» (1957), «Breathless» (1957) og «High school confidential» (1958), men etter dette dabbet hans listekarriere som rock'n'roll-artist kraftig av. Men som sceneartist hadde han fortsatt et stort publikum, og enkelte av hans live-innspillinger ble også meget godt mottatt av fans og presse, særlig gjorde LPen «The greatest live show on earth» (1964) seg bemerket. Ved siden av Elvis Presley var Jerry Lee Lewis blant de artister som klarest definerte rock'n'roll. Hans drivende og bokstavelig talt knusende pianospill, hans ekstatiske vokal og ville sceneshow har blitt stående som noe av det mest typiske innen genren. Mot slutten av 60-tallet vendte han tilbake til sine røtter i country. Også i sine tidligere show hadde Lewis benyttet country-låter, men nå ble han blant de bestselgende country-artistene i USA, med hiter som «There must be more to love than this» (1970), og «Would you take another chance on me» (1971). I 1973 gjestet han for første gang Grand Ole Opry med sitt heseblesende show.

Som vi har påpekt, hadde de hvite rock'n'roll-artistene countrybakgrunnen som et fellestrekk. Den første country-artisten som virkelig pekte fram mot rockabilly, var Hank Williams. Enkelte har i ettertid kalt ham den første rock'n'roll-sanger, noe man kanskje kan forstå ved å lytte til hans «Move it on over» (1947). Denne låten kan godt ha vært forbilde for «Rock around the clock», og slektskapet blir svært tydelig om man kan forestille seg at fela blir byttet ut med slagverk. Flere av 50-tallets country-artister hadde også crossover-singler fra country- til pop-lista. Blant disse trekker vi fram *Johnny Cash* (1932). Han fikk kontrakt med Sun Records i 1955, og i 1956 hadde han tre crossoverhiter med låtene «Cry, cry, cry», «Folsom prison blues» og «I walk the line». Cash samarbeidet med gruppa «The Tennessee two», som besto av el-gitaristen Luther Perkins og Marshall Grant på kontrabass, og sammen skapte de en unik stil med rytmisk unison vekselbass i el-gitar og kontrabass. Dette «boom-chicka-boom»-kompet har siden vært Cash' musikalske varemerke. Cash ble den første artisten som fikk utgitt en LP på Sun Records; det skjedde i 1957 med «Johnny Cash with his hot and blue guitar». Sam Phillips var imidlertid motvillig til å gi ut flere LPer med Cash, og da de heller ikke greide å bli enige om en ny royalty, skrev Cash i 1958 kontrakt med Columbia. Under tida i Sun ble det gjort mange uformelle og improviserte innspillinger, som ikke var tenkt utgitt. De mest berømte av disse innspillingene ble gjort med en ad hoc-kvartett bestående av Elvis Presley, Jerry Lee Lewis, Carl Perkins og Johnny Cash, som sang gospelsanger. Disse innspillingene har senere blitt utgitt under det megetsigende artistnavnet «The million dollar quartet». Cash gikk nå inn i en periode med stor aktivitet, og gjennomførte på tidlig 60-tall opp til 300 konserter årlig. Han utga også noen viktige konseptalbum: «Blood, sweat & tears» om den amerikanske arbeider, «Ballad of the true west» om cowboylivet, og «Bitter tears», som handlet om de amerikanske indianere. Hans politiske og sosiale stillingtaken førte blant annet til at han mottok trusler fra Ku Klux Klan, men også til at han fikk et bredt publikum blant stadig mer politisk bevisste ungdommer og studenter. Dette engasjementet gjenspeiler seg også i Cashs konsert-LPer fra fengslene Folsom prison og San Quentin, som gir et svært godt bilde av hans kvaliteter som artist og kommunikator. Han har senere hatt en rekke hits, samarbeidet med en rekke artister, og vunnet stor respekt for sine utgivelser. Han framstår som en jordnær «ur-amerikaner» – med mer humor enn hva som er vanlig i country. Med utgivelser som «American recordings» (1993) viste han at han hadde relevans og troverdighet også i en ny tid: «De kan få så mange synthesizere de bare vil, men ingenting kan noen gang erstatte menneskets hjerte».

Roy Orbison (1936–88) er nok et eksempel på en artist som har operert i grenselandet mellom country og rock'n'roll. Orbisons bakgrunn var fra danseband, men i 1954 kastet han seg på rockabilly-bølgen og dannet bandet The Teen Kings. Han startet sin platekarriere i Norman Pettys studio i Clovis, Texas, med singlen «Ooby dooby», som i 1956 ble en hit for Sun da Orbison gjorde en nyinnspilling av låten her. I de nærmeste årene hadde Orbison en rekke utgivelser som solgte dårlig, og han arbeidet en periode som huskomponist for Acuff–Rose Publishing i Nashville. I 1960 kom endelig hans gjennombrudd som sanger med balladen «Only the lonely». Ironisk nok ble denne innspillingen gjort fordi både Elvis Presley og The Everly Brothers avviste låten. Denne balladen ble den første av en rekke suksesser på hitlistene både i USA og i Storbritannia. Orbisons høye, men varme og balanserte tenorstemme ble et forbilde for mange senere balladesangere, og hans største hit var «Pretty woman» (1964), som kom på førsteplass på begge sider av Atlanteren.

Buddy Holly (Charles Hardin Holley, 1936–59) ble bare 22 år gammel, men rakk like fullt å bli en av 50-tallets mest markante musikere. Han var en nyskaper innen rock'n'roll, og hans innflytelse på senere populærmusikk, ikke minst den britiske, har vært stor. The Beatles, The Hollies, Keith Richards, Elvis Costello og Paul McCartney er alle store Holly-beundrere. Sistnevnte har til og med arrangert «The Buddy Holly week» i London hvert år siden 1976. Hollys musikalske bakgrunn var country, og hans største forbilde var Hank Williams. I 1949 dannet han en bluegrass-duo og lærte seg å spille både banjo og mandolin. Han ble også tidlig opptatt av lydteknikk, og gjorde sine første innspillinger på en hjemme-båndspiller.

I 1953 ble Hollys bluegrass-duo engasjert ved en radiostasjon i hjembyen Lubbock i Texas, «The Buddy and Bob show». Bandet fikk med fele, steelgitar og trommer, og i løpet av 1954 var de oppvarmingsband for både Bill Haley og Elvis Presley når disse hadde konserter i Texas. Tidlig i 1956 reiste gruppa til Nashville og fikk utgitt to sanger for Decca. Gruppa ble lansert som «Buddy Holly and the Three Tunes», og låtene «Blue days, black nights» og «Love me» ble fulgt opp med flere innspillinger. Inspirert av R&B, og ikke minst av Presley, begynte Holly å eksperimentere med et nytt sound. Han fant en god samarbeidspartner i produsenten Norman Petty, og det var i hans studio i Clovis at innspillingene fant sted. Petty ble også Hollys manager. Holly dannet gruppa The Crickets, som fikk besetningen to el-gitarer, trommer og bass, og utviklet sitt sound med utgangspunkt i honky-tonk og R&B. Viktig for dette soundet ble Hollys oppfinnsomhet i studio; han lærte seg å utnytte de nye tekniske mulighetene, og var blant de første som gjorde såkalte overdubs (pålegg). Teknikken gikk ut på å gjøre opptak av det samme instrumentet, eller den samme vokal, to eller flere ganger, for siden å avspille opptakene samtidig. (Uttrykket ble senere tatt i bruk om flersporsteknikk generelt). Slagverk var fremmed i country, og når gruppa også spilte med markert backbeat, hadde de fjernet seg langt fra det typiske honky-tonk-soundet. Samtidig skilte de seg også ut fra R&B, fordi de ikke brukte piano eller saxofon. Buddy Hollys særegne vokalstil kan spores fra hans bakgrunn i country-musikk. Syngemåten ble i USA kalt «hiccuping vocal» (hikke-sang), og linja bakover til blue yodels er åpenbar.

I 1957 ble deres single «That'll be the day» nr. 1 både i USA og England, og denne markerte gjennombruddet for Buddy Holly. Samme året kom også «Oh boy», «Words of love», «Maybe baby», «Not fade away», «Every day» og «Peggy Sue», og flere hiter fulgte helt fram til hans tragiske død i en flyulykke i februar 1959. Holly er, sammen med Chuck Berry, 50-tallets viktigste låtskriver i rock'n'roll, men disse to representerte samtidig to ytterpunkter i stil. Forskjellene kommer særlig til uttrykk i melodikk og i tekster. Berrys melodier var forankret i den afroamerikanske tradisjonen: Riffbaserte, korte og rytmiske linjer hvor det rent melodiske aspektet var underordnet. Holly, derimot, sang melodier basert på lengre diatoniske fraser. Det melodiske aspektet var i hans musikk sentralt. Mens Berry fortalte historier med detaljerte og ordrike beskrivelser i sine tekster, var Hollys tekster nærmest minimalistiske. «Peggy Sue» er et godt eksempel på hans vokalstil, og inneholder praktisk talt ikke noe annet budskap enn «I love you, Peggy Sue». Men om teksten er ordfattig, så er framføringen desto mer detaljrik og variert. Når man lytter til denne låten, blir man slått av på hvor mange forskjellige måter «Peggy Sue» lar seg uttale. Holly leker med ordene og de rent fonetiske variasjonsmulighetene. Hans innsats som låtskriver kan også knyttes til hans eksperimentelle innfallsvinkler i studio, og her peker hans musikk framover mot 60-tallet. Denne lekne tilnærmingen til musikken gjenspeiles også i instrumentering og sound, og «Peggy Sue» er et godt eksempel også på dette: Han lar trommeslageren spille bare på tamtam-trommene, og plasserer mikrofonen så nær rytmegitaren under opptaket at selve lyden av plekteret mot strengene dominerer lyden. El-gitarsoloen er mikset langt fram i lydbildet, og spilles på en

Fender Stratocaster; Hollys både visuelle og lydmessige varemerke. På låten «Words of love» var trommesoundet også svært utradisjonelt, i og med at trommeslageren spilte ved å slå håndflatene mot lårene.

Uttrykket rock'n'roll blir av og til brukt om all rock. Men som en stilepoke innen populærmusikken, kan rock'n'roll-perioden plasseres mellom 1954 og 1959. På tross av denne korte tida, skapte rock'n'roll flere varige endringer i populærmusikken: For det første kom tenåringene i en maktposisjon som musikk-konsumenter, og ble en faktor musikkindustrien måtte forholde seg til. For det andre økte betydningen av populærmusikkens rytmiske aspekt, og for det tredje førte rock'n'roll til en økt interesse i hele samfunnet for svart kultur generelt.

I 1958 ble Elvis Presley innrullert i militæret. Buddy Holly døde i 1959. Little Richard oppga foreløpig sin rock'n'roll-karriere i 1959, for å vie seg til prestegjerningen. Alan Freeds karriere ble stoppet av payola-skandalen, hvor flere DJer ble dømt for å ha motatt penger fra plateselskaper. Jerry Lee Lewis, Chuck Berry, og mange andre, syntes å ha uttømt sine kilder. Rock'n'roll-musikken var nærmest «død», og nå kom den tradisjonelle hvite pop-estetikken for fullt tilbake: Velkledde og romantiske popsangere sang tåredryppende ballader og uskyldige kjærlighetssanger, såkalte «teen ballads», med stor kommersiell uttelling. Som vi har nevnt, gjorde til og med selveste «Kongen» Elvis Presley knefall for Tin Pan Alley. De store plateselskapene pustet lettet ut, og det kunne nesten virke som om ingenting hadde hendt. Dette brakte utviklingen i amerikansk popmusikk inn i en kreativ stillstand som varte noen år inn i 60-tallet. Denne perioden er kjennetegnet av mange døgnfluer og skiftende moter, og stor musikalsk konformitet. Det kom en rekke dansemoter som avløste hverandre med noen måneders mellomrom, som «the twist», «the locomotion» og «the mashed potato». Artister som Pat Boone, Connie Francis, Brenda Lee og Paul Anka var populære popstjerner, men ikke musikalske stilskapere. Boone solgte flere singler i siste del av 50-tallet enn noen annen artist bortsett fra Presley, og er en av populærmusikkens mest suksessrike single-artister. Country-musikkens kommersialisering var også en viktig del av dette bildet, representert ved en artist som Patsy Cline. Imidlertid skjedde det mer kreative ting under overflaten, men fruktene av dette kom ikke virkelig til syne i USA før nærmere midten av 60-tallet, og da var det en ny generasjon med nye ideer som kom på banen. På veien inn i 60-tallet må vi over Atlanterhavet, til England, for å hente opp hovedtråden i populærmusikkens videre utvikling.

9 Rock'n'roll krysser Atlanteren

I 1861 åpnet Charles Morton sin Oxford Music Hall i Oxford Street, London. Dette var fortsettelsen på en lang folkelig tradisjon i Storbritannia, med underholdning i såkalte «pleasure gardens» i London, og med pubunderholdning. Nå tok det ikke mange årene før ethvert sted av noen størrelse hadde sin egen *music hall*. Fenomenet har mye til felles med amerikansk vaudeville. Det betyr at showene besto av sang- og musikkinnslag og forskjellig artisteri. Mens vaudeville i USA så å si bare ble besøkt av folk fra arbeider- og middelklassen, var music hall-fenomenet i England et underholdningstilbud som appellerte til publikum fra alle samfunnslag.

Selv om det ytre sett var klare forskjeller mellom vaudeville og music hall, hadde sangene som var knyttet til slike teatre svært mange likhetstrekk. Mest populære var ballader, og særlig allsanger. En vellykket forestilling krevde medvirkning fra salen, og artistenes evne til kommunikasjon med publikum var derfor helt avgjørende. Folk oppsøkte teatrene for å komme bort fra daglig strev og bekymringer, og når tekstene likevel ofte kretset om hverdagens små og store problemer, var det med humor, saftig satire og parodi. Den særegne britiske humor, med sitt «understatement», har alltid vært uløselig knyttet til music hall-tradisjonen.

Music hall ga inspirasjon til oppblomstringen av de amerikanske vaudeville-teatrene, og ble i sin tur sterkt påvirket av amerikansk ragtime tidlig på 1900-tallet. Blant music hall-stjernene i Storbritannia var Gracie Fields en av de mest populære. Hun hadde sin profesjonelle debut bare 12 år gammel i 1910, og medvirket i en rekke filmer, hvorav den første så tidlig som i 1928. Hun var elsket av den jevne mann og kvinne for sin sangstemme, sin kjappe humor og sin uforfalskede Lancashire-dialekt. Komikeren, sangeren, ukulelespilleren og skuespilleren *George Formby jr.* (George Hoy Booth, 1904–61) var sønn av George

Formby sr., som også var en framtredende komiker, og da han døde i 1921, tok sønnen nærmest over der faren slapp. Formby jr. ble den fremste music hall-artist på 30- og 40-tallet. Han sang på en rekke plater, og medvirket i ikke mindre enn 20 filmer mellom 1934 og 1946. Blant hans mest kjente sanger nevner vi «Leaning on a lamp post» fra filmen «Feather your nest» (1937). Det var likevel som sceneartist han gjorde størst suksess, og fikk tilnavnet «den moderne minstrel». Når han i sin glansrolle som imbesil tulling utfoldet seg i mimikk og kroppsspråk, ville latteren ingen ende ta. Sin første rolle i en musikal fikk han i 1951, på oppsetningen av «Zip goes a million» ved Londons Palace Theatre. Dette ble hans aller største suksess, men også hans siste.

Den typiske music hall-sangen hadde strofisk oppbygging med poengterte og fortellende tekster. Melodisk og harmonisk struktur var i tradisjonell dur/moll-tonalitet, og sangene var lette å lære på grunn av hyppige gjentagelser av fraser og sekvenser. Ofte ble melodiene lånt fra populære operaer og operetter, eller fra britiske folkeviser. Mesteparten av sangene var skrevet av britiske tekstforfattere, og i motsetning til den amerikanske Tin Pan Alley-musikken hadde music hall-sangene liten internasjonal appell. Temaene var ofte knyttet til lokale forhold. Britisk musikk har for øvrig alltid hatt vansker med å slå igjennom i utlandet. Vi finner ingen internasjonalt kjente størrelser av Kerns, Porters eller Gershwins format i music hall. Men det fantes unntak; «It's a long way to Tipperary», for eksempel, var en populær music hall-sang som også fikk gjennomslag i USA.

Etter første verdenskrig fantes det få music halls igjen i England. Grammofoner og radioapparater var blitt allemannseie også her. I stedet for å gå ut satt man hjemme og koste seg ved radioen. På 50-tallet kom dessuten fjernsynet, og music hall ble fullstendig utradert som levende musikkteater. Likevel levde selve ideen og musikkformen videre, og vi kan merke påvirkning fra music hall hos artister som blant andre The Beatles, Kinks og Monthy Python.

I løpet av 50-tallet fikk amerikanskprodusert musikk stor popularitet i Storbritannia. Britisk musikkindustri lå langt etter den amerikanske når det gjaldt teknikk, økonomi og markedsføring. På klubbene var det jazz i tradisjonell dixieland- eller swingstil som ble ungdommens musikk. Denne musikken gjenspeilte optimismen fra etterkrigstida, men det viste seg snart at tonen skulle bli en annen, om enn ikke mindre optimistisk.

Britisk tenåringsmusikk

Rock'n'roll slo tidlig igjennom i Storbritannia. Om vi ser på de britiske hitlistene fra siste halvpart av 50-tallet, ser vi at disse er totalt dominert av artister fra USA, både rock'n'roll-artister og andre. For en stor del var de britiske listene ganske like de amerikanske. Men det fantes noen få britiske unntak. Det ville være altfor enkelt å si at rock'n'roll-musikk bare krysset Atlanteren, kom, så og vant. Noe hadde beredt grunnen for den nye musikken. For å forstå dette må vi gå noen år tilbake. I 1956 kom et gjennombrudd for en særegen britisk populærmusikkform: *Skiffle*. Fenomenet var nokså kortlivet, men tok mye oppmerksomhet mens det sto på. Selve uttrykket skiffle kommer fra USA, hvor det ble brukt om orkestre som, i mangel av noe bedre, spilte på hjemmelagede instrumenter. Så tidlig som i 1929 gjorde Blind «Lemon» Jefferson en innspilling av låten «Hometown skiffle», med klare hentydninger til dette fenomenet.

Britisk skiffle var en blanding av hillbilly, rockabilly, blues og jazz. Den bygde altså på folkemusikalske tradisjoner fra USA, som i sin tur igjen hadde røtter i blant annet britisk folkemusikk: Ringen ble sluttet. De fleste skiffle-artistene hadde bakgrunn i jazz, og en av Englands fremste jazzmusikere fra denne tida, Chris Barber, ble en av pionerene innen skiffle. I flere sammenhenger spilte han også sammen med Lonnie Donegan, artisten som ble skiffle-musikkens ubestridte frontfigur. Skiffle-bandene brukte akustiske gitarer, mandolin og banjo som de viktigste instrumentene, men kompet hadde også med kontrabass og slagverk. I rene amatørorkestre ble ofte bassen og slagverket byttet ut med «vaskebaljebass» og vaskebrett. Vaskebrettet fungerte som rytmeinstrument, og utøveren spilte med fingerbøl for å få fram lyden, mens vaskebaljebassen besto av en sinkstamp, et kosteskaft og et tau. Musikken hadde ofte et høyt tempo, var full av humor og egnet seg perfekt til dans og moro. Selv om musikken var et rent britisk fenomen, var det ikke vanskelig å høre påvirkningen fra amerikansk hillbilly. De fleste av tekstene handlet om amerikanske forhold, og mange av artistene sang med tydelig Texas-aksent. At Jimmie Rodgers og Hank Williams var viktige forbilder, merker vi i den typiske nasale syngemåten. Mange av låtene ble også hentet fra dem, og fra artister som Woodie Guthrie, Carter Family, Leadbelly og andre.

Rent musikalsk skapte skiffle-musikken derfor lite nytt, men dens plass i populærmusikkens historie er likevel av en viss betydning: Titusenvis av tenåringer begynte å spille gitar og formet sine amatør-

orkestre. Mange av disse tenåringene ble noen år senere sentrale aktører i britisk pop. Den fremste utøveren av skiffle var altså skotten *Lonnie Donegan* (Anthony Donegan, 1931). Hans nasale syngemåte ble etter hvert kopiert av mange andre utøvere, og ble et stilmessig kjennetegn. Han oppnådde stor popularitet både i Storbritannia og i USA. Gjennombruddet kom i 1956 med singelen «Rock Island Line». Denne plata var den første engelske utgivelse som nådde Top Twenty i USA. I tidsrommet 1956–62 hadde Donegan hele 24 utgivelser inne på listene i England, et antall som på denne tida bare ble slått av Cliff Richard. Innen 1963 druknet skiffle i den stadig stigende populariteten til beatmusikken.

Med skiffle kom det optimisme i engelsk musikkindustri. Plutselig var det mulig å gjøre store forretninger på plateutgivelser, og det var tenåringene som kjøpte platene. Den legendariske impresario og manager Larry Parnes bygde i løpet av 50-tallet opp en stall av britiske artister som etter hvert også vant terreng på platemarkedet. Blant hans viktigste stjerner var Thomas Hicks (Tommy Steele), Marty Wilde, Billy Fury, Joe Brown og Johnny Gentle. Industrien så seg om etter unge artister som kunne få noe av den samme funksjonen i Storbritannia som

Elvis Presley hadde i USA. Her framsto særlig to engelske ungdommer som ble markedsført som «Elvis-kloninger»: Cliff Richard og Tommy Steele.

Steele var påvirket av Hank Williams, rock'n'roll og musikk fra de vestindiske øyer. Han spilte inn sin første single i september 1956 med «Rock with the caveman», som gikk rett inn på listene i England. Steele var Englands første rock'n'roll-artist og hadde en del utgivelser fram mot 1959, men satset mer og mer på annen show-business og medvirket blant annet i flere filmer. Det mest interessante ved Tommy Steele som rock'n'roll-artist er det faktum at han var den første.

Cliff Richard (Harry Rodger Webb, 1940) ble født i India, men familien flyttet tilbake til England i 1948. 17 år gammel ble han med i et skiffle-orkester under ledelse av Dick Teague, like etter at han hadde opplevd Bill Haley på en konsert i London. Senere startet han sin egen gruppe, The Drifters. Det var med denne gruppa han i september 1958 fikk kontrakt med EMI-Colombia i London. Etter en viktig opptreden på TV nådde deres første singel «Move it» 2. plass på de britiske listene. I 1959 forandret gruppa navn til Cliff Richard and The Shadows for å unngå problemer med den allerede eksisterende, amerikanske doo-wop-gruppa The Drifters. Richard forsøkte seg også på det amerikanske markedet, men hadde ingen gjennomslagskraft der og forble først og fremst en europeisk stjerne. Fra 1959 til 1965 hadde Richard åtte utgivelser på 1. plass på britiske lister. Han hadde dessuten hovedrollen i en rekke musikkfilmer, som blant annet «Summer holiday», «The young ones» og «Wonderful life».

Cliff Richard skiller seg klart fra de amerikanske rock'n'roll-artistene. Han hadde en «pen» stemme, med et uttrykk som lå nærmere crooning enn både hillbilly og blues. Hele det musikalske uttrykket var nokså polert; selv foreldregenerasjonen kunne uten vanskeligheter akseptere ham. Likevel hadde han en sterk appell til tenåringer, det var tross alt ny musikk, og det kunne minne om rock'n'roll. Det polerte uttrykket finner vi også i kompet. The Shadows hadde en svært disiplinert og gjennomarrangert spillemåte. Selv om de til tider forsøkte seg på røffere arrangementer og av og til kunne glimte til med litt løsslupne gitarsoli, ble det aldri noe i nærheten av det amerikanske soundet. I dette ligger utvilsomt en viktig del av forklaringen på hvorfor Cliff Richard og The Shadows oppnådde slik stor popularitet. Britisk ungdomskultur tørstet etter lokale helter og en moderne musikk i særegen britisk stil. At britisk rock'n'roll ble annerledes enn den amerikanske, skyldes også det åpenbare faktum at det i England ikke fantes tradisjoner og bakgrunn

for slik musikk: Ingen av de britiske rock'n'roll-pionerene hadde forfedre som hadde spilt blues, gospel eller hillbilly. Unge musikere hadde grammofonplater å forholde seg til, men etter hvert også en og annen konsertopptreden med gjestende amerikanske artister.

Cliff Richard har for ettertida blitt stående som alt annet enn en provoserende artist – han var nærmere «svigermors drøm» enn de fleste andre. Men han ble oppfattet ganske annerledes da han slo igjennom: I musikkavisa New Musical Express ble han i 1958 omtalt som en «vulgær hoftevrikker og ekkel ekshibisjonist». Dette forteller noe om hvordan samtida oppfattet amerikansk tenåringsmusikk, og noe om hvordan grensene for det tillatelige stadig utfordres og flyttes. Fra 1965 ble konkurransen med den nye generasjonen av unge musikere for tøff for Richard, og hans lange rekke av gode listeplasseringer tok slutt. På 80-tallet hadde han sin største renessanse, ikke minst på grunn av samarbeidet med artister som Olivia Newton-John, Sarah Brightman, Elton John og Van Morrison. Nevnes bør også hans store hit «We don't talk anymore» fra 1979.

Cliff Richard eller The Shadows hadde hver for seg eller sammen minst én single inne på de britiske listene hver eneste måned sammenhengende fra april 1959 til august 1964. Det utgjør til sammen 53 måneder, men *The Shadows* begynte etter hvert å leve sitt eget artistliv ved siden av å være Richards faste orkester. Deres popularitet overgikk i perioder Richards, og Shadows-musikk ble et begrep i seg selv. Musikken var instrumental med to el-gitarer, el-bass og slagverk som besetning. Et stort antall «Shadows-orkestre» ble startet med inspirasjon fra denne gruppa. I hele Vest-Europa kom det slike amatørorkestre i kjellere og garasjer.

Gruppas opprinnelige besetning var *Hank B. Marvin* (Brian Robson Rankin, 1941) på sologitar, Bruce Welch på rytmegitar, Jet Harris på bassgitar og Tony Meehan på slagverk. Under innspilling i studio brukte Welch så å si alltid en akustisk rytmegitar, mens han brukte el-gitar på scenen. Gruppas første hit «Apache» kom i 1960, og ble en stor suksess. Plata overtok raskt Cliff Richards førsteplass, «Please don't tease», som de selv var med på.

Gruppas sound var unikt i sin tid. Over et tett komp med akustisk rytmegitar, el-bass og slagverk strålte Marvins klokkeklare el-gitarmelodier, med flittig bruk av tidas mest moderne tekniske hjelpemidler: Ekkomaskin, romklang og vibrato-arm. Det kan neppe ha vært repertoaret alene som var årsaken til det store gjennomslaget, for i så henseende var The Shadows svært konservative: Mange av deres innspillinger var allerede kjente slagere fra filmer og musikaler, og mange av de originale komposisjonene for bandet var i en lignende stil. Det var soundet som trollbandt. The Shadows ble skoledannende for hvordan moderne instrumentalmusikk skulle låte, og de satte standard for hva slags instrumenter som skulle brukes. Med Shadows kom el-gitarens definitive gjennombrudd i britisk populærmusikk, særlig ble Fendergitarene Stratocaster og Telecaster populære. «Apache», «Kon Tiki», «Wonderful land», «Dance on» og «Foot tapper» var The Shadows' største hiter. Disse innspillingene var svært melodiøse og ble godt mottatt hos et bredt publikum. Noen av låtene var i en røffere stil, og ble spesielt populære blant musiserende tenåringer på tross av beskjedne listeplasseringer. Dette gjelder låter som «F.B.I.», «The savage» og «Man of mystery».

Merseybeat

Mellom 1959 og 1963 var Cliff Richard og The Shadows de ubestridt mest populære britiske artister. Men dette bildet skulle snart endres drastisk. I Liverpool hadde det fram mot 1960 utviklet seg et levende klubbmiljø for unge rock'n'roll-tilhengere. Inspirert av amerikansk R&B og særlig rock'n'roll fantes det i byen et utall amatørband: Ifølge musikkavisa Merseybeat var det registrert 273 aktive band bare i Liverpool i 1961. De fleste av dem hadde begynt å spille under skiffle-bølgen, men etter hvert nærmet de seg mer og mer det amerikanske soundet. På ett vesentlig punkt skilte likevel bandene seg ut fra sine amerikanske kolleger; besetningen var kun el-gitarer, el-bass og slagverk, som hos The Shadows. Mange av bandene skrev sin egen musikk, eller presenterte gamle sanger i den nye stilen, *beat*. Beat er i musikalsk forstand et problematisk begrep, uten entydige stiltrekk. Vi finner elementer av rock'n'roll, R&B, Tin Pan Alley, music hall, country og skiffle. Likevel hadde beat-musikken visse særtrekk som i det minste skiller den fra den typiske amerikanske rock'n'roll. Den viktigste forskjellen ligger i melodiens betydning og utforming. I rock'n'roll hadde melodilinjene liten eller ingen bærende kraft, og var sjelden lineært oppbygd på dur- eller mollskalaer. I stedet var de riffbaserte og bygget på bluestradisjonen. I beat, derimot, ble forholdet som regel motsatt: Melodien hadde i mer tradisjonell forstand stor betydning, fordi den var lineært oppbygd med lengre fraser og perioder enn i den riffbaserte vokalstilen, og bygde som regel på dur- eller mollskalaer. Dernest var den gjerne arrangert med flerstemte vokalharmonier. Enkelt sagt var den britiske beat-musikken altså litt «hvitere» i sine stilistiske prinsipper. Som vi har påpekt, gjaldt dette også sound og instrumentasjon. I en viss grad gjaldt det også rytmikken. Mens den amerikanske musikken var kjennetegnet av et nokså konstant og gjennomgående rytmisk driv, var dette mer variert i beat. Hyppige breaks og rytmiske mønstre som ble satt opp mot hverandre, var typisk.

Eksponentene for beat-musikken finner vi først og fremst i Liverpool, og blant de mest kjente var The Beatles, The Merseybeats, The Swinging Blue Jeans, The Searchers, The Hollies, Gerry and The Pacemakers, Fourmost, Billy J. Kramer and The Dakotas og Rory Storm and The Hurricanes. Flere av disse bandene hadde store suksesser da beat-bølgen erobret England i 1963, i fremste rekke Gerry and The Pacemakers. Samtlige av deres tre første singler nådde førsteplass; «How do you do it», «I like it» og «You'll never walk alone». Det som blir kalt beat-perioden i britisk musikk er i virkeligheten en kort periode fra 1962 til 1965. Richard/Shadows-hegemoniet på britiske hitlister tok gradvis slutt i løpet av 1963, som ble det første året hvor britiske artister solgte flere plater i Storbritannia enn utenlandske. Blant de 20 bestselgende singleplatene dette året finner vi tre med The Beatles, to med Gerry and The Pacemakers, én med Billy J. Kramer and The Dakotas og én med The Searchers. Samtlige av disse utgivelsene var melodiøse sanger med enkelt el-gitar-, el-bass-, trommekomp, uskyldige tekster og flerstemt sang. Artistene framsto ofte som band, ikke som en vokalist med komp, og dette skilte dem sterkt fra både de andre britiske og de amerikanske artistene. Beatbølgen gikk imidlertid fort over, og de fleste av bandene var glemt før tiåret var omme. Det var likevel et av disse bandene som skulle komme til å vokse langt utover Liverpool-miljøets geografiske og musikalske begrensninger: *The Beatles*.

Sommeren 1957 ble den 15 år gamle *Paul McCartney* (1942) med som gitarist i *John Lennon*s (1940–80) skifflegruppe, The Quarrymen. Den to år eldre Lennon ble ganske imponert over hvor mange akkorder McCartney kunne på gitar, og at han kunne stemme den. Året etter kom *George Harrison* (1943) med i bandet. Det var ikke før sommeren 1960 at The Beatles kom ut av øvingslokalet og skoledansene. På veien hadde de fått med seg bassisten Stuart Sutcliffe og trommeslageren Pete Best, og de hadde vært innom bandnavnene Johnny and The Moondogs og The Silver Beetles. Etter en kort turne i Skottland som oppvarmingsband for Johnny Gentle dro de i 1960 til Hamburg for å spille på Indra Club. Flere Liverpool-artister hadde jobbet i Hamburg før dem, ettersom Liverpool-impresarioen Alan Williams hadde gode kontakter der. Muligheten for profesjonelt engasjement på Hamburgs Reeperbahn var svært fristende for de unge musikerne, men det var et blodslit som møtte dem: Spilleøktene var på seks timer, innkvarteringen var dårlig, og Reeperbahn var Hamburgs senter for kriminalitet, prostitusjon og rusmisbruk. I dette miljøet ble The Beatles nødt til å lære sitt fag som profesjonelle musikere og sceneartister. Når arbeidsgiveren ropte «mach Schau!» («lag show!»), tok de ham på ordet: The Beatles opparbeidet i denne perioden en temmelig vill sceneopptreden, og et gnistrende samspill.

Det var et annerledes Beatles som nå fikk seg jobb som husband på The Cavern Club i hjembyen. Så smått begynte gruppa å oppnå et lokalt ry. Dette var et radikalt alternativ til Shadows-musikken. I løpet av de neste to årene spilte de trofast på Cavern, men hadde flere turer til Hamburg. De kompet også Tony Sheridans utgivelse «My Bonnie is over the ocean» under navnet The Beat Brothers. I 1961 bestemte Stuart Sutcliffe seg for å slå seg ned i Tyskland, og han overlot bassgitaren til Paul McCartney. Sutcliffe døde året etter.

Et navn som for alltid vil være knyttet til The Beatles, er Brian Epstein. Hans familie drev møbelforretning, men solgte også plater i North End Road Music Store (NEMS) i Liverpool. Brian Epstein var litt for gammel til å identifisere seg med den nye musikken, men av ren nysgjerrighet troppet forretningsmannen opp blant skinnjakkekledde ungdommer på The Cavern en lunch-session i november 1961. Her opplevde han The Beatles, og ble overveldet av deres musikk og personlige utstråling: Han ville bli pop-manager. I løpet av noen få år bygde han opp det kanskje mest vellykkede pop-management verden har sett. I tillegg til The Beatles ble han også manager for en rekke andre artister.

Epsteins første oppgave var å få ordnet en platekontrakt for The Beatles. Han endret gruppas visuelle image fra skinnjakker og dongeribukser til italienske dresser og slips. De hadde allerede innført en frisyre som innen kort tid skulle endre Vestens hårmote: Bakoverkjemmet hår med fett ble erstattet av en mer «naturlig» frisyre som nærmest ga seg selv når håret ikke ble gredd. Epstein brukte all sin innflytelse overfor plateselskapene, og sendte bilder og prøveopptak til alle som kunne tenkes å ha noen interesse. Det første nappet kom ganske snart, og The Beatles fikk prøvespille for Decca 1. januar 1962. De ble kort etter vraket til fordel for Brian Poole and The Tremeloes. Epstein fikk følgende telegram: «Groups with guitars are on the way out. Stick to selling records in Liverpool.» Dette telegrammet har gått over i historien som en av århundrets største tabber. I mai fikk The Beatles platekontrakt med EMI og produsenten *George Martin* (1926). Noe av det første han forlangte, var at Pete Best ikke skulle spille på noen plateinnspilling. Hva de gjorde på scenen, la han seg ikke opp i. Det endte med at Best måtte slutte til fordel for *Ringo Starr* (Richard Starkey, 1940). Starr hadde spilt med flere Liverpool-band, og også vært vikar for Pete Best ved flere anledninger. Med sin bakgrunn innen klassisk musikk og lettere underholdningsmusikk, og med sine kunnskaper innen orkestrering og arrangering, skulle George Martin bli av uvurderlig betydning for The Beatles' musikalske utvikling. The Beatles' første single, «Love me do», kom ut i oktober, og tre måneder senere fikk de sin første nr. 1-hit med «Please please me».

Vi har sammenlignet beat og rock'n'roll og påvist en del klare forskjeller rent musikalsk. Men det fantes forskjeller også på andre plan: Rock'n'roll hadde evnen til å forarge foreldregenerasjonen, det var opptøyer knyttet til musikken, og til tider kunne hele rock'n'roll-imaget virke ganske truende. Riktignok reagerte foreldre stort sett negativt på beat-bandenes lange hår, men de var samtidig sjarmerende, og smilet var aldri langt unna: Beat-musikerne kunne provosere, men gjorde det gjerne på en sjarmerende måte. John Lennons udødelige og sarkastiske kommentar fra scenen, under Royal Variety Performance for dronning Elizabeth i november 1963, er et godt eksempel: «Etter neste nummer kan de som sitter på de billige plassene klappe, dere andre kan bare riste på juvelene (rattle your jewelry).»

Beatlemania

Høsten 1963 vokste The Beatles' popularitet til oppsiktsvekkende høyder. De skapte hysteri og opptøyer overalt hvor de kom, og avisoverskriftene lanserte uttrykket «beatlemania». Dette var noe helt nytt i England. Deres hit-singler kom med omkring tre måneders mellomrom og solgte i store opplag. Hook-linja «Yeah, yeah, yeah!» fra «She loves you» feide som en farsott over landet. I denne perioden turnerte The Beatles intenst, og det ble et poeng for gruppa at de låt mest mulig likt på plate og på konsertene. Vi finner derfor stort sett bare innspillinger med den originale besetningen: To gitarer, bassgitar, slagverk og munnspill. De to første LPene inneholder omtrent halvparten egenkomponert materiale, men etter LP nummer to, «With The Beatles» (1963), ble stadig flere av låtene skrevet av Lennon/McCartney. Det var på denne tida langt fra noen selvfølge at artistene skrev sine egne låter, men utover 60-tallet ble dette mer og mer vanlig. Lennon/McCartney var i så måte en inspirasjon for mange av sine samtidige. For det meste vekslet de på å være vokalister, og disse to skrev så godt som all den egenproduserte musikken. Selv om de utad framsto som et låtskriver-par, skrev de etter hvert låtene hver for seg, og samarbeidet artet seg nærmest som en konkurranse mellom to i utgangspunktet nokså ulike kreative personligheter.

The Beatles' tidlige LPer røpet inspirasjon fra mange forskjellige genrer, noe som også er tydelig i deres valg av coverlåter: Buddy Hollys «Words of love», Little Richards «Long tall Sally» og Chuck Berrys «Rock'n'roll music» var alle eksempler på 50-talls rock'n'roll. De spilte soul, og særlig Motown-låter som «Twist and shout», «Please Mr. postman» og «Money», og Tin Pan Alley-evergreens som «Till there was you» og «A taste of honey». De spilte også country og rockabilly i låter som «Act naturally» og «Honey don't». Gjennom sin sceneopptreden, og den måten de møtte pressen på, gjenspeilte gruppa britisk music hall-humor.

Det var først med sin femte single «I want to hold your hand» (1963) at The Beatles fikk et gjennombrudd i popmusikkens forjettede land, USA. Denne Lennon/McCartney-låten er også et godt eksempel på The Beatles' musikk i deres tidlige fase. Kompmønstrene i bass, gitar og trommer bygger i sterk grad på rock'n'roll. Imidlertid er bass og trommer atskillig mer synkronisert i samspillet enn hva som hadde vært vanlig tidligere. Vokalarrangementet er inspirert av svart musikk som gospel og R&B. Særlig tydelig er dette i låtens ekstatiske høydepunkt på ordet «hand», hvor sangerne gjør dramatisk bruk av falsett, samtidig som kompdrivet gjør en liten, men effektfull pause. Imidlertid er formen, til forskjell fra blues, R&B og rock'n'roll, en rendyrket AABA-form – Tin Pan Alleys mest brukte formskjema. Harmonikken er også i tråd med dette. For eksempel modulerer B-delen til en kontrasterende toneart. Melodilinja kunne også, dersom den hadde inngått i en sammenheng med annet sound og annen rytmikk, vært hentet rett ut av Tin Pan Alley-tradisjonen. Den bygger på durskalaen, med symmetriske perioder og sekvenseringer. Disse elementene er historisk sett fremmede i svart musikk og rock'n'roll. «I want to hold your hand» er derfor et typisk eksempel på hvordan Lennon/McCartney allerede på et tidlig stadium skapte uvante fusjoner av ulike musikkgenrer, samtidig som de satte sitt personlige stempel på låten med sine fengende melodier og vitale og energiske framføring. Det virket som Lennon/McCartney ubesvært øste av en kilde som ga små popperler, låter som har dannet norm for popmusikken. Generelt kan man si at deres formoppbygging, harmonikk og melodikk ofte har sterke trekk fra hvit musikk som Tin Pan Alley, mens komp, rytmikk og vokalstil har mer svart inspirasjon. Et lignende eksempel har vi i «All my loving» (1963), hvor den karakteristiske melodiøsiteten forenes med swingjazz-komp og en gitarsolo i country-stil. Gruppa var i 1964 i ferd med å vokse fullstendig ut av beatformatet, og inn i et røffere sound. Særlig merkbart er dette i låten «I feel fine» (1964), som toppet listene i desember. Her fikk George Harrisons gitar en svært sentral plass i lydbildet, og introduserte dessuten gitar-feedback i introen. Feedback (tilbakematings-sløyfe mellom høyttaler og gitarpickup) var noe man stort sett forsøkte å unngå, og som bare kunne oppnås ved svært høye lydnivåer med datidas gitarforsterkere.

Den britiske invasjonen

I 1964 inntok den nye britiske popmusikken USA i et slikt omfang at det har blitt kalt «den britiske invasjon». Nærmest over natta var det britiske artister som bokstavelig talt var toneangivende i populærmusikkens hjemland. The Beatles' suksess i USA banet veien for mange andre britiske band, som Dave Clark Five, Herman's Hermits, Gerry and The Pacemakers, The Searchers, The Animals, The Rolling Stones, Kinks, The Zombies, Peter & Gordon og Freddie and The Dreamers. Den britiske invasjonen startet med The Beatles' første tur til Amerika i februar 1964. Ved ankomsten ble de møtt av tusenvis av tenåringer, og

beatlemania rammet nå for fullt også USA. Turneen ble en triumfferd for The Beatles, og et av høydepunktene ble lanseringen i Ed Sullivans prestisjetunge TV-show, hvor over 70 millioner amerikanere så dem for første gang. Billboards popliste for siste uke i mars 1964 ga The Beatles alle de fem første plassene: «Can't buy me love», «Twist and shout», «She loves you», «I want to hold your hand» og «Please please me». De hadde samtidig også sju andre plasseringer lenger nede på den samme lista. I løpet av det første halvåret etter gjennombruddet i 1964 solgte The Beatles nærmere 90 millioner plater. Hysteriske tenåringsjenter skrek og gråt seg hese ved konsertene, utenfor hotellene og langs rutene de beveget seg. Omsetningen av ulike «Beatles-suvenirer» var enorm. The Beatles ble også pressens yndlinger, en status de oppnådde gjennom sin sjarmerende og fleipete form. I filmene «A hard day's night» (1964) og «Help!» (1965) framsto The Beatles som talentfulle komikere, og disse filmene bidro også til å forme bandets image. Et av gruppas absolutte høydepunkter i USA ble deres konsert på Shea Stadium i september 1965. Dette ble den første stadionkonsert i et storformat som senere skulle bli typisk for rocken, og om lag 56 000 tilskuere opplevde The Beatles på scenen. Aldri tidligere hadde så mange vært til stede på en konsert. På dette tidspunktet var beatlemania blitt et verdensomspennende fenomen, og The Beatles turnerte over store deler av Nord-Amerika, Europa, Asia og Australia.

Mens amerikanske artister på 50-tallet ble forsøkt kopiert i England, skjedde nå det motsatte; den amerikanske musikkindustrien forsøkte å møte den britiske invasjonen med «kloninger» av britiske band. Da *The Monkees* ble skapt i 1966, ble denne strategien en suksess. The

Monkees ble «skapt» etter at Columbia Pictures og NBC-TV hadde annonsert etter mulige bandmedlemmer. Over 500 søkere ble testet, og blant dem som ikke nådde opp i konkurransen, var både Stephen Stills (Buffalo Springfield og Crosby, Stills, Nash and Young) og Charles Manson (senere kjent som massemorder og kultleder). *Bubblegum* var glatt musikk uten den musikalske og politiske brodd som 60-tallets popmusikk etter hvert fikk. Typisk for bubblegum-musikken var markert danserytme og iørefallende melodier sunget med «pene» stemmer – en fortsettelse av 50-tallets teen ballads. Et knippe titler gir et bilde av uskyldige og intetsigende tekster «Goody goody gumdrops», «Yummy yummy yummy», «Chewy chewy» og «Sugar sugar».

The Monkees oppnådde størst kommersiell suksess av alle bubblegum-grupper. Don Kirshner ble satt til å produsere gruppa. Han var en erfaren produsent fra Brill Building-miljøet, og hjernen bak flere suksessrike TV-program. Han sørget med sin innflytelse for at rutinerte låtskrivere ble tilknyttet prosjektet, som Boyce & Hart, Neil Diamond og John Stewart, som respektive var ansvarlige for hitene «Last train to Clarksville», «I'm a believer» og «Daydream believer». Deres første plateutgivelse, singleplata «Last train to Clarksville», gikk rett til topps på de amerikanske listene. Selv om den kanskje uansett ville ha kommet høyt opp på listene, er det ingen tvil om at den massive TV-eksponeringen som The Monkees fikk, hadde avgjørende betydning. Den neste utgivelsen, «I'm a believer», gikk også til topps i Storbritannia. Mellom 1966 og 1968 nøt The Monkees en formidabel suksess. Det mange ikke visste, var at de selv ikke spilte på platene sine: Det var kun stemmene som ble brukt, resten ble gjort av profesjonelle studiomusikere. Etter en tid ble ønsket om selv å spille sterkere blant gruppas medlemmer, og det hele falt sammen i løpet av 1969.

10 Britisk rhythm'n'blues

Musikkscenen i London var på 50-tallet dominert av tradisjonell dixieland- og swingjazz, men noen musikere hadde begynt å spille R&B. Det fantes i London et aktivt R&B-miljø lenge før beat-musikken fikk sitt gjennombrudd. På samme måte som i Liverpool dreide dette seg om levende musikk på klubber, på skoletilstelninger og i øvingslokaler. Musikkindustrien og pressen hadde ennå ikke oppdaget dette fenomenet, og det tok lang tid før plateselskapene oppfanget signalene om hva som skjedde. Dessuten ble alles oppmerksomhet rettet mot Liverpool i løpet av 1963. Talentspeidere ble sendt til provinsbyen; alle selskaper ville finne «sitt Beatles». På denne måten ble paradoksalt nok Londons klubbscene i første omgang oversett.

Londons klubbscene

Blant de første jazzmusikere som begynte å spille R&B, var *Chris Barber* (1930). Han ledet flere populære band allerede fra slutten av 40-tallet. Barber var sammen med Acker Bilk og Kenny Ball en av «de tre store B-er» i samtidas britiske populærmusikk, som alle var ledere av populære jazzorkestre. Barbers store interesse for svart musikk, og evne til å la seg påvirke av nye strømninger, førte til at han skaffet flere amerikanske bluesartister til England for første gang. Han reiste også selv på en turne til USA i 1959. Her fikk han oppleve bluesartister i deres rette miljø, og reiste tilbake med planer om å starte et R&B-band hjemme. Han fikk med seg gitaristen *Alexis Korner* (1928–84) og munnspilleren *Cyril Davis* (1932–64) til å kompe sin kone, vokalisten Ottilie Patterson. Bandet spilte fortsatt jazz, men hadde enkelte innslag av R&B. Innehavere av Londons musikk-klubber hadde ingen tro på R&B, i den grad de i det hele tatt visste hva det var. Det fantes midt på

50-tallet ingen klubber i London som presenterte slik musikk. I 1955 hadde Korner og Davis møtt hverandre på London Skiffle Club, en av Londons mange jazzklubber som hadde skiffle på menyen. De fant hverandre i en felles interesse for blues, og fikk samme år omgjort skiffle-klubben til byens første R&B-klubb, London Blues & Barrelhouse Club. Etter kort tid ble klubben tilholdssted for en lang rekke unge, uetablerte musikere med felles interesse for amerikansk blues.

Dersom vi sammenligner musikken som ble spilt på klubber i Liverpool og i London på denne tida, var det musikalske uttrykket i hovedstaden langt røffere. Gruppene i Liverpool skapte sin egen engelske form for rock'n'roll, mens London-miljøet forsøkte å gjenskape Chicago-bluesen. Det kan ha vært rene tilfeldigheter som ga denne forskjellen, men det var nok Alexis Korner, og det upretensiøse klubbmiljøet han var med på å skape, som var den viktigste faktoren. Han hadde en egen evne til å inkludere ungdom som viste interesse for bluesmusikk. På lørdagskveldene slapp enhver som ønsket det, til i improviserte jam-sessions, og mange av disse ungdommene vanket også i Korners hjem.

Korner og Davis forlot i 1961 Barbers band for å starte sitt eget *Blues Incorporated*, slik at de helt og holdent kunne arbeide med R&B. Samtidig startet de nok en klubb, Ealing Rhythm and Blues Club på Londons vestkant. Blues Incorporated ble et svært populært klubbband, men ingen av medlemmene var spesielt gode vokalister. Her finner vi kanskje noe av grunnen til at Korner var så villig til å slippe til sangere som ville prøve seg. Han har selv uttalt at de fleste som prøvde seg, hadde katastrofalt dårlig stemme. En kveld dukket det opp en ungdom som falt i smak, og som straks ble fast vokalist i Blues Incorporated. Det var den unge Long John Baldry. Ikke lenge etter fikk Korner tilsendt en demo-tape fra Little Boy & The Blue Boys. Opptakene var, ifølge Korner, skrekkelige, men ikke desto mindre dukket vokalisten i dette bandet opp neste lørdagskveld: En lett beruset og meget nervøs Mick Jagger gjorde denne kvelden sin første offentlige opptreden med Berrys «Around and around».

Innspillinger med Blues Incorporated fra denne tida bærer preg av jam-sessions. Mange av innspillingene ble gjort i klubbene, uten kommersielle motiver eller ambisjoner. Bandets sammensetning var løs og uforpliktende, og spontane innfall fra tilfeldig gjestende musikere var svært vanlig. Slik fikk bandet en uvanlig lang rekke musikere som var med i kortere eller lengre tid. Den følgende lista over noen av musikerne som var innom Blues Incorporated, forteller ganske mye om bandets betydning for utviklingen av britisk R&B og rock: Jack Bruce (Graham

Bond Organisation, Bluesbreakers, Manfred Mann og Cream), Graham Bond, Ginger Baker (Graham Bond Organisation, Cream og Blind Faith), Mick Jagger (The Rolling Stones), Paul Jones (Manfred Mann), Robert Plant (Led Zeppelin), Danny Thompson (Pentangle, Donovan, Rod Stewart og Kate Bush), Colin Hodgkinson (Back Door, Jan Hammer og Brian Auger) og Hughie Flint (Bluesbreakers).

Blues Incorporated eksisterte til 1967, men Cyril Davis sluttet allerede i 1962. Han mente at Korner var for opptatt av jazz, og ønsket en mer puritansk Chicago-stil. Davis døde bare to år senere, mens Korner på sin side etablerte flere nye band. Alexis Korner døde i 1984, og etterlot seg flere uferdige prosjekter, hvorav det mest ambisiøse var en omfattende TV-serie om rockens historie.

Korner har blitt kalt bluesens gudfar i Storbritannia, mens *John Mayall* (1933) har blitt tildelt tittelen rockens gudfar. Mayall har utvilsomt betydd mye for utviklingen av britisk rock, først og fremst gjennom sitt band *The Bluesbreakers.* Gjennom stadig skiftende besetninger dannet også dette bandet skole. Mayall kom til London i 1962 etter ønske fra Korner, og var på det tidspunkt allerede en erfaren musiker med bakgrunn i skiffle og blues. Samtidig som London Blues & Barrelhouse Club ble dannet i London i 1955, startet Mayall sitt første band i hjembyen Manchester.

Det første Bluesbreakers ble dannet i 1963 med Mayall selv som vokalist og gitarist, Bernie Watson på gitar, John McVie på el-bass og Peter Ward på trommer. Sistnevnte ble snart erstattet med Hughie Flint. Den mest banebrytende Bluesbreakers-innspillingen ble gjort i 1965: «Bluesbreakers – John Mayall with Eric Clapton». LPen regnes som en klassiker, og foruten Eric Clapton på el-gitar er også Jack Bruce med på el-bass og Hughie Flint på trommer. Utgivelsen ble gjennombruddet for både Mayall og Clapton, og en sterk inspirasjon for flere generasjoner av kommende gitarhelter.

Mayalls innsats har sjelden kommet til uttrykk gjennom listeplasseringer, men han har alltid nytt stor respekt i musikermiljøer. Mange av hans musikere har gått videre og dannet, eller medvirket i, flere av rockens viktigste band: I 1966 forlot Eric Clapton og Jack Bruce bandet for å danne Cream sammen med Ginger Baker, i 1967 sluttet Peter Green og John McVie for å danne Fleetwood Mac. Mick Taylor ble senere medlem av The Rolling Stones, Dick Heckstall-Smith sluttet for å danne Colosseum, Aynsley Dunbar ble senere medlem av Jefferson Starship og Journey.

Fire hovedretninger i britisk R & B

Britisk R&B er ikke et helt presist begrep, men under denne paraplyen utviklet det seg i London etter hvert fire forskjellige retninger. For det første, den puritanske Chicago-blues-stilen representert ved Cyril Davis, og John Mayall and The Bluesbreakers. Disse var tradisjonsbærerne med den tydeligste inspirasjonen fra Chicago, med el-gitarer, slideteknikk og munnspill som svært sentrale elementer. Muddy Waters, Howlin' Wolf og Elmore James var blant deres største forbilder.

For det andre, den mer jazzinspirerte R&B-stilen hvor blåsere og tangentinstrumenter ble viktige elementer, representert ved Korner og *Graham Bond* (1937–74). Før han startet sitt eget band, *Graham Bond Organisation* i 1963, var han også innom Blues Incorporated. Nå byttet han hovedinstrument fra saxofon til Hammondorgel, og som tangentinstrumentalist ble han en pioner. Han var den første brite som brukte Hammondorgel sammen med Leslie-høyttalere, og han var også den første som brukte en mellotron. (Mellotronen var en helt ny engelsk oppfinnelse, et tangentinstrument hvor lyden ble frambrakt av ferdiginnspilte lydbånd, på mange måter en forløper til synthesizeren.) Graham Bond Organisation hadde følgende forbløffende besetning: Ginger Baker på trommer, Jack Bruce på bass, Dick Heckstall-Smith på saxofon og den kommende jazz-rock-virtuosen John McLaughlin på gitar.

For det tredje fantes det såkalte «black Flamingo sound» med *Georgie Fame* (Clive Powell, 1943) and The Blue Flames, Zoot Money og Chris Farlowe som de fremste representantene. Retningen har fått sitt navn etter den berømte Flamingo Club i London, hvor de alle opptrådte i lange perioder. Musikken kjennetegnes først og fremst gjennom vokalstilen, som var sterkt inspirert av amerikansk soul. Ikke minst var James Brown et viktig forbilde.

Den fjerde retningen kan vi kalle «blues-rock», da denne retningen fikk stor betydning for ettertidas rock. Her finner vi band som The Rolling Stones, The Yardbirds, Manfred Mann og Pretty Things. Mens Korner, Davis og Mayall forsøkte å etterligne Chicago-bluesen, utviklet disse bandene en egen engelsk form for R&B. Også denne tok utgangspunkt i Chicago-blues, men lå i mange henseender nærmere svart rock'n'roll enn noen av de andre tre retningene gjorde. I all hovedsak besto repertoaret av amerikanske låter som ble kopiert nesten ned til den minste detalj. Men soundet var annerledes; et mer arrangert komp med jevnere puls, og en langt mindre rå vokal var de viktigste forskjel-

lene. Blant de mest kopierte artistene fra USA nevner vi Chuck Berry, Howlin' Wolf, Muddy Waters, Bo Diddley og Jimmy Reed.

I kjølvannet av denne sydende aktiviteten i Londons R&B-miljø ble det også startet flere nye klubber, som Marquee Club, The Flamingo Club og Crawdaddy Club. Det var disse britiske miljøene som blåste liv i bluesbasert musikk og la grunnlaget for den hvite bluesbølgen på 60-tallet, som i sin tur la et grunnlag for britisk, gitarbasert rock. Pionerene innen britisk R&B hadde sin bakgrunn i jazz og skiffle, og de fattet interesse for blues mer ut fra en følelse av musikalsk stagnasjon og kjedsommelighet enn ut fra ungdommelig opprør. Noen av dem var ikke engang ungdommer, men voksne menn rundt de tretti. Musikkhistorisk sett var mange av dem mer tradisjonsbærere enn nyskapere. Muddy Waters kom en gang med følgende hjertesukk om The Rolling Stones: «They stole my music, but they gave me a name.» I likhet med de unge musikantene i Liverpool-miljøet hadde heller ikke Londons bluesmusikere stedegne tradisjoner å bære videre: Den afroamerikanske musikken ble nå plantet om og satte nye røtter i Europa. Man kan spørre hvordan velfødde, hvite middelklassegutter fra Londons forsteder i det hele tatt kunne synge blues – men dette livskraftige miljøet viste både at blues-feeling er et nokså universelt anliggende, og at bluesformen hadde potensial til fornyelse. Det er likevel pussig å tenke på at det ble en franskfødt gresk-østerriker, nemlig Alexis Korner, som først innførte amerikansk, svart musikk i England.

Et musikalsk og kommersielt gjennombrudd

Lørdag 21. juli 1962 skulle Alexis Korners Blues Incorporated som vanlig ha spilt på Marquee Club i London. Men på grunn av at gruppa på kort varsel fikk et tilbud om opptreden i BBC den dagen, ble det satt inn en annen gruppe, den totalt ukjente *The Rolling Stones*. Gruppa hadde på dette tidspunktet følgende besetning: Vokalist *Mick Jagger* (Michael Philip Jagger, 1943), gitaristene *Keith Richard* (Keith Richards, 1943) og *Brian Jones* (Lewis Brian Hopkin-Jones, 1942–69), alias Elmo Lewis, pianist Ian Stewart, bassist Dick Taylor og trommeslager Mick Avory. De tre sistnevnte sluttet alle etter kort tid: Stewart ble Stones' roadie og studiomusiker, Taylor ble medlem av The Pretty Things, mens Avory ble trommeslager i Kinks. Gruppa spilte på Marquee en stund, men oppnådde ikke den helt store suksessen. Cyril Davis, som var blant nøkkelpersonene på Marquee Club, hadde ikke noe til overs for The Rolling Stones. Nærmest i desperasjon forsøkte gruppa å etablere sin egen klubb, og selv om heller ikke dette ble noen fulltreffer, begynte ting så smått å skje. Rundt årsskiftet 1962–63 fikk gruppa sin endelige besetning med bassisten *Bill Wyman* (William Perks, 1936) og trommeslager *Charlie Watts* (1941). Klubbeieren og R&B-entusiasten Giorgio Gomelsky fikk dem inn på Crawdaddy Club, og nå gikk det bare noen uker før det var lange køer utenfor lokalene.

Det var på dette tidspunktet at Andrew Loog Oldham oppdaget gruppa, ordnet finansiell støtte og skrev kontrakt med dem som manager og produsent. Oldham var en fremadstormende journalist som også hadde jobbet ved et design-kontor og for Brian Epstein. For ham ble det en relativt enkel oppgave å få platekontrakt med Decca, som slett ikke hadde glemt ergrelsene over å ha vraket The Beatles.

I desember 1963 fikk The Rolling Stones sin første listeplassering på Top Twenty med Lennon/McCartney-komposisjonen «I wanna be your man», men den første singlen hadde kommet noen måneder tidligere med en innspilling av Chuck Berrys «Come on». Bandet gikk i gang med en omfattende turne- og innspillingsvirksomhet, og ble raskt en motpol til det nå etablerte og mer polerte beat-soundet. Ikke bare gjennom sin musikk, men også gjennom sitt visuelle image ble The Rolling Stones elsket av ungdommen og fryktet av foreldrene. De hadde etter datidas begreper et uflidd utseende med langt og rufsete hår. Hele deres framtoning var langt mer utfordrende enn hva britene var vant til fra sine popartister. Dette imaget var en bevisst spekulasjon fra Oldhams side for å skape en motpol til The Beatles. Selv om media profilerte disse bandene som motsetninger, var medlemmene i Beatles og Stones gode venner og kolleger. «I wanna be your man» skal ha blitt til i løpet av en liten halvtime i en krok av studio under en av Stones' innspillingsøkter, og det var George Harrison som la inn et godt ord for The Rolling Stones overfor plateselskapet Decca.

Allerede under innspillingen av deres første LP våren 1964 hadde Stones blitt et hett navn i musikkbransjen, og de fikk en mengde presseoppslag og radio- og TV-opptredener. Repertoaret på deres første singler og LPer inneholdt noen få Jagger/Richards-komposisjoner, men besto for det meste av coverlåter fra amerikanske artister. Deres singler fra 1964 var, foruten «I wanna be your man»: «Not fade away», «It's all over now», «Tell me», «Time is on my side» og «Little red rooster», og alle unntatt «Tell me» var cover-versjoner. «Little red rooster» ble Stones' siste autentiske bluesinnspilling, og kanskje den av deres utgivelser med den tydeligste blues-feelingen. Innspillingen gir også et godt eksempel på Brian Jones' stilsikre slidegitar-spill. Fra 1965 kom det imidlertid endringer i bandets stil. For det første ble flere og flere av utgivelsene selvkomponerte, og låtskriver-signaturen Jagger/Richards begynte å gjøre seg sterkt bemerket. Men det musikalske uttrykket bar også preg av en frigjøring fra de amerikanske røttene. De selvkomponerte singlene «The last time», «Play with fire» og «(I can't get no) Satisfaction», som alle kom i 1965, er gode eksempler på denne utviklingen.

«The last time» består av fire vers med refreng. Sologitaren presenterer en kort hook-linje i introen som er en variasjon av versets melodi. Dette korte gitarriffet er et gjennomgående element i alle versene, i intro og mellomspill, og fungerer også som et stadig repeterende svar til melodilinja i vokalen. Låten har hyppigere akkordskift enn i blues, og vers og refreng går i forskjellig toneart. Bruken av vers og refreng er i seg selv fremmed i bluessammenheng. Vokalstilen og melodikken i verset er bluesbeslektet, men låten har et langt «hvitere» preg enn noen av de tidligere Stones-innspillingene, og i refrenget spiller bassen endatil vekselbass, noe som gir assosiasjoner til country-musikk.

«Play with fire» skilte seg enda sterkere ut fra tidligere Stones-låter. Her er instrumentasjonen utypisk; akustisk gitar, harpsikord og vokal var ikke akkurat hva fansen forventet. (Harpsikord er et gammelt tangentinstrument i familie med spinett og cembalo.) Komposisjonen har et klart folkevisepreg med fortellende tekst og strofisk oppbygging. Teksten er ganske truende; «... so don't play with me, 'cause you play with fire ...». Det elegante arrangementet og den konservative instrumenteringen står i kontrast til den bluespregede teksten og gjør den på denne måten enda mer truende.

«(I can't get no) Satisfaction» er The Rolling Stones' største klassiker. På mange måter representerer låten den endelige frigjøringen fra gruppas sterke binding til de amerikanske forbildene. Først og fremst legger vi merke til gitarriffet i introen; det er kun to takter langt, og den stadige repetisjonen gjør riffet til låtens viktigste enkeltelement. Gitarlyden er karakterisert av forvrengning (fuzz) og kraftig sustain, spilt i et dypt register. Dette riffet skaper låtens identitet. Et annet typisk trekk ved låten er dens mangel på variasjon i arrangementet. Denne monotone og statiske gjennomføringen er nettopp låtens bærende idé; den samler maksimal oppmerksomhet om vokalen. Jaggers stemme er nær og klar når han synger i det lave registeret, men etter hvert som melodilinja og temperaturen stiger, legges vokalen lenger bak i lydbildet og han må jobbe mer energisk for å komme gjennom. Denne effekten underbygger på en meget subtil måte tekstens innhold. Tittelen «Satisfaction» er flertydig og antyder frustrasjon og manglende tilfredsstillelse innen en rekke livsaspekter – økonomi, sex, det sosiale og det åndelige: «Well I'm driving in my car / and a man comes on the radio / tellin' me more and more about some useless information / supposed to drive my imagination ...» Jagger synger om tomhet og uvesentligheter generelt og i media spesielt, og konkluderer: «I can't get no satisfaction ... but I've tried, and I've tried, and I've tried ...». Senere kommer mer eksplisitte seksuelle hentydninger: «... and I'm trying to make some girl ...». Slike eksplisitte hentydninger er for så vidt en arv fra bluesen, men Stones' tekster inneholdt samtidig ofte et sterkt element av satirisk samfunnskritikk, som også bidro til deres for mange provoserende image. Denne flertydigheten er typisk for Stones' image og senere låter.

The Rolling Stones ble det viktigste bandet med utgangspunkt i det britiske R&B-miljøet, men også en rekke andre band herfra fikk betydning for rockens utvikling. Bandet *Manfred Mann* fikk sin første hit allerede i februar 1964. Deres musikalske stil var mer poppreget enn mange av de andre R&B-inspirerte bandene, men de opererte likevel med god musikalsk avstand til beat. De hadde i 1965 like mange listeplasseringer som Stones. Gruppas frontfigurer var den sørafrikanske jazzpianisten *Manfred Mann* (Mike Lubowitz, 1940) og vokalisten Paul Jones. Det var disse to som ga bandet dets særpregede sound: Manns el-orgel og Jones' vokal og munnspill. Etter et par singler som solgte dårlig, fikk de gjennomslag med sine utgivelser av Bo Diddley-låtene «5-4-3-2-1» og «Oh, no not my baby», samt sommerhiten «Do wah diddy diddy» i 1964. Sammen med den amerikanske gruppa Byrds regnes Manfred Mann som de fremste tolkere av Bob Dylans låter, noe også Dylan selv har gitt uttrykk for. Deres mest kjente Dylan-tolkninger er «If you gotta go, go now» (1965), «Just like a woman» (1966) og ikke minst «The mighty Quinn» (1968). Manfred Mann holdt det gående gjennom flere tiår, i ulike konstellasjoner.

Alan Price (1942) startet et R&B-band i Newcastle i 1960. Da vokalisten *Eric Burdon* (1941) kom med noe senere, skiftet bandet navn til *Animals*. De hadde stor lokal suksess også som backingband for gjestende R&B-artister fra USA. LPen «The Animals with Sonny Boy Williamson» ble innspilt live i 1963, men ble ikke utgitt før i 1988. Animals var kjent for sin ville sceneopptreden, særlig representert ved Burdon. De dro til London og fikk ganske snart en hit med en av låtene fra Bob Dylans første LP, «Baby let me follow you down». I Animals' utgave fikk låten tittelen «Baby let me take you home» (1964). Oppfølgeren, «House of the rising sun» (1964), også hentet fra Dylans første LP, ble en stor suksess, og nådde førsteplass på listene både i England og i USA. Det var en stor overraskelse for musikkbransjen at en single på over fire minutter ble en radiohit: Så lange låter ble sjelden spilt i radio. «There is a house in New Orleans / they call the Rising Sun / it's been the ruin of many a poor guy / and God, I know I am one.» Teksten er historien om skjebner rundt et horehus i New Orleans, og har folkevisas lyrisk-fortellende form, og tilsvarende moralske poeng: «Mother, tell your children / not to do what I have done ...».

Alan Prices el-orgelspill ble stilskapende, og Eric Burdons vokale uttrykk lå nærmere det autentiske, amerikanske bluesuttrykket enn noen annen britisk vokalists. I mai 1965 forlot Price gruppa, og året etter, da Burdon også sluttet, var det ingenting igjen av Animals. Burdon har senere i sin karriere videreutviklet sitt svarte image, både i vokalstil, i musikk og i tekster. Hans mest kjente prosjekt ble Eric Burdon and War. Singlen «Spill the wine» (1970) vakte en viss oppsikt. Bandet eksperimenterte med musikk i grenselandet mellom jazz, rock, funk, blues og soul. Burdon var utvilsomt en av den hvite bluesens mest markante vokalister, selv om han nok for de fleste vil bli husket som mannen som sang «House of the rising sun».

Brødrene *Ray Davies* (Raymond Douglas Davies, 1944) og *Dave Davies* (1947) dannet gruppa *Kinks* mot slutten av 1963. Hver på sin måte har disse to satt dype spor i populærmusikken. Ray Davies betraktes som en av 60-tallets mest talentfulle låtskrivere, og Dave Davies blir regnet som «oppfinneren» av heavy metal-gitarsoundet. Deres tredje single, «You really got me» (1964), som ble deres gjennombrudd, er et godt eksempel på begge deler. Det sterkt riffbaserte kompet med kraftig forvrengt el-gitar, sammen med et markant og tett tromme- og bass-spill, skapte et sound som var helt nytt. Ingen tidligere plateutgivelse kunne oppvise et så kompakt og massivt lydbilde. «You really got me» er en milepæl i utviklingen av tung, gitarbasert rock. Det var med dette soundet at Kinks slo igjennom, og oppfølgeren «All day and all of the night» (1964) var skåret over samme lest. Etter hvert utviklet Kinks sin stil; de fjernet seg mer fra det blues- og riffbaserte uttrykket, og utviklet seg i retning av melodiøs, music hall-inspirert pop. Det var her at Ray Davies' poetiske kvaliteter virkelig kom til sin rett, og han utviklet seg til en original personlighet i britisk pop. Sanger som «Sunny afternoon», «Waterloo sunset», «Dedicated follower of fashion» og «Dead end street» er eksempler på hans underfundige og sarkastiske skisser av middelklasselivets trivialiteter i London. Han skrev om livets viktige uvesentligheter: Gater, hus, puber, dager på stranda, litt kjærlighet, hverdagens rutiner – han var en utilslørt romantiker, men alltid reflektert og selvironisk. Han virket samtidig både ubehjelpelig og intelligent. Han avleverte sine sanger i sin tørrvittige og simplistiske, nesten barnlige, men samtidig lakoniske music hall-stil – som en popmusikkens George Formby. Omkring 1966 må Ray Davies betraktes som den mest sofistikerte og originale låtskriver i britisk pop, ved siden av Lennon/McCartney og Pete Townshend.

The Who var en annen viktig gruppe med røtter i Londons musikalske undergrunnskultur. Bandet besto av låtskriveren og gitaristen *Pete Townshend* (1945), vokalisten Roger Daltrey, bassisten John

Entwistle og trommeslageren Keith Moon. Repertoaret var rock'n'roll- og R&B-låter. De fikk snart ry som et spesielt aggressivt band, med hensyn til både musikk og sceneopptreden. For ettertida har The Who for mange blitt stående som bandet som smadret instrumentene sine ved avslutningen av konsertene. Dette temmelig brutale imaget ble kløktig og bevisst utnyttet av bandets management i markedsføringen.

Særlig blant the mods fant The Who mange tilhengere. Mods (forkortelse for moderns) var en betegnelse for en subkultur av motebevisste collegeungdommer fra middelklassen, og sto i motsetning til the rockers, som var ungdom fra arbeiderklassen. Deres ulike politiske og sosiale ståsted ga disse motsetningene til tider også en voldelig dimensjon. Men mods og rockers var først og fremst uttrykk for to forskjellige moteretninger og ungdomskulturer. The mods' mest iøynefallende kjennetegn var scooterne og smarte klær, mens the rockers hadde motorsykler og skinnjakker med nagler som sitt image. Særlig blant the mods – inkludert mange popmusikere – fantes mange med kunstskolebakgrunn, og mange hadde et romantisk selvbilde og oppfattet seg selv som bohemer. Samhørigheten innad i disse miljøene innebar også identifisering med artister som de forskjellige gjengene oppfattet som sine talsmenn. Mods-kulturen ga impulser til den motebevisste rocken på 70-tallet, og vi kan også trekke linjene fram til new romantics-bølgen tidlig på 80-tallet.

The Whos første single var den Kinks-inspirerte «I can't explain», som kom inn på listene i mars 1965. I november samme år kom deres definitive gjennombrudd med «My generation». Denne låten uttrykte i et nøtteskall ungdommens frustrasjoner og aggresjon. Også her kunne vi merke inspirasjon fra Kinks i det pulserende og svært energiske komp-riffet. Det er sentrert omkring én akkord, og går over to takter etterfulgt av et to takters vokal-break. Oppå dette riffet ligger koring som i motbevegelse synger «Talking 'bout my generation», med call-and-response-struktur. Vokalisten Roger Daltrey formelig spytter og stammer fram teksten: «People try to put us down / just because we get around / things they do look awful cold / hope I die before I get old / My generation / my generation // Why don't you all fade away / don't try and dig what we all say / I'm not tryin' to cause a big sensation / I'm just talking 'bout my generation / My generation / my generation».

Pete Townshend satte ord på ungdommers gryende bevisstgjøring og søken etter identitet. Poptekster generelt dreide nå stadig mer bort fra sanger om enkeltindividet, og nærmet seg beskrivelser av sosiale forhold – et forsøk på å skape en «vi-følelse» og beskrive en fellesidentitet.

Animals-innspillingene «We gotta get out of this place» og «It's my life and I do what I want» samt The Whos «My generation» og ikke minst Bob Dylans «The times they are a-changing» illustrerer dette. The Who skapte sensasjon med sine eksplosive opptredener på to viktige festivaler i USA: Monterey Pop Festival i 1967 og Woodstock i 1969. Dette etablerte dem for alvor også i USA.

The Rolling Stones, Manfred Mann, Kinks og Animals ble gjengangere på hitlistene, og unge band med base i London gjorde Liverpool-bandene rangen stridig. The Beatles er utvilsomt det enkeltstående band fra tidlig 60-tall som har fått størst betydning i populærmusikken. Likevel var flertallet av betydningsfulle band fra hovedstadens R&B-miljø. Et band som ikke gjorde det så sterkt på hitlistene, men som har oppnådd kultstatus, er *The Yardbirds*. Bandet ble startet i 1963 med sterk inspirasjon fra The Rolling Stones. På tross av at gruppa eksisterte i få år, og nesten ikke hadde noen hiter, må vi regne gruppa som svært sentral: Dette skyldes at The Yardbirds øvde stor innflytelse på andre samtidige band, og at de fostret noen av rockens største gitarister.

Den første av disse var den tidligere Roosters-gitaristen *Eric Clapton* (1945). The Yardbirds spilte på Crawdaddy Club, og de fikk platekontrakt med Columbia. De ga ut to singler, men ingen av disse kom inn på listene. Musikken lå i grenselandet mellom pop og blues, og de fant ikke helt ut av hvilken retning de ville slå inn på. Deres neste forsøk på platefronten var «For your love» i 1965. Singlen slo godt an; den nådde så høyt som 3. plass på de britiske og 6. plass på de amerikanske listene. Allerede før denne singlen ble utgitt, bestemte imidlertid

Clapton seg for å slutte i bandet. Han likte ikke at gruppa fjernet seg så mye fra blues, og begynte i John Mayalls Bluesbreakers, hvor hans innsats på LPen «Bluesbreakers – John Mayall with Eric Clapton» straks etablerte ham nærmest som en sensasjon i England.

De gjenværende medlemmene ville ha med seg Jimmy Page, som på denne tida var en ettertraktet studiomusiker. Han avslo imidlertid tilbudet, og Clapton ble erstattet av *Jeff Beck* (1944). Jeff Becks gitarsound var originalt og unikt i sin tid, med kraftig sustain og en energisk og metallisk tone, som om han spilte på en elektrisk sitar eller fiolin. Dette gitarsoundet kommer tydelig fram på «Steeled blues» (1966). Beck ble på denne tida betraktet som en av verdens fremste utøvere på el-gitar. Han hadde foruten sitt unike sound også en briljant teknikk og la for dagen stor musikalitet. I 1966 sluttet bassist Samwell-Smith og ble produsent for blant andre Cat Steevens. Nå overtok Jimmy Page bassen, før han ble sologitarist sammen med Beck, som kort tid etter sluttet. I tida fram til oppløsningen, sommeren 1968, gjorde The Yardbirds seg mest bemerket som live-band. På restene av Yardbirds bygde Jimmy Page et langt mer berømt band: Led Zeppelin.

R&B-bølgen fikk også ringvirkninger utenfor England. Særlig må vi framheve Belfast-bandet *Them*. Som flere andre britiske R&B-band fra 60-tallet var også Them et kortvarig, men intenst fenomen. *Van Morrison* (George Ivan Morrison, 1945) var bandets vokalist og munnspiller, og han skrev også noen av deres fineste sanger. Deres andre single «Baby please don't go», ble et gjennombrudd i januar 1965. Morrison-låten «Gloria», som var singlens B-side, vakte også stor oppsikt, og har blitt en klassiker innen genren, med et av stilretningens mest hypnotiske komp-riff. Thems største problem var indre stridigheter. Bandet klarte ikke å holde sammen, og utallige versjoner av bandet så dagens lys, om enn bare for en kort stund. I en eller annen form fantes det et Them fram til 1966. Etter dette begynte Van Morrison en suksessrik solokarriere.

11 Protestsangere og popstjerner

Europa, og særlig England, hadde midt på 60-tallet overtatt USAs hegemoni som sentrum for utviklingen av populærmusikken. Men samtidig som det amerikanske publikumet hadde det meste av sin oppmerksomhet rettet mot de unge, invaderende britene som strømmet innover landet, var noe nytt i emning også her. I begge tilfeller dreide det seg om en fornyelse og et generasjonsskifte innen tradisjonelle musikkformer, som i neste omgang skulle få sterk innflytelse på 60-tallets vestlige ungdomskultur og på rocken. Dette var på den ene side en folkemusikalsk renessanse, og på den annen side gjennombruddet for soul-musikken.

I 1958 var rock'n'roll på høyden av sin popularitet i USA. Men midt i dette gikk singlen «Tom Dooley» med The Kingston Trio til topps på listene. «Tom Dooley» var en enkel vise, en tradisjonell ballade om en mann som ble hengt for et mord i 1866. Visa ble framført med flerstemt sang og akustisk akkompagnement – omtrent så langt unna rock'n'roll som det var mulig å komme. Sangen ble den utløsende faktor for en folkemusikalsk bølge i amerikansk musikkliv, og omkring 1960 kom flere hiter i samme genre; The Brothers Four utga «Greenfields» og The Limeliters «All my sorrows», begge sangene ble senere standardrepertoar for visesangere verden over.

Denne renessansen fikk tre viktige konsekvenser for populærmusikken: For det første førte den til en gjenoppdagelse av gammel, rural folkemusikk. Interessen for tradisjonelle melodier i enkle arrangementer og med fortellende tekster økte, og en romantisk «tilbake til landsbygda»-bevegelse oppsto i byene. Multikunstneren Burl Ives var en av flere som hadde gjort et viktig forarbeid ved å holde liv i gamle tradisjoner innen sang- og fortellerkunst. For det andre vokste det også fram en ny interesse for eldre, svarte bluesutøvere blant det hvite publikum, som for eksempel Robert Johnson, John Lee Hooker, Howlin' Wolf, Muddy Waters og Sam «Lightnin'» Hopkins. Tilsvarende merket man en stigende popularitet for country-artister, for eksempel Bill Monroe, og andre bluegrass-musikere.

Det tredje konsekvensen var av størst betydning. Begrepet «folk» ble i utgangspunktet brukt som en fellesbetegnelse for svart og hvit folkemusikk i USA. Med den nye generasjonen av hvite, progressive visesangere på 60-tallet fikk folk-begrepet et noe annet innhold; nå kom framveksten av hva vi kaller *urban folk*. Når et kulturfenomen urbaniseres, innebærer det som oftest en kommersialisering. Dette innebærer igjen at underholdningsaspektet betones sterkere enn andre aspekter. Den urbane folk er et godt eksempel på at dette ikke nødvendigvis alltid skjer. Den urbane folk var sterkt preget av sosialt engasjement og politisk protest, og underholdningsaspektet var underordnet budskapet. Det er i denne sammenheng interessant å merke seg at urbanisering av kulturfenomener er et langt mer typisk utviklingstrekk i USAs kulturhistorie enn for eksempel i den britiske. Amerikanske rurale fenomener som blues og hillbilly ble urbanisert, mens den britiske folkemusikken har forblitt nesten upåvirket av bykulturene og for en stor grad unngått kommersialisering.

Poeter og sangere

Forløperen for den urbane folk i USA var sangeren, låtskriveren, poeten og gitaristen *Woody Guthrie* (1912–67). Guthrie sluttet skolen i 16-årsalderen og forsøkte å livnære seg gjennom musikk. Han spilte munnspill og sang for folk der han møtte dem. Etter hvert kom han med i profesjonelle artistmiljøer, og lærte seg å spille gitar. I en periode opptrådte han med sin onkel, Jeff Guthrie og hans omreisende «Magic show». Woody Guthrie begynte tidlig å skrive sanger, og satte også ofte tekster til gamle melodier. Alt i alt har han skrevet omkring tusen sanger. Blant de mest kjente er «Pastures of plenty», «This train is bound for glory», «Reuben James», og den aller mest kjente; «This land is your land», av mange betraktet som USAs andre nasjonalsang. Dette er en sang som forteller om den jevne mann og kvinnes kjærlighet til fedrelandet, og står derfor i en viss kontrast til den offisielle nasjonalsangen «The star-spangled banner». Omkvedet lyder: «This land is your land, this land is my land / from California to the New York Island / from the redwood forest to the gulfstream waters / this land was made for you and me.»

I 1935 dro Guthrie til California, og ble snart en kjent radioartist i

Los Angeles. Det var imidlertid ikke før vinteren 1939–40, da han dro til New York, at han gjorde sine første plateinnspillinger. Det var Alan Lomax som gjorde disse for kongressbiblioteket i Washington D.C. Etter annen verdenskrig fortsatte han å spille inn sine sanger, nå på det nystartede plateselskapet Folkways, som ble en viktig kanal for den urbane folk-musikken. Her gjorde han alt i alt over to hundre innspillinger. Guthrie var aktiv helt til 1952, da han ble innlagt på sykehus. Han led av en uhelbredelig nervesykdom som førte til lammelser og gradvis svekkelse. I løpet av sitt 15-årige sykeleie fikk han oppleve at hans livsverk fikk konsekvenser han neppe hadde forutsett. Guthrie var en levende legende, og mens han lå på sykehus, ble han stadig oppsøkt av sine unge beundrere. Han var med sine samfunnsengasjerte og sosialrealistiske tekster et forbilde for den nye generasjonen av vise- og protestsangere. Guthrie engasjerte seg sterkt på den politiske venstresida i kampen mot sosial urettferdighet. Han opptrådte oftest for arbeidsfolk, og var sterkt involvert i fagbevegelsen. Hans gitar hadde påskriften: «This machine kills fascists».

I 1960 fantes et livskraftig folk-miljø i New Yorks Greenwich Village, som ligger på sørspissen av Manhattan. Her holdt mange studenter til, og de tallrike kafeer og såkalte coffee-houses serverte vel så mye visesang som kaffe. Dette var et amatørmiljø hvor enhver slapp til, og svært mange hadde Guthrie-sanger på repertoaret. Noen levde av å spille og synge. Blant disse var Ramblin' Jack Elliott, The Clancy Brothers, Dave van Ronk, Tom Paxton, gruppa Peter, Paul and Mary og ikke minst gitaristen, sangeren og låtskriveren *Pete Seeger* (1919). Han vokste opp i New York, i en familie hvor musikk var profesjon. Selv prøvde han seg både som maler og journalist før han bestemte seg for å gjøre musikken til levebrød. I 1939–40 arbeidet Seeger sammen med Alan Lomax, han turnerte med et dukketeater, og opptrådte på fagforeningsmøter. I 1940 dannet han gruppa *Almanac Singers* med blant andre Woody Guthrie. Gruppa ble ikke umiddelbart godt mottatt, og måtte tåle en del hån på grunn av sine klare politiske holdninger. De fikk likevel allsangen i gang, og publikum stemte i sanger som for eksempel «Which side are you on?». Ved utbruddet av annen verdenskrig gikk Almanac Singers i oppløsning fordi Seeger meldte seg til tjeneste i hæren, men like etter krigen startet han gruppa *The Weavers*. Det vakte oppsikt at en politisk profilert sanggruppe kunne oppnå så stor suksess. I løpet av de første to årene hadde The Weavers hele ti listeplasseringer i USA.

Pete Seeger var medlem av kommunistpartiet fram til 1951. Dette

var en sterkt medvirkende årsak til at hans virksomhet ble rammet av kommunistjakten under McCarthy-perioden. Dette satte en ganske effektiv stopper for Seegers musikk i offentlige sammenhenger, i og med at «politisk tvilsomme» artister som The Weavers ble bannlyst i radio, TV og på jukebokser. Denne svartelistingen rammet også mange andre fra det urbane folk-miljøet. På denne tida gjorde likevel Seeger mange opptredener rundt om i USA, men i stadig frykt for aksjoner måtte hans konserter holdes hemmelige så lenge som mulig, og ofte måtte han etter konsertene smugles ut av lokalene for å unngå mobben. Seeger kalte dette for «kulturell geriljataktikk». Seeger la ned et viktig arbeid for tradisjonell folkemusikk, og tok opp aktuelle politiske og sosiale spørsmål. Mange av hans sanger ble etter hvert å finne i visebøker over hele verden. En av de mest kjente er «Where have all the flowers gone?». Ved hans hjelp har også mange gamle sanger blitt hentet fram, for eksempel «We shall overcome» og «Guantanamera». Seeger vil også bli husket for sitt arbeid med barnesanger.

Joan Baez (1941) har blitt kalt «the Queen of Folk», og fikk sitt gjennombrudd som plateartist i 1960. I 1959 gikk den første Newport Folk Festival av stabelen. På plakaten sto navn som Pete Seeger, banjovirtuosen Earl Scruggs og The Kingston Trio, men det var likevel Joan Baez som fikk størst oppmerksomhet. Hun var den første artisten fra det urbane folk-miljøet i New York som ble internasjonalt kjent, og hun ble et forbilde for visesangere over hele verden. Hun framsto som usminket, enkel og ærlig, og hun hentet sine sanger både fra amerikansk og europeisk folkemusikk. Hun hadde et sterkt politisk engasjement. I 1965 grunnla hun Institute for the study of nonviolence, utga fra 1968 tidsskriftet «Daybreak», og engasjerte seg sterkt i protestbevegelsen mot USAs krigføring i Vietnam. Mange av visene som hun gjorde kjent, ble allsangrepertoar over hele den vestlige verden. Blant de sangene hun huskes best for, er «We shall overcome», som ble freds- og borgerrettsbevegelsens fremste kamp-allsang, «All my trials», «What have they done to the rain?», «Don't think twice, it's all right» og «The night they drove ol' dixie down».

Baez var en tolker av andres sanger, hun skrev ingen selv. Woody Guthrie og Pete Seeger var viktige kilder, men enda viktigere ble *Bob Dylan* (Robert Allen Zimmerman, 1941) fra Hibbing, Minnesota. Han ble introdusert for det store publikum av Baez under Newport Folk Festival sommeren 1963. Dylan kom til Greenwich Village i januar 1961, blant annet for å få en sjanse til å møte sitt store forbilde Woody Guthrie. Han gjorde seg raskt bemerket, opptrådte på kafeene og inviterte seg selv inn i de innerste sirkler blant folk-veteranene.

De fleste syntes Dylan hadde en stygg sangstemme, og at hans gitarspill var under gjennomsnittet blant folk-amatørene i Greenwich Village. Ingen av opptakene som ble gjort av ham på denne tida, bar bud om at Dylan skulle bli en av de mest markante personlighetene i populærmusikkens historie. Tross middelmådige spilletekniske ferdigheter var det noe ved hans formidlingsevne og personlighet som artist som rørte ved publikum; det var noe ut over sangen, gitarspillet eller sceneopptredenen som kommuniserte, og som gjorde at folk lyttet. Han var dessuten svært målbevisst, han var i det riktige miljøet til riktig tid, og han hadde en egen evne til raskt å fange opp nye impulser. Liam Clancy fra Clancy Brothers opplevde Dylan på nært hold i denne første tida. Han har uttalt: «Bob Dylan var en tenåring, og det eneste jeg kan sammenligne ham med, er trekkpapir. Han sugde opp alt. Han var utrolig nysgjerrig, men helt uten erfaring. Han var klar til å fange opp alt som kom innenfor rekkevidde.» I disse inspirerende omgivelsene beveget Dylan seg raskt fra amatør til profesjonell.

Hans første LP, «Bob Dylan» (1962), inneholdt få selvkomponerte sanger, men hans «Song to Woody» viste at Dylan hadde et poetisk talent. Han framsto som en nokså tradisjonell folk-sanger og humorist. Plata ble ingen stor salgssuksess, men Dylan begynte for alvor å gjøre seg bemerket i folk-miljøene. «The freewheelin' Bob Dylan» (1963) var et stort skritt framover for artisten Dylan, og inneholdt 13 originale sanger, hvorav de fleste var hans egne. Han markerte seg her som en samfunnskritisk poet og sanger, og flere av hans egne sanger fra denne plata har blitt klassikere: «Blowin' in the wind», «Girl from the north country» og «Don't think twice, it's all right», samt antikrigssangene «Masters of war» og «A hard rain's a-gonna fall». Den sistnevnte ble skrevet under Cuba-krisen, som mange fryktet skulle ende med atomkrig. «Blowin' in the wind» har et vidtfavnende budskap om menneskeverd, fred og moralsk ansvar. Denne universelle klagesangen gjør Dylan likevel til en intim og personlig henvendelse; entallsformene «du» og «min» blir brukt, og i refrenget synger han «min venn», ikke «mine venner» – direkte henvendt til den enkelte lytter: «The answer, my friend, is blowing in the wind». På tradisjonell folkevise-maner gjentas dette omkvedet ved avslutningen av hvert vers.

Sommeren 1963 kom Peter, Paul and Marys utgivelse av «Blowin' in the wind», en single som ble nr. 2 på listene. Senere det året utga både Peter, Paul and Mary og Joan Baez «Don't think twice, it's all right». På Newport-festivalen befestet Dylan sin popularitet, og ble nå regnet blant de fremste av folk-artistene. Han ble klappet fram av et entusiastisk publikum, ikke bare når han selv opptrådte, men også når andre artister framførte noen av hans sanger – og det var det mange som gjorde. Etter denne suksessen fulgte en intens periode med mange konserter over store deler av Statene. Han sang for et stadig større publikum, og et av høydepunktene i så måte ble konserten i Washington den 28. august 1963. Den amerikanske borgerrettighetsbevegelsen gjennomførte sin «march on Washington», og avsluttet det hele med en markering hvor omkring 200 000 mennesker deltok. Fra den samme scenen, og på samme dag som presten, borgerrettighetsforkjemperen og den senere fredsprisvinneren Martin Luther King holdt sin berømte tale, «I have a dream ...», sang Dylan «Only a pawn in their game».

Dylans neste LP, «The times they are a-changing» (1964), inneholdt blant annet klassikerne «The times they are a-changing» og «With God on our side». Denne utgivelsen var mer helhetlig både musikalsk og tematisk. Her skapte han sanger som besvarte responsen han hadde fått fra publikum. Sanger om sosial urettferdighet, moral og sanger med samfunnskritisk brodd var de som slo best an. På «The times they are a-changing»-LPen var de humoristiske innslagene borte. Allerede samme høst kom hans neste LP, «Another side of Bob Dylan» (1964), en LP med en mer moden og selvsikker Dylan. I forbindelse med utgivelsen av plata uttalte han: «Jeg går god for platene jeg har laget, men noe av det jeg gjorde var for å bli lagt merke til – det var jo ingen andre som gjorde noe lignende. Men nå er det mange som lager slike sanger hvor 'pekefingeren' kommer fram, og man tar opp alt man synes er galt. Jeg har ikke lyst til å skrive sanger for folk lenger – altså være en slags talsmann. Fra nå av vil jeg heller skrive om ting som kommer innenfra. Og for å få det til må jeg skrive slik jeg gjorde da jeg var barn – da alt bare kom av seg selv. Jeg vil at skrivingen skal falle like naturlig for meg som det å snakke eller å gå.»

Tradisjonsbrudd og nyskaping

Bob Dylan begynte som en protestsanger i Guthrie-tradisjonen, med enkle sanger akkompagnert kun av hans gitar og munnspill. Etter hvert laget han mer innadvendte og reflekterende sanger, og var mer opptatt av jeget enn av samfunnet. «It ain't me babe», «To Ramona» og «My back pages» er eksempler på dette. På LPen «Bringing it all back home» (1965) tok han et uventet skritt i retning rock'n'roll: Halvparten av plata hadde elektrisk instrumentasjon. Mange av hans beundrere oppfattet dette nærmest som et forræderi mot folk-kulturen, og som en vulgarisering av hans musikk. Dylan på sin side hadde reagert svært positivt da han fikk høre Animals' versjon av visa «House of the rising sun», og han uttalte selv at The Beatles' musikk var en stor inspirasjon for ham. Disse britiske inspirasjonskildene var en viktig grunn til at han valgte å bruke elektriske instrumenter. Men folk-puritanerne vendte altså tommelen ned, og under sin opptreden på Newport-festivalen sommeren 1965 ble han pepet ut fordi han lot seg akkompagnere av Paul Butterfield Blues Band. Det fortelles at en rasende Pete Seeger truet med å kutte strømkabelen til scenen med en øks, og at Dylan forlot scenen gråtende. Han mistet mange av sine gamle tilhengere – men vant langt flere nye.

«Bringing it all back home»-LPen inneholdt noen akustiske låter som har blitt klassikere: «Mr. Tambourine man» og «It's all over now, baby blue». «Mr. Tambourine man», «It's all right, Ma» og «Gates of

Eden» ble innspilt etter hverandre i ett sammenhengende opptak, uten stopp underveis. Dette var høyst uvanlig, svært krevende, og forteller noe om Dylans selvsikkerhet som artist. Blant de elektriske låtene på plata nevner vi «Subterranean homesick blues», en låt skåret over samme lest som Chuck Berrys «Too much monkey business». Låten er et godt eksempel på Dylans endrede stil. I større grad enn på noen av hans tidligere innspillinger var lydbilde og sound en sentral del av uttrykket. Han fikk for første gang høye plasseringer på listene i USA. Dylan kombinerte lyriske kvaliteter med rock'n'roll-musikkens energi, og samtidig syntes hans «stygge» sangstemme å ha funnet en ny kanal hvor den kom vel så mye til sin rett. Dylans elektriske musikk ble den viktigste inspirasjonen til det som etter hvert ble kalt *folk-rock*. Folk-rock var i virkeligheten en sammensmeltning av flere stilarter; afroamerikansk musikk som blues, R&B og rock'n'roll, euroamerikansk musikk som country, folk og urban folk, og eldre europeisk tradisjonsmusikk. Den urbane folks ideer var personlig engasjement, samfunnsmessig og personlig bevisstgjøring gjennom ærlige og troverdige tekster. Dette ble tatt vare på i folk-rocken, men låtene ble presentert i en tidsriktig innpakning: El-gitarer, el-bass, munnspill, orgel, piano og trommer. Den urbane folk-musikkens bruk av gamle tradisjonelle melodier, eller nykomponerte melodier i gammel stil, ble også delvis forlatt til fordel for en mer afroamerikansk melodikk og låtstruktur. Folk-rockens innhold og uttrykk skulle komme til å få stor innflytelse i rocken. Ikke minst gjenspeilte dette seg i tekstene: Dylan ble den første rockpoet, og satte en standard for tekster i rocken. Etter Dylan holdt det ikke lenger å skrive banale tekster om tenåringsforelskelse, dersom man ville bli tatt alvorlig.

Det var Dylan som fødte folk-rock-ideen, men den plateutgivelsen som representerte genrens egentlige gjennombrudd, var Dylans «Mr. Tambourine man» (1965) med gruppa *The Byrds*. Bandet ble dannet i Los Angeles i 1964, og blant de mest framtredende medlemmene var gitaristene og sangerne Jim (senere Roger) McGuinn og David Crosby. Gruppas medlemmer hadde bakgrunn dels fra country og bluegrass, dels fra urban folk. Deres sound var karakterisert særlig gjennom McGuinns 12-strengs Rickenbacker-gitar og bandets vokalharmonier, noe «Mr. Tambourine man» er et godt eksempel på. Senere samme året hadde de listeplasseringer med Dylans «All I really want to do» og Seegers «Turn, turn, turn». En annen sentral folk-rockgruppe med base i Los Angeles, var *Buffalo Springfield*. Også for dem var kombinasjonen av elektriske og akustiske gitarer, samt flerstemt sang, hovedfaktorene som skapte soundet. Med i bandet var gitaristene og sangerne Stephen Stills og Neil Young, som senere ble medlemmer av Crosby, Stills, Nash and Young. Buffalo Springfield hadde ikke mange hiter, den beste plasseringen var «For what it's worth» (1967). Imidlertid var de et forbilde for mange andre folk-rockband, og disse bandenes vokalarrangementer og sound pekte framover mot den psykedeliske musikkens gjennombrudd i California i 1966. Ikke minst er Byrds-låten «Eight miles high» (1966) et eksempel på dette.

Simon and Garfunkels (Paul Simon og Art Garfunkel) egentlig første LP var «Wednesday morning 3 a.m.» (1964). Den inneholdt blant annet låten «Sound of silence», en av flere viser i typisk folk-stil, med vekt på vokalharmonier og akustisk gitarakkompagnement. Deres produsent, Tom Wilson, som for øvrig også produserte Dylan på denne tida, laget en ny miks av «Sound of silence» (1965) med elektrisk komp. Simon var på turne i Europa mens dette skjedde, og var ikke klar over endringene som ble gjort med låten. Den gikk imidlertid rett til topps på listene i USA, og Simon and Garfunkel befant seg plutselig «uforskyldt» i folk-rockens toppsjikt.

Historien om Simon and Garfunkel startet i 1957, da de under navnet Tom & Jerry fikk en listeplassering med «Hey schoolgirl». Den gang var de sterkt inspirert av den populære vokalduoen Everly Brothers. De forsøkte seg med plateutgivelser på flere selskaper, og arbeidet i lange perioder hver for seg. Etter den elektrifiserte utgivelsen av «Sound of silence» syntes duoen å ha funnet sin stil, og deres neste LP, som ikke overraskende fikk tittelen «Sounds of silence», ble raskt innspilt og utgitt i 1966. En del av stoffet til LPen var hentet fra Simons soloutgivelse «The Paul Simon songbook» (1965). I en viss kontrast til andre folk-rock-artister var Simon and Garfunkel perfeksjonister. Gjennom sine arrangementer og vokalharmonier framelsket de det vakre og vare. Plateselskapet CBS var nå interessert i å utnytte suksessen, og presset på for å få ut en ny plate så fort som mulig. Dette passet dårlig med Simons måte å jobbe på, han likte å bruke lang tid på å finpusse detaljer, men «Parsley, sage, rosemary and thyme» (1966) ble likevel utgitt samme år. Denne produksjonen hadde et mer velbalansert sound enn den foregående, og ble Simon and Garfunkels endelige internasjonale gjennombrudd. LPen «Bookends» (1968) fikk blandet mottagelse, men inneholdt blant annet klassikeren «America», som ved siden av å være en av Simons fineste kjærlighetssanger også viste hans utpregede melodiske talent. Simon and Garfunkels største suksess ble også deres siste plateproduksjon som duo: «Bridge over troubled water» (1970) ble den første utgivelse som toppet så vel single- som LP-listene i både USA og Storbritannia samtidig. Alt i alt solgte plata over 11 millioner eksemplarer, og vant ikke mindre enn seks Grammy-priser.

Etter utgivelsen av LPen «Bringing it all back home» (1965) dro Bob Dylan på turne i England, og her opplevde han for første gang å bli hyllet som en superstjerne. Han hadde fortsatt enkle viser som han framførte med gitar og munnspill på scenen, men det elektriske kompet ble en stadig viktigere del av hans uttrykk. Turneen ble for øvrig filmet, og «Don't look back» (1967) er fortsatt en sentral dokumentarfilm i rocksammenheng. Allerede i august kom Dylans neste LP, «Highway 61 revisited» (1965), og nå hadde han tatt skrittet fullt ut ved å benytte elektrisk komp på hele produksjonen. Dylan fortalte selv at han var kommet til et vendepunkt etter Englands-turneen i 1965. Han hadde bestemt seg for å slutte å synge, og følte seg utbrent: «Det er slitsomt stadig å høre andre fortelle deg hvor mye de digger deg, når du ikke digger deg selv.» I denne situasjonen av generell utilfredshet og utmattelse var det at Dylan skapte sitt nye sound og sin nye LP. Platas innledningskutt, «Like a rolling stone», har blitt stående som selve definisjonen på folk-rock-soundet.

Dette ble Bob Dylans gjennombrudd som rockartist, og den seks minutter lange plata ble hans første hit-single, med en andreplass på listene i USA. Låten ble også et slags gjennombrudd for noen av de andre musikerne som var med. Vi tenker i første rekke på bluesgitaristen Michael Bloomfield fra Paul Butterfield's Band, og på studiomusikeren, låtskriveren og gitaristen Al Kooper. Kooper var egentlig ikke engasjert til denne innspillingen, han ble bedt om å være til stede av produsenten, Tom Wilson. Selv tenkte Kooper at han kanskje kunne bidra med noe på gitar, men slo dette fra seg straks han hørte Bloomfield spille. Musikerne var på et tidspunkt ikke fornøyd med orgelet på opptaket, og Kooper antydet at han hadde en idé til et bra orgelriff. Wilson avfeide ham med den enkle begrunnelse at han ikke kunne spille orgel. Likevel deltok Kooper på neste opptak, og under gjennomhøringen ble Dylan så begeistret at han lot dette opptaket bli det endelige. Kooper tilføyde ved en senere anledning om denne episoden at hadde det ikke vært for dette tilfellet, ville hans karriere aldri ha inkludert tangentinstrumenter. Kooper ble to år senere grunnleggeren av Blood, Sweat & Tears.

Til sin verdensturne i 1966 engasjerte Dylan The Band som backing, og det fruktbare samarbeidet med dem skulle vise seg å prege Dylans senere karriere sterkt. Dylan valgte å spille inn sin neste LP i Nashville, og slik det ofte skjedde når Dylan gjorde noe nytt, ble dette også en trend. «Blonde on blonde» (1966) var en av rockens første dobbelt-LPer. Her hadde han med seg flere kjente country-studiomusikere, samt Kooper, og Robbie Robertson fra The Band. Så sent som i 1978 sa Dylan om denne produksjonen: «That's my sound.» Kuttet «Sad eyed lady of the lowlands», som gikk over en hel plateside, skiller seg ut fra tidligere Dylan-låter også ved at selve melodien kan synes viktigere, eller i det minste mer framtredende, enn teksten. Al Koopers orgelspill er igjen et viktig element i lydbildet, også på «One of us must know» og de mer dansbare «I want you» og «Stuck inside of Mobile with the Memphis blues again». Platas utvilsomt morsomste innslag er «Rainy day women # 12 & 35»: Et praktfullt musikalsk fyllekalas, hvor Dylan og noen country- og bluesmusikere utøver rock'n'roll – i videste forstand.

Like etter at «Blonde on blonde» var kommet ut, ble Bob Dylan utsatt for en alvorlig motorsykkelulykke, og han måtte trekke seg tilbake for en lang periode. I rekonvalesenttida bodde han i Woodstock, som to år senere ble vertskap for rockhistoriens største festivalarrangement. Folk-rock hadde enorm popularitet både i USA og i Europa mellom 1965 og 1968. Genren la også et viktig grunnlag så vel for den psykedeliske musikken som for mange senere artister i rockens historie.

Svart bevissthet

Soul er en videreføring av afroamerikanske musikkformer som ble utviklet på midten av 50-tallet, og som fikk en storhetstid gjennom hele 60-tallet. Skal en forstå innholdet i begrepet soul, må en se på mer enn bare musikken. I USA ble soul et begrep som uttrykte den fargede amerikaners selvbilde og selvbevissthet. Man snakket for eksempel om «soul food» – mat som var vanlig å spise i de fargede bydelene, eller «soul brother» om fellesskapet og solidariteten mellom de diskriminerte afroamerikanerne. 60-tallet var borgerrettighetskampens store tiår, da de svarte – og også mange hvite – kjempet og demonstrerte mot samfunnets rasistiske forskjellsbehandling. Anført av Martin Luther King vant de mange seirer. Mordet på King i 1968 ble ikke bare et tilbakeslag; arven etter ham ble også en kilde til ny styrke i frihetskampen.

Soul hadde derfor, i likhet med urban folk, også en sterk politisk dimensjon. Den nye soul-musikken ga et forum for å uttrykke den nye svarte identiteten og selvbevisstheten. Den fylte en funksjon som tradisjonsrike svarte musikkformer som blues og gospel ikke lenger kunne fylle: Bluesen kunne ikke lenger være alene om å uttrykke «black consciousness», for 60-tallets optimisme kunne ikke fanges inn av uttrykket «to have the blues». Gospelmusikken var et uttrykk for tro og håp, hvor den politiske dimensjonen var svakere enn den religiøse. Soulmusikken ble en «profan gospel», som uttrykte en stolt og selvsikker identitet. I soul-musikken kunne de svarte artistene på 60-tallet forkynne at «Black is beautiful»!

Noen ganger brukes begrepet «soul» om all svart musikk, men det

blir i musikkhistorisk sammenheng en altfor omfattende generalisering. Soul har sitt musikalske utspring i gospel, og til dels i R&B. Den er kjennetegnet først og fremst av en ekspressiv, improvisatorisk syngemåte – som så mye annen svart musikk er også soul først og fremst vokalistenes arena. Sangen skal være følelsesladet og full av intensitet. Den har større melodisk omfang enn i blues. Sang, kroppsspråk og den fysiske motorikken i kompet går opp i en høyere enhet i en god soul-låt. Soul gjør krav på autentisitet, en ekthet hvor artisten bokstavelig talt øser av sin sjel for publikum, og hvor publikum gjerne består av «soul brothers and sisters» – altså artistens eget folk. Imidlertid trenger ikke soul-vokal nødvendigvis å representere en «ekte» gjengivelse av artistens følelser. Tvert imot bruker ofte artistene en ironisk distanse til teksten, og imaget er som regel detaljert gjennomarbeidet. Dette imaget er en viktig del av soulmusikkens estetikk. Uttrykket vokal posering beskriver hvordan soulsangeren forholder seg til sitt publikum. Soul-sangeren skal virke «ekte» og selvutleverende, man skal kunne identifisere seg med ham eller henne, og sangeren skal samtidig framstå som viril, energisk og pågående. Når det gjelder soul-konvensjoner for øvrig, er gospelbasert koring naturligvis også viktig, og denne er også improvisatorisk og riff-basert. Det samme gjelder kompet, som bygger på groover og dynamisk, energisk og pulserende samspill. Det er svært vanlig i soul å bruke blåserrekker. Dette var opprinnelig en videreføring av R&B, og pekte videre fram mot jazz-rocken som ble utviklet noen år senere.

Ettersom soul har røtter i gospelmusikken, kan vi føre mange tråder tilbake til de svarte baptistkirkenes religiøse og musikalske praksis. Soulmusikkens første toneangivende stilskaper hadde bakgrunn nettopp fra dette kirkesamfunnet. *Ray Charles* (1930) gjorde sin første innspilling i 1949, og «I got a woman» (1954) ble gjennombruddet for den blinde sangeren, komponisten og pianisten fra Georgia. Det han gjorde, var å sekularisere gospelmusikken. Det vil si at han beholdt og videreforedlet de musikalske elementene, men fjernet det sentrale evangeliske aspektet i gospel. I stedet for å synge om Gud sang Ray Charles om kvinnen. Midt på 50-tallet ble svart musikk klassifisert som enten profan (R&B) eller sakral (gospel). Det ble regnet som både kommersielt og åndelig umulig å kombinere de to, før Ray Charles gjorde nettopp dette. Han erstattet koret med en blåserrekke, og var selv forsanger etter kirkens call-and-response-mønster. Charles fikk flere store hits utover 50-tallet, og fikk tilnavnet «The Genius». Han opptrådte med orkestre og storband, og med vokalgruppa The Raelettes. Millionselgeren «What'd I say» (1959) ble, med sine hissige call-and-response-mønstre, høydepunktet for Charles' transformasjon av gospel til soul. Dette har blitt en klassiker som utallige band har gjort som ekstranummer på klubber og konserter opp gjennom årene. Ray Charles var nå oppdaget av både et hvitt og et svart publikum, og han skiftet plateselskap fra Atlantic til ABC Records, som ga ham stor musikalsk og økonomisk frihet.

Soul-musikkens store stilskaper startet 60-tallet med utgivelser som nr. 1-hiten «Georgia on my mind» (1960) og «Hit the road Jack» (1961), før han valgte å prøve helt andre veier: Han overrasket mange med sin bredde i valg av låtmateriale, og han ble en av de svært få svarte artister som har gjort vellykkede innspillinger av country-musikk. I 1962 kom LPen «Modern sounds in country and western music», som blant annet inneholdt Don Gibsons «I can't stop loving you». Denne singlen solgte i hele 3 millioner eksemplarer. Etter dette ble Charles mer og mer en entertainer, uten samme nyskapende og offensive styrke som i sine innspillinger fra årene fram til 1962. Charles har alltid vist forakt for tradisjonelle grenseoppganger i musikken, og hans styrke er hans sjeldne begavelse som tolker av egne og andres sanger, uansett genre. «I don't care what I play as long as it's good», har han sagt. Hans følsomhet og frasering både i vokal og i pianospill er unik.

En annen av de tidlige stilskaperne i soul var *Sam Cooke* (1931–64). Han hadde bakgrunn fra den berømte gospelkvartetten Soul Stirrers, hvor han startet 19 år gammel. I 1956 tok han steget fra baptistkirken til hitlistene, og singlen «You send me» solgte 2 millioner eksemplarer året etter. Senere fulgte han opp med klassikere som «Only sixteen» (1959), «Chain gang» (1960) og «Bring it on home to me» (1962), før han ble skutt i Los Angeles bare 33 år gammel. Cooke hadde en mykere, mer poporientert syngemåte enn Charles og mange andre soulsangere, og dette kan ha medvirket til at han nådde ut også til et stort hvitt publikum.

Charles og Cooke var altså 50-tallets soul-grunnleggere, men soulmusikkens største artist er mannen som kalles «the Godfather of Soul»: *James Brown* (1928). Han var oppvokst i fattige kår i South Carolina, hvor han hadde vært innom både gospelgrupper og fengsler. Brown debuterte på plate i 1956 med «Please please please», og fikk sitt gjennombrudd med «Try me» to år senere. Foruten å være en energisk og dramatisk vokalist, var Brown en eksepsjonell danser. Både Mick Jagger og Michael Jackson har lært mye om sceneopptreden ved å studere ham. «The hardest working man in show business» ble endelig etablert som artist med live-innspillingen «Live at the Apollo» i 1963. Han skapte et forrykende sceneshow, med ekstatiske elementer som kunne minne mye om religiøse ritualer og svingende sørstats-gudstjenester – bortsett fra at Browns utstråling bar mer preg av Eros enn av Agape. Showet var gjennomkoreografert, og inneholdt dramatiske høydepunkter som for eksempel sekvensen hvor Brown «besvimte». Brown hadde en nesten hypnotisk funky rytmeseksjon med tilhørende blåserrekke, som var et ustoppelig groove-lokomotiv. Denne minimalistiske lydmuren av riff ble kalt street funk, og la et grunnlag for 70-tallets funk. Klangen var hard og skarp, og de repeterende, synkoperte riffene ga et statisk preg og intenst driv. Derfor var dette glimrende dansemusikk.

Rundt midten av 60-tallet utga Brown mange av låtene som senere ble soul-klassikere: «I got you», «Papa's got a brand new bag», eller «It's a man's man's man's world», som viser hans dramatiske balladetolkning. I 1968 talte han med et sterkt og direkte budskap inn i USAs gettoer da han sang «Say it loud, I'm black and I'm proud», en låt som fikk en stor symbolverdi for borgerrettighetskampen. Det er vel neppe tilfeldig at Brown på denne tida også var svært populær og kjent i Afrika, hvor han også turnerte. Han fortsatte inn i 70-tallet med sanger om dans og sex, som den funky en-akkordslåten «Sex machine» (en prototyp på funk) og «Hot pants». Siden har det gått opp og ned med Brown både personlig og musikalsk, men han vil for alltid stå som en stor stilskaper innen funk og soul, og derfor som en viktig figur i populærmusikkens historie. Blant de mest kjente musikerne til James Brown kan nevnes saksofonisten Maceo Parker, trommeslageren Melvin Parker og bassisten William «Bootsy» Collins. 80- og 90-tallets hip hop-musikere og rappere betraktet Brown som en læremester i groove og sceneutstråling, samtidig som hans plater svært ofte ble gjenstand for sampling. En av de mest samplede låtene hans skal være «Funky drummer» (1970), som illustrerer linja fra soul til funk og til hip hop og rap.

En annen innflytelsesrik soul-musiker, om enn i mindre skala enn James Brown, var *Curtis Mayfield* (1942). Denne låtskriveren, gitaristen og vokalisten fra Chicago skrev flere klassikere i 60-tallets soulmusikk, som «It's all right» (1963), «People get ready» (1965) og «Choice of colours» (1969). Han arbeidet på 60-tallet med gruppa The Impressions, og nådde et høydepunkt i sin egen karriere med filmmusikken «Superfly» (1972). Mayfield har også arbeidet som låtskriver og produsent for en rekke artister, og blitt høyt respektert for sin innsats gjennom en årrekke.

Memphis soul

60-tallets soul kan grovt sett deles i to hovedgrupper eller skoler: Én skole i sør og en skole i nord. Memphis soul i sørstatene, først og fremst representert ved plateselskapet Stax, og i nord Detroit soul, særlig plateselskapet Tamla Motown.

Plateselskapet Stax i Memphis produserte en rekke av de mest kjente soul-artistene, og selv artister som ble utgitt på andre plateselskaper ble av og til omtalt som Stax-artister fordi de ble ansett som typiske for selskapets sound. Memphis ligger i kjerneområdet for blues- og gospeltradisjoner, og Stax-platene var bluespåvirket i tekster, form og harmonikk. Gospelinnflytelsen var også sterk, med call-and-response-mønstre mellom solister og blåsere eller kor, og sterk vokal utlevelse. Selv om produksjonene var detaljert utstuderte, ga platene ofte et inntrykk av kollektiv spontanitet. Selskapet ble grunnlagt i 1960, og holdt til i et lite, nedlagt kinolokale: Kinosalen var studio, og vestibylen var plateforretning. En drivkraft var produsenten Jerry Wexler. Selskapet styrket sin posisjon ytterligere ved å samarbeide med New York-selskapet Atlantic, et samarbeid som tok slutt i 1968. Hjertet i Stax var deres faste husband, studiomusikerbandet *Booker T. & The MGs*. Selv om deres navn er ukjent for det brede publikum, har de spilt på så mange klassiske soul-innspillinger at deres tunge og funky riff-baserte spillestil har blitt stilskapende for soul. Mellom 1962 og 1970 spilte de for artister som Otis Redding, Wilson Pickett, Eddie Floyd, Sam&Dave og Rufus Thomas. De hadde også suksess på egen hånd, blant annet med debutplata «Green onions» i 1962, som ble retningsgivende for Stax-soundet, og med «Soul limbo» i 1968. Booker T. & The MGs er et eksempel på at soul-musikk ikke kan utføres troverdig bare av svarte: Bandet hadde to svarte og to hvite medlemmer, og var dermed en av de første raseintegrerte gruppene. De mest framtredende medlemmene var bassisten Donald «Duck» Dunn og gitaristen Steve Cropper. Sistnevnte ble også en sentral låtskriver, med en rekke soul-klassikere på samvittigheten.

Otis Redding (1941–67) var Stax' fremste vokalist. Han vokste opp med gospel i en baptistkirke i Georgia, og var også sterkt R&B-påvirket. Han hadde en stil som balanserte mellom pågåenhet og avventende affekt. Redding ble derfor en kontrast til den mer macho-pregede James Brown, og med sin følsomme og uttrykksfulle stemme tok han opp tradisjonen etter Sam Cooke. Han fikk bedre gjennomslag hos et hvitt publikum enn mange andre soul-artister, noe ikke minst hans triumferende opptreden under Monterey-festivalen sommeren 1967 bidro til. Han omkom i en flystyrt på vei til en konsert i desember 1967 – på høyden av sin karriere. Blant hans mest kjente plater nevner vi «These arms of mine» (1963), «Mr. Pitful» (1965), «Respect» (1965) og «Shake» (1967). Hans LP «Otis blue / Otis Redding sings soul» (1965) er å regne som en klassiker fra soul-æraen på 60-tallet. Redding huskes også for sin ballade «Sitting on the dock of the bay», som ble innspilt bare tre dager før hans død.

Ved siden av Brown og Redding var *Wilson Pickett* (1941) en viktig vokalist i soul-musikken. Han hadde et langt mer utadvendt og virilt uttrykk enn Redding, i intense låter som «Land of a 1000 dances» (1966) eller den selvbevisst sexy «In the midnight hour» (1965). Både disse og andre av hans låter, som «Mustang Sally» (1966) eller «Funky Broadway» (1967), hører med til standardrepertoaret hos utallige soul-band.

Som vi har poengtert, er store deler av soul-musikken svært maskulin og til dels macho-preget i sin estetikk og ideologi. Men det finnes likevel én kvinne blant genrens store stilskapere, og hun var kanskje den rikest utrustede vokalisten av dem alle: *Aretha Franklin* (1942) fra Memphis fikk tilnavnet «The Queen of Soul». Hun hadde en sterk tilknytning til kirken; begge foreldrene var gospelsangere, og fra barndommen av ble hun vant med å omgås venner av familien som Mahalia Jackson, Clara Ward og Sam Cooke. Hennes niese, sangerinnen Clara Ward, og selve gospeldronningen Mahalia Jackson var hennes største forbilder. Franklin utga sin første plate i 1961, og selv om mange regner disse tidlige platene for å være blant hennes beste, oppnådde hun ikke kommersiell suksess før hun gikk over til plateselskapet Atlantic i 1966. I likhet med Pickett gjorde hun innspillingene hos Stax i Memphis. Hun var også en dyktig pianist, og fikk snart merkelappen «den kvinnelige Ray Charles». Med klassikere som «I've never loved a man (the way I love you)», «Respect», «Think» og «Chain of fools» satte hun i løpet av et par år en standard som alle unge kvinnelige soul-vokalister senere har måttet forholde seg til. På disse platene medvirket mange innflytelsesrike musikere fra Atlantics husband, som trommeslageren Bernard Purdie og saxofonisten King Curtis. I sine tekster skapte hun en kontrast til soul-musikkens mannsdominans, hvor hun blant annet utfordret et konservativt kvinnesyn.

Etter mordet på King i 1968 gjorde hun aldri mer innspillinger i sørstatene. Gjennom 70- og 80-tallet var Franklins repertoar av vekslende kvalitet, men hun bidro til soul-musikkens renessanse på 80-tallet gjennom sine LP-utgivelser, sin medvirkning i «Blues Brothers»-filmen, og duetter med blant andre Annie Lennox og George Michael. Hun har også vendt tilbake til sine gospelrøtter med live-platene «Amazing grace» (1972) – med assistanse fra gospellegenden James Cleveland, og av mange regnet som hennes mesterverk – og «One Lord, one faith, one baptism» (1987). Mens soul og gospel tradisjonelt har vært motsetninger, har Aretha Franklin alltid nektet å skulle velge mellom profant og sakralt i sin karriere.

Stax gikk konkurs i 1975. Men musikken fra dette legendariske plateselskapet var skoledannende, og synes å være udødelig. Ikke minst har den stor popularitet blant klubb-band, både amatører og profesjonelle. Stax-musikken fikk også solide oppsving både gjennom «Blues Brothers»-filmen i 1980, og gjennom Alan Parkers film «The Commitments» i 1991.

Hitfabrikken Motown

Selv om soul-artistene hadde stor betydning for svart kultur og identitet, og var en mektig innflytelse også på hvite rockmusikere, var det relativt få som slo igjennom for fullt også blant det store hvite platekjøpende publikum. Et unntak fra dette er den retningen av soul som ble utviklet av plateselskapet Tamla Motown i Detroit. Produsenten og forretningsmannen Berry Gordy jr. grunnla Motown i 1959. Han hadde bakgrunn som bilfabrikkarbeider, men hadde også laget fire millionselgere som uavhengig plateprodusent før 1960. Navnet Motown var et sammendrag av «motor-town», et oppnavn på Ford-byen Detroit. Gordy skapte – sammen med sine medarbeidere – i løpet av svært få år en hitfabrikk, med massiv kommersiell suksess mellom 1964 og 1968.

Motown var det første plateselskapet som var eid og drevet av svarte, som fikk et bredt internasjonalt gjennomslag. Både fenomenet Motown og selve Motown-soundet er unike i populærmusikkens historie. Deres posisjon kan illustreres gjennom noen av artistene som startet sin karriere hos dem på 60-tallet: Supremes, Four Tops, Marvin Gaye, Michael Jackson (Jackson Five), Lionel Richie (Commodores), Stevie Wonder, Etta James, Gladys Knight og Smokey Robinson.

Men vel så viktig som de enkelte artistene er det faktum at Motown-produksjonene i seg selv ble et varemerke – folk visste hva de fikk når de kjøpte en Motown-plate. Produksjonen, spillestilen og soundet kjennetegnet enhver Motown-hit, og selskapet var også svært bevisst når det gjaldt markedsføring, scenografi og image. Grunningrediensene i Motowns oppskrift var svart musikk: Gospel og doo-wop, og en dose R&B. Call-and-response-teknikken ble mye brukt, men solistene fikk likevel plass til å briljere. Samtidig lå det alltid pulserende groover i bunnen, og trommebeatet hadde ofte skarptrommeslag på alle fire taktslag, kanskje med tamburin i tillegg. Bassgangene var synkoperte og som regel pentatone, og var essensielle i Motown-stilen. Blant Motowns bakmenn – som var nøkkelpersoner i selskapets og artistenes suksess – vil vi særlig nevne låtskriver- og produsentteamet Brian Holland, Lamont Dozier og Edward Holland, som blant annet skrev flere av Supremes' og Four Tops' største hiter. Selvfølgelig var også studiomusikerne viktige i Motowns suksess, selv om de utad var nokså anonyme. El-bassisten James Jamerson var en stilskapende musiker som senere ble et forbilde for mange bassister.

Imidlertid utvidet Motown soul-musikkens instrumentasjon; de brukte gjerne treblåsere og strykere i tillegg til de mer vanlige rytmeseksjon-, blåserrekke- og korbesetningene. Dette ga ofte et mer polert sound enn hva som var vanlig i svart musikk. Mange Motown-sanger ligner strukturelt på Tin Pan Alleys produkter. Dette gjelder først og fremst prinsipper i form og harmonikk. Man brukte eksempelvis funksjonsharmonikk innenfor AABA-form, og blå tonalitet ble gjerne neddempet til fordel for diatoniske melodilinjer. Melodier og arrangementer var ikke like statisk riff-baserte som for eksempel i James Browns musikk. Tekstene var ofte mindre direkte erotiske. Slik skapte Motown en syntese mellom hvit pop og svart musikktradisjon, som kan være med på å forklare den brede appellen. Motown tilbød en attraktiv og kommersiell dansemusikk som kunne aksepteres og konsumeres av alle, omhyggelig presentert gjennom vakre og bokstavelig talt glitrende artister. På mange måter kan hitfabrikken Motown betraktes som USAs mest effektive og originale svar på den britiske invasjonen i 1964.

Motowns flaggskip, da plateselskapet for alvor ble en suksess i 1964, var *The Supremes*. De er den amerikanske kvinnelige vokalgruppe som har høstet størst suksess gjennom tidene. Gjennom sine nr. 1-singler «Where did our love go» og «Baby love» (1964) forente de gospelens sjelfullhet med kommersiell pop. Supremes hadde sunget sammen siden 1959. Gordy bidro sterkt til å forme deres image og sceneopptreden, og skapte en blanding av pop, soul og glamour som gjorde dem til superstjerner både i USA og i Europa.

Supremes hadde en rekke hits, som «You can't hurry love», «Stop! In the name of love» og «Love child». Trioens klassiske besetning i årene 1962–67 var Diana Ross, Mary Wilson og Florence Ballard. I 1967 skiftet de navn til Diana Ross and The Supremes, etter sin frontfigur *Diana Ross* (1944), som stadig fikk mer av oppmerksomheten. Ross hadde en personlig og musikalsk utstråling som var sjelden selv i Motown-sammenheng. Hun skiftet elegant mellom ulike stiler og sangkonvensjoner som gospel, jazz og R&B, og hadde et bredt register å spille på. Anført av henne fikk også Supremes sin karakteristiske lyse vokalklang. Ross forlot The Supremes i 1969, og startet en solokarriere. I 1972 ble hun Oscar-nominert for sitt Billie Holiday-portrett i filmen «Lady sings the blues». Hennes innspillinger hadde ellers vekslende kvalitet, og de manglet noe av både utstrålingen, soundet og produksjonen fra 60-tallets utgivelser. Hun forlot Motown i 1981. På slutten av 70-tallet forsøkte hun seg som discostjerne, men ble etter hvert mer en mediapersonlighet enn en soul-vokalist. Diana Ross er like fullt en av de mest suksessrike kvinnelige svarte artister i populærmusikkens historie.

De mannlige vokalgruppene Four Tops og Temptations hadde en rå-

ere og mer gospelpreget vokalstil, og et hardere dansebeat enn Supremes. Anført av vokalisten Levi Stubbs ble *Four Tops* betraktet som det mannlige motstykket til Supremes. Deres største hit «Reach out, I'll be there» (1966) har et orkestrert og majestetisk sound som understrekes av akkorder som er utypiske for svart soul. Dette nærmest symfoniske arrangementet av R&B ble et av de musikalske høydepunktene i Motowns historie.

Temptations hadde en lang rekke platesuksesser fra 1963, i samarbeid med produsenten, låtskriveren og sangeren *Smokey Robinson* (1940) – en av Motowns grunnleggere og pionerer. Men de spilte på et vidt musikalsk register, og de skiftet senere både stil og produsent. Den Sly Stone-inspirerte «Cloud nine» (1969) hadde en produksjon som pekte fram mot 70-talls-funk i sin blanding av vokalt artisteri og psykedeliske effekter. Produsenten Norman Whitfield er mannen bak både denne og «I heard it through the grapevine» (1968), den største hiten til

Marvin Gaye (Marvin Pentz Gay jr., 1939–84). Gaye var en av Motowns fremste solist-profiler. Med sitt «Don Juan-image» ble han også selskapets mestselgende mannlige vokalist på 60-tallet. Med låter som «How sweet it is (to be loved by you)» og Martha and The Vandellas' «Dancing in the street», markerte han seg også sterkt som låtskriver. Et høydepunkt ble konseptalbumet «What's going on» (1971), som handlet om de svartes situasjon i USA, med både politiske og åndelige overtoner. Gaye led samme skjebne som Sam Cooke; han ble skutt – og det av sin egen far dagen før han skulle ha fylt 45 år. Gaye ble en legende innen soul, og hans karrriere illustrerer den svarte musikkens overgang fra upolert R&B på 50-tallet, via sofistikert underholdningssoul på 60-tallet, til en ny politisk bevissthet på 70-tallet.

Orkestral soul

På 50-tallet hadde mannlige vokalgrupper som Platters, Coasters og Drifters etablert og utviklet et doo-wop-sound. På 60-tallet var tida moden for jentegruppene – *girl groups,* som de ble kalt. Allerede i 1960 toppet Shirelles hitlistene med «Will you still love me tomorrow», og noen år senere ble også Shangri-Las en populær gruppe. Den som så potensialet i jentegruppene og utnyttet det til fulle, var mannen bak plateselskapet Philles, den hvite produsenten og låtskriveren *Phil Spector* (1940). Hans innsats var banebrytende, på grunn av hans måte å utnytte studioet på rent opptaksmessig. Ved hjelp av flersporsteknikk skapte han et sound og et produkt der artisten bare inngikk som en ingrediens i en langt større helhet. Jentegruppenes korklang ble bearbeidet med ekko og overdubs, og Spector betraktet etter hvert artistene som klang-leverandører til sitt eget musikalske byggverk. Dette var en betydelig forskyvning av tyngdepunktet i musikkproduksjonen, hvis følger har hatt betydelige konsekvenser: Spector bidro sterkt til at produsenten i mange tilfeller inntok en ny rolle og ble like viktig som – for ikke å si viktigere enn – artisten og komponisten i utformingen av musikken. Spector introduserte altså viktige endringer i populærmusikkens sound, estetikk og produksjonsmåter.

The Crystals' «Da doo ron ron» (1963) ble Spectors første varemerke. Han videreutviklet sin stil ved å sette sammen trioen The Ronettes, som fikk en stor hit med «Be my baby» samme år. Dette var hiter som også introduserte Spector og definerte «girl group»-genren internasjonalt. Spector brukte flere dyktige låtskrivere, for eksempel Goffin/King, men det var hans egne ideer som produsent som flyttet grenser. Han utvidet klangbearbeidingen til også å omfatte store orkestre, og «Spector-soundet» utviklet seg nå til å bli en lydvegg – kjent som «the wall of sound». Dette kan beskrives som monumentalt, symfonisk, wagnersk pompøst. For Spector var melodien bare et middel til å eksponere en omfattende klangmontasje. Han ville ivareta alle klangfarger samtidig, men oppnådde den nødvendige separasjon mellom klangene ved å fordele dem i et lydrom. Kulminasjonen av Spector-soundet finner vi i Righteous Brothers' «You've lost that loving feelin'» (1966) og framfor alt i Ike and Tina Turners «River deep, mountain high» (1966), hvor over 100 musikere bidrar til å forme soundet. Ike Turner er fraværende, og Tina Turner deltar kun som lead-vokalist. Spector selv så på denne produksjonen som det beste han noensinne hadde gjort, og ble svært skuffet over de uventede lave salgstallene: Plata ble riktignok nr. 3 på listene i England, men var bare så vidt innom Top Ten-lista i USA. Etter dette trakk han seg tilbake, og hadde også en tid store personlige problemer. I 1969 ble han engasjert til å fullføre produksjonen av det i praksis oppløste The Beatles' «Let it be»-innspillinger, mot Paul McCartneys vilje. Han var dypt uenig i Spectors lydestetikk, og mente at Spector ødela «The long and winding road» med sentimentale kor, fioliner og basuner. Senere samarbeidet Spector med John Lennon og George Harrison. Men det er for sine produksjoner rundt midten av 60-tallet han har blitt en legende.

Phil Spectors musikk befinner seg altså noe på siden av svart soul, idet den til dels har helt andre referanser og estetiske idealer. Like fullt var det svarte vokalister og grupper som ga Spector en stemme. Spectors stil og lydestetikk har blitt sterkt omdiskutert, og mange har ment at han fjernet spontanitet og ekte musisering, og druknet artistene i pompøs lyd. Men Spector var slett ikke den eneste produsenten som bevisst utviklet studioteknikk, arrangering og profesjonell produksjon. Snarere er dette en av 60-tallets største generelle innovasjoner i rocken. Phil Spector står derfor som en av de viktigste produsentene på 60-tallet, ved siden av Beatles-produsenten George Martin.

Del III

12 Rockens gjennombrudd

Ved midten av 60-tallet hadde flere faktorer utvidet hovedstrømmen i populærmusikken. Disse prosessene førte nå fram til en syntese av forskjellige musikalske, kulturelle og ideologiske strømninger. Gjennom dette ble det lagt et grunnlag for et vidtfavnende verdifellesskap hvor identitet ble definert gjennom en musikkform som vi kaller rock.

Fire faktorer var viktige for rockens gjennombrudd i 60-tallets ungdomskultur: For det første hadde den amerikanske folk-rocken blitt etablert som en innflytelsesrik musikalsk genre. En rekke nye artister, med Bob Dylan i spissen, utviklet et nytt sound og en ny norm for tekster, og bidro til en bevisstgjøring og et sosialt og politisk engasjement.

For det andre nådde soul-musikken et publikum som gikk langt utover de tradisjonelle målgruppene for svart musikk, noe som ikke minst Motown-artistene bidro til. Samtidig hadde også soul et sterkt politisk og sosialt aspekt.

For det tredje ble det britiske R&B-miljøet et springbrett for en rekke musikere og låtskrivere som etter hvert fikk stor betydning i rockens historie. Band som The Who, Kinks og ikke minst The Rolling Stones var i ferd med å vokse ut av dette miljøet, og skape seg selvstendige og markante identiteter som band.

For det fjerde begynte nå The Beatles å utvikle sin musikk på en grensesprengende måte. I perioden 1965–67 skiftet de ikke bare image, posisjon og status i ungdomskulturen, men de framsto nærmest som et helt nytt band. The Beatles sto nå i spissen for en utvikling som revolusjonerte populærmusikken.

Omveltning og refleksjon

Med et slikt utgangspunkt er året 1966 svært interessant. Det foregikk en musikalsk omveltning, og det oppsto en refleksjon rundt populærmusikkens status og egenart. Det som tidligere ble kalt rock'n'roll, beat eller pop, hadde først og fremst vært underholdningsmusikk og dansemusikk. Nå var popmusikken i ferd med å bli like mye en musikkform som skulle lyttes til. Den nye rocken ble et forum for kritisk refleksjon over sentrale verdier i samtida. Musikere og produsenter måtte være opptatt av mer enn salgstall og kommersiell kalkulering: Nå var det faktisk den musikalske nyskaping publikum ønsket og forventet. Ofte slutter artister å eksperimentere etter at de har etablert seg og nådd høye salgstall. Nå skjedde det motsatte; de mest suksessrike bandene begynte å eksperimentere radikalt. Musikernes kreativitet førte med seg flere teknologiske nyvinninger, men var også delvis et resultat av den teknologiske utviklingen. Dette var altså en progressiv og kreativ periode, uten sidestykke i populærmusikkens historie. Rocken var i ferd med å oppfatte seg selv – og få status som – en seriøs kunstform. Dette fikk den både i kraft av sine nye musikalske kvaliteter, og i kraft av sin betydning som samtidsmusikk for en ny generasjon av ungdom.

Til en viss grad kan disse prosessene sammenlignes med den utviklingen som jazzen gjennomgikk på 1940-tallet: Be-bop var krevende å lytte til, var nyskapende i sin struktur, og krevde betydelige ferdigheter og musikalsk modenhetsnivå hos utøverne. Be-bop etterfulgte swingepoken, da jazzen hadde vært en mer lettfattelig dansemusikk. Den moderne jazzen fikk på 40-tallet status som «seriøs» lyttemusikk, og ble en anerkjent kunstform. Noe lignende skjedde altså med rocken på 60-tallet. (Be-bop fikk imidlertid aldri en slik gjennomgripende betydning for samtidskulturen som det rocken fikk.)

Den utviklingen vi her har beskrevet, gir mening til begrepet *rock*. Uttrykket «rock music» ble tatt i bruk på denne tida, og som samlebegrep overtok det i stor grad for begrepene «rock'n'roll», «pop» eller «beat». Rocken hadde nye uttrykk, nye kilder, nye budskap, den brukte nye symboler og fikk ny mening. Rock var ikke bare underholdning – det var også samtidskunst, med et musikalsk og estetisk mangfold.

Artistene tar kontroll

Det var altså en rekke faktorer som la grunnlaget for at denne epoken i populærmusikkens historie startet nettopp nå. Dersom vi skal trekke fram ett enkelt band, var det The Beatles som ledet an i denne utviklingen, både musikalsk, teknologisk og ideologisk.

De hadde allerede på LPen «Help!» antydet noe av hva som skulle komme, særlig i «Yesterday», som i ettertid skulle bli deres mest spilte og kjente sang. Det oppsiktsvekkende ved denne sangen var – bortsett fra de åpenbare melodiske og harmoniske kvalitetene – at den var arrangert for vokalist, akustisk gitar og strykekvartett. Dette var et helt nytt sound i popsammenheng. Arrangementet var skrevet av George Martin i samarbeid med komponisten, Paul McCartney. De hadde bevisst unngått å lage et søtladent og silkemykt fiolinteppe. Dersom vi sammenligner dette med strykearrangementet på Merseybeat-bandet Gerry and The Pacemakers' hit «Ferry cross the Mersey» fra 1963, er forskjellen slående: «Yesterday» har et stramt kammerspill med strykekvartett i stedet for strykeorkester, og her finnes stakkato-fraseringer og dissonerende intervaller. Selv om «Yesterday» var en romantisk sang med nostalgiske undertoner, var dette arrangementets nakne og gjennomsiktige klarhet originalt og moderne, og inviterte til aktiv lytting heller enn å fungere som et bakgrunnsteppe. (Dette aspektet blir for øvrig borte i mange av de over 2500 cover-versjonene som er gjort av «Yesterday» – denne sangen arrangeres ofte med en glatthet som strider mot originalens intensjon.) «Yesterday»s instrumentasjon medførte også at bare ett Beatles-medlem medvirket på innspillingen. Dette var også en nyhet i 60-tallets bandideologi: Nå var selve samspillet i bandet ikke lenger en selvfølge, og et bands låter trengte ikke nødvendigvis arrangeres i samsvar med medlemmenes instrumentale ferdigheter.

I desember 1965 utga The Beatles LPen «Rubber soul». Tittelen henspilte på soul-musikk, men musikken var mer folk-påvirket, med mye akustisk instrumentasjon. Mange av låtene gikk i tempi eller taktarter som ikke var særlig dansbare i popsammenheng, og fungerte bedre som lyttemusikk enn som dansemusikk. Også tekstmessig var de tydelig påvirket av folk-rocken og visesangerne. Det var ikke lenger tilstrekkelig å skrive glade og uskyldige hitlåter om å holde hverandre i hendene. Ikke minst merket man en klar innflytelse fra Bob Dylan i John Lennons tekster. «In my life» og «Nowhere man» var alvorlige, vakre og selvbiografiske sanger, som viste en moden og selvreflektert artist. I stedet for den tradisjonelle gitarsoloen inneholdt «In my life» en innskutt piano-solo i barokkstil – spilt av George Martin. I flere sanger, blant annet «Norwegian wood», brukte Lennon litterære teknikker som ikke hadde vært vanlig i poptekster, og i likhet med Dylan var han med på å tilføre rockens tekster en litterær egenverdi.

George Harrison brukte i «Norwegian wood» det indiske instrumentet sitar, for første gang på en rock-LP. Dette skulle bli et forvarsel om hippietida. McCartney brukte skifting mellom engelsk og fransk som virkemiddel i sin «Michelle»; en jazz-inspirert vise som regnes som en av hans vakreste melodier. Sanger som «Yesterday» og «Michelle» var med på å etablere den moderne popballaden som form, med klare referanser tilbake til Tin Pan Alley-balladene. McCartney sto nå fram som en stor melodiker – en moderne arvtager etter tidligere store melodikere som Porter, Berlin, Puccini eller Schubert. For øvrig ble McCartney den første som spilte fuzz-bass på plate, på «Think for yourself». The Beatles viste også at de kunne spille enkel og riff-basert rock i «Drive my car», selv om de både her og i andre låter utviklet popmusikkens harmonikk. Parallelt med «Rubber soul» utga de singlen «Day tripper» / «We can work it out», som ble lansert som en «dobbel A-side»-single. Denne solgte over én million eksemplarer bare i England i løpet av tre uker.

I tillegg til at «Rubber soul» viste The Beatles i musikalsk vekst, hadde den også musikkindustrielle aspekter som er verdt å merke seg også i et videre perspektiv. Bandmedlemmene var nå i ferd med å involvere seg i andre sider av produktet enn bare det å skrive og framføre musikken. De hadde selv designet coveret, som med sitt lett fordreide og pre-psykedeliske bilde i westerngrått fra en uvanlig kameravinkel skapte en mer reflektert og kreativ presentasjon: Bildet virket litt mystisk, ingen smilte, alle så tankefulle ut, og når man hørte plata, ble det tydelig at coveret ikke lenger bare skulle være en tiltrekkende innpakning, men en del av produktet som en helhet. For første gang begynte man nå å betrakte en LP-plate som et helhetlig verk, og ikke bare en samling med enkeltlåter i kjølvannet av et par hit-singler. LPen skulle bli rockens medium framfor singlen; den ga mulighet for større form, lengre verk, større mangfold og bredde, samtidig som den stilte nye krav også til lytteren. Dette er også en illustrasjon av rockens selvforståelse som en kunstform mer enn som en ren kommersiell underholdningsindustri.

«Rubber soul» hadde tatt over en måned å spille inn, noe som den gang var høyst uvanlig. The Beatles hadde under innspillingen brutt med EMIs strenge reglement for når på døgnet man kunne jobbe i studio, og tatt i bruk natta. De hadde nå en posisjon hvor de omtrent kunne gjøre som de ville, og de overtok i høy grad ledelsen og styringen over sine egne produkter. Rocken ga altså artistene en styrket posisjon i musikkindustriens hierarki, og tilsvarende styrket posisjon også i selve produksjonsprosessen. Slik sett kan «Rubber soul» illustrere en rekke generelle trekk som ble viktige for rockens utvikling i de kommende årene.

Platestudioet blir lydlaboratorium

I denne prosessen trer også The Beatles' produsent George Martin fram som en nøkkelperson. Han hadde, med sin musikalske skolering og tekniske erfaring og kunnskap, muligheten til å realisere bandets stadig mer uforutsigbare musikalske ideer. De kunne ikke i samme grad ha uttrykt sine ideer hvis ikke Martin hadde sørget for at de lot seg gjennomføre. Kjemien mellom Martin og særlig Lennon og McCartney var helt grunnleggende for The Beatles' musikalske utvikling. Abbey Road-studioene i London utviklet seg mer og mer i retning av å bli et eksperimentelt lydlaboratorium, hvor teknikerne stadig måtte gjøre store og små oppfinnelser for å muliggjøre gårsdagens umuligheter, og hvor dagsorden og målsetting alltid var å skape det uhørte ved hjelp av uprøvde metoder. Dette var starten på en utvikling som for framtida ble grunnleggende for rocken: Bruken av lydstudioet som noe langt mer enn et sted hvor man gjorde opptak av musikkframførelser. Fra starten omkring 1965 ble denne utviklingen ledet av et genierklært triumvirat: John Lennon, Paul McCartney og George Martin. Studioet ble rockens tempel, og disse tre var templets første yppersteprester.

I California satt en mann og lyttet til «Rubber soul» med fascinasjon, fryd og forskrekkelse. *Brian Wilson* (1942) mente bestemt at han lyttet til «tidenes mest utfordrende og stimulerende pop-LP», og han så det som sin oppgave straks å gå i gang med å lage en plate som var bedre. Resultatet av dette arbeidet ble Beach Boys' «Pet sounds».

Brian Wilson var det ledende medlem i *Beach Boys*, et band fra California som hadde fått stor popularitet da de slo igjennom i 1963 med sine flerstemte vokalharmonier til polert, Chuck Berry-inspirert rock'n'roll. Selv om bare én av dem faktisk kunne surfe, ble musikken kalt *surf*. Beach Boys ble assosiert med solfylte dager på Californias strender, med biler og damer så langt øyet rakk. «Fun, fun, fun» var deres budskap. Brian Wilson hadde imidlertid ambisjoner utover dette. Han trakk seg derfor til dels ut av gruppa, ihvertfall i live-sammenheng, i 1965. Da han startet arbeidet med «Pet sounds», var dette et rent studioprosjekt, hvor han brukte studiomusikere og trakk inn de andre bandmedlemmene bare i begrenset grad. Dette var derfor mer en solo-LP fra Brian Wilson, selv om den offisielt ble utgitt som en Beach Boys-plate.

Brian Wilson var født to dager etter Paul McCartney. Begge var bassister, multimusikere, sangere og komponister. De betraktet hverandre gjensidig som helter, rivaler og konkurrenter. Denne dynamikken bar frukter i 1966; «Rubber soul» inspirerte Wilson til å lage «Pet sounds», som igjen ble en kreativ impuls til «Sgt. Pepper»-prosjektet: Da McCartney en sommerdag kjørte sin bil på vei ut av London med bilradioen på, ble noen av de nye låtene fra «Pet sounds» spilt. I vantro og skrekkblandet fryd holdt Beatles-bassisten på å kjøre i grøfta, og måtte stoppe bilen til musikken var ferdig.

Paul McCartney har siden denne dagen alltid hevdet at Brian Wilsons «God only knows» er den beste låt som noensinne er laget. Før innspillingen av denne satt musikerne i bønn i studio, for å forsøke å skape en magisk og overjordisk stemning. Det mest slående ved «Pet sounds» var perfeksjonen og originaliteten i instrumentasjon og arrangering, som igjen resulterte i uhørte lydbilder. Wilson brukte for eksempel et bassmunnspill i stedet for en bassgitar, og skapte nye klanger ved å blande ulike bearbeidede lydkilder. Han konstruerte nye lydsynteser, uten å ha tilgang til den teknikken man noen få år senere fikk. Estetikken som lå til grunn for hans såkalte lag-på-lag-teknikk, kan betraktes som en foregripelse av moderne plateproduksjons sammenkopling av ulike lydkilder ved hjelp av for eksempel digitalteknikk. Som materiale hadde han dessuten noen av sine mest levedyktige melodier; «Caroline no», «Wouldn't it be nice», «God only knows» og «Here today».

«Pet sounds» ble utgitt i august 1966, og senere på høsten utga Beach Boys singlen «Good vibrations», som Wilson hadde arbeidet med i et halvt år. Den var innspilt i fire forskjellige studioer, og soundet var preget av rock-fremmede instrumenter som klarinett, cello, fløyter og theremin. Det sistnevnte instrumentet var en tonegenerator som via en antenne kunne gjengi forskjellige tonespektre – alt etter som man beveget hendene i nærheten av antennen. Låten inneholdt effektfulle skifter i sound, dynamikk og tematikk, takt- og tempoendringer, og partier med symfonisk tilsnitt. Samtidig nådde Beach Boys' berømte koring nye høyder, med korallinjer, kontrapunktiske ansatser og klangbearbeiding ved hjelp av phaser, som ga en hallusinatorisk effekt. «Good vibrations» solgte én million eksemplarer på under to uker, og ble dermed

Beach Boys' største hit, samtidig som den må betraktes som deres musikalske mesterverk.

Brian Wilsons sanger fra 1966 er klassikere i rockens historie. De representerte lange skritt framover i studioteknisk ingeniørkunst og musikalsk kreativitet, men tok også vare på noe av den uskyldige og melankolske tenåringsromantikken som Beach Boys var så kjent for. Beach Boys vokste meget raskt ut av sine stripete strandskjorter, og fikk skjegg og alvorlige miner. Denne veksten fikk sitt motsvar i en forandring i sound og en søken etter nye musikalske uttrykk. Men bandet var preget av indre konflikter og skuffende platesalg, og Wilson trakk seg etter hvert helt ut. Han ble senere i livet plaget av mentale problemer, men hadde allerede sikret seg en posisjon i historien som en av rockens grunnleggere.

Rock som studioprodukt og som live-musikk

I juni 1966 utga The Beatles singlen «Paperback writer»/«Rain», etterfulgt av LPen «Revolver» i august. De to singlelåtene var innspilt i april, i en periode da The Beatles hadde fått tilgang på det beste som var å oppdrive av både lydteknikere og teknisk utstyr. Det forbløffende var at de nærmest rant over av kreativitet når det gjaldt å utnytte disse mulighetene på originale måter. Kombinasjonen av kreativitet, nysgjerrighet og innsikt brakte uforutsigbare resultater. En av deres teknikere oppfant for eksempel en kunstig vokaldubbings-teknikk (ADT), som ble en forløper for flangeren. Denne fikk stemmen til å låte som om det fantes flere eksemplarer av den samtidig – noe som særlig Lennon brukte på sin vokal på de fleste Beatles-låter etter 1966. De gjorde også noe som senere skulle bli nærmest et kultfenomen i rocken: Baklengsavspilling av lydbånd. Dette kunne høres for første gang i «Rain», hvor vokalpartier var spilt baklengs. Dessuten var hele låten mikset med endret avspillingshastighet på båndspilleren, noe som ga en merkelig søvnig og flytende stemning, med forvridde instrumenter og stemmer. I begge låtene var el-bassen dominerende i lydbildet, av den enkle grunn at man eksperimenterte med nye måter å ta opp el-bass på, blant annet å plugge bassen direkte inn i miksebordet. Man hadde også satt mikrofoner helt inn i basstromma, og ved hjelp av limiter og kompressor fått en mye klarere, mer direkte og nær trommelyd. Beatles-innspillingene som resulterte i denne singlen og LPen «Revolver», markerte altså en betydelig nyskaping og satte nye standarder når det gjaldt opptaksteknikk, lyd og produksjon i rocken. Deres nye tekniker Geoff Emerick har uttrykt holdningen slik: «Revolver ble innspillingen hvor The Beatles sa: OK, dette låter flott, men la oss prøve å spille det baklengs eller i økt og senket hastighet.» Forutsetningen for alt dette var naturligvis tekniske nyvinninger som stereolyd og flersporsteknikk.

«Revolver» ble en milepæl i rockens utvikling, ikke bare produksjonsmessig: Stilistisk og estetisk hadde The Beatles aldri tidligere spilt på et så bredt uttrykksregister. I «Eleanor Rigby» videreførte de ideen fra «Yesterday», nå med en strykeoktett. Sangen var en fortettet og nærmest nihilistisk novelle om ensomhet, gråhet og tomhet, med en klar samfunnskritisk brodd. Teksten og musikken skapte på en subtil måte en dyster og elegisk enhet. Den portretterende fortellingsformen innledet en trend i rocken de neste par årene. «Here, there and everywhere» utnyttet til fulle Tin Pan Alley-epokens komposisjonsteknikker: En liten vignett før en vakker melodi i AABA-form, med modulerende B-del. «Good day sunshine» var munter og sorgløs music hall-inspirert pop, mens «Yellow submarine» var en surrealistisk barnesang med lydmontasjer, hvor teksten også la opp til en alternativ, dop-filosofisk tolkning. «Got to get you into my life» var en rendyrket Motown-pastisj. «For no one» hadde klassiske anstrøk og kunne minne om en Schubertlied, med et valthorn sentralt i arrangementet. Disse låtene var i hovedsak McCartneys komposisjoner, og «Revolver» ble et høydepunkt i hans karriere som komponist og artist, akkurat som «Rubber soul» var et høydepunkt for Lennon.

Lennon videreførte stemningen fra «Rain» i låter som «She said she said» og «I'm only sleeping». I sistnevnte låt kunne man for første gang høre baklengs avspilt el-gitar, og George Harrison innvarslet her et mer psykedelisk gitar-sound. I det hele tatt var det mye hard og nyskapende gitarlyd på «Revolver». Harrison angrep for øvrig den britiske regjeringens skattepolitikk i «Taxman». Hans mest oppsiktsvekkende bidrag var imidlertid «Love you too», hvor han brukte indiske gjestemusikere på sitar og tabla, med et resultat som lå mye nærmere indisk raga enn engelsk pop.

Avslutningen på «Revolver» viste klarere enn noen gang tidligere at The Beatles bare så vidt tok seg tid til å definere hvor de musikalske grensene lå, før de selv sprengte dem: Det gikk under tre år fra «She loves you» til «Tomorrow never knows» – en musikalsk utvikling i et tempo som neppe har mange paralleller. «Turn off your mind, relax and float downstream,» sang John Lennon, og fortsatte med «lay down all thoughts, surrender to the void, it is shining, it is shining» – mens stemmen ble mer og mer fordreid gjennom en Leslie-høyttaler. Ordene var inspirert av en tibetansk buddhistisk bønnebok, og Lennon ønsket at «Tomorrow never knows» skulle låte som «Dalai Lama syngende fra den høyeste fjelltopp, med 4000 munker syngende rundt». Kompet var nærmest manisk, med hypnotisk tromming. Kakofoniske lyder og forvrengte og baklengsavspilte gitarer fløt over en drone i bass og skurrende sitar – som en elektrisk raga. Over det hele lå samtidig lyden av flere båndspillere med stadig repeterende avspillinger av elektroniske lydeffekter (tape-loops eller båndsløyfer). Dette hypnotiske, suggererende stykket musikk bar bud om en ny tid: Soundet var ikke lenger noe som skulle presentere en låt på en attraktiv måte, det var et avgjørende og integrert element i den musikalske struktur. «Revolver» innvarslet, sammen med flere andre produksjoner fra 1966, en helt ny form for lydkunst i rocken. Vi finner lignende trekk hos for eksempel Beach Boys, Phil Spector, Bob Dylan og The Byrds.

Nå sluttet The Beatles å turnere. De var leie av hysteriet, de primitive praktiske forholdene rundt turneene, å ikke kunne høre hva de selv spilte på grunn av skrikende fans, men framfor alt; musikken fra plater som «Rubber soul» og «Revolver» var umulig å spille live med to gitarer, bass og trommer fra en scene. De hadde for lengst sprengt sitt eget musikalske format. De holdt sin siste konsert i den kommende hippiehovedstaden San Francisco 29. august 1966. Etter noen måneders pause kom de tilbake som et ganske annerledes studioband, vinteren 1967.

The Rolling Stones kunne ikke oppvise noen musikalsk utvikling med samme sprengkraft som The Beatles. Men de konsoliderte sin R&B-baserte stil, utviklet seg som låtskrivere og inntok en dominerende posisjon som lederskikkelser for ungdomskulturen. De slo igjennom både i USA og i store deler av verden for øvrig med «Satisfaction»-singlen sommeren 1965. Mick Jagger og Keith Richards etablerte seg etter dette blant rockens største låtskrivere: Jagger/Richards ble en signatur nesten i klasse med Lennon/McCartney.

Singlene «19th nervous breakdown», «Paint it black», «Mother's little helper» og «Have you seen your mother, baby, standing in the shadow?» samt LPen «Aftermath» kom alle ut i løpet av 1966. Musikken var intens og hardere enn før, og tekstene inneholdt ofte krass satire over foreldregenerasjonens likegyldighet og dekadanse, samtidig som de var bevisst provoserende. Anført av Brian Jones brukte de på «Aftermath» uvanlige instrumenter som spinett, sitar, xylofon og marimba. De leverte den første av sine særegne balladeklassikere med «Lady Jane». I «Paint it black» fantes tydelig innflytelse fra indisk musikk, og låten hadde et raga-preg som pekte enda lenger bort fra Stones' R&B-røtter enn tidligere. Likevel var ikke Stones' musikk preget av den rivende utviklingen som foregikk innenfor studioets muligheter for kreativ lydskaping. Mens The Beatles vendte seg innover og fordypet seg som komponister og lydkunstnere i studio, var Stones utadvendte og opptatte av øyeblikkets magi som utøvere. Stones forble først og fremst et live-band – og skandalene sto nærmest i kø på deres turneer.

Begrepet «rock» oppsto altså og fikk mening gjennom den musikalske utviklingen rundt 1966. Vi har eksemplifisert denne utviklingen gjennom å fokusere på noen av The Beatles' og Beach Boys' utgivelser. Disse utgivelsene fra rockens første studio-band var i forkant av en utvikling som i løpet av kort tid skulle komme til å dominere rocken som helhet. Men i 1966 var også hele ungdomskulturen i endring. London var ikke lenger bare pop- og motehovedstaden «swinging London», med glade dager, svingende netter og langhårede, men uskyldige popstjerner. Storbyen var i ferd med å få nye farger og dufter: Motebutikkene på Carnaby Street begynte å annonsere med blomster, fjærpryd, pannebånd og røkelse. En undergrunnsbevegelse var i ferd med å vokse fram, og kunstnere innen ulike grener var i ferd med å finne felles verdier og ideer. I USA var samtidig noe lignende i emning: En gryende hippiebevegelse i California – og de nye San Francisco-bandene spilte musikk som ble beskrevet som psykedelisk. Rockens gjennombrudd som musikkform var, som vi har poengtert, nært knyttet til den teknologiske utviklingen og bruken av platestudioet som et lydlaboratorium. Men rockens betydning i 60-tallets ungdomskultur var like nær knyttet til dens funksjon som live-musikk og som ideologisk premissleverandør.

13 Hippier og psykedelisk rock

1967 ble et spesielt år for rocken. Popmusikken var for mange gammeldags og irrelevant. Nå ble den nye rocken selve symbolet for ungdomsgenerasjonen. En lignende symbolstatus hadde også rock'n'roll hatt i 50-tallets tenåringskultur i USA, men nå var fenomenet langt mer omfattende, idet rocken favnet hele den vestlige verden. På denne tida inntraff også pophistoriens første generasjonsskifte, og det ble dermed skapt et radikalt skille mellom de gamle rock'n'roll-tilhengerne og det nye rockpublikumet. Den moderne rocken har mye av sitt utgangspunkt i 1967.

Psykedelisk rock brukes gjerne som samlebetegnelse på en type rock som særlig karakteriserer året 1967. Den eksisterte for så vidt ut tiåret, og mye senere rock har også psykedeliske trekk, men først og fremst er psykedelisk rock det tidstypiske soundet fra 1967. Selve ordet «psykedelisk» betyr «bevissthetsutvidende», og musikken reflekterte ofte musikernes omgang med narkotika. Derav kommer uttrykket «syrerock». En rekke rocktekster fra denne perioden har også – med rette eller urette – blitt analysert som gjenspeilinger av ruserfaringer. Noen eksempler på dette er The Beatles' «Lucy in the sky with diamonds» og «A day in the life», Byrds' «Eight miles high», Steppenwolfs «Faster than the speed of life», Velvet Undergrounds «Waiting for the man» og «Heroin», Doors' «Break on through», Grateful Deads «Dark star», Creams «Strange brew», Jefferson Airplanes «White rabbit» og Jimi Hendrix' «Are you experienced?».

Det psykedeliske soundet var ofte preget av ekstreme lydforvrengninger som skapte mystiske og svevende stemninger. Dette henger nøye sammen med den tekniske og produksjonsmessige radikale utviklingen som fant sted. Ofte hentet man inn elementer fra folkemusikk, arabisk eller indisk musikk, og brukte uvanlige instrumenter. Rytmikken var ofte monoton, statisk og transelignende. Tekstene kunne også være preget av sangerens ruserfaringer, kjærlighetstekstene kunne være flertydige og like gjerne preget av mellommenneskelig kjærlighet som av et forhold mellom to personer. Tekstene var dessuten ofte inspirert av surrealisme og moderne litteratur.

Fred, kjærlighet og blomstermakt

Det er ikke riktig å beskrive psykedelisk rock bare som en musikalsk stilretning. Den representerer i like høy grad en idé, filosofi eller holdning. Bare få musikere kjente egentlig de musikalske kodene til den psykedeliske musikken, men sosialt kunne alle delta: Alle kunne bli hippier. Den psykedeliske rocken var nært knyttet til hippiebevegelsen. Denne framsto som et alternativ til normalkulturen, de politiske autoriteter og de amerikanske middelklasseverdier generelt. Hippiebevegelsens klimaks var «the summer of love» i California sommeren 1967, med slagord som «peace and love», «flower power» og «make love, not war». Dens hovedparole var Timothy Learys formulering «turn on, tune in, drop out». Leary var en psykolog som ble sparket fra Harvard-universitetet i 1962, fordi han oppfordret til bruk av LSD. Etter dette reiste han omkring i USA og presenterte sine ideer om en «psykedelisk revolusjon». Hippiebevegelsens mål var en tilbaketrekning og søken etter alternative virkeligheter. Musikken, kombinert med rusromantikk, innbød til en mental søken mot en indre virkelighet og et opplevelsesfellesskap. For å oppnå en «trip» var det viktigere å lytte enn å danse. For å forsterke og manipulere sanseinntrykkene under slik lytting var det mange som brukte narkotiske stoffer, som for eksempel det sterkt hallusinogene LSD. Hippiene søkte også inspirasjon fra østlig religion for å finne en alternativ filosofi og åndelige verdier. Enhver rockmusiker med respekt for seg selv skulle nå ha sin egen «guru». Fra India og Tibet kom guruene i hopetall til California, medbringende limousiner, bankkonti som ble stadig fetere – og selvsagt diverse meditasjonsopplegg. Hippiene praktiserte også alternative samlivsformer og «fri» kjærlighet. Mange hippie-sammenkomster ble kalt «happenings» eller «love-ins», hvor det spontant skulle foregå ting som ga en fellesskapsopplevelse. For eksempel forsøkte man å oppnå en totalforvandling av sansene ved multimediashow: Kombinasjoner av musikk, dans, lys, teater og LSD.

Ideologisk kan det trekkes en parallell mellom hippiebevegelsen og romantikken på 1800-tallet. Stikkord som ofte brukes for å karakterisere romantikken som epoke, er for eksempel: Drømmer og lengsel etter det uoppnåelige, opptatthet av mystikk og det oversanselige, fokusering på følelser, bevisst uklarhet, subjektivitet og personlig uttrykk, og interesse for naturen og det eksotiske. Disse idealene finner vi igjen i hippiebevegelsen, i en moderne form. Veien er ikke nødvendigvis så lang fra Hector Berlioz' «Symphonie fantastique», hvor den romantiske komponisten i opiumsrus beskriver sine kjærlighetsopplevelser, til hippienes rusromantiske psykedelia.

Mange fenomener innen hippiebevegelsen kan virke paradoksale. Samtidig som hippiene forsøkte å realisere en utopi om fred og kjærlighet, motvirket de denne utopien ved sitt eget rusmisbruk: Stoffavhengighet skaper egosentriske mennesker – men samtidig ville mange hippier hevde at nettopp dette var med på å binde dem sammen i et fellesskap. Bruk av narkotiske stoffer har likevel aldri ført særlig mange varige goder med seg. Den «frie» kjærligheten førte heller ikke alltid til en god og ekte frihet. Dette, sammen med kommersialisering og kynisme, framskyndet hippiebevegelsens undergang mot slutten av tiåret. På tross av at mange tilsynelatende levde i en personlig drømmeverden, viste hippiebevegelsen en økende politisk bevissthet i den virkelige verden, særlig gjennom protesten mot USAs krigføring i Vietnam. Bilder av blomster i geværmunninger gjorde inntrykk i verdensopinionen. Hippiebevegelsen hadde delvis opprinnelse i politisk protest, men utviklet seg nok til mer å bli en livsstil eller «filosofi» enn en klar protestbevegelse.

Naturligvis ble hippienes fargesprakende klesdrakt moteindustri. Da Apple-butikken åpnet i London sent i 1967, var hele fasaden et stort psykedelisk veggmaleri. Platecovere, plakater, bilder, klær, gitarer og til og med biler gjenspeilte de psykedeliske visjoner, med flytende og virvlende farger og former. Platecovere som Creams «Disraeli gears», Jimi Hendrix' «Are you experienced?», Pink Floyds «A saucerful of secrets» eller The Beatles' «Sgt. Pepper» viser visjonære, surrealistiske og til dels dop-inspirerte drømmebilder, gjerne forvridde og med kaotiske collager, ofte optisk distansert eller manipulert med infrarød film. Coveret hadde endelig blitt en integrert del av LPen som et helhetlig uttrykksmiddel. Rocken fikk nå også sitt eget visuelle uttrykk – ikke bare klær og frisyrer, men også billedkunst. Samtidig begynte nå mange band å innføre spektakulære psykedeliske lysshow på sine konserter.

Hippiekulturen var velartikulert fra starten av, og ble derfor en selverklært motkultur. Med dette fulgte kunstnerisk selvbevissthet og utvidede referanserammer. Svært mange rockmusikere hadde begynt å definere seg selv som kunstnere og bohemer, og de begynte nå å identifisere seg også med andre typer kunstnere – forfattere, malere og poeter. De

gikk ofte i kunstgallerier, de lyttet til klassisk avantgarde-musikk og leste moderne litteratur, og mange rockmusikere samlet også et velutdannet publikum. Musikken i 1967 var progressiv fordi det var meningen at den hele tida skulle utvikle seg og bli mer kompleks. Publikum fulgte opp – ettersom hippiene mente å være annerledes enn den brede massen som likte kommersiell pop. I USA ble kløften stor mellom pop og rock dette året, selv om den mer kommersielle eller gammeldagse popen også produserte mange storselgere. Årets største suksess i så måte var hitmaskinen og tidlig-Beatles-kopien The Monkees. De ble et symbol for en måte å skape musikk på som rocken nå var i opprør mot. I England ble 1967 det siste året da singler solgte mer enn LPer – som var rockens nye medium.

Som vi ser av dette, representerte rock-kulturen en avstandtaken fra popmusikkens gamle verdier. Likevel var ikke rockens ideologi noe nytt, dersom vi ser det i et idéhistorisk lys. Vi har allerede påpekt tilknytningspunktene mellom hippiebevegelsen og romantikken, og på mange måter videreførte rocken generelt en romantisk kunstnermyte, hvor tanken om autentisitet og ekthet ble viktig. Energi, ærlighet, inderlighet og individuell utfoldelse var sentrale idealer. Dette var verdier som sto i skarp kontrast til den gamle, underholdningspregede populærmusikkens verdier. Rocken skulle ta mål av seg til å være troverdig og fortelle sannheten, slik blues, hillbilly og folkemusikk hadde gjort før den. Det vokste også fram en indre rock-offentlighet, med stilfortrolige kritikere og eksperter. Alternative samfunnsholdninger og verdier kunne artikuleres gjennom rock, som mer og mer ble en selvstendig stemme i den offentlige kulturdebatten. Et eksempel på dette er magasinet «Rolling Stone», som ble startet i USA av journalisten Jann Wenner i 1967. Dermed hadde rock-journalistikken oppstått.

Happenings og rockfestivaler

Den nye ungdomskulturen hadde to geografiske sentra: Carnaby Street i London, og framfor alt Haight-Ashbury i San Francisco. «If you're going to San Francisco, be sure to wear some flowers in your hair,» sang folk-sangeren Scott McKentzie. San Francisco var høsten 1966 i ferd med å bli rockens hovedstad – et sted med sterke anti-kommersielle og anti-pop holdninger. Her ble en ny form for musikkshow – multimediaforestillingen – skapt. En slik happening var The Human Be-In 14. januar 1967, en «samling av klanene» med 20 000 mennesker i Golden Gate Park. Her spilte byens mest fremadstormende band, som The Grateful Dead, Jefferson Airplane, Country Joe and The Fish, Steve Miller Band og Big Brother and The Holding Company. Samtidig opptrådte hippieideologer som Allen Ginsberg og Gary Snyder. Disse bandene spilte en form for musikk som samsvarte med det syre-trippende publikums livsoppfatning.

Et sentralt band fra hippiehovedstaden var *Grateful Dead*. Det ble dannet i 1965, og utviklet seg gjennom happenings og multimediashow fram mot LP-debuten med samme navn som bandet i 1967. Det viktigste medlemmet var låtskriveren, gitaristen og sangeren *Jerry Garcia* (Jerome John Garcia, 1942–95). Grateful Dead hadde, som så mange andre psykedeliske band, utgangspunkt i folk-rock, og fortsatte med musikk mer i disse stilartene utover i 70-åra. I 60-åra spilte de stadig lengre og lengre konserter (eller happenings), og enkelte ganger brukte de 6 timer på å spille like mange låter. Her er LPen «Live Dead» (1970) et talende dokument, med sin 23 minutter lange eksplosive «Dark star». De ble også kjent for sin hengivne tilhengerskare, «the deadheads», som holdt liv i hippiefilosofien helt opp på 90-tallet. Bandet gjorde et mer poporientert comeback i 1987, med hit-singlen «Touch of grey». Faktisk var Grateful Dead det bandet som tjente mest penger på turnevirksomhet i USA i første halvdel av 90-tallet. Etter Garcias død ble de oppløst i 1995.

Ved siden av Grateful Dead, var *Jefferson Airplane* i 1967 de fremste representantene for det psykedeliske San Francisco-soundet. De hadde bakgrunn i folk og blues, men vakte oppsikt da de i 1967 debuterte med den svært psykedeliske LPen «Surrealistic pillow» og singlen «White rabbit». Teksten kombinerte tematikk fra eventyret «Alice in Wonderland» med erfaringer fra en LSD-trip. Deres «Somebody to love» ble også en hippiehymne i «the summer of love». De gjorde en forrykende opptreden på Monterey-festivalen, og medvirket i 1969 både på Woodstock- og på Altamont-festivalene. Bandet ble sterkt preget av den eksentriske kvinnelige vokalisten *Grace Slick* (Grace Wing, 1939). Hun var samboer med bandets gitarist og vokalist, *Paul Kantner* (1941), og de ble for mange ungdommer rollemodeller som hippiepar. Jefferson Airplane ble oppløst i 1973, men gjenoppsto året etter som Jefferson Starship, med noe varierende besetninger utover i 70- og 80-åra.

Den 16. til 18. juni 1967 ble Monterey-festivalen arrangert, som underholdningsmetropolen Los Angeles' svar på The Human Be-In. Dette var den første utendørs rockfestivalen, og den hadde omkring 50 000 deltagere. Den var nok et ærlig forsøk på å gi San Francisco-bandene og deres hippiebudskap et enda større publikum, men samtidig gjorde markedskreftene nå sitt inntog: TV- og filmrettighetene var solgt på forhånd, og plateselskaper og arrangører overgikk hverandre med pengetilbud til de mest populære hippiebandene. Noe av uskylden, uavhengigheten og opplevelsen av å representere det alternative hadde allerede her blitt borte. Hippiemusikken ble slett ikke så anti-kommersiell som noen hadde trodd og håpet – snarere tvert imot. Musikerne på sin side oppdaget snart at det faktisk var mulig både å tjene penger og å spille nøyaktig hva de ville – samtidig. Plateselskapene oppdaget at eksperimentelle rock-LPer kunne selge i millioner. Det viste seg at «integritet» var en vare som kunne markedsføres: «The revolution is on CBS» ble et av bransjens slagord.

Mellom 1967 og 1970 ble det arrangert over 30 rockfestivaler i

USA. Rockfestivalene og de store utendørskonsertene var et helt nytt fenomen, og innvarslet en ny æra for rocken og dens mulighet for massekommunikasjon. Nå var tida da publikum overdøvet bandet definitivt forbi. Festivalene var teknisk mulige fordi man nå hadde utviklet store konsertlyd-anlegg (såkalte PA-anlegg) og kraftige forsterkere. Dermed kunne man kommunisere med titusener av tilskuere med høyt lydvolum, hard musikk og fokuserende lysshow. Selve «trøkket» fra lydveggen var i seg selv en ny og ruslignende opplevelse. Musikken kunne nå ikke bare høres, men fysisk føles.

Monterey-festivalen hadde en programkomité bestående av blant andre Brian Wilson, Brian Jones, Paul McCartney, Paul Simon og Art Garfunkel. Komiteen sørget for stor musikalsk bredde: Her opptrådte ikke bare San Francisco-band, men også The Who og Jimi Hendrix fra London, The Byrds, Buffalo Springfield og The Mamas and The Papas fra LA, bluesgrupper som Canned Heat, folk-sangere som Simon and Garfunkel, soul-artisten Otis Redding samt den indiske sitarspilleren Ravi Shankar. Festivalen varte i fem dager, og viste både rockens røtter og dens framtidige potensial. Rent musikalsk var den viktigere enn Woodstock, fordi den på mange måter introduserte rockrevolusjonen. Dessuten fikk både Janis Joplin, Otis Redding og Jimi Hendrix sine store gjennombrudd for et bredt publikum gjennom sine opptredener her, og The Who fikk sitt USA-gjennombrudd.

Janis Joplin (1943–70) gjorde en oppsiktsvekkende opptreden på Monterey. Hun var vokalist og frontfigur i San Francisco-bandet *Big Brother and The Holding Company*. Joplin var en karismatisk scenepersonlighet. Med sin særpregede stemme og formidlingsevne var hun musikalsk beslektet med de store bluessangerne. Sangteknisk hadde hun sine begrensninger, noe som kommer fram på hennes plateinnspillinger, men hun eide en sjelden evne til å rive med seg publikum på konserter. Hun fikk en viktig posisjon som kvinnelig symbol i rocken, og ble nærmest en levende legende. Mens popsangere som Sandie Shaw sang tilgjort søtt og sexy, og folk-sangerinner som Joan Baez sang klokkeklart og rent, sang Joplin rått og usminket. Joplin levde et hardt liv, og døde som følge av heroinmisbruk i 1970.

Motkultur og avantgarde

Det viktigste Los Angeles-bandet var *The Doors*. Deres frontfigur *Jim Morrison* (James Douglas Morrison, 1943–71) har blitt en av rockens virkelig store myter og symboler. Morrison hadde et motsetningsfylt forhold til det å være rockstjerne, og han representerte samtidig motkulturens romantiske individualisme. Han var en dekadent rockpoet med størst interesse for selvrealisering, og hans karismatiske og til dels skandaløse opptredener hadde en magisk tiltrekningskraft på publikum. Han ga også ut to diktsamlinger, og hadde ambisjoner innen film. Samtidig var det tydelig at han hadde betydelige personlige problemer, og et farlig høyt alkoholforbruk. Han eide også et eget talent for å manipulere media, men ble etter hvert fanget av galskapen i sin egen myte: For ham var det en ære å bli arrestert på scenen.

Jim Morrison var utvilsomt en betydelig rocksanger og tekstforfatter, selv om hans produksjon var ujevn. Hans visjonære narsissisme ble gitt musikalsk form av gitaristen Robbie Krieger, organisten Ray Manzarek – som sterkt preget bandets sound – og trommeslageren John Densmore. Debut-LPen «The Doors» etterfulgt av «Strange days» (begge 1967) ble store suksesser, med klassiske rocklåter som «Light my fire», «Break on through» og «The end». Sistnevnte låt er en typisk Doors-stemning: Den varer i over 11 minutter, og en melismatisk gitarlinje kretser rundt få toner samtidig som en åpen kvint i orgelet gir låten et indisk raga-preg. Soundet er som en eksotisk palett av klangfarger.

The Doors nådde ikke lignende kreative høyder før den mer R&B-baserte LPen «Morrison hotel» kom i 1970. Morrison var imidlertid nå mer opptatt av å arbeide med litteratur og kunst enn med musikk. Etter dette begynte bandet å smuldre opp, og ble endelig oppløst i 1973. Jim Morrison døde av hjerteslag i Paris i 1971, og ble gravlagt der. Han har forblitt et av 60-tallets store kulturelle ikoner. Morrisons mytiske posisjon i rocken har vokst etter hans død, senest etter Oliver Stones film «The Doors» i 1991.

Et oppsiktsvekkende band og en oppsiktsvekkende LP i 1967 kom fra New York – en by som i det musikalske bildet akkurat da virket nokså perifer. Men der fantes et undergrunns- og avantgardemiljø, og *Velvet Underground* var en del av dette. De ble oppdaget av aggressive og politisk bevisste New York-bohemer og alternative kunstnere. Popkunstneren Andy Warhol gjorde dem i 1966 til en del av sin multimediaforestilling «The exploding plastic inevitable». Han ble tiltrukket av dem fordi de laget et så «uutholdelig bråk» – etter eget utsagn. I 1967 var han produsent for LPen «The Velvet Underground & Nico». Den ble en av årets mest betydningsfulle LPer (riktignok innspilt våren 1966), idet den både sprengte grenser og pekte framover. Warhol introduserte den tyske sangerinnen og skuespillerinnen Nico og laget det berømte banan-coveret, til og med med en banan-sticker på førsteopplaget. Ved siden av bananen sto det bare «Andy Warhol». Han betraktet bandet som et kunstverk, og ikke som et rockband. Men det var de i aller høyeste grad, takket være frontfigurene *Lou Reed* (Louis Alan Firbank, 1943) og *John Cale* (1942). Reeds dystre tekster og monotone musikk var en skrikende kontrast til hippieromantikken. Han skrev beske kommentarer til bohemlivet; rus, sykdom, sex, smerte, angst, penger og sjalusi var gjennomgangstemaer. Gitarspillet var like kaotisk angstfylt. John Cale bidro med avantgardistisk monotoni og skrekkinngytende dissonanser. Han kom opprinnelig fra England til New York i 1963 for å studere samtidsmusikk. Velvet Undergrounds musikk var krevende, statisk, full av feedback, med et skjærende sound og et høyt lydnivå. Låtene utnyttet få toner i kontrast og dissonans, med lagvis oppbygning av fraser i stedet for konvensjonell oppbygning av melodilinjer. Ofte var skrik og feedback de eneste utveiene når klimaks nærmet seg. Den sadomasochistiske «Venus in furs» dvelte ved en drone, med en suggererende monoton rytme, dyster stemmebruk og Cales sure bratsjspill sentralt i lydbildet. Denne og de mer direkte dop-relaterte «Waiting for the man» og «Heroin» var blant de mest oppsiktsvekkende og omdiskuterte låtene fra LPen. En av deres mest radikale innspillinger er for øvrig «Sister Ray» fra deres andre LP «White light / White heat» (1968): Dette er et live-opptak i studio, som varer i 17 minutter med maksimalt volum, preget av Ornette Colemans frijazz-ideer og Cales atonale instrumentale arbeid.

Senere i 1968 hadde både Nico, Andy Warhol og John Cale forlatt The Velvet Underground. Reed sluttet i 1970. Reed og Cale har senere gjort interessante solokarrierer. Begge tilhører rockens mest markante låtskrivere og musikere, men selv om noen av deres plater har fått betegnelsen mesterverk, har de like fullt vært kommersielle fiaskoer. Begge har forent forskjellige musikkformer, med et sterkt innslag av avantgardemusikk. I 1989 samarbeidet de for første gang på 20 år, da de laget en minneplate for avdøde Andy Warhol: «Songs for Drella» («Drella» er en sammentrekning av Dracula og Cinderella). Originalbesetningen av Velvet Underground spilte også sammen igjen i 1990. Selv om ikke Velvet Underground på 60-tallet var noen stor kommersiell suksess eller et langvarig prosjekt, har deres musikk – særlig milepælen «The Velvet Underground & Nico» – fått stor betydning for rocken på 70-tallet og senere. Bandets betydning kan knapt overvurderes når det gjelder navn som David Bowie, Roxy Music og Patti Smith, og de øvde også en mektig innflytelse på punk og new wave. Velvet Underground markerer starten på en lang avantgarde-linje i rockens historie, hvor man har forsøkt å distansere seg fra kommersielle hensyn, og være eksperimentell uten nødvendigvis å forankre sin autentisitet i tradisjonen.

Et crescendo av kreativitet

Sent i november 1966 møttes The Beatles igjen i London. I de følgende månedene skapte de en plate som av svært mange regnes som deres mesterverk: «Sgt. Pepper's lonely hearts club band». I februar utga de en single med låtene «Penny Lane» og «Strawberry Fields forever». Begge tok utgangspunkt i deres barndomsminner fra Liverpool, framstilt i en nærmest surrealistisk form. Særlig Lennons «Strawberry Fields forever» viste at bandets musikk var blitt psykedelisk, og tekstens mystisisme korresponderte med et sound preget av Lennons drømmende stemmeklang, hissige celli, baklengsspilte hi-hats og gitarer, tung gitarlyd og drønnende tromme-fills. I introen hørtes en mellotron med fløytelyd, hvilket for mange lyttere var den første befatning med den kommende synth-alderen. McCartneys «Penny Lane» var et kontrapunkt til «Strawberry Fields forever». Den hadde et mer up-tempo, melodiøst og optimistisk preg, tross tekstens poetiske surrealisme. Det mest karakteristiske ved låten var et unikt keyboard-sound, utviklet gjennom å mikse sammen flere pianoer og orgler, spilt gjennom ulike typer forsterkere og til dels avspilt med varierende båndhastigheter. Over det hele briljerte en høy pikkolo-trompet, med sitater fra J.S. Bachs Brandenburg-konsert nr. 2 i F-dur. «Penny Lane» inneholdt også flere andre symfoniske instrumenter: To oboer, to engelske horn, to trompeter og en kontrabass.

Med denne singlen etablerte The Beatles seg som stilskapere også for den psykedeliske rocken, og det så ut til at etter «Revolver» var ingenting umulig for dem. Visuelt framsto de også som et nytt band: Lengre hår, barter, fargerike hippieklær og Lennons runde briller skapte en skarp kontrast til deres gamle, dresskledde, og uniformerte «moptop»-image. Dessuten er kortfilmen til singlen historisk interessant: Den framstilte en visuell fantasi i tråd med musikken, i stedet for å vise et band som spilte. Filmen inneholdt surrealistiske drømmebilder, baklengsavspilte sekvenser, og andre gåtefulle analogier til musikken. På mange måter var det rockens første kunstnerisk gjennomarbeidede promo-film, og en tidlig forløper for moderne rockvideoer. Ironisk nok er dette den eneste Beatles-singlen etter «Love me do» som aldri nådde toppen av hitlistene. Den måtte pent stille som nr. 2 bak crooneren Engelbert Humperdincks inderlig sentimentale «Please release me».

De nyskapende og kreative prosessene som The Beatles innledet i 1965, ble fullendt da de 1. juni 1967 utga LPen hvor de framsto som «Sgt. Pepper's lonely hearts club band». Den var kulminasjonen av deres utvikling, og skapte en revolusjon i 60-tallets ungdomskultur: Som kunstverk definerte plata året 1967 og ble symbolet for en hel generasjon. Alle lyttet til «Sgt. Pepper» sommeren 1967 – den krysset de fleste grenser for rase, alder, klasse og kultur. En aviskommentator spissformulerte dette slik: «Den uka Sgt. Pepper ble utgitt, representerte det nærmeste vestlig sivilisasjon har kommet til enhet siden Wienerkongressen i 1815.» Selv om andre Beatles-plater solgte mer, og salgstall heller ikke er det viktigste poenget her, kan det nevnes at den debuterte som nr. 1 på den britiske LP-lista, og ble værende på førsteplassen i nesten et halvt år. Viktigere er de kunstneriske kvalitetene: «Sgt. Pepper» spente over et musikalsk spekter fra indisk raga via britisk music hall til avantgardistisk eksperimentell musikk, romantisk musikk og gryende heavyrock. The Beatles var selv barn av rock'n'roll-musikken, med de ga begrepene «rock» og «rockstjerne» nytt innhold. De brukte sin posisjon som superstjerner til å gjenspeile og uttrykke en hel generasjons følelser. «Sgt. Pepper» ble et symbol for rockens nye selvforståelse: Den var ikke ment bare som en velklingende samling sanger med umiddelbart salgspotensial, men også som et kunstverk av varig verdi. The Beatles' velkjente humor, optimisme og fengende melodier var fremdeles til stede – midt i all magien og mystisismen.

«Sgt. Pepper» blir ofte vurdert som rockens første konseptalbum. Det vil si at sangene hang sammen, som en historie eller en forestilling. Plata starter med kremting, hosting, instrumentstemming og en låt som introduserer bandet for deretter å presentere neste sanger (Billy Shears alias Ringo Starr), og den slutter med en ny versjon av tittellåten etterfulgt av et ekstranummer. Coveret viser det «nye» Beatles i sine uniformer, som gravlegger sitt gamle jeg, omgitt av en rekke kulturelle, religiøse og politiske ikoner: Komikerne Helan og Halvan, okkultisten Alister Crowley, den avdøde eks-Beatle Stu Sutcliffe, forfatterne Dylan Thomas, Oscar Wilde og George Bernard Shaw, psykologen Carl Gustav Jung, komponisten Karlheintz Stockhausen, Bob Dylan, Karl Marx, Marlon Brando, dr. Livingstone, diverse indiske guruer, Snehvit og mange flere (Jesus, Gandhi og Hitler ble sensurert ut – det eneste tilfellet hvor EMIs vilje overvant Beatles-medlemmenes). For første gang på en pop- eller rock-LP var tekstene trykt på omslaget. The Beatles hadde denne gangen ikke skrevet en eneste tradisjonell kjærlighetssang: Også på dette området hadde rocken gjennomgått en rivende utvikling. Utbrettscoveret, tekstene, en innlagt papp-plate med utklippsfigurer og selve musikken utgjorde totalt et helhetlig produkt, morsomt og magisk, med mangfoldige og flertydige kunstneriske uttrykk – som inviterte til å fråtse i skjulte budskap og psykedelisk kommunikasjon.

Fra både et teknisk og et musikalsk synspunkt ga «Sgt. Pepper» sterke impulser. Den var – utrolig nok – innspilt på bare fire spor. Teknisk og musikalsk insisterte The Beatles' på at alt på denne plata skulle være «annerledes». Mens «Revolver» tross alt inneholder enkeltlåter, kan «Sgt. Pepper» i mange tilfeller karakteriseres ved begrepet «lyd-collager». Sound og instrumentasjon er svært ulike mellom de forskjellige titlene. Åpningslåten peker fram mot heavyrocken, samtidig som den blander inn britisk brass band-tradisjon. Lennons hallusinatoriske «Lucy in the sky with diamonds» fortalte surrealistisk om «a girl with kaleidoscope eyes», «tangerine trees and marmalade skies» og «cellophane flowers of yellow and green, towering over your head». Både vokal, orgel og gitarer avspilles med manipulert båndhastighet, og effekten ble rockens første «synth-sound» – selv om ingen synther brukes. I Lennons «Being for the benefit of Mr. Kite» skapes en sirkuseffekt ved hjelp av arkivopptak blant annet av gamle marsjer og vannorgler. Båndene ble klipt i småbiter, kastet opp i lufta, limt sammen igjen, og deretter avspilt baklengs. Resultatet var en virvlende sirkusmusikk – og teksten var sitater fra en gammel sirkusplakat. «She's leaving home» er en romantisk pastoralestemning, med strykere, harpe og Lennon og McCartney i et melodisk kontrapunkt. Teksten beskriver generasjonskløft og kommunikasjonsbarrierer. I «Within you without you» skaper Harrison en syntese mellom indisk og europeisk klassisk musikk, ved å blande vestlige strykere og et indisk ensemble, i et raga-lignende stykke med en hippiefilosofisk tekst. Denne kontrasteres til det ekstreme av McCartneys music hall-pastisj «When I'm sixty-four» – komplett med nostalgiske klarinetter og swingrytme. Gjennom hele plata briljerte for øvrig McCartney med melodiske og noen ganger nærmest kontrapunktiske basslinjer, som ble skoledannende for bassister. Dessuten kombinerte flere av sangene dette med en nærmest marsjlignende rytmikk, for eksempel i «With a little help from my friends» eller «Getting better». I «Good morning good morning» – som Lennon skrev fritt etter en TV-reklame – brukes montasjeteknikker med utenommusikalske lyder og dyrelåter.

Høydepunktet på «Sgt. Pepper» er finalen «A day in the life». Låten er opprinnelig sammensatt av én Lennon- og én McCartney-låt. Drømmebilder, nyheter om en bilulykke og en film om den britiske hæren veves inn i Lennons dristige invitasjon: «I'd love to turn you on», som forårsaket spilleforbud i BBC. Til slutt kommer det berømte orkestrale crescendoet: 40 orkestermusikere (med fire overdubs) spiller en glissando-oppbygning fra den laveste til den høyeste mulige tone over 24 takter. Denne Stockhausen-inspirerte McCartney-ideen skapte et ladet og intenst klimaksøyeblikk. (Innspillingen var en happening; alle musikerne stilte i kjole og hvitt, og fikk utlevert løsneser, klovnehatter, ballonger og annet karnevalsutstyr.) Etter et øyeblikks dramatisk stillhet klinger den avsluttende E-dur-akkorden (i fire klaverer) i om lag 45 sekunder, som et lokk på kista, og en invitasjon til ettertanke. Etter en høyfrekvent tone som ikke kan oppfattes av det menneskelige øre (men kan oppfattes av hunder), avsluttes «Sgt. Pepper» med en kakofonisk lydmontasje, som gjentas til stiften tas av plata.

Like etter «Sgt. Pepper»s utgivelse ble TV-programmet «Our world» sendt. Dette var den første direkte samsending som bandt sammen fem kontinenter via TV-satellitt. BBCs bidrag var en overføring fra Abbey Roads studioer, hvor The Beatles framførte sin nye single «All you need is love». Den startet med et sitat fra nasjonalsangen i revolusjonens og radikalismens hjemland, Frankrike. Tittelen uttrykte hippienes filosofi i fortettet form – som skapt for «the summer of love». «Love» betydde nå en slags altomfattende nestekjærlighet, like mye som kjærlighet mellom mann og kvinne. Samtidig kom de med satiriske allusjoner til seg selv, idet de fleipende sang «She loves you, yeah, yeah, yeah» mot slutten av låten. De tok lange sveip over populærmusikkens historie ved også å sitere klassikerne «In the mood» og «Greensleeves» – vel vitende om at de selv var i ferd med å produsere en moderne klassiker. Senere på høsten kom nok et viktig bidrag til den psykedeliske rocken: Den gjennomført surrealistiske «I am the walrus».

Hippietida tar slutt

En musiker som våget å latterliggjøre hele hippiebevegelsen, var *Frank Zappa* (1940–93). Samtidig viste Zappa seg å være en av rockens mest talentfulle og originale utøvere. Han hadde erfaring innen både R&B og klassisk samtidsmusikk (avantgarde-komponister som Varése var blant hans inspirasjonskilder), og han hadde studert musikkteori og skrevet film- og reklamemusikk. I 1966 debuterte hans band *The*

Mothers of Invention med LPen «Freak out», som for øvrig var rockens første dobbelt-LP. Denne vakte oppsikt og inspirerte en rekke mer etablerte rockmusikere, men var nok for spesiell til å bli en kommersiell suksess: En av de fire sidene besto bare av en perkusjonssolo. Zappa og hans band gjorde et poeng av å ha langt hår og et stygt utseende, og fikk raskt status som motkulturelle helter. I 1968 ga Zappa ut LPen «We're only in it for the money», som var en saftig parodi på og satire over hippiebevegelsen generelt, og «Sgt. Pepper» spesielt (særlig coveret). Zappa kommenterte samfunnet og rocken med en skarp form for humor, og han hevdet at blomsterbarna og «weekend-hippiene» var like avhengige av vedtatte normer og kommersielle klisjeer som den amerikanske middelklassen var det. En låt som «Who needs the peace campus?» er en svært treffende satire både over hippienes liv og lære, og over den psykedeliske musikken.

I 1969 viste Zappa seg som en virkelig virtuos el-gitarist med jazzrock-LPen «Hot rats». Senere utvidet han sitt musikalske spekter mer og mer. Zappa fortsatte gjennom hele sin karriere å utvikle seg som komponist og utøver med en rekke originale verk i skjæringspunktet mellom rock, jazz og avantgarde. Han holdt regelrette opptaksprøver for sine mange ulike musikere, og presenterte virtuoser som George Duke og Steve Vai blant sine medspillere. Han fikk sin største kommersielle popsuksess med LPene «Joe's garage» og «Sheik Yerbouti», anført av låten «Bobby Brown goes down», i 1979. Utover på 80-tallet definerte han seg primært som en klassisk samtidskomponist. Flere av hans verk, som «Perfect stranger» i samarbeid med Pierre Boulez fra 1984, høstet også strålende kritikker. Samtidig viste han stadig sine instrumentale ferdigheter som jazz- og rockgitarist, og samarbeidet med en rekke fremragende instrumentalister innen ulike genrer. Zappa utga en omfattende produksjon; cirka 50 LPer i løpet av 25 år, og han sluttet aldri å sjokkere og forbløffe sitt publikum.

Zappas tilsynelatende forakt både for rocktradisjonene og for rockfansen, gjorde ham til en svært kontroversiell figur. Han ble oppfattet som arrogant og kynisk harselerende. Ikke desto mindre var han en svært kunnskapsrik og reflektert kunstner. På 80-tallet engasjerte han seg sterkt i kampen mot sensur av rocktekster i amerikanske medier, og gjorde blant annet den ultrakonservative bevegelsen Moral Majority til et mål for sine sarkastiske utfall. Han var også en skarp kritiker av underholdningsindustrien, og hans definisjon av rockjournalistikk er besnærende: «Mennesker som ikke kan skrive, som intervjuer mennesker som ikke kan snakke, for mennesker som ikke kan lese.»

Kulminasjonen av hippietida var Woodstock-festivalen, tre dager i september 1969. Ved siden av Altamont-festivalen i desember samme år, der vakter fra Hell's Angels drepte en tilskuer under Rolling Stones' konsert, ble festivalen også en spiker i likkista for hippie-utopiene. 60-tallet ebbet ut, og hippiene begynte å våkne opp til en ny virkelighet. Woodstock var ikke bare preget av mottoet «peace, love and happiness», men ble også et arrangementsmessig kaos av dimensjoner: 150 000 tilskuere var ventet, men 450 000 kom, og innen kort tid ble hele festivalen erklært som katastrofeområde av myndighetene. På grunn av den enorme tilstrømningen av tilreisende ble arrangørene tvunget til å gjøre arrangementet om til en frikonsert. Pålitelige kilder sier at det aldri var færre enn 300 000 mennesker til stede samtidig. På tross av kaotiske forhold på festivalområdet når det gjaldt mat, drikke, sanitærforhold, helsetilbud og vakthold, gikk festivalen likevel forbausende fredelig for seg. Da regnet satte inn og omgjorde hele området til en gigantisk sølepytt, kunne man forvente totalt sammenbrudd. I stedet ble festivalen verdens største gjørmehappening, uforglemmelig dokumentert i Woodstock-filmen. «I'm going down to Yasgur's farm, I'm gonna camp out on the land and set my soul free». Slik sang Joni Mitchell, uten selv å ha vært til stede, i sin hyllest til Woodstock.

Blant artistene på Woodstock var noen av de største navnene i samtidas rock – dersom vi holder Beatles, Stones og Dylan utenfor. Hver for seg ville de kunne være trekkplaster nok til å samle store publikumsskarer. Det var også noen som fikk sitt store gjennombrudd nettopp her. Engelskmannen Joe Cocker sto for en av festivalens største prestasjoner med sin tolkning av Beatles-låten «With a little help from my friends».

Ten Years After spilte bakoversveis på publikum med «Goin' home», anført av gitarberserken Alvin Lee, og Crosby, Stills and Nash introduserte sitt fjerde medlem, Neil Young, til store ovasjoner. Andre musikalske høydepunkter var Country Joe and The Fish' allsang-happening «I feel like I'm fixin' to die rag» og Jimi Hendrix' legendariske versjon av USAs nasjonalsang «The star-spangled banner» – begge var, hver på sin måte, skrikende protester mot Vietnam-krigen. Artistene og musikken som ble framført, viste imidlertid også at den psykedeliske rocken langt på vei var et tilbakelagt stadium: Blood, sweat & tears og Santana presenterte jazz-rock, Creedence Clearwater Revival og The Band spilte folk- og country-inspirert gitarrock, The Who leverte støyende, britisk R&B, Sly and The Family Stone gjorde kjempesuksess med sin psykedeliske funk, Canned Heat og Johnny Winter spilte bluesrock, og Ravi Shankar sto for det indiske innslaget. Det var imidlertid, og underlig nok, få kvinner, få svarte, og ingen soul-artister på programmet. Festivalen bar også preg av at hippie-ideologien for lengst hadde blitt kommersialisert: TV- og filmrettigheter og platekontrakter florerte med store pengesummer i omløp, festivalen ble utgitt på to trippel-LPer, og det hele endte med en rettssak om rettighetene til selve navnet Woodstock.

Ved overgangen til 70-tallet hadde hippiedrømmen fått en noe besk ettersmak. Flere av generasjonens fremste musikalske helter døde som følge av stoffmisbruk mellom 1969 og 1971: Brian Jones, Jimi Hendrix, Janis Joplin og Jim Morrison. Livsstilen krevde sine ofre. Like fullt var hippietida en avgjørende og viktig fase i 60-åras ungdomskultur, og Woodstock-festivalen har blitt en viktig referanse i rockens historie. Den psykedeliske musikken fikk markante etterklanger i rocken.

14 Ungdomskultur og støyende gitarer

Mens tenåringene på 50-tallet formet en identitet gjennom noe som på overflaten kunne ligne på et opprør, førte den sosiale og politiske bevisstgjøringen i 60-tallets ungdomskultur fram mot noe som vi reelt kan betegne som et ungdomsopprør. Året 1968 står som selve symbolet på ungdomsgenerasjonens kamp for å forandre samfunnet og skape alternativer til det bestående, med en stadig sterkere protest mot vestlig kapitalisme, imperialisme og rasisme. Med dette fulgte en gryende miljøbevissthet, med avstandtaken til forbrukersamfunnets økonomiske filosofi. Kvinnefrigjøringen satte spørsmålstegn ved sosiale normer og kjønnsrollemønstre. Det politiske engasjementet skapte en marxistisk og venstreorientert bølge: Ikke minst slo de venstreradikale ideene rot blant studenter, særlig i Frankrike og Tyskland. 1968 var året med Praha-våren og studentopprøret i Paris. I USA var 1968 året da den svarte borgerrettighetslederen Martin Luther King ble myrdet, og året da stemningen i opinionen snudde seg mot Vietnam-krigen. 1968 var året da studentene nektet å tie. Dette ble utgangspunktet for en «rød-grønn» bevegelse, som i stor grad preget den samfunnsmessige utviklingen utover 70-tallet. Senere har denne generasjonen fått merkelappen «sekstiåtterne».

Rock og ungdomsopprør

Musikalsk var 1968 året da det psykedeliske soundet begynte å bli gammeldags. Både etablerte og nye band erobret plate- og konsertmarkedet med mer gitarorientert og hard rock. Mens de nyskapende rockplatene i 1966 og 1967 i høy grad var eksperimentelle studioprodukter, utviklet det seg nå en bred strøm av gitaristisk rock som også hadde klare røtter i blues, country, folk og soul, og som igjen førte til nyskapninger som country-basert rock og heavyrock. Denne musikken var utadvendt, simplistisk, kraftfull og direkte i sitt uttrykk. Idealer fra bluesens og rock'n'roll-musikkens fysiske energi og spilleglede ble nå tatt opp innenfor rammen av den moderne rocken. Det vokste fram en moden, progressiv og samfunnsengasjert rock, som uttrykte den radikale tidsånden bedre enn de drømmerske psykedeliske lydbildene kunne gjøre. Estetisk kan vi si at en mer innadvendt uttrykksform ble avløst av en mer utadvendt.

På samme måte som vi ikke kan si at 50-tallets rock'n'roll i seg selv uttrykte en frustrasjon, kan vi heller ikke si at 60-tallets rock i seg selv uttrykte et opprør. Men på begge disse avgjørende stadiene i ungdomskulturens utvikling finner vi likevel en nær tilknytning mellom ungdomskultur og musikk. Det er en markant forskjell på 50-tallets famlende søken etter en ny tenåringsidentitet, koplet til rock'n'roll, og 60-tallets langt mer bevisste og progressive ungdomskultur, koplet til rock. Begrepene «rock'n'roll» og «rock» beskriver derfor to helt ulike uttrykk, selv om de har mange felles røtter.

Noen eksempler fra de etablerte bandene kan illustrere tidsånden i 1968. Rolling Stones' «Street fighting man» hadde en typisk Stones-groove, samtidig som låten klart uttrykte den revolusjonære tonen i 1968. Teksten beskriver med entusiasme hvordan studenter går på barrikadene, men uttrykker samtidig en frustrasjon og resignasjon når det gjelder ungdomsbevegelsen: «But what can a poor boy do, except sing in a rock'n'roll band, cause in sleepy London Town there's just no place for a street fighting man.» Den samme ambivalente holdningen finner vi i The Beatles' «Revolution», hvor Lennon sarkastisk synger: «You say you want a revolution, well you know, we all want to change the world». Et sted i låten synger han: «But when you talk about destruction, don't you know that you can count me out – in»: Han er ikke sikker på hvorvidt han vil regnes med, eller ikke. «Revolution» understreker budskapet med et hardt og aggressivt gitaristisk blues-sound. Begge disse låtene illustrerer rockens samfunnsengasjement og politisering, og samtidig hvordan groove og rock'n'roll-feeling igjen betyr mer enn svevende stemninger.

The Rolling Stones hadde hatt et lite fruktbart år i 1967. Dette skyldtes en rekke forhold: Jagger, Richards og Jones var stadig i narkotikapolitiets søkelys, med rettssaker, avisskriverier og til og med et par korte fengselsopphold (singlen «We love you» startet passende med lyden av ei celledør som ble smelt igjen). Bandet gjorde til overmål et nokså mislykket forsøk på å tilpasse seg den psykedeliske rocken med LPen «Their satanic majesties request» i desember.

Situasjonen endret seg med det nye klimaet i 1968: Rolling Stones utga listetopperen «Jumping Jack Flash», og hadde utviklet sin musikalske identitet i en tid som igjen var klar for å ta imot dem. Like etter kom LPen «Beggars banquet», hvor coveret var prydet med et skittent og graffiti-dekorert toalett. Med denne plata, og sanger som «Jumping Jack Flash» og «Sympathy for the devil», framsto de også som talsmenn for samfunnets mørke krefter – eller de flørtet med dem. En hel generasjon gjorde disse sangene til sine egne. Heksedansene «Sympathy for the devil» og «Gimme shelter» (1969) var store musikalske seirer for Stones, hvor maniske jungeltrommer, djevelske hyl og frenetisk gitararbeid ga deres groover og sound en ny og større dimensjon. Jagger levde opp til sitt nye, teatralske image som «the Jumping Jack Flash» og en «mørkets prins». Stones krydret sine sanger med dystre og truende skikkelser («Midnight rambler», 1969), og de rendyrket sitt image som kvinnefiendtlige sexister («Live with me», 1969).

«Beggars banquet» ble starten på Rolling Stones' glansperiode, som varte fra 1968 til 1972. I løpet av en fireårsperiode utga de LPene «Beggars banquet» (1968), «Let it bleed» (1969), «Sticky fingers» (1971) og «Exile on main street» (1972) – samt sitt første live-album: «Get yer ya-yas out» (1970). De turnerte intenst i USA og Europa, og begynte å kalle seg selv «verdens største rock'n'roll-band».

Deres musikk bygde på R&B og blues, for eksempel «Love in vain» og «Midnight rambler», og på country, som i «Country honk» og «You got the silver». Samtidig ivaretok de rock'n'roll- og boogie-tradisjonene fra 50-tallet, særlig inspirert av Chuck Berry. Ikke desto mindre kunne de utgi romantiske ballader som «Wild horses». De hadde et storslått, rått og kompakt sound. Gitararbeidet til Keith Richards var et markert særtrekk ved deres musikk: Han har blitt kalt «verdens beste rytmegitarist», og de fleste av Stones' klassikere er bygd over hans karakteristiske akkord-riff. Disse kommer gjerne som intro, og er det gjennomgående og bærende elementet i låten. Eksempler på slike riff fra Richards' hånd er introene til «Jumping Jack Flash», «Honky tonk women» og «Brown sugar» (et senere eksempel er «Start me up» fra 1981). I den berømte kubjelle-introen til «Honky tonk women» eksemplifiseres også det tette samspillet mellom Richards og trommeslageren Charlie Watts. Disse elementene førte til at mange begynte å snakke om «Stones-rock» nærmest som en egen genre. En rekke band har blitt inspirert av «Stones-rocken», og det er vanskelig å tenke seg band som Guns'n'Roses, Black Crowes eller Primal Scream uten dem.

I juni 1969 sluttet Brian Jones i bandet, og under en måned senere ble han funnet død i sitt eget svømmebasseng. På en minnekonsert i Londons Hyde Park to dager senere leste en hvitkledd Jagger dikt til hans minne, og slapp tusenvis av hvite sommerfugler ut over folkemengden. Dessverre tilhørte disse sommerfuglene en tropisk rase som ikke tålte klimaet, og alle døde innen et minutt. På denne konserten ble for øvrig deres nye gitarist, *Mick Taylor* (1948) fra John Mayall's Bluesbreakers, introdusert. Stones ble kanskje skremt av sitt eget dekadente og truende image. Da scenevakter fra motorsykkelklubben Hell's Angels i desember drepte en tilskuer like foran scenen mens de spilte på Altamont-festivalen, ble Stones-medlemmene tydelig rystet.

I 1971 var Stones' platekontrakt med Decca utløpt, og de startet sitt eget plateselskap: Rolling Stones Records. Dette ble starten på en utvikling som gjorde Stones til en av rockens største pengemaskiner. I 1972 gjennomførte de en skandaleomsust USA-turne med alle tenkelige og utenkelige aspekter innenfor «sex, drugs & rock'n'roll». En dokumentarfilm fra turneen, kalt «Cocksucker blues», viste så mye av sannheten at den ble sensurert og av juridiske årsaker aldri vist. Men i 1972 utga de også «Exile on main street», som har fått status som et av rockens mest helstøpte dobbeltalbum. Nå var også blåsere blitt en fast del av Stones-soundet. Selv om låter som «Rocks off» og «Tumbling dice» tilhører Stones' absolutte klassikere, er det selve helheten som gjør «Exile on main street» til et nærmest komplett Stones-album. Etter dette begynte det å gå sakte, men sikkert nedover med bandet: Inntektene økte og turneene ble mer gigantiske, men musikken hadde ikke samme slagkraft som før. De laget noen solide hits som «Angie» (1973) og «It's only rock'n'roll» (1974), men de hadde mistet mye av både sin magi og sin samtidsrelevans, og fungerte mer og mer som bare underholdere. Bandet var også forholdsvis apatisk på grunn av rusmisbruk. I 1975 ble Mick Taylor erstattet av gitaristen *Ron Wood* (Ronald David Wood, 1947) fra The Faces. Da den engelske punk-eksplosjonen kom i 1976, ble de gamle opprørerne av punkerne betraktet som gamle og rike tullinger: «No Elvis, Beatles or Rolling Stones in 1977,» skrek Joe Strummer på The Clashs debutsingle. Det skulle gå noen år før Stones greide å reise seg igjen, musikalsk og helsemessig, og da de gjorde det, rundt 1980, var de blitt et «sirkus» i stedet for opprørere og samtidstolkere.

Drømmen er over

The Beatles ble oppløst da de ennå var musikalsk på høyden. I august 1967 døde deres manager, Brian Epstein. Beatles-medlemmene søkte trøst og veiledning hos sin guru, indiske Maharishi Mahesh Yogi. I februar 1968 dro de til India for å lære ved mesterens føtter. Lennon og Harrison var de mest interesserte elevene, mens McCartney dro hjem etter en måned, og Starr fikk nok etter bare to uker – han var blant annet sterkt misfornøyd med maten. De oppdaget at guruens forhold til skuespilleren Mia Farrow ikke bare var av åndelig karakter, og i juni sto The Beatles fram og tok offentlig avstand fra Maharishi. Selv om de ble desillusjonerte av sitt India-opphold – noe som kommer til uttrykk i Lennons bitende nidvise til Maharishi, «Sexy Sadie» – resulterte oppholdet i en rekke nye sanger, som i løpet av sommeren ble til et dobbeltalbum. Tittelen var rett og slett «The Beatles», men ettersom coveret var helt nakent og hvitt, ble plata på folkemunne kalt «The white Album». Dette albumet viste tydelig at de var ute av den psykedeliske epoken, og samtidig pekte det framover mot 70-tallet: Plata var som en kavalkade over populærmusikkens stilarter, med Beatles-medlemmenes personlige stempel: Ska («Ob-la-di, ob-la-da»), støyende heavy («Helter skelter»), skingrende blues («Yer blues»), rock'n'roll à la Beach Boys («Back in the USSR»), barnesang («The continuing story of Bungalow Bill»), gitarrock («While my guitar gently weeps»), folk («Rocky Raccoon»), country («Don't pass me by»), Tin Pan Alley («Honey pie»), gitarviser («Julia»), en avantgarde-collage («Revolution 9») og en smektende godnattsang i Hollywood-stil («Good night»). Plata var i praksis laget av fire soloartister mer enn av et band. Ulikhetene mellom de fire ble etter hvert åpenbare. Deres nystartede firma, Apple, blomstret i hippie-idealisme, men skulle snart med sine 38 underavdelinger utvikle seg til et gigantisk kaos og en økonomisk ruin.

Det var hovedsakelig McCartney som ledet The Beatles, både organisatorisk og musikalsk, etter Epsteins død. De fleste singlene var hans komposisjoner: «Hello goodbye», «Lady Madonna», «Hey Jude» (deres mest solgte single, som varte i oppsiktsvekkende 7 minutter), «Get back», «Let it be» og «The long and winding road» var alle helstøpte låter og ble massive hits. Han ønsket å spille live igjen, og med en besetning slik de opprinnelig hadde hatt. Dette ble det aldri noe av, men «Get back»-innspillingene fra januar 1969 var et forsøk på å komme sammen som et live-band i studio, og å gå tilbake til de musikalske røttene. Resultatet ble filmen og LPen «Let it be», som kom ut over et år senere. Disse viste imidlertid et band i heftige krangler og full oppløsning. Det er nesten uforståelig at The Beatles og George Martin sommeren 1969 greide å samarbeide om sitt aller siste album, «Abbey road». Dette ble – på tross av omstendighetene – en oppsummering av deres karriere, og deres mest solgte LP. «Abbey road» var ikke eksperimentell, men et polert, velprodusert og gjennomarbeidet stykke håndverk – ikke minst side 2, hvor store deler var viet McCartneys «pop-symfoni», hvor flere temaer var integrerte i en sekvens av sammenhengende låter. For første og eneste gang brukte de nå synthesizere. Side 1 viste deres individuelt sterke sider: McCartney både som hard rocksanger og music hall-entertainer («Oh! Darling», «Maxwell's silver hammer»), Lennon som visjonær rocker og innadvendt filosof («Come together», «I want you»), og Starr som ubekymret countrysanger («Octopus' garden»). De to største hitlåtene kom faktisk fra George Harrison: «Something» – som Frank Sinatra har beskrevet som «den vakreste kjærlighetsballade på 50 år» – og «Here comes the sun».

I april 1970 annonserte Paul McCartney offisielt at han forlot bandet, og at The Beatles dermed var oppløst. Han brukte dette som et PR-trick for å markedsføre sitt første soloalbum. Derfor fikk han i media mye av skylda for oppløsningen. Men i praksis hadde Lennon forlatt Beatles et halvt år tidligere, og de personlige og musikalske motsetningene hadde for lengst blitt så sterke at en oppløsning var uunngåelig. De etterlot et hav av juridisk og økonomisk rot, og ble alle ambisiøse advokaters drømmeobjekt på 70-tallet. Firmaet The Beatles & Co. ble ikke formelt avviklet før i 1975, og rettssakene florerte i deres kjølvann fram til 1989.

Det var verken Lennon eller McCartney, men Harrison som ble spådd den største solosuksessen av de fire. Trippelalbumet «All things must pass» fra november 1970 ble en stor suksess, og han blomstret som låtskriver nå da han ikke sto i skyggen av sine to mer anerkjente kolleger. Han arrangerte også rockens første store veldedighetskonsert, til inntekt for katastroferammede mennesker i Bangladesh, i 1971. John Lennon vakte på sin side i 1970 stor oppsikt med sin «anti-trosbekjennelse» i sangen «God». Her ramset han opp at han verken trodde på Elvis, Dylan, Beatles, Jesus, yoga, Buddha eller noe som helst annet enn det å våge å tro på seg selv. Han klipte håret kort, og ville være en «Working class hero» heller enn en Beatles-myte: «I was the walrus,» sang han med referanse til en Beatles-låt, «but now I'm John». Til slutt erklærte han både hippiedrømmene, Beatles-epoken og 60-tallet som et progressivt verdifellesskap som avsluttet, og ba sin generasjon om å vende blikket framover: «And so, dear friends, you just have to carry on: The dream is over.» Lennon framsto på 70-tallet mer som en kontroversiell kulturpersonlighet og en politisk aktivist enn som en betydningsfull musiker, og hans musikalske produksjon ble nokså ujevn. Han skrev enkle og sterke politiske paroler som «Give peace a chance» (1969) og «Power to the people» (1971). Han deltok også i avantgardistiske happenings sammen med sin kone, Yoko Ono. Den melodiøse og naivistiske popballaden «Imagine» (1971) har derimot i ettertid blitt stående som en av hans mest levedyktige sanger.

Post-psykedelisk folk-rock

På amerikansk jord blomstret den folk- og country-inspirerte gitarrocken opp i slutten av 60-åra. Bob Dylans backingband fra 1966, kanadiske The Hawks, som senere skiftet navn til *The Band*, spilte en støvete og jordnær landeveisrock, med tekster fra dagliglivet, gjerne med historiske og bibelske metaforer. Med innflytelse fra R&B, gospel, soul, country og folk, etablerte de en særegen amerikansk form for post-psykedelisk folk-rock. Å høre mange av deres sanger var som å se en road-movie. Senere artister som Bruce Springsteen, R.E.M. eller Tom Petty bygde i stor grad på grunnlaget som The Band la. Deres folksound var foruten bass, trommer, og akustiske og elektriske gitarer kjennetegnet av omfattende bruk av piano, Hammondorgel og munnspill. Utallige pianister og organister ble påvirket av spillestilen til Garth Hudson og Richard Manuel. Ingen av bandmedlemmene var «store sangere», men innen denne genren var de nettopp det. Hovedvokalist og låtskriver var *Robbie Robertson* (Jaime Royal Robertson, 1944). The Band hadde spilt sammen siden 1960, men først sommeren 1968 utga de sitt debutalbum «Music from Big Pink», med et cover malt i vannfarger av deres gode venn og kollega Bob Dylan. Plata var oppkalt etter et rosa hus i Woodstock, som de brukte til innspillingen. (Dylans berømte «Basement tapes»-innspilling kom også fra denne kjelleren.) «Music from Big Pink» ble den første i en serie innflytelsesrike album, hvor deres organiske samspill var langt viktigere enn individuelle instrumentalprestasjoner. De samarbeidet igjen med Dylan på LPen «Planet waves» og «Before the flood»-turneen i 1974. Karrieren ble avsluttet i 1976, med en gigantisk konsert med mange gjesteartister, som ble filmatisert av Martin Scorsese under tittelen «The last waltz». The Band ble forsøkt gjenforent flere ganger på 80-tallet – uten Robertson, og uten særlig gode resultater. Richard Manuel døde i 1986. En ny utgave av The Band gjenoppsto i 1991, også denne gang uten Robertson, som på dette tidspunktet hadde etablert seg som soloartist.

I USA ble *sørstatsrock* (også omtalt som «southern rock» eller «swamp rock») svært populær mot slutten av tiåret. Den gjenspeilte ofte sørstatenes patriotisme – og reflekterte samtidig kontinuiteten i sørstatenes kultur, i og med at den bygde på blues, country, boogie og cajun. Dette var en utpreget hvit form for tradisjonsbasert rock. Sørstatsrockens fremste representanter var sekstetten *The Allman Brothers Band*, med brødrene Duane og Gregg Allman i spissen. De hadde et tungt og sugende bluesinspirert sound, hvor de brukte to lead-gitarister og to trommeslagere. De var et utpreget live-band, og deres konsertplate «Live at The Fillmore East» (1971) regnes som en viktig konsertplate i rocken. Et av høydepunktene var den 22 minutter lange improvisasjonen «Whipping post». Duane Allman var også en mye brukt studiogitarist, som spilte for blant andre Eric Clapton, Aretha Franklin og Wilson Pickett. Bandet ble aldri det samme etter at han døde i en motorsykkelulykke i 1971. De fullførte LPen «Eat a peach», som inneholdt hit-singlen «Ramblin' man», nå forsterket av nok en pianist ved siden av Gregg Allman: Chuck Leavell. Men i 1972 omkom også bassisten Berry Oakley. Allman Brothers Bands fremste arvtagere var Lynyrd Skynyrd og ZZ Top. ZZ Tops moderne sørstatsrock inkluderte heavyrock-elementer, Texas-blues og litt synth-pop, pluss en god dose humor og skjegg, noe som etter ti år med slit og turneer ga full uttelling med LPen «Eliminator» (1983). Allman Brothers Band ble for øvrig oppløst i 1976, men gjenoppsto i 1991, da de gjorde comeback med CDen «Seven turns».

Creedence Clearwater Revival var ved tiårsskiftet antagelig USAs mest populære rockband. Med sin upretensiøse og melodiøse sørstatsrock – selv om de rent geografisk kom fra California – samlet de et bredt publikum. De hadde spilt sammen som pub-band siden 1959, og de fikk etter hvert ry som et særdeles bra live-band. De opptrådte blant annet ved Woodstock-festivalen i 1969, samme år som de slo igjennom med singlen «Proud Mary». Denne var skrevet av bandets leder og vokalist, *John Fogerty* (1945), som i likhet med Robbie Robertson må regnes som en av rockens viktige låtskrivere. I en tid hvor de fleste rockmusikere foretrakk å uttrykke seg i albumformat, drysset Fogerty i løpet av et par år ut hitsingler som «Bad moon rising», «Have you ever seen the rain?», «Green river», «Travellin' band», «Lookin' out my back door», «Who'll stop the rain» og «Up around the bend». De spilte også inn rock'n'roll-covere som «Suzie Q» og Motown-covere som «I heard it through the grapevine». På sitt beste var Creedence noe så utypisk for sin tid som et single-band med autoritet og integritet – blott til lyst, men med sjarme og intelligens. Fogertys tekster hadde ofte undertoner fra amerikansk historie, litteratur og politikk. Likevel greide aldri Creedence å krysse grensa fra å være populære underholdere til å bli et kulturelt symbol, slik så mange av deres samtidige kolleger gjorde det. Fogertys person egnet seg heller ikke til heltedyrking: Han representerte trauste og solide amerikanske middelklasseverdier. Han ville være en jordnær musiker og et menneske med integritet, og ville ikke selge seg selv. I 1972 ble bandet oppløst. Creedence's mest vesentlige LP-innspilling var «Cosmo's factory» fra 1970 – som også ble en av årets mest solgte LPer. Fogertys låter har også blitt brukt av artister som Bruce Springsteen, Tina Turner og Elvis Presley.

Både i sørstatsrocken, hos Bob Dylan, The Band og mange flere finner vi mot slutten av 60-tallet mange eksempler på en gitarorientert rock med sterke trekk av country. Dylan vendte tilbake til scenen i 1968, etter et avbrudd i karrieren på grunn av motorsykkelulykken i 1966. Han utga LPene «John Wesley Harding» (1968) og den sterkt country-inspirerte «Nashville skyline» (1969), som bidro til en fusjon mellom country og rock. I «Girl from the north country» sang han til og med duett med Johnny Cash. Man begynte på denne tida også å bruke country-rock som en genrebetegnelse. Gram Parsons var en nøkkelfigur i denne utviklingen. Han fikk, trass i en kort karriere og lavt platesalg, stor innflytelse også i videre forstand, blant annet på senere artister som Emmylou Harris, The Eagles og Elvis Costello. Ellers videreførte country-rocken trekk fra band som The Byrds og Buffalo Springfield.

Folk-rockens gjennombrudd i USA inspirerte også musikere i Storbritannia. Et viktig grunnlag for den amerikanske folk-rocken hadde vært country- og folk-sangere, i særdeleshet pioneren Woody Guthrie. Dette innebar at det først og fremst var selve sangtradisjonen som lå til grunn. I britisk folk-rock ble det imidlertid den instrumentale folk-tradisjonen og gammel tradisjonell dansemusikk som kom til å sette et visst preg på musikken. Den fremste representanten for britisk folk-rock var gruppa *Fairport Convention*. Gruppa ble startet i 1967, og repertoaret besto i starten av cover-versjoner av amerikanske folk-rockartister som The Byrds, Buffalo Springfield og Bob Dylan. Deres første LP «Fairport Convention» (1968) presenterte også en sang av den da ukjente Joni Mitchell. Gruppa var på denne tida et av de mest populære band i Londons undergrunnsmiljø, sammen med så ulike band som Pink Floyd og

Soft Machine. På deres andre LP «What we did on our holidays» fra samme år, kom en dreining mot britisk tradisjon. Sangene «Nottamun town» og «She moves through the fair» viser dette, og er dessuten de første eksemplene på en særegen britisk folk-rock. Gruppas sound ble preget av vokalisten Sandy Dennys klare og utsøkte stemme, akkompagnert av diskret koring og Richard Thompsons akustiske gitarspill. På LPen «Liege and lief» videreutviklet de sitt folk-uttrykk, og inkluderte en av Storbritannias fremste fiddlere, Dave Swarbrick. Musikken hadde nå lange instrumentale partier med improvisasjon, og flere av sangene på plata var lange episke ballader. Samtidig som soundet gikk i folk-retning, var det likevel forankret i rocken, med trommer og elektrisk komp. Som en kuriositet kan nevnes at de i 1970 ble notert i Guinness rekordbok for å ha forfattet verdens lengste låttittel: «Sir B. McKenzie's daughter's lament for the 77th mounted lancers's retreat from the straits of Loch Knombe, in the year of our Lord 1727, on the occasion of the announcement of her marriage to the Laird of Kinleakie».

«Liege and lief» regnes av mange som Fairport Conventions og den britiske folk-rockens høydepunkt, men det var også på dette tidspunktet at bandet begynte å gå i oppløsning. Bassisten Ashley Hutchings ville heller videreutvikle folk-preget enn å bevege seg ytterligere i retning av rocken, og forlot derfor Fairport Convention for å danne Steeleye Span. Dette ble den britiske folk-rockens mest kommersielt suksessrike gruppe. Et annet britisk band med stor suksess utover 70-tallet var Lindisfarne.

Gitarhelter

I England vakte to band betydelig oppsikt i 1967 med en støyende og hard rock, hvor besetningen var el-bass, trommer og el-gitar. Begge bandene var musikalsk nyskapende og virtuose, og el-gitaren var det dominerende instrumentet. Disse «power-trioene», som de ble kalt, var Cream og The Jimi Hendrix Experience. De innførte en hittil ukjent dyrkning av instrumentale ferdigheter og teknisk briljans i rocken, og begge var med sitt tunge gitar-sound viktige forløpere for heavyrocken.

Cream besto av gitaristen Eric Clapton, bassisten *Jack Bruce* (John Symon Asher Bruce, 1943) og trommeslageren *Ginger Baker* (Peter Baker, 1939). Clapton, med bakgrunn i John Mayall's Bluesbreakers og Yardbirds, var på dette tidspunktet en gitarist med tilnærmet gudestatus; i London kunne man lese «Clapton is God» i graffiti-skrift på betongveggene. Bruce og Baker hadde også imponerende merittlister fra Londons musikkmiljø, i kretsen rundt Graham Bond og Alexis Korner. Cream fikk derfor ry som rockens første «supergruppe». Debut-LPen het «Fresh Cream» (1966), og oppfølgeren «Disraeli gears» (1967) etablerte dem også i USA. Bruce skrev det meste av låtmaterialet sammen med tekstforfatteren Pete Brown. Blant Creams hitlåter finner vi titler som «Strange brew», «I feel free», «Sunshine of your love» og «White room». Men Cream var først og fremst et live-band, og på konsertene brøt de ut av poplåt-formatet med en improvisatorisk frihet som var vanlig for jazzmusikere, men ikke for rockmusikere. Alle tre medlemmene var briljante instrumentalister, og konsertene inneholdt lange solopassasjer fra alle tre, i tillegg til imponerende samspill. Alle ble forbilder for mange unge musikere. Cream ble startet i 1966 og oppløst allerede i 1968, etter to års intens konsertvirkomhet og 15 millioner solgte LPer. Selv om de kom og forsvant nokså raskt, rakk de å sette et varig preg på rocken som et av de mest innflytelsesrike band på det sene 60-tallet. De spilte sin siste konsert i Londons Royal Albert Hall i november 1968, mens fansen skrek «God save the Cream!».

The Jimi Hendrix Experience ble dannet da den svarte Seattle-gitaristen *Jimi Hendrix* (James Marshall Hendrix, 1942–70) flyttet til London i september 1966. Det var Animals-bassisten Chas Chandler som overtalte ham til å komme til England, hvor han mente publikum ville verdsette Hendrix' talent mer enn de gjorde i USA. Den selvlærte og keivhendte gitaristen hadde i mange år turnert i USA med noen av de store navnene innen svart musikk, som Little Richard, Sam Cooke, B.B. King, Jackie Wilson og The Isley Brothers. I London startet han i oktober sin egen trio med Noel Redding på bass og Mitch Mitchell på trommer, og debutsinglen «Hey Joe» ble en stor suksess jula 1966. 1967 startet med singlen «Purple haze» i januar, som med sitt frenetiske og tunge fuzz-gitarriff og sin psykedeliske tekst var som skapt for å demonstrere Hendrix' ekstraordinære begavelse. Den ble etterfulgt av nok en stor hitlåt: «The wind cries Mary» – en røff ballade som var innspilt samtidig med «Hey Joe». Hendrix var nå blitt en sensasjon i England. I mai 1967 kom debut-LPen «Are you experienced?», som lå som nr. 2 på listene i England hele sommeren, og ble en millionselger i USA. Han turnerte der sammen med – av alle – The Monkees, og i juni fikk Hendrix sitt endelige USA-gjennombrudd med sin legendariske opptreden på Monterey-festivalen. Etter en oppvisning hvor han demonstrerte en behandling av en el-gitar som ingen tidligere hadde sett eller hørt maken til, avsluttet han konserten med først å sette fyr på og deretter knuse sin Fender Stratocaster. Senere sa han om dette: «De gangene jeg brente gitaren min, var som et offer. Du ofrer de ting du elsker. Jeg elsker min gitar.» Andre scene-stunts var å spille med tennene, eller å spille med gitaren på ryggen. Det var Hendrix som gjorde den elektriske gitaren virkelig elektrisk.

I desember utga han LPen «Axis: Bold as love», hvor han ytterligere utforsket bluesens muligheter innenfor sitt eget lydrom. Han flyttet til New York, og på dobbeltalbumet «Electric Ladyland» inkluderte han flere musikere, som Steve Winwood og Dave Mason. Dette var en svært kreativ og eksperimentell plate, hvor han til dels forlot poplåt-formatet til fordel for lengre og mer avantgardistiske improvisasjoner («Voodoo chile», hvor den nye wah-wah-pedalen demonstreres, er et eksempel). Den inneholdt også en sterk versjon av Bob Dylans «All along the watchtower». Trioen gikk etter hvert i oppløsning, og da Hendrix opptrådte på Woodstock i september 1969, hadde han med seg et løst sammensatt seksmannsband under tittelen Band of Gypsys. Hans Woodstock-opptreden ble også legendarisk, særlig på grunn av den skrikende og forvrengte versjonen av USAs nasjonalsang, hvor han fikk gitaren til å låte som hele Vietnam-krigen. Hendrix utnyttet på en paradoksal måte nasjonalsangens aura av tradisjonelle verdier til å uttrykke ungdomskulturens protest, og fanget dermed samtidas kollektive bevissthet.

I 1970 hadde imidlertid Hendrix' rusmisbruk begynt å svekke kvaliteten på hans arbeid, og konsertene hadde blitt svært variable opplevelser. Hendrix ønsket like fullt stadig å gå nye musikalske veier, og innledet et samarbeid med Miles Davis-arrangøren Gil Evans, som dessverre aldri ble fullført. Hans siste opptreden var 26. august på Isle of Wight-festivalen, med omkring 250 000 mennesker til stede. Hendrix døde i London i september 1970, og ble begravd i hjembyen Seattle.

Jimi Hendrix' livsverk strakte seg over fire år og like mange LPer. Gjennom dette fikk han status som rockens største gitarist, fordi han enkelt sagt redefinerte el-gitaren som instrument: El-gitaren ble aldri den samme etter Jimi Hendrix. Han tok i bruk feedback på nye måter – som et musikalsk virkemiddel mer enn bare som en effekt, og utviklet virtuose spilleteknikker og lydteksturer. Han hadde et langt bredere uttrykksregister enn noen annen samtidig gitarist. Han blandet bluesrøtter med psykedelisk rock, og var også en betydningsfull låtskriver. Vi må gå 30 år tilbake i tida for å finne sammenlignbare stilskapere på gitar før ham. Da tenker vi på Charlie Christian og Django Reinhardt, som sent på 30-tallet tok i bruk gitaren som et solistisk jazzinstrument, eller på de første store elektriske blues- og R&B-gitaristene, som T-

Bone Walker og Elmore James. Hendrix kan også betraktes som en parallell til forrige århundres bejublede instrumentalvirtuoser, som Frederic Chopin, Franz Liszt eller Nicolo Paganini. Han kan sidestilles med den moderne jazzens store stilskapere som Charlie Parker, Ornette Coleman eller John Coltrane – musikere som han også var sterkt inspirert av. Da han mot slutten av sitt liv planla å samarbeide med Miles Davis, var dette ikke noe tilfeldig valg: Jazz-rock-fusjonen som skjedde rundt 1970 ble i stor grad inspirert nettopp av Hendrix' og Davis' musikalske nyvinninger. Når Hendrix framheves som en av heavyrockens grunnleggere, er også dette riktig.

Høyere og hardere

På slutten av 60-tallet vokste det fram en ny, gitarbasert genre i rocken: *heavyrock*. Det ble, som tidligere nevnt, på denne tida utviklet forsterkere og lydsystemer som gjorde det mulig å spille med et helt annet volum og lydbilde enn tidligere. Engelskmannen Jim Marshall hadde på 60-tallet satt i produksjon sin 100-watts gitarforsterker. Etter hvert ble et stadig økende antall watt et hovedpoeng for de nye heavybandene, og man bygde opp store vegger med Marshall-forsterkere. Samtidig hadde Hendrix og andre gitarister vist vei når det gjaldt tyngre, tøffere og hardere gitarlyd, og el-gitaren var blitt et instrument med uutforskede muligheter. Effektpedaler som fuzz og wah-wah var i ferd med å bli vanlige, og forsterkere og trommesett ble bygd stadig større. PA-anleggene førte etter hvert til en mer helhetlig lydtenkning, hvor et massivt lydbilde kunne styres av en mikser. Heavyrocken ble framfor alt gitarheltenes arena. Dernest ble det en arena for vokalposørene, som regel med skrikende vokal i høyt stemmeleie, som var mikset langt bak for å presse seg igjennom veggen av gitarlyd. Tunge bassriff, ofte unisont med gitar, og drønnende trommer ble også viktige i soundet. Keyboards, blåsere og orkestrering var som regel fraværende. Musikken var basert på el-bass, el-gitar og trommer, og låtene var vanligvis forankret i blues og nokså enkle i formal oppbygning – men nå med en helt annerledes spillestil og sound. Selve soundet ble et vesentlig trekk ved denne genren: Der hvor man tidligere hadde spilt med «vrengt» (overstyrt) gitar, spilte man nå med et «vrengt» lydbilde, og med et volum nær smertegrensen. Musikkens «powerchord»-estetikk med elementer av blues og lån fra klassisk musikk ble karakteristisk, likeså vekten på hurtighet og spilleteknikk. Det voldsomme, dramatiske og fysiske uttrykket gjorde

heavyrocken til en sanselig og kroppslig musikkform, og en typisk livemusikk. En dramatisk og teatralsk opptreden ble avgjørende: Heavyrockens image skulle være truende og tøft, med skinnklær og langt, flagrende hår. Gitaren lå langt ned på knærne og ble ofte brukt bevisst som et våpen- og fallossymbol. Heavyrockernes budskap var kort og godt dem selv.

Heavyrockens frontfigurer oppviste en tiltakende trang til å flørte med eller bryte tabubelagte grenser: Etter hvert tok flere av dem i bruk diverse skrekkeffekter, slanger, pornografiske symboler, middelaldersk og pompøs gotisk symbolikk, og religiøs symbolikk fra blant annet okkultisme og norrøn mytologi. Tilsvarende var mange tekster preget av sexisme, gjerne med et pornografisk og kvinnefiendtlig tilsnitt, dødsromantikk, voldsforherligelse og skrekkvisjoner. Historisk kan også dette elementet i heavyrock anses som en ekstrem videreføring av blues (Robert Johnson som «solgte sin sjel til djevelen»). Macho-holdningene framsto som en hån mot hippienes peace and love-filosofi, og de appellerte langt sterkere til unge gutter enn til jenter: Heavyrocken ble en musikkform for gutter, fortrinnsvis i tenårene. Det fysiske lydrommet i heavyrocken ble en arena for gutters pubertetsfantasier om sexbravader og lærkledde kvinner med høyhælte sko. Senere har denne visuelle estetikken blitt tydeliggjort ikke bare gjennom konserter, men også i musikkvideoer, noe som utvilsomt har bidratt til å stemple heavyrock som noe vulgært eller primitivt. Men «primitivt» trenger ikke nødvendigvis å være et entydig negativt uttrykk i denne sammenhengen: Heavyrocken hyller uhemmet bluesens klassiske uttrykksideal: Styrke, energi og virilitet, paret med massekulturens konstruerte macho-helteverden. Den oser av grunnleggende rock'n'roll-retorikk. Den sosiale dimensjonen ved heavyrock skal ikke undervurderes: For mange fans ble den like mye en livsstil og en livsholdning som en musikkform. Samtidig gjorde disse subkulturelle aspektene ved heavyrocken – kanskje mer enn selve det musikalske uttrykket – den til et lett bytte for kritikere.

To trekk kjennetegner heavyrocken, eller heavy metal, som den senere kom til å bli kalt: For det første er heavyrock en ganske unik trend i rocken fordi den har holdt seg kontinuerlig populær. Musikkformen har vært like livskraftig og aktuell så lenge den har eksistert. For det andre utmerker heavyrocken seg med entydighet i uttrykkselementene, musikalsk og visuelt, og den ble gjennom dette en konservativ uttrykksform.

Heavyrocken er den siste hovedsakelig bluesbaserte genre som har vokst fram gjennom rockens historie, og den var en frukt av 60-tallets store bluesinteresse. Heavyrocken synliggjorde også en forskjell i det amerikanske og det britiske publikums smak: Den fikk klart størst varig innpass i det amerikanske markedet. Kanskje er det derfor overraskende at heavyrock begynte som en britisk, og ikke amerikansk, nyskaping: Hvite, unge, britiske bluesinspirerte gitarister ledet an i utviklingen. Heavyrocken vokste så å si rett ut av den britiske R&B-bølgen på 60-tallet. The Whos «My generation» (1965) og Kinks' «You really got me» (1964) er klare forløpere – sistnevnte omtales gjerne som «den første heavy metal-single». Yardbirds ble den direkte forløperen til heavy-pionerene Led Zeppelin. Eric Claptons betydning for heavyrocken skal heller ikke undervurderes, gjennom hans innsats i Yardbirds og Cream. Både The Who, Cream og Jimi Hendrix Experience hadde allerede i 1966 innført et rått og støyende power-trio-format og en dramatisk sceneopptreden, som ble trendsettende.

Dersom vi skal finne heavy-gitarens røtter, er det flere låter fra både 40- og 50-tallet som har en gitarlyd som er helt på kanten til «vrengt». Dette gjelder for eksempel Francis Beechers solo på «Rock around the clock» (1954) og Scotty Moores soli på «Hound dog» (1956) og «Jailhouse rock» (1957). En av de første platene som direkte antydet framtidas heavy-gitar, var Link Wrays millionselgende instrumental «Rumble» som ble utgitt i 1958, men innspilt allerede i 1954. Soundet herfra ble senere kalt fuzz-tone, og inspirerte oppfinnelsen av fuzz-boksen, som ble et sentralt element i heavy-soundet. Med den britiske invasjonen kom el-gitaren i fokus som aldri før. George Harrison («I feel fine», 1964), Pete Townshend («My generation», 1965) og Jeff Beck («Lost women», 1966) utnyttet gitar-feedback som et nytt musikalsk redskap, før altså Jimi Hendrix tok skrittet fullt ut i 1967.

Det finnes også amerikanske forløpere for heavyrocken. Her må band som Vanilla Fudge, MC5 og storselgerne Iron Butterfly nevnes – og framfor alt Jimi Hendrix, selvfølgelig. Dessuten hadde Grand Funk Railroad 10 millionselgende LPer i de tidlige 70-årene, og samlet fulle arenaer. Men først og fremst startet altså heavyrocken i England, og her ble band som Uriah Heep, Wishbone Ash og UFO alle startet i 1969. Heavyrockens tre viktigste stilskapere kom også herfra: Led Zeppelin, Deep Purple og Black Sabbath.

Heavyrockens stilskapere

Eric Claptons og Jeff Becks etterfølger som gitarist i Yardbirds, var *Jimmy Page* (1944). Han hadde også bakgrunn som en av Englands garvede studiomusikere, han var kunnskapsrik og vel bevandret i populærmusikkens historie, og hadde spilt med blant andre The Who, Tom Jones, Cliff Richard og Joe Cocker. Da Yardbirds gikk i oppløsning i 1968, forsøkte Page og manageren Peter Grant å sette sammen et band under navnet New Yardbirds. De turnerte i Skandinavia i oktober, for så å returnere til England, hvor de spilte inn sin debut-LP på 30 timer, og skiftet navn til *Led Zeppelin*. Våren 1969 slo de igjennom på rekordtid – først i USA og deretter i England – som et resultat av nøye kalkulert turnering og mediaeksponering, men ikke hitlåter. De fulgte opp med den eksplosive LPen «Led Zeppelin 2» i oktober, som overtok førsteplassen på albumlistene etter The Beatles' «Abbey road», og dermed symboliserte et musikalsk tronskifte i britisk rock inn i 70-tallet. Led Zeppelin ble heavyrockens kvintessens og genrens mest populære band, og på samme tid det mest uavhengige og kreative heavybandet på 70-tallet. På grunn av deres betydning som stilskapere og inspiratorer for andre band må de regnes som et av de viktigste bandene i rocken.

Foruten Page besto Led Zeppelin av vokalisten *Robert Plant* (1948), bassisten *John Paul Jones* (John Baldwin Jones, 1946) og trommeslageren *John Bonham* (1948–80). Både som band og hver for seg ble disse fire musikerne sentrale stilskapere innen rocken: Jimmy Page ble en av de store gitarheltene. Hans spillestil var framfor alt konsentrert om sound og klang, mer enn rytmikk eller melodiøsitet. Plant dannet med sin karakteristiske, lyse stemme skole for heavy-vokalister. Utallige unge musikere og heavyband har blitt inspirert av disse to. Åpningen av «Immigrant song» (1969) er et godt eksempel på Page og Plants stil: Et dundrende gitarriff i oktaver som legger grunnen for Plants lyse, skrikende stemme på toppen. (Her hører vi også det karakteristiske tritonus-intervallet – for 500 år siden forbudt og betraktet som «djevelens intervall» – som går igjen i flere Led Zeppelin-låter.) John Paul Jones viste hvordan en el-bass skal brukes i heavyrock, og hadde også en viktig rolle som bandets hovedarrangør, mens Page og Plant var hoved-låtskrivere, og Page produserte. Bonham ble et forbilde for heavy-trommeslagere. Hans solo på «Moby Dick» (1969) ble epokegjørende, og bandet brakte også trommene lenger fram i lydbildet eksempelvis på «Whole lotta love» (1969) og «When the levee breaks» (1971).

Som band var Led Zeppelin grunnleggende blues-forankret. De bygde flere låter på gamle bluesriff og -tekster, fra blant andre Willie Dixon, Robert Johnson og Muddy Waters. Gjennombruddslåten «Whole lotta love» (1969) var basert på Dixons «You need love». Her definerte de nærmest heavyrock ved å kombinere og integrere instrumental virtuositet, et «vrengt» lydbilde, et ekstremt høyt volum, et drønnende trommebeat, en enkel macho-tekst og en hysterisk leadvokal. Deres musikalske hovedinnsats ligger i de fire nr. 1-LPene de utga mellom 1969 og 1971. Høydepunktet må sies å være deres fjerde LP, som kom uten tittel i 1971, men som vanligvis kalles «Runes», «Four symbols», «Zoso» eller rett og slett «Led Zeppelin 4». Denne inneholder klassikere som «Stairway to heaven», «Rock and roll», «The battle of Evermore» og «Black dog».

Led Zeppelin skrev langt på vei reglene for heavyrocken, men var samtidig det heavybandet som oftest brøt dem. Mye av bandets originalitet lå i at de i økende grad også trakk inn elementer fra folk, britisk folkemusikk og orientalsk musikk. Ofte hadde de et akustisk dominert sound, med instrumenter som akustisk gitar og mandolin, noe som ga deres musikk nyanser og en rikdom av musikalske spektre som vi finner hos få eller ingen andre heavyband. Folk-preget og dragningen mot mystikk var også en arv fra hippietida. Det var et betydelig innslag av mystisisme og gåtefulle referanser både i deres hemmelighetsfulle image og i til dels kryptiske tekster. Deres berømte epos «Stairway to heaven» (1971) viser spekteret og substansen i Led Zeppelins musikk. Den har en «søken etter sannheten»-tekst og referanser til gamle myter og middelalderballader. Låten bygges gjennom 8 minutter opp fra en rolig akustisk folk-åpning med blokkfløyter, med økt intensitet og stadig nye instrumenter og temaer, til det hele ender opp i et voldsomt klimaks med ekstatiske heavy-fanfarer mot slutten. Led Zeppelin maktet her å forene det orkestrale og avanserte med de mest elementære basiselementene i heavyrock, og selve oppbygningen av denne låten er en analogi til tittelen. Typisk nok ble «Stairway to heaven» aldri utgitt som single, men like fullt ble den en av tiårets mest tidstypiske og levedyktige låter. Det ble for øvrig hevdet at det lå et baklengsmaskert budskap – «My sweet Satan» – gjemt i denne innspillingen. Led Zeppelin fikk rykte for å være satanistisk inspirert, og det er i hvert fall kjent at Page hadde uvanlig store kunnskaper og sterke personlige interesser i okkult retning: Han bosatte seg også i det gamle slottet til Alister Crowley, en av okkultismens grunnleggere. Sikkert er det at det mystiske og gåtefulle som Led Zeppelin omga seg med, hadde stor appell til deres fans, og medførte nitide granskninger av deres plater.

Led Zeppelin ble stilskapere også på andre områder enn de rent musikalske, og deres karriere viser dimensjonene i rockbransjen på 70-tallet. De hadde bare én hitsingle i USA, og utga ingen singler i Storbritannia, selv om de fikk store radio-hits. Dermed kjøpte folk LPene i stedet. De bygde opp sin suksess gjennom jungeltelegrafen, LP-innspillinger og intens turnevirksomhet. Dette ble etter hvert en vanlig framgangsmåte for heavyband. Samtidig dikterte de det aller meste når det gjaldt deres økonomi og karriere: De fikk tidenes til da største kontraktsforskudd fra sitt plateselskap, før selskapet en gang hadde sett dem i aksjon på scenen. De satte seg selv i en posisjon hvor de selv kunne diktere betingelsene overfor bransjen, og greide dermed å beholde det meste av de enorme inntektene selv – på et helt annet nivå enn hva de store bandene på 60-tallet hadde greid. De utviklet seg til å bli et legendarisk liveband. Turneene ga også nye dimensjoner til begrepet «sex, drugs & rock'n'roll»: Led Zeppelin overgikk de aller fleste. Turneene var ville orgier med knuste hotellrom, skandaler og okkulte seanser fra kontinent til kontinent. De var også det første rockbandet som turnerte med sitt eget private jetfly. Punkerne så på Led Zeppelin som dekadente nullskatteytere og legemliggjørelsen av alt som var galt med rocken.

Ingen av de tre gjenlevende Led Zeppelin-medlemmene har etter oppløsningen i 1980 hatt noen suksess som soloartister som kan måle seg med deres innflytelse som band. Den som kommer nærmest, er Plant, som har hatt en solokarriere med en viss kontinuitet. Plant og Page har opptrådt sammen flere ganger, blant annet på den kritikerroste CDen «No quarter» i 1994.

Deep Purple ble dannet i 1968, med gitaristen *Ritchie Blackmore* (1945), keyboardisten *Jon Lord* (1941) og trommeslageren *Ian Paice* (1948) pluss to andre medlemmer. Denne besetningen spilte inn 3 LPer med svært vekslende kvalitet og blant annet flere cover-versjoner av poplåter, før den klassiske Deep Purple-besetningen oppsto i 1969, med vokalisten *Ian Gillan* (1945) og bassisten *Roger Glover* (1945). Denne besetningen debuterte i september 1969 med Lords «Concerto for group and orchestra», sammen med Londons Royal Philharmonic Orchestra. Bandet valgte likevel å forlate den symfonisk inspirerte stilen for å bli et mer gitarorientert heavyband. Lord var klassisk utdannet, og hans virtuose orgelspill ble bandets fremste og mest originale varemerke. Blackmore var også svært opptatt av klassisk musikk, og hevdet at han generelt likte svært lite rock. Hans gitarspill ble derfor preget av motiver fra klassisk musikk så vel som blues, og i likhet med Lord ble han derfor en viktig stilskaper.

LPen «Deep Purple in rock» og singlen «Black night» ble gjennombruddet i 1970. Albumet ble en milepæl innen heavyrocken. Det inneholdt blant annet heavyrockens svar på The Beatles' orkestrale «A day in the life»-sekvens: Den monumentalt oppbygde «Child in time», som ble et av bandets musikalske høydepunkter. På «Speed king» og «Hard lovin' man» demonstrerte Blackmore akrobatisk gitarspill, og Deep Purple viste seg å være et instrumentalt fyrverkeri i samspill og sound. Deres største hit ble «Smoke on the water» fra LPen «Machine head» (1972), med et massivt og overveldende sound, og et gitarriff som har blitt et av rockens mest berømte.

Deep Purple med denne besetningen varte fram til 1973, og da kom bassisten Glenn Hughes og den helt ukjente vokalisten *David Coverdale* (1943) inn. På en av Coverdales første konserter med bandet fant Blackmore det for godt å smadre et TV-kamera og la gitarforsterkerne eksplodere, som en del av sceneshowet. Uheldigvis tok hele scenen fyr – og heldigvis finnes det et legendarisk filmopptak av denne begivenheten («California jam»). Deep Purple utga albumene «Burn» og «Stormbringer» (1974), og deres popularitet var større enn noen gang, helt fram til de ble oppløst i 1976. Deep Purple-medlemmer ble senere nøkkelpersoner i heavybandene Rainbow (Blackmore) og Whitesnake (Coverdale). I 1984 ble Deep Purple gjenforent med den klassiske besetningen.

Vi har tidligere omtalt heavyrockens bruk av okkulte symboler. Trendsetterne i denne sammenheng var *Black Sabbath*. De sto for en direkte og massiv tungrock med sterke og teatralske hentydninger til okkultisme og svart magi. Gjennom dette startet de en voksende trend innen heavy-kulturen, som også ble forløperen for de mer ekstreme variantene som ble utviklet på 80-tallet. I likhet med de to foregående bandene ble også Black Sabbath dannet i England i 1968. Bandet besto av en gjeng barndomskamerater fra Birmingham: Vokalisten *Ozzy Osbourne* (John Michael Osbourne, 1948), gitaristen Tony Iommi, bassisten Geezer Butler og trommeslageren Bill Ward. Det har senere vært en del uoverensstemmelser innad i bandet og en lang rekke utskiftninger; den viktigste var at Osbourne overlot mikrofonen til Rainbow-vokalisten *Ronnie James Dio* (Ronald Padavona Dio, 1948) i 1979. Dio forlot bandet allerede i 1982, og startet en solokarriere. Nesten hele originalbesetningen av Black Sabbath var samlet på LPene «Heaven and hell» (1980) og «Dehumanizer» (1992), men i 1995 var bare Tony Iommi tilbake. Ozzy Osbourne har senere beholdt stor popularitet som soloartist, men også til tider nærmet seg en parodi på heavy-mytene: Han har opptrådt i et lendeklede innsmurt i blod, og vakte ved en anledning oppsikt ved å bite hodet av en død flaggermus på scenen, noe som ble i sterkeste laget både for garvede heavy-fans og for Osbourne selv, som i all hast ble brakt til nærmeste sykehus for rabies-undersøkelser. Han ble også saksøkt av foreldrene til en gutt som hadde begått selvmord, angivelig påvirket av Osbournes låt «Suicide solution», men han ble frikjent av retten i 1985.

Led Zeppelin hadde blitt lansert som «det nye Cream», og da plateindustrien jaktet på et «nytt Led Zeppelin» i 1970, var tida kommet for Black Sabbath. Deres debut-LP, med samme navn som bandet, vakte stor oppsikt. Tittellåten er en av Osbournes sterkeste opptredener, hvor stemmen hans høres ut som den kommer fra en skrekkfilm hvor han er i ferd med å bli kastet i helvete – heller enn å komme fra et rockalbum. Oppfølgeren «Paranoid» ble også en av heavyrockens klassikere.

Black Sabbath levde opp til sitt navn ved i en periode å innlede sine konserter med en okkult seremoni. Denne virket så vidt autentisk at Alex Sanders, som på den tida var leder for et større okkult nettverk, så seg nødt til å advare dem mot å vekke krefter som de ikke ville være i stand til å kontrollere. Det er gode grunner for å trekke i tvil hvorvidt Black Sabbath-medlemmene selv var «helhjertede» satanister, men det er ingen tvil om at de oppdaget og til fulle utnyttet salgspotensialet som lå i et slikt image – noe som senere skulle bli kopiert av mange heavy-band. Selv om andre band har hatt langt større kommersiell suksess, står de derfor som en prototyp innenfor heavyrocken.

15 Ekspansjon og stilpluralisme

Siste halvdel av 1960-tallet representerte en gjennomgripende forandring av populærmusikken. 50-tallet, som ofte har blitt omtalt som det mest revolusjonerende tiår i populærmusikkens historie, var musikalsk sett mer en fullending av tilnærmingen mellom svart og hvit musikktradisjon. Slik sett var 50-tallets rock'n'roll mer tradisjonsforankret enn den var progressiv. På 60-tallet ble imidlertid grunnlaget lagt for progressive og eksperimentelle strømninger i populærmusikken, i og med rockens gjennombrudd. Med utgangspunkt i disse progressive strømningene ble rocken på 70-tallet kjennetegnet av et stilistisk og estetisk mangfold, som vi kaller stilpluralisme. 60-tallets nyvinninger la grunnlag for en oppsplitting i en rekke høyst ulike stilretninger som eksisterte parallelt på 70-tallet, men som alle likevel i vid forstand sorterte inn under rock-begrepet.

Vi har i de tre foregående kapitlene beskrevet denne utviklingen på det sene 60-tallet, og påpekt hvordan rocken tok form både gjennom en innadvendt, teknologibasert strømning, og gjennom en utadvendt, gitarbasert strømning. Mot slutten av 60-tallet oppsto også en tredje strømning som ble gitt flere navn: prog-rock, kunst-rock, symf-rock eller pomp-rock. Disse begrepene er i prinsippet et uttrykk for det samme, og vi velger å kalle denne retningen *progrock*. Begrepet er en betegnelse for en genre innen rocken som særlig var utbredt i England mellom 1970 og 1975. Begrepet «progrock» betegner altså ikke den progressive tendensen i videre forstand.

Perfeksjonisme og stilistisk ekspansjon

I siste halvpart av 60-tallet kom det flere britiske band som utviklet en progrock-stil. Typisk for alle disse var en utpreget perfeksjonistisk til-

nærming til musikken, og en større åpenhet overfor andre musikkformer. Deres musikalske uttrykk ble nyansert og sofistikert, og appellerte sterkt til lytteopplevelser. Flere låter var tydelig inspirert av klassisk musikk, og mange av bandmedlemmene hadde også klassisk musikkutdanning. De tidligere skarpe grensene mellom klassisk musikk og populærmusikk var altså mulig å utfordre. Bandene hentet inspirasjon fra klassisk musikk, fra jazz og fra folkemusikk, hvor de lånte temaer og formstrukturer, samt hentet inn instrumenter som hadde vært fremmede i populærmusikken. Denne retningen var ingen «gjør-det-selv-musikk» – den krevde i mange tilfeller kostbart instrumentarium, et høyt instrumentalteknisk nivå, kunnskaper om kompositoriske håndgrep, samt musikkhistorisk og teknologisk innsikt. I tillegg til dette ble også synthesizere og andre elektroniske instrumenter viktige ingredienser i progrockens nye lydrom. Selve utstyrsparken ble i seg selv et maktsymbol, og keyboardhelter som Rick Wakemans og Keith Emersons dramatiske opptreden ga heavyrockens gitarhelter konkurranse.

Fire tendenser gjorde seg sterkt gjeldende i progrock: For det første et større innslag av improvisasjon og instrumental virtuositet. Mens improvisasjon i tidligere populærmusikk stort sett var begrenset til solopartier, gjorde progrock improvisasjon til et bærende element i musikken. Særlig kom dette til uttrykk på konserter, men også mange av platene viste den samme tendensen.

For det andre var artistene innen progrock ofte opptatt av filosofiske temaer, noe som kom til uttrykk gjennom drømmeaktige, mystiske og surrealistiske tekster og lydbilder. Mye av musikken var instrumental, og selv om tekstene var sentrale, var de ofte knappe i formen. Vokalistens oppgave var å «bringe visdom».

For det tredje merkes en klar tendens til lengre låter med en mer sammensatt og kompleks struktur. Korte gjentatte riff og hook-linjer ble erstattet med lengre linjer i en kompositorisk utvikling av låtene. Denne type musikk egnet seg overhodet ikke for singler, og LPen ble derfor også progrockens format. Mange av utgivelsene var såkalte konseptalbum, hvor ett eller flere gjennomgangstemaer bandt musikken sammen. I tråd med dette ble begrepet «låt» for snevert, og mange erstattet etter hvert dette med «verk» eller «suite». Progrocken har derfor sterkere ekstensjonale trekk enn mange andre genrer innen rocken. Det at musikerne la større vekt på improvisasjon, førte i seg selv til lengre låter, og på enkelte innspillinger kunne de improvisatoriske partiene være lengre enn de arrangerte.

For det fjerde ble det eksperimentert med selve soundet. Instrumenter som ikke var vanlige å bruke i rock, som for eksempel blokkfløyte, celesta, pikkolotrompet, bassmunnspill, harpsikord og pipeorgel, ble nå brukt bevisst for å skape nye sounds. I tillegg til denne berikelsen av klanglige muligheter gjennom akustiske instrumenter ble det på denne tida utviklet en rekke nye elektroniske instrumenter. Særlig Moog-synthesizeren ble viktig, men også mellotron, el-piano, forskjellige elektroniske orgler og såkalte «strings» (en type tangentinstrument) ble mye brukt. Stereoteknikken ble nå utnyttet til å skape et flerdimensjonalt lydrom, som åpnet for nye dimensjoner av lytteopplevelser.

Romantikk og avantgarde

Den engelske gruppa *The Zombies* var i progrock-sammenheng forut for sin tid, noe som ganske sikkert også kan forklare hvorfor dens popularitet ble så kortvarig. Allerede i 1964 gjorde de innspillinger som pekte framover mot progrocken. Gruppas sound karakteriseres først og fremst av Rod Argents jazzinspirerte el-pianospill, og Colin Blunstones sensuelle og luftige vokal. Singlene «She's not there» (1964), «She's coming home» (1965) og «Time of the season» (1968) er eksempler på The Zombies' eksperimentelle sound: Kontrastfylt instrumentering og arrangement, variasjoner i tempi og rytmikk, og utstrakt bruk av romklang.

I 1967 utga den engelske gruppa *Procol Harum* sin legendariske single, «A whiter shade of pale». Låten er sterkt inspirert av J.S. Bachs «Air» fra orkestersuite nr. 3, og både den fallende basslinja og orgeltemaet er et lån fra denne. Matthew Fishers Hammondorgel spilte en viktig rolle i Procul Harums sound – det var dessuten uvanlig med både piano og orgel i rocksammenheng. Keith Ried ble ansett som et fullverdig medlem av gruppa uten å spille noe instrument eller synge. Han skrev mystiske og gåtefulle, men vakre tekster i en psykedelisk stil, og ble et forbilde for mange senere tekstforfattere. LPene «Shine on brightly» (1968) og «Salty dog» (1969) ble også viktige forløpere for progrocken, ikke minst på grunn av instrumenteringen, som var utvidet med celesta, marimba og blokkfløyter.

I britisk progrock kan vi til en viss grad skille mellom to hovedtrender: På den ene side musikk som la vekt på det lyttevennlige, og som hentet inspirasjon fra en klassisk-romantisk stil, med vakre og orkestrerte melodier. På den annen side musikk som var inspirert av samtidas avantgarde-kunst og elektroniske musikk, noe som skapte et mer abstrakt og krevende uttrykk.

En gruppe som ble toneangivende gjennom sin tilnærming til klassisk-romantisk stil, var *Moody Blues*. Gruppa ble berømt og populær gjennom sitt orkestrale og pompøse sound. Enkelte kritikere har beskrevet gruppas musikk som «pseudo-philosophical music to get stoned by». I 1967 kom LPen «Days of future past» og hitsinglen «Nights in white satin». Keyboardisten Mike Pindar brukte her en mellotron med stryker-lyder som ble typisk i gruppas sound: Tunge lydtepper og euforisk klang. Over dette lå gitaristen Justin Haywards og fløytisten Ray Thomas' velbalanserte vokal. Mange av deres album kretset omkring drømmeaktige og mystiske temaer, noe som passet svært godt inn i hippienes peace and love-ideologi. Samtlige av deres mange LPer mellom 1968 og 1972 ble store salgssuksesser. LP-titlene forteller noe om gruppas interessesfærer: «In search of the lost chord» (1968), «On the threshold of a dream» (1969), «To our children's children's children» (1969), «A question of balance» (1970), «Every good boy deserves favour» (1971) og «Seventh sojourn» (1972). Et noe kuriøst produkt av den britiske progrocken er for øvrig gruppa Electric Light Orchestra (ELO) sin innspilling av «Roll over Beethoven» fra 1973: Her presterte de å framføre Chuck Berrys rock'n'roll-klassiker med strykere og sitater fra Beethovens femte symfoni. ELO var et svært Beatles-inspirert band, som ikke minst tok utgangspunkt i stilen fra «I am the walrus», med mange mørke strykere. Utover 70-tallet oppnådde ELO høye salgstall med mer konvensjonelt orientert pop, og deres leder, Jeff Lynne, ble senere også en mye brukt produsent.

Andre artister lot seg ikke bare inspirere av klassisk musikk, men spilte også inn moderne versjoner av klassiske verk. En begivenhet i denne sammenheng ble utgivelsen av LPen «Switched on Bach» (1969) med ingeniøren og komponisten Walter Carlos (senere Wendy Carlos). Carlos arbeidet sammen med Robert Moog med utviklingen av Moog-synthesizeren, og gjorde altså en innspilling med verk av J.S. Bach spilt på synthesizer. LPen ble oppsiktsvekkende populær, den oppnådde 10. plass på Billboards popliste. Plata er også en av de få som har blitt crossover-hit mellom popliste og klassisk liste, i og med at «Switched on Bach» også lå på den klassiske lista i 310 uker. Carlos' utgivelse var kanskje den viktigste enkeltfaktor i utbredelsen av synthesizere generelt, og Moog-synthesizeren spesielt.

I 1969 utga den skotsk-engelske gruppa *Jethro Tull*, med fløytisten og vokalisten Ian Anderson som frontfigur, sin andre LP «Stand up». Her spilte de en versjon av J.S. Bachs «Bourée» fra luttsuite nr. 1 – nok et eksempel på klassisk musikk i rock-utgave. Bachs hovedtema ble gjengitt med svingte åttedeler, men for øvrig nokså ubearbeidet. B-delen var derimot en fri bearbeiding med improvisatoriske innslag fra Andersons tverrfløyte. Jethro Tull ble senere et viktig band innen progrocken, som også hentet impulser fra britisk folkemusikk. «Aqualung» (1971) blir av mange regnet som høydepunktet blant gruppas mange LPer. Plata var et typisk konseptalbum, som tok opp religiøse og filosofiske temaer. Anderson forklarte temaet slik: «Sangene handler om åndelig likeverd mellom mennesker, de handler om å lete etter Gud i menneskene – i alle mennesker.» Platas B-side var bygd opp som en suite i fem satser: «My God» og «Hymn 43» var klagesanger til Gud, inspirert av blues. «Slipstream» og «Locomotive breath» omhandlet døden, livet etter døden, og livets og dødens uendelige kretsløp. På tross av alvorlige undertoner hadde alle låtene også islett av humor.

King Crimson ble prototypen på tidlig britisk progrock. Gruppa ble dannet i 1969, og samme år kom deres første LP, «In the court of the Crimson King». King Crimsons musikalske leder var gitaristen, keyboardisten, komponisten og pedagogen *Robert Fripp* (1946). Blant andre medlemmer nevner vi Greg Lake, som senere ble bassist i Emerson, Lake and Palmer, trommeslager Bill Bruford som kom fra gruppa Yes, og bassisten John Wetton som senere ble medlem av Uriah Heep. King Crimsons musikk var ekstravagant og barokk i sitt uttrykk, med inspirasjon fra klassisk avantgarde. Men Fripp var også opptatt av franske impresjonister som Debussy og Ravel, og ikke minst av den ungarske komponisten Béla Bartók. Dette gjenspeilte seg blant annet i hans mellotron-spill, som var sentral i gruppas sound. En kritiker kalte King Crimsons musikk «organisert anarki», men deres debut-LP solgte over én million eksemplarer i USA, og ble en av årets mest solgte plater også i Storbritannia. Gruppa hadde store problemer med å holde en fast besetning, og etter stadige utskiftninger oppløste Fripp gruppa i 1974. Fripp har senere markert seg i mange musikalske sammenhenger, og har alltid vist stor vilje og evne til å eksperimentere.

Rockens nye arkitektur

I 1969 debuterte gruppa *Yes*, etter at den året før hadde vært oppvarmingsband for Cream på deres avskjedsturne. Den erfarne studiomusikeren, keyboardisten og komponisten *Rick Wakeman* (1949) bidro sterkt til å skape gruppas særegne sound gjennom bruk av mellotron, synthesizere og barokkinstrumentet harpsikord, samt dets elektriske motstykke, clavinet. Gruppa ble også kjent for sine korarrangementer, som ble en viktig del av deres fyldige sound. Yes fikk stort kommersielt gjennomslag, men enkelte kritikere kalte stilen «techno-flash», og mente med det at bandets musikk var for oppvisningspreget og pretensiøs. LPen «Closer to the edge» (1972) var deres største suksess. Også Yes opplevde flere utskiftninger, men har likevel eksistert som band lenger enn de fleste fra britisk progrock, og holdt det gående til 1987.

Rick Wakeman forlot tidlig i 1973 Yes for å satse på en solokarriere. Han utga mellom 1973 og 1975 tre av rockens mest ambisiøse konseptproduksjoner: «The six wives of Henry VIII» (1973) og «Journey to the centre of the earth» (1974). Sistnevnte var basert på Jules Vernes fortelling med samme navn, og ble innspilt med London Symphony Orchestra – et verk med solister, forteller og bredt anlagte orkesterpartier. «The myths and legends of king Arthur and the knights of the round table» (1975) ble framført med fullt symfoniorkester, stort kor og Wakemans velassorterte keyboards.

Et av progrockens mest prominente band var *Emerson, Lake and Palmer*. Gruppa ble dannet i 1970, og deres første offentlige opptreden var på Isle of Wight-festivalen samme år. Keyboardisten *Keith Emerson* (1944) kom fra gruppa Nice, som også var et betydningsfullt progrockband. Under progrockens storhetstid figurerte Rick Wakeman og Keith Emerson vekselvis i musikkpressen som «verdens fremste keyboardspiller». Bassisten Greg Lake kom som nevnt fra King Crimson, og trommeslageren Carl Palmer hadde spilt med blant andre Atomic Rooster. Trioens opptreden på Isle of Wight ble en suksess, og med sin andre LP, «Tarcus» (1971), fikk gruppa superstjernestatus. Musikken hadde uforutsigbare skifter i tempo og klang, soundet var hardt og aggressivt. (Enkelte kalte faktisk musikken «heavy metal».) Mange av deres produksjoner solgte svært bra, men ingen kunne måle seg salgsmessig med «Tarcus». «Pictures at an exhibition» (1971) var en live-innspilling av den russiske romantiske komponisten Modest Musorgskijs klaververk. Deres progrock-utgave av dette verket ble en stor konsertattraksjon, og musikken viste seg å ha appell blant rockpublikumet. «Trilogy» (1972) og «Brain salad surgery» (1973) var sentrale utgivelser for bandet, men markerte også begynnelsen på slutten for Emerson, Lake and Palmer. Deres imponerende sceneshow, særlig uttrykt gjennom Emersons frenetiske behandling av sine instrumenter, gjorde publikum ville av begeistring: Han spilte seg bokstavelig talt til blods, angrep Hammondorgelet med kniver, og skapte nye klanger ved å løfte og slippe instrumentet i gulvet.

Emerson, Lake and Palmer ble, sammen med andre progrock-grupper som Pink Floyd, Yes og Genesis, toneangivende for en ny type konsertproduksjon i rocken. Mens rockpublikumet noen år tidligere hadde opplevd de første stadionkonsertene og deretter fått en helt ny type fysisk lydopplevelse med utviklingen av PA-anlegget, fikk de også nå overveldende visuelle og arkitektoniske opplevelser. Emerson, Lake and Palmers konsertturneer var gigantiske prosjekter, som krevde stadig flere semitrailere til å flytte flere tonn med utstyr. De hadde med seg sin egen scene, som ble bygd opp og demontert fra sted til sted. Dette ga impulser til en ny type turneproduksjoner i rockens superstjerne-divisjon, og bidro til å øke budsjettene og i neste omgang også billettprisene for rockkonserter. Slike spesialkonstruerte scener bidro også etter hvert til å trekke oppmerksomheten bort fra artistene – en utvikling som et tiår senere fikk et enda tydeligere uttrykk i stadionkonserter med store videoskjermer. 70-tallet innebar altså en viktig utvikling i selve konsertformen i rocken, mot det stadig mer gigantiske og spektakulære.

En av progrockens mest særpregede artister var komponisten, multiinstrumentalisten og produsenten *Mike Oldfield* (1953). I klar kontrast til de fleste rockstjerner foretrakk han et tilbaketrukket liv. Både privat og i musikalsk sammenheng ble han oppfattet som en eremitt. På sin oppsiktsvekkende debut-LP, «Tubular bells» (1973), var han komponist, arrangør, produsent og spilte de fleste instrumentene selv. Plata var et typisk konseptalbum med klar inspirasjon fra impresjonististisk musikk – langsomme tematiske utviklinger gjennom sirkulære repetisjoner av motiver gjengitt i stadig endret klang. Musikken er ett langt instrumentalt verk på omtrent 50 minutter, bare avbrutt av den tida det tar å snu plata fra side A til side B. Flere av temaene var sitater fra folkemusikk, fra rock og fra klassisk musikk, og i tillegg til gitar og klokkespill (tubular bells) ble mange forskjellige instrumenter brukt. Alt i alt besto dette verket av mer enn 1000 pålegg.

Mike Oldfields musikk hadde ingenting til felles med hva man tradisjonelt hadde oppfattet som populærmusikk, og de fleste rammer var nå sprengt. «Tubular bells» viste derfor et ytterpunkt innen progrocken, og hadde flere musikalske fellestrekk med etterkrigstidas elektroniske musikk og samtidas avantgarde. På tross av et lite kommersielt musikalsk uttrykk ble «Tubular bells» en økonomisk gullgruve både for Oldfield selv og det nystartede plateselskapet Virgin. Denne plata var Virgins første utgivelse. Den solgte til førsteplass på den britiske LP-lista, ble nr. 3 i USA, og holdt seg på listene i over et år.

Mange progrock-grupper la som nevnt stor vekt på det visuelle, og kostymer, kulisser og lyseffekter ble stadig mer vanlig i disse gruppenes sceneshow. En stilskaper også i denne sammenheng var *Genesis*. Vokalisten og låtskriveren *Peter Gabriel* (1950) var gruppas frontfigur. Han brukte kostymer, masker og andre visuelle effekter, og gjorde Genesis' konserter til et rockteater. Temaene som ble tatt opp, og stemningene som ble skapt, gjenspeilte progrockens forkjærlighet for det mystiske, det dramatiske og det surrealistiske. Med opp til 130 konserter i året bygde Genesis gradvis opp en stor tilhengerskare, men deres plater slo ikke så godt an. Gruppas tidlige fase var preget av mange utskiftninger, men i løpet av 1972 fant de en besetning som skulle vare gjennom deres viktigste produksjoner på 70-tallet: Trommeslageren og vokalisten *Phil Collins* (1951), bassisten, gitaristen og vokalisten Mike Rutherford, keyboardisten Tony Banks og gitaristen Steve Hackett. I 1972 kom deres gjennombrudd på plate med LPen «Foxtrot». «Supper's ready» fra denne LPen var et syklisk verk på over 20 minutter. Det var sammensatt av sju satser med forskjellige mytologiske temaer, og har blitt betraktet som et av progrockens høydepunkter. Musikalsk viste «Supper's ready» en klassisk-romantisk inspirert gruppe, og dette uttrykket ble enda tydeligere og mer sofistikert på «Selling England by the pound» (1973) og «The lamb lies down on Broadway» (1974). Førstnevnte skapte assosiasjoner til middelalderens England, mens «The lamb lies down on Broadway» var en mytologisk fortelling fra det moderne New York. Denne dobbelt-LPen ble Genesis' mest helstøpte produksjon, og her fikk deres teatralske evner virkelig utfolde seg. Konsertversjonen av denne musikken ble en stor suksess. Genesis gjennomførte over hundre konserter med en imponerende visuell presentasjon. Konseptet og tekstene var skrevet av Peter Gabriel.

I 1975 forlot Gabriel gruppa, og to år senere også Hackett. Genesis fortsatte først som kvartett, og deretter som trio, men nå med et annet musikalsk uttrykk. På 80-tallet ble Genesis et suksessrikt popband, og Phil Collins fikk parallelt med dette også en betydelig suksess som vokalist og låtskriver i sin solokarriere fra 1981. Han ble en høyt respektert trommeslager, og han sluttet i Genesis i 1996.

Englands fremste progrock-band, og et av rockens mest suksessrike band noensinne, er *Pink Floyd*. I 1970, like før gruppa fikk sitt store internasjonale gjennombrudd, skrev en musikkanmelder følgende etter en Pink Floyd-konsert i California: «Det store ved Pink Floyd er at de kan få freakere til å sitte ned og lytte. Dette er en prestasjon, for de omkring 3700 tilskuerne var kommet for å røyke marihuana ... da lyden fra gruppas flerkanals, 360-graders lydsystem begynte å fylle rommet, henga publikum seg til lytteopplevelsen. Fra da av ble arrangementet en virkelig konsert, hvor folk satt oppmerksomt på sine plasser.» Bildet av progrockeren var en reflektert, innadvendt og velutdannet kunstner, fylt av eksistensiell uro – altså en skarp kontrast til Chuck Berrys prototyp på rock'n'roll-myten: «He never really learned to read or write so well, but he could play his guitar just like ringing a bell». Pink Floyd ble dannet i universitetetsmiljøet rundt Regent Street Polytechnic i London: Bassist og vokalist *Roger Waters* (1944) studerte arkitektur, og var i tillegg opptatt av elektronikk. Keyboardist *Richard Wright* (1945) studerte arkitektur og musikk. Han hadde tatt undervisning i klaverspill og cello før han begynte ved universitetet, og utviklet interesse for klassisk samtidsmusikk, særlig Stockhausens elektroniske musikk. Trommeslageren *Nick Mason* (Nicholas Berkeley Mason, 1945) studerte også arkitektur, og var dessuten en dyktig paukespiller. Vokalist og gitarist *Syd Barrett* (Roger Keith Barrett, 1946) var en eksentrisk og svært lovende student ved Camberwell School of Art.

Han ble kjent med de andre tre gjennom deres felles musikkinteresse, og sammen dannet de Pink Floyd i 1964. I Pink Floyds første fase var Barret gruppas fremste kreative kraft. Han skrev mesteparten av materialet, og utviklet en stil som kombinerte impulser fra music hall og barnesanger, blues og surrealisme. Gruppas musikk ble snart trendsettende for den nye undergrunnsbevegelsen i London, og en forløper for den psykedeliske rocken. Deres opptredener på klubben UFO var regisserte forestillinger med låter på opp til 20 minutter, med lysbilder og lysshow. Midt på 60-tallet var Pink Floyd ennå alene om å bruke slike virkemidler. Deres første LP het «The piper at the gates of dawn» (1967), og her var ti av elleve låter skrevet av Barrett.

Syd Barrett fikk stadig større problemer med stoff. I 1968 ble han innlagt på sykehus, og plassen i bandet ble overtatt av gitaristen og vokalisten *David Gilmour* (1944), en av Barretts gamle kamerater fra hjembyen Cambridge. Gilmour var allerede en meget dyktig el-gitarist, og utviklet seg snart til å bli en av 70-tallets stilskapere på instrumentet. Samme år kom deres andre LP, «A saucerful of secrets», og nå hadde Waters overtatt posisjonen som gruppas musikalske leder. Pink Floyd gikk inn i en svært produktiv fase med mange LP-utgivelser og et hektisk konsertprogram. Barrett hadde klart å skape komprimerte, psykedeliske låter med innslag av bisarr humor, som passet for singleformatet. Slike låter ble borte med Barrett, og det nye Pink Floyds musikk ble preget av episke verk i en klassisk-romantisk stil med inspirasjon også fra elektronisk og annen avantgarde-musikk. Også Waters tekster representerte en endring – nå ble Barrets absurde humor erstattet av bitter-pesismistiske, Kafka-inspirerte tekster med samfunnskritisk brodd. Pink Floyd videreutviklet nå hva enkelte har beskrevet som «et progressivt space-sound» – et sound hvor Gilmours el-gitar ble et viktig element. Dobbelt-LPen «Ummagumma» (1969) illustrerer dette. Fra å være en del av Londons undergrunnskultur ble Pink Floyd nå også en stor konsertattraksjon; i 1970 overvar 100 000 tilskuere deres konsert i Londons Hyde Park. De to neste LPene, «Atom heart mother» (1970) og «Meddle» (1971), befestet Pink Floyds posisjon som et ledende og nyskapende progrock-band, og deres åpenbare kvaliteter vakte oppsikt også utenfor rockens tradisjonelle nedslagsfelt. Flere filmskapere ønsket også å bruke gruppas musikk, og Pink Floyd komponerte og framførte musikken til flere filmer: «Let's all make love in London», «The committee», «More», «The valley» og Michelangelo Antonionis «Zabriskie point». De hadde ambisjoner om å skrive musikk til Stanley Kubricks «2001: En romodyssé», men måtte gi tapt i konkurranse med Richard

Strauss' «Also sprach Zarathustra». Ekspresjonisten Strauss' dramatiske musikk har for øvrig inspirert flere progrock-band, ikke minst Pink Floyd.

LPen «Dark side of the moon» (1973) regnes som gruppas mesterverk, og også som et av rockens hovedverk generelt. Plata er også en av tidenes største salgssuksesser: Produksjonen lå sammenhengende på Billboards LP-liste i mer enn 700 uker fram til 1988. Salget av plata har passert 25 millioner eksemplarer.

Pink Floyds sceneshow var preget av et høyt teknisk nivå som gjorde konsertene til sterke visuelle opplevelser. Men også musikken var svært bildeskapende. Dette kom til uttrykk på «Dark side of the moon» gjennom blant annet bruk av lydeffekter som hjerteslag, tikking av klokker eller lyd fra et kassaapparat. Lydmessig var LPen en sensasjon da den kom ut: Den hadde et velbalansert og klart lydrom i bredde og dybde, som ga plass til alle enkeltelementene, og ga produksjonen et sofistikert og distinkt uttrykk. Musikalsk framsto «Dark side of the moon» som et modent, stilsikkert og helstøpt verk. I motsetning til flere av sine kolleger innen progrocken falt de ikke for fristelsen til å overlesse arrangementene med spektakulære effekter, og musikken fikk den nødvendige tid til å bygge opp og utvikle stemninger og bilder. I «Time» er dette tydelig; den stiliserte tikkingen fra en klokke binder de forskjellige temaene sammen, skaper både visuelle og auditive assosiasjoner til låtens tittel, samtidig som tikkingen, i rent musikalsk forstand, er et stadig tilbakevendende og lett gjenkjennelig rytmisk motiv. Musikken fanget lytternes oppmerksomhet gjennom rike dynamiske og klanglige variasjoner, gjennom et nyskapende sound, men samtidig gjennom lyttevennlige melodiske temaer. Gilmours lyriske og elegiske gitarspill vakte stor oppsikt, og instrumentets rene og klare sound representerte et uttrykk som skilte seg fra andre samtidige rockgitarister. «Dark side of the moon» forente både de avantgardistiske og de romantiske trendene i progrocken med rockens mer tradisjonelle stiltrekk.

Pink Floyds neste produksjoner oppnådde ikke samme kommersielle suksess som «Dark side of the moon», men solgte likevel atskillige millioner. «Wish you were here» (1975) inneholdt blant annet den vakre hyllesten til Syd Barrett, «Shine on you crazy diamond». Etter hvert som 70-tallet nærmet seg slutten, ble Pink Floyd et symbol for det punkerne kalte «dinosaur-rock». Likevel klarte Pink Floyd å skape nok en milepæl i rocken med utgivelsen av det doble konseptalbumet «The wall» i 1979, hvor bandet også fikk en singlehit med låten «Another brick in the wall». Tekstmessig representerer «The wall» Roger Waters' høydepunkt, med desperat og til dels bitter samfunnskritikk og besk satire. Sangsyklusen utgjør en selvbiografisk reise i en desillusjonert og ensom rockstjernes kaotiske verden, hvor episke sanger som «Run like hell» og «Comfortably numb» skaper et mektig helhetsinntrykk. Produksjonen ble fulgt av en spektakulær konsertturne og en nyskapende film med kombinasjoner av animasjon og vanlig film. I 1990 ble verket framført i en overdådig regi og med mange gjesteartister ved restene av den falne Berlinmuren, med Roger Waters selv i spissen.

Fra midten av 80-tallet var det Gilmour som overtok den musikalske ledelsen av Pink Floyd, etter at Waters forlot gruppa. Selv om de ga ut flere nye plater, ble gruppa først og fremst presentert som en underholdende konsertattraksjon med gigantiske og teknologisk uhyre avanserte show og musikk i en konsolidert form.

Impulser til musikkteateret

Rocken på 70-tallet vokste, bokstavelig talt, i både musikalsk, kommersiell, scenografisk og arkitektonisk henseende. Det ble et ideal at alt skulle være stort, og kritikere av denne utviklingen beskrev rocken som gigantoman. Naturlig nok måtte rockmusikken utvide seg også formalt: Man samarbeidet med kor og symfoniorkestre, og man utarbeidet teatralske konsertformer. Enkelte forestillinger nærmet seg operaens form og uttrykksmidler, og noen av verkene ble lansert som *rock-opera*. Den første britiske rock-opera var The Whos «Tommy».

På tross av store suksesser som live-band, fikk The Who få singlehiter mot slutten av 60-tallet. Townshend tok konsekvensen av dette, og forsøkte noe nytt og uprøvd, hvilket i 1969 resulterte i rock-operaen «Tommy». Musikken i dette verket var for så vidt i kjent The Who-stil; det var selve formen som var ny. Townshend fikk anerkjennelse for å ha skapt noe helt nytt, og samtidig fikk The Who også en stor singlehit med låten «Pinball wizard». «Tommy» ble senere både orkestrert og filmatisert. Townshend startet straks arbeidet med et nytt konsept, «Lighthouse», som han imidlertid oppga, og først i 1973 kom neste rockoperaprosjekt. Dobbelt-LPen «Quadrophenia» var en hyllest til modskulturen som The Who vokste fram av. Selv om dette konseptet ikke ble så godt mottatt som «Tommy», var det en suksess, og har også senere blitt filmatisert.

En annen viktig inspirasjon til rock-opera var musikalen «Hair» (1968). Den ble en stor suksess både på Broadway og i London. «Hair» atskilte seg fra tradisjonelle musikaler ved at den åpent omtalte og tok stilling til temaer som absolutt ikke var vanlig på Broadway: Ungdomskultur, sex, narkotika, militærnekting, politikk, hippier og religion. Musikalen var for mange et sjokk. Mange av sangene fra «Hair» har vist seg å være levedyktige, og mange senere artister, innen både populærmusikk og jazz, har brukt sanger herfra. Blant de mest kjente er «Aquarius», «Frank Mills», «Good morning starshine», «Hare Krishna» og «Let the sunshine in».

Rock-operaen ble aldri virkelig etablert som en selvstendig genre. Men den tilførte den tradisjonelle Tin Pan Alley-forankrede musikalformen en fornyelse, ved at rockelementer nå ble vanligere. Andrew Lloyd Webbers «Jesus Christ Superstar» (1971) er ett av mange eksempler på dette.

Amerikanske fusjoner

De aller fleste nyskapende artistene innen progrocken kom fra England. I USA foregikk samtidig en lignende progressiv musikalsk utvikling, men her dreide det seg i all vesentlighet om en tilnærming mellom rock og jazz. Denne genren kaltes *jazz-rock*. Selve begrepet beskriver en kopling mellom jazz og populærmusikk, noe som for så vidt ikke var nytt i musikkhistorien: På 1930- og 40-tallet møttes jazz og populærmusikk i Tin Pan Alley, og på 50- og 60-tallet hentet soul-musikken inspirasjon fra jazzen, ikke minst gjennom sin bruk av blåsere.

Miles Davis (Miles Dewey Davis jr., 1925–91) ble en viktig stilskaper i jazz-rock. Hans to album fra 1969, «In a silent way» og «Bitches brew», ble kontroversielle i mange jazzmiljøer, og skapte et stort, nytt publikum for Davis blant rockinteresserte. Han ble blant annet svært inspirert av Jimi Hendrix' el-gitar-spill og -sound, ikke minst av hans bruk av wah-wah-pedal. Davis tok opp teknikken, og gjorde sin trompet «elektrisk» for å kunne oppnå nye klanglige muligheter. Han engasjerte også mange unge musikere som brukte elektriske instrumenter. Flere av musikerne han hadde med seg på disse og tidligere plater, ble selv viktige stilskapere innen jazz-rock og fusion: Herbie Hancock, Wayne Shorter, John McLaughlin, Keith Jarrett, Chick Corea, Joe Zawinul, Billy Cobham og Jack DeJohnette med flere.

John McLaughlin startet senere sitt Mahavishnu Orchestra, og Chick Corea startet Return to forever. Keyboardisten Joe Zawinul startet i 1971 sammen med Wayne Shorter gruppa *Weather Report*. De ble jazzens mest populære elektriske fusion-band, og særlig produksjonen «Heavy weather» (1977) ble en stor suksess, og et forbilde også for mange rockmusikere. Med «Birdland» fra denne LPen fikk de noe så sjeldent i jazzsammenheng som en singlehit, og de var like aksepterte i rock- og popkretser som i jazzkretser. Ikke minst ble bassisten Jaco Pastorius en stilskaper på sitt instrument. Han gjorde el-bassen også til et solistisk instrument, utviklet nye teknikker, spillestiler og sounds på instrumentet, og han var en uovertruffen virtuos. Han lanserte fretless-spill (båndløs el-bass), hvor instrumentet fikk et lyrisk, syngende uttrykk. Pastorius ble for el-bassen hva Hendrix var for el-gitaren.

I jazz-tidsskriftet Downbeat merket man omkring 1970 at et skifte i musikklandskapet var i emning: Anmeldelser og omtaler dreide seg stadig mer om rockorientert musikk, og om ny musikkteknologi. Opplagstallene økte betydelig, og antallet yngre abonnenter og lesere økte tilsvarende. Når jazz og rock nå møtte hverandre, var dette på den ene side nok et resultat av rockens progressive eksperimentering med nye uttrykk og genrer. På den annen side var det et resultat av at jazzmusikere oppdaget at rocken hadde noe kunstnerisk å tilføre, som var annerledes enn populærmusikken tidligere. Vi skal ikke gå dypere inn i rockens konsekvenser for jazzens utvikling, men i stedet se nærmere på hvilke konsekvenser impulsene fra jazz fikk for rocken.

Jazz-rock-gruppa *Blood, sweat & tears* ble dannet i 1968 av Al Kooper. Resten av bandet besto av erfarne musikere som bassisten Jim Fielder fra Buffalo Springfield og Mothers of Invention og Steve Katz fra Blues Project. I tillegg hadde gruppa en blåserrekke bestående av minst to trompeter, trombone og saxofon.

Kooper sluttet etter den første LPen, og ble erstattet av vokalisten og låtskriveren David Clayton-Thomas. Han hadde en fyldig og kraftig stemme som passet godt til gruppas stil. Typisk for soundet var blåserrekka, som spilte i en stil som var både rytmisk og harmonisk avansert. Spillet vekslet mellom virtuose soli og imponerende rytmisk samspillpresisjon. Den andre LPen «Blood, sweat & tears» (1969) ble en hit, og tre av låtene ble også singlehiter, blant annet «Spinning wheel». Produksjonen «Blood, sweat & tears 3» (1970) inneholdt nok en hitsingle; «Lucretia MacEvil». Denne ble avsluttet med en lang trompetsolo av Lew Soloff, en solo som ble utpekt til «solo of the year», og nedtegnet på noter i Downbeat. Dick Halligan spilte en mengde forskjellige keyboards og blåseinstrumenter, og skrev mange av arrangementene. Blood, sweat & tears' problem syntes etter hvert å være at de ikke klarte å fornye seg. De fortsatte imidlertid med en rekke nye utgivelser og

besetninger utover 70- og 80-tallet, og beholdt sin posisjon som imponerende konsertattraksjon. På høyden av sin popularitet mellom 1969 og 1972 solgte de hele 35 millioner plater.

Blood, sweat & tears ble stilskapere i jazz-rocken. Det ble også *Chicago*, fra byen av samme navn. Chicago hadde imidlertid en tydeligere forankring i rocken, og nådde et større publikum. De var et rockband med blåsere, men i mindre format enn Blood, sweat & tears. De var mindre orkestrale og arrangerte i uttrykket. Deres første singlehit, «Does anybody really know what time it is?» (1969) var nærmest en popballade med jazzpreg. «25 or 6 to 4» (1970) er et eksempel på deres nærhet til rocken.

Hos begge disse bandene finner vi interessante paralleller til strømningene i britisk progrock: Mange av musikerne var akademisk utdannede – i disse tilfellene til og med musikkutdannede – og musikken de skapte, var egnet for LPen som format. I prinsippet var ikke kombinasjonen av rockband og jazzinspirerte blåserrekker egentlig noe nytt. Soul-bandene på midten av 60-tallet hadde gjort noe lignende, ikke minst James Browns. Men nå, etter rockens gjennombrudd, fikk en del av denne musikken merkelappen jazz-rock, mens en annen del ble kalt funk. Det finnes gode grunner for å hevde at store deler av det som ble kalt «jazz-rock», egentlig var vel så mye «jazz-soul». Imidlertid understreker bruken av ordet «rock» i denne sammenstillingen at jazz-rock i hovedsak var en hvit musikkform, i motsetning til funk og soul. Begrepet «fusion» karakteriserer hovedpoenget – nemlig at ulike stilarter nå ble kombinert, i rockens stilpluralistiske epoke.

Et interessant eksempel på slik fusjon er den meksikanske gitaristen og bandlederen *Carlos Santana* (1947) og hans band som også het Santana. Hans form ble kalt latin-rock og var konsentrert omkring afrocubanske rytmer i kombinasjon med hans melodiøse el-gitarspill. Her var også perkusjonsinstrumentene sentrale. Et illustrerende eksempel på denne stilen er hans innspilling av den cubanske orkesterlederen Tito Puentes «Oye como va» (1970). Santanas instrumentale ferdigheter kom sterkt til uttrykk også i den sensuelle instrumentallåten «Samba pa ti» (1970). Santana fikk også mer poppregede hitlåter, mest kjent er kanskje hans versjon av Peter Greens «Black magic woman» (1970). Carlos Santana regnes som en original og dyktig gitarist i skjæringspunktet mellom rock, jazz og latinamerikansk musikk.

16 Svart og fargerikt

Da slavene i tidligere tider ble fraktet over Atlanterhavet fra Afrikas vestkyst, ble de karibiske øyene brukt som en mellomstasjon. Mye av selve slavehandelen foregikk her. I denne sammenhengen oppsto en kultur som ofte kalles *afro-cubansk*, og som har hatt stor innflytelse på både populærmusikk og jazz. Øyene strekker seg fra Cuba i nordvest gjennom en lang rekke til Trinidad i sørøst, og de danner en barriere mellom Atlanterhavet på den ene siden og Mexico-golfen og Det karibiske hav på den andre. Øyriket har mye felles historie, og musikken fra denne regionen har også mange fellestrekk. De forskjellige stilartene inndeles oftest etter rytmiske kjennetegn, og vi snakker derfor gjerne om latinamerikansk rytmikk. I selskapsdans finner vi mange av disse rytmene igjen som forskjellige danser i stiliserte musikalske utgaver. Vi skiller i latinamerikansk rytmikk mellom to hovedgrupper: Rytmer som stammer fra Brasil, og rytmer som stammer fra Karibien. (Samba er den mest kjente brasilianske rytmen.) *Calypso* er den mest utbredte rytmen fra Karibien. Den kom opprinnelig fra Trinidad, og var en videreutvikling av en afrikansk sangtradisjon. Ordet calypso kommer trolig fra det afrikanske uttrykket «kaiso!», et utrop som betydde forskjellige ting, alt etter sammenhengen – uttrykk for bifall, behag eller mishag. Calypso var en form for nidvise, med satiriske kommentarer til aktuelle hendelser og situasjoner; spesielt yndet var offentlige skandaler. Senere ble imidlertid calypso først og fremst forbundet med karneval og såkalte steel bands – orkestre som spiller på oljefat. Calypsorytmen er i familie med rumba, og grunnrytmen betoner en-eren og fir-eren, og har synkopert to-er. Tempoet er ofte høyt.

Mambo er en rytme som opprinnelig stammer fra kongolesiske og angolanske religiøse ritualer. På 40-tallet ble denne rytmen populær på cubanske dansesteder, og på 50-tallet ble mambo blant de mest populære danserytmer i USA. Rytmen ble først og fremst karakterisert ved den cubanske gitaren, tres, som spilte en ganske komplisert totakters figur, som vi kan illustrere på følgende måte: 1 (og) 2 og (3) og (4) og, 1 (og) 2 (og) 3 og (4) og. Mamboens popularitet sank betydelig i USA da *chachacha* ble introdusert, og i 1953 herjet en chachacha-feber av dimensjoner. Dansen var i realiteten en sterk forenkling av mambo-rytmen, både spille- og dansemessig, med betoning av en-eren og tre-eren, og med åttedels underdeling av to-eren og fir-eren: 1 (og) 2 og 3 (og) 4 og.

Ei øy i sola

«Oh, island in the sun,» sang Harry Belafonte i sin store slager fra 1957, og det var Jamaica han sang om. Øya ligger like sør for Cuba og vest for Haiti. Urbefolkningen ble nesten utryddet av spanjolene i løpet av få år etter at Columbus gikk i land i 1494, og fra 1517 ble det tatt i bruk afrikanske slaver til arbeid på sukkerplantasjene. Britene overtok makten på Jamaica i 1655, og på denne tida levde noen tusen afrikanske slaver her. I forbindelse med maktovertagelsen klarte de fleste av disse slavene å flykte til avsidesliggende fjellområder, hvor de etablerte egne jordbrukssamfunn sammen med indianerne. Etterkommerne fra disse samfunnene kalles maroons, og de har greid å bevare afrikanske og indianske musikktradisjoner i sin kultur. Britene på sin side importerte nye slaver fra Afrikas vestkyst, og klarte å starte en blomstrende sukkerindustri på øya. I de nærmeste 80 årene var maroonene og britene i stadige, og til dels blodige, konflikter, også etter at maroonene ble gitt en begrenset selvstendighet fra 1739. Slaveriet ble opphevet på Jamaica allerede i 1838, men konflikten mellom herskerfolket og de fargede har preget Jamaicas historie.

På Jamaica utviklet det seg tidlig en dans som ble kalt *mento*. Mento-musikken kan minne om calypso, med en blanding av afrikansk rytmikk og europeisk melodikk. På 1950-tallet ble R&B svært populært på Jamaica, takket være amerikanske radiosendinger med slik musikk. Øya ligger langt fra sørstatene, og vanlige radiostasjoner på fastlandet ville ikke kunne nå fram. I USA fantes det ganske strenge restriksjoner på hvor kraftige radiosendere kunne være. For å omgå disse restriksjonene var det flere radiostasjoner som flyttet sine sendere til Mexico hvor det ikke fantes slike begrensninger. Med disse nye, kraftige senderne plassert i Mexico var det ikke lenger vanskelig å ta inn amerikanske radiostasjoner i det karibiske området.

Under innflytelse av dette oppsto en blanding av mento og R&B

som kalles *ska*. Den kjennetegnes blant annet av at en-eren i liten grad blir betont, og av rytmegitarens konsekvente betoning av åttedels-etterslagene: (1) (og) 2 og (3) (og) 4 og. Selve navnet «ska» er et onomatopoetikon som beskriver lyden av en elektrisk gitar som markerer denne backbeat-betoningen. I noen sammenhenger kalles musikkformen også *bluebeat*.

På Jamaica vokste det nå fram et vitalt ska-miljø. Særlig viktig ble studioet til Sir Coxsone (Clement Seymour Dodd), Studio One i hovedstaden Kingston. Her gjorde mange av de unge musikantene sine innspillinger. Studio One har ofte blitt kalt Jamaicas Motown. Ska hadde politiske overtoner: Mange av sangene handlet om problemer i slumområdene, og hitlåtene ble folkets røst mot myndighetene. Styresmaktene, som stort sett besto av øyas aristokrati, sørget effektivt for at denne musikken ikke fikk slippe til i Jamaicas radiostasjoner.

Selv om musikken ikke var direkte illegal, måtte ungdommer vise stor oppfinnsomhet for å finne på måter å få spilt sin musikk på. En løsning var mobile diskoteker; det som trengtes, var en varebil utstyrt med et kraftig lydanlegg, platespillere og plater. Disse ble kalt sound systems, og rundt disse oppsto etter hvert en ytringsform hvor disc-jockeyen leste dikt sammen med plater. De hadde hørt svarte, amerikanske platepratere som snakket rytmisk over platene. Inspirert av dette utviklet de noe som ble kalt *toasting*, hvor de framførte sin satiriske poesi over musikken. Den første toaster som markerte seg var U-Roy, og etter ham fulgte toastere som Dennis Alcapone, Big Youth og Brigadier Jerry. Etter hvert som toasting ble mer og mer vanlig, utviklet enkelte DJer en mer sofistikert teknikk, og formen ble også introdusert på plater. Det var ikke uvanlig at singlenes B-sider ble utgitt med mikser bare av originalinnspillingenes rytmespor, uten vokal. Disse rent instrumentale versjonene ble kalt for *dubs*.

I 1964 fikk Millie Small en internasjonal hit med «My boy lollipop» på det nystartede plateselskapet Island Records, som var startet i London av den hvite jamaicaneren Chris Blackwell. Produksjonen var typisk for ska – når vi ser bort fra budskapet: «My boy lollipop» var en sorgløs sang om ungdomsforelskelse. Senere på 60-tallet sattes tempoet i musikken ned, samtidig som et tyngre sound ble vanlig. Denne varianten ble kalt *rude boy music*, og henspilte klart på gatas politiske aktivister, som gjorde musikkens budskap til sitt program. Mot slutten av 60-tallet ble tempoet senket ytterligere, og uttrykket beveget seg fra skaens sprettende stil, gjennom rude boy, til den mer sensuelle og tunge *rock steady*; oppkalt etter Alton Ellis' hit, «Get ready to rock steady». Sangeren Desmond Dekker var en annen viktig artist i denne perioden, han hadde flere store hiter også i Storbritannia på slutten av 60-tallet.

Rock steady var siste ledd i utviklingen mot den moderne og suggererende *reggae*-rytmen. Den er i nær slekt med de foregående jamaicanske rytmene, og i 4/4-takt blir to-eren og til dels fir-eren kraftig betont, to-eren gjerne underdelt i åttedeler, og fir-eren gjerne synkopert («tidlig firer»): (1) (og) 2 og 3 (og) 4 (og), eller (1) (og) 2 og (3) og 4 (og). Basstromma betoner særlig tre-eren. I reggae er det meste sentrert omkring rytmen, og el-bass og slagverk er derfor sterkt framme i soundet: Rytmen skulle ikke bare høres, den skulle også kjennes på kroppen. Musikken ble derfor spilt med høye lydnivåer. Det melodiske aspektet ligger

først og fremst i vokalen, men typisk for reggae er at el-bassen også har en framtredende melodisk funksjon, i en form for dialog med vokalen. For fullt ut å kunne forstå en reggae-rytme, må vi tenke oss to parallelle pulser: Én puls på firedelene, og én på halvnotene. Denne type rytmestruktur med to parallelle nivåer av puls-feeling finner vi igjen i det meste av latinamerikansk rytmikk.

Det var ikke bare musikken som endret karakter med reggae, også sangenes budskap ble stadig mer samfunnskritiske. Reggae-musikken oppsto i en politisk turbulent periode på Jamaica. På samme måte som i USA og Europa ble ungdommen politisk bevisstgjort. Selve uttrykket «reggae» har imidlertid uklar opprinnelse: Det kan stamme fra ordet «streggae» som betyr frekkhet (rudeness), eller «regge-regge» som betyr krangel. Andre mener at ordet rett og slett er slang for «regular», i betydningen vanlig eller alminnelig.

Den jamaicanske musikken fikk sterk inspirasjon fra rastafari-bevegelsen. Rastafari bekjenner seg til en spesiell tolkning av Bibelen, og mener at Etiopias keiser Haile Selassie var den oppstandne Kristus og den personifiserte Gud (Jah). Keiser Selassies familienavn var Tafari Makonnen, mens Ras er en tittel. Den svarte reformatoren og aktivisten Marcus Garvey var født på Jamaica i 1887, men virket i USA, særlig i New Yorks Harlem. Han ble en politisk frontfigur som kjempet for økt selvrespekt i den svarte befolkningen. Hans visjon var å opprette en selvstyrt, svart nasjon i Afrika, og i 1924 vedtok hans organisasjon, UNIA, å gjøre et konkret kolonialiseringsforsøk i Afrika. Planene vakte imidlertid motstand også blant svarte, og etter mange viderverdigheter endte det hele med at Garvey ble utvist fra USA i 1927. Garveys ideer dannet et viktig grunnlag for rastafari-bevegelsen, og ble også en viktig inspirasjon for den senere black power-bevegelsen på 60-tallet i USA. Jamaicas maroon-tradisjon, som gjennom generasjoner hadde tatt vare på sin opprinnelige afrikanske kultur, har utvilsomt betydd mye for at rastafari-bevegelsen kunne oppstå, og få et så sterkt fotfeste nettopp på Jamaica. Først og fremst var rastafari-bevegelsen en reaksjon og en mobilisering mot undertrykkelsen av den svarte befolkningen på Jamaica, og bevegelsen har hatt stor politisk betydning.

Fra Kingston til London

En av 60-tallets mest betydningsfulle artister på Jamaica var *Jimmy Cliff* (James Chambers, 1948), som populariserte ska og lot seg inspirere av vestlige rockmusikere. Cliff var et viktig forbilde for blant andre Bob Marley, og hadde flere hiter lokalt fram mot 1968. Chris Blackwell fra Island Records sørget da for at Cliff flyttet til London, men først i 1972 fikk han et internasjonalt gjennombrudd med sin syngende hovedrolle i filmen «The harder they come». Etter dette ga han ut flere solide produksjoner utover 1970- og 80-tallet. Imidlertid kom Cliff i skyggen av *Bob Marley* (Nesta Robert Marley, 1945–81), som ble den fremste representant for reggae-musikken. I 1960 startet han vokalgruppa The Rudeboys, en henvisning til rude boy music, som snart endret navn til *The Wailers*. De var inspirert av amerikanske artister som Elvis Presley, Fats Domino og Sam Cooke. Gruppa fikk hjelp av Joe Higgs, som var en erfaren musiker som skrev sanger om rastafari og ganja (marihuana) lenge før det sistnevnte ble en mote. Ved hjelp av Jimmy Cliff og Desmond Dekker fikk Marley gitt ut sin første plate, «Judge not», i 1962, samme år som Jamaica fikk sin selvstendighet. I 1964 fikk The Wailers sin første lokale hit med «Summer down». På dette tidspunkt besto gruppa av Bunny Livingston som frontvokalist,

Bob Marley som låtskriver og vokalist, Peter Tosh, Junior Braithwaite og Beverly Kelso. Denne besetningen varte til 1966.

I 1967 sluttet Marley seg til rastafari-bevegelsen. Sammenlignet med for eksempel gospelmusikken, som er nokså konsekvent i å uttrykke sitt åndelige budskap, beskriver reggae-musikere like gjerne verdslige temaer. I reggae finner vi i tillegg til de religiøst inspirerte tekstene også kjærlighetssanger, og ikke minst sanger om fattigfolks daglige kamp mot et uverdig liv i Kingstons slumområder. Marley ga ut flere singler på slutten av 60- og begynnelsen av 70-tallet, men disse utgivelsene ble ikke særlig kjent utenfor Jamaica. Fra 1972 samarbeidet han med Chris Blackwell, og nå kom det store forandringer.

Marleys musikk ble gjort tilgjengelig for et større publikum. Den ble også mer dansbar, men han falt aldri for fristelsen til virkelig å kommersialisere sitt budskap. Marleys musikk balanserte hårfint mellom et lett tilgjengelig musikalsk uttrykk og skarpe, samfunnskritiske tekster. I sangen «Rat race» synger han: «Oh, it's a disgrace to see the human race / in a rat race / you got the horse race / you got the dog race / you got the human race». Flere av Marleys utgivelser før 1973 blir regnet blant hans mest interessante. Men etter utgivelsen av LPen «Catch a fire» (1973) i USA og England økte hans popularitet sterkt blant et bredt rockpublikum. Hans internasjonale gjennombrudd var et faktum da han i 1975 fikk sin første hitsingle i England med «No woman no cry». Nå fulgte internasjonal berømmelse, turnevirksomhet, og suksessrike utgivelser som «Rastaman vibration» (1976), «Exodus» (1977), «Babylon by bus» og «Kaya» (1978), og «Uprising» (1980). Marley ga rocken en ny rytmisk og poetisk dimensjon, og ble rockens første superstjerne fra den tredje verden.

Enkelte andre reggae-artister anklaget nå Marley for publikumsfrieri og kommersialisering, og det er heller ingen tvil om at Marley var den reggae-artist som hadde størst kommersielt gjennomslag. På tross av dette, eller kanskje nettopp på grunn av dette, nådde også hans politisk-religiøse budskap mange flere. Vi skal imidlertid ikke overvurdere de religiøse sidene av reggae-musikken, men presisere at dette elementet først og fremst hadde grobunn på Jamaica. For verden utenfor var det selve musikken som fikk gjennomslag. Bob Marley døde i 1981, og hadde på det tidspunkt neppe nådd høyden av sin mulige karriere. Ettertida har anerkjent hans status som den fremste representant og stilskaper innen reggae, på tross av at mange dyktige artister har fulgt i hans fotspor.

Reggae-musikkens for mange ukjente, men like fullt toneangivende groove-spesialister var trommeslageren Sly Dunbar og bassisten Robbie Shakespeare, begge fra Jamaica. Ingen andre musikere har spilt på så mange reggae-plater som *Sly & Robbie*. En av de første platene de medvirket på, var Jimmy Cliffs LP «Follow my mind» fra 1975, og siden har de deltatt på konsertturneer og plateinnspillinger med kjente reggae-artister som Peter Tosh, Bunny Wailer, Culture, U-Roy, Black Uhuru – og mange flere. I 1981 dannet de sitt eget plateselskap, Taxi, og «the Taxi sound» har blitt et begrep. Også andre kjente artister utenfor reggae-landskapet har benyttet Sly & Robbie som musikere, for eksempel Bob Dylan, Grace Jones, Ian Dury og Joan Armatrading.

Ganske tidlig ble musikere uten tilknytning til Jamaica oppmerksomme på denne nye musikkformen. Eksempler på dette er Beatles-låtene «I call your name» (1964) og «Ob-la-di, ob-la-da» (1968), Wings-låten «C moon» (1972) eller Paul Simons «Mother and child reunion» (1972). Den mest kjente, hvite reggae-innspillingen fra denne tida er Eric Claptons versjon av Bob Marleys «I shot the sheriff» (1974). Reggae-musikkens geografiske sentrum ble i tillegg til Kingston nå også London. Dette har også en klar sammenheng med den betydelige innvandringen av latinamerikanere til Storbritannia fra 50-tallet og utover. Reggae fikk betydning for rocken på et bredt plan, ikke minst i den britiske new wave-bølgen. Dette gjelder så vel rytmisk som politisk. Aswad og UB40 ble også populære britiske reggae-band.

Soul som underholdningsmusikk

60-tallet var på mange måter soul-musikkens gullalder. Det har blitt sagt at soul aldri ble det samme etter mordet på Martin Luther King i 1968. Men soul utviklet seg og var med på å prege populærmusikken også på 70-tallet. Nå ble det politiske aspektet underordnet underholdningsaspektet, og soul ble i enda større grad enn tidligere preget av glamour og entertainment. En viktig forløper til dette hadde vært Motown-musikken. De fem brødrene Jackson fra Indiana opptrådte allerede fra 1962 i hjembyen, ledet av sin far, Joe Jackson. De var født mellom 1951 og 1958. Sangene og sceneshowet var inspirert av James Brown og The Temptations, og i 1969 debuterte barnestjernene på Motown under navnet *The Jackson Five*. Debutsinglen «I want you back» ble den første av flere nr. 1-singler i USA. Yngste bror Michael ble også lansert som soloartist i 1971, og Jermaine fulgte året etter. Gruppa forlot Motown i 1975, og skiftet året etter navn til The Jacksons. De hadde en rekke interne stridigheter, og populariteten var dalende fra midten av 70-tallet. Jackson-familien ble imidlertid et mektig dynasti i amerikansk underholdningsindustri. Både Michael og søsteren Janet ble superstjerner på 80-tallet. De øvrige søsknene har også markert seg.

Det var vokalisten *Gladys Knight* (1944) som anbefalte The Jackson Five overfor Motown, da de startet sin karriere. Hun sang også som barn i en vokalgruppe i hjembyen; gruppa het The Pips og byen Atlanta. De turnerte med størrelser som Jackie Wilson og Sam Cooke. Gladys Knight and The Pips ble en fast kvartett fra tidlig 60-tall til ut på 80-tallet, og hun fikk kontrakt med Motown i 1966. På 70-tallet vant hun et stort publikum med en blanding av sin bluespregede, tøffe vokalstil og et mykere soul-lydbilde. Balladen «Midnight train to Georgia» (1972) ble den første av en rekke hits i grenselandet mellom R&B, soul og pop. I 1989 ble The Pips oppløst, samtidig som Knight hadde en solo-hit med James Bond-låten «Licence to kill».

Motowns bestselgende artister gjennom 70-tallet var *The Commodores*. Mellom 1972 og 1975 turnerte de sammen med Jackson Five, men passerte dem snart i popularitet, ikke minst hos et hvitt publikum. Dette skyldtes i hovedsak at de endret stilen fra instrumentale funklåter til myke og romantiske soul-ballader, som ble ført i pennen av vokalisten, saxofonisten og keyboardisten *Lionel Richie* (1949). «Three times a lady» (1978) ble nr. 1 på listene i både USA og England, og den singlen som inntil da hadde solgt best i Motowns historie. Gruppa nøt også stor popularitet i deler av Afrika og Asia. I 1982 forlot Richie gruppa til fordel for en solokarriere.

Blant 70-tallets ledende eksponenter for soul-musikken bør også sangeren Al Green nevnes, og dessuten bandet Earth, Wind & Fire, som var mer jazzinspirert. Dersom vi skal trekke noen hovedlinjer, finner vi to slike i 70-tallets soul: For det første ble soul et utgangspunkt for funk. For det andre ble store deler av soul-musikken mer poporientert og underholdningspreget. Den fikk dermed et langt videre kommersielt potensial. Slik var soul-musikken også med på å legge grunnlaget for det sene 70-tallets farsott: Disco-musikken. Soul-elementer i en «hvit» pop-innpakning kom også sterkt på 80-tallet, i både engelsk og amerikansk pop.

Kunstnerisk autoritet og slagkraft

Fra disse hovedlinjene finnes det imidlertid ett viktig unntak, i form av en original musiker som satte dype og varige spor etter seg: *Stevie Wonder* (Steveland Morris, 1950). Steveland Morris viste seg tidlig i sin oppvekst i Detroit å være svært musikalsk begavet. Han ble lansert av Motown med live-innspillingen «Fingertips, part 2» i 1963, med navnet Little Stevie Wonder og under slagordet «The 12-year-old genius» – en henspilling på Ray Charles' tilnavn. Plata ble en crossover-hit på pop- og R&B-listene, og den smittende entusiasmen var nok dens fremste kvalitet. Etter stemmeskiftet kom eks-barnestjernen tilbake med «Uptight» i 1965, som delvis var selvskrevet, og som også slo an i England. De neste fem årene hadde han hit-singler som «I was made to love her» (1967), «For once in my life» (1968) og «Yester-me, yester-you, yesterday» (1969). Han brøt imidlertid med Motowns profil og tok kontroll over sin egen karriere da han nådde myndighetsalder i 1971. Da fikk han en platekontrakt som sikret ham både musikalsk og økonomisk kontroll, og inntekter i et omfang som var uvanlig for unge svarte musikere. Wonder ville nå bli en LP-artist som ikke bare skrev hit-singler med kjærlighetstekster, og han ville gjøre musikalsk nybrottsarbeid på sine egne premisser.

Den blinde multiinstrumentalisten, sangeren og komponisten sto på 70-tallet fram som en stor personlighet i amerikansk musikkliv. Han fornyet soul ved å trekke inn elementer fra afrikansk og latinamerikansk musikk, jazz og pop. Hans produksjoner var også kjennetegnet av en avansert bruk av synthesizere, og han var en foregangsmann når det gjaldt å ta i bruk moderne teknologi i svart musikk. I tillegg til å være stilskapende ved å integrere stilarter og bruke synther, var Wonder både en original vokalist og en fremragende komponist.

I 1972 utga han LPene «Music of my mind» og «Talking book», som ble hans gjennombrudd som moden artist, også hos et hvitt rockpublikum. Jeff Beck medvirket på gitar, og Wonder turnerte i USA sammen med Rolling Stones. «Superstition» er et eksempel på hard og polyrytmisk funk, med perkussiv bruk av synther og clavinet. I den lyriske «You are the sunshine of my life» viste han seg også som en fremragende ballade-komponist. Begge disse låtene ble nr. 1-singler i USA. På sin neste LP, «Innervisions» (1973), tok han i tekstene i sterkere grad enn tidligere også opp sosiale og åndelige temaer, i sanger som «Higher ground» og «Living for the city». Wonder ble etter dette hardt skadet i en bilulykke, og vurderte å avslutte sin karriere for å bli sosialarbeider i Afrika. Imidlertid fortsatte han, og utga «Fulfillingness' first finale» (1974), som inneholdt «Boogie on reggae woman», en av de mange typiske Wonder-komposisjoner hvor han bygger opp funky groover i kombinasjon med velstrukturerte melodier. Dobbelt-LPen «Songs in the key of life» (1976) blir av mange regnet som høydepunktet i Wonders karriere. Her hyllet han avdøde Duke Ellington i «Sir Duke», med et swingende jazz-arrangement med storband-blåsere. Han viste sin mest melodiske side i «Isn't she lovely», og skrev funky låter som «I wish». Den dystre, men vakre «Village ghetto land» uttrykte et sterkt sosialt engasjement. Han viste på denne tida kunstnerisk autoritet samtidig som hans produksjoner hadde kommersiell slagkraft. «Songs in the key of life» vant fire Grammy-priser; året før hadde Paul Simon vunnet Grammy for årets album, og i den anledning takket han Wonder for at han ikke hadde utgitt noen plate i 1975.

Etter Wonders glansperiode fra 1972 til 1976 ble hans utgivelser mer ujevne, og den blinde komponisten skrev også en del filmmusikk. Den neste studio-LPen, «Hotter than july» (1980), inneholdt et typisk Wonder-epos i reggae-form («Masterblaster»), og en hyllest til Martin Luther King («Happy birthday»). Wonder startet en politisk kampanje for at Luther Kings fødselsdag skulle bli nasjonal høytidsdag i USA, noe som fire år senere ble en realitet. I 1982 fikk han en stor hit i sin duett med Paul McCartney i sistnevntes komposisjon «Ebony and ivory». Den var en anti-rasistisk sang, med et enkelt og naivistisk budskap, hvor tekstens allegori til klaverets svarte og hvite tangenter ble framført av en svart og en hvit sanger. To år senere utga Wonder sin mest solgte single, pop-balladen «I just called to say I love you». Sangens suksess hang nok sammen med at Wonder hadde tilpasset seg et mer konvensjonelt pop-idiom. Etter åtte års pause kom Wonder tilbake i 1995 med CDen «Conversation peace», som var tilpasset 90-tallets rytmer og lydbilder, men uten å tilføre dem så mye av Wonders originalitet og melodiske kvaliteter. Det var i kraft av sin innsats på Motown fra 1963, og særlig i årene 1972–76, at Stevie Wonder ble en sentral figur i moderne populærmusikk.

Stilskapere i funk

Funk var en videreutvikling av soul på slutten av 60-tallet. Den var en hardere og mer synkopert dansemusikk, med mer markert og gjerne virtuost el-bass- og trommespill, med jazzbasert improvisasjon og omfat-

tende synth-bruk. Mange funk-artister var også særdeles fargerike og glitrende hva gjelder antrekk, image og sceneshow. Selve uttrykket «funky» er et slanguttrykk for «skitten» eller «slibrig», men ordet henspiller opprinnelig på kroppslukt i forbindelse med sex. Å spille funky betyr imidlertid å spille hardt, rått og tøft. Rytmen, soundet og groovene er de viktigste musikalske elementene i funk. Genrer som blues, gospel, R&B, soul og funk er alle del av en lang historisk linje i den afroamerikanske musikken. På 50-tallet ble noen av disse et grunnlag for rock'n'roll, og på 70-tallet utgjorde de fargerike elementer i rockens stilpluralistiske mangfold.

Funkens gudfar var James Brown. Hans fremste arvtager mot slutten av 60-tallet ble *Sly Stone* (Sylvester Stewart, 1944). Dette vidunderbarnet fra Dallas platedebuterte med familieorkestret allerede som fireåring. Han tok musikkutdanning, og jobbet som låtskriver og discjockey. Hans ensemble, som regel under navnet Sly and The Family Stone, fikk sitt gjennombrudd i 1968. I etterdønningene fra hippienes San Francisco blandet de hardtsvingende soul med psykedelisk og progressiv rock. Dette ble kombinert med politisk svært bevisste tekster, og et særdeles glorete utseende med oppsiktsvekkende scenekostymer. Gruppa hadde medlemmer av begge kjønn og flere raser. Sly Stone ble for alvor etablert med sin fjerde LP, «Stand!» (1969), som solgte over 2 millioner eksemplarer, og som pekte ut nye retninger for svart musikk inn i 70-tallet. Tittellåten var en jublende kampsang for svart selvbevissthet og stolthet, samtidig som codaen markerte et farvel til melodiøs soul til fordel for heftige funk-rytmer. «I want to take you higher» er også et av høydepunktene fra denne plata. Kort etter gjorde Stone en forrykende opptreden på Woodstock-festivalen, som ytterligere befestet hans posisjon. I både utseende og opptreden og ved sin blanding av musikalske impulser brøt Sly Stone med de fleste konvensjoner i svart musikk. Rundt 1972 var imidlertid gruppa i full oppløsning, og siden midten av 70-tallet har ikke Stone gjort seg særlig bemerket. Bandets bassist, Larry Graham, ble en sentral funk-bassist, som startet en solokarriere med bandet Graham Central Station.

Sly Stone har hatt stor betydning som inspirator innen svart musikk. Han motbeviste også oppfatninger om at svart musikk var mindre kompleks og sofistikert enn hvit rock: I likhet med Stevie Wonder ga Sly Stone sterke impulser til hovedstrømningene i en musikkform som i hovedsak var regnet som hvit. I samtida fikk Stone stor betydning som inspirator også for ledende jazzmusikere som Miles Davis og Herbie Hancock, som var framtredende stilskapere i den nye fusjonen av jazz og rock. *Herbie Hancock*s (1940) LP «Headhunters» (1973) må også trekkes fram som et sentralt bidrag til utviklingen av funk, både rytmisk, formmessig og når det gjelder lydproduksjon. «Watermelon man» og den 15 minutter lange «Chameleon» var banebrytende jazz/funk-innspillinger, med stor popularitet på diskoteker og med betydelig innflytelse på mange musikere. En annen av Hancocks komposisjoner på denne plata bar tittelen «Sly» – en hyllest til Sly Stone. (Den tidligere omtalte Sly Dunbar tok også sitt artistnavn til ære for Stone.)

New Orleans er, som vi tidligere har påpekt, en smeltedigel for ulike kulturuttrykk i sørstatene. Et viktig funk-band herfra var *The Meters*. Deres innspillinger er nærmest for lærebøker i groove og samspill å regne. The Meters, som ble dannet i 1968 og oppløst 9 år senere, var New Orleans' svar på Booker T. & The MGs, med klar inspirasjon også fra Sly Stone. Det besto av Art Neville, keyboards, George Porter jr., bass, Joseph Modeliste, trommer og Leo Nocentelli, gitar. Selv om deres første singler, «Sophisticated Cissy» og «Cissy strut» (1969) kom inn på USAs Top Ten R&B-liste, ble deres innspillinger oversett av det store publikum utenfor hjembyen. De ble «musikernes musikere» og viktige som inspiratorer og stilskapere. De var husband for sitt innflytelsesrike bysbarn, produsenten Allen Toussaint, og spilte med en rekke ulike artister. De fleste av disse var lokale, men også flere mer berømte musikere lot seg inspirere av The Meters og miljøet rundt dem, og noen dro også til New Orleans for å spille med dem.

I en viss grad overlappet The Meters familieorkestret *Neville Brothers*, som har blitt beskrevet som essensen av New Orleans' musikk, foredlet i én familie. Medlemmer av Neville-familien hadde hatt betydelig innflytelse på R&B, rock'n'roll, soul og jazz siden 50-tallet. The Meters og Neville-familien utgjorde på 60- og 70-tallet den indre kjerne av New Orleans' «musiker-mafia». Neville-brødrenes egen platekarriere hadde aner helt tilbake til 1954 og innspillingen «Mardi gras mambo», men som gruppe oppsto ikke Neville Brothers offisielt før i 1978. De forble lokale storheter og et kultband for spesielt interesserte fram til 1989, da den Daniel Lanois-produserte LPen «Yellow moon» skaffet dem en kommersiell suksess, som fortsatte med oppfølgeren «Brother's keeper» (1990). Suksessen skapte de ved å finslipe sitt uttrykk, i stedet for å utvanne det.

70-tallets viktigste svarte band ble ledet av *George Clinton* (1941). Hans karriere har vekslet mellom fiasko og triumf i nærmere 40 år, siden han i 1957 platedebuterte med sin vokalgruppe The Parliaments. De fikk sin første hit med soul-låten «(I wanna) Testify» ti år senere, og startet et backingband kalt The Funkadelics. Med dette konseptet utviklet Clinton en funk-stil inspirert av Sly Stone, James Brown, Jimi Hendrix og av psykedelisk rock. Fra 1970 opptrådte han parallelt under navnene Parliament og Funkadelic (en blanding av ordene funk og psychedelic) – eller gjerne med P-Funk som fellesnevner. Clinton selv hadde også flere psevdonymer, hvorav særlig Dr. Funkenstein må nevnes.

Fra å ha status som et sært kultband ble George Clintons band funkens eksentriske keisere ved midten av 70-tallet. Det var deres støyende, funky groove som ble toneangivende og som regjerte Amerikas dansegulv. De skrev eksperimentelle arrangementer og tok i bruk moderne teknologi. De forente lange tradisjoner i svart musikk med et moderne sound, og med temaer som tidligere hadde vært helt utypiske for svart musikk, som romfarts- og science fiction-fantasier. Utseendemessig sprengte de også grenser: James Brown og Sly Stone hadde vært sofistikerte og koreograferte, men de hadde ikke forsvunnet ut i det ytre rom i sine show. Romfartsfantasien «Mothership connection» (1976) regnes av mange som Clintons både musikalske og visuelle høydepunkt. Det var bare Earth, Wind & Fires pyramide som kunne sammenlignes med Parliaments romskip. De kombinerte scenografiske overdrivelser og ekstravagante kostymer med den hvite rockens intellektualisme. De utviklet også en sjargong og et vokabular som skulle dukke opp igjen i gangsta-rappen ti år senere. Clintons holdninger og budskap kommer nokså klart fram bare ved å nevne noen av hans LP-titler: «Free your mind ... and your ass will follow», «The electric spanking of war babies»,

«Funkentelechy vs. the placebo syndrome», «Gloryhallastoopid – or pin the tail on the funky».

P-Funk-prosjektene fikk etter hvert også flere avleggere som er verdt å nevne. Clintons bassist William «Bootsy» Collins, som tidligere hadde spilt for James Brown, startet sitt eget Bootsy's Rubber Band med humørfylt og hard funk i 1976, og har nest etter Clinton selv blitt den mest fargerike og innflytelsesrike personen fra dette funk-miljøet. Fred Wesley hadde vært bandleder for den samme Brown, og tok med seg Brown-saksofonisten Maceo Parker da han dannet blåserrekka The Horny Horns. Dessuten kom det kvinnelige avleggere i form av Parlet og The Brides of Funkenstein. Snart hadde Clinton nærmere 60 musikere på lønningslista. Clinton var mannen som ville legge «One nation under a groove» – for å sitere hans LP-tittel fra 1978, som også ble hans første millionselger.

På 80-tallet falt funk-keiserens rike sammen. Han spilte riktignok inn en anerkjent solo-LP i 1982, «Computer games» – og på 90-tallet turnerte han med flere av sine gamle samarbeidspartnere, før både romskipet og hele The P-Funk All-Stars i 1996 landet med CDen «The awesome power of a fully operational mothership». På dette tidspunktet hadde imidlertid Clinton for lengst blitt anerkjent som en gudfar for moderne funk, rap og hip hop gjennom sin innsats på 70-tallet, og hans utgivelser var brukt som et helt lydbibliotek for sampling. Han har også hatt stor betydning for artister som Miles Davis, Prince og Living Colour. Både George Clintons, Sly Stones og The Meters' betydning ligger langt mer i deres funksjon som stilskapere og inspiratorer enn i deres platers salgstall. Fornøyd kunne Clinton i 1996 hevde at «vi visste det ville ta 20 år før platene ble forstått; det var derfor vi lagde dem så sprø».

17 Håndverkere med penn og gitar

Dersom vi skal følge distinksjonen mellom svart og hvit musikk i populærmusikkens historie, kan vi si at forrige kapittel handlet om svart musikk på 70-tallet, mens dette skal handle om typisk hvite genrer i 70-tallets pop og rock. Et fellestrekk er imidlertid at i begge tilfeller dreier det seg om musikk hvor videreføring av tradisjoner er et nøkkelelement. En rekke hvite soloartister som fikk sitt gjennombrudd på 70-tallet, fikk merkelappen *singer/songwriters*. Selv om de som artister var ulike og kunne være svært personlige i sin stil, videreførte alle en form for visetradisjon i popmusikken, som likevel var forskjellig fra folk- og folk-rockbevegelsen fra 60-tallet. For å se hva de hadde felles og som ga dem en slik merkelapp, kan vi beskrive dem i fire hovedpunkter.

For det første dreide det seg om sangere som skrev sine egne tekster og melodier og akkompagnerte seg selv når de opptrådte – som regel var de gitarister eller pianister. Denne trenden er også symptomatisk for 70-tallets mentalitetsdreining fra fellesskap mot individualisme: Mens vi oftest finner band blant de fremste navn i 60-tallets populærmusikk og rock, finner vi på 70-tallet flere soloartister.

For det andre hadde tekstene stor betydning, og også her finner vi en tydelig dreining i retning individualisme: De var sjelden politiske eller direkte samfunnskritiske, som i 60-tallets folk. Tekstene var oftere av psykologisk karakter, handlet om mellommenneskelige forhold, eller var selvbeskuende og introspektive. Hippienes «vi» var skiftet ut med «jeg». Selvransakelse hadde blitt en nøkkel til suksess.

For det tredje var musikken vise-inspirert. Dette har med instrumentvalg (gitar/piano) og tekstens betydning å gjøre, og at det var solosangere som fokuserte på seg selv og sitt budskap mer enn på staffasje, effekter og image. En visesanger har som regel minst to kjennetegn: En gitar og et budskap. Men denne musikken spente over et langt bredere spekter. Mange av artistene representerte linjer tilbake til Tin Pan Alley

og Brill Building, heller enn til Greenwich Village (Carole King, Elton John, James Taylor, Billy Joel). Andre hadde folk-bakgrunn og var preget av det (Leonard Cohen, Joni Mitchell, Paul Simon). Man brukte gjerne poporkestrering og arrangementer med omfattende instrumentasjon: Tregreps-visesangen var ikke singer/songwriternes område. Deres musikalske håndverk var som regel meget sofistikert. Vise-pop er et musikalsk begrep – riktignok noe diffust – som også kan dekke mye av denne musikken.

For det fjerde appellerte singer/songwriterne til et ganske voksent publikum. De hadde mange desillusjonerte hippies under ideologisk omskolering blant sine tilhengere. Deres sanger kunne også ha en intellektuell appell. Som artister satset de på sin musikk og sine tekster, og de brukte i svært liten grad image, klær, sex-appeal eller en skandaløs «rock'n'roll-livsstil» for å fremme platesalget. Fravær av image var selve imaget. Denne voksne popmusikken var, med sin brede appell, med på å bane vei for begreper i markedet som *AOR* – Adult Orientated Rock (eller Radio), AC – Adult Contemporary, og MOR – middle-of-the-road.

Markedet lå åpent for slike artister i 1970, og hundrevis av dem ble lansert fram mot 1973. De fleste var amerikanere, og mange kom til å bli gjengangere i rockens voksende jetsett-miljø i Los Angeles. Men singer/songwriter må ikke oppfattes som et musikalsk begrep i snever forstand, eller som en stilbetegnelse. Det er mer en betegnelse på en viktig trend i 70-åras populærmusikk.

Individualisme og hverdagslighet

Singer/songwriter-trenden hadde mange dyktige kvinnelige låtskrivere og artister. Kanadiske *Joni Mitchell* (Roberta Joan Anderson, 1943) etablerte seg på slutten av 60-tallet i New Yorks folk-miljø, først som låtskriver, blant annet med «Both sides now» for Judy Collins, og «Woodstock» for Crosby, Stills, Nash and Young. Hennes utgangspunkt var som folk-poet og hippie. I 1970 fikk hun selv sin første hit-single, «Big yellow taxi» – en sarkastisk kommentar til storbylivets mangel på økologisk bevissthet. LPen «Blue» (1970) står som et av hennes fineste arbeider, og er et viktig produkt fra singer/songwriter-æraen. Mitchell, som året før hadde skrevet selveste «Woodstock», erklærte nå desillusjonert og usentimentalt om den amerikanske drømmen: «That was a dream that some of us had.» Mitchell befant seg et sted mellom gatesangeren og rockstjernen da hun gjorde stadionkonserter i 1974, etter sin svært populære LP «Court and spark». Pianoet hadde blitt hovedinstrument i stedet for gitar, og plata hadde jazzinspirerte arrangementer av Tom Scott, Robben Ford og Mitchell selv. Med LPen «The hissing of summer lawns» (1975) tok hun også i bruk afrikanske rytmer og elementer fra etnisk musikk. Selv om deler av hennes publikum fremdeles oppfattet henne som en folk-sanger med gitar, utviklet hun seg gjennom 70-tallet mot et stadig mer sofistikert uttrykk. Hun samarbeidet også med jazzgiganter som Charles Mingus, Jaco Pastorius og Pat Metheny.

Mitchells tekster er livsnære og personlige. Hennes gjennomgangstema er analyse av ekte eller tenkt kjærlighet, og hun har beskrevet sin generasjons utvikling, fra opprør og idealisme til ansvar og foreldreskap. Hun er en svært personlig og original utøver, alltid musikalsk søkende etter nye uttrykksformer. Kommersielt har hennes karriere vært nokså varierende, men hennes sanger har blitt innspilt av så ulike artister som Bing Crosby, Frank Sinatra, Nazareth og Bob Dylan (særlig «Both sides now» finnes i mange versjoner). Ved siden av musikken har hun fra 80-tallet også arbeidet som billedkunstner. Hun har stilt ut malerier en rekke ganger, og også laget flere av sine egne platecovere.

Fra Kanada kom også *Leonard Cohen* (1934), som debuterte som forfatter med en diktsamling i 1956, og senere utga flere samlinger med lyrikk og romaner. Han ble oppmuntret av Judy Collins til å synge på Newport-festivalen i 1967, sammen med Joni Mitchell. Året etter kom Cohens første LP: «Songs of Leonard Cohen». Her hadde han satt melodier til sine dikt, og etter denne suksess-plata ble han mer kjent som visesanger enn som forfatter. Etter Bob Dylan hadde det blitt akseptert å være både poet og sanger i rock, og tida var moden for en scenepoet som Cohen. Han ble, med sin dystre og dype intonasjon, sine sparsomme arrangementer og sine innadvendte, skarpt observerende tekster, for mange nærmest en kultfigur. Hans debut-LP var som skreddersydd for hybel, rødvin og kjærlighetssorg, og annen eksistensiell uro. Hans gjennomgangstemaer var seksuell og åndelig lengsel, religion og ensomhet, mystikk og døden.

Ikke så langt unna Cohens uttrykk finner vi *Tom Waits* (1949). Waits ble, med sine rapporter fra storbyens skyggeside, en kultfigur for et lite, men entusiastisk publikum. Hans grovkornede stemme og melodiøse teft ble kombinert med innflytelse fra jazz, R&B, avantgarde og kabaretmusikk. Arrangementene var sparsommelige, fragmentariske og oppfinnsomme. Vi finner disse trekkene på hans to første LPer «Closing time» (1973) og «The heart of Saturday night» (1974), som begge bærer preg av Waits' skarpe observasjoner fra sin tid som dørvakt på en nattklubb. Røttene strekker seg til både 60-tallets beat-poeter, Bertolt Brecht og andre forfattere. Han har også spilt i flere teaterstykker og en rekke filmer. På 80-tallet fikk LPene «Swordfishtrombones» (1983) og «Rain dogs» (1985) strålende kritikker, og Waits har forblitt en høyt verdsatt kunstner i rockens mørke kroker.

Carole King (Carole Klein, 1942) var mer en songwriter enn en singer. Hun er den mest suksessrike kvinnelige låtskriver i populærmusikkens historie. Grunnlaget for dette ble lagt i 1958, da hun som 16-åring møtte den 18-årige Gerry Goffin. De inngikk både et ekteskapelig og et musikalsk partnerskap. King ble allerede i 1959 udødeliggjort gjennom barndomsvennen Neil Sedakas opus tilegnet henne, «Oh Carol». Hun svarte med «Oh Neil», som ikke ble en tilsvarende suksess. Paul Simon hjalp henne inn i musikkbransjen, men frarådet henne å ta arbeid som låtskriver i New Yorks Brill Building-industri – hvilket hun likevel gjorde. King var ingen tekstforfatter, men Gerry Goffin løste dette problemet. De fikk kontrakt som låtskrivere hos forleggeren Don Kirshner, kontor i Brill Building, og skrev sin første nr. 1-hit i USA med Shirelles' «Will you still love me tomorrow» i 1960. Utover 60-tallet signerte Goffin/King låter for blant annet The Drifters, Bobby Vee, The Chiffons og The Byrds. King skrev i denne perioden klassikere som «The loco-motion» og «Crying in the rain». Etter den britiske invasjonen i 1964 satset de i stor grad på å selge låter til britiske artister: Blant annet spilte The Animals, Manfred Mann, The Beatles og Herman's Hermits inn deres sanger.

På slutten av 60-tallet endret King karriere, og begynte å synge sine egne sanger. Først i 1970 ga hun ut sin første solo-LP; «Carole King: Writer», etter å ha brutt med Goffin tre år tidligere. Året etter kom «Tapestry», som med 13 millioner solgte eksemplarer og fem år på hitlistene ble den mest solgte LP av en kvinnelig soloartist til da. Den inneholdt blant annet sangen «You've got a friend», som plasserte henne i popmusikkens hovedstrøm, og også ble en nr. 1-hit i James Taylors versjon. Hun framsto nå som en moden og troverdig representant for sin generasjons amerikanske kvinner, og som en artist med stor autoritet. Plata var et endelig farvel til Brill Building-karrieren, og en tidstypisk vending mot det personlige uttrykket. Plata innkasserte ikke mindre enn 4 Grammy-priser i 1971: Årets single («It's too late»), årets LP, årets kvinnelige soloartist, og årets sang («You've got a friend»). Etter denne massive anerkjennelsen og suksessen greide Carole King likevel aldri å følge opp. Etter midten av 70-tallet har hun holdt en noe lavere profil, og hennes nye sanger har heller ikke hatt den samme samtidsrelevans som i årene like etter Woodstock.

Carly Simon (1945) appellerte både til et konservativt og kjøpesterkt publikum og til et yngre rockpublikum. Hun slo igjennom i 1972 med LPen «No secrets» og singlen «You're so vain», produsert av Richard Perry. Denne sangen er et skarpt og samtidig uanstrengt satirisk portrett av en bortskjemt rockstjerne, med et svært melodiøst refreng og nyanserik og kraftfull vokal. Sangen regnes som en av singer/songwriter-æraens høydepunkter. Hun skrev også James Bond-melodien «Nobody does it better» i 1977, nå godt forankret i MOR-kategorien. Hennes karriere har ikke vært like stabil som mange av hennes kollegers fra det tidlige 70-tallet. Hun var i ti år gift med *James Taylor* (1948). Giftemålet i 1972 gjorde dem til musikkbransjens drømmepar, sett fra et media- og PR-synspunkt. Taylor var en anerkjent og svært populær singer/songwriter – og han var på mange måter representativ for denne trenden. LPen «Sweet baby James» (1970) inneholdt den selvskrevne «Fire and rain», Taylors signaturmelodi. I denne melodisk vakre balladen oppsummerte han sitt tidligere turbulente liv som heroinavhengig med mentale problemer, og et traumatisk forhold til sin besteborgerlige bakgrunn fra Boston. Taylors sanger var preget av antydningens kunst, melodiøse og emosjonelt framført. Han var prototypen på den innadvendte, melankolske og sky visesangeren, som sang om personlige temaer og følelser av desillusjon og nederlag, som svært mange i hans generasjon kunne kjenne seg igjen i. Men han ble skremt over å bli utropt av amerikanske media til «den nye Dylan», og av å bli oppfattet som 70-tallets første solostjerne. Taylor beskrev en gang sin egen musikk som «søt melankoli». Selv om han utover 70-tallet ofte ble anklaget for å skrive glatt og pregløs musikk, raffinerte han sin stil, som på LPen «Never die young» (1988). Han fikk også et godt grep om sitt konsertpublikum. En del av Taylors mest kjente låter har vært skrevet av andre, slik som «You've got a friend». Hans velspilte og polerte form for country-, gospel- og bluesinspirert pop har likevel blitt skoledannende for mange musikere. Taylors stemme og vokalstil har også et markant særpreg. I 1982 ble for øvrig Taylor og hans spilleglede portrettert i jazzgitaristen Pat Methenys «James».

Poppoeter og poppianister

Blant de mannlige singer/songwriters kommer *Paul Simon* (1941) i en klasse for seg selv. Han er en av populærmusikkens største komponister, som har greid å fornye og utvikle seg gjennom en karriere som spenner over 30 år. Vi har omtalt ham tidligere, i hans samarbeid med Art Garfunkel på 60-tallet. Etter LPen «Bridge over troubled water» (1970), som med sine fire hitsingler ble 70-tallets mest solgte LP i England og var tidenes mest solgte plate til da, ble duoen oppløst. Simon startet en solokarriere med LPen «Paul Simon» (1972), som «bare» solgte én million – et lavt tall etter hans daværende standard. Men han fikk etter hvert hits, og greide å utvikle sin personlige stil på LPene «There goes rhymin' Simon» (1973) og «Still crazy after all these years» (1975). I motsetning til den episke og noe pompøse «Bridge over troubled water» skrev Simon nå mer skarpe, observerende, korte popsanger. Her viste han sine poetiske evner, samtidig som han samarbeidet med ledende jazzmusikere som Steve Gadd og Michael Brecker. Han hentet i økende grad inspirasjon fra jazz og latinamerikansk musikk i sine komposisjoner. «Mother and child reunion» var reggae-inspirert, mens «Me and Julio down by the schoolyard» hadde et anstrøk av salsa-rytmer. Han samarbeidet dessuten med gospelsangeren Jessy Dixon. En av Simons sterkeste sanger fra denne perioden er «American tune» (1973). Her skrev han om Watergate og Vietnam, men med fortettet bruk av bilder og symboler i stedet for revolusjonær retorikk. Intellektualiseringen og individualiseringen som ligger i denne sangens form, er også et eksempel på hvordan protestsanger antok andre former på 70-tallet enn hva de hadde gjort på 60-tallet. I melodien lånte han et tema fra barokkkoralen «Velt alle dine veie». I Simons analyser av USA finner vi alltid skuffelsen og desillusjonen som et sentralt tema, riktignok ikke bare personlig, men også satt inn i en større politisk og sosial sammenheng. «Everything put together falls apart» (1972) er også et tydelig uttrykk for dette.

Desillusjonen overfor den amerikanske drømmen er også et hovedtema hos *Randy Newman* (1943). Han er en av popmusikkens store satirikere, som bruker underfundighet, vidd og ironi som virkemidler i mange av sine sanger. Samtidig er hans tekster mindre introspektive enn hos de fleste singer/songwriters. Han bruker i stor grad vaudeville-tradisjonen i sin musikk – ettersom humoren og underholdningsaspektet ligger solid forankret i denne. Newmans satire over fordommer i sangen «Short people» (1977) ble misforstått av oppsiktsvekkende mange kortvokste amerikanere. De følte seg provosert, og reagerte med så vel demonstrasjonstog som platebrenning da sangen ble en hit. Newman henter musikalsk inspirasjon i alt fra moderne klassisk musikk til Tin Pan Alley, ragtime og jazz. Selv om han bruker de beste studiomusikere på sine plater, holder han ofte solokonserter alene med klaver. Han nyter stor anerkjennelse, men med sine moderate salgstall må han nok i høy grad betraktes som en musikernes musiker.

Blant pianistene må også *Billy Joel* (1949) nevnes. Han fikk sitt store gjennombrudd i 1977 med LPen «The stranger» og balladen «Just the way you are». LPen «An innocent man» (1983) er et eksempel på Joels stil, hvor han henter musikalske elementer fra blant annet soul og klassisk musikk: «The longest time» er virtuos doo-wop med elegante, melodiøse basslinjer, mens temaet fra adagio-satsen i Beethovens klaversonate nr. 8 i c-moll («Pathétique») brukes som refreng i «This night». Melodisk styrke er et kjennetegn ved Joels musikk.

Jackson Browne (1948) er en singer/songwriter uten det helt store platesalget, men som likevel nyter stor anerkjennelse. Han hadde geografisk utgangspunkt i Los Angeles, og musikalsk utgangspunkt i folk. Hans LP «The pretender» (1976) ble hans mest solgte, og tittellåten regnes også blant hans fremste sanger. Mange av Brownes sanger har blitt brukt av andre artister, som The Byrds, Linda Ronstadt, Jackson Five og The Eagles.

Den siste singer/songwriter vi skal trekke fram her, skiller seg ut fra de foregående. For det første er han ikke amerikaner, men brite. For det andre hadde *Elton John* (Reginald Kenneth Dwight, 1947) også et spektakulært image som glamrocker (se kap. 18). Særlig var hans velassorterte brillesamling og fargerike fjærpryd berømt. Han fikk til dels et kitch-image som «rockens Liberace» eller en «romalderens Jerry Lee

Lewis». Imidlertid hadde hans sanger mer substans og hans karriere lengre varighet enn glamrockernes. Elton John ble en av popmusikkens betydningsfulle komponister og sangere. Han ble 70-tallets mest suksessrike artist både i USA og i England hva gjelder platesalg, og en av tidenes bestselgere. Han ble også en populær mediapersonlighet og familieentertainer, som sanger, klovn og fotballentusiast.

Dwight hadde klassisk musikkutdanning, men ble inspirert av Londons R&B-miljø tidlig på 60-tallet. Han tok sitt ene artistnavn etter Long John Baldry, som sang i hans første band Bluesology i 1966. Senere jobbet Elton John sammen med tekstforfatteren Bernie Taupin i Dick James' musikkforlag. Deres produkter fikk laber mottagelse; blant annet skrev de et Eurovision Song Contest-bidrag som ikke nådde opp i den engelske finalen. Elton John arbeidet også noen måneder med å tilrettelegge lydtapeter for supermarkeder, og tok jobber som studiopianist. For eksempel spilte han på Hollies' hit «He ain't heavy he's my brother» (1969). Han viste sine egne kvaliteter som komponist og artist for første gang med den melodiøse og poetiske LPen «Elton John» i 1970, som ble et lite gjennombrudd. Han turnerte intenst i USA, bygde opp en festlig garderobe og utviklet et ekstravagant sceneshow. I løpet av få år var Elton John en av rockens superstjerner. Han levde et liv som ga pressen mye å skrive om. I 1973 kom dobbelt-LPen «Goodbye yellow brick road», med tekster som fantasifullt tok store deler av samtidas populærkultur på kornet. Den hadde arrangementer av høy klasse, og hitlåter som tittelsangen, «Candle in the wind» (til minne om Marilyn Monroe), «Bennie and the jets» og «Saturday night's alright for fighting». Denne LPen står som hans viktigste bidrag til 70-tallets pop – og den ble også nr. 1 på listene i både USA og England.

Det skulle vise seg at den Beatles-inspirerte popballaden framfor noe skulle bli Elton Johns musikalske format, hvilket han gang på gang gjennom sin karriere har vist med sanger som «Your song», «Daniel», «Candle in the wind», «Goodbye yellow brick road», «Blue eyes», «That's why they call it the blues», «Nikita» og «Sacrifice». Gjennom dette har han ikke minst vunnet ry som en fremragende melodiker. Han har en karakteristisk stemme, og har også vist seg som en drivende rockpianist, i tradisjonene fra gospel og fra Jerry Lee Lewis. Hans tekster – ofte banale på papiret, men alltid funksjonelle gjennom hans formidlingsevne som vokalist – har som regel vært skrevet av Bernie Taupin. På 80-tallet forsøkte han å endre livsstil og image, med et visst hell. Etter en privat og profesjonelt vanskelig periode fra omtrent 1978, hvor han heller ikke samarbeidet med Taupin, vendte han i 1983 tilbake med den triumferende «I'm still standing». Samle-CDen «The very best of Elton John» (1990) oppsummerte hans karriere. Senere har ikke hans arbeider vist helt den samme musikalske tyngde som tidligere, selv om han også hadde stor suksess med sin musikk til Disney-filmen «The Lion King» i 1994.

Åndelige strømninger

De fleste singer/songwriters hadde svært mye å takke *Bob Dylan* for. Samtidig, da 60-tallet ebbet ut, var Dylan i ferd med å miste noe av den unike innflytelsen og relevansen som han hadde hatt. Et par ujevne plater fikk hard medfart av kritikerne, og Dylan ble betraktet som en fallende stjerne fra 60-tallet. Beatles-medlemmenes soloprosjekter så også ut til å etterlate seg et tomrom. Slik var Dylan med på å legge veien åpen for mange nye singer/songwriters, og jakten på «den nye Dylan» var i gang. Dylan ble også kritisert fordi han aldri egentlig deltok i Vietnam-protesten, noe hans kollega Joan Baez også ga uttrykk for i sangen «To Bobby». Men Dylan hadde aldri primært vært protestsanger. I 1974 vendte han sterkt tilbake på scenen med en konsertserie i USA sammen med The Band, etterfulgt av den kritikerroste live-LPen «Before the flood». «Floden» kom deretter med LPene «Blood on the tracks» (1975) og «Desire» (1976). Dette var Dylans mest overbevisende utgivelser siden midten av 60-tallet. Her var det sigøynerstemning og fioliner, dramaer lagt til eksotiske steder, og et mer mystisk og gåtefullt uttrykk enn tidligere. Dylan sang gripende fortellinger som «Tangled up in blue» og «Lily, Rosemary and the Jack of hearts», og ambivalente kjærlighetssanger som «If you see her, say hello» og «Shelter from the storm». På den søkende og intense «Street legal» (1978) oppsummerte han sine 16 første år som artist i «Changing of the guard». Det bebudede vaktskiftet kom for alvor med LPen «Slow train coming» året etter, hvor han sto fram som en nyomvendt kristen. Bob Dylan hadde nok en gang forbløffet sitt publikum med en uventet vending. Dylans langsomme tog hadde imidlertid vært på skinnene gjennom hele hans karriere, med åndelig søken som et av hovedmotivene i hans tekster.

Dylan var ikke den første som spilte rock med et forkynnende kristent budskap. 70-tallet hadde nokså sjelden eksempler på rockpoesi som kunne måle seg med de store tekstforfatterne i 60-tallets rock. Image og musikk ble for de fleste viktigere enn å fremme et ideologisk eller politisk budskap. Noen artister brukte likevel rocken og popmusikken til å fremme ikke bare politiske budskap, men også religiøse. På slutten av 60-tallet hadde mange rocktekster vært påvirket av indisk religion og filosofi, og den populære musikalen «Hair» hadde også et religiøst budskap. På 70-tallet kom det for første gang rock med et kristent budskap – selv om utgangspunktet for dette allerede var til stede i gospel og blues. Utover 70-tallet utviklet det seg en egen, alternativ kristen musikkbransje i USA. Denne var i utgangspunktet nært knyttet opp mot singer/songwriter-trenden og AOR-filosofien. Hovedsetet ble Nashville, og Word og Sparrow var blant de ledende plateselskapene. Ofte har misjonsiveren i denne bransjen gått på bekostning av musikalsk kreativitet, slik det gjerne skjer i politisk eller religiøst agitatorisk musikk. Men bransjen har også presentert flere interessante artister rent musikalsk, ofte undervurdert blant det store publikum på grunn av denne bransjens rykte for å være for spesielt interesserte, og på grunn av dens ofte begrensede distribusjonsapparat. På 90-tallet var imidlertid den kristne musikkbransjen i kraftig vekst. Avisa New York Times hevdet i februar 1995 at dette var «the fastest growing form of popular music», og sammenlignet den med 80-tallets country-bølge. Med millionselgende popartister som Amy Grant, Michael W. Smith og D.C. Talk i spissen, ble også holdningene endret, og mye av 70-tallets idealisme svekket: Religiøs pop hadde blitt stor forretning, og rettet seg som regel både musikalsk og i image inn mot et konservativt og kjøpesterkt publikum. Flere store plateselskaper kastet seg også på bølgen ved å starte «religiøse underselskaper», for eksempel gjorde Warner Alliance suksess med dette. På 80- og 90-tallet begynte imidlertid også stadig flere artister med kristen tro å profilere denne på ulike måter innenfor den etablerte musikkindustrien. (U2 er det fremste eksemplet.) Mange kristne artister inntok også en kritisk holdning til egen bransje. En av disse var Larry Norman.

Larry Norman (1947) var pioneren for den såkalte «kristen-rocken» på 70-tallet. Han tok opp det hundre år gamle Frelsesarmé-slagordet «Why should the devil have all the good music?», og markerte seg sterkt med debut-LPen «Upon this rock» (1969), samt trilogien «Only visiting this planet» (1972), «So long ago in the garden» (1973) og «In another land» (1976). Dermed greide han å provosere grupperinger innen kirken som mente at rock var ukristelig musikk uegnet til kristen forkynning. Samtidig provoserte han de deler av media og musikkbransjen som ikke likte kristendom. Norman var en kontroversiell og kompromissløs artist, og han må betraktes som en betydningsfull låtskriver. Han ble også en inspirator for mange musikere, blant andre Bob Dylan og Bono.

Fredløs og tilbakelent

Den kanadiske sangeren, gitaristen og låtskriveren *Neil Young* (1945) har vist seg å være en av rockens varige kraftimpulser. På 60-tallet var han med i Buffalo Springfield, og i 1969 ble han med i Crosby, Stills and Nash. Dette samarbeidet varte kun i ett år, men til gjengjeld greide kvartetten å gjøre seg solid bemerket med sine country-rockharmonier og sitt hippiebudskap om fred og kjærlighet på Woodstock-festivalen. Young hadde imidlertid allerede etablert et fast band, Crazy Horse, og fikk sitt gjennombrudd med LPen «After the goldrush» i 1970. Her introduserte han også gitaristen Nils Lofgren, som har vært med på å prege flere av hans plater. Neil Youngs største salgssuksess ble den country-inspirerte LPen «Harvest» (1972), som ble nr. 1 på listene i USA, og sangen «Heart of gold» herfra ble hans første nr. 1-single. I anti-dopsangen «The needle and the damage done» kommer det røffe og såre, stygge og vakre i hans uttrykk godt fram. Samtidig brøt han country-rockens konvensjoner ved la seg akkompagnere av London Symphony Orchestra på to sanger. «On the beach» (1974), som i likhet med John Lennons «Plastic Ono band» var en selvterapeutisk sangsyklus, ble et kreativt vendepunkt mot det mer personlige og samtidig optimistiske. «Rust never sleeps» (1979) var også en gjennomarbeidet sangsyklus, med rockstjerne-tilværelsens forgjengelighet som gjennomgangstema. 80-tallets utgivelser viste en eksperimentell og stadig uforutsigbar Young, og var innom genrer som laidback country («Hawks and doves», 1980 eller «Old ways», 1985), R&B («Re-ac-tor», 1981), synth-pop («Trans», 1983) rockabilly («Everybody's rockin'», 1983) og blues («This note's for you», 1988). Disse kontrastfylte platene fikk en blandet mottagelse hos publikum og kritikere.

I motsetning til mange andre artister fra Woodstock-generasjonen har Youngs renommé økt med årene. Nyere plater som «Freedom» (1989) – med den satiriske hitlåten «Rockin' in the free world» – «Ragged glory» (1990) og «Harvest moon» (1993) må regnes blant hans mest verdifulle bidrag til rocken. Ved overgangen til 90-tallet hadde Young fått en sterk posisjon som forbilde for en ny generasjon av støyrockere – mange så på hans gitarspill, utseende og holdning som selve definisjonen av «støyrock». Ti år tidligere hadde han inspirert både punk og new wave, ikke minst med sitt gnistrende, forvrengte gitarspill. Mannen med den rutete flanellsskjorta fikk nå nærmest status som en «grungens bestefar». Han spilte da også med unge band som Sonic Youth og Pearl Jam. På samme tid ivaretok han en mykere countryrockinspirert stil for eksempel på «Harvest moon», hvor han sang med Emmylou Harris. Han har forblitt progressiv, nytenkende og uforutsigbar. På tross av all hans eksperimentering har han fortsatt å være Woodstock-generasjonens yndling, ikke minst som konsertartist. Young symboliserte for mange rockens tradisjonelle verdier, og greide på samme tid å være «gammeldags» og «moderne» på en slik måte at han appellerte på tvers av generasjoner.

I sitt uttrykk er Neil Young rå og bitende, myk og var. Hans plater preges av hans stygg-vakre gitarspill, men også av hans såre, klagende stemme. Han forener popmusikerens melodiske oppfinnsomhet med en ur-rockers energi. Han uttrykker både reflektert melankoli og barnlig undring. Young veksler i sine sanger mellom pastorale gleder og urbane fristelser. Han synger ømme kjærlighetssanger så vel som bitende satire, og framstår som både en ensom ulv og en kommersiell suksess.

Country-musikken gjennomgikk en markant vitalisering midt på 70-tallet, som blant annet resulterte i en retning kalt *outlaw country*. Bakgrunnen for denne utviklingen var den, etter manges mening, strømlinjeformede og kommersialiserte countryen fra Nashville, som ikke appellerte til rock-generasjonens smak. Flere unge countryartister begynte nå å spille en røffere og mer rockpåvirket form for country. Selve ordet «outlaw» betyr «fredløs», noe som også uttrykker disse musikernes selvforståelse som progressive i en for øvrig nokså konservativ genre. Samtidig videreførte de impulser fra honky tonk-artister som Hank Williams, fra rockabillyens energi, og fra urban folk-miljøet i Greenwich Village, gjennom sin progressive bruk av folkemusikalske kilder. Outlaw country ble igjen utgangspunktet for 80-tallets rootsbølge.

De fremste representantene for outlaw country ble Waylon Jennings, Willie Nelson, Johnny Cash og Kris Kristofferson. Disse fire opererte også senere sammen, under navnet The Highwaymen. Av disse musikerne må særlig *Willie Nelson* (1933) framheves som en av country-musikkens giganter. Med sin unike frasering og tolkningskunst, både som sanger og som gitarist, framfører han sanger i ulike genrer på en høyst personlig og original måte. I 1978 utga han både outlaw countryklassikeren «Waylon & Willie» (sammen med Jennings) og «Stardust», hvor han tolket gamle amerikanske slagere i crooner-tradisjonen. Dette er bare ett eksempel på Nelsons brede musikalske nedslagsfelt. Nelson er også en av country-musikkens store låtskrivere. Han vakte dessuten oppsikt i 1993 med CDen «Across the borderline», hvor han tolket sanger av blant andre Paul Simon og Peter Gabriel inn i en countryramme. Nelson har på sine eldre dager fått status som en institusjon i amerikansk musikkliv.

Country-musikken fikk på 70-tallet også stor innflytelse på hovedstrømninger i amerikansk pop og rock. *The Eagles* er et eksempel på dette. De kom fra det voksende popmiljøet i Los Angeles, hvor også Linda Ronstadt og Jackson Browne var sentrale aktører. Tyngdepunktet i Californias musikkmiljø var nå flyttet bort fra San Francisco. Produsenten David Geffen grunnla i 1970 Asylum Records, som ble viktig for utviklingen av Los Angeles' posisjon som pop-metropol mot slutten av 70-tallet. Los Angeles-soundet var preget av teknisk perfeksjonisme og et noe glatt og tilbakelent uttrykk (se kap. 20). Her var The Eagles blant de fremste representantene, med sin polerte, laidback countryrock med stor AOR-appell. Eagles var musikalske katalysatorer for Californias livsstil, omtrent som Beach Boys hadde vært det ti år tidligere. *Don Henley* (1947) og *Glenn Frey* (1948) var de mest sentrale medlemmene, som også senere gjorde det best i sine respektive solokarrierer. Eagles, som eksisterte fra 1971 til 1981 (gjenforent i 1994), var på midten av 70-tallet et av rockens store navn, med et svært høyt platesalg. Hitlåter som «Desperado», «Lyin' eyes», «Already gone», «Take it easy» og «One of these nights» er klassikere fra deres produksjon. Deres markante gitarspill og vokalharmonier var vanligvis forankret i country, og platene er samtidig preget av vestkyst-popens polerte perfeksjonisme. LPen «Hotel California» (1976) solgte i over 11 millioner eksemplarer, og ble deres største suksess. Både «Life in the fast lane» og tittellåten ble store hits. Sistnevnte hadde en tekstmetafor om rusavhengighet: «You can check out any time you like, but you can never leave». Den lange gitarsoloen mot slutten av denne låten er også et av Eagles' aller fineste arbeider.

En av 70-tallets noe undervurderte låtskrivere og artister innenfor hvit country- og bluesbasert musikk er gitaristen, sangeren og låtskriveren *J.J. Cale* (Jean Jacques Cale, 1938) fra Oklahoma. Cale er en musikernes musiker, og har påvirket mange langt mer berømte kolleger, som Mark Knopfler og Eric Clapton. Sistnevnte fikk store hits med Cale-låtene «After midnight» (1970) og «Cocaine» (1977). Cales plateinnspillinger fra 70-tallet er det nærmeste vi kommer en definisjon av uttrykket «laidback». Hans gitarspill er rytmisk elegant, hans hese stemme nesten hviskende, og musikken er stillferdig og groovy på samme tid. Låtene varer sjelden mer enn to minutter – som små stemningsrapporter som fades ut. Cales første solo-LP kom ikke før i 1971, da han var 33 år gammel. Han vant sitt ry med LPer som

«Okie» (1974) og «Troubadour» (1976), som viser Cales musikk på sitt mest typiske.

Eric Clapton var en av de mange heltene fra 60-tallets ungdomskultur som også skapte seg en solid solokarriere i nye omgivelser på 70-tallet. Da Cream ble oppløst i 1968, tok Claptons karriere noe kronglete veier: Han var med i bandene Blind Faith og Delaney & Bonnie i noen måneder, før han i 1970 utga sin første egentlige soloinnspilling, under det obskure navnet Derek and The Dominoes. Her fikk han en stor hit med «Layla», som er en av rockens sterke og desperate sanger om ubesvart kjærlighet. Låten var kjennetegnet av det drivende samspillet mellom de to gitaristene Clapton og Duane Allman, og den var tilegnet George Harrisons kone Patti, som Clapton senere ble gift med. På denne tida fikk Clapton store problemer med narkotika. Hans virkelige gjennombrudd som soloartist kom først i 1974, med LPen «461 Ocean boulevard». Her vendte han i stor grad tilbake til sine musikalske røtter. Fra sitt berømte power-gitarspill gikk han nå i en mer blues- og country-inspirert retning, og albumet viste ham med en mer tilbakelent feeling som skulle bli typisk for hans musikk utover 70-tallet. Han dro inn elementer av R&B («Willie and the hand jive»), gospel-blues («Give me strenght»), og reggae («I shot the sheriff»). LPen bekreftet hans status som en av rockens fremste gitarister, og etablerte ham også som vokalist og låtskriver. Her var han i stadig utvikling gjennom 70- og 80-tallet. LPen «Slowhand» (1977) ble også en suksess, ikke minst på grunn av hitlåtene «Cocaine» og «Wonderful tonight». Midt på 80-tallet hadde Clapton en mindre produktiv periode, men han kom sterkt tilbake med LPen «Journeyman» (1989). Denne ble etterfulgt av en kommersielt vellykket «Unplugged»-innspilling i 1992, som inneholdt hit-singlen «Tears in heaven», og en helt omarrangert «Layla». Clapton har også medvirket som studiomusiker på en rekke plater gjennom 80-tallet, og hans kvaliteter som gitarist bør være ubestridelige. Eric Clapton har gjennom hele sin karriere vært en musiker med røtter og hjerte i bluesen. Dette demonstrerte han også i 1994, da han utga blues-CDen «From the cradle» – med låter fra hans musikalske vugge.

18 Image og maskespill

Store deler av rocken på det tidlige 70-tallet inviterte til kontemplativ lytting heller enn å gi bekymringsløs underholdning. De nye «supergruppene» hadde kunstneriske målsettinger, og bransjen var preget av de intellektuelle: Dylan var i ferd med å bli universitetspensum. Et vakuum lå derfor klart til å fylles, nemlig markedet for ukomplisert dansepop for et single-kjøpende tenåringspublikum på jakt etter nye motetrender. Artistene hadde gjerne et ironiserende forhold til rocktradisjonen: 60-tallet ble nå betraktet som passé. Mange stilte også spørsmål ved rockens estetiske konvensjoner og dens krav på autentisitet. De spektakulære konsertformene og utvidede musikalske konseptene som var utviklet innen eksempelvis progrock og heavyrock, kunne også utnyttes på en mer utvendig måte: Stilen kunne åpenlyst utnyttes for sin egen skyld. Ironien og den tilstrebede overfladiskheten ble sentrale kjennetegn ved en estetikk som var ny i rocken. Mange av de artistene som omtales i dette kapitlet, har blitt stående som 70-tallets fremste ikoner i mote og musikk.

Glitter og stas

Glamrock og glitter-rock har den blitt kalt, trenden som skylte for fullt over britisk pop fra 1971 til 1975. Glamrockerne (av glamour) var moteløver med høye platåsko, glitter, paljetter og åpne skjorter som tydelig viste at de hadde hår på brystet. Håret på hodet var tidsriktig dandert over de sminkede ansiktene. De fråtset i kitsch-effekter, og ingenting ved det visuelle image var overlatt til tilfeldighetene. Glamrockerne la framfor alt vekt på image og visualitet, og musikken ble underordnet dette. De spilte en friksjonsfri pop for en ny generasjon tenåringer som ikke hadde noe til overs for Woodstock eller Dylan,

hvor hit-singlen var det enerådende medium. Musikken bygde bevisst på dansevennlige klisjeer, med et tiltrekkende sound og en god groove i stedet for variasjon og overraskelser. Tekstene var musikalsk velklingende, men innholdsmessig intetsigende, og sto i sterk kontrast til hippienes filosofiske og surrealistiske tekster. Ofte finner vi i glamrocken stiliserte og polerte boogie- eller rock'n'roll-vendinger, som for eksempel hos Tyrannosaurus Rex, eller *T. Rex* som de kalte seg fra 1970. Under ledelse av den karismatiske eks-hippien *Marc Bolan* (Mark Feld, 1947–77), var dette britiske bandet rundt 1972–73 ungdommens største popidoler. De hadde store hit-singler som «Hot love», «Get it on», «Telegram Sam» og «Metal guru». I motsetning til mange av rockens guruer hadde de ingen ambisjoner om å bringe dype budskap: «I drive a Rolls Royce, 'cause it's good for my voice». Bandets popularitet avtok fort, men eksentrikeren Bolan oppnådde en viss kultstatus, ikke minst innen punk og new wave, etter sin død i en bilulykke i september 1977.

Kongen av glam var skiffle-veteranen med det megetsigende artistnavnet *Gary Glitter* (Paul Francis Gadd, 1944). Han slo igjennom med låten «Rock'n'roll (Parts 1 and 2)» i 1972, og han hadde 9 singler på rad som ble nr. 5 eller bedre på hitlistene. Med sølvkostymer, altfor trange gull-lamédresser og parodisk 50-tallsimage var Glitter den ultimate parodi på seg selv – og dette var nettopp hensikten. Hans appell lå så å si utelukkende i det visuelle. *Slade* var svært populære mellom 1971 og 1975, med sine drivende rock'n'roll-pregede hit-singler med fotballstadion-lignende allsangrefrenger. De utstrålte ren tenåringsenergi, hvor hovedbudskapet var «have fun». Bandets sangtitler anvendte som en gimmick egne regler for rettskrivning: «Coz I luv you», «Look wat you dun», «Mama weer all crazee now», «Cum on feel the noize» og «Skweeze me pleeze me» er noen eksempler. Band som T. Rex og Slade åpnet for en betydelig økning i single-omsetningen, og for en flora av glorete idolblader for sine unge skarer av fans. Andre suksessrike glam-artister var bandene Sweet og Hot Chocolate, og glamrockens lærkledde prinsesse var Suzie Quatro. Hun var amerikaner, men ble lansert i Storbritannia: Det var England som var den viktigste scenen for glamrock. Produsenter som veteranen Mickie Most (Hot Chocolate, Quatro), eks-Animal Chas Chandler (Slade), Mike Leander (Glitter), Tony Visconti (T. Rex) og Nicky Chinn / Mike Chapman (Sweet, Quatro) hadde sterk innflytelse i utformingen av stilen. De skapte popstjerner i en tid overfylt med rocklegender.

Mange artister blandet elementer fra heavyrockens og glamrockens scenografi og regi. Heavyrocken var i seg selv allerede en svært visuell uttrykksform. De fire engelskmennene *Freddie Mercury* (Frederick Bulsara, 1946–91), *Brian May* (1947), John Deacon og Roger Taylor i bandet *Queen* sto for en form for utpreget teatralsk pop, sterkt preget av britisk «pomp and circumstance». Fra starten i 1972 fusjonerte de det sene 60-tallets heavyrock med det tidlige 70-tallets glamrock. Et kjennemerke ved Queen, utenom Mays solide gitarspill, var Mercurys kraftfulle og særpregede stemme, og hans talent som showman. De blandet også i sin musikk inn mange elementer fra progrocken: I deres gjennombruddslåt «Bohemian rhapsody» (1975) hadde Mercury greid å skape en mini-opera av en 7-minutters single. De flerstemte gitar- og korpartiene, bygd opp av en rekke flerspors-pålegg, ble et musikalsk varemerke, og Queen bidro utvilsomt også til utviklingen innen studioproduksjon. «Bohemian rhapsody» ble en nr. 1-hit, også med en trendsettende video.

Queen ble et av Englands mest suksessrike band på 70- og 80-tallet. Dessuten framsto Mercury som en av populærmusikkens virkelig eksentriske personligheter. Han gjorde som artist ingen krav på ekthet eller integritet: «Jeg liker å skrive sanger for forlystelse, for moderne forbruk. Folk kan kaste dem etterpå som brukte papirlommetørklær. Du hører på dem, liker dem, kaster dem, setter på den neste. Forgjengelig pop – javisst.» Mercury dyrket forfengeligheten og forbrukersamfunnets gleder, og fokuserte det overfladiske, glitter og stas, framfor det som i rockens verdisystem ble oppfattet som ekte feeling: «Ideen med Queen er å være kongelige og majestetiske. Glamour er en del av oss.» De skapte likevel levedyktige radiofavoritter og allsanger etter fotballstadion-formelen, som dubletten «We will rock you / We are the champions», «Under pressure», «Another one bites the dust» og «Radio GaGa». Freddie Mercury døde av AIDS i november 1991, og Queens siste arbeider ble utgitt i 1995 under tittelen «Made in heaven».

Flere etablerte rockstjerner bar også på 70-tallet sterkt preg av glamrock-trenden. Den var eksempelvis utvilsomt en viktig forklaring på eks-beatle Ringo Starrs korte, men overraskende store suksess som hit-leverandør i 1973. En singer/songwriter som Elton John kan absolutt betegnes som glamrocker på 70-tallet, hva gjelder alt annet enn det rent musikalske: Selv om han musikalsk sett var langt mer original enn glamrockere flest, var det hans overdådige briller og glitrende fjærkostymer som tiltrakk seg mye av oppmerksomheten. Den hese R&B-sangeren *Rod Stewart* (1945) ble verdensstjerne i 1971, gjennom sin innsats som vokalist i The Faces parallelt med solo-LPen «Every picture tells a story». Både denne og singlen «Maggie May» fra LPen toppet listene i både USA og England, en triumf som få hadde oppnådd før ham. The Faces ble oppløst i 1975, og da hadde Stewart allerede skiftet image og blitt et kjent ansikt i Los Angeles' jetsett-miljø. Hans nye og verdensvante glam-image fjernet det meste av hans opparbeidede arbeiderklasse-troverdighet, både hos presse og fans. Ikke desto mindre oppnådde han stor suksess med LPen «Atlantic crossing» og singlen «Sailing» i 1975. Tre år senere framsto han som et blondt og noe selvhøytidelig sexsymbol med hitsinglen «Da ya think I'm sexy?». Stewart ble en av tiårets mestselgende artister.

Etter at *Elvis Presley* gjorde sitt scene-comeback i 1969, ble han, med sine hvite paljettdresser og sitt pompøse sceneshow, 40-åringenes glamrocker. Musikalsk ble han langt sterkere knyttet til Las Vegas-showbiz enn til sine rock'n'roll-røtter. Hans nostalgiske og patriotiske publikum var stort sett det samme som på 50-tallet: De damene han nå kastet silkeskjerf til, var de samme som hylende hadde strukket seg etter lommetørklærne han hadde kastet til dem i deres ungdom. Ikonet Elvis ble elsket for sine sceneopptredener heller enn for sine nye plateutgivelser, og han holdt over 1000 konserter i USA på 70-tallet. Det ble tydelig at han, med sine stadige mer svulmende kitsch-effekter og pompøse geberder, tilhørte en underholdningsverden som hadde marginalt med rockens verdier å gjøre. Hans framtoning opererte etter prinsippet om jo større, jo bedre, og fenomenet Elvis fikk utover 70-tallet et tiltagende vulgært preg. Samtidas rock var ikke forenlig med Elvis Presley, men hans comeback kom på helt riktig tidspunkt i forhold til glam-bølgen, overgangsalderen hos rock'n'roll-generasjonen, og middle-of-the-road-musikkens popularitet. Etter sin død i 1977 har «Kongen» blitt gjenstand for en kultisk dyrkning uten sidestykke, hvor hans image skjønnmales i en voksende industri av relikvier, suvenirer og severdigheter, samt utallige imitatorer og «menigheter». For de uinnvidde framstår dette som en bisarr absurditet – for de innvidde er det en komplett religionserstatning, hvor avgudens svulstige hjem Graceland er valfartsstedet.

Glamrocken fikk langvarige konsekvenser på flere plan: Den ga en renessanse for singlen som dominerende format og tenåringer som dominerende kjøpergruppe i popmusikken, og representerte slik en tilbakevending til popens gamle idealer. Den viste hvordan små plateselskaper kunne få stor makt, og ta store markedsandeler. Den eksemplifiserte 70-tallets økende forskjeller mellom europeisk og amerikansk smak. Og den løftet oppmerksomheten om det visuelle og teatralske i popmusikkens verden til et høyere nivå.

Opprør som mote

Mens glam-scenen preget engelske hitlister, fantes det et radikalt alternativ i amerikansk rock, som senere skulle få stor betydning også i England. Dette var en undergrunnsbevegelse som kalles *protopunk*, en primitivistisk «garasjerock» eller «støyrock» med røtter tilbake til 60-åra og særlig Velvet Underground. De fremste eksponentene var Iggy Pop og New York Dolls. Med rå og primitiv gitarrock og sitt ville sceneshow med oppkast, flaskeknusing og blod vakte *Iggy Pop* (James Jewel Osterberg, 1947) en viss oppsikt da han i 1969 debuterte med bandet sitt, *The Stooges*. Hans livsstil var ikke direkte sunn, og karrieren har vært høyst ujevn. Han har hatt fruktbart samarbeid med John Cale fra Velvet Underground, som produserte debut-LPen, og med David Bowie. Stooges var antagelig rockens mest bisarre og sjokkerende live-band. Deres siste konsert, i Detroit i februar 1974, endte med full slåsskamp mellom bandet og en lokal motorsykkelgjeng. Iggy Pop må langt på vei betraktes som punkens gudfar, med brutale etterklanger også inn i 80- og 90-åras støyrock. Selv ble han rasende over å bli framstilt som et forbilde for punkerne: «Jeg er en leder som ikke vil ha disipler,» har han sagt – hvilket faktisk er en helt typisk punk-uttalelse. *New York Dolls* ble startet i 1971, og spilte en utstudert amatørmessig og rå rock. Vulgært neddynget med sminke og smakløse dameklær spilte de førsteklasses garasjerock, inspirert av blant andre Stooges, MC5 og Rolling Stones. Deres debut-LP fra 1973 regnes av mange som et lite landemerke i rockens historie. Gruppa var stadig på randen av oppløsning, og engelskmannen Malcolm McLaren forsøkte å gi den et nytt image, med skinnklær og sovjetiske flagg på scenen. Dette var imidlertid ikke nok til å hindre at bandet ble oppløst i 1975, og McLaren returnerte til England hvor han startet Sex Pistols kort tid etter. Dette bandet var sterkt inspirert av nettopp New York Dolls, og det samme kan vi si om band som Tubes og Kiss. New York Dolls er et bindeledd mellom avantgarde, glamrock, punk og heavy metal, og ble svært innflytelsesrike til tross for at de var relativt ukjente for det brede publikum.

Hos de amerikanske protopunkerne finner vi et estetisk ideal som går ut på at musikken må være mest mulig stygg, og den beste garanti mot kommersiell falskhet er at ingen liker musikken. Dette var en videreføring av ideene til The Who på midten av 60-tallet: The Who og mods-miljøet de representerte, hadde tankegods som vi finner igjen i glamrock og protopunk. Glamrockerne flyttet grenser når det gjelder bruk av teatralske effekter i rocken. De integrerte image, musikalsk og visuelt uttrykk på en måte som overgikk kollegene fra 60-tallet. Men den mest radikale nytenkeren og maskespilleren i 70-tallets rock var en artist som i kraft av sin ideologi og sin musikk skapte et originalt estetisk og musikalsk uttrykk som satte dype spor i populærmusikkens historie. Vi sikter her til engelskmannen David Bowie.

En ny estetikk

David Bowie (David Robert Jones, 1947) hadde R&B-bakgrunn fra Londons mods-miljø, og ga på slutten av 60-tallet ut flere plater uten nevneverdig suksess. Han fikk et foreløpig gjennombrudd med LPen «Space oddity» høsten 1969, som med sin dramatiske historie om den fortapte astronauten Major Tom var svært tidsriktig like etter den amerikanske månelandingen. Bowie var svært inspirert av rockens avantgarde-kunstnere som Andy Warhol og Velvet Underground, og av protopunkere som Iggy Pop. Likevel ble han sett på som en døgnflue, og det var lite som den gangen tydet på at han skulle bli et av 70-tallets store navn i rocken. Men i 1971 kom han med sitt første virkelig oppsiktsvekkende album; «The man who sold the world». Her hadde han et tyngre sound med mye synthesizere, og plata introduserte flere ledemotiver i Bowies karriere: Han framsto med et transvestitt-lignende image på platecoveret, og søkte bevisst å skjule sin kjønnsidentitet. Tekstene berørte temaer som seksuell perversjon («The width of a circle»), sinnssykdom («All the madmen») og Nietzschesk nihilisme («The supermen»). Det aller viktigste var at han nå begynte å distansere seg fra seg selv som en «virkelighetsnær» artist: Senere på året kom LPen «Hunky dory», hvor Bowie tydelig skilte mellom seg selv og sin rolle ved at han på coveret omtalte seg selv som «actor» (skuespiller). Bowie opptrådte på konserter med outrerte, fargerike og futuristiske klær, og et androgynt image ulikt noen rockstjerne før ham. Musikken var kaotisk hardrock-preget, dominert av gitaristen Mick Ronson, som distanserte seg klart fra virtuose instrumentalister i rockens supergrupper. Produsenten Tony Visconti utgjorde også en viktig faktor i Bowies musikk på denne tida.

David Bowie etablerte seg som en trendsetter og en av populærmusikkens mest gåtefulle skikkelser da han gjenoppfant seg selv i form av sitt alter ego: Scenefiguren Ziggy Stardust. Denne lanserte han i juni 1972 med LPen «The rise and fall of Ziggy Stardust and the spiders from Mars». Ziggy Stardust-konseptet var en svært vellykket fusjon av Bowies ulike ideer, bilder og estetiske innfallsvinkler. Han framsto som en rock-messias fra romalderen, hvis apokalyptiske undergang inntraff sammen med verdens undergang. Konseptet var, med sitt avanserte multimedia-show, en sensasjon.

Bowie tok med dette et farvel med rockens romantiske tankegods: Han stilte seg på utsiden av rockens symbolverden, og betraktet og brukte rockens ritualer kjølig og lidenskapsløst. Bowie ble stjerne gjennom å agere stjerne. Mens rockens arv fra både svart musikk og hippietida var et ideal om «ærlighet» og «virkelighet», opptrådte Bowie som en posør: «Jeg har absolutt intet budskap,» sa han – men hans budskap lå nettopp i hans egen posisjon som omtolker av symboler. Han fornektet rockens uskyld, og han forholdt seg konsekvent til omgivelsene og seg selv med en kjølig, ironisk distanse, som ikke minst var provoserende for 60-tallets rockgenerasjon. (Dette viste han også da han noen år senere plasserte LP-tittelen «Heroes» i anførselstegn – ikke tilfeldig, men for å understreke den implisitte ironien.) Han avslørte også gjennom dette hvordan «autentisitet» og «ekthet» også kunne være et kalkulert image: Ziggy var camp, glamour og entertainment, og i den grad han var en rock'n'roll-svindel, var han i alle fall en gigantisk provokasjon mot selvhøytideligheten og flinkheten som hadde utviklet seg i rocken. Til og med motsetningene i kjønnsforskjellene, et hovedsymbol i rocken, svekket Bowie, ved å framstå som androgyn. Han stilte spørsmål ved rocken som en energisk og kroppslig musikkform, og latterliggjorde rockens tro på spontanitet og instinktiv og seksuelt ladet energi. Bowie ble av sin samtid betraktet som en visjonær og nyskapende musiker, men også som en oppsminket og jålete bløffmaker, og slik legemliggjorde han mange av kontroversene som ligger i 70-tallets rock. Samtidig må vi påpeke at hans musikk nettopp hadde utspring i den progressive rocken, og at hans tekster ofte var fylt av kritiske samtidsbetraktninger som gjorde dem til alt annet enn innholdsløse.

Bowies rockuttrykk hadde ingen pretensjoner om å være «spontant», «ekte» eller «naturlig». Nøkkelord i det sene 60-tallets rock var kunst, samtidsrelevans og autentisitet. Vi har påpekt flere eksempler på hvordan man på 70-tallet beveger seg bort fra dette; Rolling Stones gikk fra å være samtidstolkere til å bli nærmest et sirkus, soul-musikken gikk fra å være et politisk og sosialt uttrykksmiddel til å bli ren underholdningsmusikk, og også i progrocken ble det utvendige etter hvert viktigere enn de opprinnelige musikalske ideene. Bowie tok skrittet fullt ut, ved ikke å operere med noe klart skille mellom kunst og underholdning, autentisk og kopiert, kunstnerisk og kunstig, eller innhold og stil. Slik problematiserte Bowie rockens tradisjoner, symbolverden og mytologi på en helt ny måte, og bidro gjennom dette sterkt til å skape en ny estetikk, i opposisjon til rockens romantiske kunstnermyte.

Bowie skrinla Ziggy Stardust-prosjektet allerede i 1973, men de apokalyptiske og futuristiske visjonene fortsatte på plater som «Aladdin sane» (1973) og «Diamond dogs» (1974), hvor han blant annet brukte George Orwells bok «1984» som grunnlag. Musikalsk fikk imidlertid ikke disse den samme overveldende mottagelse som «Ziggy Stardust». Turneen i 1974 fikk mest oppmerksomhet for de gigantiske kulissene og visuelle effektene. I 1974 flyttet han til USA, hvor han blant annet lot seg inspirere av Philly-soul på LPen «Young Americans» (1975). Han fikk sin første topp-plassering i USA med «Fame», et samarbeid med John Lennon. Her startet også samarbeidet med gitaristen Carlos Alomar, som ble en viktig medspiller i mange år framover. I denne perioden hadde han stadig større personlige problemer, som ikke minst skyldtes hans heroinavhengighet. «Den magre hvite greven» som ble presentert på LPen «Station to station» (1976) var like lite tiltalende som Bowies fascistvennlige uttalelser dette året. I 1976 gjorde han et nytt oppbrudd, og flyttet til Berlin. Dette ble innledningen på den andre hovedfasen i Bowies karriere, årene 1977–79.

Berlin-perioden må vurderes som Bowies mest kreative – rent musikalsk sett. Ikke minst skyldes dette kjemien som oppsto mellom ham og produsenten Brian Eno. De skapte tre banebrytende og eksperimentelle LPer: «Low» og «Heroes» (1977) og «Lodger» (1979). De var i stor grad instrumentale, og svært påvirket av Enos elektroniske minimalisme. Soundet var preget av elektroniske lyder, og disse platene pekte framover mot 80-tallets synth-rock og 90-tallets techno.

I 1980 vendte Bowie tilbake til rockens hovedstrøm med LPen «Scary monsters (and super creeps)», med et moderne pop-sound forsterket av overstyrte gitarer spilt av eks-King Crimson-medlemmet Robert Fripp. «Ashes to ashes» handlet om veien ut av narkotikamisbruket, hvor han trakk fram en gammel velkjent Bowie-skikkelse: Major Tom. Sangen ble Bowies første nr. 1-hit i England siden «Space oddity». I 1983 foretok Bowie sitt kommersielt mest vellykkede trekk ved å utgi LPen «Let's dance», som signaliserte en skarp motsetning til 70-tallets image: Han framsto nå som en kjernesunn, solbrun og blond mann, ikledd kremgul dress og utstyrt med optimistiske, dansevennlige poplåter. «Let's dance» med påfølgende turne ble en suksess av dimensjoner.

Tilsynelatende var han nå umaskert, men dette var også for Bowie et gjennomarbeidet rollespill: Nå gikk han nok en gang mot strømmen, ved å slå an en optimistisk og livsglad tone. På denne tida kom flere nye band på banen, tydelig inspirert av Bowies arbeider fra 70-tallet. Imidlertid manglet mange av de nye bandene Bowies grunnleggende ironi, og de tok hans aristokratiske positur og selvmedlidende dekadense helt på alvor i et pessimistisk uttrykk. Virkemidlene som Bowie hadde tatt i bruk som en kontrast til rockens selvhøytidelighet, ble av mange band i den nyromantiske bølgen like selvhøytidelige. «Jeg har ansvaret for en hel, ny skole av hyklere,» sa Bowie selv.

Bowie greide ikke kommersielt å følge opp «Let's dance». Hans karriere utover 80-tallet ble nokså turbulent, og både kritikere og publikum ble skuffet over LPen «Never let me down» (1987). Han samarbeidet med en rekke artister, som Queen, Mick Jagger og Pat Metheny. Han spilte også i flere filmer og teaterstykker – gjennom hele sin karriere. Ved overgangen til 90-tallet opptrådte han med bandet Tin Machine, som spilte en hard gitarrock, uten å få den store publikumsresponsen. Hans tidligere utgivelser fikk atskillig mer respons da de ble nylansert, akkompagnert av en «avskjedsturne» for det gamle materialet. I 1995 gjorde imidlertid Bowie nok et overraskende trekk, da han utga CDen «1. Outside. The Nathan Adler diaries», igjen produsert av Brian Eno. Her gikk han inn i et rollespill som minte sterkt om perioden rundt Ziggy Stardust. Dette var den første i en annonsert rekke konseptplater, og 90-tallets Bowie var dermed inne på et lignende spor som 70-tallets.

David Bowie har gjennom 25 år vært en unik og kontroversiell kunstner. Hans historiske betydning ligger først og fremst i hans ironiske omgang med samtidskulturens tradisjoner og symbolverden: Han har stilt spørsmål ved vedtatte sannheter om autentisitet, estetikk og symboler. Han har også hatt en stadig skiftende omgang med musikalske uttrykk. Slik har han hatt stor innflytelse på glamrock, punk, nyromantisk 80-tallspop, elektronisk musikk og techno. Vi skal heller ikke glemme hans innflytelse som vokalist.

Et band som hadde mye til felles med Bowies estetikk, var *Roxy Music*, ledet av vokalisten *Bryan Ferry* (1945). Ferrys særpregede stemme kombinert med bandets kjølige og neddempede lydbilde bidro til å gjøre det til et av 70-åras sentrale band. Like mye betydde deres dekadente og til dels arrogante image, som ble trendsettende: Artister som Mercury, Bowie og Ferry gjorde rocken til et spørsmål om image, maskespill og iscenesettelse. Dette la et grunnlag for 80-tallets romantisk-kjølige popestetikk representert ved artister som Spandau Ballet, Ultravox og Duran Duran. Selve ordet «roxy» ga assosiasjoner til Hollywoods in-steder, og var en blanding av «rock» og «sexy». Ferry sang bittersøte og melankolske sanger med en stilisert eleganse. I hans nattlige storbyfantasier var uoppnåelige femmes fatales alltid i fokus. Fem av Roxy Musics LPer var prydet med cover-bilder av Ferrys stadig nye venninner – framstilt som halvnakne og sexy, uoppnåelige fristerinner i storbynatten. Med sine svulmende kitsch-klisjeer representerte han en romantisk, motebevisst og hedonistisk verden, som talsmann for en moderne impresjonisme, hvor stilen var til for stilens egen skyld. Den ironiske humoren var imidlertid alltid til stede: Den smokingkledde Ferry forente nostalgi og futurisme på en subtil men forvirrende måte.

Bandets musikk hadde tidlig på 70-tallet trekk av både glamrock og progrock. «Stranded» (1973) regnes som en fremragende LP, og «Flesh + Blood» (1980) som deres andre mesterverk – for øvrig også deres største salgssuksess. Bandet ble oppløst i 1982. Både Bryan Ferry og Roxy Musics opprinnelige keyboardist *Brian Eno* (Brian Peter George

St. John le Baptiste de la Salle Eno, 1948) hadde kunstskolebakgrunn. Eno ble mer eller mindre skjøvet ut av Roxy Music allerede i 1973, men har gjennom sin virksomhet som produsent, musiker og multimediakunstner vært banebrytende i rocken når det gjelder bruk av elektroniske instrumenter, og ved å rive ned barrierer mellom moderne rock og klassisk samtidsmusikk. Som avantgarde-kunstner har han hatt base i den elektroniske minimalismens idealer, sterkt påvirket av komponister som John Cage og Philip Glass. Han har utgitt flere soloplater, og allerede i 1968 utga han teoriboka «Music for non-musicians». Eno har betydd svært mye for artister som David Bowie, Talking Heads, Ultravox og U2. Hans produksjoner er også en viktig forløper for 90-tallets techno og ambient-musikk. Eno har siden tidlig på 70-tallet vært å regne som en av de mest markante og originale musikere og inspiratorer i moderne rock og avantgarde-musikk.

Easy listening

Vi har flere ganger brukt begrepet *middle-of-the-road (MOR)*. Dette er ikke et stilbegrep, men et uttrykk for en lettfordøyelig popmusikk som kunne fenge de fleste, og som ikke provoserte noen. Altså et sammendrag av elementer fra ulike stilarter uten krav om noen genuin autentisitet eller originalitet, men med gjenkjennelseseffekt og nynnbarhet som styrke, framført av artister som så relativt snille og hyggelige ut. Eksempler på slike artister er Bay City Rollers, Osmonds, Neil Diamond, David Cassidy, Barry Manilow, Carpenters, Neil Sedaka, Tom Jones og David Essex. Et annet eksempel på musikk som passer inn under begrepet MOR, er Eurovision Song Contest. Dette er på mange måter også en gjenklang av 60-tallets bubblegum.

På lista over de fem mest solgte LP-platene i England i 1974 finner vi både Carpenters, Bay City Rollers, Engelbert Humperdinck, David Essex og Elton John. Tre av disse LPene bærer varianter av tittelen «greatest hits». Plateselskapenes politikk med å utgi flest mulig sampleplater med hits, bidro til å gjøre deler av populærmusikkbransjen økonomisk rikere og kreativt fattigere. Kontrasten til 60-tallets rock kan knapt bli større: Ingen forventet lenger at publikum skulle konsentrere seg om aktivt å lytte til et sammenhengende verk med kunstnerisk innhold. Plateindustrien opplevde en gullalder på 70-tallet, med betydelig omsetningsvekst. Bruken av musikk i media økte og ble mer tilpasset de forskjellige lyttergruppene. Plateselskaper og radio definerte lyttergrupper og kategorier som «adult contemporary», «easy listening» eller «soft pop» tydeligere enn før. Dette var ikke arenaen for nyskapende kunst, men for å dekke behovet for masseprodusert underholdning som favnet bredest mulig.

Et ekstremt utslag av slik masseproduksjon er industri-fenomenet *muzak* – lydtapeter eller auditive bakgrunner som gjerne kalles «heismusikk». Muzak er egentlig navnet på et firma som ble startet allerede i 1922. Opprinnelig het det Wired Radio, men ble så senere kalt Muzak, en sammensetning av «music» og «Kodak». Grunnleggeren var mannen som under første verdenskrig hadde vært sjef for utviklingen av kommunikasjonssystemer i det amerikanske forsvaret, oppfinneren og brigadegeneralen George Owen Squier. Han var en av den elektroniske tidsalders pionerer, og så på allestedsnærværende musikk som en slående mulighet i telefon- og radioteknologien. Squier utnyttet sine erfaringer fra krigens dager, og forsket på sammenhengen mellom massekommunikasjon, militærmakt og musikk, som han anså som et universelt språk. Han mente også at massekommunikasjon gjennom musikk kunne virke stimulerende på arbeidet i et stadig mer effektivitetskrevende industrisamfunn. (Tanken hadde også vært tenkt av science-fiction-forfattere som Edward Bellamy og Aldous Huxley.) Men muzak ble ikke et militært våpen; det ble et kommersielt våpen. I moderne muzak er frekvenser, tempi og dynamikk nøye psykologisk uttenkt for å stimulere kjøpelyst og trivsel i for eksempel varehus eller på tannlegekontorer. Muzak er friksjonsfri, standardisert og syntetisk, og er i sitt vesen en manipulering som skal stimulere underbevisstheten, og ikke lyttes til.

Selv om denne musikkbruken egentlig befinner seg i en randsone av populærmusikkens område, nevner vi den her fordi musikken som arrangeres til slikt bruk, gjerne er standardlåter, pop og rock. I muzak og bakgrunnsmusikkindustri for øvrig framstilles låter helt endimensjonalt som «melodier», «slagere» eller «romantiske evergreens», forflatet og forenklet i forhold til originalenes uttrykksregister: Redusert til et minste felles multiplum, skal de være tilpasset enhver smak. Slik musikkbruk er historisk og estetisk et utslag av det moderne, kapitalistiske industrisamfunnets trang til å produsere billige og standardiserte etterligninger i stedet for å verdsette originaler. Det har vist seg å være et betydelig marked for instrumentale cover-versjoner av populærmusikk: I heisen kan man møte både «Yesterday», «Bridge over troubled water» og «Ruby Tuesday». Den tyske orkesterlederen James Last skapte fra 1965 en storindustri i dansemusikk og bakgrunnsmusikk med sin «Non-stop dancing party music», og briten Annunzio Mantovani hadde allerede i flere tiår solgt «light music» med smektende strykearrangementer.

AOR med masseappell og millionselgere

Rocken ble på midten av 70-tallet av mange oppfattet som noe forvokst, og møtte kritikk for å la de kommersielle hensyn dominere over de kunstneriske. I mange tilfeller kan dette være en helt riktig observasjon. 70-tallet ble tiåret da det begynte å bli normalt at LPer solgte i tosifrede antall millioner, og bandene hadde masseappell uavhengig av geografisk tilknytning eller spesifikke subkulturer – dette var AOR-rock i videste forstand. Men mange av disse bandenes melodiøse pop eller rock hadde også en viss musikalsk substans, som ikke må underkjennes. Vi kan nevne The Doobie Brothers, 10cc, America, Eagles eller Supertramp, som alle hadde masseappell. Flere av artistene fra 60-tallet fortsatte også med suksessrike karrierer gjennom 70-tallet, uten egentlig å skape nye trender eller stilarter. De skrev låter, turnerte og arbeidet på egne premisser, med trofast og ofte økende publikum.

Fleetwood Mac er et eksempel på dette. Etter at Peter Green sluttet i 1970, la de om stilen fra R&B-basert rock til mer melodiøs pop, med to nye medlemmer: Lindsey Buckingham og Stevie Nicks. LPen «Fleetwood Mac» ble en stor suksess i 1975, og oppfølgeren «Rumours» (1977) slo alle salgsrekorder: Med over 25 millioner solgte eksemplarer er det en av tidenes største salgssuksesser. Sammen med Meat Loafs «Bat out of hell» (1978), flyttet den grensen for hvor mye det var mulig å selge av en LP-plate. «Bat out of hell» med den tidligere musikalartisten *Meat Loaf* (Marvin Lee Aday, 1947) ble markedsført av låten og videoen «Paradise by the dashboard light». Plata utmerket seg ved et overdådig svulstig og pompøst sound, som vekslet fra det eksplosivt bombastiske til det melodramatisk drømmerske. Hans arrangør og låtskriver Jim Steinman så Meat Loaf som stjernen i en wagnersk rockopera, og kunne slik sett minne om Phil Spector. På scenen framsto Meat Loaf som et symbol på så vel tenåringers kaotiske verden, som den amerikanske drømmen og uhyggelige kamper mellom det gode og det onde, og hans teatralske og dramatiske krysning av heavyrock, poppastisjer og vaudeville gjorde ham til en publikumsfavoritt. «Bat out of hell» solgte 30 millioner eksemplarer, en salgsrekord som ble slått av «Saturday night fever», og senere av «Thriller». Meat Loaf klonet suksessen i 1993 med «Bat out of hell 2 – Back into hell», som ikke solgte like mye som den første, men likevel ble nr. 1 i både USA, England og flere andre land.

Blant 70-tallets mest suksessrike band må vi også trekke fram *Wings*, som ved sin spektakulære verdensturne i 1975–76, akkompagnert av nr. 1-singlen «Silly love songs», var en av rockens store attraksjoner. Bandet, som ble startet i 1971, hadde ulike besetninger, men var i hovedsak et Paul McCartney-prosjekt, ledsaget av kona Linda McCartney og eks-Moody Blues-gitaristen Denny Laine. I 1977 skrev Laine og McCartney den skotsk-inspirerte valsen «Mull of Kintyre», arrangert med sekkepiper, gitarer og allsang. Den ble tidenes mest solgte single i Storbritannia (den overtok rekorden til «She loves you» fra 1963, og ble igjen slått av Band Aids «Do they know it's christmas?» i 1984), og solgte dermed mer enn noen Beatles-plate hadde gjort. LPen «Band on the run» (1973) var Wings' musikalske høydepunkt, hvor McCartney kompositorisk var på høyden med det han hadde gjort i The Beatles, med rikholdige kulturelle referanser. Plata solgte 6 millioner eksemplarer i USA, og ble den første plata som gikk til topps på Billboards hitlister to ganger. Wings bar for øvrig sterkt preg av McCartneys eksperimentelle stil som musiker – med varierende resultater. Bandet ble oppløst i 1980.

Den popgruppa som oppnådde størst suksess av alle på 70-tallet, var *Abba*, som skilte seg ut på flere måter: For det første var Abba det bandet som solgte mest plater gjennom 70-tallet. Dernest kom gruppa fra et ikke-engelskspråklig land. Ikke minst skilte Abba seg ut gjennom sin stil; musikken hentet inspirasjon fra hvit poptradisjon og herunder Tin Pan Alley, i mye større grad enn fra rock. Denne svenske kvartetten besto av låtskriverne *Björn Ulvaeus* (1945) på gitar og vokal, *Benny Andersson* (1945) på tangenter og vokal, samt jentene (etter hvert også konene og eks-konene) Agnetha Fältskog og Anni-Frid Lyngstad, vokal. Alle medlemmene hadde karrierer bak seg i svensk popmusikk, særlig Ulvaeus og Andersson, som hadde vært sentrale medlemmer av henholdsvis The Hootenanny Singers og The Hep Stars. Hootenanny Singers var en akustisk og vokalbasert gruppe som sang i urban folk-stil, mens Hep Stars var Sveriges mest berømte beat-gruppe. Abbas gjennombrudd kom med seieren i den europeiske finalen i Eurovision Song Contest i 1974, med låten «Waterloo». Det er sannsynlig at Abba ville gjort stor internasjonal suksess uansett, men seieren ga dem en god start. Etter utgivelsen av LPen «Waterloo» ble det en stund stille rundt Abba, men samtlige av de neste 18 singlene de ga ut, endte på Top Ten i Storbritannia, hvorav hele åtte nådde nr. 1.

Abbas musikk kjennetegnes av ørefallende melodier i gjennomarbeidede og detaljrike arrangementer og polert produksjon. Gruppas klangideal kan sammenlignes med Phil Spectors «wall of sound»: Tette vokalharmonier med Anni-Frid og Agnethas stemmer i et høyt leie, omfattende bruk av synthesizere med forskjellige stryker- og blåserlyder, el-gitarer og piano, alt vevd sammen i en tett lydvegg. Den utstrakte bruken av rytmeinstrumenter minner også sterkt om Spectors måte å instrumentere på. Benny Andersson fikk allerede i 1974 spesialbygd en synthesizer fra Yamaha, hvor firmaet hadde lagt inn all sin tilgjengelige teknologi i et instrument med utseende som et eldre flygel. På dette instrumentet ble viktige elementer i Abba-soundet skapt, og denne synthesizeren la igjen grunnlaget for Yamahas populære DX7-modell på 80-tallet. Gruppas produsent, Michael B. Tretow, bør også nevnes i forbindelse med Abba-soundet. En annen vokalgruppe som Abba til tider kunne minne mye om, var The Mamas and The Papas. Formmessig, melodisk og harmonisk var Abbas musikk, som nevnt, mer i slekt med Tin Pan Alley enn med rocken og den afroamerikanske tradisjonen. Dette bevirket også at mange av gruppas sanger fikk et nostalgisk preg og lett kunne vekke minner om glemte slagere. Enkelte av låtene hadde også et folkemusikalsk preg, som for eksempel «Fernando» og «I have a dream». Rytmikken var imidlertid hovedsakelig forankret i rock og disco, og tekstene handlet om drøm og lykke. Blant deres mest kjente utgivelser nevner vi «Dancing queen» og «Money, money, money» (1976).

Abba ble oppløst i 1982, etter å ha passert Volvo-konsernets inntjening av utenlandsk valuta dét året. Abba oppnådde altså en massiv kommersiell suksess, men er musikkhistorisk sett mer interessante på grunn av sin konsekvente og kommersielt vellykkede stil, særlig hva gjelder melodikk og sound. Ulvaeus og Andersson fortsatte å samarbeide som låtskrivere og produsenter. De skrev musikalen «Chess» (1984), som ble satt opp i samarbeid med Andrew Lloyd Webber. Dette prosjektet viste med all mulig tydelighet deres musikalske tilnærming til, og påvirkning fra, Tin Pan Alley-tradisjonen.

Et sound for dansegulvet

Den musikkformen som hadde størst kommersiell gjennomslagskraft på siste halvdel av 70-tallet, var *disco*. Dans var en viktigere del av discokulturen enn selve musikken, og som musikalsk begrep er disco en konstruert, funksjonell dansemusikk. På den ene side henspiller disco-begrepet på diskoteket, møtestedet hvor man danser, og på den annen side på en ungdomskultur på 70-tallet, som kom til uttrykk gjennom moter, dans, film og musikk. Et diskotek er et utested hvor det danses til plater. Ordet disco er avledet av det franske ordet discothèque, som betyr platesamling. Men det er ikke bare selve ordet som har fransk opprinnelse. Det var også i Frankrike, nærmere bestemt Paris, at de første diskotekene ble startet tidlig på 60-tallet. Hvilke plater som spiltes, ble gjerne bestemt av en DJ, som også kommuniserte verbalt med det dansende publikum.

Det fantes også utesteder som ble kalt «discos» i USA på 60-tallet, men dette var jukeboks-barer av det mer snuskete slaget; slitne menn ved bardisken og lett antrukne damer som danset i bur. En ny type diskoteker ble populære i storbyene, særlig i New York, tidlig på 70-tallet. Spesielt dukket det opp mange slike utesteder for homofile menn. Disse stedene var imidlertid langt mer sofistikerte enn forløperne, og DJene lette bevisst etter god dansemusikk. Særlig populære var artister som Sly and The Family Stone, Gladys Knight, Shirley and Co. og KC and The Sunshine Band. Den kamerunsk-franske saxofonisten Mano Dibango hadde en hit med sin makossa-inspirerte musikk – «Soul Makossa» i 1973. Motowns utgivelser var også sentrale forløpere for disco, og disco har klare røtter i 70-tallets soul og funk. Et viktig sentrum ble Philadelphia, hvor produsenter og låtskrivere som Kenny Gamble og Leon Huff skapte «the Philly-sound». Dette var en polert og silkeglatt soul-inspirert musikk hvor rytmeseksjonen hadde en framtredende plass i de overdådige arrangementene. Herfra kom blant annet O'Jays, som hadde en stor hit i 1973 med «Love train». Philadelphia-soundet ble snart populært også i Europa, og mange amerikanske artister fra dette miljøet toppet listene i Storbritannia på midten av 70-tallet.

Ungdommers dansetradisjoner hadde siden 50-tallet gradvis utviklet seg fra pardans mot mer individuell dans, og på 70-tallets diskoteker fant man knapt et dansende par. Disco-dans hadde blitt en individuell utfoldelse, og dette åpnet i neste omgang for større danserisk frihet. Disco-musikken kjennetegnes ved repeterende rytmiske figurer over en monoton og suggererende puls. På en del disco-plater ble pulsen angitt på omslaget i «bpm» (beats per minute). De fleste låtene hadde bpm rundt 120–130, et tempo som passet godt til hjertepulsen hos dem som danset disco. Ved siden av det rytmiske ble soundet svært viktig i disco. Det var også vanlig å bearbeide trommesoundet.

I München ble den europeiske disco-skolen skapt av en håndfull produsenter og lydteknikere. *Euro-disco* ble først og fremst skapt av den italienske låtskriveren og produsenten Giorgio Moroder, engelskmannen Pete Bellotte og vokalisten *Donna Summer* (LaDonna Adrian Gaines, 1948) fra USA. De har aldri lagt skjul på at både Motown- og Philadelphia-musikken var viktige inspirasjonskilder. Likevel var det i München-miljøet at disco-musikken nådde sitt mest rendyrkede uttrykk. Moroder og hans Say Yes Productions utga i 1975 Summers «Love to love you baby». Låten ble ikke bare en stor salgssuksess på begge sider av Atlanteren, men også den utløsende faktoren for discobølgen i USA. Låten har blitt karakterisert som 17 minutter med kåt stønning. Mellom de utstuderte strupelydene surret teksten: «Love to love you baby – do it to me again and again», og lignende. Moroder har selv uttrykt at hans profesjonelle ambisjon var å skape populære danselåter som var så gode at folk også var villige til å kjøpe platene. Moroders konsept ble en stor suksess: Folk både kjøpte og danset som aldri før. Hans mesterverk som produsent var «I feel love» (1977) med Donna Summer som vokalist. Hans avanserte bruk av sequensere og synthesizere plasserte denne produksjonen langt forut for sin tid, og soundet pekte fram mot 90-tallets dance- og techno-musikk.

Euro-disco var bygd opp omkring en enkel og ørefallende basssekvens, eller hook-linje. Denne basslinja var låtens viktigste enkeltelement, og ble repetert uten særlig variasjon i dynamikk eller tempo hele låten igjennom, ofte med stakkato oktavintervaller. Den konsekvente bruken av slike ostinater i disco-soundet skapte en hypnotisk effekt som ble et stilmessig kjennetegn for disco. I mange tilfeller var basslinja og en trommemaskin-rytme det eneste som på forhånd var bestemt av produsenten. Resten ble til etter hvert som de øvrige instrumentene og lydene ble lagt på. Euro-discoens hitlåter ga ny mening til selve ordet musikkproduksjon, ettersom musikken var mer produsert enn komponert. Fordi disco først og fremst ble skapt gjennom syntetiske instrumenter og teknologi, ble produksjonen sentrert om mikseprosessen i stedet for, som tidligere, om innspillingsprosessen. Nesten ingen musikere og få tradisjonelle musikkinstrumenter ble brukt – produsenten og lydteknikeren styrte alt.

Gruppa *Boney M* illustrerer godt hvordan disco-produsentene arbeidet og tenkte: Tyskeren Frank Farian hadde brukbar suksess som soloartist i hjemlandet. I 1976 produserte han en stor hit, «Baby, do you wanna bump?», med seg selv, noen maskiner og innleide studiomusikere. For å kunne skrive noe på plateomslaget, kalte han «gruppa» Boney M. Da singlen slo godt an, oppsto det en etterspørsel, ikke bare

etter mer musikk, men også etter selve bandet – et band som altså ikke eksisterte. Farian satte nå sammen en gruppe, og ikke lenge etter kom deres egentlig første utgivelse med «Daddy Cool». Gruppas største suksess var imidlertid «Rivers of Babylon» (1978).

Det var den tekniske utviklingen innen lydproduksjon på 70-tallet som muliggjorde denne dreiningen i musikkindustriens produksjonsprosesser: Mindre makt til musikere og mer makt til produsenter og teknikere. Dette var en utvikling som reverserte prosessene i rocken på 60-tallet. Mange musikere opplevde frustrasjon og fremmedgjøring overfor denne utviklingen. Flerspors båndspillere, synthesizere, sequensere og nye tekniske hjelpemidler satte en i stand til å manipulere lyd på en helt annen måte, og i langt større grad, enn før. På den annen side ble det likevel stadig mer vanlig at musikere selv var produsenter for sine plater.

Det definitive internasjonale gjennombruddet for disco-farsotten kom i 1977, i forbindelse med filmen «Saturday night fever». Som så mange ganger før lot ikke majoriteten av det hvite publikum seg rive med før også hvite artister hadde tatt opp stilen. Og som så mange ganger tidligere førte dette til ytterligere kommersialisering av musikken. «Saturday night fever» presenterte hvit dansemusikk med brødrene Gibb, bedre kjent som The Bee Gees, og skuespilleren John Travolta og den engelske popsangeren Olivia Newton-John. Fra å være en populær musikkform for voksen ungdom, ble disco nå et massekultur-fenomen med klar adresse til unge tenåringer. Filmen var en enorm suksess, likeså musikken. LP-plata med låter fra filmen satte salgsrekorder mange steder i verden, og solgte totalt over 30 millioner eksemplarer. Tre av albumets kutt ble nr. 1-hiter på de amerikanske single-listene – «How deep is your love», «Stayin' alive» og «Night fever» – og fikk nesten like gode plasseringer på de britiske listene. Flere filmer kom i kjølvannet av «Saturday night fever»; «Grease» og «Xanadu» er de mest kjente, og alle var sentrert om romantikk, dans og kropp. Disco hadde sin storhetstid fra 1975 til omkring 1980, men den teknokratiske holdningen i musikkproduksjon fulgte industrien inn i nye tiår.

Del IV

19 Rocken gjør opprør

På midten av 70-tallet hadde rocken blitt storindustri. Superstjernene omga seg med symboler på luksus og makt, og plateselskapene tjente store penger. Det var fastslått at pengene var å hente hos publikum mellom 18 og 35 år, heller enn hos tenåringene. Fra ulike genrer forsøkte plateselskaper og artister å finslipe kantene for å oppnå bredest mulig appell. AOR-soundet var skreddersydd for amerikansk FM-radio, hvor lønnsomhet var viktigere enn originalitet. På midten av 70-tallet hadde hovedstrømmen av rocken blitt konservativ og stueren, og velegnet for dem som ikke likte bråk.

Det kom en reaksjon mot det som mange ungdommer oppfattet som rockens stagnasjon. Den kaltes *punk*. Punkerne reagerte mot det de mente var ambisiøs og pretensiøs rock, mot glatt og flink pop, mot markedskreftenes kontroll over rocken, mot moteindustriens allianse med musikkbransjen, og mot platebransjens arrogante og dekadente holdninger. Punken artikulerte samtidig ungdommens protest mot et samfunn de ikke følte seg helt hjemme i. Punk var en søken etter identitet, og den representerte en ny subkultur.

Punkernes musikalske svar var enkelhet, aggressiv og rå energi, og et direkte budskap. Punkerne ville ta tilbake rock'n'roll-musikkens opprinnelige kraft. Vanlige ungdommer begynte igjen å spille gitar og skrive låter. De opptrådte etter det for så vidt gamle idealet: «Tre akkorder og sannheten». Alle som hadde noe å si, og som var i stand til å stå oppreist på en scene og holde en gitar, kunne bli punkere. Punken sto for primitivisme – man burde helst ikke kunne spille. Flinkhet ble forbundet med den kommersielle rocken. Punken ville være stygg. Tekstene skulle brøles ut, med flest mulig stygge ord og tabu-overskridelser. Publikum skulle helst hate bandet. Punkens danseform, poging, minte mye om slagsmål. Nettopp denne aggressive energien og minimalistiske «stygghets-estetikken» ga punken en eksplosiv gjennomslagskraft. Det var holdningen som betydde noe.

Et radikalt brudd

Punken vokste fram i London tidlig i 1976. Den hadde sin viktigste musikalske bakgrunn i den amerikanske protopunken, med New York Dolls og Iggy Pop i spissen. Men vi finner noen av de samme idealene på 60-tallet, hos band som The Who, Kinks og særlig Velvet Underground. Dessuten var reggae omtrent den eneste musikkformen punkerne likte: Reggae var også opprørsmusikk, og ble respektert i punkmiljøene. Noen tidlige punkere finner vi også i USA: John Cale var forbilde og produsent for debut-LPen til *Patti Smith* (1946), med tittelen «Horses» (1975). Med denne LPen, og debutsinglen «Piss factory», innvarslet denne sangeren, låtskriveren og forfatteren punken. Hennes Velvet Underground-inspirerte resitativiske messe-sang var oppsiktsvekkende, og hun satte ved sine opptredener også spørsmålstegn ved kvinnelige klisjeer i rocken. Smith fikk stor betydning ikke minst for kvinnelige artister innenfor den mer alternative delen av rocken, både på 70-tallet og senere. Fra New York-miljøet kom også det genuine rølpebandet *The*

Ramones, som ga ut sin debut-LP i 1976 – samme år som de for første gang opptrådte i London. Her fikk de stor betydning for punkens gjennombrudd. *Malcolm McLaren* (1946), en engelsk forretningsmann i motebransjen, som hadde gjort et mislykket forsøk på å være manager for New York Dolls, returnerte til London i 1975 med mange ferske ideer. Der ble hans klesbutikk, Let it Rock (senere Sex), et samlingspunkt for det voksende punk-miljøet. Punk-klær og -livsstil hadde vært mote for en liten krets i London siden 1974. McLaren, som hadde flere års kunstutdanning og var en marxistisk orientert politisk aktivist, hadde klare tanker om samfunnsendringer. Han så på rock som en grunnleggende stammepreget, hedensk og magisk kraft. Den hadde for ham en destruktiv kreativitet som kunne skape et anarkistisk alternativ til samfunnets vedtatte normer. Uten å gå opp på noen scene ble McLaren rockens største enfant terrible, idet han høsten 1975 satte sammen et band som han personlig så på som et politisk sjokk-virkemiddel, en moteriktig PR-jippo, og en sikker kommersiell suksess: Sex Pistols.

Sex Pistols besto av vokalisten *Johnny Rotten* (John Lydon, 1956), bassisten Glen Matlock, gitaristen Steve Jones og trommeslageren Paul Cook. De ble punkens viktigste katalysatorer. De opptrådte med spiker i det fargede håret, istykkerrevne T-skjorter og skitne og trange dongeribukser. Johnny Rotten kunne ikke synge, og var en perfekt frontfigur og dessuten en mester i å skjelle ut publikum. Deres første plate, singlen «Anarchy in the UK» som ble utgitt i november 1976, ble innledet med selvpresentasjonen «I am an anti-Christ, I am an anarchist». Fra åpningens snerrende latter til avslutningens hylende feedback, var den en triumfferd. Deres knusende angrep rettet seg mot alt som smakte av «establishment», mot rockens «dinosaurer» som de så på som «boring old farts», og mot disco-musikkens infantile glatthet. Punk-arkitekten McLaren beskrev låten som et krigsrop for uavhengighet og selvstendig initiativ, fra ungdom som følte at rocken var tatt fra dem. Sex Pistols kanaliserte og inspirerte en voldsom latent bevegelse, og ga utløp for en frustrasjon overfor det engelske samfunnets manglende framtidsløfter for ungdommen. «Anarchy»-turneen høsten 1976 etterlot seg et ugressbed av nye punk-band over hele England, særlig i nord, samtidig som kommende punk-suksesser som The Clash, The Jam og The Damned var oppvarmere. Turneen ble svært improvisert ettersom nesten ingen av de oppsatte spillestedene ble brukt, og skandaleoverskriftene kom tett i avisene. Punken ble på dette tidspunktet, i britisk opinion og presse, moralsk fordømt. Den ble framstilt som en skandaløs og samfunnsfiendtlig bevegelse, som ville korrumpere og bryte ned britiske verdier og samfunnsnormer. Etter at Sex Pistols hadde levert en forventet kaskade av tabu-ord og banning i beste sendetid i TV-programmet «Today», ble de også sparket fra EMI i januar 1977, men var nå et navn på alles lepper. I løpet av vinteren dro de også på Europa-turne.

McLaren var svært dyktig til å skape en aura av mystikk, sjokkeffekter og utilgjengelighet rundt bandet. Sex Pistols var marionetter i hans hånd. For ham var det avisoverskriftene som skulle gjøre dem udødelige, mer enn musikken. Bassisten Matlock fikk sparken, og ble erstattet av *Sid Vicious* (John Simon Ritchie, 1957–79), en nokså tragisk punk-karikatur som heller ikke kunne spille, og som hadde helt riktige holdninger og uttrykk. De underskrev en kontrakt med A&M utenfor Buckingham Palace i mars, men fikk sparken også her etter bare seks dager. De skrev kort tid etter en ny kontrakt med Virgin, og singlen «God save the Queen» ble passende utgitt samtidig med feiringen av dronning Elizabeths 25-årsjubileum som monark sommeren 1977. Plata ble nr. 2 på hitlistene, godt hjulpet av BBCs bannlysing, og innledet med «God save the Queen and her fascist regime». Her sang de også selve slagordet for det som har blitt kalt «The no-future generation»: «No future for you, no future for me». I juli ble singlen «Pretty vacant» nr. 6 på hitlistene. Med sin første (og i realiteten eneste) LP, «Never mind the bollocks – Here's The Sex Pistols» (1977) var Sex Pistols punkens udiskutable ledere. Den debuterte som nr. 1 på LP-lista, idet den detroniserte Cliff Richards «40 golden greats».

Sex Pistols ble oppløst like etter sin første forsøksvise USA-turne i januar 1978 – og da hadde også punken mistet mye av sin nyhetsverdi og opprørske kraft. Sid Vicious døde året etter, av en heroin-overdose mens han ble etterforsket for mord. McLaren fortsatte å utnytte mytene og kulten omkring bandet i mange år. Blant annet laget han filmen «The great rock'n'roll swindle» (1979). Sex Pistols ga viktige impulser til rockens videre historie. De utløste et radikalt brudd i rockens utvikling, og de ble symboler for en estetikk, en holdning og en livsstil som fikk en rekke viktige konsekvenser inn i 80- og 90-tallets rock.

I 1976 ble det startet en mengde punk-band i London-distriktet. Utallige kortklipte og skamløse unge gutter med storkjeftede og aggressive holdninger gjorde maksimalt ut av den ene akkorden de ikke kunne. Hovedtilholdsstedene var små klubber som The 100 Club og Roxy. Noen band fikk berømmelse som varte lenger enn et par kvelder. *The Damned* skal ha vært det første punk-band som fikk platekontrakt, og det første med landsomfattende distribusjon. Deres «New rose», produsert av Nick Lowe, regnes som den første punk-singlen. Den kom i oktober 1976, og ble fulgt opp av LPen «Damned damned damned», som utmerket seg med korte låter i et frenetisk høyt tempo. Plateselskapet var Stiff – et lite, men svært viktig selskap for den nye britiske bølgen. Det ble startet i 1976, og mange punkere var iført selskapets T-skjorte, påført deres slagord: «If it ain't Stiff, it ain't worth a fuck». The Damned var et kortlivet band med en altfor lav politisk profil sett med dogmatiske punkeres øyne, og de satset heller på humor og hærverk i ånden fra The Who. De påpekte at de kun var interesserte i å bli rike og berømte. Det ble de ikke. Bandet ble oppløst allerede i 1978, men gjenoppsto senere i forskjellige varianter.

The Jam ble oppfattet som et punk-band, men hadde sterke trekk av 60-tallets mods-kultur og soul-musikk. De ble et konsistent og populært band tidlig på 80-tallet, og fikk en nr. 1-hit med «Going underground» i 1980. Lederen *Paul Weller* (1958) tok mål av seg til å bli sin tids Pete Townshend eller Ray Davies, og formidlet et sterkt sosialt engasjement både i sin musikk og i andre sammenhenger. På 80-tallet spilte han i The Style Council, og gjorde seg igjen sterkt bemerket i britisk musikkliv på 90-tallet, da han fikk et nytt publikum samtidig som han nøt stor respekt for sin fortid. Medlemmene i *The Stranglers* var litt for gamle, velutdannede og flinke til å spille, men fikk likevel et godt ry som punk-band, særlig for debut-LPen «Rattus Norvegicus» (1977). De startet i 1974, og ble sammenlignet med The Doors – de ble også arrestert og tiltalt flere ganger. De hadde en karriere med mye dårlig PR og en lang rekke hits. Da de ble møtt med anklager fra feministisk hold, var deres svar å provosere enda mer ved å bruke strippere på konsertene. Da kritikkene ble negative, møtte de utvalgte kritikere med kamplystne karateeksperter. *Squeeze* ble også startet i 1974, og sprengte etter hvert rammene for punk. De ble et Kinks-inspirert, om enn noe profilløst, popband. Noen punk-band hadde kvinner som frontfigurer, og det fantes også mange rene jenteband. En av de ledende punk-jentene var Susan Janet Dallion, frontfigur i bandet *Siouxsie & The Banshees*. Med Dallions lærantrekk og svarte sminke, en støyende versjon av Beatles' punkprofeti «Helter skelter», bondage-klær og nazisymboler, manglende spilleferdigheter og Fader Vår som avslutning på konsertene, gjorde de seg raskt bemerket i Londons voksende punk-miljø. *Sham 69* fikk publisitet rundt sin høyreekstreme tilhengerskare av skinheads. Punken var generelt et velegnet middel til å artikulere politisk propaganda. Den ble brukt til å fremme sterke og ekstreme politiske standpunkter – fra voldsforherligelse til ikke-vold, fra høyreekstremisme til anti-rasisme. Punken ble også knyttet til bevegelser som Rock against racism og

Rock against sexism. Sham 69s Jimmy Pursey framsto som de arbeidslediges skytshelgen, en proletarenes idealist. Han beskrev, noe idyllisk, den typiske punker slik: «En punker er en gutt fra Glasgow, Liverpool, London eller Southampton som bor i et møkkete arbeiderstrøk og går kledd i en gammel anorakk og skitne bukser. Han er ute på byen om kvelden, spiller fotball på løkka, og kaster stein gjennom noen ruter på pur faen.» Ved siden av Pursey markerte også Tom Robinson seg som politisk radikal, og han bidro også til å skape større åpenhet omkring homofili, både i intervjuer og med sanger som «Glad to be gay» (1978). Det er blitt sagt at hans konserter lå i skjæringspunktet mellom politiske møter og music hall-forestillinger. Musikalsk var han ingen rendyrket punker, men han utnyttet med stor dyktighet punkens energi og slagkraft i sitt noe kaotiske og kortlivede *Tom Robinson Band*. Selv om punken i utgangspunktet var svært London-sentrert, kom det etter hvert også band fra andre byer, særlig må vi nevne Manchester-bandet *The Buzzcocks*. Med sine sære kjærlighetssanger demonstrerte de punkens mangfold, eksempelvis med «Orgasm addict» (1978). Buzzcocks ble på slutten av 80-tallet anerkjent som et band med sterk innflytelse på moderne britisk indie-pop, og de ble ofte nevnt i samme åndedrag som Velvet Underground og The Ramones. De ble gjenforent i 1989, og vant stor respekt, ikke minst da de opptrådte som oppvarmingsband for Nirvana.

Collage og eklektisme

I 1978 hadde punken utspilt sin rolle. Den ble kommersialisert av moteindustrien og ufarliggjort av media og platebransje. De fleste av artistene hadde heller ikke særlig mer å si. I 1976 hadde punken vært en kult på klubbscenene. 1977 ble punk-singlenes store år, men i 1978 da det brede publikum var i ferd med å bli oppmerksom på hva som skjedde hadde punken allerede blitt videreført inn i new wave. Kort og intens, som denne perioden var, fikk den likevel mange konstruktive følger for rockens videre utvikling:

For det første fikk punken mange direkte musikalske konsekvenser. Den forente en formal minimalisme med en sterk uttrykkskraft. Uten noen særlig kompetanse eller spilleferdighet var likevel parolen at alle kunne spille selv. Punken inspirerte amatørmusisering i stort omfang, og ga igjen rom for å skape et ekte og autentisk uttrykk for en mengde ungdommer. Nærheten mellom publikum og band var helt avgjørende –

punkerne ble ikke oppfattet som livsfjerne og utilnærmelige stjerner. Punken var også en vei til rockscenen for mange unge jenter. Både musikalsk og visuelt var punken et unisexuttrykk, hvor menn og kvinner opptrådte på like premisser. Punkens betydning som inspirasjonskilde for mange kvinner i rocken kan knapt overvurderes.

For det andre var ikke punken bare et opprør mot det etablerte samfunn. Visst angrep punkerne et England med konservatisme, rasisme, økende fremmedgjøring og arbeidsledighet. Men de angrep med like stor styrke en selvtilfreds og dekadent musikkbransje. Rocken ble nå tvunget til å ta et oppgjør med seg selv. Og reaksjonen kom fra grunnplanet – unge, samfunnsengasjerte musikanter, uten nevneverdig respekt for rockens tradisjoner. Man forsøkte å finne fram noe av ungdomsmusikkens opprinnelige energiske opprørskhet og aggressive kompromissløshet. Punkens opprør kan i det store og hele betraktes som et sunt og vitaliserende opprør.

For det tredje medførte punken en nytolkning av symbolbruk, ikonografi og estetikk. For eksempel signaliserte punkere tilhørighet og identitet ved bruk av lær, farget hår og hanekam, kors eller hakekors på måter som ga slike symboler nye betydninger og sammenhenger. Kort hår og trange bukser var stikk motsatt av hippienes verdier. Sadomasochistiske effekter og fetisjer var vanlige, og man brukte også lenker, spiker og sikkerhetsnåler. Mange punkere engasjerte seg dessuten i andre kulturaktiviteter, som publikasjon av blader, eller teatervirksomhet. Punken var, som massebevegelse, en collage-form. I kretsen rundt McLaren fantes både politiske anarkister og mennesker med innsikt i teoretisk tegnlære (semiotikk) og kunstteori. Med denne collage-estetikken var punken med på å etablere eklektismen som et stilistisk konstruksjonsprinsipp i rocken. Å være eklektisk vil si å være utvelgende – å skape en ny stil ut fra flere allerede eksisterende forbilder. Man bruker altså elementer og fragmenter som i utgangspunktet ikke nødvendigvis naturlig hører sammen, og setter disse sammen til nye helheter. Dette er et svært viktig begrep, ettersom ikke bare populærmusikken, men samtidskulturen som helhet, ble mer og mer eklektisk utover 80- og 90-tallet.

Uavhengighet og vitalisering

Det viktigste punk-bandet ved siden av Sex Pistols var London-bandet *The Clash*. Frontfiguren var vokalisten og gitaristen *Joe Strummer* (John Mellors, 1952). De turnerte sammen med Sex Pistols på Anarchyturneen i 1976, og debuterte i mars året etter med singlen «White riot». The Clash var et politisk velartikulert og radikalt band, som blant annet brukte sin posisjon i anti-rasistisk arbeid. De var et band med musikalsk substans. De sprengte punkens snevre rammer, og trakk inn elementer av flere stilarter, ikke minst reggae – ved å bruke dub og toasting. De strukturerte og videreforedlet samtidig punkens primitivisme. Dette er tydelig på dobbelt-LPen «London calling» (1979). Året etter utga de det dristige trippel-albumet «Sandinista», som blant annet tok opp politiske konflikter i Mellom-Amerika. Tekstene var revolusjonære og sterkt anti-amerikanske. Albumet solgte faktisk mest i USA, men ble slaktet av engelske kritikere. De satset heretter på USA, og fulgte opp i 1982 med den helstøpte og vidtfavnende LPen «Combat rock». Dette året dro de også på stadionturne som oppvarmere for The Who. The Clash viser, med sine holdninger og sine utvidede musikalske rammer, en levedyktig videreutvikling av den nokså begrensede punken. Denne nye og eklektiske bølgen i britisk rock ble kalt new wave.

New wave – den nye bølgen i punkens kjølvann – dominerte britisk rock i årene 1977–80. Her ble mye av punkens energi, estetikk og ideologi videreført. Samtidig var det igjen tillatt å være i besittelse av visse spilleferdigheter, uten å miste troverdighet. Stilbruken var mer variert og eksperimentell, og det musikalske uttrykket var mer gjennomarbeidet. Ikke minst finner vi i new wave en sterk innflytelse fra reggae. Disse elementene ga dessuten new wave en langt bredere appell, uten at man sviktet punkens idealer. New wave fikk stor påvirkning på forskjellige retninger i 80-tallets rock. På samme måte som punk ble new wave båret fram av små og idealistiske, uavhengige plateselskaper, som man nå begynte å kalle indie-selskaper (indies betyr independents – uavhengige). Slike indie-selskaper kunne gi artister med smal appell stor kreativ frihet, overfor et publikum som de kjente godt. Mange startet også opp med selvfinansierte utgivelser. Uavhengige distribusjonsselskaper ble også startet, og etter hvert kom «alternative» hitlister. Alt dette bidro utvilsomt til å demokratisere platebransjen. Imidlertid gikk det nedover med mange indie-selskaper da punk-bevegelsen stilnet. Mange store selskaper forsøkte også nå å fange opp trenden ved å starte underselskaper for alternativ rock. Historien gjentok seg: Som med hippiebevegelsen ti år tidligere, eller rock'n'roll-musikken 20 år tidligere, ble også punken fanget opp av storindustrien – og mistet mye av sin kraft.

I den nye bølgen var det også plass for noen «veteraner» som var født før 1950, slik som Dave Edmunds og Nick Lowe i Rockpile, eller Ian Dury. Sistnevnte laget en morsom blanding av punk, reggae, R&B

og music hall. BBC forbød låten «Sex and drugs and rock and roll» i 1977, og den ble en listegjenganger i to år. I denne sammenhengen må vi også trekke fram *Mott The Hoople*. Anført av vokalisten Ian Hunter, som så ut som en kloning av Dylan anno 1966, slo de igjennom i 1972 med David Bowies låt «All the young dudes». De trakk inn elementer av heavyrock og glamrock og var regnet som et stort live-band. Mott The Hoople kan betraktes som et britisk bindeledd mellom 60-tallets R&B og new wave. De ble derfor et av de viktigste britiske band i første del av 70-tallet; de ble et forbilde for mange new wave-band, og har senere fått både innflytelse og en viss kultstatus.

Mange musikere med utgangspunkt i new wave har fornyet seg og vært levedyktige, i motsetning til de fleste punkerne. En av de fremste i så måte er *Elvis Costello* (Declan Patrick McManus, 1955). Han debuterte med LPen «My aim is true» (1977). Dette var en lavkostnads-produksjon på Stiff Records. Costellos bitende sarkasmer og åpne raseri sprengte seg vei gjennom noe upolert miksing fra produsent Nick Lowe, med et ambisiøst spekter av stilimpulser. Costello viste seg å bli en av rockens skarpe tunger, med satiriske og intelligente tekster. Dette kombinerte han med en stadig økende sans for gode melodier og raffinerte arrangementer. Singlen «Watching the detectives» tok for seg paranoide sexfrustrasjoner, i reggae-takt: Stiffs første hit har blitt en new wave-klassiker. Om ettermiddagen den 26. juli 1977 sørget Costello for å bli arrestert for å synge på gata utenfor hotellet hvor CBS holdt sitt årsmøte i London. Senere på kvelden, etter å ha blitt løslatt mot kausjon, debuterte han på en klubb med sitt nye band, The Attractions. Dette var det første av mange friske PR-stunts – men Costello fikk senere kontrakt med nettopp CBS. LPen «This year's model» (1978) definerte Elvis Costello. Han videreutviklet gjenklanger fra Buddy Holly (også utseendet), 60-tallspop og det tidlige 70-tallets singer/songwriters. Hans ironiske samfunnskritikk kunne måle seg med 60-tallets Dylan. I «Night rally» beskrev han et fascistmøte, og «Oliver's army» (1979) var et angrep på bruk av leiesoldater. Costello oppviste en musikalsk bredde på nivå med enkelte 60-tallsband, og sprengte grenser for genreplasseringer. Hans sanger tok for seg sensitive temaer, i avanserte musikalske strukturer. Elvis Costello har, som så mange andre fra sin generasjon, etter hvert blitt mer og mer eklektisk. Han har utforsket ulike stilarter og tatt initiativ til uventede samarbeidskonstellasjoner. Blant annet har han spilt inn en country-LP, skrevet soul-inspirert musikk, og samarbeidet med jazztrompetisten Chet Baker. Han har spilt inn en LP med moderne strykekvartett-arrangementer sammen med The Brodsky

Quartet, og skrevet musikk sammen med Liverpool-kollega Paul McCartney. Costello forble på 90-tallet en av rockens originale stemmer, som aldri synes å kunne utgi en likegyldig eller forutsigbar plate.

En annen opprinnelig new wave-musiker som har utviklet seg musikalsk gjennom 80- og 90-tallet, er *Sting* (Gordon Sumner, 1951). Denne bassisten og vokalisten ble i 1977 med i trioen *The Police*, som var startet av den amerikanske trommeslageren Stewart Copeland. Gitaristen Andy Summers var allerede veteran, og hadde spilt med Blues Incorporated og Eric Burdon i Londons R&B-miljø 15 år tidligere. The Police ble et viktig band i rocken. De var musikalsk idérike og originale, ble new wave-musikkens kraftsentrum, og var et av de mest populære band i verden tidlig på 80-tallet.

The Polices musikk var fra starten en syntese av tre hovedelementer: Tradisjoner fra 60-tallets melodiøse pop, energi og holdninger fra 70-tallets aggressive punk, og rytmer og melodifigurer fra reggae. Dette vises klart på deres debutsingle «Roxanne» (1978). Deres minimalistiske pop-sound var preget av Stings lett gjenkjennelige stemme, av Stewarts reggae-rytmikk og Summers gitarsound. Han ble kjent for å bruke en ren el-gitarlyd med en blanding av flanger og ekko, og dette soundet ble etterlignet av mange gitarister etter ham. Trioen hadde en virtuos spillestil, etter hvert mer og mer influert av jazz og musikk fra forskjellige verdenshjørner. LPene var ofte improvisatoriske og nokså upolerte i uttrykket. Men singlene var gjennomarbeidede poplåter, med betydelig kommersiell appell. Police hadde et unikt sound og var gjennom fem LPer i stadig musikalsk utvikling, og med økende popularitet.

Deres karriere fulgte uvanlige spor. De reiste på en lavbudsjetts klubbturne i USA før de hadde utgitt en eneste plate der. De fikk sitt gjennombrudd i England i 1979, med singlen «Message in a bottle» og sin andre LP, «Regatta de blanc», som begge ble nr. 1 på de britiske listene. LPen var produsert på kort tid og med et svært lavt budsjett, men i løpet av 1979 solgte bandet to millioner LPer og fem millioner singler. Med sine blonde frisyrer og nøye utarbeidede image ble de også idoler for mange tenåringsjenter. I 1980 slo de igjennom i store deler av verden med LPen «Zenyatta Mondatta». De dro på verdensturne gjennom fire kontinenter, og valgte å besøke steder som sjelden lå på de store bandenes turneruter, som India, Hong Kong, Venezuela og Egypt. Sting viste også modning som tekstforfatter med sanger som den sosialt engasjerte «Driven to tears», eller «De do do do, de da da da», som beskrev språkets makt. Han skrev som regel enkelt, fortellende og med et budskap. Medlemmene engasjerte seg individuelt på stadig flere områder, blant annet innen film og fotokunst, og 1982 ble et stille år for bandet. I 1983 nådde de imidlertid både sitt kunstneriske og kommersielle høydepunkt med LPen «Synchronicity». Både den og singlen «Every breath you take», Polices definitive klassiker, toppet listene i flere uker, også i USA. Det hele ble fulgt opp av en vellykket turne. The Police var for en kort stund verdens ledende rockband, med en samlende appell nesten på nivå med de store 60-tallsbandene, i en tid hvor rocken var mye mer splittet i ulike retninger. Men suksessen var kort og intens, og 80-tallets første supergruppe gikk i oppløsning.

Sting påbegynte etter dette en solokarriere som gjorde ham til superstjerne på egen hånd, og som samtidig ga ham ry som en av 80- og 90-tallets store komponister og artister innen rocken. Han debuterte med LPen «The dream of the blue turtles» i 1985, innspilt på Jamaica i samarbeid med et elitelag av jazzmusikere som Omar Hakim, Kenny Kirkland og Branford Marsalis. Med hitlåten «If you love somebody, set them free» lanserte han også et levedyktig slagord. Sting krysset nå pop og jazz på en ny måte, og utviklet sin utpregede melodiske sans. Gjennom de neste årene fortsatte han å videreføre det sofistikerte uttrykket fra Polices siste LP, og new wave-musikkens krysning av ulike stilretninger. Samtidig brøt han ned distinksjoner mellom «høykultur» og «lavkultur»: Den tidligere læreren poengterte i intervjuer sin arbeiderbakgrunn som bakersønn fra Newcastle, samtidig som han siterte kunstteoretikere og filosofer. Han har vunnet stor respekt blant musikere på grunn av sitt musikalske håndverk og sin evne til å hente fram det beste fra instrumentalister innen ulike genrer. Samtidig appellerer han til et bredt publikum, med sin relativt intellektuelle, men likevel tilgjengelige popmusikk.

Dobbelt-LPen «Nothing like the sun» (1987) hentet sin tittel fra en Shakespeare-sonette, og her viste han et gryende politisk engasjement («They dance alone») så vel som engasjement for miljøvern («Fragile»). Han samarbeidet med den legendariske jazzarrangøren Gil Evans i en versjon av Hendrix' «Little wing». Fra 1988 brukte han mye av sin tid på politiske kampanjer med fokus på Sør-Amerikas regnskog og urbefolkning. I 1991 kom den selvbiografiske og mer innadvendte CDen «The soul cages». CDen «Ten summoner's tales» (1993) representerer det ypperste av Stings musikalitet. Den er karakterisert av velstrukturerte melodier, detaljrike og oppfinnsomme lydbilder, jazzinspirert harmonikk, poengterte tekster med brede kulturelle referanser, og en forkjærlighet for uforutsigbare formskjemaer og blandede taktarter.

En retning med utgangspunkt i britisk new wave er den musikken som blant andre The Specials og Madness sto for. *The Specials* var inspirert av punk og reggae, og musikken deres hadde sterke islett av ska, med en energisk minimalisme. *Jerry Dammers* (Gerald Dankin, 1954) bygde opp både bandet og plateselskapet 2-Tone Records i Coventry, og musikkformen har også blitt kalt *2-Tone*. De første platene til The Specials ble produsert av Elvis Costello, og bidro til en reggae- og ska-bølge i Storbritannia. Tekstene hadde ofte et politisk og anti-rasistisk budskap. «2-Tone» betyr «to fargetoner» – svart og hvitt. Bandet engasjerte seg også i kampanjer og kampsaker utenom musikken. Låtene var samtidig svært melodiøse og dansbare. Singlen «Ghost town», som tok for seg gateopptøyene og konfliktene i England sommeren 1981, ble overraskende en nr. 1-hit. Bandet gikk så i oppløsning, men Dammers fikk en hit i 1984 med «Free Nelson Mandela». Han engasjerte seg deretter i Artists United Against Apartheid, hvis største prosjekt var konserten på Wembley ved den daværende politiske fangen Nelson Mandelas 70-årsdag i 1988. Plateselskapet 2-Tone blomstret i årene 1979–80, og ble et av de indie-selskapene som satte spor etter seg. Et av de mange andre bandene som startet her, var London-bandet *Madness*. De hadde mange fellestrekk med The Specials, hva gjaldt både samfunnsengasjement og ska-inspirert rock. De tok imidlertid også i bruk sin britiske humor for å spre både budskap og galskap. Bandet besto av sju velkledde menn, og låtene var ofte krydret med en funky blåserrekke. Musikken hadde flere typiske popelementer, som fengende refrenger og lettlærte melodier. Med utgangspunkt blant annet i bluebeat og Motown-soul skapte de sjarmerende party-pop, som de selv kalte «the nutty sound». De debuterte på 2-Tone i 1979, men skiftet snart selskap til Stiff Records. Madness leverte slående kommentarer til hverdagslivet i Londons arbeiderklasse, på en måte som vi må tilbake til Kinks for å finne maken til. Dette gjorde de med humor, sjarm og en viss melankoli, for eksempel i «Our house» (1982). Madness slo også igjennom i USA i 1983. Bandet ble oppløst tre år senere, da de kom med følgende pressemelding: «Etter 400 Top Ten-singler, tre plateselskaper, en video av og til, utallige ærekrenkelser og etter å ha blitt bannlyst herfra til evigheten for vår mangel på profesjonalitet av folk med like god teft som et yoghurtbeger, går vårt nutty spøkelsestog inn på stasjonen og stopper. Vi hadde det moro!». Madness erobret en plass i rekka av innflytelsesrike, morsomme og klassisk britiske popband.

Elektronisk avantgarde

En annen retning med utgangspunkt i britisk new wave er det tidlige 80-tallets *synth-rock*. En hel bølge av britiske band lot nå impulsene fra den nye rocken uttrykkes gjennom den nye teknologien. Samtidig var deres sanger ofte preget av dystre samtidsportretter, som ga mange av dem et noe depressivt uttrykk. Derfor har denne musikken av og til fått merkelappen «dep-rock», og uttrykket «industriell musikk» brukes også. Estetisk ble synthesizere brukt som symboler for futurisme, med en blanding av frykt og fascinasjon for framtida. Synth-rockbandene uttrykte ofte en deterministisk holdning overfor et kaldt og fremmedgjort postindustrielt samfunn.

Forløperne for dette finner vi særlig i Tyskland tidlig på 70-tallet, med synth-dominerte band som Tangerine Dream fra Vest-Berlin og Kraftwerk fra Düsseldorf. Begge var pionerer innenfor elektronisk avantgarde-rock, og tidlig ute med å kople elektroniske lydbilder til framtidsvisjoner og en meditativ stemning. De gjorde dette på en enda mer eksperimentell og minimalistisk måte enn det tidlige 70-tallets progrock-band. Tangerine Dreams debut-LP «Electronic meditation» (1970) er en klassiker i så måte. *Kraftwerk* tok steget helt ut, med datastyrte roboter på scenen og et multimediashow med film og datagrafikk. De var inspirert av den eksperimentelle elektroniske musikken til Karlheintz Stockhausen, og forsøkte å skape en minimalistisk rock med synthesizere, trommemaskiner og båndspillere. De vant internasjonal anerkjennelse og popularitet med LPen «Autobahn» (1974), en suksess som nok var muliggjort av Mike Oldfields fenomen «Tubular bells» fra året før. Med hovedkvarter i sitt Kling Klang Studio i industribyen Düsseldorf ble deres musikk betegnet som «industriell». De gikk til studio med samme holdning som vitenskapsfolk i et laboratorium, og oppfattet seg selv mer som ingeniører og teknikere enn som musikere og popstjerner. De ga også uttrykk for en etisk refleksjon omkring forholdet mellom menneske og maskin, hvor mennesket skulle være maskinen overlegen. Kraftwerk var en stor inspirasjonskilde for Brian Eno, som noen år senere gjorde sine banebrytende innspillinger i Berlin sammen med David Bowie. Ved siden av Eno må Kraftwerk betraktes som de viktigste stilskaperne innen den nye synth-rocken, slik den utviklet seg på slutten av 70-tallet. De har hatt stor innflytelse på 80-tallets synthpop, hip hop, house og techno.

I Tyskland ble det altså lagt et grunnlag for den bølgen av elektronisk rock og pop som kom i England fra slutten av 70-tallet. Inspirert av punkens «alle kan spille»-ideologi ga unge musikere seg nå i kast også med avansert synth-teknologi, noe som tidligere på 70-tallet bare var forbeholdt velutdannede musikalske teknologer. På slutten av 70-tallet hadde synthene blitt enklere å programmere, trommemaskinene begynte å få lyder og programmeringsmuligheter som gjorde dem attraktive, sequensere hadde blitt billigere og enklere å bruke, og de første polyfone synthesizerne kom på markedet. Naturligvis ble denne programmerte musikken, med sine repeterte rytmemønstre og looper, også svært dansbar. Manchester-bandet *Joy Division* var et av de mest innflytelsesrike band i punkens kjølvann. De skrev innadvendte og dystre, nesten nevrotiske sanger. «Love will tear us apart» (1980) er et eksempel på dette, en låt som mange kritikere mente var den beste rocksinglen i England det året. Kort etter innspillingen begikk vokalisten Ian Curtis selvmord, mens han var på toppen av sin kreativitet. Bandet skiftet senere navn til *New Order*. De beveget seg mer bort fra tung og dyster musikk, og ble utover 80-tallet store diskotekfavoritter da de blandet inn pop- og house-elementer. Det opprinnelige Joy Division fikk status som et kultband, med stor innflytelse på nye britiske band som U2, The Cure, Tears For Fears og Echo and The Bunnymen. Vi vil også nevne Gary Numan og Adam Ant blant de engelske synth-rockpionerene, og ikke minst det sterkt Kraftwerk-inspirerte bandet *Human League*. Det ble startet i 1977 av to dataeksperter med sterke ønsker om å lage et modernistisk elektronisk band, men som knapt hadde tatt i en gitar. De la opprinnelig stor vekt på et multimedia-sceneshow, med et futuristisk tilsnitt. Et av bandmedlemmene hadde som oppgave å være «visual director». Blant deres mer kontroversielle prosjekter var konserter hvor publikum ble underholdt av bandets lydbånd, datamaskiner og lysbilder, mens bandet selv satt i salen eller ikke var til stede. Etter hvert ble de inspirerte av popband som også benyttet synthesizere, særlig Abba, og la om musikken radikalt i mer melodiøs pop-retning. Høydepunktet i denne fasen ble LPen «Dare» (1981), som regnes som et mesterverk innen de tidlige 80-åras synth-rock. Herfra kom også singlen «Don't you want me», som var den første nr. 1-hit i England med bare synthesizere og trommemaskiner i tillegg til vokal. Den ble Englands mest solgte single i 1981, og toppet også hitlistene i USA, mens LPen solgte hele 5 millioner eksemplarer. Suksessen illustrerte overgangen til en ny epoke hva gjaldt publikums aksept av et elektronisk basert sound. Illustrerende for dette er også Orchestral Manouvres in the Dark, en Kraftwerk-inspirert Liverpool-duo som rundt 1980 fikk stor suksess med sin kjølige synth-rock. Depeche Mode var tidlig på 80-tallet med på å utvikle en britisk house-musikk, samtidig som de beholdt et mer innadvendt avantgarde-uttrykk. Ultravox debuterte i 1977 produsert av Brian Eno, inspirert av Kraftwerk og Roxy Music. De fikk et gjennombrudd i 1981 med en mer melodiøs stil, særlig med singlen «Vienna».

En musiker og artist i sin egen genre var *Kate Bush* (1958). Hun vant ry som en spennende låtskriver med den originale singlen «Wuthering heights» (1978). Hennes uttrykk lå midt mellom det sensuelle og det grufulle, utstudert teatralsk og med stor vekt på dans og visualitet. Musikken bar preg av skiftende lydbilder, impulser fra forskjellige verdensdeler, litterære referanser og hennes gjennomtrengende og intense stemme. I 1980 sluttet hun å gi konserter, og konsentrerte seg senere om studioproduksjoner og video. Kate Bush forble en unik og høyst personlig kunstner.

Nye bølger

Ved siden av at new wave altså ga viktige impulser til en reggae- og skabølge og til en ny synth-rock, videreførte new wave også mange impulser fra 60-tallets pop. Hos band som The Jam, Boomtown Rats eller The Pretenders hører vi spor etter band som Beatles, Searchers, Byrds, Kinks, The Who og tidlig Rolling Stones. Amerikaneren *Chrissie Hynde* (1951) ble en markant skikkelse i britisk 80-tallsrock. Hun kom til England midt på 70-tallet, og arbeidet i McLarens klesbutikk Sex før hun startet *The Pretenders* i 1978. Hynde talte klart i flere samfunnsspørsmål og ble et forbilde for mange kvinner i rockbransjen. Karrieren hennes ble turbulent, med hard medfart fra pressen og med dødsfall innen bandet. Musikken til The Pretenders var kraftfull new wave-inspirert pop, og de ble etablert som et av 80-tallets trendsettende band med debut-LPen «The Pretenders» (1980). De slo også igjennom i USA, og turnerte der i stadionformat. Hynde bodde på denne tida sammen med sitt forbilde, Kinks' legendariske låtskriver Ray Davies, som hun også fikk barn sammen med. Hennes senere ektemann ble vokalisten Jim Kerr i *Simple Minds*, et skotsk band fra Edinburgh. Simple Minds vokste ut av den nye bølgen som et markant band. Deres gjennombrudd var LPen «New gold dreams» (1982), og utover 80- og 90-tallet ble de en kommersiell gigant på begge sider av Atlanteren. De ble ofte sammenlignet med det tidlige U2, men de hadde sitt eget sound, som var pompøst, storslått og episk. Med LPen «Street fighting years» (1989) viste Kerr også en mer aktiv politisk side, med sanger som «Mandela day» og «Belfast child». Fra det nye, vitale rockmiljøet i Liverpool var det *Echo and The Bunnymen* som pekte seg ut, med pop i kjølvannet av new wave, Bowie, Velvet Underground og 60-tallspop. «Echo» var for øvrig navnet på bandets trommemaskin. I nabobyen Manchester var også et ungt og ekspansivt rockmiljø etablert. I 1983 platedebuterte *The Smiths*, som senere fikk ry som et av 80-tallets betydningsfulle band. De startet som et kultfenomen blant collegeungdommer. LPer som «Meat is murder» (1985) gjorde dem til inspiratorer for en rekke unge band utover 80- og 90-tallet. The Smiths ble oppløst i 1987, men vokalisten Morrissey har hatt en viss suksess som soloartist, og markert seg som en glamorøs mediafigur og en melankoliens mester. Gitaristen Johnny Marr har spilt med en rekke artister som studiomusiker, og senere vært medlem i flere band.

Den nye bølgen i britisk rock hadde små konsekvenser og få paralleller på det amerikanske markedet. På tross av at punken hadde røtter nettopp i USA, var den i høy grad et britisk fenomen (nærmest et London-fenomen), og det amerikanske markedet holdt seg til mer etablerte rockformer, disco, MOR og heavyrock i ulike varianter. Men unntaksvis skylte noen bølger fra punk og new wave inn på USAs kyst. B52's var et av de nye, amerikanske bandene som hadde et visst nedslagsfelt med en dansevennlig, men bisarr blanding av pop og new wave. Et særlig interessant band var *Talking Heads*, anført av vokalisten, gitaristen og komponisten *David Byrne* (1952). De skapte en amerikansk synthrock, som var kjølig og anti-romantisk, hvor også avantgarde-musikken var en inspirasjonskilde. Mye av inspirasjonen kom fra Brian Eno, som de startet et samarbeid med i 1978. LPen «Remain in light» (1980) med singlen «Once in a lifetime» er Talking Heads' klassiker: De trakk her inn elementer av funk, tok i bruk elementer fra afrikansk og orientalsk musikk, og ble forløpere for den kommende «verdensmusikken». De var også tidlig ute med å bruke digitalt produksjonsutstyr til å skape loops og collage-teknikker. Disse elementene gjorde, sammen med Byrnes intellektuelle og personlige sanger, Talking Heads til et nyskapende og innflytelsesrikt band, med stor betydning for 80-tallets rock.

New York-bandet *Blondie* var ved siden av Abba og The Police det bandet som solgte mest singler i 1978–79. Deres utgangspunkt var punk, men de trakk etter hvert mer og mer inn popelementer. Typisk nok slo de først og sterkest igjennom i England, og erobret USA med mer disco-inspirerte låter. Bandet var svært åpent musikalsk, og kunne stadig overraske. Vokalisten Debbie Harry var et effektivt blikkfang som tidas blonde sexsymbol. Hun hadde imidlertid også en utstråling av styrke og tøffhet, kombinert med klare kvaliter i sitt uttrykk som sanger. Debbie Harry har påvirket svært mange artister, særlig kvinnelige. Det samme kan vi si om tyske Nina Hagen fra Øst-Berlin, som en tid var aktiv i Londons punk-miljø før hun i 1977 platedebuterte i Vest-Tyskland. Hun vakte sensasjon med sin nokså ekstreme sceneopptreden, og ble en kultfigur innen punk og new wave både på kontinentet og i Australia.

Rocken tar politisk ansvar

Generasjonen som vokste opp med punk og new wave på slutten av 70-tallet, var på mange måter bevisste og opprørske rockere. Imidlertid tok deres protest og samfunnsengasjement retninger som var ganske nye i rocksammenheng: De gikk på 80-tallet til konkrete handlinger som pengeinnsamlinger til nødlidende og kampanjer for menneskerettigheter. Holdningen var at «når politikerne ikke gjør jobben sin, da må vi gjøre den». Når vi sammenligner dette med 60-tallet, foregikk nå en ideologisk endring: Opprøret fikk umiddelbare praktiske utslag, og ledende rockartister viste et sosialt engasjement som ga utslag i handling og ansvarstaken. Selvsagt skal vi ikke se bort fra reklameverdien i å delta i de gigantiske konsertene og plateprosjektene som ble lansert. Dette var nok en motiverende faktor for noen, men vi tror likevel at det for de aller fleste lå et oppriktig engasjement bak. Agitatorisk musikk ble omgjort til reell politisk handling, holdningene fra punken ble videreført i praktisk handling. I en slik skala var dette noe helt nytt i populærmusikkens historie.

En forløper for denne bevegelsen var George Harrisons Bangladeshkonsert i New York i 1971. I romjula 1979 ble det i London arrangert en konsert til inntekt for Kampucheas folk, hvor Wings, The Who og en rekke new wave- og punk-musikere spilte. Men i new wave-generasjonen var det irske *Bob Geldof* (Robert Frederick Zenon Geldof, 1954) som satte det hele i gang. Han var tidligere vokalist i bandet Boomtown Rats, som var svært populære rundt 1979–80. Deres hit-single «I don't like mondays» (1979) var en besk og intelligent sosial kommentar til meningsløs vold. Den kombinerte instrumentasjonsteknikker fra klassisk musikk med en protestsang i punkens ånd. Geldof spilte også hovedrollen i Pink Floyds film «The Wall» i 1982. I 1984 tok han initiativet til en plate til inntekt for sultrammede mennesker i Etiopia, etter å ha blitt sjokkert av nyhetssendingenes TV-bilder. De fleste som betydde noe i engelsk pop og rock stilte opp, og singlen «Do they know it's christmas?», skrevet av Geldof og Midge Ure fra Ultravox, ble Storbritannias mest solgte single.

Dette satte i gang lignende prosjekter i flere land, blant annet Australia, Kanada og Norge. Amerikanske artister spilte inn Michael Jackson og Lionel Richies «We are the world», organisert av Harry Belafonte og produsert av Quincy Jones, under etiketten USA for Africa. 21 vokalister sang i tur og orden, og denne sangen ble også en stor suksess. Kulminasjonen kom med Live Aid, iscenesatt av Geldof og gjennomført 13. juli 1985. Dette var to parallelle stadionkonserter i London og Philadelphia, med over 50 medvirkende verdensstjerner og direkte TV-overføring til store deler av verden. Blant dem som spilte denne dagen, var Queen, Bob Dylan, Beach Boys, Santana, Madonna, Eric Clapton, Phil Collins, Judas Priest, REO Speedwagon, Robert Plant og Jimmy Page, Bryan Ferry, Sting, Simple Minds, U2, Paul McCartney, Mick Jagger, The Who, Elvis Costello, Tina Turner, Paul Young, Spandau Ballet og David Bowie. Ved siden av å være den største konsertbegivenhet siden Woodstock, og å sette seerrekorder for TV, var Live Aid og prosjektene i kjølvannet av dette den største veldedighetsaksjon arrangert noensinne. 50 millioner dollar kom sultende afrikanere til gode – og det hele var iscenesatt av en rockmusiker. Geldof reiste selv rundt i Afrika og fulgte opp dette prosjektet i ettertid. Han ble nominert til Nobels fredspris, og adlet av dronning Elizabeth i 1986. Sir Bob Geldofs musikalske karriere fikk imidlertid en dalende kurve.

Etter dette ble veldedighetsprosjekter en trend i siste halvdel av 80-

tallet. Det kom flere sanger hvor kjente artister sang én strofe hver, for så å samles i et fengende allsang-refreng. De færreste av disse prosjektene var særlig spennende, musikalsk sett. Et hederlig unntak må være Steven Van Zandts «Sun City»-prosjekt i 1985; Artists United Against Apartheid. Men på tross av at PR-verdien ved å delta i slike prosjekter var en viktig motivasjon for mange, ble store pengesummer distribuert til gode formål, og verdensopinionen ble påvirket – ikke minst førte disse prosjektene til en økt sosial og politisk bevisstgjøring hos mange ungdommer. I 1988 ble konserten i anledning Nelson Mandelas 70-årsdag avholdt på Wembley, etter initiativ fra Jerry Dammers og Jim Kerr. Samme år gikk en turne til støtte for Amnesty International av stabelen. Gjennom disse prosjektene uttrykte rocken et konkret politisk engasjement, i et omfang som ikke hadde funnet sted siden Woodstock-festivalens protest mot Vietnam-krigen. Artister som Sting og Chrissie Hynde engasjerte seg også i miljøvern og vern av Sør-Amerikas regnskoger. På 90-tallet har det vært færre slike veldedighetsprosjekter og politiske kampanjer etter initiativ fra rockmusikere. Et interessant generasjonsskifte kom imidlertid til uttrykk i War Child-prosjektet høsten 1995. Da var det den nye, unge generasjonen i britisk pop som stilte opp: Oasis, Blur, Boo Radleys, Radiohead og Suede, og techno-artister som Orbital og Portishead. Formålet var å samle inn penger til krigsrammede barn i Bosnia. Bidragene til CDen «Help» ble alle innspilt i løpet av ett døgn, og fire dager senere utgitt. War Child-prosjektet viste at ettervirkningene av Band Aid-filosofien fremdeles var til stede.

20 Vidunderlige nye verden

Synthesizere ble på 80-tallet det viktigste nye elementet i populærmusikkens sound. Instrumentet ble mindre kostbart i anskaffelse og enklere å bruke. Fra å symbolisere det modernistiske og eksperimentelle ble synthesizere, sequensere og trommemaskiner nå oppfattet som en naturlig del av soundet i pop og rock: Omkring 1984 var synth-lydbildene akseptert som helt vanlige. Denne utviklingen medførte også at mange produsenter primært ble en form for lyddesignere. Det nye nå ble digitaliseringen og samplingsteknikken, som gjorde at nær sagt ingenting ble umulig. Lanseringen av CD-formatet bidro også til at publikum ble mer kresent når det gjaldt lydkvalitet. Synthesizere ble nå også tatt i bruk innenfor en popestetikk. I England kom en strøm av hitlåter med unge synth-popband som skapte en nyromantisk bølge. Fra USA kom popproduksjoner med klinisk perfeksjonisme og vellyd som nådde høye salgstall.

Musikk for videoskjermen

Det er en tendens for 80-tallets populærmusikk at utviklingen skjer gjennom at ny teknologi blir tatt i bruk, mer enn gjennom musikalsk nyskaping i nye genrer. Dessuten kombineres stilelementer på nye måter, og trender fra populærmusikkens historie «resirkuleres». Vi ser altså en tiltagende stil-eklektisme i dette tiåret. Om 80-tallet endret populærmusikkens sound, så ble det i dette tiåret også skapt store omveltninger av dens visuelle uttrykk: På 20-tallet var radio det nye, store distribusjonsmediet for populærmusikk. På 50-tallet kom artister som fikk sitt gjennombrudd gjennom TV-eksponering. På 80-tallet ble musikkvideo det nye og viktige mediet. Promotion-filmer hadde vært vanlig i rocken helt siden tidlig på 60-tallet. The Beatles' «Strawberry

Fields forever» / «Penny Lane» var en banebrytende produksjon når det gjaldt å integrere musikk og bilde til en kunstnerisk helhet. I produksjoner som Queens «Bohemian rhapsody» (1975) og Meat Loafs «Paradise by the dashboard light» (1977) spilte videoen en stor rolle for gjennombruddet. Videoene ble likevel ikke utelukkende betraktet som et markedsføringsredskap. Det avgjørende steget for musikkvideoen som et viktig medium ble tatt i august 1981, da MTV startet sine sendinger i USA. Denne kanalen sendte musikkvideoer, reklame og hitlister døgnet rundt. Stadig flere artister la nå stor vekt på videoproduksjoner, og for uetablerte artister ble en vellykket video ofte helt avgjørende for gjennombrudd og salgstall. De store plateselskapene ga nå nesten aldri ut en single uten en tilhørende videoproduksjon, og markedet ble dermed vanskeligere for mange små selskaper. De store selskapene styrket eller konsoliderte stillingen, og de mest suksessrike videoene kom som regel fra veletablerte artister med pengesterke selskaper i ryggen. Blant de fremste eksemplene på nye artister som utnyttet videoens potensial til fulle for å etablere seg, finner vi Frankie goes to Hollywood, Madonna og A-ha. Videoregissørene ble nå en viktig yrkesgruppe i musikkbransjen. De mest suksessrike og dyktige, som Kevin Godley og Lol Creme, eller Steve Barron, fikk en innflytelse på nivå med de fremste plateprodusentene. MTV ble en av musikkbransjens mektigste aktører, i kraft av sin markedsposisjon og økonomiske styrke.

Det var ikke uten profetiske undertoner at den første videoen som ble vist på MTV, het «Video killed the radio star». Videoen ble enda et gjennombrudd for rocken som en visuell uttrykksform. Den gamle radioromantikken ble borte. Musikkvideoen ble en interessant og mangfoldig balansegang mellom på den ene side en integrert audiovisuell uttrykksform, og på den annen side et kommersielt markedsføringsredskap. På sitt verste kunne nokså talentløse artister få stor oppmerksomhet gjennom en vellaget video. Sannsynligvis tok rocken et steg nærmere det å være en ren konsumvare og overfladisk underholdningskultur da man begynte med 24 timers ferdigredigerte videosendinger, blandet med reklame. Bilde er et sterkere medium enn lyd, og i mange tilfeller ble musikken degradert til noe nær filmmusikk-funksjon – en lydkulisse til bilder. Billedspråk fikk også langt større oppmerksomhet på konserter. Gjennom 70-tallet ble rockkonserter mer teatralske og visuelle, og på 80-tallet ble også videoskjermer et fast innslag på stadionkonserter (Led Zeppelin var først ute med dette, i 1975). Dette hadde et praktisk siktemål, nemlig at alle skulle kunne se, men stadig oftere ble MTV-språket også retningsgivende for hvordan konsertene ble regissert. Men

videoen og den nye visualiteten gikk slett ikke alltid på bekostning av musikken. På sitt beste var musikkvideoen en ny og spennende kunstnerisk uttrykksform. I løpet av de første årene av MTVs historie, fram mot 1984, ble en rekke banebrytende videoer laget som skapte et nytt formspråk. Blant disse kan nevnes Michael Jacksons «Thriller», Paul Simons «Renée and Georgette Margritte with their dog after the war», Michael Jacksons og Paul McCartneys «Say say say», Frankie goes to Hollywoods «Two tribes», David Bowies «China girl», Rolling Stones' «Undercover of the night» – og mange flere.

Den nyromantiske bølgen

I England kom det en strøm av nye popband i årene 1981 til 1983. Utgangspunktet var Londons klubb- og diskotekmiljø. Bandene ble ofte omtalt under betegnelsen *new romantics* – den nyromantiske bølgen. Disse artistene var single-orienterte med tenåringspublikum som målgruppe. De spilte en enkel og melodiøs, refreng-sentrert popmusikk med trekk av disco, og la stor vekt på et glamorøst image, ofte markedsført gjennom videoer. De representerte ikke noe opprør. De uttrykte tvert imot en hedonistisk og overfladisk livsnytelse, med storbyens diskoteker som arnested. I London var nattklubben Camden Palace, som åpnet våren 1982, utstyrt med balkonger, Hollywood-trapper, gullmaling og laser-lysshow, senteret for nattlig virkelighetsflukt. Mange av artistene hadde seksuell flertydighet som et vesentlig element i sitt image, og new romantics-bølgen var i stor grad knyttet til klubber og diskoteker hvor særlig homofile menn vanket. Produsentene, reklameagentene, motedesignerne, videoregissørene og discjockeyene var de som egentlig satt med innflytelsen og reflekterte og manipulerte tidas trender og smak. Bak artistenes utstuderte miming og posering, bak deres kosmetikk, pastellfarger og eksklusive designerklær, hårgelé og forseggjorte pannelugger lå skyggene fra 70-tallets store maskespillere: David Bowie og Roxy Music – om enn oftest uten deres ironi og evne til kunstnerisk refleksjon. I deres motebevisste dramaturgi og image-sentrering ser vi også rester av mods-ideologien fra 20 år tidligere. Både musikalsk og som moteretning var dette også en ny utgave av glamrocken – oppdatert til 80-tallets motebilde og sound. Det viktigste nye, rent musikalsk, var at disse bandene i høy grad var basert på et synthesizer-dominert sound. New romantics var synth-pop designet for diskotekene og for MTV. Det var musikk velegnet for unge, fremadstormende ego-trippere. New romantics var en konsumvare som sto på markedskreftenes side, et trendriktig bilde av 80-tallets optimistiske, narsissistiske og materialistiske «jappe-kultur» av nyrike «young aspiring professionals».

Spandau Ballet var trendsettere for et miljø av designere, musikere, reklamefolk og tilhengere av dansemusikk på nattklubbene i Londons Soho og West End, som vokste fram fra 1978. Deres frontfigur Gary Kemp var interessert i å skrive låter heller enn å spille gitar, og han brukte svært ofte ord som «mote», «stil» og «popkultur». De betegnet seg som «kreative mennesker som tilfeldigvis var opptatt av musikk for tida», heller enn som musikere. De eksperimenterte med soul og funk, og deres første singler kom ut på 12-tommers maxisingler med egne dansemikser – noe bare svarte artister hadde gjort tidligere. I 1983 fikk de sin første nr. 1-hit med den melodiøse popsinglen «True». Nå ble vokalisten Tony Hadley framstilt omtrent som en juniorutgave av Frank Sinatra. Birmingham-bandet *Duran Duran*, oppfostret på Bowie og Roxy Music, slo igjennom i England i 1981, med dansbare låter og et image for jenterommenes vegger. De elegante videoene bar preg av TV-reklamens språk. I 1983 hadde de kvittet seg med noe av new romantics-stemplet, de reiste på verdensturne og gjorde suksess med sine videoer på MTV i USA. Med sine første LPer, og nr. 1-singlen «Is there something I should know» (1983), viste de seg også som konstruktører av fengende, melodiøs pop. Duran Duran gikk av moten som tenåringsidoler, og forgrenet seg inn i andre prosjekter senere på 80-tallet. Begge disse bandene kan til dels betraktes som en motreaksjon mot punken og new wave-musikken. De bygde på nytt opp popens image av mystikk og stjernestatus, og sto for virkelighetsflukt i stedet for hverdagslighet, nærhet eller politisk budskap. «Vi vil være det bandet folk danser til når bomben faller,» sa Duran Durans vokalist Simon Le Bon, som samtidig beskrev seg selv som «en svært seriøs kunstner». Disse bandenes budskap var å ha det gøy, se godt ut, se mulighetene og dyrke sin individualitet. De var pågående, ambisiøse, veltalende, og eksklusivt kledd.

Spandau Ballet og Duran Duran var trendsetterne framfor noen i den nyromantiske bølgen. Men de var mer underholdere og posører enn musikalske nyskapere. Et musikalsk mer distinkt band enn disse to var *Culture Club*. Det ble startet i 1981, og slo igjennom året etter med LPen «Kissing to be clever». Deres låter hadde raffinerte arrangementer og melodisk styrke, for eksempel hit-singlene «Do you really want to hurt me» (1982) og «Karma chameleon» (1983). Culture Club var et single-orientert band, som solgte millioner av sine hits, i en rekke land. Musikken hadde elementer av karibisk og latinamerikansk musikk, Motown, gospel og funk, i en blanding tilpasset 80-tallets sound. Vokalisten *Boy George* (George Alan O'Dowd, 1961) var også i besittelse av en sangstemme som egnet seg til langt mer enn miming. Han var dessuten nyromantikkens største blikkfang, med sin sminke og sine feminine kostymer. Biseksuelle menn med sminke og kvinneklær hadde tidligere appellert til et nokså smalt publikum. Boy George ble derimot en familieunderholder, og flyttet grenser for publikums aksept. Imidlertid ble han framstilt som en skandale i pressen da han i 1986 innrømte at han var heroinavhengig. Året etter var Culture Club oppløst. Boy George ble et symbol for 80-tallets popstjerner, med stor popularitet i mange land, ikke minst de karibiske.

Produsentene ble nøkkelpersoner i den nye synth-popen. Trevor Horn i plateselskapet Zang Tumb Tuum (ZTT) uttalte at han overhodet ikke trengte musikere for å skape sin musikk. Hans ideologi var nærmest en Spector-tankegang i synthesizernes tidsalder. ZTT brukte aggressive markedsføringsteknikker og slagord, utga plater i flere formater og med påkostet kunstnerisk innpakning, og selskapet fikk et avantgarde-renommé. Deres mest suksessrike prosjekt var fenomenet

Frankie goes to Hollywood. FgtH var et rent produkt av studioteknikk og markedsføring. Debut-LPen var i stor grad skapt av en datamaskin, programmert av Trevor Horn. Men soundet var ikke lenger tydelig databasert, som hos Kraftwerk noen år tidligere. Deres debutsingle «Relax» var en skreddersydd diskoteklåt, høyteknologisk produsert med et episk og storslått sound. Den hadde en dristig tekst og ble markedsført av en video med sterke sadomasochistiske innslag. Låten ble følgelig forbudt spilt i BBC, og det hjalp heller ikke på velviljen at vokalisten Holly Johnson sto fram som homofil. Imidlertid ble ZTTs markedsstrategier en suksess: Singlen toppet de britiske hitlistene i fem uker i 1983, og solgte 2 millioner eksemplarer. Dette var for øvrig en av de første singlene som ble utgitt i flere alternative mikser – noe som snart skulle bli en standard innenfor house-kulturen få år senere. FgtH ble oppfattet som kuriøse og eksentriske med sitt kontroversielle homofile image kombinert med en Liverpoolsk folkelighet.

Den neste singlen, «Two tribes» (1984), tok opp atomvåpen og militærhemmeligheter, med en video som inneholdt karikaturer av Reagan og Sovjetunionens president Tsjernenko. Sammen med Johnsons intense vokal, og en skuespiller som leste fra regjeringsdokumenter, ga dette «Two tribes» en nesten skremmende følelse av realisme, som tok tidas Orwellske stemning på kornet.

«Two tribes» og den påfølgende «The power of love» toppet også listene. FgtH ble dermed det første bandet i England siden Gerry and The Pacemakers som toppet listene med sine tre første singler. Dobbelt-LPen «Welcome to the pleasuredome» slo alle rekorder for plateforretningenes forhåndsbestillinger. Produksjonen var preget av et storslått og manisk intenst sound, og et utstudert hedonistisk og narsissistisk budskap. 1984 ble FgtH's store år. Det har blitt sagt om dem at de presset et tiårs kreativitet, platesalg og kontroverser inn i 24 måneder. I rettssaken som bandet tok ut mot ZTT i 1988, etter at det var oppløst, kom det fram at ingen andre enn vokalisten Holly Johnson hadde spilt på gruppas to første singler. Men selv om de til en viss grad var Trevor Horns marionetter, hadde FgtH både sjarme og talent som sangere og låtskrivere. De ble et av 80-tallets mest symptomatiske band.

Blåøyd soul

Et vesentlig stiltrekk ved engelsk pop i denne perioden er innflytelsen fra soul, særlig blant vokalister. Interessen for soul og svart musikk generelt blomstret kraftig opp i England på 80-tallet, også med en rekke dyktige svarte artister. Den karibiske innflytelsen på britisk musikk ble altså vedvarende, og ikke bare knyttet til reggae-musikk. Men de som slo igjennom kommersielt, var hovedsakelig hvite. Synth-soundet var også her dominerende, likeså mye av nyromantikkens image, og man kalte det gjerne for «blue-eyed soul». Disse trekkene finner vi blant annet hos Culture Club, Spandau Ballet og hos *Wham!*. En Wham-låt som deres første nr. 1-hit, Motown-pastisjen «Wake me up before you go-go» (1984), er et eksempel på dette. Wham startet sin karriere med låter som ironiserte over sider ved Londons nyromantiske klubbscene, som «Wham! Rap» og «Club Tropicana». Men de ble tatt på alvor som symboler på 80-tallets hedonisme og nyrike vulgaritet. Moteriktig image og soul-inspirert, melodiøs dansepop med synth-sound gjorde Wham til store ungdomsidoler midt på 80-tallet. De ble den popgruppa i Storbritannia som oppnådde størst kommersiell suksess på 80-tallet. Debut-LPen «Fantastic» (1983) var en samling hits, og oppfølgeren «Make it big» (1984) ble en listetopper i flere land. Den inneholdt hit-singlene «Wake me up before you go-go» og «Careless whisper», og senere på året ble også «Freedom» og «Last christmas» store hits. Wham var nå også en suksess i USA, og dro på en mye omtalt turne til Kina. Da band som Wham, Duran Duran og Culture Club vokste ut av Londons klubbmiljø og slo igjennom på verdensbasis, ikke minst på amerikansk MTV, begynte man å snakke om «en ny britisk invasjon» – denne gangen gjennom videomediet. Det meste av æren for Whams suksess tilfaller vokalisten og låtskriveren *George Michael* (Georgious Panayatiou, 1963). Han forsøkte etter at Wham gikk av moten å skape en solokarriere, noe han greide bedre enn de fleste fra 80-tallets britiske pop. Med «Faith» (1987) fortsatte han både musikalsk og kommersielt der hvor Wham slapp, mens han på 90-tallet forsøkte å endre sin profil og framstå som en mer moden artist, blant annet med den illustrerende tittelen «Older» (1996).

Den av de soul-inspirerte artistene som musikalsk sett hadde mest særpreg, var *Paul Young* (1956). Hans gjennombruddslåt var en Marvin Gaye-cover: «Wherever I lay my hat» (1983). Paul Youngs talent som sanger er det ingen tvil om, og hans plater var også gjennomarbeidede hva gjelder låtmateriale, sound og musikalske prestasjoner. Hans mest interessante plater var debuten «No parlez» (1983) og «The secret of association» (1985). Det sene 80-tallets fremste arvtagere etter Wham og Paul Young innen «blue-eyed soul» var Manchester-bandet *Simply Red*. De gjorde mange soul-covere, fikk hjelp av Lamont Dozier som låtskriver, og turnerte med James Brown. Mick Hucknall ble en anerkjent vokalist, og deres plater oppnådde både gode kritikker og svært høye salgstall. Dette gjelder først og fremst «A new flame» (1989) og «Stars» (1991).

80-tallets mest suksessrike britiske produsentteam ble trioen Stock/Aitken/Waterman. De modellerte virksomheten etter Motowns hitfabrikk fra 60-tallet, og leverte fra 1986 til 1991 dusinvis av singler med maskinell, programmert dansemusikk. Her fantes det ingen kunstneriske alibier, men de vant respekt som designere av diskotek-hits. Vokalistene ble valgt for sitt utseende, heller enn for sitt musikalske talent. Blant S/A/W's fremste produkter var de australske såpeoperastjernene Kylie Minogue og Jason Donovan. I artiststallen fantes også pop-crooneren Rick Astley (poster for jenterom-vegger), og syngedamen Sinitta (poster for gutterom-vegger). I samme kategori som henne, om enn utenfor S/A/W-stallen, opererte den italienske disco/pop-divaen Sabrina, som sammen med engelske Samantha Fox ble det unge Europas store sexsymbol og tenåringsidol i et par år. Fox var tidligere toppløs-posør i en engelsk avis. Et par år var «puppe-pop» faktisk en trend, med posører som stønnet og sang «Touch me», «Toy boy», «Boys», «So macho» og lignende. De hadde helst artistnavn som begynte på S: Samantha, Sinitta, Sabrina. Midten av 80-tallet var i det hele tatt en periode da singlelistene ble fylt av fotomodeller og one hit-wonders som aldri før. Selv om enkelte absolutt hadde noe å fare med, ble mange artister svært lite moteriktige da nye trender kom. Dersom vi skal sette opp en liste over unge, europeiske disco/pop-idoler som ikke overlevde 80-åra, kan den bli lang: Rick Astley, Sabrina, Samantha Fox, Sinitta, Sandra, Europe, Falco, Duran Duran, Bananarama, Alphaville, F.R. David, Jim Diamond, Kajagoogoo, Limahl, Bucks Fizz, Sheena Easton, Nik Kershaw, T'Pau, Frankie goes to Hollywood – med flere.

Dansemusikk og nytenkning

Ved midten av 80-tallet var den nyromantiske bølgen i England over. Men det kom flere artister ut fra denne, som forente synth-poppreget og betoningen av det visuelle med musikalsk substans og nytenkning. Duoen *Eurythmics* besto av vokalisten *Annie Lennox* (1954) og gitaristen *Dave Stewart* (David Allan Stewart, 1952). De var omkring 30 år gamle da de fikk sitt gjennombrudd som artister, etter å ha samarbeidet i sju år. De utfylte hverandre godt som henholdsvis frontfigur og bakmann/produsent. Deres musikk hadde utenom synth-pop og soul også flere rockhistoriske ankerpunkter fra 70-tallet, med innflytelse fra Human League og Kraftwerk. Dette høres særlig godt på debut-LPen «In the garden» (1981). Senere la de om musikken mer i retning av soul og pop, og slo igjennom med singlen «Sweet dreams are made of this» (1983). LPen «Be yourself tonight» og singlen «There must be an angel» (1985) ble store suksesser. Nå var musikken enda mer rock-orientert, og Stewarts egenskaper som gitarist ble klarere fokusert. LPen inneholdt også en duett med Aretha Franklin: «Sisters aren't doing it for themselves». Eurythmics beholdt verdensvid popularitet gjennom hele siste halvdel av 80-tallet. Med Lennox' velartikulerte og dynamiske stemme og personlighet i fokus laget de også spennende videoer og skrev låter med stor stilistisk bredde. Stewart ble en etterspurt komponist og produsent.

I motsetning til de fleste britiske popband fra denne epoken, oppviste *Pet Shop Boys* både sjarm, vidd og selvironi da de karakteriserte Londons klubbmiljø på singlen «West End girls» (1985). Denne plata ble, med sitt hypnotiske og syntetiske discosound, deres gjennombrudd. Den ble etterfulgt av hits som «Opportunities (Let's make lots of money)» og «Suburbia». Denne originale og unike duoen, bestående av Neil Tennant og Chris Lowe, har gjennom sin karriere greid å være konsekvente i sitt sound og sin stil, som er en elektronisk synth-popformel beslektet med moderne euro-disco. De trakk veksler på 17- og 1800-tallets harmoniske og melodiske språk, samtidig som de gjennom samples og riff hentet elementer fra 70-tallets stilarter (De har også gjort aparte samarbeider med de middelaldrende Tin Pan Alley-sangerne Liza Minelli og Dusty Springfield, foruten å lage cover-versjoner av både Elvis Presley-, Village People- og U2-låter.) Det som gjør dem unike, er at den tilsynelatende enkle og banale dansemusikken virker fullstendig paradoksal i kontrast til de tilsynelatende seriøse tekstene: Det er vanskelig å tenke seg Tennant synge verbaliseringer av discorytmer av typen «Ooh, love to love you baby». I deres retorikk er alltid ironien et hovedelement. Tekstene og duoens image blander erotisisme og politikk, og åpner for flertydige tolkninger på mange ulike plan. De uttrykker også en tilslørt og flertydig seksualitet, på en enda mer subtil måte enn forgjengere som FgtH eller Culture Club, noe som har bidratt til en bred appell («It's a sin» er et låt-eksempel). Flertydigheten finner vi også i glamour-innpakningen av deres produkter, som representerer det stikk motsatte av hva de tilsynelatende uttrykker i mange av sine sanger. Vi finner det samme trekket i mange av videoene, som har bilder som kontrasterer musikkens konnotasjoner. Neil Tennants nærmest uttrykksløse, monotone, fargeløst udynamiske vokalstil fanget inn kynismen og apatien som mange mener karakteriserte britisk ungdomskultur under thatcherismen («Being boring» er et eksempel). Pet Shop Boys er med sitt vidd og sin oppfinnsomhet et band med sin egen musikalske logikk, som uten å be om unnskyldning er kommersielle til fingerspissene. Tennant har uttalt at Pet Shop Boys for ham er «en kamp mellom den totale forlegenhet og den totale skamløshet». Pet Shop Boys' stil er nært knyttet til spesifikke kulturelle, sosiale og historiske forhold i 80-tallets England, og de er gjennom sin flertydighet og ironi et eksempel på en tiltagende postmoderne popkultur. Sammen med en artist som Morrissey ivaretar de den britiske popmusikkens sans for glamour, ironi og posering inn i 90-tallet.

I 1985 fikk den norske, London-baserte trioen *A-ha* sitt internasjonale gjennombrudd med LPen «Hunting high and low» og singlen «Take on me», som ble en nr. 1-hit både i England og i USA. A-ha opererte på nyromantikkens premisser når det gjaldt sitt image som tenåringsidoler, og rakk akkurat å nå slutten på denne bølgen. Imidlertid viste de en utvilsom evne til å skrive melodiøse og velstrukturerte poplåter som «Take on me», «The sun always shines on TV» eller den dynamiske, lyriske balladen «Hunting high and low». Videoene vakte oppsikt med sin nyskapende animasjonsteknikk, og A-has gjennombrudd er et eksempel på hvor viktig videomediet hadde blitt. Alle disse tre bandene – Eurythmics, Pet Shop Boys og A-ha – har blitt sterkt assosiert med sine videoer. De har på ulike måter skapt bilder som huskes sammen med musikken, i et oppfinnsomt, kontrastrikt og til tider nærmest hypnotisk suggererende billedspråk. Etter at A-has popularitet dalte mot slutten av tiåret, overtok den svenske, Eurythmics-inspirerte duoen Roxette Skandinavias posisjon i internasjonal pop. LPen «Look sharp!» (1988), med hit-singlen «The look», ble nr. 1 i USA og solgte i over 6 millioner på verdensbasis. Roxette ble med sin røffe og melodiøse popmusikk Sveriges største popsuksess siden Abba.

Studiomusikere og profesjonalisme

På 80-tallet ekspanderte også i USA markedet for høyteknologiske popproduksjoner med masseappell, og i enda større kommersiell skala enn i Europa. Bakgrunnen for *vestkyst-pop* (også kalt vestkyst-fusion eller pop-fusion) finner vi i Los Angeles' musikermiljø på 70-tallet. Her vokste det fram en sofistikert og teknisk briljant stil, en fusjon av jazz- og popelementer med melodisk styrke og et rikt og polert sound. Dette ble en AOR-orientert retning, for et ganske voksent publikum. Den var preget av profesjonalisme i alle ledd. Det var utpregede studioproduksjoner, påkostede og gjennomarbeidet ned til minste detalj. «Studiomusiker-byen» Los Angeles har lange tradisjoner innen jazz, pop og filmmusikk. Ikke alle musikere som assosieres med den såkalte vestkystpopen kommer herfra, men Los Angeles har blitt et symbol for en musikalsk estetikk. Denne musikkformen har ofte blitt kritisert for å være glatt og sjelløs, overfladisk og oppvisningspreget, men den har ikke desto mindre vist seg svært levedyktig. «Slick music», som amerikanerne kaller den, er også svært populær blant musikere og i musikkutdannings-institusjoner, kanskje på grunn av at den ligger på et krevende nivå for utøveren, samtidig som den har stor publikumsappell.

Tidlig på 70-tallet var grupper som Earth, Wind & Fire, Doobie Brothers, saxofonisten Tom Scotts LA Express, Rush og The Crusaders framtredende innen fusion og vestkyst-pop. I sistnevnte band medvirket musikere som pianisten Joe Sample og vokalisten Randy Crawford. Crawford kom fra New York, og fikk størst suksess som artist i Europa. Hun benyttet førsteklasses studiomusikere og produsenter, og LPen «Secret combination» (1981) er et eksempel på hennes stil. Ved siden av Joe Sample er *Dave Grusin* (1934) en framtredende pianist og produsent innen genren. Han har arbeidet med jazzlegender, hatt stor suksess som filmkomponist og vært produsent for artister som Donna Summer, Al Jarreau og Barbra Streisand. I 1976 startet han, sammen med Larry Rosen, plateselskapet GRP Records. Deres varemerke ble hel-digitale og perfeksjonistiske kvalitetsproduksjoner, og de definerte seg som et selskap for «MOR-jazz», med publikum mellom 25 og 50 år. Blant deres artister finner vi, foruten Grusin selv og hans bror Don Grusin, trommeslageren Steve Gadd, pianisten Chick Corea, saxofonisten Michael Brecker, og gitaristen Lee Ritenour. Ritenour og Larry Carlton ble regnet som Californias to fremste studiomusikere på gitar, innenfor fusjoner av jazz og pop. Begge ble berømt for sitt Gibson 335-sound, de har spilt med en rekke kjente artister, og også utgitt flere soloplater.

Blant Los Angeles' mest erfarne studiomusikere fra denne epoken finner vi også trommeslageren Jeff Porcaro, keyboardisten David Paich, gitaristen Steve Lukather og Porcaros bror, keyboardisten Steve Porcaro. Disse, med noen flere, slo i 1977 sammen sine talenter i bandet *Toto*. I tillegg til at disse musikerne har opptrådt på en imponerende rekke av plater med andre artister, har Toto også blitt et skoledannende band for mange musikere, og samtidig en suksess i AOR-markedet. Deres form for vestkyst-pop er kjennetegnet av en utpreget profesjonalisme. Totos musikk trekker inn heavy-elementer, men også jazz i improvisasjon og arrangementer. Låtmaterialet har ikke alltid hatt like jevn standard som instrumentalprestasjonene og samspillet, men med låter som «Hold the line» og «Georgy Porgy» (1977), «Africa» og «Rosanna» (1982) skapte Toto pop-klassikere.

Musikere som Grusin, Gadd, Porcaro, Brecker, Lukather, Ritenour og Carlton har spilt en betydelig rolle som inspiratorer og stilskapere. Vi må også nevne bassistene Jeff Berlin, Marcus Miller og Stanley Clarke, og saxofonisten David Sanborn. En LP som Gino Vanellis «Nightwalker» (1981) er et representativt eksempel på vestkyst-pop, og det samme gjelder mange av produksjonene til James Ingram, George Benson og Dionne Warwick. Et band som det Los Angeles-baserte *Pages* er også utmerkede representanter for genrens spesialiteter. På LPer som «Pages» (1978) og «Future street» (1979) finner vi flerstemt koring, flerstemte og arrangerte gitarsoloer, gjennomført synkoperte figurer i komp, hyppige breaks og markeringer, orkestrering med mye fioliner, innsmigrende melodier og fengende refrenger, og en generell aura av det hvite og velstående Californias jetsettliv etter mørkets frambrudd i storbyen. Pages ble senere, under ledelse av Richard Page, utgangspunktet for Mr. Mister, et band som oppnådde en viss suksess på 80-tallet. På 80-tallet ble også Yellowjackets et populært band, med vekt på instrumentalmusikk i skjæringspunktet mellom jazz, soul og pop. Bandet har flere svært anerkjente musikere, som gitaristen Robben Ford, saxofonisten Bob Mintzer og bassisten Jimmy Haslip. Et annet California-basert band med suksess på 80-tallet var Huey Lewis and The News. De representerte en AOR-pop med rock- og R&B-tilsnitt heller enn jazztilsnitt.

De viktigste stilskaperne og trendsetterne innen perfeksjonistiske studioproduksjoner i 70-tallets popmusikk var *Steely Dan*. Dette prosjektet ble dannet i 1972 av bassisten *Walter Becker* (1950) og keyboardisten og vokalisten *Donald Fagen* (1948). Selv om de på mange måter var typiske for vestkyst-popen, var Steely Dan også originale og brøt dens grenser. De kom fra New York, og tekstene bærer preg av gatekulturen der. Tekstene var preget av reflektert dybde og svart kynisme og sarkasme. De hadde tidligere jobbet sammen som låtskrivere i Los Angeles, og også skrevet filmmusikk. De hadde lite annet enn forakt til overs for rocktradisjonen. I stedet hentet de inn elementer fra jazz, og hadde bebop-komponister som forbilder. Steely Dan brukte en rekke førsteklasses studiomusikere, som Larry Carlton, David Paich, vokalisten Michael McDonald og trommeslagerne Bernard Purdie og Jeff Porcaro. Alle ble håndplukket for sine spesialist-egenskaper, og selve bandet var alltid bare Beckers og Fagens prosjekt. Etter gjennombrudds-LPen «Countdown to ecstasy» (1973) ble de to New York-musikerne grundig lei Californias selvnytende livsstil, og harselerte over denne i låten «Show biz kids». Fra 1974 var Steely Dan utelukkende et studioprosjekt, med tiltagende sans for fingerspiss-perfeksjonisme, og de opplevde en viss kommersiell stagnasjon. Deres siste LP «Gaucho» (1980) regnes som Steely Dans mesterverk, med sterke trekk av Los Angeles-stilen igjen: Den inneholder grundige stilstudier som «Babylon sisters» og «Hey nineteen». Etter at Becker og Fagen året etter skilte lag, utga Donald Fagen solo-LPen «Nightfly» (1982), som også er svært representativ for vestkyst-popen generelt. Mange av Steely Dans låter har blitt stående som klassikere fra 70-tallets rock.

80-tallets superstjerner

Ved midten av 70-tallet endret *Chicago* sin stil fra det mer løsslupne jazz-rock-formatet til å bli et AOR-orientert popband. Gjennombruddet for den nye stilen kom med balladen «If you leave me now» (1976), og suksessen fortsatte med «Hard to say I'm sorry» (1982) og «You're the inspiration» (1984). Her bygges balladene pompøst opp med intens vokal i høyt leie, fanfarer i blåsere og smektende fioliner, og med el-gitarlinjer som støtter opp om harmonier og basslinjer. Uttrykket er romantisk, men samtidig svært maskulint. 80-tallets Chicago hadde mye til felles med band som Toto og Queen. Disse låtene var komponert av vokalisten Peter Cetera i samarbeid med produsenten David Foster, som de samarbeidet med fra 1982. Produsenten, keyboardisten, arrangøren og komponisten David Foster ble betraktet som en av 80-tallets trollmenn i amerikansk populærmusikk. Hans spillestil på keyboards, med mettede treklanger, kvartstrukturer og hyppig bruk av ledetoner i bassen som viktige kjennetegn, ble skoledannende for pop-keyboardister. Enda viktigere var selve lyden: Fosters varemerke ble en keyboardlyd som smeltet sammen klaver, el-piano og strykere til en syntese. Denne dannet kjernen i hans sound, sammen med bruk av orkestre og arrangert rockband. Vi kan trekke fram «Theme from St. Elmo's Fire» (1985) og «Winter games» (1988) som eksempler på hans stil. Siden begynnelsen av 80-tallet har artister nærmest stått i kø for å få tilført «the Foster sound» på sine produksjoner, og oppskriften har blitt brukt og videreført av mange andre. Foster har også skrevet musikk til flere filmer.

Den andre trollmannen i amerikansk populærmusikk på 80-tallet var produsenten, arrangøren og komponisten *Quincy Jones* (1933). Å snakke om 80-tallet blir her for snevert, ettersom Jones var en anerkjent figur i New Yorks jazzmiljø allerede på 50-tallet. Jones har skrevet musikk for film og TV, gitt ut plater under eget navn, startet sitt eget plateselskap (Qwest), og han har uten å overdrive samarbeidet med de fleste store navn i jazzen – og ikke rent få innen populærmusikken heller. Lista strekker seg fra Frank Sinatra via Miles Davis til unge rappere. Men Quincy Jones' navn vil likevel alltid bli forbundet med *Michael Jackson* (1958). Han produserte Jacksons gjennombrudds-LP «Off the wall» (1979), som musikalsk sett på ingen måte sto tilbake for Jackson-familiens felles prestasjoner. Plata inneholdt hit-singlen «Don't stop till you get enough», og ble nr. 1 på listene i både USA og England. Den virkelige eksplosjonen kom i desember 1982 med LPen «Thriller». Denne ble en stabil langtids-selger: Etter ti år hadde den solgt 42 millioner eksemplarer, og er verdens mest solgte LP gjennom tidene. I kraft av sin enorme suksess over hele verden, og sin for en svart artist uvanlige integrasjon av stilimpulser, forandret den mye i plateindustrien. Michael Jackson ble en verdensstjerne i ordets rette forstand; bare en tredjedel av platene ble solgt i USA. På «Thriller» forente Jackson og Jones elementer av Motown-soul, disco, pop og heavyrock til en dansevennlig, fengende og slagkraftig form for populærmusikk.

LPen ga fire massive hit-singler, som også ble banebrytende på grunn av videoene. Den første var «The girl is mine», en duett med Paul McCartney. Dette ble en moderat suksess sammenlignet med etterfølgeren, «Billie Jean». Låten var en effektiv blanding av disco og pop, og videoen framstilte Jackson som en magisk eventyrfigur og en spektakulær danser. «Beat it» ble den første videoen fra en svart artist som fikk såkalt «heavy rotation» på MTV (video som spilles gjentatte ganger med jevne mellomrom i beste sendetid), og den åpnet slusene for svarte artister på MTV. Videoen var bygd over en koreografert gatekamp-scene, med assosiasjoner til musikalen «West side story». Eddie Van Halen satte klassikerstempel på låten med sitt heavy metal-gitarspill. Høydepunktet kom med funk/disco-eposet «Thriller», hvor videoen med skrekkscener og spesialeffekter var strukket ut i et format som gikk ut over låtens egen lengde. Disse epokegjørende videoene var et gjennombrudd for musikkvideoen som et viktig medium i populærmusikken.

Låtene ble klassikere i moderne populærmusikk. På Grammy-utdelingen i 1984 fikk Michael Jackson hele sju priser, noe ingen hadde oppnådd tidligere. Mellom alle suksessene fra «Thriller» fikk han også en nr. 1-hit i nok en duett med McCartney: «Say say say» (1983).

Michael Jackson skrev nå de fleste av sine låter selv. Suksessen fortsatte med LPen «Bad» (1987), som riktignok solgte langt mindre enn «Thriller», og heller ikke var nyskapende i samme forstand. Jackson overførte mange av sine spesialeffekter fra videoene til konsertscenen i sine imponerende show på slutten av 80-tallet, og den ekstravagante produksjonen «Dangerous» (1992) bekreftet hans status som artist og poplåtskriver. I 1995 kom den overdådig markedsførte, om enn noe tilbakeskuende «HIStory», som likevel solgte lite til ham å være. Jackson veksler på sine plater mellom fengende dansepop og altruistiske ballader. Musikalsk sett har Jackson etter «Thriller» sjelden vært nyskapende. Hans talent består i å foredle og ta i bruk elementer på et tidspunkt da de er i ferd med å bli etablerte, og mikse dem sammen på sin profesjonelt dyktige måte. Han er ikke først ute, men populariserer nye trender. Hans musikalske karriere er en balansegang mellom kontraster, hvor ytterligheten ligger i at han stadig beveger seg inn mot sentrum, i stedet for å bevege seg utover. Jacksons ekstremitet er å være minst mulig ekstrem. Tekstene er passe politiske («Black or white»), passe uskyldige («The girl is mine»), passe provoserende («Bad»), passe moralistiske («Man in the mirror»), passe personlige («Scream») og passe allmenngyldige («Heal the world»). Han synger ofte appellerende og allsang-fengende om temaer som ikke-vold, miljøvern, om barn eller om fattige. Han har som artist greid å forene trender i moderne livsstil og kultur på en måte som selger til det store publikum.

Michael Jackson er utvilsomt en fremragende vokalist, og en populærmusikk-komponist som har satt spor etter seg. Men hans virkelige originalitet og mesterskap finner vi i hans prestasjoner som danser og sceneartist/videoartist. Michael Jackson er først og fremst en unik entertainer. Hans gjennomslagskraft som superstjerne ligger også mye i hans eksentriske framtoning som en uvirkelig eventyrprins eller tegneseriefigur. Han har et image som en mytisk fantasifigur, som lever i en evig, materialistisk barndom, omgitt av leketøy, kjæledyr og barn. Jacksons tilsynelatende overjordiske image, og hans forenende ambisjoner, kommer til uttrykk på flere måter: Han kjøpte rettighetene til Beatlesmusikken i 1985, og var et par år på 90-tallet gift med Elvis Presleys datter. Ved siden av disse utslagene av symbolsk fusjonering på meganivå har hans absorbering av hvit og svart populærmusikk-tradisjon også

kommet til uttrykk på en bisarr måte i hans ansikt: Han er antagelig det første menneske som ved hjelp av kosmetisk kirurgi har greid å «skifte» rase. Artisten Michael Jackson framstår på 90-tallet som både hvit og svart, både mann og kvinne, både barn og voksen, både menneske og fantasifigur. Som rollemodell for barn, som utgjør en stor del av hans publikum, gir han ingen hjelp til å mestre virkelighetens verden. Han er verken rockstjerne, soul-artist eller talsmann for en generasjon, men han bærer med rette tittelen «King of pop».

Soul-inspirert pop i polert studioproduksjon var dominerende i USAs AOR-sound fra midten av 80-tallet. Og selv om Michael Jackson var i en klasse for seg, solgte også andre artister plater i store opplag. Hans søster Janet Jackson var en av dem. Lionel Richie var i fremste rekke blant svarte amerikanske artister med utgangspunkt i soul, som gjorde stor suksess med sine popproduksjoner. Han fortsatte i det store og det hele der han slapp da han forlot The Commodores, med hovedvekt på romantiske ballader som «Hello» og «Say you, say me». Han skrev også sangen «We are the world» til USA for Africa-prosjektet i 1985, sammen med Jackson. Da Richies popularitet dalte, kom den hvite ballade-crooneren og Otis Redding-kloningen Michael Bolton på banen. Han ble en suksess med sine blåøyde soul-ballader, for eksempel «How am I supposed to live without you» (1990).

En kvinnelig, soul-inspirert artist med stor suksess på 80-tallet, var *Whitney Houston* (1963). Hun hadde en nokså typisk bakgrunn for soul-sangere; hennes musikalske oppvekst fant sted i kirken. Hun lærte mye av sin kusine Dionne Warwick, og var i en periode også korist for Chaka Khan. Whitney Houston ble det nærmeste 80-tallet kom en Aretha Franklin – ikke med den samme politiske brodd og nyskapende tyngde, men med en stemme og en utstråling som absolutt utmerket seg. Hennes debut-LP fra 1984 ble en stor salgssuksess. Halvparten av låtene ble utgitt på singler, og samtlige toppet hitlistene i USA. Blant disse var balladene «Saving all my love for you» og «Greatest gift of all», samt den mer disco-inspirerte «How will I know». I 1992 spilte Houston inn det som ble verdens til da mest solgte single; en versjon av Dolly Partons «I will always love you». Hun forsøkte seg på 90-tallet også som skuespiller. Hennes fremste konkurrent blant kvinnelige vokalister på 90-tallet ble vokalfenomenet *Mariah Carey* (1970). Hennes musikk grenset mot 90-tallets dance-sound, og stemmebruken lå ofte nær det oppvisningspregede. Det er ikke så rart, ettersom hun spenner over hele sju oktaver, hvilket hun demonstrerte på sin debutsingle «Visions of love» (1990). Carey var en moderne Askepott-historie: Hun var servitrisen som fikk kontrakt med Sony og ble gift med sjefen. Før tre år var gått, hadde hun hatt 5 nr. 1-hiter og solgt 20 millioner LPer. Både Houston og Carey har blitt kritisert for at det emosjonelle og strukturelle innholdet i sangene ikke er av samme klasse som deres stemmeprakt. På 80- og 90-tallet kom det likevel en strøm av vokalister i kjølvannet av disse to, ofte med en nokså forutsigbar produksjon og med velprøvde musikalske formler. Men med godt utseende, gode stemmer og god markedsføring har flere av disse fått et bredt publikum som moderne MOR-artister. På midten av 90-tallet var det kanadiske Celine Dion som sterkest utmerket seg når det gjaldt platesalg.

En av 80-tallets mest markante artister var *Madonna* (Madonna Louise Vernon Ciccione, 1958). Hun er også det nærmeste vi kommer et «kvinnelig svar på» Michael Jackson, både gjennom sin evne til å lage pop med masseappell, sitt talent som danser og entertainer, sine blendende sceneshow, sine trendsettende videoer og gjennom sitt forretningstalent og kontroll over egen karriere. Madonna jobbet blant annet som fotomodell og korist på 70-tallet, og med en mindre diskotek-hit bak seg fra 1982 ble publikum oppmerksom på henne da singlen «Holiday» kom i 1983. I kjølvannet av new romantics-bølgen ble denne en liten hit både i USA og i Europa, med sin optimistiske, sorgløse og uskyldige stemning. Hennes gjennombrudd ble «Like a virgin» (1984), som ble hennes første topp-hit i USA. Både i denne og i videoen til «Material girl» lanserte hun sitt dristige om enn Marilyn Monroe-inspirerte sexbombe-image. «Material girl» var, med sin pågående bluebeat-rytmikk og sine Randy Newman-lignende sarkasmer, en poengtert kommentar til Reagan-epoken i USA. Fra midten av 80-tallet var Madonna etablert som superstjerne. Dette kom ikke minst av hennes høye profil som en media-attraksjon. Madonna framsto som et for mange provoserende sexsymbol. Hun virket sexy og samtidig selvbevisst, hun var tøff og uavhengig, et smart forretningstalent, og samtidig feminin. Hun ble mange unge jenters forbilde, og en rollemodell for 80-tallets moderne kvinneideal. Samtidig framsto hun provoserende nok til at mange tok avstand fra henne, og hun greide å skape debatt omkring sin egen person.

Musikalsk var hun i stadig utvikling, og leverte en rekke trendsettende singler og LP-plater. Hun spilte også i flere filmer. Singlen «Papa don't preach» (1986) var en av hennes mest dramatiske opptredener, hvor hun uttrykte tenåringers generasjonsfrustrasjoner. «Express yourself» (1989) var tøff og full av styrke og selvtillit. Den var en hyllest til Sly Stone, og en av hennes mest soul-inspirerte låter. Hennes reise inn i gospelmusikken samme år resulterte i hennes kanskje mest kontroversielle utgivelse: «Like a prayer». I videoen blandet hun symboler på erotikk og katolisisme, til koring fra gospel-kongen Andrae Crouchs kor og med et massivt oppbygd sound. Låten var også en av hennes mest overbevisende vokalprestasjoner. Vatikanet fordømte sangen, og hun mistet en større sponsorkontrakt. Men plata ble en stor hit. Hennes «Blonde Ambition»-turne i 1990 var en spektakulær forestilling av sanger, dans, koreografi, sex, religion og ekstravagante kostymer. Turneen førte også til filmen «In bed with Madonna», som sammen med den påfølgende boka «Sex» og CDen «Erotica» (1992) ytterligere understreket det sexfikserte ved hennes image. I 1990 kom også hennes største suksess ved siden av «Like a prayer», singlen «Vogue», som ble en trendsettende plate for 90-åras dance-musikk. CDen «Bedtime stories» (1994) viste Madonna som en moderne popartist og komponist for 90-tallet, for øvrig med et utseende som minte vel så mye om Lennox som om Monroe.

Flere av Madonnas låter er popklassikere, emosjonelle og samtidig preget av sofistikert musikalsk håndverk og kreativitet. Hun har selv beskrevet sin musikk som «en blanding av R&B, pop, hip hop og Madonna». Selv om hun har fått mer oppmerksomhet for sitt image enn for sin innsats som komponist og vokalist, kan det ikke bestrides at Madonnas singler på 80-tallet var begivenheter.

21 Rock som tradisjon

Den mest dramatiske hendelsen på rockscenen i 1980 var det tragiske og meningsløse mordet på *John Lennon*. Lennon hadde nettopp utgitt sin første LP med nytt materiale på 6 år og var tydelig inne i en ny, kreativ fase, da han ble skutt ned av en sinnsforvirret tilhenger utenfor sitt hjem i New York på vei hjem fra platestudio om kvelden den 8. desember. På sin nye LP «Double fantasy» framsto den 40-årige Lennon som en artist med en ny modenhet. Han hadde aldri tidligere profilert seg så sterkt som popkomponist, med ørefallende og melodiske sanger som «(Just like) Starting over» og «Woman». Etter fem år som hjemmeværende far uten å delta i det offentlige liv, kommenterte han lakonisk popkarusellens overfladiskhet i «Watching the wheels». I vuggesangen «Beautiful boy» sang han en betraktning om livets forgjengelighet som i ettertid har blitt husket: «Life is what happens to you while you're busy making other plans». Mordet på Lennon knuste drømmen om The Beatles' gjenforening, og satte dermed et endelig punktum for en epoke i musikkhistorien. Men det skapte også dype sjokkbølger gjennom en hel verden – langt utenom generasjonen som hadde fått sin identitet knyttet til et kulturelt ikon som Lennon. Attentatmenn hadde tidligere drept politikere og frihetskjempere, men ikke kunstnere.

Ved inngangen til 80-tallet var det tydelig at rocken var i ferd med å få en lang historie. Mange av de mest suksessrike og best betalte artistene hadde lange karrierer bak seg, og hadde røtter i ungdomskulturer fra en annen generasjon – Bob Dylan, Rod Stewart, Paul McCartney, Rolling Stones, Bee Gees og Stevie Wonder, for å nevne noen. Samtidig vokste en sterk tradisjonsbevissthet fram i 80-tallets rock. I synthesizernes og den moderne teknologiens tidsalder oppsto samtidig en sterk interesse for musikk knyttet til rockens røtter og lange tradisjoner. Eldre artister fikk nye oppsving i sine karrierer, både kreativt og popularitetsmessig. En rekke nye artister brukte også eldre genrer som inspirasjon for å skape ny musikk. Flere av dem ble 80-tallets superstjerner.

Nytradisjonalisme i Storbritannia

Dire Straits ble dannet i England i 1977. Deres gjennombrudd med singlen «Sultans of swing» fra LPen «Dire Straits» i 1978, var et gedigent paradoks i en musikkbransje preget av punk, new wave, disco og synth-lydbilder. «Sultans of swing» var en inspirert samling blues-progresjoner med karakteristisk gitarspill og en tørrvittig tekst i forgrunnen. Med sin jordnære, country- og blues-inspirerte rock med besetningen bass, trommer og to el-gitarer gikk Dire Straits fullstendig mot strømmen. De satset verken på glamour eller på opprørsk image, men vant tilhengere i kraft av sine musikalske kvaliteter. De var dessuten fra starten av et rendyrket album-band. Dire Straits var i hovedsak vokalisten, gitaristen og låtskriveren *Mark Knopfler*s (1949) prosjekt. I tillegg til ham og bassisten John Illsley var flere forskjellige musikere innom bandet i løpet av karrieren. Knopfler dominerte lydbildet med sitt plekterløse og lett gjenkjennelige og glassklare og poengterte gitarspill, påvirket særlig av country og bluegrass. Selv om han med sin lavmælte vokalstil ikke ble betraktet som en stor vokalist, kompenserte den tidligere litteratur-studenten, læreren og journalisten for dette ved å avlevere poengterte tekster med vidd og rikholdige referanser. Musikalsk var han tydelig inspirert av J.J. Cale, Chet Atkins og Bob Dylan.

Etter LPen «Making movies» i 1980 dro Dire Straits på verdensturne som en av rockens mest populære band. Knopfler var etablert som en respektert og beundret gitarist med en sterkt personlig spillestil. Bandets sound ble supplert av mye bruk av keyboards. Knopfler utviklet seg også som komponist og tekstforfatter. Til LPen «Love over gold» (1982) skrev han lengre musikkstykker, med komplisert struktur og dynamisk oppbygning. «Telegraph road» og «Private investigations» inneholder interessante vekslinger mellom forskjellige temaer og lydteksturer, samtidig som Knopflers gitar fremdeles er sentral i lydbildet. Knopfler hadde nå også tatt full kontroll over produksjonen.

I 1985 vendte Dire Straits tilbake til 4-minutters poplåter på LPen «Brothers in arms». Dette ble deres desidert største suksess, og høydepunktet i deres musikalske utvikling. Plata hadde et rent og krystallklart delikat sound, og Dire Straits ble CD-alderens nye yndlinger. Låter som tittelkuttet, «Walk of life» og «Money for nothing» (med Stings berømte «I want my MTV»-intro) regnes som klassikere. «Brothers in arms» ble, med salgstall på over 20 millioner eksemplarer, den mest solgte britiske LP gjennom tidene. Etter intens stadionturnering i kjølvannet av denne, blant annet med en opptreden på Live Aid-konserten, tok de pause fram til 1991. Bandet hadde nå en solid mainstream-appell i AOR-markedet, godt støttet opp av et omfattende markedsføringsapparat, som tillot dem å ta en så lang pause. Deres nye CD «On every street» hadde imidlertid ikke noe særlig nytt å by på i forhold til forgjengeren, og tydet på at Knopfler hadde konsolidert en stil heller enn å søke fortsatt musikalsk utvikling.

Mark Knopfler har også arbeidet mye på egen hånd, som musiker, produsent, låtskriver og filmmusikk-komponist. Han har samarbeidet med artister som Bob Dylan, Eric Clapton, Tina Turner og forbildet Chet Atkins. I 1990 ga han ut en LP med hobbybandet The Notting Hillbillies, bestående av gamle venner i uhøytidelig omgang med sine musikalske røtter i laidback blues og country. I 1996 lanserte han sin første solo-CD, i et velkjent musikalsk landskap. Det var først og fremst gjennom sitt arbeid som gitarist og låtskriver i Dire Straits at Mark Knopfler tilførte rocken viktige impulser på 80-tallet.

Det viktigste av de nye britiske bandene på 80-tallet var irske *U2* fra Dublin. Det består av *Bono* (Paul Hewson, 1960), *The Edge* (David Evans, 1961), *Adam Clayton* (1960) og *Larry Mullen jr.* (1961). U2 ble startet i punkens kjølvann, påvirket av new wave og irsk folkemusikk. Med utgangspunkt i små spilleferdigheter, men stor idealisme og uttrykksvilje, utviklet de seg til å bli 80-åras største rockband. Dette har mange årsaker: De vant bred anerkjennelse for sin musikalske kvalitet og utvikling, de var personligheter som troverdig våget å stå for noe også utenom det rent musikalske, de sto for en helhetlig kunstnerisk profil og hadde en formidabel formidlingsevne, de tok opp i seg rockens tradisjoner på godt og vondt, ble dyktig markedsført og deres plater nådde høye salgstall og påvirket mange.

Det tidlige U2s energiske musikk hadde allsang-appell og hymnelignende kvaliteter, med luftige lydbilder og episke, langstrukne musikalske linjer. El-gitaren var det dominerende instrumentet, med en distinkt, rytmisk og minimalistisk spillestil som var svært original. Mens synthpop-bandene dominerte hitlistene med new romantics-image, gjorde U2 bildet av den sinte og redde gutten på LP-coverne «Boy» (1980) og «War» (1983) til sitt visuelle symbol. Dette avspeilte det ekte og uredde samfunnsengasjementet i deres sanger, hvor de eksempelvis tok opp Nord-Irlands politiske situasjon i «Sunday bloody sunday»

(1983), feiret den polske fagbevegelsen Solidaritet i «New year's day» (1983), og hyllet Martin Luther King i «Pride (In the name of love)» (1984). Tekstene viste en radikal og ofte provoserende samfunnsbevissthet, som ble formidlet i en gjennomarbeidet kunstnerisk form, ofte med bruk av en bibelsk billedbruk. U2s samfunnsengasjement gjenspeilte også flere av bandmedlemmenes kristne tro. Da sangen «40» kom ut i 1983, tok det lang tid og mange spekulasjoner før journalister og plateanmeldere oppdaget at teksten var hentet fra Det gamle testamentes Salme 40. Samtidig utviklet vokalisten Bono seg til å bli en sanger, sceneartist, kommunikator, ideolog og personlighet av sjeldne dimensjoner. Han symboliserte alle U2s kvaliteter i sin egen framtoning.

Etter «War» i 1983 var U2 etablert internasjonalt som et av de mest anerkjente rockband. Men sitt virkelige gjennombrudd fikk de under sin opptreden på Live Aid-konserten i 1985. I 1987 kom LPen som ble høydepunktet i deres første fase, «The Joshua Tree». Denne var – i likhet med forgjengeren – produsert av to av rockens mest eksentriske og nyskapende produsenter: Brian Eno og Daniel Lanois. Dette var U2s til da største kunstneriske suksess, med sanger fulle av desperasjon, søken, ømhet og raseri. De hadde raffinert sitt sound til det perfeksjonistiske. The Edges rytmiske, klangbearbeidede støy-ostinater var spilleteknisk relativt enkle, men lydmessig og rytmisk svært kompliserte. I front av et drivende intenst, hardt og ustoppelig komp lå Bonos elegiske stemme, med en tilstedeværelse og uttrykkskraft som utelukket likegyldigheten. Sanger som «I still haven't found what I'm looking for», «Where the streets have no names» og «With or without you» tilhører rockens klassikere.

«The Joshua Tree» ble også en kommersiell suksess, med over 12 millioner solgte eksemplarer. U2 hadde nå blitt eksponenter for stadionrocken. For første gang toppet et irsk band albumlista i USA, og U2 fulgte opp med omfattende turnering. De gjorde samtidig opptak i legendariske Sun Studios i Memphis, spilte med B.B. King, og lot seg avfotografere midt i den amerikanske ørkenen. Denne perioden resulterte i filmen og live-albumet «Rattle and hum» i 1988, som i større grad enn tidligere var preget av amerikansk kultur. U2 fikk for en gangs skyld blandede kritikker, og mange mente at de var i ferd med å bli for pompøse: Deres status som «rockens sosiale samvittighet» og «rockens håp» sto i fare for å gjøre dem selvhøytidelige og fjerne dem fra deres utgangspunkt. Mye tyder på at de selv ante den samme faren. Mot slutten av 80-tallet holdt U2 en lav profil, for å komme tilbake i en annen utgave på 90-tallet.

På ulike steder på de britiske øyene fantes flere unge band med tilknytning ikke bare til den gitaristiske rockens tradisjoner, men også til lokale og regionale musikktradisjoner. Skotske The Waterboys spilte gitarbasert rock, med innflytelse fra punk og folkemusikk. Frontfiguren var gitarist, vokalist og låtskriver Mike Scott, og dette bandet gjennomgikk en rekke distinkte musikalske faser. Eks-Waterboy Karl Wallinger markerte seg også sterkt på egen hånd fra midten av 80-tallet, med sitt prosjekt World Party. Pogues holdt til i London, hvor de spilte punkversjoner av irsk folkemusikk. Både Waterboys og Pogues bidro til en vitalisering av britisk folk-rock på 80-tallet. Det gjorde også Manchester-bandet Big Country, som ga gjenklang av sine skotske aner blant annet med et sekkepipeinspirert gitar-sound. Walisiske The Alarm lå nærmere U2 og The Clash i stil, med energisk, deklamatorisk rock og agitatoriske tekster.

Irland, med sin keltiske folkemusikk, representerer en viktig del av rockens røtter. Country-musikken hadde sitt utspring her. Mange moderne irske musikere har blandet elementer av keltisk folkemusikk med R&B, jazz, pop og andre genrer. Dette gjelder i en viss grad band som U2 og Pogues, men andre irske artister er enda mer preget av sin geografiske tilknytning. Den nord-irske veteranen *Van Morrisons* karriere strekker seg tilbake til 60-tallet og R&B-bandet Them. I sin solokarriere som startet med «Brown eyed girl» i 1967, har han ofte anvendt irsk folkemusikk i blanding med R&B, soul og jazz. Denne vakre musikken har blitt kalt «keltisk soul» – en musikkform som Morrison gjennom en årrekke har dyrket til det perfeksjonistiske, slik at han nesten er å regne som en egen genre. Morrison er en av rockens store låtskrivere, og som vokalist og tolker av egne og andres sanger har han en til stedeværelse og nerve som gjør ham til en særpreget kunstner. Han er en tilsynelatende tidløs artist som har vært relevant gjennom mer enn 30 år, og hans plateutgivelser på 80-tallet ble regnet som begivenheter i musikkbransjen. I 1988 samarbeidet Morrison med folkemusikkgruppa The Chieftains på LPen «Irish heartbeat». Chieftains har gjort mye for å ivareta og gjøre kjent de irske folkemusikktradisjoner, og de har spilt en betydelig rolle som inspiratorer også for mange rockartister. I 1995 utga de CDen «Long black veil», hvor Sting, Rolling Stones, Sinead O'Connor, Van Morrison, Ry Cooder med flere deltok som gjestevokalister – men på Chieftains' premisser, og med tradisjonelle irske sanger på repertoaret. En moderne kontrast til dette er den irske vokalisten *Sinead O'Connor* (1966). Hennes internasjonale gjennombrudd kom med en versjon av Prince-låten «Nothing compares 2 U» og

CDen «I do not want what I haven't got» i 1990. Hun forente noe av det keltisk tidløse med et moderne pop-sound, og hennes originale og distinkte stemme tiltrakk seg atskillig oppmerksomhet. Hennes uttrykk vekslet fra naivitet til aggresjon, og som musikkformidler framsto hun samtidig med styrke og sårbarhet. Med sin postfeministiske billedverden og sine seremonielle opptredener ble hun dessuten en kontroversiell artist – særlig i USA, hvor hun markerte kritiske holdninger både til amerikansk nasjonalisme og til Pavens makt.

Nytradisjonalisme i USA

I amerikansk rock ble også impulser fra folk-rocken sterkt merkbare på 80-tallet. Et eksempel er Tom Petty, som med sin Byrds-inspirerte folkrock opparbeidet et trofast publikum. Et annet eksempel er kanadiske Bryan Adams, som med et lignende utgangspunkt ble popstjerne, med tunge og romantiske ballader som varemerke. Kulminasjonen kom med singlen «(Everything I do) I do it for you» (1991), som solgte i 3 millioner og lå 16 uker som nr. 1 i USA – en rekord som overgikk samtlige listetravere siden 1953.

Folk-rocken var også utgangspunktet for *R.E.M.*, som ble et av 80-åras spennende og viktige band. Forkortelsen står for «rapid eye movement» – som betegner drømmestadiet under søvn. R.E.M. ble dannet i 1980 i Georgia, og utviklet seg til å bli kritikerfavoritter og et kultband i studentmiljøer. Deres musikk var gitarorientert folk-rock i tradisjonen etter The Byrds, Grateful Dead og til dels The Band. Frontfigur i bandet var vokalisten *Michael Stipe* (1960), som var en karismatisk eksentriker på scenen, med en lett gjenkjennelig stemmebruk. Han utviklet seg også som tekstforfatter, og tok etter hvert opp etiske temaer knyttet til det amoralske USA («These days»), om enn med ironi («It's the end of the world as we know it, and I feel fine»). Etter LPen «Green» (1988) ble Stipe – til sin egen misnøye – utropt av tilhengere og media som talsmann for en generasjon. Selv sa han at «rock'n'roll is just a joke» – men nå begynte det å bli alvor for R.E.M., som spilte på stadionarenaer og endelig fikk hit-singler. Mot slutten av 80-tallet endret de status fra undergrunnsband til en kommersiell suksess, særlig etter CDen «Out of time» og hit-singlen «Losing my religion» (1991), CDen «Automatic for the people» og hit-singlen «Man on the moon» (1992). R.E.M. har gjennom hele karrieren kommet med kreative ideer, og med «Monster» (1994) beveget de seg inn i et hardere og mer psykedelisk lydlandskap.

Disse tre albumene solgte alle over 10 millioner eksemplarer, og R.E.M. hadde status som et av 90-tallets viktigste band da de høsten 1996 utga CDen «New Adventures in Hi-fi» og turnéfilmen «Roadmovie». Mens «Monster» hadde sound som hovedelement, handlet denne plata om låter. Her favnet de både tradisjoner og samtid, og spilte på et rikt register av musikalske og emosjonelle nyanser. R.E.M. må betraktes som både tradisjonsbærere og fornyere i rocken.

USAs store rockstjerne på 80-tallet var gitaristen, vokalisten og låtskriveren *Bruce Springsteen* (1949). Han ble et av populærmusikkens sentrale navn, og må betraktes som en hovedfigur i moderne amerikansk musikk. På 90-tallet vurderes han av mange som den viktigste nålevende rockartist. Springsteens karriere strekker seg over nærmere 25 år. Han hadde bakgrunn fra lokale band i New Jersey, og hadde utgitt et par mindre vellykkede plater før han samlet sitt faste band, *The E. Street Band.* Etter å ha hørt dem på en konsert i mai 1974, skrev journalisten Jon Landau i Rolling Stone: «Jeg har sett rockens framtid, og den heter Bruce Springsteen.» Den første bekreftelsen på denne profetien kom med gjennombrudds-LPen «Born to run» i 1975. Springsteen talte arbeiderklassens sak, og med drømmer og naivitet malte han ut mannen i gatas versjon av den amerikanske drømmen. Han talte direkte til sitt publikum, i et personlig og poetisk rikt, men samtidig folkelig og forståelig språk. Han sang om desillusjon, håp og selvrespekt – og selvsagt om kjærlighet, drømmer og skuffelser. Springsteen etablerte seg allerede i 1975 som en av rockens store tekstforfattere og poeter, med tydelige linjer tilbake til Woody Guthrie, Hank Williams, Chuck Berry og Bob Dylan. Musikalsk videreførte han den ur-amerikanske, gitaristiske landeveisrocken fra The Band, med en voldsom energi i samspillet hos The E. Street Band. Sanger som «Born to run» og «Thunder road» var følsomme og dynamiske, men samtidig eksplosivt intense. Selv om man kunne merke soul-innflytelse, ikke minst gjennom sax-spillet til Clarence Clemons, var Springsteens rock en utpreget hvit og euroamerikansk form, med røtter i folk og country mer enn i blues og soul.

Etter en suksessrik, men slitsom turneperiode kom oppfølgeren «Darkness on the edge of town» i 1978, med en mørkere og noe mer introspektiv stemning enn forgjengeren. Roy Bittans piano og klokkespill var med på å gi mange av sangene et hymnisk, høystemt preg, og plata inneholdt lydbilder som senere dukket opp hos Dire Straits. «The promised land» og «Badlands» var blant høydepunktene. Springsteens store, internasjonale gjennombrudd kom med dobbelt-LPen «The river» i 1980: 20 sanger som omfattet de fleste aspekter av livet, og hvor Springsteen fikk vist de fleste av sine emosjonelle og musikalske sider. Tittellåten og «Hungry heart» ble store hits, og Springsteen viste seg nå fram for verden som en sceneartist av sjeldent format, med en unik evne til å kommunisere med sitt publikum. Kontrasten var stor da han i 1982 utga solo-LPen «Nebraska», som han spilte inn alene med akustisk gitar og munnspill. Her tok han opp arven etter Guthrie, Dylan og Hank Williams, og skrev noen av sine mest intense politiske og samfunnsengasjerte sanger, samtidig som han viste sin formidlingsevne alene uten band og effekter.

I 1984 utga Bruce Springsteen LPen som gjorde ham til 80-tallets superstjerne og stadionrocker nummer én: «Born in the USA». Den er hans musikalske hovedverk, og med over 12 millioner eksemplarer også hans mest solgte plate. Plata var fylt av The E. Street Bands tette og hardtslående rock, og keyboardisten Roy Bittan ble en stadig viktigere faktor i lydbildet. «My hometown» er prototypen på en fullendt Springsteen-ballade: Disse er ofte preget av et dypt synth-teppe i kombinasjon med tilbaketrukket perkusjon eller trommeprogrammering. De har gjerne en pentaton melodi som Springsteen synger i dypt leie, med en tekst om «de nære ting» som ofte har gode poetiske formuleringer. Akkordene er enkle treklanger, basert på hovedtreklangene med nært beslektede akkorder.

Imidlertid var det uptempo-rockerne som dominerte på «Born in the USA». Tittelkuttet var et flengende oppgjør med ettervirkningene av Vietnam-krigen, og med fattigdommen og de sosiale ulikhetene i det amerikanske samfunnet. «Born in the USA» var en videreføring av sanger som Guthries «This land is your land» og Country Joe McDonalds «Feel like I'm fixin' to die rag», som også uttrykker et sarkastisk hat / kjærlighet-forhold til det nordamerikanske samfunnet. Springsteen problematiserte den amerikanske drømmen, og identifiserte seg ikke med 80-tallets jappekultur og høyreorientering i amerikansk politikk. Presidentkandidatene Reagan og Bush misforsto åpenbart hva Springsteen mente, og gjorde et mislykket forsøk på å ta hans popularitet til inntekt for sin valgkamp. Sanger som «Bobby Jean» og «Glory days» var imidlertid glad og fengende allsang-rock med tekster om kameratskap og gjengen i gata, mens «I'm on fire» var stillferdig erotisk. Springsteen var ikke lenger bare helten i gata – han symboliserte også selve oppfyllelsen av den amerikanske drømmen, og framsto som en ekte macho-rocker som holdt atletiske maratonkonserter med potent elgitar, svulmende biceps og svett pannebånd. Hans image som en slags moderne James Dean – med coverbildets jeanskledde rumpe foran det amerikanske flagget – var også med på å befeste hans popularitet foran de bejublede stadionturneene som fulgte «Born in the USA».

Profilen ble betydelig nedtonet på «Tunnel of love» (1987), hvor Springsteen framsto som en voksen mann med dress og lisseslips, og en moden og reflektert kunstner. Tekstene var personlige og preget av hans skilsmisse, og Springsteen kom med allmennmenneskelige og eksistensielle refleksjoner og spørsmål. Det rå «rockeøset» fra «Born in the USA» var fraværende. I 1992 kombinerte Springsteen begge disse to sidene ved sitt uttrykk, da han samtidig utga CDene «Human touch» og «Lucky town». The E. Street Band var nå oppløst, men begge plater inneholdt flere klassiske Springsteen-låter – «Better days», «If I should fall behind», «I wish I were blind» og «Leap of faith». Overraskelsen var stor da Springsteen i 1995 nærmest gikk over fra å være en aldrende rockstjerne til å bli en høyst samtidsrelevant og kontroversiell samfunnsrefser og -kommentator. CDen «The ghost of Tom Joad» tok utgangspunkt i John Steinbecks roman «The grapes of wrath» fra 1939. Med musikalsk nakenhet og nerve utga Springsteen en tematisk plate om de utstøttes, de fattiges, de undertryktes USA. Han reiste også på turne alene med sin gitar – og den politiske satirikeren og trubaduren Springsteen framsto nå virkelig som en 90-tallets Woody Guthrie. Et slikt karrieretrekk fra en artist i Springsteens posisjon overrasket mange. Springsteen kommuniserte et samtidsrelevant og radikalt budskap, og ble samtidig møtt med respekt ettersom «The ghost of Tom Joad» ble utropt til en av 90-tallets viktigste plater i USA.

Med lidenskap og ærlighet som idealer viderefører artisten Springsteen rockens romantiske arv. En del av nøkkelen til Springsteens vedvarende suksess, er at han tilsynelatende selv tar avstand fra den. Han selger ved å ta avstand fra at musikk er en salgsvare, og hans balanserte og kontrollerte arbeiderimage er svært salgbart. Han har blitt beskrevet som en blyg ekshibisjonist, en millionær som kler seg som en arbeider, en 45 år gammel tenåring som fremdeles undrer på hva livet vil bringe. Han har også i sangen «Better days» beskrevet seg selv som «en rik mann i en fattig manns skjorte».

Mens de fleste rockartister har plateinnspillinger som sitt definitive uttrykk, kommer Springsteens kvaliteter aller best til sin rett som konsertartist. Dette har to hovedårsaker: For det første består vanligvis en stor del av repertoaret på hans konserter av cover-låter som han aldri har spilt inn på plater, og konsertene varer dessuten gjerne i fire timer. Publikum får altså «mye for pengene». For det andre er «the boss» en

sjeldent begavet massekommunikator. Han kan henvende seg til 100 000 mennesker på et stadion som om han pratet med kameratgjengen på en pub. Springsteen viderefører sitt image som «kompisen i gata» som ble en helt og talsmann for en generasjon, samtidig som han tar pauser og hoster nervøst og får det hele til å virke sjarmerende spontant. Han er rockens store retoriker: Springsteens evne til å gjøre det hverdagslige hellig og viktig, og hans egenskaper som historieforteller, kan de fleste predikanter misunne ham. Han tar som regel utgangspunkt i sin egen oppvekst, sin gitar og sine foreldre, og fortsetter med arbeidslivet og de daglige frustrasjonene, ærerik kamp for frihet, håp og selvrespekt, hvor de personlige referanserammene ofte forlenges inn i det politiske. Han taler med hjerte, sjel og intellekt om drømmer, skuffelser, håp og identitet, og skaper heroiske rock'n'roll-fabler om oppvekst, kjærester, romantikk, erotikk, religiøsitet, biler og gitarer. Vi gjengir her et illustrerende eksempel på en av Springsteens konsertmonologer, som han pleide å legge inn, i litt ulike varianter, i midten av låten «Growin' up» på sin turne i 1978:

«When I was growing up, there were two things that were unpopular in my house. One was me and the other was my guitar. Anyway, one day my mom and pop, they come to me and say, Bruce, it's time to get serious with your life. This guitar thing, it's OK as a hobby but you need something to fall back on. My father, he said, you should be a lawyer. He says, Lawyers, they run the world. But my mother said, No, no, he should be an author, he should write books, that's a good life. You can get a little something for yourself. But me, I wanted to play the guitar.

Now my mother, she's real Italian, and my father, he's Irish. So they say, this is a big thing. You should go see the priest. Tell him we want you to be a lawyer or an author. But don't say nothin' about that goddamn guitar.

So I went to the rectory and knocked on the door. Hi, Father Ray, I'm Mr. Springsteen's son. I tell him, I got this problem. My father, he thinks I should be a lawyer, and my mother wants me to be an author. But me, I got this guitar.

Father Ray says, This is too big a deal for me. You got to talk to God – who I didn't know well at the time. Tell Him about the lawyer and the author, Father Ray says, but don't say nothin' about that guitar. Now I was worried. Where was I gonna find God, right? So I go find Clarence – he knows everybody. Clarence says, No sweat. I know right where He is.

So I show up at Clarence's house in my mother's car, an old Nash Rambler. Clarence looks at me. He says, You gonna go visit

God in *that*? Man, He's got like, people in Cadillacs, you know. He ain't gonna pay attention to anyone who shows up in a *Nash Ramble*. But it's all I got.

So we drive way out of town, along this old dark road. We finally came to this little house, way out in the woods, nothing around, but all the lights are on inside. There's music blasting out and a little hole in the door. I knock and this eye peeps out. I say, Uh, Clarence sent me. So they let me in. And there's God behind the drums. On the bass drum it says G-O-D. So I said, God, I got this problem. My father, he wants me to be a lawyer, 'cos he says lawyers rule the world. And my mother, she wants me to be an author, get a little something for myself. But they just don't understand – I got this guitar.

God looks at me. He says, I know, I know. See, what they don't understand is, Moses screwed up. There was supposed to be an Eleventh Commandment. Actually, Moses was so scared after 10 – it was a great show, the burning bush, the thunder, lightning, you shoulda seen it – he went back down the mountain. You see, what those guys don't understand is that there was supposed to be an Eleventh Commandment. And all it said was: LET IT ROCK!»

Nytradisjonalismen gjorde også mange artister under merkelappen singer/songwriters populære. Musikalsk og politisk er to svarte kvinnelige artister eksempler på dette: Joan Armatrading med et stabilt publikum gjennom en lang karriere med røtter i 70-tallet, og Tracy Chapman med en kort og intens suksess i 1988. Ricki Lee Jones og Nanci Griffith videreførte også med originalitet og personlig uttrykk tradisjonene fra 70-tallet. En original artist som utmerket seg, var *Suzanne Vega* (1960). Hun fikk, etter kunstskole-studier i New York, et internasjonalt gjennombrudd med sin andre LP «Solitude standing» (1987). Hitlåten «Luka» ble ikke bare en døråpner for et stort marked – det var også en viktig og oppsiktsvekkende tekst om et misbrukt barn, fortalt fra offerets synspunkt. Vega ble utropt som «den nye Joni Mitchell», men hun utmerket seg med en høyst personlig stil, hvor hennes lavmælte framtoning og stemme sto i kontrast til surrealistiske tekster og detaljrike og spennende arrangementer. Hun var som komponist i stadig utvikling mot et mer krevende og komplekst musikalsk uttrykk, hvor hun forente elementer fra visetradisjonens enkelhet med avansert harmonikk og kreative lydbilder.

Rootsbølge og musikalsk resirkulering

I kjølvannet av et 70-tall som munnet ut i et moderne og eklektisk lydbilde av disco, punk og new wave, virket det samtidig som en ny generasjon musikere og platekjøpere fant tilbake til rockens røtter og tradisjoner på 80-tallet. Man begynte å markedsføre *roots* som et musikalsk begrep og en genre. Roots-bølgen representerte slett ikke noe nytt, slik det gjerne ble framstilt i media. Historien kan oppvise mange paralleller, som outlaw country og country-rock på 70-tallet, eller bluesbølgen i England og folk-bølgen med bluegrass og «newgrass» i USA på 60-tallet. En forskjell fra tidligere er at på 80-tallet ble begrepet «roots» langt mer bevisst tatt i bruk som en salgsfremmende samlebetegnelse av plateselskaper, reklamebransje og media, og det ble en motetrend. Mange country-artister kunne nå hevde at de var «rootsartister», og mangedoble sine inntekter. Roots-begrepet er sjablongaktig og journalistisk, og derfor nokså problematisk. Det ble gjerne brukt om musikk med utgangspunkt i country, blues eller visesang, om artister med et «naturlig» og «jordnært» image, med «ærlige» eller «dype» tekster. En vise, en personlig framføring, en kassegitar, en country-låt eller et bluesriff har blitt elementer i et fellesspråk i moderne vestlig kultur – en estetisk fundamentalisme som nye generasjoner stadig griper tilbake til. Slik musikk symboliserer også autentisitet, kontinuitet, trygghet og tradisjon.

Mens new romantics-bølgen på tross av navnet slett ikke hadde vært bærer av et romantisk tankegods i rockens tradisjonelle forstand, representerte nytradisjonalismen og roots-bølgen nettopp dette: Nå kom det en ideologisk reaksjon mot popmusikkens overfladiskhet, dramaturgi og posering – iverksatt av 40-åringer oppvokst med 60-tallets rockideologi, og med forakt for 70-tallets Bowie-inspirerte estetikk. Men denne søken tilbake til det «ekte» og «autentiske» viste seg altså på 80-tallet å bli høyst salgbar. Roots-bølgen hadde også musikkindustrielle årsaksfaktorer: I løpet av en tiårsperiode fra omkring 1985 til 1995 overtok CDen markedet for LPen. Dette medførte en ustoppelig strøm av nyutgivelser av gamle LP-plater på CD, ofte i påkostede utgaver, re-miksede med bedre lyd, pluss at en mengde samleplater ble utgitt på CD. Denne musikkindustrielle omveltningen fra LP til CD stimulerte altså til en betydelig interesse for eldre plateutgivelser, både hos et ungt publikum og hos et eldre publikum som supplerte LP-samlingene sine med nye CDer. Og plateselskapene tjente store penger på denne musikalske resirkuleringen.

Akustisk spilt musikk ble igjen svært populært og de fleste rockband med respekt for seg selv la inn mer eller mindre akustiske sett i sine konserter. Et interessant utslag av dette var MTVs «Unplugged»-serie på 90-tallet, hvor kjente artister framførte sine låter i et akustisk live-format. Sett på bakgrunn av MTVs profilering som høyteknologisk, trendy videokanal, var denne suksesserien et paradoks. I samplernes og digitalinnspillingens tidsalder ble «unplugged» et hedersnavn.

Rundt midten av 80-tallet kom det flere «bølger» med musikk som etter hvert ble assosiert med roots-merkelappen. Det ble stuerent både blant tenåringer og et voksent rockpublikum å like country. I tillegg til at artister som Johnny Cash, Willie Nelson og Emmylou Harris ble oppdaget av en ny generasjon, kom nye artister som Dwight Yokam, Lyle Lovett og Garth Brooks med country-musikk med et ungdommelig og tøft image, tekster som skilte seg fra den konservative country-tradisjonen, og musikk inspirert av både jazz, western swing og boogie-rock. *Garth Brooks* (Troyal Garth Brooks, 1962) ble på 90-tallet den mestselgende artist i USA: Hans CD «No fences» (1990) ble en av 90-tallets mest solgte, og han solgte totalt 60 millioner plater mellom 1989 og 1996. Hans sceneshow og image forente konservative country-klisjeer med tilsynelatende malplasserte effekter fra heavyrock-scenen som gitarknusing, noe som også bidro til en humoristisk og trendy masseappell. Brooks' musikalske stil hadde utgangspunkt i honky tonk og western swing, men beveget seg gradvis mot et rockpreget AOR-sound. Country har aldri hatt et så sammensatt konglomerat av stilarter som på 80- og 90-tallet, og den har neppe noensinne hatt så stor popularitet på verdensbasis. I USA ble for øvrig en egen kanal for country-videoer startet på 90-tallet, CMTV (Country Music TV), en variant av MTV. Dette viser også hvordan countryen nå befant seg i hovedstrømmen av populærmusikken – om enn ofte forkledd under merkelappen roots. Men vi må legge til at i countryens hjemland har denne musikkformen nytt en kontinuerlig bred popularitet gjennom hele århundret. Dette har sammenheng med at den i stor grad fungerer og har fungert som den hvite, alminnelige nordamerikaners folkemusikk.

Omtrent samtidig med country-bølgen kom det en bluesbølge. Mange bluesartister hadde vært aktive siden tidlig på 70-tallet, men først midt på 80-tallet var markedet klart for deres musikk. *Robert Cray* (1953) tilhørte denne generasjonen. Hans LP «Strong persuader» (1986) solgte mer enn noen bluesplate hadde gjort siden 60-tallet. Cray blandet blues med rock og soul, og den populære sangeren ble av mange kalt «jappe-generasjonens bluesmann». I hans kjølvann slo også den blinde kanadiske gitaristen Jeff Healey igjennom som en millionselgende bluesartist, med en Hendrix-inspirert spillestil. Den nordirske heavy-gitaristen *Gary Moore* (1953) tilpasset seg 80-tallets musikalske trender og fikk suksess da han vendte tilbake til sine bluesrøtter med CDen «Still got the blues» (1990). Moore videreførte også tradisjoner fra britisk blues: Han samarbeidet i 1994 med Cream-veteranene Baker og Bruce i trioen BBM, og spilte inn CDen «Blues for Greeny» (1995), med materiale av den britiske bluesgitaristen Peter Green. Texas-bluesens stolte tradisjoner ble på 80-tallet videreført av den hvite Dallas- og Austin-baserte gitaristen *Stevie Ray Vaughan* (1954–90). Stevie Ray Vaughan hentet inspirasjon fra musikere som Albert King, Otis Rush og Lonnie Mack, og dannet i 1978 bandet Double Trouble. Han fikk sitt gjennombrudd med debut-LPen «Texas flood» (1983), og etter dette kom år med turneer og plateinnspillinger. Han spilte sammen med flere eldre blueshelter, som B.B. King, Buddy Guy og Albert King. Han samarbeidet også med sin bror Jimmie Vaughan, kjent fra Texas-bandet Fabulous Thunderbirds. LPen «In step» (1989) viste de ypperste av Stevie Ray Vaughans kvaliteter som musiker: Stilsikkert, sjelfullt og følsomt spill, god lyd og låter som tålte slitasje. Året etter omkom han i en helikopterulykke etter en konsert sammen med Eric Clapton, Buddy Guy og Robert Cray. Det var en plass for lite i helikoptret, og Clapton som egentlig skulle hatt den siste plassen, var høflig og overlot den til Vaughan. Stevie Ray Vaughan står som en av de største gitaristene i 80-tallets blues og rock, og hans omdømme har vokst etter hans død. Austin, Texas er et navn med tilnærmet mytisk klang for bluestilhengere. Denne byen utviklet seg til å bli et senter for musikken man på 80-tallet puttet inn under merkelappen roots. Ikke langt unna Austin ligger byen San Antonio, som ble kjerneområdet for den populære tex-mex-musikken. Her ble Los Lobos det viktigste bandet på 80-tallet.

John Hiatt (1952) har vunnet ry som en fremragende gitarist innenfor den blues- og country-forankrede rocken. Han har også vunnet ry som låtskriver, og er et godt eksempel på en «musikernes musiker». Etter en nokså broket karriere fikk han bred anerkjennelse i 1987 med LPen «Bring the family». Her medvirket også gitaristen Ry Cooder, bassisten og produsenten Nick Lowe og den etter hvert legendariske trommeslager-veteranen Jim Keltner. Disse fire musikerne utga en CD under fellesnavnet Little Village i 1992, med erfaren musikk i skjæringspunktet mellom R&B og country. *Ry Cooder* (1947) hadde da gjennom to tiår opparbeidet seg ry som en dyktig låtskriver og gitarist, særlig som slide-gitarist. Han lærte å spille gitar av den legendariske Rev. Gary

Davis. Cooder utmerket seg på 80-tallet også som filmmusikk-komponist, med filmer som «Paris, Texas» (1985) og «Crossroads» (1987).

Den moderne bluesen eller bluesrocken fikk også en sentral kvinnelig representant i den amerikanske vokalisten, gitaristen og låtskriveren *Bonnie Raitt* (1949). Hun utga plater gjennom hele 70- og 80-tallet, men oppnådde ikke høye salgstall før i 1989. Da ble hun til gjengjeld grundig anerkjent. LPen «Nick of time» solgte i store opplag, ble en kritikerfavoritt og vant hele tre Grammy-priser. Raitt viste seg å være en distinkt vokalist og slide-gitarist, og laget blues for AOR-markedet. Hun fikk også en Grammy-pris for sin duett med *John Lee Hooker* på «The healer». John Lee Hookers store og overraskende suksess på sine eldre dager var kanskje bluesbølgens mest symptomatiske utslag. Hooker, en av bluesens veteraner så langt tilbake som fra 40-tallet, fikk en sensasjonell storselger med LPen «The healer» i 1989 – et av tidenes mest solgte bluesalbum, og et album av udiskutabel kvalitet. Suksessen fortsatte på 90-tallet, og Hooker sang duetter med artister som Bonnie Raitt, Carlos Santana, Ry Cooder, Keith Richards og Van Morrison – og høstet glimrende kritikker. Hooker fikk faktisk sitt store gjennombrudd som artist etter at han fylte 70 år. Han ble bluesens eldre statsmann – den siste overlevende av bluesens gamle kjemper.

Rockens eldrebølge

Roots-bølgen kom i en tid da rocken var i ferd med å få en så lang historie at den for alvor ble tradisjonsbevisst. Dens grunnleggere fra 60-tallet hadde blitt både 40 og 50 år gamle. Da det viste seg at mange av disse slett ikke aktet å førtidspensjonere seg, oppsto det en «rockens eldrebølge», og oppfatningen av rock som «ungdomsmusikk» ble nå mer misvisende enn noen gang. Flere eldre artister som hadde vært mer eller mindre ute av rampelyset en tid, gjorde på 80-tallet vellykkede comeback. Artister som ble betraktet som anakronismer, kom plutselig ut med plater som viste at de hadde kreativiteten i behold. Noen hadde fornyet seg musikalsk, men de fleste videreførte sin musikktradisjon, om enn med 80-tallets produksjon og sound. På et 80-tall med tiltagende eklektisme, mengder av unge og dyktige band, rivende teknologisk utvikling og musikalsk nyskaping innen flere genrer var dette et underlig paradoks: Hitlistene og konsertarenaene ble ikke sjelden dominert av 50-åringer – «levende legender» med en solid musikalsk arv i flightcasene.

Disse artistenes publikum besto selvfølgelig av mange nostalgiske 40- og 50-åringer, men også nye generasjoner ungdom oppdaget foreldregenerasjonens helter. For eksempel ble Beatles-gitaristen George Harrison svært begeistret da tenåringer ringte inn til radiostasjoner og lurte på hvem i all verden «denne Harrison» var. Harrison hadde nemlig laget en millionselger og sin første store hit på flere år med LPen «Cloud nine» i 1987, anført av hit-singlen «Got my mind set on you». Plata hadde en fengende og optimistisk atmosfære, preget av Harrisons gitarspill og melodiøs 60-tallspop – en stil som nå hadde blitt moderne igjen. Plata var produsert av det tidligere ELO-medlemmet Jeff Lynne, som på 80-tallet ble en ettertraktet produsent. Han videreførte mange elementer fra ELOs 70-talls lydbilde, men ble av mange kritisert for å være pompøs og forutsigbar. Imidlertid gjorde han det til sitt spesiale å gjenopplive «rock-dinosaurer» og produsere comeback-plater med sine gamle helter. En annen av disse heltene var Roy Orbison, som fikk stor suksess med den kritikerroste LPen «Mystery girl» i 1988. Via rene tilfeldigheter utviklet samarbeidet og vennskapet mellom disse veteranene seg til å bli 80-tallets underligste supergruppe: *Traveling Wilburys*. I tillegg til Harrison, Lynne og Orbison ble også Bob Dylan og Tom Petty med. LPen «Volume 1» (1988) var spontant skrevet og innspilt, og hadde et rufsete lydbilde med mye akustiske gitarer. På platecoveret brukte de fiktive navn og hadde diktet opp en livshistorie om seg selv som en omreisende minstrel-tropp, med gamle bilder i western-grått. Wilburyene bød på klassisk pub-rock, country og blues, med mye selvironi og intelligent øsing fra populærmusikkhistoriens klisje-reservoar. Prosjektet brakte fram det beste i hver av de fem artistene, og «having a good time» ble igjen en del av deres vokabular. Videoen til sangen «Handle with care» viste en aldrende, uflidd men glisende kameratgjeng som sto rundt en mikrofon og spilte kassegitarer og sang om å bli pent tatt imot etter et hardt og langt liv. Traveling Wilburys ble også Orbisons svanesang – han døde i desember 1988, midt i en renessanse i sin 35-årige karriere. Traveling Wilburys' suksess er en betegnende illustrasjon på rockens tradisjonsbevissthet på 80-tallet.

På midten av 80-tallet dukket også to av de viktige amerikanske låtskriverne opp igjen, etter å ha vært lite produktive i en periode på over ti år. Creedence-lederen John Fogerty utga i 1985 LPen «Centerfield», som med førsteplass i USA ble et solid comeback, med sanger i velkjent Fogerty-stil. Den ble imidlertid ikke skikkelig fulgt opp, og Fogertys karriere dabbet av igjen. The Bands tidligere leder Robbie Robertson ga ut sin første solo-LP i 1987, og denne befestet hans posisjon som en av rockens store låtskrivere. I motsetning til Fogerty hadde Robertson gjennomgått en betydelig musikalsk utvikling, og i sound og sangstrukturer hadde han fjernet seg langt fra The Bands velkjente folk-rockstil. Plata hadde gjester som Gil Evans, U2, Peter Gabriel og Daniel Lanois, og låtene «Broken arrow» og «Fallen angel» var klassikere selv etter Robertsons standard.

Rockens grunnleggere kommer tilbake

Comeback-turneer og gjenforeninger av oppløste band ble nærmest en trend utover 80- og 90-tallet. På 90-tallet var turen kommet til nostalgiske og innbringende gjenforeninger også for 70-tallets helter, som Steely Dan, Eagles og Sex Pistols. Mange band hadde dessuten nå intervaller på flere år mellom hver utgivelse, og med et slikt arbeidstempo var i praksis band som Pink Floyd, Dire Straits eller Rolling Stones kreativt sett «oppløst» mellom hvert prosjekt, selv om de hadde kontinuitet som bedrifter. Femtiåringer som Grateful Dead, Pink Floyd, Neil Young og Tina Turner fylte de største arenaer. Sistnevnte fikk sitt store gjennombrudd i 1984, og ble feiret som «rockens bestemor». Rockens bestefedre som Chuck Berry, Little Richard, Fats Domino, Carl Perkins, James Brown eller Ray Charles sluttet heller ikke å turnere.

Ved overgangen til 90-tallet fikk også tre av de mest sentrale gjenlevende stilskaperne fra 60-tallets rock nye oppsving. Felles for alle tre er at de etter «sju magre år» kom tilbake med plater som var både kunstnerisk og kommersielt mer interessante enn på lenge. Dette skjedde på samme tid som de rundet 50 år.

Bob Dylan utga i 1989 LPen «Oh mercy», hvor produsenten Daniel Lanois ga spennende bidrag til Dylans sound. Med velartikulerte og modne sanger som «Ring them bells», «Shooting star» og «Disease of conceit», ble denne plata av mange utropt til hans beste siden 70-tallet – selv om nok også «Infidels» (1983) må regnes med blant Dylans fremste plater. Dylan hadde samtidig stor suksess med hobbybandet Traveling Wilburys, og drev en intens konsertvirksomhet. Han spilte blant annet sammen med Tom Petty og Grateful Dead, og startet i 1988 sin «Never-ending tour». Nå forenklet han sine konsertproduksjoner betydelig, og i all sin spontanitet ble Dylans konserter svært variable i kvalitet. På 90-tallet ble Dylan påtagelig mer tilbakeskuende: Nostalgien innhyllet hans to akustiske folk-plater – de første siden 1964 – og konsertene ble fylt med eldre materiale. Det fikk nesten et vemodisk komisk skjær da Dylan i 1995 ga ut sine gamle klassikere på en live-innspilt «Unplugged»-CD – for er det noen som noen gang har vært «unplugged», så må det vel være Dylan, før han til manges vantro og forakt plugget inn el-gitaren i 1965.

The Rolling Stones utga i 1989 LPen «Steel wheels», som ble etterfulgt av en omfattende verdensturne. Dette ble bandets største suksess siden «Tattoo you» i 1981. I mellomtida hadde Stones holdt på med relativt halvhjertede prosjekter, medlemmene hadde laget soloplater og ryktene gikk ofte om at bandet var i oppløsning. Stones fulgte denne gangen stilsikkert opp med CDen «Voodoo lounge» (1994), som etter mange kritikeres mening var deres beste og dristigste siden tidlig på 70-tallet. I 1995 begeistret de også med live-CDen «Stripped», hvor de i opptak fra øvelser og mindre klubber vendte tilbake til sine R&B-røtter på en overbevisende måte. Deres to verdensturneer i 1989–90 og 1994–95 ble blant de mest økonomisk lønnsomme i musikkbransjens historie, og spørsmålet var om de ikke egentlig fremdeles var «verdens største rock'n'roll-band». I 1993 sluttet bassisten Bill Wyman i bandet, og han ble dermed en av rockens første førtidspensjonister. Nå var tre av de fem originalmedlemmene tilbake. Musikalsk sett hadde Rolling

Stones ikke på noen måte fornyet seg for å øke sin popularitet – snarere tvert imot: De hadde raffinert sin klassiske stil, og de gjennomførte den konsekvent. Dermed framsto Stones-sirkuset på 90-tallet slett ikke som rockens nyskapere, men som en av dens fremste institusjoner og musikalske tradisjonsbærere. Samtidig hadde de musikalsk vitalitet og energi, noe som alltid har vært en klar forutsetning for deres uttrykkskraft. Så lenge Charlie Watts' trommer pumper ut velkjente Stones-groover sammen med Keith Richards' rytmegitar, og Mick Jagger har kondisjonen og stemmen noenlunde i behold, vil deres overlevingsevne trolig fortsatt være slitesterk. De annonserte i god tid at de aktet å spille på Wembley stadion nyttårsaften 1999.

Den aller første «Unplugged»-innspillingen ble utgitt i 1991 av *Paul McCartney*. Plata inneholdt kun låter fra mellom 1948 og 1970, men McCartney fornyet seg også ved inngangen til 90-tallet. Etter å ha gått tilbake til sine musikalske røtter på den «offisielle bootleg-LPen» «Choba B CCCP» i 1988 (to dagers jamsessions som kun ble utgitt i 400 000 eksemplarer i Sovjetunionen) utga han i 1989 LPen «Flowers in the dirt». Den inneholdt gjennomarbeidet popmusikk med fengende melodier, original formoppbygning og et moderne og gitaristisk sound. Den hadde også klarere musikalske referanser til Beatles-tida enn tidligere i hans solokarriere. McCartney framsto som en mer moden artist og tekstforfatter, og samarbeidet også om låtskriving med Elvis Costello. Deres «My brave face» er en klassisk poplåt, fengende melodiøs og med vidd og vitalitet – med klare referanser tilbake til Beatles' «Revolver»-periode. LPen ble fulgt opp av en verdensturne med nytt band – McCartneys første turne siden mordet på John Lennon. I 1993 fulgte CDen «Off the ground» og ny verdensturne. Begge turneene ble store publikumssuksesser. Parallelt med dette debuterte McCartney i 1991 som «klassisk» komponist, da han i samarbeid med Carl Davis skrev «Liverpool Oratorio» for kirkekor, symfoniorkester og solister. Verket var lite nyskapende og nokså konservativt i tonespråket. Først og fremst viste det McCartneys beundring for Tin Pan Alleys musikalkomponister. Dernest er det interessant og symptomatisk for den eklektiske utviklingen på 90-tallet at en rockartist i det hele tatt gir seg i kast med et slikt prosjekt.

Paul McCartney ble i 1979 kåret av Guinness rekordbok som «den mest suksessrike plateartist» og «den mest suksessrike komponist» gjennom alle tider. Dette dokumenteres med målbare størrelser: Mellom 1962 og 1978 skrev han, alene eller sammen med en medkomponist, 43 sanger som enkeltvis har solgt i over en million eksemplarer (singler).

Han var medlem i tidenes mest suksessrike gruppe. Han er opphavsmannen bak verdens mest spilte sang, som også er den sangen som er innspilt i flest ulike versjoner av ulike artister: «Yesterday» (pr. 1985 eksisterte det over 2500 versjoner av denne). Han er innehaver av flere gullplater enn noen andre: 45 med The Beatles, og 23 med Wings og i sin solokarriere (oppdatert til 1985). Nyere Guinness-utgaver slår dessuten fast at han har hatt 32 nr. 1-plater i USA og 27 i Storbritannia, med og uten The Beatles, og at han i 1990 satte rekord i antall betalende tilskuere på en konsert med en soloartist: 184 000 tilskuere i Rio de Janeiro. På 90-tallet framsto Paul McCartney som en «rockens eldre statsmann» – en biograf har til og med karakterisert ham som «the royalty of rock».

På 90-tallet økte også interessen for The Beatles. Ikke bare kom det en rekke band som var tydelig inspirert av dem, men det for lengst oppløste bandet solgte fremdeles plater i store opplag. De røde og blå sampleplatene fra 1973 ble omsider utgitt på CD, og i 1994 solgte en dobbelt-CD med deres gamle radioopptak fra BBC i 6 millioner eksemplarer. I 1995 skjedde det ingen hadde regnet med ville skje: The Beatles ble «gjenforent» – om enn uten John Lennon. Dette skjedde ved at de tre gjenlevende medlemmene laget en TV- og videoserie hvor de selv – for første gang – fortalte sin egen historie. De utga også i løpet av 1995–96 tre doble CD-er med uutgitt materiale, alternative opptak og diverse godbiter fra EMIs arkiver. Dette var av til dels stor musikkhistorisk verdi, og man skulle tro at utgivelsene kun var av interesse for de helt spesielt interesserte. Ikke desto mindre solgte den første av de tre «Anthology»-platene i over 9 millioner eksemplarer. Det ble også utgitt to «nye Beatles-låter» som de tre hadde spilt inn basert på uutgitte Lennon-opptak. De avslo imidlertid alle tilbud om konserter. Kanskje noe paradoksalt var det i 1995 «The Threetles» som tjente mest penger av alle i musikkbransjen – bare ved å komme sammen. 30 år etter at de kom med sine viktigste bidrag til rocken ble for øvrig deres produsent George Martin i 1996 adlet av den britiske dronningen.

Selv om de eldre rockartistene ofte blir avfeid som «dinosaurer» som utnytter nostalgi for å tjene penger, er det ikke til å komme forbi at mange av dem som kunstnere fortsatt har evnen til å berøre mennesker. Moderne rock og populærmusikk er også en tradisjonsbærer og formidler av en kulturell arv som strekker seg over mer enn et hundreår. Denne dimensjonen gir rocken en potensiell funksjon som brobygger mellom raser og generasjoner – samtidig som dens konglomerat av uttrykksformer heldigvis også har plass for subkulturer og fortsatt kreativt opprør og nyskaping.

22 Trubadurer i den globale landsby

80-tallet var tiåret da populærmusikken ble virkelig grensesprengende – og da mener vi også i geografisk forstand. Mens populærmusikken tidligere i hovedsak hadde vært forankret i engelskspråklige land i den vestlige verden, først og fremst USA og England, ble den nå langt mer internasjonal. I særlig grad ble afrikanske impulser viktige for det som ble kalt «world music», eller *verdensmusikk*. Utviklingen fram mot en verdensmusikk har naturlig nok pågått over lang tid, men på 80-tallet fikk den kommersielt fotfeste i populærmusikkens hovedstrøm. Dette manifesterte seg eksempelvis gjennom at afrikanske popartister markerte seg sterkt på vestlige hitlister. Den første var Mory Kanté, som sommeren 1988 toppet MTVs videolister med en raffinert blanding av house og afrikansk musikk. En annen interessant utvikling var at etablerte vestlige rockartister nå hentet afrikanske elementer inn i sin musikalske stil. I skjæringspunktet mellom moderne musikkteknologi og media, og folkemusikalske tradisjoner, ble det skapt nye og fruktbare kulturuttrykk på tvers av skillelinjer mellom tradisjon, religion, rase, kultur og kontinenter. De viktigste nye impulsene til den internasjonale populærmusikken kom fra det afrikanske kontinentet, særlig Vest-Afrika.

Verdensmusikk – en kulturell utveksling

Begrepene «rock» og «populærmusikk» blir egentlig for snevre når det gjelder å beskrive begrepet «verdensmusikk», som ikke er en musikkgenre, men en betegnelse som uttrykker disse moderne kulturelle utvekslingsprosessene. Det er et svært vidt begrep, som sprenger kulturelle og geografiske grenser på en måte som var ny på 80-tallet, og som neppe heller var mulig tidligere. Men verdensmusikk var ikke noe nytt fenomen på 80-tallet. Det nye var at begrepet ble etablert som følge av at en rekke artister ble internasjonalt populære fordi de forente lokal tradisjonsmusikk og euroamerikansk pop ved hjelp av moderne musikkteknologi. Vi må i denne sammenhengen ikke glemme at det 20. århundres populærmusikk har interkontinentale røtter: Et grunnlag ble lagt da afrikanske og europeiske kulturimpulser møttes på amerikansk jord. Dette ble også grunnlaget for jazz. Musikere innen disse genrene vendte tidlig oppmerksomheten mot musikk-kulturer utenfor USA og Europa. Interessen for latinamerikanske og afro-cubanske rytmer var stor blant vestlige musikere allerede på 30-tallet. På 50-tallet ble også latinamerikanske rytmer svært populært; USA opplevde en chachacha-feber, og Harry Belafonte skapte internasjonal underholdningsmusikk av karibiske rytmer. Noen få år senere hadde jazzsaksofonisten Stan Getz millionselgere med sin variant av bossa nova, i samarbeid med den brasilianske komponisten Antonio Carlos Jobim, hvis komposisjon «The girl from Ipanema» har blitt en av verdens mest spilte. I siste halvdel av 60-tallet var indisk og arabisk musikk en viktig innflytelse på rocken. På 70-tallet kom reggae og jamaicanske Bob Marley, som ble regnet som rockens første internasjonale superstjerne fra den såkalte tredje verden. På 70-tallet finner vi også afrikanske impulser hos for eksempel Joni Mitchell eller Talking Heads. Vi finner verdensmusikk-bevegelsen også innenfor den klassiske musikktradisjonen, eksempelvis hos en komponist som Steve Reich. Vi finner den i høy grad innenfor jazz, hvor musikere som Duke Ellington, Miles Davis, Herbie Hancock, Weather Report, John McLaughlin eller Sun Ra eksperimenterte med «etniske» og «eksotiske» elementer lenge før 80-tallet. Disse eksemplene viser at impulser fra ikke-vestlige land ikke er noe nytt verken i populærmusikk eller i annen vestlig musikk. Derfor var det på mange måter en ring som ble sluttet da afrikansk musikk mot slutten av århundret fløt inn i populærmusikkens hovedstrøm – men nå i nye former.

Moderne grioter

I kap. 3 karakteriserte vi noen grunnleggende elementer ved tradisjonell afrikansk musikalsk praksis. En viktig bakgrunn også for mange av de moderne afrikanske artistene er griot-tradisjonen. Grioter i Vest-Afrika er omreisende musikere, som har til oppgave både å underholde og å videreføre stammens historie gjennom sang og musikk. Griot-familiene har tradisjonelt sunget for konger og høvdinger, på en måte som kan minne om hoffnarrer, minstreler og trubadurer i europeisk middelaldertradisjon. Samtidig har de brukt musikken til undervisning og dans, til å bringe nyheter, fortelle om stammens historie, og komme med politisk og annen satire. Et viktig griot-instrument er kora, som er en krysning av harpe og lutt med fra 21 til 25 strenger. Selvfølgelig er trommer viktige, og grioter kan synge sammen med store trommeensembler når det spilles til dans. Her er den spesielle melodiøse, afrikanske «snakkende tromma», tama eller «talking drum» som den kalles på engelsk, karakteristisk. Den «snakker» gjennom tonefall, akkurat som melodier i afrikansk tradisjon som regel henger nøye sammen med språkenes rytme og tonefall (her er det klare linjer til tidlig blues). Melodiene har noe mindre betydning, men griot-sangen kan ofte være preget av arabisk-klingende, melismatiske vokale linjer og ornamenter. Også hos en rekke andre vest- og nordafrikanske moderne artister kan vi merke en sterk påvirkning fra regionens islamske, arabisk-påvirkede kultur. Dette gjelder ikke minst syngemåte, frasering og skalatyper. Sang og perkusjonsinstrumenter er sentrale i all afrikansk musikk. Mens harmonikk er basiselementet i europeisk musikk, har rytmikk den samme funksjonen i afrikansk musikk – et prinsipp som vi også finner i store deler av populærmusikken. Oftest er den polyrytmisk, uten å være bundet opp av taktarter og metrikk. All musikk anses som ufullkommen uten dans. Afrikansk musikk har et mangfold av populære former for moderne dans og sang på et tradisjonelt grunnlag, som warba, highlife, soukos og juju. En senegalesisk musiker har sagt: «Det finnes ti tusen former for musikk i Afrika. Hver dag skaper folk en ny musikk.»

Afrikansk pop, eller *afro-pop*, framsto for Vestens publikum som noe nytt og uoppdaget på 80-tallet. Likevel dreier det seg altså om musikk med lange tradisjoner. Vi skal se litt nærmere på hva som gikk forut for eksplosjonen på 80-tallet. Afrikanske land var gjennom kolonitida internasjonalt påvirket, med kulturimpulser fra særlig fransk- og engelsktalende land. Omkring 1960 ble mange afrikanske land selvstendige, og den nye nasjonalismen og urbaniseringen medførte også en oppblomstring av afrikansk pop. Rock'n'roll-musikkens første innflytelse i Afrika var antagelig Chubby Checkers twist i 1962 – at det var en hit knyttet til en bestemt dansemote er ikke så merkelig, ettersom musikk fra utlandet har liten interesse i Afrika dersom den ikke kan danses til. Plater med moderne vestlige artister ble i løpet av 60-tallet spredt over kontinentet: Elvis, Beatles og Stones ble populære, og svarte amerikanske soul-artister hadde en sterk appell. Særlig var James Browns budskap og funky musikk egnet til å forenes med afrikanske tradisjoner. En viktig forutsetning for transformasjonen fra folkemusikk til populærmusikk var den moderne musikkteknologiens innmarsj på det afrikanske kontinentet. Både instrumentteknologi og opptaks- og massemediateknologi var spredt over store deler av Afrika tidlig på 70-tallet. El-gitaren kom, og trommesett supplerte tradisjonelle perkusjonsintrumenter. Mikrofonen og senere PA-anlegget påvirket også syngemåten. På 80-tallet kom synthezisерne, i tillegg til at omtrent ethvert tradisjonelt instrument nå kunne høres også i elektrifisert versjon (for eksempel elektrisk kora). Utviklingen har altså paralleller til bluesens og hillbilly-musikkens utvikling fra folkelig tradisjon til populærmusikk i Amerika noen tiår tidligere, eller til reggae-musikkens utvikling på Jamaica. Det er påfallende at mens denne utviklingen gikk over lang tid i Vesten, fikk afrikanske musikere tilgang til så å si all teknologi innenfor et kort tidsrom: Mikrofoner og synthesizere ble tatt i bruk nesten samtidig.

Afrikanske musikere nærmet seg el-gitaren på en helt annerledes måte enn vestlige musikere – rotfestet i deres rike tradisjon når det gjaldt rytmisk bruk av tradisjonelle strengeinstrumenter, med polyrytmikk og pentatone skalaer, korte fraser og rullende mønstre. El-gitaren ble et urbant, nasjonalistisk symbol i et Afrika i frigjøring og omdanning. El-gitaren har fått en viktig rolle som kulturbærer i Afrika, og gitaristens rolle ligner mye på historiefortellerens. I løpet av 70-årene fikk en rekke afrikanske land flerspors opptaksstudioer, og her møttes lokale musikktradisjoner og vestlige idealer for hvordan et godt studiosound skulle låte. Framveksten av en egen musikkindustri påvirket også hvordan musikken ble spilt og hvem som spilte den. Det vokste fram en ny og annerledes type moderne, profesjonelle musikere. Den massive disco-bølgen og ikke minst «Grease»-musikken spredte seg til alle kontinenter, den multinasjonale plateindustrien fikk for alvor fotfeste også i Afrika, og diskoteker med plater ble et attraktivt alternativ til levende, tradisjonell dansemusikk.

Det er ikke riktig å snakke om verdensmusikk som en form for kulturimperialisme. Det dreide seg i dette tilfellet ikke om vestlige land som forsøkte å erobre omverdenen med sin kultur, eller utnytte «eksotiske» kulturer. Det dreide seg heller om en kulturell utveksling. Det å synge på sitt eget språk var et viktig valg i Afrika, som innebar sterkere kommunikasjon med publikum. Det kan virke som et paradoks, men selv om verdensmusikken er internasjonal i sitt vesen, tar den også i høy grad vare på lokale musikktradisjoner: Vi kan sjelden snakke om en utvisking og forflatning av folkemusikalsk tradisjon, men heller om en utveksling av musikalske elementer inn i nye og uvante sammenhenger.

På den ene side lever tradisjonsmusikken i beste velgående i afrikansk dagligliv. På den annen side finnes artister som ikke bare viderefører tradisjonene, men som bruker dem til musikalsk nyskaping i samtida – slik det skjer og har skjedd også i resten av verden. Det vil derfor ikke nødvendigvis være riktig å si at folkemusikk og pop står i konflikt. Men grensene er uklare.

Teknologi og den globale landsby

Moderne afro-pop gjennomstrømmes av forskjellige former for rock, jazz, salsa, calypso og reggae. Afro-pop er i utgangspunktet særdeles internasjonal, og den ble enda mer internasjonal da den tidlig på 80-tallet ble integrert med moderne europeisk studioproduksjon og urban pop- og house-musikk. Et interessant spørsmål er selvfølgelig hvorfor verdensmusikk og afro-pop slo igjennom nettopp på 80-tallet. Det finnes flere årsaker til dette. Som vi har skissert, var visse premisser innfridd i utviklingen av afrikansk musikkliv; på 80-tallet eksisterte det en rik flora av stilarter innen afro-pop, og en afrikansk musikkbransje med drivkrefter i form av artister og bakmenn var etablert. Dessuten fantes det et marked av musikk-konsumenter i vestlig forstand, hvor man ikke bare sang, danset og musiserte sammen på tradisjonelt vis, men også kjøpte plater, hadde radio og TV og gikk på diskoteker og konserter. Kort sagt: En urban livsstil ble mer og mer vanlig i Afrika etter annen verdenskrig. Den moderne afrikanske musikken fylte noen av de tradisjonelle rollene i ritualer og dagligliv, men fylte også de nye, urbane behov for dansbar og underholdende «good time music». Selv om noen afrikanske land hadde etablert hva vi kan betegne som en egen form for populærmusikk så langt tilbake som til 30-tallet, var det på 80-tallet at forholdene virkelig lå til rette for å skape og eksportere en nasjonal eller regional form for populærmusikk: Tilgang på musikkindustriell teknologi, innflytelse fra multinasjonal musikk, tilgang på lokal musikk-kultur, distribusjon gjennom medier, og vilje til å skape noe nytt.

Et viktig premiss for den afrikanske musikkens erobring av den vestlige musikkbransjen ligger i teknologi og media. Den amerikanske medieforskereren Marshall McLuhan lanserte allerede i 1968 uttrykket «den globale landsby»: Moderne informasjonsteknologi, satellitt-TV, internasjonale datanettverk og multinasjonal kulturindustri har gjort verden liten. Mens mennesker for noen generasjoner siden hadde en relativt lokal ramme om sin hverdag og sine referansepunkter, kan

moderne mennesker se begivenheter fra den andre siden av jordkloden direkte på TV, og kan ved hjelp av lett tilgjengelige hjelpemidler kommunisere over alle grenser. I det moderne informasjonssamfunnet har mennesket tilgang på svimlende mengder informasjon. Vi vet kanskje mer om kriger og om «kjendiser» i fjerne land enn hva vi vet om naboen eller våre egne besteforeldre. Derfor kan man kanskje karakterisere verden som en «landsby», med små avstander, lett tilgjengelighet og hvor alle – om de ønsker det – kjenner alle. I en slik internasjonalisert verden hersker det en fri flyt av kulturelle impulser. Økt innvandring medfører også at folk i vestlige land opplever internasjonale kulturimpulser i sitt nærmiljø. Dessuten har den nye musikkteknologien på 80-tallet lagt til rette for en integrering av elementer som ikke tradisjonelt finnes side om side: Samplingsteknikken og datarevolusjonen i musikkproduksjonen muliggjør at man kan manipulere, blande og mikse hva som helst. Dette er en viktig del av det moderne populærmusikalske hovedprinsippet eklektisme.

På 80-tallet skjedde det i mange vestlige land en nykonservativ verdiorientering – blant annet som en motreaksjon mot fremmedgjøringen som mange opplevde som en konsekvens av internasjonaliseringen og den teknologiske utviklingen. Denne verdiorienteringen kom blant annet til uttrykk i en voksende interesse for tradisjonsbasert og eldre musikk. Vi mener derfor at roots-bølgen og folk-interessen i Vesten også henger sammen med interessen for det «etniske». *Etnisk musikk* er et begrep som fra et vestlig synspunkt beskriver tradisjonsmusikk fra andre land (original eller bearbeidet), som regel ikke-vestlige. Det trenger imidlertid ikke være noen motsetning mellom å like sitt eget lands folkemusikk og folkemusikk fra andre land: Folkemusikken er i sitt vesen internasjonal. Det er vanlig i de fleste land å finne musikere som vender seg til sin egen tradisjonsmusikk for rytmisk eller melodisk inspirasjon, og som populariserer den ved hjelp av elektriske og elektroniske instrumenter. På 80-tallet begynte også rocken for alvor å importere impulser fra ulike kulturfelt. Trendene både i roots-bølgen og i den etniske bølgen eller verdensmusikken henger sammen med lengselen etter det «ekte», «autentiske» eller «opprinnelige». I en viss grad kan dette forstås som motreaksjoner mot det moderne, høyteknologiske informasjonssamfunnets verdensbilde. Paradoksalt nok er det den samme teknologien som gjør verdensmusikk mulig som en internasjonal, klingende realitet.

Urban musikk fra Yoruba-folket

Mange av røttene til de afroamerikanske musikkformene finner vi i Vest-Afrika. Regionen ble på 1900-tallet en av verdens mest mangfoldige når det gjelder ulike musikk-kulturer, og et drivhus for verdensmusikken. Tilknytningen fra kolonitida deler området i to innflytelsessfærer, dominert av Paris og London. Regionen er preget av både kristen og islamsk innflytelse. Tidlig på 1900-tallet hadde musikk fra forskjellige kanter av verden fått innflytelse særlig hos Yoruba-folket, gjennom brasilianske forretningsfolk og misjonærer både fra europeiske og fra islamske kulturer. Ghana og Nigeria ble allerede fra 1950-tallet viktige sentra for utviklingen av en urban afrikansk populærmusikk. Karibisk-inspirert highlife blomstret opp på 50-tallet, og er dermed en av de eldste urbane, vestafrikanske populærmusikalske formene. Denne musikken kom fra Ghana, men fikk en sterk posisjon også i Nigeria. E.T. Mensah var «King of highlife», og ledet storbandensembler som spilte jazz og latin med engelsk språk og sterke afrikanske trekk. «Soul to soul»-festivalen i Ghana i 1971, hvor Santana, Wilson Pickett og Ike and Tina Turner opptrådte på samme scene som lokale highlife-stjerner, ble en mektig stimulans for den musikalske utviklingen i denne regionen. Ghana ble i 1957 den første kolonien sør for Sahara som vant selvstendighet, og musikk og annen kultur spilte naturligvis en viktig identitetsskapende rolle i avviklingen av de afrikanske kolonistyrene.

Det området hvor europeerne i sin tid tok flest slaver, kalte de «slavekysten». Denne kysten tilhører Afrikas mest folkerike land, Nigeria, med over 120 millioner innbyggere, omkring 400 etniske grupperinger og følgelig et enormt tilfang av ulike musikktradisjoner. Jazz, pop, rock, soul, calypso, reggae og gospel spilte alle en rolle i utviklingen av moderne nigeriansk urban musikk, som likevel er distinkt nigeriansk, og sunget på lokale språk (fortrinnsvis yoruba). Afrikas største by Lagos ble en pulserende musikkmetropol og kulturell smeltedigel. Etter fire år med musikkstudier i London begynte sangeren, komponisten og multimusikeren *Fela Anikulapo Kuti* (1938) tidlig på 60-tallet å eksperimentere med en blanding av jazz, rock, R&B, soul og highlife-musikk. Kuti var i et par år faktisk en del av Londons gryende R&B-miljø, og bandet hans, Koola Lobitos, spilte ved flere anledninger på Marquee Club. Han kom tilbake til Nigeria i 1962, og rundt 1968 begynte han å kalle musikken sin afro-beat. Han turnerte på småklubber i USA i 1969, og satte seg etter dette som mål å bidra til å reversere innflytelsen fra USA til Afrika: Han ville gi den moderne amerikanske musikken afrikanske impulser. Kuti ble lederskikkelsen for et blomstrende musikkmiljø rundt klubben The Shrine i Lagos, som han grunnla i 1971. Samme år utga han en live-LP sammen med sin gamle venn fra London, Creams trommeslager Ginger Baker, som da var i ferd med å bygge et moderne studio i Lagos. Dette studioet ble drevet av EMI, og brukt av flere internasjonalt kjente artister. Gjennom 70-tallet utga Kuti en strøm av LPer som gjorde ham til en celebritet og en svært innflytelsesrik person innen vestafrikansk populærmusikk, og han fikk et voksende publikum i Europa og USA. I Afrika er politisk kritikk fra musikere – som ikke lever i eksil – svært sjeldent, men Kuti er et unntak. Hans sanger fikk en stadig skarpere politisk brodd, noe som etter hvert gjorde ham både til en folkehelt og til en politisk forfulgt artist i sitt hjemland, som flere ganger ble trakassert og fengslet. Han angrep brudd på menneskerettighetene, regjeringskorrupsjon og politiske og økonomiske systemer som opprettholder fattigdom. Platetitler som «Colonial mentality», «No agreement» og «Teacher don't teach me nonsense» forteller noe om dette. I februar 1977 angrep omkring tusen soldater Kutis hjem, kollektivet «Kalakuta Republic», og brente det ned mens de arresterte og banket opp både beboere, nysgjerrige naboer og journalister. Kuti har på den annen side som artist selv blitt kritisert for egoisme, sexisme, rasisme og et uforpliktende forhold til historie. Han har aldri vært redd for å vekke oppsikt, som da han i 1986 samtidig skilte seg fra sine 28 koner.

Kuti har gjennom en lang karriere vært en stor inspirator for moderne afrikansk pop, og en vital og skapende kraft i verdensmusikken. Den andre nøkkelpersonen i moderne nigeriansk musikk er prinsen og misjonærsønnen, gitaristen, komponisten og sangeren *Sunny «King» Adé* (Sunday Adeniyi, 1946). Han ble en institusjon i nigeriansk musikkliv, med stor suksess i hele Vest-Afrika på både 70- og 80-tallet. Han fikk staselige tilnavn som «Master guitarist», og den nigerianske regjeringen utnevnte ham til «Minister of enjoyment». Hans karriere startet på 60-tallet, og i 1968 slo han igjennom i hjemlandet som eksponent for en modernisert og svært populær utgave av yorubafolkets jujumusikk; en urban, brasiliansk-inspirert musikkform med røtter tilbake til 20-tallet, som Adé presenterte med talking drums, el-gitarer og sang. Dette ble den sterke vestafrikanske trenden etter highlife. Sunny Adé var juju-musikkens superstjerne. Fra midten av 70-tallet utviklet han den ved i enda større grad å integrere den med vestlig pop og nye instrumenter som synthesizer og steel-gitar, med stadig større orkestre – opp til 52-mannsband. Mellom 1982 og 1984 hadde han platekontrakt med Island Records i London, og skapte etter den suksessrike LPen «Juju music» (1982) et foreløpig gjennombrudd for afrikansk musikk i Europa, USA og Japan. To år etter Bob Marleys død ble Adé av vestlig musikkpresse utropt som «den nye Bob Marley» – hvilket han ikke ble. Mens reggae hadde regulære dansrytmer og engelsk språk, virket juju langt mer rytmisk og språklig fremmedartet for vestlige lyttere, og den internasjonale «juju-bølgen» tok snart slutt. Etter 1985 har Adé nesten bare opptrådt i Nigeria – mens andre vestafrikanere erobret vestlige hitlister kort tid etter. Europa og USA mistet interessen for Nigeria da den store verdensmusikk-bølgen kom i siste halvdel av 80-tallet – hvilket kan virke paradoksalt, ettersom viktige pionerer kommer herfra. Fra 80-tallet har fuji-musikken dominert yoruba-miljøet i Lagos – en dansevennlig «wall of sound» med perkusjon og vokal, men uten gitarer.

Fra Bamakos jernbanestasjon til Paris' diskoteker

Da verdensmusikk-bølgen kom på midten av 80-tallet, var det nettopp de vestafrikanske artistene som fikk størst internasjonalt gjennombrudd. Svært mange av dem opererte fra Paris, og var i perioder bosatt i den tidligere kolonimaktens hovedstad. Paris fikk på 80-tallet et blomstrende både afrikansk, orientalsk og karibisk musikkmiljø, takket være den store innvandringen. Ved siden av New York og London (noe senere også Los Angeles) ble Paris det viktigste knutepunktet for verdensmusikken. Produsenter, musikere og studioteknikere i disse byene utviklet et «meta-afrikansk» sound: Dersom afrikanske popartister, med sin i utgangspunktet svært internasjonaliserte musikk, overhodet har noen lokal forankring, er det oftest like mye i disse byene som i afrikanske byer. Musikken fra Paris kjennetegnes særlig ved blandingen av vest- og nordafrikansk musikk-kultur med europeisk pop, house og disco. Blandingen av på den ene side rockens stilkonvensjoner og avanserte databaserte teknologi, og på den annen side en folkemusikalsk praksis med tilhørende instrumenter og spilleteknikker, har gitt verdensmusikken et utall nye og uvante sounds.

En av de ledende Paris-baserte afrikanske musikerne på 80-tallet var *Mory Kanté* (1951) fra Guinea i Vest-Afrika. Han var pioneren for afrikansk pop på vestlige hitlister da han i 1988 slo igjennom på MTV med en versjon av den gamle vestafrikanske klassikeren «Yéké yéké». Dette var kulminasjonen av en lang og suksessrik karriere – først i Vest-Afrika og senere i Europa, etter at han flyttet til Paris i 1982. Før dette utga han den stilskapende LPen «Courougnegne» (1981), som ble oppskriften på hans kulturelle krysninger senere i tiåret. Denne solgte også en del i Frankrike. Kanté og Salif Keita er to musikere som begge har sitt utgangspunkt i malinke-folkets gamle og tradisjonsrike musikk-kultur. Her finner vi instrumenter som kora, xylofon-instrumentet balafon og perkusjonsinstrumentene talking drum og djembe. Kantés musikk har elementer både fra malinke-musikk og fra svart amerikansk house, med både et solid disco-beat og el-gitar og med lokale instrumenter som kora sentralt plassert i soundet. Selv er Kanté en virtuos på kora, som han også bruker en elektrisk utgave av. Takket være hans innsats har kora antagelig blitt det afrikanske instrumentet med størst internasjonal innflytelse. Mory Kantés vellykkede strategi var å oversette afrikansk folkemusikk til elektronikk, og dermed skape et helt nytt sound i den vestlige musikkbransjen. Han var sønn i en berømt griot-familie med hovedsete i nabolandet Mali, og var fra barnsben av opplært i stammehistorie, tradisjon, koraspill og musikk. Som internasjonal popstjerne på 80-tallet videreførte han sine familieforpliktelser på en måte som vel ingen kunne ha forutsett.

I 1973 ble Kanté innlemmet i bandet The Rail Band i Malis hovedstad Bamako. Her overtok han plassen etter *Salif Keita* (1949), en malisk sanger som i tre år hadde sunget i dette senere så legendariske bandet. Det var et statsstøttet band som spilte i hotellbaren ved byens jernbanestasjon, og som blandet lokal folkemusikk med afro-cubanske og afroamerikanske impulser. Man regner det for sannsynlig at de karakteristiske rytmiske figurene i cubansk musikk en gang kom til Cuba med slaver fra malinke-folket (denne etniske gruppen er utbredt både i Guinea og i Mali). På 1960-tallet svingte pendelen tilbake, da cubansk musikk som mambo var den sterkeste innflytelsen fra utenlandsk musikk ikke bare i Mali, men også i resten av det fransktalende Afrika. Keita har sagt: «Jeg betrakter det som en plikt for alle maliere å elske cubansk musikk, for det var gjennom denne at vi ble introdusert for moderne instrumenter». Musikkforskere har også påpekt klare likheter mellom tradisjonell musikk fra Mali og blues – sannsynligvis ligger en del av bluesens røtter begravd her. Keita kom fra en gammel høvdingslekt med aner helt tilbake til Sunjata Keita, erobreren som grunnla det tidligere så rike og mektige Mali-riket i 1240. Medlemmer fra slike distingverte familier har i Afrika tradisjonelt ikke adgang til å spille og synge, og Keita gjorde dermed et opprør mot egne tradisjoner. Han hadde imidlertid også videre perspektiver: Han oppfattet seg selv som en del av hele den vestlige populærmusikkens bevegelse mot nye verdier og normer, og han identifiserte seg i stor grad med rockens kulturfellesskap. Han mente også at musikk var den beste måten han kunne formidle et budskap og lære folk noe på – bedre enn som lærer, som han var utdannet til. Keitas nye band Les Ambassadeurs – med musikk i et afro-cubansk skjæringspunkt og mange utenlandske innslag på repertoaret – og Kantés mer tradisjonelle Rail Band var musikalske konkurrenter gjennom 70-tallet. De bidro til å gjøre Bamako til en blomstrende musikalsk oase i Vest-Afrika. På slutten av 70-tallet etablerte begge seg i Elfenbenskystens hovedstad Abidjan. Denne byen hadde nå blitt et viktig senter for vestafrikansk musikk, og her ble moderne platestudioer bygd. For Keita, Kanté og flere andre vestafrikanere ble Abidjan springbrettet til Paris – og til internasjonal berømmelse. Keita opptrådte i USA i 1980, hvor han trakk inn elementer av elektrisk reggae. I 1984 flyttet han til Paris. Her ble han en sentral figur i det afrikanske musikkmiljøet. Hans drøm ble realisert da han i 1987 slo igjennom internasjonalt med solo-LPen «Soro», hvor han integrerte malinke-musikk med internasjonale rock- og house-impulser. «Soro» bidro sterkt til å sette standard for globaliseringen av afrikansk musikk, ikke minst produksjonsmessig, og ble en sentral utgivelse for den vestafrikanske musikkens internasjonale gjennombrudd. Den var produsert av Afrikas antagelig mest suksessrike produsent, Ibrahima Sylla, med bidrag fra den franske keyboardisten og produsenten Jean-Phillipe Rykiel, som også ble et sentralt navn fra dette Paris-miljøet.

Malinke-musikk har en sterk posisjon også i Gambia og Senegal. Også her har den cubanske musikken lenge vært en viktig utenlandsk impuls. Imidlertid er musikkindustrien konsentrert i hovedstaden, den moderne og kosmopolitiske kystbyen Dakar, og her dominerer wolofkulturen. I 1988 gikk en stjernespekket støtteturne for Amnesty International av stabelen i USA, og ved siden av superstjerner som Springsteen, Sting og Peter Gabriel sto også senegalesiske *Youssou N'Dour* (1959) på programmet. Som del av en lang linje med tradisjonsmusikere og grioter, hadde han vært en lokal stjerne i hjembyen Dakar som tenåring. I 1977 startet han sitt eget band, Le Super Étolie de Dakar, og begynte å utvikle den urbane mbalax-musikken – lyden av det moderne Senegal. Han sang på det senegalesiske språket wolof, og den fargesprakende musikken hans fikk tilnavnet «wolof funk». N'Dours musikk blandet tradisjonelle talking drums og kora med elektriske instrumenter og synther. Med suksess i hjemlandet greide N'Dour å etablere seg i både London og Paris. Han turnerte og utga plater i Europa i 1984–85. Det var Peter Gabriel som «oppdaget» ham ved et besøk i Dakar, og han bidro gjennom samarbeid på både konserter og plater til å gjøre N'Dour internasjonalt kjent. Da N'Dour kom tilbake fra USA-turneen med Gabriel i 1987, hadde han med seg en Akai sampler, og utforsket med den senegalesiske lyder. Resultatene kom med Virgin-LPene «The Lion» (1989) og «Set»

(1990). Nå besto kulturkollisjonen i at vestlige «afro-pop-purister» mente at han låt altfor vestlig, mens det senegalesiske publikumet mottok musikken med stor entusiasme. Han justerte senere kursen mer mot sine røtter, og på 90-tallet framsto Youssou N'Dour som en ledende representant for moderne afrikansk popmusikk.

Også flere artister fra Nord-Afrika har vakt oppmerksomhet. Blant annet har marokkansk pop blitt populært i flere europeiske land. Den algeriske musikkformen rai oppfattes av hjemlandets myndigheter som anti-muslimsk, umoralsk og opprørsk. Den har blitt framført av fryktløse kvinner og menn siden tidlig i århundret, forfulgt både av kolonimakten og av muslimske og marxistiske ledere. På 70-tallet gjennomgikk arabisk folkelig musikk en modernisering og radikalisering, og det ble utformet en «pop-rai», med sentrum i byen Oran. På 90-tallet hadde rai blitt en urban musikkform med synth-sound, house-rytmer og samplere. Sangeren Khaleds musikk var fram til 1985 forbudt i Algerie, og han opererte fra Paris. I 1991 ble han internasjonalt lansert. I hjemlandet symboliserte han rai som ungdomskultur, men på samme måte som for jamaicansk reggae har også denne musikken vunnet popularitet i andre land, uten at den opprinnelige politiske eller religiøse konteksten har så stor betydning. Khaled, som ble den første som erobret franske hitlister med arabiskspråklig musikk, forble imidlertid høyst kontroversiell i sitt hjemland Algerie, hvor islamske myndigheter på 90-tallet utstedte en fatwah (dødsdom) over ham, på grunn av hans «antiislamske» kjærlighetssanger.

Lydene og rytmene fra hjertet av Sentral-Afrika, Zaire, har også fått stor innflytelse på kontinentets populærmusikk, og etter hvert også internasjonalt. Zaire har lange tradisjoner i å spre dansemusikk over det afrikanske kontinentet. Afro-cubansk rumba ble en dansefarsott over hele Vest- og Sentral-Afrika på 50-tallet, og fusjoner av latinamerikansk og afrikansk dansemusikk ble avgjørende for utviklingen av store deler av afrikansk populærmusikk. I Zaire og landene omkring ble den kongolesiske rumba uhyre populær, og dannet videre et grunnlag for utviklingen av regionens populærmusikk. Denne var også mindre påvirket av vestlig smak enn highlife var, selv om man brukte vestlige instrumenter. Zaires hovedstad Kinshasa ble en pulserende musikkby, med ensemblet OK Jazz som viktige pionerer fra det ble startet i 1956. Trommer, vokal og el-gitar var de viktigste instrumentene, og på 70-tallet ble blåsere vanlige – kanskje inspirert av James Browns konserter i Kinshasa i 1969 og 1974. I Afrika er man generelt lite interessert i å sette merkelapper på musikk, men soukous har blitt en mye brukt betegnelse på den zairske dansemusikken og danseformene. På 80- og 90-tallet fikk zairsk musikk antagelig større dominans på vestlige diskoteker enn noen annen afrikansk musikk. Mye av musikken herfra har nådd Vesten via Paris og ikke minst Brussel, kolonimaktens hovedstad fra den tida da Zaire kaltes Belgisk Kongo. I tillegg til funksjonen som dansemusikk er det særpregede og virtuose el-gitarspillet et viktig kjennetegn ved zairsk musikk. Blant artistene fra Zaire er Franco, Kanda Bongo Man og Papa Wemba de som har gjort seg sterkest bemerket internasjonalt. Særlig sistnevnte, en motebevisst og internasjonalt orientert kosmopolitt med base i Paris, har på 90-tallet fått suksess i både Afrika, Europa, Amerika og Asia.

Det finnes også etter hvert kvinnelige afrikanske popartister med et internasjonalt gjennomslag. Vi kan nevne Aster Aweke som har blitt karakterisert som Etiopias Aretha Franklin, eller Angelique Kidjo fra Benin. Kidjo har med sin soul- og jazzinspirerte musikk opplevd sterkt økende popularitet i flere vestlige land utover 90-tallet.

Ekskursjoner fra vestlige musikere

Verdensmusikken har altså manifestert seg på to hovedmåter: Ved at afrikanske musikere har vunnet anerkjennelse og popularitet i vestlige land, og ved at vestlige artister har søkt kilder for musikalsk utvikling i ikke-vestlige musikk-kulturer. De vestlige rockartistene som har gitt de viktigste bidragene til verdensmusikken, er Peter Gabriel og Paul Simon. Disse to veteranene bidro begge på 80-tallet til å introdusere musikere fra ikke-vestlige land for et bredt, internasjonalt rockpublikum. For eksempel samarbeidet de begge med Youssou N'Dour; Gabriel gjennom sin verdensturne i 1986–87 og LPen «So», og Simon gjennom sin banebrytende LP «Graceland». Deres befatning med ikke-vestlig musikk ble en fruktbar vekselvirkning som ikke minst førte til en radikal fornyelse for dem selv som komponister og artister.

*Peter Gabriel*s samarbeid med Youssou N'Dour var et viktig bidrag til å gjøre Vestens platekjøpende publikum oppmerksom på eksistensen av afrikanske popartister, og også på kvaliteten. Gabriel utviklet sin musikk i to retninger etter at han sluttet i Genesis i 1975: Han eksperimenterte med å trekke inn elementer fra andre musikk-kulturer, og han var langt framme når det gjaldt å ta i bruk ny elektronikk. Begge deler ble som kjent forutsetninger for verdensmusikk-bølgen. Gabriels engasjement kom også til uttrykk på andre måter: I 1982 tok han initiativet til den årlige verdensmusikk-festivalen WOMAD (World of Music, Arts and Dance), og han startet også plateselskapet Real World Records, som spesialiserte seg på å utgi innspillinger med artister fra musikk-kulturer utenfor den tradisjonelle vestlige sfæren.

Paul Simon skapte en liten sensasjon da han i 1986 utga LPen «Graceland», som ble en av 80-tallets viktigste LPer. Den ble, med et salg på over 7 millioner eksemplarer, en milepæl for verdensmusikken. På denne plata brukte Simon hovedsakelig svarte, sørafrikanske musikere. Plata fikk dermed også et noe ironisk politisk etterspill, etter som Simon brøt FNs kulturboikott av det daværende apartheid-regimet. Men etter å ha blitt støttet av blant andre frigjøringsorganisasjonen ANC ble Simon strøket av FNs svarteliste for artister som opptrådte i Sør-Afrika. Simons prosjekt var utttalt kulturelt betinget, og ikke politisk. Men i sørafrikansk presse ble plata også mottatt med blandede følelser, slik det framgår av dette sitatet fra en hvit, radikal musikkanmelder: «Hey Paul, come back with that accordian! Whatcha doing with our township guitar? Leave that bass-line alone! This is a record that constantly makes you feel you've just been robbed of your most precious things.»

Det vesentlige med «Graceland» er det unike og nyskapende soundet som oppsto i krysningen mellom hvit amerikansk singer/songwriter-tradisjon og svart sørafrikansk musikk-kultur. Den demonstrerte hvordan musikere med bakgrunn i den urbane sørafrikanske township jive-musikken fikk helt andre klanger ut av instrumenter som el-bass og el-gitar – tradisjonstunge instrumenter som Vestens rockpublikum kanskje trodde de visste alt om. Gitaristen Chikapa «Ray» Phiri og bassisten Baghiti Khumalo spilte i en stil modellert etter lokal mbaqanga-musikk. Sørafrikanske sanggrupper som Ladysmith Black Mambazo og The Boyoyo Boys deltok i samsang med blant andre Youssou N'Dour og de amerikanske country-veteranene Linda Ronstadt og Everly Brothers. Etter dette fikk Ladysmith Black Mambazo en internasjonal karriere og ble sitt hjemlands viktigste musikalske ambassadører. Deres LP «Shaka Zulu» ble produsert i USA av Paul Simon, og fikk Grammy-prisen for beste verdensmusikk-innspilling i 1988.

Sør-Afrikas unike multietniske kultur gjør at det her finnes et enda rikere spekter av musikkgenrer enn andre steder i Afrika. Mens resten av Afrika ble sterkt påvirket av latinamerikansk musikk, har Sør-Afrika en lang jazztradisjon. Hvite sørafrikanere var selvfølgelig opptatt av country-musikk, og alle raser i Sør-Afrika hadde tilgang til et mangfold av populærmusikk via radio helt siden 30-tallet. Landet hadde også en musikkindustri med linjer helt tilbake til 1912, da de aller første plateinnspillinger i Afrika ble gjort her. Svarte sørafrikanske eksilmusikere som jazz/pop-trompetisten Hugh Masakela og sangerinnen Miriam Makeba hadde gjort hjemlandets musikk internasjonalt kjent siden 60-tallet. Da Paul Simon i 1986 ble anklaget for å ha brutt FNs kulturboikott, gikk Makeba offentlig ut og forsvarte ham, og begge deltok også på hans turne året etter. I 1990 medvirket for øvrig både Masakela og Makeba på den store Wembley-konserten for å feire Nelson Mandelas løslatelse fra politisk fangenskap. Musikken som ble spilt og sunget i de svarte townships, hadde en viktig kulturell funksjon i sørafrikanernes frigjøringskamp fra apartheid.

I åpningslåten på «Graceland», «The boy in the bubble», uttrykte Paul Simon møtet mellom teknologi og tradisjon, og tanken om den globale landsby, som han nå selv var blitt en del av, på denne måten: «These are the days of lasers in the jungle, lasers in the jungle somewhere [...] These are the days of miracle and wonder, this is a long distance call, the way the camera follows us in slo-mo, the way we look to us all, the way we look to a distant constellation that's dying in a corner of the sky.» «Graceland»s symboltyngde ble også understreket av at den hadde fått sin tittel fra noe så tradisjonstungt i amerikansk bevissthet – og i internasjonal populærmusikk – som Elvis Presleys hjem. Simon fokuserte på dynamikken mellom tradisjon og nyskaping, historie og oppbrudd: Presley hadde i sin samtid også vært en katalysator for å føre sammen kulturimpulser fra blues, gospel og country. Simon, som sto i denne amerikanske tradisjonen, bygde nå sine egne kulturelle broer – i en helt annen geografisk skala enn hva Presley hadde gjort.

Med «Graceland» kulminerte en eklektisk utvikling som for Paul Simons vedkommende hadde pågått gjennom nesten hele hans karriere: Denne komponisten hadde lenge blandet elementer av folk, pop, jazz, reggae, calypso, R&B og blues. I 1990 fulgte han opp med «The rhythm of the saints», hvor han vendte seg mot Sør-Amerika, særlig Brasil. Han brukte også et kjent tema fra ghanesisk highlife i låten «Spirit voices». På sine konserter omarrangerte han nå sine eldre sanger inn i et nytt og spennende multietnisk sound, og oppnådde stor suksess med dette, for eksempel da han – med sitt 17-mannsorkester med musikere fra mange land – spilte for 700 000 mennesker i Central Park i New York i august 1990.

På 90-tallet ble den nye house- og techno-musikken også i stadig større grad preget av såkalte etniske samplinger, og hip hop var inspirert av kompleks afrikansk polyrytmikk (mer om disse genrene i kap.

24). Et eksempel på dette er prosjektet *Deep Forest*. Bak dette navnet sto de to franske produsentene Eric Mouquet og Michel Sanchez, med base i verdensmusikk-metropolen Paris. Deres CD med den symptomatiske tittelen «World mix» (1992) inneholdt både opptak fra lydbiblioteker og originale samplinger av afrikansk sang fra pygméstammer, produsert inn i en moderne instrumental ramme av house-sound. I 1995 fulgte de opp med CDen «Bohème», hvor de vendte interessen mot øst. Denne inneholdt både originalsamplinger og utdrag fra plater med folkesang og instrumenter fra Øst-Europa, Transilvania, Russland, Mongolia og Det fjerne østen, samt nordamerikanske indianerstammer og eskimoer. Deep Forest skapte et svært typisk uttrykk for 90-tallets musikalske og kulturelle klima. De gjorde dette med respekt for de originale uttrykkene – til både kritikernes og publikums jubel.

Slike former for kulturutveksling som vi finner i verdensmusikken er historisk sett nye og ulik den kulturelle utveksling som har foregått i tidligere tider. Vestlig klassisk musikk har vært stort sett «intakt» når den har blitt distribuert rundt i verden: Beethovens femte har alltid vært Beethovens femte, om den har vært framført i Australia, Afrika eller Brasil. Klassiske komponister i England inkluderte noen ganger lokale engelske folketoner i sine verk, men de begynte ikke å skrive variasjoner over ungarske folketoner – slik franske populærmusikk-produsenter kan inkludere elementer fra jamaicansk pop eller afrikansk folkemusikk. Å høre fragmenter av all verdens folkeslags tradisjonelle sang integrert i et moderne, høyteknologisk og urbant lydbilde er en ny og grensesprengende opplevelse. Det kan for et moderne menneske oppleves som å se sin klode og sin historie et øyeblikk utenfra. Det er et soundtrack fra planeten Tellus som ikke har vært hørt tidligere.

23 Tungmetall og torden

Heavy-kulturen har etter at den ble etablert omkring 1970 vært nokså konstant både musikalsk og estetisk. Selv om genren i store trekk har beholdt de samme idealene, har det likevel skjedd en viss utvikling siden førstegenerasjons-bandenes tid. Det har kommet nye band som har fått en plass i rockhistorien, og ikke minst har genren vokst og fått flere forgreninger. Mens denne genren opprinnelig ble kalt hardrock eller heavyrock, begynte man utover 70-tallet å gå over til å bruke *heavy metal* som en samlende genrebetegnelse. Selve termen «heavy metal» brukes i William Borroughs' roman «Naked lunch» fra 1959, og i Steppenwolfs motorsykkel-hymne «Born to be wild» fra 1968 brukes uttrykket «heavy metal thunder».

Det er ikke lett å lage noe tydelig skille mellom heavyrock og heavy metal, men uttrykket ble vanlig da den tunge rocken fikk et oppsving mot slutten av 70-tallet. En rockskribent har sagt det slik: «Mens heavyrocken opprinnelig var en ekstrem utgave av bluesen, ble heavy metal den musikalske ekvivalenten til en skrekkfilm.» Heavy metals sound og visuelle representasjon kan gi assosiasjoner til kommandosoldater som går til angrep, hvor lyden og sjokkeffektene er terrorvåpen. Heavy metal er kraft og energi, og en god del av forklaringen på genrens appell ligger i samhørighetsfølelsen mellom band og publikum. På en heavy metal-konsert er hele arenaen en scene: Headbangingen er bare ett av mange uttrykk for fellesskap mellom musikere og fans, og heavy metal uttrykker mange tenåringers frustasjoner og opprør. Man kan selvsagt diskutere hvorvidt genrens voldssymbolikk og fansens til dels voldelige oppførsel og uttrykksformer er noe som skaper vold og aggresjon, eller noe som som gir utløp for det på en kontrollert måte. Heavy metals talsmenn vil hevde det siste; at deltagelsen i heavy metal-kulturens ritualer fungerer som en katharsis (renselse). Men man innrømmer også eksempler på at det motsatte kan være tilfellet. Utvilsomt kan en så aggressiv uttrykksform tiltrekke seg tilhengere med ulike legninger og motiver – selv om de fleste nøyer seg med relativt normale reaksjoner, som å skrike og spille luftgitar eller hoppe opp og ned. Rent helsemessig er imidlertid heavy metal – med tilhørende sportsgrener som stage-diving og headbanging – en samværsform som ikke bare kan gi de ordinære hørselsskadene som hører med, men også nakkeskader.

Tegneseriefigurer, tradisjonalister og gitarakrobater

Utover 70-tallet kom det et utall heavyband i kjølvannet av de britiske pionerene Led Zeppelin, Deep Purple og Black Sabbath. Nå var det amerikanske band som markerte seg sterkest. Disse var av vekslende kvalitet. På sitt verste kan heavy metal framstå som en uutholdelig klisjefylt genre, særlig når spilleferdighetene ikke står i samsvar med guttedrømmene. Men på sitt beste kan de samme klisjeene anvendes med intelligens, originalitet og slagkraft. Midten av 70-tallet var en generelt vanskelig periode for heavy metal, hvor både den stadig større, mektigere og mer kommersielle plateindustrien og de populære FM-radioene foretrakk mykere og mer veletablerte former for AOR-rock. Mange av heavybandene forsøkte å kompensere for dette med den tradisjonelle oppskriften – intens turnering. Noen av de gamle bandene holdt stand, og flere nye navn etablerte seg.

Det finnes klare forbindelser mellom heavy metal og glamrock. Sangeren *Alice Cooper* (Vincent Damon Furnier, 1948) hevet de dramatiske og teatralske sidene ved rocken mot nye høyder da han tidlig på 70-tallet opptrådte med en diger boa-slange hengende rundt kroppen. «The master of shock rock» brukte også svart, demonisk sminke, han simulerte henrettelser med giljotin, elektrisk stol og bøtter med «blod», og brukte diverse andre sjokkeffekter på scenen. Den svarte R&B-artisten Screamin' Jay Hawkins hadde riktignok gjort lignende ting ti år tidligere, men Cooper ble like fullt en av heavy metal-estetikkens fedre. Det skrekkfilminspirerte showets hensikt var utelukkende å underholde gjennom å provosere. Sceneshowene ga etter hvert uttelling også på platesalget, og singlen «School's out» (1972) ble den første av en rekke hits. Cooper ble på 90-tallet hyllet av en ny generasjon heavy metal-fans, og på «Hey stoopid» (1991) allierte han seg også med nyere gitarhelter som Slash, Joe Satriani og Steve Vai. Et band som demonstrerte de teatralske mulighetene i rocken på en morsom og annerledes måte, var amerikanske *Kiss*, bestående av Paul Stanley, Paul «Ace» Frehly, Gene Simmons og Peter Criss. Bandet ble startet i 1972, med ambisjoner om å bli heavy metals svar på The Beatles. De ble berømte for sine heftige kostymer og sminkede masker, og med sine fengende, tøffe og melodiøse heavy-låter og sine pyrotekniske sceneeffekter ble de midt på 70-tallet markedsført som «the greatest rock'n'roll show on earth». Kiss framsto som levende tegneseriefigurer på scenen – og det ble da også laget tegneserier om dem. Det ble også markedsført sminkesett, masker, flipperspill og mye mer med Kiss-logo, og bandet var omkring 1977 USAs desidert mest populære band, med enorm appell blant tenåringer. I 1978 hadde fanklubben, Kiss Army, over 100 000 medlemmer. I 1978 utga også de fire medlemmene hver sin solo-LP – på samme dag. Mellom 1975 og 1979 hadde Kiss store platesuksesser, men det var på scenen de virkelig fikk vist hva de kunne prestere som manipulatorer og masseunderholdere. Etter LPen «Dynasty» og hit-singlen «I was made for lovin' you» (1979) dalte karrieren, selv om de gikk til det radikale skritt å for første gang vise sine sanne ansikter uten sminke offentlig, på MTV i september 1983. Men Kiss hadde også moderate platesuksesser på 80-tallet.

Et band som trofast holdt seg til heavy metal, uten å leke med glamrock eller andre eklektiske avvik, var Boston-bandet *Aerosmith*. De var inspirert særlig av Yardbirds og Rolling Stones. Mens de fleste heavyband hadde Plant og Page som modeller, hadde Aerosmiths vokalist Steven Tyler og gitarist Joe Perry mer til felles med Jagger og Richards, hva gjaldt både musikk og utseende. I Europa fikk de et rykte for å være et «annenrangs Stones», mens de i USA ble et av de mest populære heavybandene på 70-tallet etter gjennombruddet med LPen «Toys in the attic» i 1975. Suksessen skyldtes i stor grad også den intense turnevirksomheten i omtrent 40 av årets uker – det var nesten bare Blue Oyster Cult som jobbet like hardt som Aerosmith. Etter hvert fikk de store problemer med indre splid og med alkohol- og stoffmisbruk, men de endret livsstil og gjorde et solid comeback midt på 80-tallet. Med LPer som «Permanent vacation» (1987), «Pump» (1989) og «Get a grip» (1993) presenterte Aerosmith en tøff og selvironisk, hardtslående, men nøye utstudert og arrangert heavy metal, med bred kommersiell appell.

Et av heavy metals mest betydningsfulle og innflytelsesrike band ble lansert i 1978: *Van Halen*. De ble etablert i California i 1973, med musikere fra Nederland og USA. Deres trumfkort var den hyperaktive og akrobatiske showmannen *David Lee Roth* (1955), en begavet underholder og vokalist med stor karisma og sjarm, og gitaristen *Eddie van*

Halen (1957), som rangeres som en av heavy metals mest fremragende instrumentalister. De to øvrige medlemmene var Alex van Halen og Michael Anthony. De slo igjennom med sin debut-LP «Van Halen» i februar 1978, som solgte 5 millioner eksemplarer over en periode på seks år og musikalsk innvarslet alt som de senere bygde opp sin massive popularitet på. Van Halens plater solgte mye over lang tid, og de fikk ingen nr. 1-single før i 1984 med låten «Jump». Deres første hit-single var for øvrig en versjon av Kinks-låten «You really got me» (1978) – heavy metals forløper fra 1964. De utmerket seg også med en melodiøs side, krydret med flerstemt harmonisang. Sensasjonen var Eddie van Halen, som etablerte seg som den mest originale og teknisk avanserte rockgitarist etter Hendrix (magasinet Guitar Player kåret ham som årets beste rockgitarist i fem år på rad). Han gjorde utstrakt bruk av flageoletter (overtoner) og introduserte tapping (spill med to hender på gitarhalsen) for et stort publikum. Han spilte med stor musikalitet og ikke bare teknisk briljans, og flettet gjerne klassiske motiver inn i sine soloer. Stykket «Eruption» (1978) ble en banebrytende oppvisning som revolusjonerte gitarspill i heavy metal, og ga impulser til en nesten ekstrem dyrkning av teknikk i de kommende årene.

Van Halen gled naturlig inn i en superstjernestatus, og deres konsertturneer tidlig på 80-tallet var de største produksjonene som hadde vært på veien til da. De opptrådte som de fødte arenarockere, og skapte gedigen visuell underholdning til sin dramatiske musikk. Alle fire bandmedlemmer framsto som distinkte og ulike personligheter, som sjarmerte både publikum og media, til og med enkelte kritikere. En slik opptreden var uvanlig blant heavy metal-band – Van Halen hadde til og med humor og selvironi. Van Halen sto for energi og virtuositet: Party-rock med verdens beste gitarist. David Lee Roth framsto som et atletisk sexsymbol, og bandet tiltrakk seg en uvanlig stor andel kvinnelige fans i tillegg til alle de mannlige beundrerne av Eddie van Halens gitarbragder. I 1985 forlot Lee Roth bandet for å satse på en solokarriere, og den nye vokalisten Sammy Hagar greide faktisk å leve bra opp til sin forgjenger. Han hadde bakgrunn fra bandet Montrose, som midt på 70-tallet hadde en sterk posisjon i amerikansk heavy metal.

Eddie van Halen ble skoledannende innen heavy metal gjennom sin videreutvikling og perfeksjonering av spilleteknikk og hurtighet. Etter ham kom det en rekke heavy-gitarister som kunne oppvise nærmest utrolig teknisk finesse og autoritet, som behersket det meste innen studioteknikk, som ofte hadde musikkutdanning, og som gjerne stilistisk beveget seg i ytterkantene av heavy metal ved å trekke inn avantgarde, jazz og klassisk musikk. Naturlig nok var det instrumentalmusikken som dominerte. Blant inspiratorene for denne retningen var også Jimi Hendrix og Frank Zappa. I motsetning til Hendrix, Zappa og van Halen, skapte disse unge gitaristene musikk mest for et miljø av spesielt interesserte, med begrenset kommersiell appell. Det ble en musikernes (eller gitaristenes) musikk, en «guitar for guitarists' metal» – med nærmest atletisk konkurranse om spilleferdigheter ofte inntil det oppvisningspregede. Yngwie Malmsteen regnes som pioneren for denne retningen; han lanserte i 1984 sin stil basert på høyt tempo, virtuost og presist spill og neoklassiske impulser. Malmsteen var inspirert av Hendrix, Blackmore og van Halen, og fikk jobbtilbud både fra Kiss og Ozzy Osbourne, som han imidlertid takket nei til. Joe Satriani vant også ry som en fremragende gitarist, og som gitarlærer hadde han blant andre Steve Vai og Metallicas Kirk Hammett som elever. Steve Vai hadde, typisk nok for denne «flinke» stilen, akademisk bakgrunn og musikkutdanning fra Berklee College of Music i Boston. I 1978 fikk han jobb hos Zappa, bare 18 år gammel. Senere spilte han med Whitesnake og David Lee Roth, og i 1990 slo han igjennom som solist med CDen «Passion and warfare», hvor han blandet rock, klassisk, funk, jazz og heavy metal. Musikalske yppersteprester som Joe Satriani, Yngwie Malmsteen og Steve Vai spredte sitt budskap til stadig nye årskull av kultmedlemmer gjennom plater, spesialmagasiner og instruksjonsvideoer. Selvfølgelig ble disse gitarfantomene forbilder for tusenvis av gitarister både i øvingskjellere og i musikkutdanningsinstitusjoner utover 80-tallet.

Den virtuose og eklektiske formen for heavy metal fikk også et spennende uttrykk senere på 80-tallet, da en rekke artister blandet heavy metal og funk. *Living Colour* debuterte i 1988 med kritikerjubel og millionsalg. De utmerket seg ved for det første å blande heavy metal med jazz, blues, soul og funk, og oppvise stor musikalsk og teknisk dyktighet, og for det andre ved å være noe så uvanlig som et svart heavyband. Bassisten og trommeslageren hadde bakgrunn fra Berklee, og deres senere bassist, Doug Wimbish, hadde bakgrunn fra det legendariske Sugarhill-husbandet fra hip hop-musikkens tidligste fase (mer om dem i neste kapittel). Bandet ble oppløst i 1995. *Red Hot Chili Peppers* skapte fruktbare synteser mellom heavy- og funk-elementer, med sterke trekk av punk. Deres CD «Blood sugar sex magik» fra 1991 var et høydepunkt for «funk metal». Samme år debuterte *Rage Against The Machine*. Dette Los Angeles-bandet blandet med stor dyktighet hip hop-rytmer og politisk rap med heavy metal-gitar, og fikk en sterk posisjon i 90-tallets rock. Rap og heavy metal ble først fusjonert av Run DMC og Aerosmith i 1986 (se neste kapittel), en suksess som ble videreført av Public Enemy og Anthrax i 1991. Senere har en rekke band utviklet spennende synteser av heavy metal, funk og rap, noe som blant annet er dokumentert på film-soundtracket «Judgement night» (1993), hvor en rekke ledende band innen disse genrene samarbeidet.

Den nye bølgen i britisk heavy metal

På slutten av 70-tallet var store deler av platebransjen opptatt av punk eller disco, og de fleste opplevde heavy metal som en genre i både musikalsk og kommersiell stagnasjon. Fra 1980 skjedde det imidlertid en utvikling som førte til en ny storhetstid for heavy metal: Dens popularitet økte betraktelig, og det kom en rekke nye band som sprengte grenser for publikumsappell og salgstall. Heavy metal ble faktisk en av de dominerende retningene i rocken på 80-tallet, i proporsjoner som er sammenlignbare med country- eller roots-bølgen.

Vi kan dele heavy metal-basert musikk på 80- og 90-tallet inn i fire hovedretninger: For det første en bølge med mer tradisjonelt orientert heavy metal, etter genrens renessanse rundt 1980. For det andre en syntese av heavy metal med melodiøs pop, som vi velger å betegne som «heavy-pop». Dette er desidert den mest utbredte formen for heavy metal-basert musikk, med AOR-appell til et bredt publikum. For det tredje en radikal og ekstrem retning med et mer snevert nedslagsfelt, med diverse undergrupper som thrash, death og black metal. For det fjerde en nyskapende og original syntese av heavy metal, punk og pop tidlig på 90-tallet som ble kalt grunge, etterfulgt av en punk-renessanse.

Heavy metal-bølgen rundt 1980 ble på mange måter en ny britisk invasjon: Heavy-fans bruker gjerne uttrykket *NWOBHM*; new wave of British heavy metal. Engelske band som Venom, Girlschool, Def Leppard, Saxon og Iron Maiden fikk et gjennombrudd. Dessuten gjorde Black Sabbath et comeback med LPen «Heaven and hell» (1980), og andre etablerte band som Motörhead, Judas Priest og Gillan fikk også et oppsving i karrieren. Irske Thin Lizzy og skotske Nazareth hadde på slutten av 70-tallet hatt en viss suksess innen britisk heavy metal, men det var *Motörhead*, ledet av den tidligere Pink Floyd- og Jimi Hendrix-roadien Ian «Lemmy» Kilminster, som utmerket seg. De solgte store mengder av LPene «Ace of spades» (1980) og konsertplata «No sleep till Hammersmith» (1981), og fikk ry som et storslagent live-band, med appell til både heavy metal-fans og punkere. De spilte høyt og fort, og pøste ut en rufsete og øredøvende rock. Birmingham-bandet *Judas Priest* startet allerede i 1971 med blues-inspirert heavyrock, men la om stilen til heavy metal på det riktige tidspunktet like før 1980. De angrep fra to fronter; de hadde nemlig to lead-gitarer – et nærmest telepatisk samkjørt kameraderi, og en idé som andre band senere plukket opp. LPen «British steel» (1980) var en moderne heavy metal-LP, som ble en veiviser for mange av 80-tallets band. Her spilte de korte og konsise låter på rundt tre minutter, uten å miste den aggressive kraften. Judas Priest var skrikende stemmer og skrikende gitarer. De ble på slutten av 70-tallet forløpere for den nye heavy metal-bølgen, og har blitt omtalt som «heavy metals bestefedre» – et ansvar som tittelen på deres LP «Defenders of the faith» også antyder. De ble også visuelle trendsettere ved sin konsekvente bruk av skinn, nagler, lenker og diverse sadomasochistisk utstyr på scenen, og ikke uventet fikk de stor oppmerksomhet med sine videoer på MTV. Judas Priest har ofte blitt trukket fram som et destruktivt forbilde for ungdom, og ble et skrekkeksempel og yndet mål for sensurkampanjer i USA. I likhet med Ozzy Osbourne ble de stevnet i en rettssak for å skulle ha påvirket to gutter på det underbevisste (subliminale) plan slik at de begikk selvmord, men i likhet med Osbourne ble de frifunnet av retten. Bandmedlemmene hadde liten forståelse for anklagene, og ett av medlemmene kommenterte frifinnelsen i 1993 slik: «Det vil ennå gå ti år før jeg er i stand til å stave ordet subliminal».

Tradisjonalistene

Flaggskipet for de nye bandene innen NWOBHM var *Iron Maiden* fra London. Navnet hadde de hentet fra et middelaldersk torturinstrument, men tross dette hadde de også en viss humor i sine spektakulære sceneshow. Etter fire år med 22 utskiftninger i bandet slo de igjennom i 1980 med sin debut-LP «Iron Maiden». Med «Powerslave» (1984) fortsatte de suksessen også etter at bølgen hadde stilnet omkring dem. De spilte opp til 300 konserter i året, med den største sceneriggen noen hadde sett. Til å skremme publikum brukte de det fire meter høye zombieskjelettet Eddie. Bandet imponerte utvilsomt med sine eksplosive partier med raske sekstendelsnoter i gitar og bass, men tilførte egentlig ikke heavy metal så mye nytt. De etterfulgte Black Sabbath, ikke bare musikalsk, men også ved å flørte med satanisme i mange av sine låter – ikke minst da de i 1982 utga albumet «Number of the beast», hvor sju av åtte tekster hadde dødsmotiver, og tittelen henspilte på det symbolske tallet 666 i Johannes Åpenbaring. Selv hevdet de at dette var en antisatanisk sang. Denne makabre formen for symbolbruk har forblitt et typisk trekk ved heavy metal etter Black Sabbath. På den ene side finnes band som forsøker å bagatellisere, latterliggjøre eller ufarliggjøre satanisme som bare et «image», på den annen side finnes religiøse og politiske grupperinger som, uten alltid å undersøke enkelttilfeller så nøye, unyansert vil sensurere det meste. Iron Maiden fikk for øvrig sin første nr. 1-single i England i 1989 – den hadde tittelen «Bring your daughter to the slaughter». Sangen var med i filmen «Nightmare on Elm Street 5», og ble av den fryktede Golden Raspberry Awards-juryen kåret til «årets verste sang» det året.

NWOBHM var inspirert av punk, og mistet også på samme måte som punken ganske raskt noe av sin brodd og ble kommersialisert. Med den nye interessen for heavy metal kom det også flere amerikanske band som var forholdsvis tradisjonelt orientert. I kjølvannet av denne bølgen begynte plateselskapene å signere kontrakter med mengder av unge heavy metal-band, og følgelig var ikke alle de nye bandene like talentfulle: Et band som W.A.S.P., for eksempel, imiterte Black Sabbath og deres etterlignere Motley Crue – debutsinglen bar tittelen «Fuck like a beast». Los Angeles-bandet Motley Crue ble dannet i 1980, og slo igjennom da de varmet opp på en Kiss-turne i 1983. Bandet levde opp til et velprøvd og kalkulert image som slemme gutter, og var ikke særlig musikalsk originale. Deres bykolleger Quiet Riot ble i november 1983 det første heavy metal-band som med sin debut-LP fikk en nr. 1-hit i USA. Verken Led Zeppelin eller Van Halen hadde greid det. Plata bar tittelen «Metal health». De fikk også den eneste millionselgende hitsinglen i sin genre det året, men det var en cover av en gammel Slade-låt fra 1973 – som igjen hjalp de falmede britiske glamrock-stjernene til et sårt tiltrengt comeback. Twisted Sister var også glamrock-inspirerte da de slo igjennom i 1982, og de ble på 70-tallet betraktet som en Kiss-kopi. På 80-tallet oppnådde de en viss popularitet med sin slagordpregede party-rock med titler som «I wanna rock» og «You can't stop rock'n'roll». På slutten av 80-tallet var populariteten til disse tre bandene sterkt redusert.

Britisk-australske *AC/DC* ble heavy metals sannsynligvis mest konsekvente band: Deres sound har ikke forandret seg siden de startet i 1974, og de motstår enhver trend. Lederen Angus Young er kjent for sin noe enkle kategorisering av musikk, som går ut på at det finnes to typer musikk: rock (heavy metal) og disco (alt annet). Bandet har ofte blitt sammenlignet med Rolling Stones ettersom de så trofast holder seg til rockens basiselementer, men Young har alltid tilbakevist denne sammenligningen: «De har alltid vært opptatt av moter, det er ikke vi.» Han ble også kjent for et mildt sagt oppsiktsvekkende sceneantrekk: Engelsk skoleuniform med blazer og kortbukser. AC/DC etablerte seg internasjonalt i 1979, og fikk sin største suksess med LPen «Back in black» i 1980, som solgte 10 millioner eksemplarer. Titler som «Hells bells», med kirkeklokker i lydbildet, viste en påtagelig (og stilriktig) opptatthet av det hinsidiges mer dystre muligheter. LPen ble utgitt få måneder etter at den nye vokalisten Brian Johnson hadde avløst Bon Scott, som døde av alkoholskader 34 år gammel.

Kritikere og media hadde lenge sett på heavy metal som en anakronisme fra en svunnen tidsalder, som ikke var i stand til å tilpasse seg publikums endrede smak. Den begivenheten som for alvor fikk musikkbransjens og medias øyne til å åpne seg for heavy metals nye gjennomslagskraft, var musikkfestivalen US'83 som ble arrangert i San Bernardino, California i mai 1983: Her møtte anslagsvis 250 000 mennesker opp på den konsertdagen som utelukkende var viet heavy metal-band. Dette var flere enn de som kom på de to andre festivaldagene til sammen, enda en rekke store navn sto på plakaten, inkludert David Bowie (hans første USA-konsert på fem år). Blant dem som spilte på «Heavy metal day», var Van Halen, Motley Crue, Ozzy Osbourne, Quiet Riot, Judas Priest og Scorpions. US'83 ble heavy metals Monterey.

Los Angeles-bandet *Guns'n'Roses* var det mest suksessrike og samtidig kontroversielle av de nye bandene som opererte innenfor et tradisjonelt heavy metal-terreng på 80-tallet. LPen «Appetite for destruction» (1987) brukte ett år på å nå førsteplassen på hitlistene, men ble til gjengjeld liggende på listene i tre år. Med 20 millioner solgte eksemplarer ble den historiens mestselgende debut-LP, og etablerte Guns'n'Roses i superstjerne-klassen. De fulgte opp med hit-singler som «Paradise City» og «Sweet child o' mine» (1989). Guns'n'Roses, med sin frontfigur *Axl Rose* (William Bailey, 1962), sto for en enkel og direkte heavy metal med betydelig kommersielt tilsnitt. Tekstene var ofte fylt med tabuord inntil det pinlige, og bandet hadde en gjennomført «rølpete» livsstil med maksimal appetitt på «sex, drugs & rock'n'roll». Skandaler og et åpenlyst alkohol- og narkotikamisbruk gjorde dem nesten til en karikatur av det sene 60-tallets supergrupper. Trass i mye hard kritikk, også fra sin egen bransje, fikk de stor appell til tenåringer, som konsertband og ikke minst med dobbeltutgivelsen «Use your illusion 1» og

«Use your illusion 2» (1991). På sin verdensturne samme år framsto de som et spennende og uforutsigbart konsertband. Senere kom indre stridigheter og utskiftninger i bandet. Gitaristen *Slash* (Saul Hudson, 1965) har for øvrig også jobbet som studiomusiker for blant andre Bob Dylan, Michael Jackson og Iggy Pop.

Heavy-pop

Guns'n'Roses' kommersielle suksess bringer oss over på den andre hovedretningen innen heavy metal på 80-tallet: *Heavy-pop* eller pop metal. Dette ble en svært populær musikkform på 80-tallet, som heller ikke har forandret seg stort og har beholdt sin popularitet. På slutten av 70-tallet oppdaget amerikanske band som Styx, Kansas, Boston, Foreigner, REO Speedwagon og Journey at en krysning av aggressiv heavy med mer konvensjonelle popelementer var en særdeles salgbar syntese. Mange av disse musikerne var veletablerte og hadde både grundig konserterfaring og studioerfaring. Ikke minst ble dette en dominerende retning i USA, hvor bransjen nå ville komme et mer voksent publikum i møte, og samtidig beholde den yngre delen av heavy-fansen. Heavy-pop var som skreddersydd for kommersielle AOR-radiostasjoner, med målgruppe 18 til 35 år. Den musikalske oppskriften var omtrent som følger: Man tar en dose heavy-gitar og en vokalist som synger med en heavyrockers energi – i tradisjonen etter Page og Plant, med andre ord. Så kombinerer man dette med popmusikkens melodiøsitet, harmonisang, arrangering (litt synth-lyd) og ikke minst et refreng som huskes. Det visuelle heavy metal-imaget tones noe ned, de verste skrekkeffektene tas bort, og dette erstattes med prakt, glans og helst en raus dose barokke rock-gester. Tekstene bør handle om kjærlighet uten å være åpenlyst kvinnefiendtlige, og ikke satanistiske eller voldelige. Heavy-pop-gutter bør være tøffe og litt søte samtidig, og et moteriktig image kalkuleres nøye. Naturlig nok ble mye av denne musikken oppskriftmessig og strømlinjeformet, ettersom lettfattelighet og glatthet var et større ideal enn originalitet. Kritikerne elsket å hate den. Men den tiltrakk enorme publikumsmasser, og både musikere og platedirektører smilte på vei til banken. Musikkvideoen var også en viktig faktor for heavy metals – og særlig heavy-popens – popularitet: Heavy metals visuelle verden og dens stjerner var som skapt for den lille skjermen. Med rockvideoen tok heavy metal fullstendig av, kommersielt sett.

Mens de opprinnelige heavyrock-bandene lot det gå prestisje i å ikke satse på singler, opererte heavy-popbandene etter motsatt formel: Her gjaldt det å få hit-singler. *REO Speedwagon* var bandet som viste vei, med sin nr. 1-single i USA i 1980, balladen «Keep on loving you». Disse veteranene fikk sitt gjennombrudd etter å ha spilt sammen i 12 år. *Journey* var også for veteraner å regne: Bandet var startet i 1973 med musikere som da hadde solide karrierer bak seg. De slo igjennom i 1978, etter å ha lagt om stilen til en radiovennlig heavy-pop. Deres musikk var teknisk briljant og velprodusert, og svært kalkulert og kommersiell. Journey ble superstjerner i USA, men oppnådde mindre berømmelse i utlandet. *Styx* slo igjennom i 1980, og regnes som prototypen på hva kritikere yndet å kalle «pomp rock»: Tung, pompøs rock med svulstige arrangementer og et massivt sound, og perfeksjonistiske vokalharmonier. *Boston* var også en av trendsetterne innenfor denne musikkformen med sitt debutalbum «Boston» i 1976, som solgte i 10 millioner eksemplarer. Singlen «More than a feeling» (1976) er en klassiker innen AOR-rock: Tung gitar sentralt i lydbildet, kraftfull og melodiøs vokal med flerstemt koring, et tungt bass/tromme-komp, og et refreng som er lett å huske. Boston ble oppløst allerede i 1979, med en delvis gjenforening på 80-tallet. I deres kjølvann slo britisk-amerikanske *Foreigner* igjennom i 1977, og ble et populært band på alle kontinenter. Deres musikk var skoledannende for AOR-rock. Singlen «I want to know what love is» (1984) toppet listene i både England, USA og flere andre land, og er et godt eksempel på de episke, melodiøse om enn klisjefylte AOR-rockballader som også ble kalt «power ballads». Her har også tyske *Scorpions* vært trendsettere. Etter å ha hatt jevnt økende suksess i sitt hjemland siden starten i 1970, slo de internasjonalt igjennom med hitlåten «No one like you» i 1982. Scorpions ble det første heavy metal-band fra et ikke-engelsktalende land som oppnådde internasjonal suksess. 80-tallets heavy metal ble for øvrig en internasjonal trend: Accept kom også fra Vest-Tyskland, AC/DC var fra Australia, og det kom også populære band fra land som Sveits, Finland og Kanada.

Innen heavy metal er det nærmest et troverdighetskrav å være stygg: Verken musikken eller artistene har i nevneverdig grad sett noe ideal i å være «pene». Innen heavy-popen finner vi unntakene, og da særlig *Def Leppard* – heavy metals hjerteknusere. Debut-LPen «On through the night» fra 1980 høstet anerkjennelse som en av årets beste plater i heavy metal-genren, og var en viktig del av den nye britiske heavy metal-bølgen. 1983-albumet «Pyromania» solgte 5 millioner eksemplarer og ga tre hit-singler, og deres gjennomarbeidede heavy-pop hadde appell både til hardbarkede headbangere og til lillesøstrene deres. Lillesøstrenes interesse hang nok en del sammen med at Def Leppard var svært dyktige til å utnytte videomediet. Gitaristene Collen og Clark ble omtalt som «terrortvillingene» på grunn av sitt massive samspill. Bandet fikk for øvrig en enarmet trommeslager (med spesialbygde synthtrommer) etter en bilulykke i 1984. Oppfølgeren tok dermed noe tid å lage, men «Hysteria» (1987) ble til gjengjeld nr. 1 på begge sider av Atlanteren, solgte 15 millioner eksemplarer og ga fem hit-singler. De fulgte opp med «Adrenalize» (1992), nå uten gitaristen Clark, som døde i 1991, og «Slang» (1996). Selv om Def Leppard av kritikere ofte foraktfullt har blitt omtalt som «puddel-rockere», har de også fått mye ros, og deres musikalske dyktighet innenfor sin genre er det vanskelig å bestride.

Andre band som kan sammenlignes med Def Leppard i stil og image, er Bon Jovi, Europe og Heart. Med sexsymbolet Jon Bon Jovi og den dyktige gitaristen Richie Sambora som frontfigurer ble New Jersey-bandet *Bon Jovi* et av 80-åras store tenåringsidoler, særlig etter LPen «Slippery when wet» (1986), som solgte 15 millioner eksemplarer og ble den mest solgte rock-LPen i 1987. Låter som «You give love a bad name» og «Livin' on a prayer» var store hits, spilt med volum både i soundet og i håret. I samme lettmetall-divisjon, men med suksess i noe mindre målestokk enn Bon Jovi, finner vi svenske Europe, som også hadde sin største hit blant tenåringsfans i 1986, med plata «The final countdown». Amerikanske Heart hadde stor suksess på slutten av 70-tallet med Led Zeppelin-inspirert musikk, før de på 80-tallet fant en mer melodiøs og bredtfavnende hit-formel. Med fire mannlige og to kvinnelige medlemmer (søstrene Ann og Nancy Wilson på henholdsvis vokal og lead-gitar) ble de også forbilder for kvinner i en svært mannsdominert musikkgenre. Andre anerkjente kvinnelige heavy metal-artister var det britiske bandet Girlschool og de amerikanske låtskriverne og vokalistene Lita Ford, Joan Jett og den mest populære av dem: den trikotkledde Pat Benatar. Men heavy metal er – i motsetning til punk – en genre hvor det meste foregår på «mannens premisser»: Kvinner i heavy metal har så langt ikke skapt noe egentlig alternativ til genrens estetikk og konvensjoner. De ser stort sett ut som jentene i videoene til ZZ Top: Utfordrende sexy, lettkledde og med lange, lange ben.

Ekstremistene

En skarp kontrast til heavy-pop er den tredje hovedretningen innen moderne heavy metal: Den radikale og ekstreme utgaven av heavy metal som ble utviklet fra begynnelsen av 80-tallet. De mange undergruppene innenfor dette feltet står alle for en mer ekstrem utgave av alt som heavy metal innebærer, både musikalsk og estetisk. De har et langt snevrere nedslagsfelt enn andre former for heavy metal, men har til gjengjeld fått en nærmest kultisk betydning for sine tilhengere. Musikken er tung og dyster, med et ekstremt forvrengt lydbilde hvor hovedvekten ligger på organisert støy, gjerne med et smertefullt høyt lydnivå. Mange av disse bandene er rent spilleteknisk svært dyktige, og musikken er ofte svært komplisert med mange nyanser innenfor det umiddelbart noe brutale soundet. En genre-betegnelse som speed metal er et uttrykk for dette, hvor tempoet er ekstremt høyt.

To viktige trender innenfor denne utviklingen er *death metal* og *black metal*, som rendyrker de mest makabre og til tider destruktive elementene i heavy metal-genren: Symbolbruk og tekster befatter seg ofte med død og fordervelse, seksualisert vold og tortur, sadomasochisme og generell legemsbeskadigelse. Dessuten finner man som regel okkulte undertoner og ofte også innslag av djeveldyrkelse. Platecovere med blodige, nakne og fastlenkede kvinner omgitt av slanger og våpen plasserer enkelte deler av musikkindustrien innenfor samme ideologi som den mest menneskefiendlige pornoindustrien. Når det gjelder det rent musikalske, har utviklingen gått i retning av en stadig mørkere lydtekstur, hvor soundet preges av mørk gitar-fuzz og mørk, gryntende vokal. Denne vokalstilen kalles «grinding», og ble vanlig mot slutten av 80-tallet. Den står i skarp kontrast til det opprinnelige vokalidealet i heavy metal, som var modellert etter Robert Plants lyse, skrikende stemme. Grinding kan betraktes som den naturlige konsekvensen av heavy metals soundestetikk: På 60-tallet kom «vrengt» gitar, på 70-tallet ble hele lydbildet «vrengt», og på 80-tallet ble til og med vokalen – den menneskelige stemme – «vrengt».

Hovedforskjellen på death og black metal er av ideologisk art: Black metal er dogmatisk satanistisk, mens death metal ikke trenger å være det. Men det finnes også musikalske forskjeller: Death har gjerne en kraftigere og dypere grinding, og er ofte velprodusert etter «normale» standarder i musikkindustrien. Black kan derimot låte spedt og tynt, og man kan i en del tilfeller sette store spørsmålstegn ved musikernes spilleferdigheter. I tråd med genrens ideologi sier man gjerne at det skal produseres «ondt», det vi si at soundet skal være stygt og framkalle frykt. Når det gjelder musikalsk innflytelse, er mange death- og blackband påvirket av Led Zeppelin, Black Sabbath og Judas Priest. Innenfor deathgenren var Chuck Schuldiner den viktigste stilskaperen, som grunnlegger av bandet Death i 1983. Birmingham-bandet Napalm Death grunnla den såkalte «grindcore»-stilen, som kanskje er den mest ekstreme av alle musikkformer. De oppfant den såkalte «blast snare»-teknikken, hvor tempoet skrus opp til et maksimum av den menneskelige toleransegrense. Napalm Death fikk en liten men lojal tilhengerskare i heavy metals undergrunnsmiljø. Britiske Venom var en forløper for black metal med LPer som «Welcome to hell» (1981), «Black metal» (1982) og «At war with Satan» (1984). Mens Black Sabbath tidligere hadde brukt både okkulte symboler og store kors på scenen, snudde Venom korsene opp ned, og tok også i bruk annen tung okkult symbolikk som geitehoder og tallet 666. Koplingen mellom black metal, okkultisme, satanisme og i noen tilfeller nynazisme har flere ganger vist seg å være både destruktiv og fatal. Men vi må tilføye at death og black metal selv innenfor sin genre er marginale fenomener, selv om de har stor påvirkning på en del miljøer av unge gutter. Faktisk framsto black metal-miljøene på begynnelsen av 90-tallet som et nokså særegent skandinavisk fenomen.

Death metal avtok i popularitet utover 90-tallet. Det finnes tross alt grenser for hvor ekstremt man kan utvikle en stil, og *doom metal* ble på mange måter en motreaksjon mot death. Den er langt mer tradisjonelt bass/trommer/gitar-orientert i sound, med linjer tilbake til 70-tallets Black Sabbath og 80-tallets Trouble – USAs motstykke til Black Sabbath. Mens death gjerne går i ekstreme tempi, ble doom den rake motsetning: Her skulle tempoet være sakte, og soundet tregt og seigt. I death er ofte tekstene mindre satanistiske enn i black metal, men ofte religionskritiske og samfunnskritiske. I doom har tekstene også gjerne et religiøst eller mystisk tilsnitt, men slett ikke alltid kristendoms- eller religionsfiendtlig. Det britiske bandet Cathedral er et essensielt doomband, særlig representert gjennom CDen «Forest of equilibrium» (1991). Band som My Dying Bride og Paradise Lost står for det man kaller en mer «gotisk-symfonisk» doom-stil, hvor man blant annet anvender keyboards og akustiske instrumenter som fioliner og fløyter for å oppnå et annet sound enn hva som har vært vanlig i death metal. Men også på 90-tallet finnes det populære death metal-band som fortsetter trenden fra 80-tallet: Amerikanske Morbid Angel og Deicide ble kjent for sin genuine satanisme – noe som de fleste death metal-band på 90-tallet altså så ut til å fjerne seg fra.

Omtrent samtidig med death ble *thrash* metal utviklet. Thrash økte tempoet og volumet i heavy metal med noen omdreininger, men hadde ikke samme ekstremitetsnivå som death. Grinding og mørk fuzz-lyd er uvanlig i thrash-soundet. Den er ofte rytmisk kompleks, med ulike taktarter og kontrasterende tempi. Dessuten er punken en viktig inspirasjonskilde. Tekstene har mer tradisjonell heavy metal-tematikk, med mer «sex, drugs & rock'n'roll» enn okkultisme og død. Man kan gjerne se på thrash som et punk-inspirert bindeledd mellom på den ene siden de mer allment aksepterte formene for heavy metal, og på den andre siden death metal. Thrash-bandene ble færre på 90-tallet, men elementer av thrash-sound fikk til gjengjeld innpass hos flere etablerte artister utenfor heavy metal-spektret. Blant foregangsbandene for thrash var Exodus, Possessed, Slayer, Megadeth og Anthrax. Det sentrale thrashbandet på 80-tallet ble *Metallica*, som ble startet i Los Angeles høsten 1981 av den danske trommeslageren Lars Ulrich. Det viste seg å bli et av 80-tallets dyktigste og mest spennende band innenfor heavy metal. Deres gjennombrudd kom med LPen «Master of puppets», etterfulgt av deres første verdensturne i 1986. Mange regner oppfølgeren, «And justice for all» (1988), som den plata som best viser Metallicas kvaliteter. Bandets låter var i økende grad kjennetegnet av gjennomtenkt harmonikk og uventede skifter i stemning og tempi, og musikalsk beveget de seg nokså fritt overfor thrash-genrens konvensjoner. Tekstene var preget av store temaer som rettferdighet, galskap, krig, religion og menneskelige relasjoner. På 90-tallet vokste Metallicas popularitet langt utover det en skulle tro var mulig innenfor thrash-genrens potensial. CDen «Metallica» (1991) solgte over 15 millioner eksemplarer, og bandet kunne nå fylle en hvilken som helst stadionarena. Blant annet inneholdt plata balladen «Nothing else matters» med strykere og akustiske gitarer (i tradisjonen etter Led Zeppelins «Stairway to heaven»), og den MTV-vennlige hit-singlen «Enter Sandman» var langt mer melodiøs og strukturelt nyansert enn thrash-musikkens kaotiske uttrykk vanligvis gir rom for. «Metallica» lå fremdeles på Billboards lister da oppfølgeren «Load» – skåret over noenlunde samme lest – ble lansert fem år senere. Metallica er et banebrytende band, fordi de er thrash-genrens dyktigste og mest anerkjente stilskapere, og fordi de sprengte grenser både for genrens musikalske rammer og for dens popularitet. De brakte en alternativ undergrunnsgenre inn i rockens hovedstrøm.

Punkens renessanse

Heavy metal har fortsatt å avføde nye undergrupper på 90-tallet, en utvikling som samtidig er symptomatisk for rockens altomfattende eklektisme. En av disse er *industrial metal*, representert ved band som Fear Factory og Ministry. Denne trenden kan beskrives som death metals tilnærming til rave-kulturen. Den er syntetisk med en jevn rytmikk, men samtidig med et umiskjennelig heavy-basert sound og bunnregister. Her kan vi også trekke linjer tilbake til synthrock-bandene tidlig på 80-tallet, for eksempel New Order. Innen amerikansk støyrock på 90-tallet finner vi en rekke band som er sterkt punk-påvirket samtidig som de har death og thrash som musikalske premisser. Den såkalte *hardcore* er til de grader punk-inspirert at musikerne til og med har kort hår. I likhet med thrash finner vi heller ikke her grinding-vokal, og fuzz-lyden er lysere i klang. Vi kan også finne innslag av rap. Musikken er mer melodiøs enn hva gjelder death og thrash, men samtidig uhyre energisk. Black Flag var her et viktig band på 80-tallet. Blant de mest populære hard core-bandene på 90-tallet kan vi nevne Quicksand, Suicidal Tendencies og Bad Religion.

Den såkalte alternative rocken har på 90-tallet beveget seg fra undergrunnen opp til overflaten, med bemerkelsesverdige resultater.

Denne utviklingen representerer også en renessanse for punkens musikalske aspekter. To band som startet tidlig på 80-tallet, Sonic Youth og Hüsker Dü, ble gudfedre for den alternative, amerikanske støyrocken, med elementer av både heavy metal, punk og pop. Disse bandene hadde utgangspunkt i avantgarde-miljøer, og var svært eksperimentelle, med vekt på feedback og støy i sitt sound. Dead Kennedys ble også et betydningsfullt amerikansk punkband. De startet opp i 1978, og slo igjennom i England tre år senere med singlen «Too drunk to fuck». Bandet ble oppløst i 1985, men vokalisten Jello Biafra har fortsatt å øve innflytelse blant annet gjennom foredrag, artikler og plater med monologer hvor han gir uttrykk for sitt samfunnssyn og sine politiske meninger.

På slutten av 80-tallet kom en ny bølge innenfor den alternative rocken, som skulle få store konsekvenser for 90-tallets rock. Nå blomstret rockmiljøene i Seattle på USAs vestkyst kraftig opp, særlig rundt plateselskapet Sub Pop. Det ble samlingspunktet for mange band som forente heavy-riff med melodiøse linjer og et Stooges-påvirket sound. Først ble denne musikken kalt «Sub Pop» (etter plateselskapet, på samme måte som Motown) eller «Seattle-rock» (etter et geografisk område, på samme måte som Merseybeat). Begge uttrykk sa heller lite, selv om sub pop eller undergrunns-pop antydet noe om hva dette var. Etter hvert endte man opp med *grunge* som et genrebegrep, selv om svært få av genrens aktører var i stand til å definere det. Selve ordet «grunge» kan vel nærmest oversettes med gjørme, snørr eller gørr, og er altså fullstendig intetsigende. Men musikken var alt annet enn intetsigende.

Det kan diskuteres hvorvidt det er riktig å plassere grunge som en retning innen heavy metal, ettersom genren utmerket seg ved å sprenge heavy metals rammer. Den var langt mer original og nyanserik i sitt uttrykk. Grunge-bølgen skapte en original syntese av elementer fra heavy metal, punk og pop. Heavy metal-elementene finner vi først og fremst i det gitarbaserte støyidealet i soundet, som har mye til felles med thrash så vel som mer tradisjonell heavy metal. Grunge var også en videreføring av punkens energiske desperasjon og dens holdninger og estetikk. Den var opprørsk og provoserende, men også tvers igjennom romantisk. Denne rå energien ble forent med en rekke elementer som er fremmede for punk, men typiske for pop: Musikken var sofistikert og gjennomarbeidet i sin struktur, som regel velarrangert og nyansert i uttrykksregistre, og komplekst oppbygd blant annet rytmisk og harmonisk. Når det gjelder lydtekstur og instrumentasjon, kan man i grunge eksempelvis finne både akustiske instrumenter, fretless-bass, kantslag på skarptromme og stor variasjon i stemmebruk. Mange grunge-låter er også påfallende melodiøse. Det rå, men samtidig melodiske gitarspillet ble en definisjon av grunge-stilen. Grunge-begrepet uttrykte også en moteretning og en livsstil i det tidlige 90-tallets ungdomskultur, som på mange måter også var en gjenklang av 60-tallets hippiebevegelse. Ikke uventet hadde da også mange grunge-band psykedeliske trekk i sin musikk.

Grunge-bølgen hadde sin storhetstid fra 1990 til 1993. Den sprang ut av et vitalt undergrunnsmiljø i Seattle, ble fanget opp av storselskapene og solgt til en hel verden. Seattle-band som Nirvana, Pearl Jam, Alice in chains, Mudhoney og Soundgarden var alle nokså særpregede og ulike, men kan stå som representanter for grunge slik vi har karakterisert den. *Mudhoney* kan mer enn noen andre kalles «godfathers of grunge». Singlen «Touch me I'm sick» (1988) definerte langt på vei det nye Sub Pop-soundet som ble kalt grunge. Mens slike band i media ofte ble framstilt som tanketomme støyrockere, hadde flere av Mudhoney-medlemmene akademisk middelklassebakgrunn – noe imaget ikke skulle tilsi. Musikalsk var de særlig inspirert av Sonic Youth. *Alice in chains* ble startet i 1987, og de ble med albumet «Facelift» (1990) det første Seattle-bandet med kommersiell suksess i USA. De tok utgangspunkt i Black Sabbath-riff med en mørk stemning. Oppfølgeren «Dirt» (1992) ble også en kritikerfavoritt. *Soundgarden* debuterte også på Sub Pop, men gikk over til A&M i 1990. De ble dermed et av de første band fra dette miljøet som skrev kontrakt med et større plateselskap, og banet vei ut til et større publikum. Soundgarden videreførte ideer fra Velvet Underground, Stooges, Led Zeppelin og 70-tallets punk, og forente metalliske riff med avantgardistisk minimalisme og mørk melankoli. «Superunknown» (1994) ble en nr. 1-hit i USA, og solgte 3 millioner etterfulgt av turneer som også omfattet Det fjerne østen. Den regnes, med sine lydkolosser og sitt tunge lydrom, også som et mesterverk innen grunge-rocken. Albumet «Temple of the dog» (1991) er interessant i grunge-rockens utvikling, ikke bare fordi det solgte 2 millioner, men fordi det er et godt eksempel på stilen, med noen av de fremste musikerne fra miljøet. Her spilte medlemmer av blant annet Soundgarden og Mother Love Bone for å hylle det sistnevnte bandets avdøde vokalist Andrew Wood – Seattle-rockens første unge døde. Mother Love Bone var et kortlivet band, men to av medlemmene fortsatte i det langt mer berømte Pearl Jam.

Det viktigste bandet i grunge-bølgen var *Nirvana*, bestående av vokalisten, gitaristen og låtskriveren *Kurt Cobain* (1967–94), bassisten Krist Novoselic og trommeslageren Dave Grohl. Bandet ble startet i 1988, og debuterte med LPen «Bleach» på Sub Pop året etter – innspillingen kostet bare 600 dollar. Etter dette ble Nirvana et kultband, og de ledende representantene for Seattle-bølgen. I 1990 var besetningen endelig, og de signerte kontrakt med Geffen. Til deres egen forbløffelse ble deres andre album, «Nevermind» (1991), en verdenssuksess. Låten «Smells like teen spirit» ble den nye rockhymnen, og Nirvana ble nærmest betraktet som rockens frelsere og 90-tallets musikalske genier. «Nevermind» brakte grunge-subkulturen til overflaten, media hengte seg på, og Seattle kom på alle rockinteressertes lepper. Plata solgte 11 millioner eksemplarer og sprengte alle grenser for hvor mye et såkalt alternativt band kunne forvente å selge, og innvarslet således en ny tid. Men «Nevermind» var også et musikalsk mesterstykke: Den kombinerte en eksplosiv energi med en særpreget melodiøsitet, sprengte strukturelle grenser og gjennomførte en original harmonisk stil. Nirvana forente det ekstatiske og det melankolske, det kontrollerte og det rå, det fysiske og det emosjonelle. Cobain sang med smerte, energi og samtidig med understatement i uttrykket. «Lithium» og «Come as you are» er også klassikere på «Nevermind». Nirvana fulgte opp med plata «In utero» i 1993. Overgangen fra lokalt kultband til status som superstjerner og lederskikkelser for en ungdomsgenerasjon ble imidlertid for mye for Cobain, som førte en stadig mer selvdestruktiv livsstil. Han begikk selvmord i Seattle i april 1994. Denne tragedien førte ham inn i rekken av rockens unge døde, mytiske personligheter: I likhet med Hendrix, Morrison, Jones og Joplin døde også Cobain i en alder av 27 år. Og han kunne som artist, provokatør og karismatisk personlighet absolutt sammenlignes med disse.

Det Seattle-bandet som sterkest markerte seg i 90-tallets rock etter Nirvana, var kvintetten *Pearl Jam*. De videreførte en rekke elementer fra 60- og 70-tallets rock inn i en ny og frisk 90-tallskontekst. Deres musikk var inspirert av psykedeliske Doors og Velvet Underground så vel som av heavyrock-pionerene MC5 og Led Zeppelin, og av protopunkerne Stooges. Samtidig bygde de på grunnlaget fra Nirvana, Soundgarden og Mother Love Bone. Etter debutalbumet «Ten» (1992) ble de superstjerner over natta. Plata solgte over 4 millioner bare i USA, og gjorde dem til et av 90-tallsrockens mest populære band. Låter som hit-singlene «Alive» og «Jeremy» viste også at de var svært dyktige låtskrivere. Pearl Jams musikk er svært nyansert og spenner over et bredt register av uttrykk. Ett av deres trumfkort er vokalisten Eddie Vedders dype, klangfulle og gjennomtrengende stemme.

Punk, metal og pop ble en suksessoppskrift også etter at grungebølgen stilnet og band igjen kom fra andre byer enn Seattle. Den alternative rocken ble på 90-tallet ikke så alternativ lenger. I stedet ga den rockens hovedstrøm vitale impulser. Mens 70-tallets britiske punk i utgangspunktet hadde hatt mange idealistiske hensikter, ble imidlertid den interkontinentale 90-talls-punken rendyrket kommersiell. Illustrerende for dette er også de 40-årige punk-veteranene Sex Pistols' gjenforening i 1996, som ifølge Johnny Rotten var motivert av et felles ønske: Å få tak i publikums penger. På 90-tallet var det store penger i punk. Dette nådde uante kommersielle høyder på midten av tiåret, da unge og dyktige band som Smashing Pumpkins, Offspring og Green Day fikk et gjennombrudd på verdensbasis. Australske Green Days utvikling er et slående eksempel: Deres to første album solgte omkring 30 000 eksemplarer hver, hvilket ble regnet som mye på et lite indie-selskap. De fikk kontrakt med storselskapet Warner, og CDen «Dookie» (1994) solgte i over 4 millioner, med verdensberømmelse som resultat, og massespredning av såkalt alternativ rock. Disse bandene ble sammenlignet med

Nirvana, men deres musikk ble ikke kalt grunge. Grunge-bølgen ga rockens historie et legendarisk band: Nirvana. De hadde alt som skulle til for å bli rocklegender: Karismatisk utstråling, skandaløs og lurvete livsstil, evner til å bli symboler og katalysatorer for en ungdomskultur på jakt etter forbilder og identitet, og ikke minst – nyskapende, original og eksplosiv musikk.

24 Fra getto til cyberspace

Dansemusikken gikk i nye retninger etter 70-tallets funk og disco. Innen svart musikk ble gamle tradisjoner videreutviklet i rap-musikken og hip hop-kulturen i USA på 80-tallet. Nye rytmer, sounds og produksjonsmåter kom med house-musikken, som ble trendsettende for en ny ungdomskultur, særlig hos hvit, europeisk ungdom. På 90-tallet slo dance og ulike former for techno igjennom, og reiste spørsmålet om hva som egentlig kan defineres inn under populærmusikk- eller rock-begrepet. Dette kapitlet skal handle om utviklingen av disse musikkformene – en reise fra getto til cyberspace.

I 1979 fikk The Sugarhill Gang en hit på USAs poplister med «Rapper's delight». Denne låten ble for rap hva «Rock around the clock» hadde vært for rock'n'roll; den viste at denne nye musikk-kulturen også var kommersielt gangbar utenfor en indre krets av tilhengere. I løpet av fire år hadde rap blitt et hett tema i mediene, som del av en urban, ung gatekultur som også omfattet uttrykksformer som graffiti og akrobatisk dans (break-dans) til musikk fra kraftige, bærbare kassettspillere («getto-blasters»). I løpet av få år var rap blitt en av rockens mest populære genrer, og hip hop-kulturen satte sitt preg på 80-tallets vestlige kultur – i ulike populærmusikk-genrer, kontemporær jazz, film, moter, reklame, og i politikk. Den representerte en genuin og kontroversiell samtidskultur. *Rap* er, som musikalsk begrep, en form for svart musikk basert på rytmisk tale over rytmisk instrumentalt komp. Selve ordet «rap» er et slanguttrykk for å «preike». Teksten og det vokale er følgelig svært viktig i rap, og framføres som snakkesang i et slangpreget gatespråk, basert på en sterk rytme- og rimfølelse. Rap ble utviklet ved å bryte både lingvistiske og musikalske regler. Kulturen omkring rapmusikken blir ofte betegnet som *hip hop*. Hip hop brukes også i mer snever forstand som et rytmisk begrep, på samme måte som rap i snever forstand kan betegne en vokalstil. Hip hop-rytmikk er da en videreutvikling av funk, som særlig kjennetegnes av en nyansering av rockens tradisjonelle backbeat på 2-eren og 4-eren, hvor rytmefigurene blir mer underdelte og dynamisk sammensatte.

Rap-musikkens røtter

Rap og hip hop har dype røtter i afroamerikansk historie og kultur, og bygger på lange tradisjoner i svart musikk. Vi skal se nærmere på noen av kildene for rap, og på noen av de musikalske forløperne. Musikk og poesi som sosialt og politisk våpen har eksistert i uminnelige tider. På mange måter er rapperne moderne grioter – de profesjonelle musikerne som gjennom flere hundre år har virket som vandrende historiebøker og talende aviser i Vest-Afrika. I all afroamerikansk musikk er vokalidealets nærhet til talespråk og dialektenes klanger, tonefall og rytmikk et bærende prinsipp. Dette gjelder fra field hollers, gjennom blues, gospel, soul og funk. Rap, som verbalisert rytme, er et slående uttrykk for denne intime forbindelsen mellom muntlig fortellertradisjon og musikalitet. Vi finner et eksempel på noe lignende i et fenomen som scat-sang på 30-tallet, særlig hos Cab Calloway, som tok utgangspunkt i gatekulturens slang. Gospelmusikkens sangpreken var også en rytmisk, musikalsk monolog. Vi finner kilder for rap også i talking blues, doo-wop, eller «funky talk» i R&B-musikken, hvor teksten delvis ble resitert. Bo Diddley ble i så måte en helt for mange rappere, og Little Richards «Tutti frutti» ligger svært nær rap-formen.

Vi kan også trekke linjer tilbake til 1950-tallet når vi leter etter de mer direkte forløperne for rap og hip hop. Amerikanske radio-DJer, som den legendariske Daddy-O Daylie fra Chicago, som Dizzy Gillespie i sin selvbiografi hevder oppfant mesteparten av be-bop-æraens sjargong, «rappet» på både 40- og 50-tallet, selv om man ikke brukte det uttrykket den gangen. DJenes såkalte «jive talking» inspirerte sound system-eiernes toasting på Jamaica – som igjen ble en direkte forløper for rap: Fra Jamaica kom det viktige impulser tilbake til USA og særlig New York. Talt vokal og funky trommegroove var basiselementene i mange soul-låter – akkurat som i hip hop. Flere soul-artister foregrep derfor rap allerede på 60-tallet, som Joe Tex («I had a good home, part two»), Otis Redding («Tramp») og Solomon Burke («The price»). James Browns vokalstil befant seg ofte et sted mellom monolog og skrik, og han var talsmann for en svart bevissthet, samtidig som han var den viktigste stilskaperen innen soul og funk. «Say it loud (I'm black and I'm proud)» (1968) er i det store og hele en rap. Den gjenspeilte tidas politiske stemning, og ble dermed både musikalsk og politisk en forløper for rap. Det samme kan vi si om John Lennons «Give peace a chance» (1969) – på tross av at den ikke tilhører en afroamerikansk kulturtradisjon.

Disco og funk er viktige musikalske kilder for rap og hip hop, eksempelvis Giorgio Moroders sequenser-baserte disco, og Miles Davis' og Herbie Hancocks fusion og funk. Sly Stone og Stevie Wonder ble trendsettende innen svart musikk gjennom sin bruk av trommemaskiner allerede tidlig på 70-tallet. The Meters' New Orleans-funk er en av hovedkildene til hip hop-rytmikk, og det samme kan vi si om George Clintons funk, som dessuten også hadde innslag av rap på 70-tallet. Clinton er en av de viktigste inspirasjonskildene for rap, og ved siden av James Brown ble han på 80-tallet den mest samplede plateartist på rap- og hip hop-plater. Noe mer kuriøst, men ikke desto mindre interessant, er det faktum at The Incredible Bongo Bands cover-versjon av Shadows-låten «Apache» var en svært populær innspilling blant Bronx' unge rappere.

Blant forløperne for hip hop-kulturen finner vi ikke bare musikere. The Last Poets kombinerte på 60- og 70-tallet jazz og frie vers for å artikulere nasjonalistiske, svarte ideer under etiketten «talking jazz». De ble også inspiratorer for mange rappere, både musikalsk og politisk. Bokseren Muhammed Ali gjorde det til en taktikk å skremme sine motstandere med rytmiserte rim – «the thrilla in Manila» og «the rumble in the jungle» var to av hans store matcher. Flere filmkomikere hadde også verbale rutiner som foregrep rap, som Redd Foxx, Richard Pryor og noe senere Eddie Murphy.

Gjennom disse ulike eksemplene ser vi at rap er et utviklingstrinn i en svært lang linje av afroamerikansk kultur i USA. Rap og hip hop sprang ut av en særegen gatekultur i den svarte amerikanske befolkningen, særlig blant gutter tidlig i tenårene, med sin egen sjargong, egne moter og estetikk. Arnestedet var 70-tallets New York, nærmere bestemt bydelen South Bronx, som var dominert av en ung, svart og fattig arbeiderklasse. Selve uttrykket rap-musikk oppsto her omkring 1976. På denne tida var amerikansk kommersiell radio delt i to hovedformater: AOR-stasjoner for et hvitt rockpublikum, og noe man kalte «urban contemporary», rettet inn mot svarte R&B- og soul-tilhengere. Urban contemporary-stasjonene la opp til en ganske konservativ profil med vekt på underholdning heller enn politisk engasjement – ikke ulikt Motown- eller Philadelphia-profilen. Musikken var «svart» omtrent bare på overflaten, og musikkbransjen brukte uttrykket «too black for

the charts» når de var skeptiske til unge artister med et råere og mer upolert uttrykk. Den glorete og romantiske discoen var heller ikke særlig troverdig i Bronx' gater. Suksessen til disse radiostasjonene skapte dermed et vakuum, som snart skulle bli fylt av rap-artistenes politiserte og usminkede svarte gatekultur.

Gatekultur i Bronx

For å beskrive utviklingen av rap, må vi se litt nærmere på dette Bronxmiljøet. Det var DJer som for en stor del skapte rap-musikken. De skaffet musikk til fester og dansearrangementer i gettoen, og skapte her et alternativ til disco-musikken på diskotekene, som ble oppfattet som dyre og snobbete. Hip hop kom altså i stor grad som en reaksjon mot disco, selv om den hentet musikalsk inspirasjon også herfra. Hip hopkulturen og den nye måten å mikse plater på ble utviklet omtrent på samme tid som disco ble skapt, rundt 1972–74. Nå mikset DJene sammen utdrag fra to identiske plater spilt på to platespillere, mens de samtidig la til egne monologer – raps – gjennom en mikrofon. De brukte helst det stedet i låten hvor trommene ble framhevet, og repeterte dette stedet. Derfor ble det kalt «break-beat music». DJene, som også ble kalt «spinners», opparbeidet store ferdigheter i å manipulere avspilling av plater for å oppnå ulike effekter. Dette kaltes «scratching», og DJene brukte også denne teknikken til å framheve nettopp tromme-breakene. Snart ble det vanlig å ha en assistent som bare tok seg av det verbale. Denne gutten kalte seg «rapper» eller «master of ceremony» (MC).

Det ble av og til gjort opptak av slike opptredener, og kassetter ble distribuert i miljøet. Rapperne begynte å lage sine egne backing-taper, og synthesizere og trommemaskiner åpnet for helt nye muligheter for å bruke slike «cut'n'mix»-teknikker. Nå ble også synthesizerne viktige: Kraftwerk var uhyre populære blant Bronx' rappere og DJer, særlig da de utga «Trans-Europe express» i 1977. Mens George Clinton hadde tatt svart musikk ut i det ekstreme på scenen med sex, science fiction og surrealistisk tegneserie-image, var Kraftwerk en motsatt ytterlighet: Det er ikke noe lite paradoks at fire hvite robotmennesker som trykte på knapper i et studio og for øvrig knapt beveget en muskel når de spilte, skulle få avgjørende betydning for utviklingen av svart dansemusikk. Dessuten brukte man elementer fra hvit, europeisk rock, eksempelvis ble funky låter som Queens «We will rock you» og «Under pressure» ofte sitert.

Rap oppsto altså gjennom bearbeiding av allerede eksisterende plateinnspillinger av dansemusikk. Først på slutten av 70-tallet kom noen på å lage egne plater med rap-musikk. Inntil dette tidspunktet hadde hip hop og rap bare vært dokumentert på kassettopptak: Bronx-miljøet hadde ingen forbindelser til den mektige musikkindustrien, hip hop-utøverne var idealistiske og svært unge, og musikken var radikal og primitivistisk. Det hadde på denne tida blitt vanlig å utgi A-sida uten vokal på B-sida av singler (eller 12-tommers singler, også kalt «maxi-singler»). I disco og reggae ble slike instrumentalspor kalt «dub mix». Det ble dermed enklere å rappe over kjente innspillinger. Hip hop-kulturens og rap-musikkens gjennombrudds-single, «Rapper's delight», bygde for eksempel på kompet til disco-produsentene Chic's hit «Good times» (1979). Den startet dermed en praksis som innebar eklektiske montasjeteknikker som et hovedprinsipp i rap. Det å lage nye låter som bygde på materiale fra kjente låter, var for øvrig ikke noe nytt i New Yorks musikkhistorie, dersom vi skal trekke opp et historisk perspektiv:

Charlie Parker og de første be-bop-musikerne hadde gjort akkurat det samme – om enn uten elektroniske hjelpemidler. De improviserte fram låter som de baserte på temaer og akkordprogresjoner fra eldre swing- og standardlåter. Den legendariske jazz-trommeslageren Max Roach gjorde senere en interessant observasjon angående dette, da han sa at «hip hop er 80-tallets be-bop» – med klare paralleller både i kulturell identifikasjon og i musikalske prinsipper.

I Bronx-miljøet var det i begynnelsen mange kvinnelige aktører, men de forsvant etter hvert, og rap ble preget av et maskulint uttrykk. Konkurranseelementet og akrobatikken var framtredende, og gutter så på rap og «DJ-ing» som en musikalsk ekvivalent til mannlige domener som baseball eller fotball. En av de unge, helt sentrale stilskaperne, som ikke fikk noen nevneverdig oppmerksomhet utenom dette miljøet, var *Kool DJ Herc* (Clive Campbell, 1955). Han flyttet til New York fra Kingston på Jamaica i 1967 da han var 12 år gammel, og feide få år etter all konkurranse til side i Bronx med sitt enorme sound system. Han representerte altså en direkte forbindelse mellom Jamaica-toasting og tidlig rap. Kool DJ Herc var antagelig den første som kom med en genuint ny stil i Bronx, basert på gatas språk og kultur, og han ble av stor betydning for Grandmaster Flash, som sammen med Afrika Bambaata ble den store pioneren for rap også utad. Alle disse tre hip hop-stilskaperne hadde karibisk bakgrunn. Rap hadde direkte røtter i sound systems, toasting og radio-DJer fra reggae-miljøet på Jamaica. En stor del av innbyggerne i Bronx, Harlem og Brooklyn på 70-tallet hadde dessuten karibisk opphav. Sett på denne bakgrunnen er det overraskende at reggae-musikken ikke var særlig populær her; det som ble videreført, var måten å lage musikk på – ikke selve musikken.

Kool DJ Herc har fått ry som hip hop- og rap-musikkens første pioner og grunnlegger, men han er paradoksalt nok ikke dokumentert på plater, og fikk aldri kommersiell uttelling for sine nyvinninger. Det var det imidlertid andre fra dette miljøet som gjorde. *Grandmaster Flash* (Joseph Saddler, 1958) var den unge DJen fra Bronx' getto som ble verdensberømt. Han var født på Barbados, men oppvokst i Bronx. Han arbeidet tidlig på 70-tallet alene i nesten et år med å utvikle en trendsettende spinner-teknikk, ikke ulikt hva Kool DJ Herc holdt på med omtrent samtidig: Han spilte den samme plata på to platespillere, og isolerte det stedet i låten hvor bare trommene dominerte («the break»). Dette repeterte han stadig ved å spille av den ene plata mens han roterte den andre tilbake. Dermed gjorde han rytmen til den musikalske essensen. Lydeffekten av plata som ble manuelt reversert i høyt tempo, ble kalt scratching. Tilnavnet «Flash» fikk Saddler da publikum så hvor raskt han beveget hendene i denne prosessen. Denne DJ-teknikken ble også kalt «cutting», og slik break beat-musikk ble snart helt dominerende i Bronx. Grandmaster Flash ble en ledende DJ i dette miljøet, og begynte å samarbeide med flere rappere under navnet Grandmaster Flash & The Furious Five. De debuterte på plate med singlen «Superrappin'» (1979), som ble populær lokalt i Bronx, i kjølvannet av «Rapper's delight». Denne var typisk for tidlig hip hop: Tempo på omkring 114 bpm., og mye synkopert basstromme. Singlen «Freedom» solgte bra, og ble etterfulgt av rap-historiens første turne. «The adventures of Grandmaster Flash on the wheels of steel» (1981) brukte cutting-teknikk på en måte som foregrep sampling: Låten var en studio-skapt collage av blant annet Queen, Chic, The Sugarhill Gang og Blondie. Denne plata gjorde det klart at rap var noe mer enn en variant av disco, og viste at formen kunne fungere også som studioprodusert musikk. Grandmaster Flash skapte deretter en rap-klassiker med «The message» (1982), hvor han på en krass og utilslørt måte skildret forholdene i gettoen: «Broken glass everywhere / People pissing on the stairs / You know they just don't care / I can't take the smell, I can't take the noise / Got no money to move out, I guess I got no choice / Rats in the front room, roaches in the back / Junkies in the alley with a baseball hat / ... It's like a jungle sometimes, it makes me wonder / how I keep from going under». På mange måter var dette en rap-utgave av budskapet fra Stevie Wonders ti år gamle «Living for the city». «The message» inneholdt verbale sjokkeffekter fra et New York i forfall, men den hadde også originalitet og et tilstrekkelig arsenal av melodiske og perkussive hook-linjer til å gjøre den til en oppsiktsvekkende internasjonal hit sommeren 1982.

I 1979 var rap utbredt over store deler av New York, og Grandmaster Flash utga sine plater på Sugarhill Records. Dette plateselskapet hadde utgitt «Rapper's delight», som ble en overraskende internasjonal hit og den mestselgende 12-tommerssingle til da (1 million i USA og tilsvarende i utlandet). Sugarhill Records var ikke det første rap-plateselskapet, men det var det største og viktigste i rap-musikkens barndom, med Enjoy Records som rival. Selskapet hadde sitt eget husband, og brukte konsekvent egne produsenter. Imidlertid var det ingen av disse som kunne håndtere en sampler eller en sequenser, og det fargerike plateselskapet ble utradert av markedet da den nye teknologien inntok rap mot midten av 80-tallet.

Rapperen og DJen *Afrika Bambaata* (Nathaniel Hall, 1960) opererte i likhet med Grandmaster Flash tidlig på 70-tallet på gateplan i Bronx. Hans dansegruppe og hip hop-organisasjon The Zulus ble et fargerikt konglomerat av unge rappere, musikere og break-dansere i en gryende hip hop-kultur. Han forsøkte å skape et alternativ til kriminalitet og narkotika, og arrangerte fester og break-dans-konkurranser hvor han gjorde seg til talsmann for fred mellom gategjenger og toleranse mellom raser. Han platedebuterte i 1980, da han var anerkjent som New Yorks ledende hip hop-DJ, og han fikk også et gjennombrudd som plateartist med «Planet Rock» i 1982. Afrika Bambaata ble en samlende skikkelse i New Yorks hip hop-miljø, og «Planet Rock» skapte – samtidig med Grandmaster Flashs «The message» – internasjonal oppmerksomhet omkring hip hop. Pressen hadde blitt interessert, og hvit ungdom hadde også oppdaget nyheten. «Planet Rock» var dominert av synthesizere, inspirert av Kraftwerks «Trans-Europe express», og var et langt steg framover i retning av å gjøre rap til en synth-basert musikkform. «Planet Rock» var kort sagt framtidas hip hop-sound, og ble utgangspunktet for det man på 80-tallet kalte elektro-funk. Afrika Bambaata var eklektisk og eksperimentell, og i likhet med Grandmaster Flash sterkt inspirert av James Brown og George Clinton – musikalsk og visuelt.

Fra kontroversielt til kommersielt

Utviklingen av rap kan deles i to faser: Den eldre skolen varte fram til 1984, da rap var i ferd med å få et kommersielt gjennombrudd. Musikkindustriens spådom fra 1980 om at rap var et «for svart» fenomen til å slå igjennom hos et massepublikum, ble nå gjort grundig til skamme. Rap, graffiti og break-dans var i 1984 den store trenden i New York, og samme år slo det igjennom for fullt også i Europa. I tiltagende grad ble «hip hop» betraktet som en holdning, som kom til uttrykk i alle disse formene. Break-dans ble markeds-gimmicken som gjorde hip hop til allemannseie. Mens rap av den eldre skolen hadde blitt framført av MCer og DJer, ble nå rap-band vanlige. Run DMC og LL Cool J var blant de viktigste artistene; med sine salgstall og sin crossover-suksess bidro de sterkt til å gjøre rap til et massekultur-fenomen. Rap og hip hop fikk nå et verdensvidt publikum, med begrenset kjennskap til den afroamerikanske kulturtradisjonen som dette sprang ut fra. Det «svarte» i rap ble nå mer et spørsmål om kulturell identifikasjon enn om hudfarge.

Run DMC fra New York ga rap-musikken dens virkelige kommersielle gjennombrudd. Single-B-siden «Sucker MC's» (1983) regnes gjerne som den moderne hip hop-musikkens fødsel. Den hadde et minimalistisk sound, med bare trommemaskiner, scratching og rapping. Samtidig representerte Run DMC gatekulturens språk og moter, med enkelte tekster hentet direkte fra graffiti-dekorerte vegger. Senere blandet de også inn rock- og heavy metal-elementer og skapte dermed en fusjon av rap og rock, eksempelvis på LPen «King of rock» (1985), og i samarbeidet med de aldrende heavyrockerne Aerosmith, «Walk this way» (1986). Denne singlen ble banebrytende fordi den kombinerte rap og heavy metal – henholdsvis svart og hvit tenåringsmusikk. Videoen viste de to bandene i hvert sitt øvingsrom, hvor de brøt ned veggen som skilte dem fra hverandre. Den var illustrerende for det som nå hendte: «Walk this way» skapte aksept for rap hos et hvitt rockpublikum. Den var hentet fra LPen «Raisin' hell», som også ble den første rap-LP som toppet R&B-listene. Den solgte i over 3 millioner eksemplarer i USA, og regnes dessuten som et mesterverk innen rap. Rap hadde nå blitt like mye musikk for LPer som for 12-tommers singler. Run DMC hadde midt på 80-tallet blitt rap-musikkens mest populære artister. De var de første rappere som fikk vist en video på MTV («Rock box»), og de første rappere avbildet på forsiden av Rolling Stone. Run DMC hadde en hvit produsent, som også lanserte det første hvite rap-bandet, *Beastie Boys*. Med sosial bakgrunn i den hvite middelklassen, og musikalsk bakgrunn i punk, ble Beastie Boys media-yndlinger da de slo igjennom med singlen «Fight for your right to party». De solgte 4 millioner eksemplarer av sitt debutalbum «Licence to ill» (1986), som ble det første rap-album på toppen av de amerikanske hitlistene. Dermed var rap brakt ut av gettoen og også inn i de hvite forstedene. Hvit ungdom ble tiltrukket av hip hop-kulturens energi og livsstil. En skribent i Los Angeles Times kommenterte i juni 1989 at «tenåringer som aldri ville stå i fare for å bli gjengmedlemmer, har nå begynt å imitere gjengoppførsel». Beastie Boys sammenlignet selv sin bruk av rap med det hvite Rolling Stones' bruk av svart blues-tradisjon på 60-tallet. Ved siden av Run DMC bidro *LL Cool J* (James Todd Smith, 1969) sterkt til gjennombruddet for rap, og til å bygge bro mellom popmusikk og svart gatekultur. Forkortelsen står for «Ladies love cool James», og han skrev både mindre kontroversielle og mindre sosialrealistiske tekster enn de fleste av sine kolleger, for i stedet å bli popstjerne og sexsymbol. «I need love» var den første rap-balladen. Han solgte en million av debut-LPen sin før han fylte 18 år, og ble en ny generasjon av svarte ungdommers helt, med sin blanding av gatefilosofi og teknologi. Smith viste humor og sjarm, og brukte i motsetning til de aller fleste rappere stjernestatusen sin til å gi tenåringer påvirkning som de fleste amerikanere oppfattet som positiv: Han oppmuntret for eksempel barn til å satse på skolen i kampanjen «Cool school video program».

En rekke suksessrike og trendsettende rap-artister med fødselsår omkring 1970 ble lansert i siste halvdel av 80-tallet, som Digital Underground, The Jungle Brothers, De La Soul, A Tribe Called Quest, Eric B. & Rakim, Stetsasonic, Naughty by Nature og 2-Live Crew. Rap ble nå fragmentert i mange forskjellige retninger; man brukte uttrykk som pop rap, hardcore rap, soul rap, black rap, white rap, regional rap, multinasjonal rap. Den ble like mye multikulturell som «svart»: I USA fantes det tidlig på 90-tallet rappere av samoisk, cubansk, meksikansk, koreansk, haitisk, dominikansk, jaimaicansk, vietnamesisk, puertorikisk, equadoriansk, kinesisk, indisk og britisk opprinnelse. Dette medførte ikke bare et uant mangfold, men også en stagnasjon innen rap-miljøene, i mangel av en klar retning i utviklingen. I 1987 ble imidlertid nye retninger pekt ut av New York-bandet *Public Enemy*. De skapte gjennombruddet for den sterkt kontroversielle og militante rap-musikken, som ble dominerende utover mot 90-tallet. Public Enemy presenterte tydelig agitasjon og propaganda med et funky beat, og de gjorde seg til talsmenn for den afroamerikanske underklassen. De har blitt betegnet som «det svarte Sex Pistols». De bidro til å skape en trend i rap hvor tekstene er utilslørt provoserende og kontroversielle, og har ofte blitt beskyldt for å være destruktive. Public Enemy ble beskyldt for å understøtte både anti-semittisme, homofili og hat mot hvite, og de ble gjenstand for frykt og aggresjon blant mange hvite amerikanere – men de ble svært populære også blant hvit ungdom. Mange av tekstene var formidable angrep på det amerikanske samfunnets maktstrukturer. Med LPene «It takes a nation of millions to hold us back» (1988) og «Fear of a black planet» (1990) greide de både å provosere med sitt budskap og å skape en musikalsk utvikling innen genren. Låten «Don't believe the hype» (1988) ble et slagord på linje med det gamle «Power to the people». I 1991 samarbeidet de med heavy metal-bandet Anthrax. I 1990 ble det kjent at de figurerte i en FBI-rapport til Kongressen: «Rap music and its effects on national security». Rap hadde nå blitt et hett politisk tema, og Public Enemys tekster var ofte sterkt preget av kommentarer til det aktuelle nyhetsbildet. De fikk stor kulturell betydning blant svarte, og også stor betydning for hvite, ettersom de tvang fram en holdning til de spørsmålene de tok opp. Samtidig var Public Enemy et musikalsk originalt og distinkt band innen genren.

Gangsterne kommer

Det trendsettende bandet innen såkalt «gangsta rap» var Los Angelesbandet *NWA* (Niggers With Attitude). Etter deres LP «Straight outta Compton» (1989) ble rap polarisert i to fraksjoner: En tradisjonelt liberal, inspirert av ideene til Martin Luther King, og en mer militant, inspirert av Malcolm X. Den fattige, svarte arbeiderklassen fikk gjennom borgerrettighetskampen på 60-tallet formell likhet for loven. Men dette førte ikke alltid til bedre sosiale og økonomiske kår. Det var barna til denne generasjonen som skapte rap. Den sosiale arven etter 60-tallets borgerrettighetsbevegelse la altså et grunnlag for rap, på et 80-tall som ble preget av politisk og sosial polarisering under Reagans konservative styre. Integrasjonspolitikken var ikke alltid vellykket: Den svarte middelklassen, som hadde råd til det, flyttet ut av de vanskeligstilte svarte bydelene, og bare de fattigste ble tilbake. Utover 80-tallet økte dermed forslummingen av de svarte gettoene. Disse allerede hardt kriminelt belastede miljøene fikk det heller ikke lettere da det rimelige og sterkt avhengighetsskapende narkotiske stoffet crack kom på markedet i 1985. Rap var ikke minst et uttrykk for 80-tallets voksende svarte nasjonalisme i USA, og rappere som NWA oppfattet seg selv som reportere fra denne harde virkeligheten. For svært mange rappere var Malcolm X et ideal, og organisasjonen Nation of Islam hadde stor oppslutning (allerede Afrika Bambaata var med her).

NWA ble kanskje det fremste eksemplet på ekstremiteter innen raptekster, også når det gjelder sexisme og voldsskildringer. Temaene kretset omkring «guns, violence and bitches». De ble etterforsket av FBI etter utgivelsen «Fuck tha police», og dette var første gang at noen i musikkindustrien hadde mottatt skriftlige trusler fra FBI. LPen «Efil4zaggin» (1991) ble en nr. 1-hit i USA. Foruten vanlige temaer som oralsex, prostitusjon, oppfordring til dopbruk og politidreping inneholdt tekstene nå også nye temaer som gruppevoldtekt og pedofili. Titler som «Find 'em fuck 'em and flee» eller «To kill a hooker» gjorde heller ikke den amerikanske sensurbevegelsen mildere stemt. Men raptekster inneholder ikke bare revolusjonær spiritualisme, sosialrealisme, politisk kommentar eller vulgaritet: Innen genren finner vi også humor, selvironi og poetisk lek. Rappere har kommentert de mest bisarre sosiale motsetninger i Amerika, inkludert sin egen kommersielle suksess: «And while they (the cops) treats my group like dirt, their whole fuckin' family is wearing our T-shirts,» sier NWA i «100 miles and runnin'». I rap-musikkens mangfold er det plass både for Beastie Boys' «Fight for your right to party» og for Public Enemys parafrase «Party for your right to fight».

Flere av medlemmene i NWA har gjort seg sterkt bemerket på egen hånd. Dette gjelder særlig Dr. Dre og Ice Cube. *Ice Cube* (Oshea Jackson, 1969) ble kjent som en kontroversiell hardcore-rapper da han forlot NWA i 1989. Han kommenterte også opptøyene i Los Angeles i 1992, samme år som han samarbeidet med sitt store idol, George Clinton. Han solgte millioner av LPer og hadde suksess på MTV, og spilte i Spike Lee-filmen «Boyz' N the hood», som også brukte en av hans låter som tema. Ice Cube har mye til felles med sin kollega og hyppige samarbeidspartner *Ice-T* (Tracy Marrow, 1958). Ice-T kom fra New Jersey og hadde en kriminell fortid fra gettomiljøer, men etablerte seg på vestkysten der han med sin utgivelse «The coldest rapper» (1983) ble regnet som Los Angeles' første hip hop-artist. Han ga utløp for unge, svarte amerikaneres protest, og ble den første rap-artist med klistremerker på platene som advarte mot tekstene («parental advisory explisit lyrics»). Tross berømmelsen var han lenge medlem av gategjenger i byen, samtidig som han stolt inviterte journalister til sitt fasjonable hjem i Beverly Hills, for å beundre hans private våpensamling. Utenfor scenen var han også en velartikulert forretningsmann. også Ice-T ga sensurbevegelsen mye å gjøre. Hans «Girls L.G.B.N.A.F.» (1987) ble gjenstand for stormfull debatt da man oppdaget at forkortelsen sto for «Girls, let's get butt naked and fuck». Dette var imidlertid en av Ice-T's nokså uskyldige tekster. Han skrev også linjer som: «I'm takin' your kids' brains, you ain't getting them back, I'm gonna fill 'em with hard drugs, big guns, bitches, hoes and death» (1993). Med sine fryktinngytende urbane mareritt ble Ice-T en «Original gangster» – for å sitere tittelen på hans trendsettende CD fra 1991.

Det tidligere NWA-medlemmet Dr. Dre, alias Andrew Young, etablerte seg på 90-tallet som den viktigste produsenten i vestkystens rap og hip hop. Hans produksjoner er relativt rikt instrumenterte og sammensatte i sound, i forhold til New York-trenden. Han startet i 1991 plateselskapet Death Row, og ble en trendsettende rap-arkitekt. Han har sagt at «jeg kan ta en treåring og lage en hitplate med ham». Dr. Dre er svært inspirert av George Clinton og Funkadelic. Dette merkes ikke minst på hans første solo-CD «The Chronic» (1993), som oppnådde stor crossover-suksess, anført av hit-singlen «Nuthin' but a 'G' thang». «The Chronic» er et slanguttrykk for hasj, og coveret var prydet av et bilde av en hasjplante. Dr. Dre er ingen stor rapper selv, og på denne singlen brukte han rapperen Snoop Doggy Dogg, som også skulle bli hans største suksessartist som produsent. *Snoop Doggy Dogg* (Calvin Broadus, 1971) sin debututgivelse «Doggystyle» (1994) ble møtt med større forventninger enn noen tidligere rap-plate. Den debuterte som nr. 1 på albumlistene, og hadde allerede forhåndssolgt halvannen million eksemplarer da den kom ut. Snoop Doggy Dogg har for øvrig i likhet med sin produsent vist voldelige og kriminelle tilbøyeligheter. Han ble imidlertid i 1995 frikjent etter en lengre periode i varetektsfengsel for «drive-by shooting».

Snoop Doggy Doggs rap-musikk har en langsom, lakonisk «coolstil» hvor tempoet i gjennomsnitt ligger godt under 100 bpm. Noe av det samme preget finner vi hos moderne hip hop-band som Cypress Hill og Arrested Development. LA-bandet *Cypress Hill* representerte den nye bølgen av hardcore-rap tidlig på 90-tallet. I kontrast til gangstarappens militante radikalisme, sto de for virkelighetsflukt via narkotika. De drev både musikalsk og politisk propaganda for legalisering av marihuana som erstatning for alkohol. Sanger som «Legalise it» og «I wanna get high» er eksempler på dette. Gangstarr og Wu-Tang ble også populære hardcore-band.

Det har blitt sagt at en hovedforskjell på rap i 1980 og 1990 var følgende: Mens du i 1980 fikk tak i en rapper ved å oppsøke hans mor, måtte du i 1990 ringe hans management-firma. Rap-musikken nådde store kommersielle høyder på 90-tallet, og ble i enkelte former akseptert som en del av mainstream-popmusikken. MC Hammer toppet USA-hitlistene i hele 21 uker med CDen «Please Hammer don't hurt 'em» (1990), anført av MTV-favoritten «U can't touch this». Hammer utfordret en stund Michael Jackson både som danser og i rollen som idol innen svart, moderne musikk – men suksessen avtok raskt. Samme år fikk også den hvite rapperen Vanilla Ice en kort og voldsom suksess med CDen «To the extreme» og singlen «Ice ice baby», som kom på førsteplass i USA, England og en rekke andre land. Vanilla Ices hit-oppskrift var åpenlyst modellert etter MC Hammer, men han forsøkte å framstå som en «svart gangster» i motsetning til MC Hammers «positiv rollemodell»-image. Amerikanske musikk-konsumenter hadde nå omfavnet svarte artister som var dyktige dansere samtidig som de presenterte hybrider av R&B og rap, og showet «Yo! MTV Raps» trakk musikk-kanalens høyeste seertall. Vanilla Ices suksess symboliserte rapmusikkens endelige aksept på høyeste nivå i musikkindustrien – men etter manges mening til en altfor høy pris: Både han og MC Hammer ble møtt med kritikk både for plagiater og for overfladisk å utnytte en genuin kultur som ren show-biz. Produsenten Quincy Jones forsøkte også å legitimere rap som en salgbar og «stueren» del av den afroamerikanske musikkens historie på CDen «Back on the block» (1990). Her opptrådte legender som Ella Fitzgerald, Miles Davis, Ray Charles og Dionne Warwick side om side med Ice-T og The Furious Five's Melle Mel.

Imidlertid fikk eklektiske rappere med mangslungne røtter i eldre amerikansk musikk-kultur også suksess på 90-tallet. Det oppsto for eksempel en tilnærming mellom rap og reggae, med artister som jamaicanske Shabba Ranks i spissen. Denne digitale æraen i reggae startet med Wayne Smiths plate «Under me sleng teng» i 1985, og ble betegnet som ragga eller raggamuffin. Jamaica-inspirert pop-rap ble populært, blant annet med artister som Shaggy og Fugees. Vi vil også nevne Arrested Development fra Georgia, som utformet en original form for rap preget av sørstatenes musikktradisjoner. De framsto som et afrosentrisk, fargerikt kulturelt kollektiv, og nådde langt ut over rap-musikkens territorium. En av tekstfrasene på CDen «Zingalamaduni» (1994), var «The revolution will be fought by those of like minds, not just those of the same race». Da «G-Funk» ble lansert som et begrep i 1994, i forbindelse med Warren Gs single «Regulate», var på mange måter en ring sluttet i hip hop-musikken: Her blandet man 90-tallets gangsta-rap med 70-tallets funk – G-Funk henspilte på gudfaren George Clintons P-Funk. Dette viste seg å være en retning med stort kommersielt potensial for rap på 90-tallet. Funk og hip hop-rytmikk hadde generelt på 90-tallet også fått en sentral plass i rocken.

Disco-musikkens hevn

En av de mest markante nyskapningene i populærmusikken på siste del av 80-tallet var *house*-musikken. Selve betegnelsen «house» henspiller på at dette har utgangspunkt i fester og dansearrangementer som opprinnelig ikke fant sted i konsertlokaler eller vanlige diskoteker. Det hele startet opp i private hus, klubber, garasjer, lagerhaller og nedlagte fabrikklokaler, såkalte «warehouses». Dette ble kalt «house-parties» eller «raves». Som så mange ganger før i populærmusikkens historie var det Chicago som var arnestedet for utviklingen. Miljøet omkring klubben Paradise Garage i New York var et utgangspunkt for «garage»-begrepet som i Chicago ble kalt «house» eller «acid house», og litt senere ble også Detroit viktig. Uttrykket «acid house» skal ha oppstått i en kjeller i Chicago i 1986, hvor discjockeyen DJ Pierre eksperimenterte med en billig bass-synth (Roland TB 303). Med utgangspunkt i looper med manipulert lyd fra denne, laget han dansemusikk som ble populær i The Warehouse Club, hvor han jobbet. Mens rap- og hip hop-kulturen hovedsakelig var en svart gatekultur, ble house-kulturen mer preget av hvite tenåringer fra middelklassen – selv om pionerene også innen house var svarte. Snart ble house-musikken populær på det europeiske kontinentet, blant annet i Tyskland, Italia, Spania og Be-Ne-Lux-landene. Den kom for fullt til London i 1988, fra diskoteker på den populære ferieøya Ibiza, og fra Chicago. House-kulturen ble i England en mediasensasjon nesten på nivå med punken ti år tidligere. På tross av de amerikanske røttene fikk house-kulturen sin sterkeste posisjon i Europa, med en musikalsk blanding av Chicago-house og euro-disco. «Acid jazz» – en fusjon av jazz, hip hop og house-sound – ble ledet av DJer som mente at jazzen måtte befris fra røykfylte klubber med aldrende lyttere, og komme ut på de trendy dansegulvene. Jazzamatazz var tidlig ute her, selv om denne populære trenden langt på vei kan betraktes som fusion med en ny merkelapp.

House ble 90-tallets disco. På samme måte som disco er housemusikken sterkt forankret i dans og fysisk suggererende. Rytmen tar fysisk opp konkurransen med hjerteslagene hos deltageren, og rytme og volum er sammen med røyk, laserlys og psykedelisk grafikk i seg selv en ruslignende opplevelse. House-parties varer gjerne hele natta, og housekulturen ble etter hvert assosiert med bruken av det narkotiske stoffet ecstasy. Men samtidig vender denne party-ideologien seg sterkt mot alle former for aggressivitet: Man smiler, er «cool» og vennlig. Gule smileansikter forkynte budskapet «Keep smiling». Et sentralt stikkord for house-kulturen er forløsning av energi. Man ønsker å utløse det «positive» og «vennlige», og forløse spenninger som slipper de «indre kreftene» og «energien» løs. Alkohol er i slike miljøer ofte mindre brukt enn narkotika, fordi alkohol anses å ha en bedøvende effekt som leder sansene bort fra energien, vennligheten og harmonien.

Musikken i europeisk house har røtter i funk, elektronisk rock og disco. Den er hovedsakelig instrumental, og vokale innslag brukes helst som en sound-effekt, gjerne med korte fraser og ord som gjentas i loops, ofte samplet. Dette er som oftest kvinnestemmer, men vi finner også mannsstemmer i house, da som regel mer resiterende (i retning rap, men mer minimalistisk). Musikken er et utpreget studioprodukt, og har ingen live-idealer. Den bygger på programmering av trommemaskiner, synthesizere og sequensere, og i høy grad på sampling. De eldre, analoge synthesizerne er de mest populære lydkildene. Et viktig prinsipp er at låtene bygges opp ved å mikse sammen sekvenser fra allerede eksisterende låter. Det finnes også mange CDer tilgjengelige med ferdige samplingssekvenser (loops). En slik samplings-CD kan bestå av kjente riff og motiver fra andre house-produksjoner, orgel- og synth-motiver, bassganger, perkusjonsmønstre og samplede vokalspor. Denne praksisen viser to viktige estetiske trekk: For det første har den, ved hjelp av samplingsteknikken, drevet fram popmusikkens eklektiske bruk av sitater og montasjeteknikker til et enda høyere nivå. Faktisk er denne «cut'n'mix»-teknikken selve hovedkjennetegnet ved housemusikk. For det andre har den som konsekvens at musikkindustriens tradisjonelle skille mellom produsent og komponist er utvisket. Også skillet mellom utøver og formidler (DJ) er i høy grad utvisket, men dette ble foregrepet allerede i toasting og rap. I house er mange «bandnavn» eller artistnavn psevdonymer for produsenter og/eller DJer. DJen er 90-tallets artist. DJer som Frankie Knuckles, selve pioneren for Chicagos gryende house-kultur tidlig på 80-tallet, foretok fullstendige rekonstruksjoner av kjente låter. DJer er selv musikk-konsumenter, men foretar en nytolkning som så blir utgangspunkt for nye låter. Gjennom denne prosessen av kombinasjon og montasje skaper DJen egentlig et metaprodukt. Vi må legge til at selv om både rap og house i utgangspunktet er utviklet av DJer, har utviklingen gått i retning av at også stadig flere «vanlige» produsenter står bak utgivelsene.

Hovedelementene i house er altså rytmikk og sound. På mange måter representerer den en videreføring av disco – og videreføringen er primært et resultat av den teknologiske utviklingen. House-produksjon og -rytmikk har også siden slutten av 80-tallet fått stigende betydning i hovedstrømmen av pop og rock, på samme måte som hip hop-rytmer og rapping. Frankie Knuckles beskrev i 1990 house som «disco-musikkens hevn». House-musikk går i 4/4-takt, og tempoet ligger som regel omkring 132 bpm. Skarptromme-backbeat er uvanlig: I stedet finner vi en lik markering av alle fire taktslag, med en form for samplet basstromme-lyd (også en videreføring av disco). Dessuten bruker man samplet hi-hat og perkusjon i stor grad. Bassmønstrene er enkle, repeterte figurer. Det melodiske materialet er gjerne basert på synkoperte treklanger spilt med piano- eller orgellyder. Harmonisk og melodisk bygger house nesten utelukkende på de modale skalaene. Det bærende formprinsippet i house er potensiell uendelighet. Gjennom miksingen av plater, og gjennom inn- og ut-fading, skapes en strøm av musikk som verken har begynnelse eller slutt – en uendelig danse-groove. Eksempelvis er et rave-party en sammenhengende musikk-miks som varer i flere timer.

Det sier seg selv at både rap og house har skapt store problemer med hensyn til copyright-lover og spørsmål om autentisitet og opphavsrettigheter. Rap-musikkens sound ble dramatisk endret i siste halvdel av 80-tallet, da digitale samplere som Akai S900 kom på markedet, med rikelig hukommelse og relativt lav pris. Artister som James Brown og George Clinton finner vi fragmenter av på hundrevis av rap- og houseplater. Den første rap-hiten, «Rapper's delight», førte til en copyrightrettssak. Et illustrerende eksempel på dette problemet er det britiske bandet KLF. Forkortelsen står for Kopyright Liberation Front, og KLF gjorde det til en stil å utilslørt «stjele» fra eksempelvis Led Zeppelin, Beatles, Abba, Steely Dan, Tammy Wynette, glamrock, punk og TV-serier. Deres musikalske anarki var preget av kreativitet, respektløshet, rettssaker og millionsalg. Den løsslupne eklektismen er også klart poengtert hos rap-tekstforfatteren G.L.O.B.E: «Punk rock, new wave

and soul / Pop music, salsa, rock'n'roll / Calypso, reggae, rhythm'n'-blues / Master mix those number one tunes.» Samplingsteknikken har skapt juridiske nøtter som synes vanskelige å knekke. Ved hjelp av stadig rimeligere og bedre hjemmeutsyr innen databasert musikkteknologi, kan også «amatører» lage sine egne hjemmeproduksjoner, som låter profesjonelt. Konvensjonelle musikk-kunnskaper og spilleferdigheter er for disse «datainstrumentalistene» underordnet teknologisk kunnskap og stilfortrolighet.

Techno og cyber-kultur

På 90-tallet ble det vanlig å bruke uttrykket *rave*, ikke bare om den moderne, urbane dansekulturen, men også som en samlebetegnelse for moderne, hard og elektronisk forankret dansemusikk. Under dette sorterer betegnelser som house, dance og techno.

Dance er et uttrykk for en kommersielt suksessrik disco-pop på 90-tallet. I likhet med house er den elektronisk basert, men den har flere vokale innslag. Man kan gjerne se på dance som en mer kommersielt tilgjengelig utgave av house eller techno. Madonna og Mariah Carey er eksempler på populære artister som oppnådde suksess med dance-preget pop. På 90-tallet oppnådde en strøm av mer ukjente dance-artister suksess på diskoteker og hitlister, som regel med avanserte videoer og en sterkt sexfiksert visuell framtoning. I dance er det produsentene som er viktige – frontfigurene eller sangerne er ofte kvinnelige fotomodeller. Genren er således preget av stor konformitet og mange døgnfluer. Dance-musikken står sterkt i Be-Ne-Lux-landene. Belgiske Technotronics «Pump up the jam» (1989), som resulterte i 5 millioner solgte LPer, hollandske 2 Unlimiteds «No limit» (1992) og tyske Culture Beats «Mr. Vain» (1993) er eksempler på dance-genren.

Techno er en instrumental videreføring av house, som ble svært populær på 90-tallet. House-kulturen i Detroit på slutten av 80-tallet er det direkte utgangspunktet for techno-musikken. I dette miljøet sto Juan Atkins, Carl Craig, Kevin Saunderson og Derrick May sentralt. De forsøkte å skape en ny form for dansemusikk ved å integrere elektronisk avantgarde-musikk med de mest utfordrende delene av housemusikken. Derrick Mays innspillinger fra 1989, særlig «Strings of life», betraktes som landemerker i denne prosessen. I tillegg til de amerikanske røttene i funk, disco og house har techno utspring i europeisk synthrock, som eksempelvis Brian Enos produksjoner og Kraftwerk. Den har også hentet inspirasjon fra progrock-utgivelser som Mike Oldfields «Tubular bells» og Pink Floyds «Dark side of the moon». Innen den elektroniske avantgarde-musikken og minimalismen står komponister som Karlheintz Stockhausen, John Cage, Steve Reich og Philip Glass sentralt som inspirasjonskilder.

Techno-musikken er i sine formprinsipper statisk eller sirkulær, og harmonisk er den modal. Slik er den også en videreføring av house. Modal harmonikk har generelt i tiltagende grad dominert både jazz og rock etter at Miles Davis lanserte dette prinsippet på den innflytelsesrike LPen «Kind of blue» i 1959. Mens funksjonsharmonikkens forholdninger og oppløsninger bygger på ideen om ekstensjonal utvikling og lineær framdrift i tid, virker den modale musikken langt mer statisk: Man kan spille over en modal skala i ubegrenset tid, nettopp fordi den ikke krever noen oppløsning eller videreføring. Disse prinsippene finner vi også i indiske ragaer. Den modale musikken reflekterer en kontemplativ og syklisk tenkemåte, som harmonerer med en østlig mentalitet og filosofi mye mer enn med en vestlig. Disse filosofiske og musikalske ideene dominerer techno-musikken, innenfor en ramme som er gjennomført elektronisk og databasert, på et svært høyt teknologisk nivå. Techno bygger på en konsekvent monoton rytme, og på sound-arkitektur og lydmontasjer. I stedet for å anvende funksjonelle prinsipper for lineær framdrift eller spenning og avspenning, skaper techno-soundet en tilstand av transeframkallende, hypnotisk suggesjon. Det er et lydrom uten tidsfølelse. Musikken har ingen lineær retning, men gir følelse av vertigo – et fritt svev.

En variant av techno, som går i et saktere tempo, kalles *ambient*. Denne formen er mer svevende og meditativ, og legger mindre vekt på rytmen. Uttrykket ble først lansert av Brian Eno. I ambient bygges musikken opp av sound-elementer som blandes i ulike valører, omtrent som farger på en palett. Ambient-musikken har fått stigende popularitet utover 90-tallet. I Europa brukes gjerne betegnelsen electronic body music (EBM) på de ulike formene for rave-musikk. I USA brukes ofte uttrykket Industrial Music, et uttrykk som også fokuserer på bruken av thrash metal- og hardcore-elementer og støy (white noise) i en del technomusikk.

Rave-kulturen er nært knyttet til den eksplosive utviklingen innenfor moderne informasjonsteknologi. Utviklingen på dette området sprengte de fleste grenser for fantasi på 90-tallet. Et ord som stadig oftere har blitt brukt i forbindelse med denne utviklingen, er cyber-kultur. Cyber kommer av kybernetikk, en teori som omhandler forholdet mellom menneske og datamaskin. En kyborg er en skapning som dels er menneske, dels maskin. Ordet «cyberspace» ble først brukt av forfatteren William Gibson i romanen «Neuromancer», som kom ut i 1984. Det beskriver en parallell virkelighet hvor tid, sted og rom har fått en helt ny betydning. Gibsons helt fra det framtidige dataunivers var en «hacker», en data-tyv, som Gibson kalte en cyberspace-cowboy. I Orwell-året 1984 var dette science fiction, men ti år senere hadde det blitt virkelighet. Den viktigste manifestasjonen av den grensesprengende informasjonsteknologien er utbredelsen av det verdensomspennende datanettverket Internett. Internett ble startet av det amerikanske forsvaret på 60-tallet, og ble senere brukt av universiteter og forskningsinstitusjoner. På midten av 90-tallet var det tidligere så eksklusive nettverket også tatt i bruk av millioner av privatpersoner, også tenåringer. Cyberspace er en data-virkelighet hvor mennesker via datamaskiner kan møtes utenfor den virkelige verdens begrensninger i tid og rom. Virkeligheten er uvirkelig, og det uvirkelige er virkelig. «Information wants to be free» er slagordet. Poenget er å bryte grenser; ingen grenser mellom menneske og maskin, og ingen geografiske grenser. «Virtual reality» er en tredimensjonal simulert virkelighet: Ved hjelp av multimedia-hjelmer, stereoskopiske briller, sensorer og heldekkende drakter tilknyttet interaktivt datautstyr kan man tre inn i en verden hvor det utenkelige er mulig. Mennesket har skapt en «alternativ verden», som kan være et nytt rom for menneskelig erfaring og utvide vår horisont, men som også åpner uante muligheter for tilbaketrekning og virkelighetsflukt. I Gibsons bok flykter menneskene inn i denne verdenen, fra en virkelighetens verden som går under i miljøkatastrofer og maktsentralisering. Cyberspace kan bety både elitedyrkelse og folkekultur, massebedrag og opplysning. Det er i alle tilfeller en virkelighet forbeholdt en begrenset del av menneskeheten: Den rike, vestlige verden.

Begrepet *cyberpunk* brukes om kulturelle fenomener knyttet til cyber, først og fremst techno-musikk og rave-kultur, men også klær, filmer, magasiner og bøker. Uttrykket er egentlig en blanding av motsetningen cyber (all future) og punk (no future). Rave-kulturen har mange ideologiske stiltrekk som minner om hippiekulturens verdier på slutten av 60-tallet. På house-partyene ble psykedeliske klær, åpenlys bruk av narkotiske stoffer og en peace and love-filosofi igjen moderne. Rave-kulturen representerer også en protest mot samfunnets etablerte normer, men denne kommer til uttrykk i passivitet, tilbaketrekning og konsum (til tider også apati) i stedet for aktivitet og utadrettethet. Dette er, som subkulturell praksis, en forsterkning av hippieideologien, og punkens rake motsetning. Rave-kulturen viser i likhet med hippieideologien en sterk interesse for alternativ og eksotisk, gjerne stammepreget og eldgammel, åndelighet. Faktisk ble Goa i India et kultsted for raves på 90-tallet – den samme stranda hadde vært et valfartssted for hippier på 60-tallet. Rave-kulturen korresponderer med 90-tallets nyreligiøse trend i den vestlige verden (new age). I musikken finner vi slagord om å redde jorda og om en indre guddommelighet. DJen har blitt sammenlignet med sjamanen, som har til oppgave å få folk inn i transelignende tilstander hvor de er mottagelige for det overnaturlige, ved hjelp av blant annet hypnotisk tromming. Man kan kanskje se denne interessen for det åndelige og mystiske, og fascinasjonen for det stammepregede, som en motvekt til elektronikkens science-fiction-verden. Rave-kulturen er på mange måter det moderne, urbane menneskets form for sjamanistisk stammeritual. Cyberpunk er i stor grad en hippieideologi for dataalderens mennesker.

Vi finner disse trekkene hos det skotske bandet *Shamen*, som har blitt betegnet som techno-musikkens første superstjerner. De forener psykedeliske elementer med cyberpunk-ideologi, og bruker aktivt multimedia-formidling. De viser en sterk, nyreligiøs interesse for urgamle stammereligioner, sjamanisme og magi. Selv sammenligner de i intervjuer gamle stammeritualer med moderne rave-kultur, og ser en forløper til denne i hippieideologien. Nittitalls-hippien Mister C ser på bandet som et medium for å spre et budskap om en alternativ bevissthet, hvor han benytter kommersielle virkemidler for å nå ut med dette budskapet. Shamen opererte med forskjellige musikalske konsepter gjennom 80-tallet, og fjernet seg gradvis bort fra rockrøttene. De fikk et gjennombrudd med den millionselgende og sterkt psykedelisk influerte CDen «Boss drum» (1992). Låten «Ebeneezer Goode» var fengende, men også kontroversiell, idet den ble oppfattet som propaganda for ecstasy.

På samme måte som i house er det vanskelig å trekke fram enkeltnavn i techno – som musikalsk fenomen er det selve genren som er interessant, mer enn de enkelte utøverne. Genren har lite idoldyrkning og få «popstjerner» – det blir betraktet som lite viktig hvem det er som lager musikken. Men noen av de britiske forgrunnsfigurene må nevnes, slik som bandet Orbital, som ble startet i 1987, og særlig ble kjent for å eksperimentere med improvisasjon til elektronisk live-musikk. Deres CD «Snivilisation» (1994) ble et forbilde for mange senere techno-produksjoner. Alex Paterson, kjent som The Orb, har blitt trendsettende innenfor ambient techno. Han refererer selv til Pink Floyd som en viktig inspirasjonskilde, og konkurrerer også med dem om hvem som kan lage det mest spektakulære sceneshowet. På 90-tallet er *Aphex Twin* (Richard James, 1972) en av dem som sterkest har markert seg i britisk techno. Han ble kjent innenfor techno-miljøene allerede som 13-åring, og fikk sitt gjennombrudd i 1992. Han er meget produktiv, og også etterspurt som remix-tekniker for popartister utenom techno-formatet. Aphex Twin er svært anerkjent innenfor både techno og ambient, og betraktes av mange som disse genrenes fremste eksponent så langt på 90-tallet. *Prodigy* er et ledende techno-band, bestående av DJer og dansere, som debuterte i 1992. Hit-singlen «Charly» bygde på et tema fra en barnefilm, med tillagt techno-rytme og effekter. Fra å være et ledende undergrunnsband har Prodigy oppnådd popstjernestatus. Musikalsk har de også vokst ut av rave-miljøene, og blitt et selvstendig musikalsk prosjekt med listesuksess og med substans også som plateprodukt. Deres musikk bygger i stor grad på hip hop-groover, med innslag fra thrash og flere andre genrer. Deres viktigste bidrag så langt er CDen «Music for the jilted generation» (1994).

Ved siden av England er også Tyskland og Nederland områder hvor techno-musikken står sterkt. Genren har også fått arktiske impulser:

«Tromsø-techno» ble et begrep allerede på slutten av 80-tallet. Fra dette miljøet var Biosphere, alias Geir Jenssen, det viktigste navnet, med betydelig innflytelse blant annet på utviklingen av tysk techno og ambient. Innenfor techno på 90-tallet finner vi også flere eksempler på en tiltagende stil-eklektisme. Det britiske, flerkulturelle bandet *Trans-Global Underground* bruker elementer av rap, arabisk musikk og techno, mikset sammen til en multikulturell, «trans-global popmusikk». De gjør utstrakt bruk av samplinger av etnisk musikk, og er et bindeledd mellom verdensmusikk og rave. Musikken deres har blitt betegnet som «world house». De kom med sin debut-single «Templehead» i 1991, og fikk gode kritikker for CDen «Dream of a 100 nations» to år senere.

På 90-tallet har det kommet flere forskjellige retninger innenfor rave-begrepet, og ikke alle er enkle å definere eller skille fra hverandre. Trance, club, jungle og acid er noen av uttrykkene som florerer. Et av de mest brukte begrepene er *trip-hop*, som ble lansert våren 1994. Den fremste representanten for denne trenden, den skotske produsenten Howie B, er selv skeptisk til begrepet. Plateselskapet Mo Wax, et lite indie-selskap i Oxford, drevet av den unge James Lavelle, kaller det «blunted jazz» eller «abstrakt hip hop» med psykedeliske trekk. Bristol-prosjektene Massive Attack og Portishead har også markert seg sterkt på den britiske klubbscenen, og herfra kommer også den svært anerkjente produsenten Tricky. Uansett om man kaller dette trip-hop, dub jazz, acid funk, eller andre begreper som er i omløp, dreier det seg om en svært eklektisk og kreativ tilnærming til rave-kulturen.

Techno, med sine ulike undergrupper, er en musikkform som stiller spørsmål ved hva som egentlig kan defineres inn under begrepene «rock» eller «populærmusikk». Den ligger nærmere den klassiske samtidsmusikken enn Beatles, Elvis eller Cole Porter. Den har linjer til jazz, folkemusikk og etnisk musikk. Den har forlatt de fleste vanlige prinsipper i populærmusikken for eksempelvis form, harmonikk og instrumentasjon. Produksjonsmåtene i den elektroniske dansemusikken representerer en revolusjon i musikkindustrien. Som elektronisk musikk er den dessuten en klanglig nyskapning som ikke har direkte paralleller tidligere i musikkhistorien. Kanskje vil slik musikk i framtida få status som en selvstendig genre, som ikke regnes som verken populærmusikk, rock, jazz eller klassisk?

25 Populærmusikk i en postmoderne tid

De tilbakeskuende tendensene i rocken ble også tydelige i 90-tallets rock. Det viktigste fenomenet i denne sammenheng var bølgen som kom i England mot midten av 90-tallet under merkelappen *brit-pop*. Uttrykket betegner ikke en distinkt musikalsk genre, men heller en oppblomstring av unge, ambisiøse band, som var tydelig preget av rockens tradisjoner. Blant band som i større eller mindre grad havnet under merkelappen brit-pop, finner vi navn som Pulp, Boo Radleys, Sleeper, Supergrass, Menswear, Suede, Oasis og Blur. Disse bandene hadde i utgangspunktet ikke særlig appell i USA, hvor britiske band knapt hadde slått igjennom siden midt på 80-tallet, men på mange måter lignet situasjonen i 1995 mye på scenariet like før den britiske invasjonen 30 år tidligere: Den nye bølgen av britiske band representerte Englands tilbakekomst på rockscenen, som i noen år hadde vært dominert av amerikansk grunge-rock og rap. I likhet med grunge besto også den britiske bølgen av undergrunnsband, eller indie-band, som solgte flere plater enn man skulle anta de hadde marked for. Disse bandenes musikk var melodiøs og gitarbasert. De var dyktige konsertband, og videreførte dessuten gjerne punkens tradisjoner med selvsikkerhet og selvskryt. Gitar-pop ble dette også kalt, og forbildene var å finne i britisk pop og rock mellom 1965 og 1985. Musikerne virket som om de var oppfostret på en diett av Kinks, The Beatles, Rolling Stones, Pink Floyd, David Bowie, Small Faces, Mott The Hoople, T. Rex, Sex Pistols, The Jam, XTC, Madness og The Smiths. De fleste av brit-pop-bandene ble markedsført med logoer som dessuten ga klare 60-tallsassosiasjoner. Britpop låt som en kunnskapsrik, men ung og passe respektløs oppsummering av britisk pophistorie, hvor referansepunktene ble satt inn i en ny kontekst, i en absorberende smeltedigel.

Brit-pop – musikalsk gjenvinning

De to fremste bandene i engelsk pop på 90-tallet, både hva gjelder mediaoppmerksomhet og sannsynligvis også hva gjelder musikalsk innsats, ble Oasis og Blur. Det var disse som skapte mediaoppstyret omkring fenomenet brit-pop. Det skjedde da Oasis vakte stor oppmerksomhet med sin debut-CD «Definitely maybe» høsten 1994, samtidig som Blur begeistret publikum og kritikere med sin tredje CD «Parklife». Begge kom på førsteplass på den britiske albumlista. Ett år etter konkurrerte de på CD-listene med henholdsvis «(What's the story) Morning glory?» og «The great escape», og på single-listene med «Roll with it» og «Country house». Begge hevdet, uten å blunke, at de var verdens beste band. I starten slet de hardt med å bevise hvem av dem som var Englands beste band, og rivaliseringen og den «psykologiske krigføringen» mellom Manchesters Oasis og Londons Blur aktualiserte også gamle geografiske og sosiale «konfliktlinjer» mellom nord og sør, provinsielt og sentralt i britisk pophistorie: Oppstyret kunne til tider overgå Beatles / Stones-rivaliseringen i mediene 30 år tidligere.

Manchester-bandet *Oasis* har brødrene Gallagher som sentrale medlemmer: Liam er vokalist, og Noel er gitarist og låtskriver. Dette bandet fikk på svært kort tid en anerkjennelse som knapt har blitt noe debuterende band til del siden The Beatles. De er da også Oasis' store forbilder, særlig den unge John Lennon. Singlen «Live forever» var prydet med et bilde av huset hvor Lennon vokste opp, Oasis spilte «I am the walrus» som ekstranummer på sine konserter, og soundet deres er svært inspirert av Beatles' «Revolver»-periode. Også utseendemessig finnes det likheter, og de har til og med blitt markedsført under slagordet «Oasis is a teasing glimpse of what The Beatles might have sounded like today». På samme måte som sine forbilder gjør de et stort poeng ut av sin arbeiderklassebakgrunn. Bandet er også preget av mange kontroversielle uttalelser, sterke motsetninger mellom brødrene Gallagher, klare ambisjoner om å erobre verden, utskjelling av Blur, samt åpenlys bruk av rusmidler.

På tross av og på grunn av alt dette er det musikken som har skapt så høye forventninger til Oasis. I tillegg til den tydelige Beatles- og Lennon-inspirasjonen viderefører bandet også mange trekk fra T. Rex, Sex Pistols og The Smiths. Deres låter er enkle, melodiøse og gitaristiske, med et mektig og distinkt sound, rå kraft og enkelhet. Etter debutsinglen «Supersonic» i mai 1994 skapte også de neste singlene tilstrekkelige forventninger til at CDen «Definitely maybe» debuterte som nr. 1

på de britiske listene i august. Den ble rockhistoriens raskest selgende debutalbum. Bandet hadde utgitt en rekke overbevisende plater i løpet av kort tid, og samtidig sprengt de kommersielle grenser for såkalte indie-band. «(What's the story) Morning glory?» (1995) brøt denne barrieren i flere land, og vakte også oppmerksomhet i USA – Oasis' neste mål. CDen solgte over 11 millioner eksemplarer, anført av hit-singlene «Roll with it» og «Wonderwall».

London-bandet *Blur* har vokalisten og låtskriveren Damon Albarn som frontfigur. Albarns frimodige uttalelse «når vårt tredje album kommer ut, vil det sikre vår posisjon som 90-tallets essensielle band», viste seg å være en profeti: Det virkelige gjennombruddet kom med singlen «Girls & Boys» i mars 1994, etterfulgt av CDen «Parklife». Plata fikk status som en umiddelbar popklassiker, med appell til både skolebarn og bestemødre. Den var postmoderne med lyse farger, vittig og sjarmerende, intellektuell og folkelig. Mens Oasis presenterer nokså konsekvent gitarrock, spenner Blurs musikk over et atskillig videre uttrykksregister. Her finner vi ofte større orkestrering, mer variert instrumentasjon, og keyboards er også viktig i arrangementene. I tillegg til de musikalske linjer de viderefører fra Kinks og Madness, har Blur også trekk av psykedelia og disco. Vi finner også music hall- og vaudeville-stemninger, noe den instrumentale sirkusvalsen «The debt collector» er et eksempel på. På «Parklife» og oppfølgeren «The great escape» (1995), lånte de fra bortimot enhver britisk populærmusikalsk institusjon, med Albarns cockney-vokal foran i lydbildet. I motsetning til Oasis legger Blur også stor vekt på tekstinnholdet, og presenterer fortettede og poengterte vokale observasjoner og kommentarer til samtidas England – omtrent som forbildet Ray Davies gjorde på 60-tallet.

Funkens postmoderne prins

En av de viktigste artister med utgangspunkt i soul, funk og hip hop er *Prince* (Prince Rogers Nelson, 1958). Prince står på mange måter som en fullender av denne tradisjonen så langt, samtidig som han løfter den opp i en annen estetisk dimensjon, hvor den også smeltes sammen med andre populærmusikalske genrer og konvensjoner. Selv om Prince har blitt en populær artist, har ikke populariteten i nevneverdig grad gått på bekostning av hans innsats som en viktig, samtidsrelevant og nyskapende musiker, produsent og komponist.

Prince kommer fra Minneapolis i USA, og la tidlig grunnen for sitt talent som multimusiker. Han debuterte med LPen «For you» i 1978, hvor han produserte og spilte alle instrumentene, og fikk en uhørt kunstnerisk kontroll til ung, ukjent svart artist å være. Allerede på sine første utgivelser vakte han oppsikt med sin blanding av seksuelle og religiøse temaer i tekstene, og han sjokkerte også mange med en sterkt erotisk og ekshibisjonistisk sceneopptreden. Han brukte sin Telecaster-gitar som fallossymbol samtidig som han etablerte et androgynt image. Han framstilte seg selv som machomann, som feminint sexobjekt og som religiøs helgen. Prince balanserte hårfint mellom instinkt og intellekt i sitt uttrykk, og dette ga en både frastøtende og tiltrekkende effekt på publikum. Han hevdet selv å være dypt religiøs, men ble ofte beskyldt for å være blasfemisk og sexfiksert. Musikalsk befant han seg i en moderne R&B- og soul-tradisjon. Disse trekkene har fulgt ham gjennom hele karrieren.

I 1982 fikk Prince to hit-singler med «1999» og «Little red Corvette», som var som skreddersydd for MTVs skjermer, og bidro til å bryte ned kanalens opprinnelige rasebarriere. Fra hovedsakelig å ha et svart publikum i USA fikk han nå også et internasjonalt rockpublikum. Den virkelige anerkjennelsen av hans talent kom med LPen «Purple rain» (1984). Hans første band, Time, ble nå avløst av The Revolution. «Purple rain» var en selvbiografisk film, men Princes innsats på filmlerretet ble ikke særlig godt mottatt – han har heller aldri senere blitt anerkjent som skuespiller. Men musikken ble en stor suksess: Her blandet han elementer av rock, pop, soul og funk til et høyst personlig og originalt uttrykk, og han var tydelig inspirert av James Brown, Jimi Hendrix, Sly Stone og George Clinton. I tillegg til å profilere ham som komponist var «Purple rain» også en triumf for Prince som en særpreget vokalist og gitarist. Den hadde fengende melodier, et moderne lydbilde med stort innslag av synthesizere, og fengende dansegroover. Tittellåten var en klassisk, tung rockballade, hvor Prince tok opp arven etter Hendrix. Plata ble også en kommersiell suksess; med salgstall på 10 millioner er den hans mest solgte. Singlene «When doves cry» og «Let's go crazy» ble hans første nr. 1-hiter i USA. «Purple rain»-turneen etablerte også sceneartisten Prince i toppsjiktet innen 80-åras rock.

Princes karriere kjennetegnes av et svært høyt arbeidstempo og en imponerende produktivitet. Etter «Purple rain» begynte han for alvor å overraske og eksperimentere – i stedet for å gå inn i et trygt spor som leverandør av dansbare pop/funk-hitlåter. Nå bygde han opp et moderne studiokompleks i Minneapolis (Paisley Park), han begynte på filmprosjektet «Under the cherry moon», utga den psykedelisk influerte

LPen «Around the world in a day» (1985), og arbeidet dessuten som produsent for andre artister. Han har alltid foretrukket å arbeide for kvinnelige artister, på samme måte som han har foretrukket dyktige kvinnelige medspillere i sentrale roller på sin egen scene, som Sheila E., Rosie Gaines og Wendy & Lisa. Da jentebandet Bangles lå på 2. plass på USAs single-lister med hans komposisjon «Manic Monday», holdt han selv førsteplassen med «Kiss» (1986). Dette er en av Princes klassikere fra 80-tallet, og demonstrerer en typisk, nytolkende bruk av enkle virkemidler: «Kiss» er nærmest en nyutgave av James Browns «Papa's got a brand new bag», men i et industrielt og minimalistisk 80-tallssound. Princes metalliske korklang og androgyne stemmebruk problematiserer og ironiserer over soul-vokalistens tradisjonelle macho-rolle. Det samme gjør teksten: «You don't have to be beautiful to be my girl». Det innmonterte gitarriffet og den «talende» gitaren med ren lyd og flanger, skaper en følelse av autentisitet i kontrast til et ellers nokså industrielt sound.

Etter «Parade»-turneen i 1986 gjorde Prince utskiftninger blant musikerne, og han ga kort etter ut en plate som av mange regnes som hans beste fra 80-tallet; «Sign o'the times» (1987). Tittellåten var en sterk sosial kommentar til den urbane håpløshet og apati, med voldsspiral, crack, gatebarn og AIDS («a big disease with a little name») som stikkord. Tekstens bisarre realitet gjenspeiles i det monotone og kjølige soundet og i de sporadiske og mer intense kommentarene i gitarspillet: «Sign o'the times» er som en moderne blues i gangsta-rappens språk, med Princes vokal foran et synth-bassriff, en trommemaskin og noen bluesriff på el-gitar. LPen hadde apokalyptiske og mørke undertoner, men var samtidig sterkt preget av yndlingstemaene i Princes billedverden, sex og sensualitet. Året etter spilte han inn «The black album», som han imidlertid ikke utga. Dette ble 80-åras mest myteomspundne og ettertraktede bootleg, før den noen år senere ble legalt tilgjengelig. Plata viste Princes mørke sider som artist, «Spooky electric», med hard funk med frekke tekster. Hans lysere sider, «Camille», kom fram på LPen som han i stedet valgte å utgi; «Lovesexy» (1988). Disse to platene utgjør en skarp motsetning i uttrykk. På slutten av 80-tallet var Princes popularitet nesten på nivå med Michael Jackson og Madonna. Han fortsatte likevel å ta musikalske sjanser i stort tempo, med plateinnspillinger, produsentjobber og filmmusikk, med overganger fra spektakulære stadionoppvisninger til improviserte klubbkonserter. Han satte også sammen et nytt band; The New Power Generation.

I 1991 utga Prince and The New Power Generation CDen «Diamonds and pearls». Her nådde Prince et nytt nivå som artist og komponist: Han var ikke lenger primært en fornyer og trendsetter innen svart musikktradisjon, men han gjorde skillet mellom «svart» og «hvit» nærmest meningsløst. «Diamonds and pearls» spenner fra detaljer til bærende elementer over stilimpulser fra, og konnotasjoner til, blant annet glamrock («Cream»), pop/funk («Daddy pop»), sørafrikansk township jive («Willing and able»), progrock («Diamonds and pearls»), 70-talls soulballade («Money don't matter 2 night»), karikert swingjazz («Strollin»), rap og thrash («Jughead»), tung funk («Gett off») og gospel («Thunder»). Stilistiske klisjeer utnyttes innenfor en streng form med åpenbar ironisk distanse, og soundet nærmest redefinerer stilkonvensjoner: Det uventede blandes med pastisjer, i overraskende soundteksturer. Plata legger vekt på maksimal stilistisk kontrast og samtidig kontinuitet, med en overveldende mengde informasjon og ulike estetiske ideer og referanser. Her er det et så tett vev av stilelementer, ofte i én låt, at det er vanskelig å isolere enkeltelementene. Plata er virtuos i produksjon og instrumentalprestasjoner, har sterke fysisk suggererende groover, og harmonisk er den overveiende modal. Prince har alltid vært teknologisk langt framme i utviklingen, og studioet har nå blitt det viktigste kompositoriske verktøyet. Hans vokal har alltid vært produsert med en sterk tilstedeværelse som et nærmest isolert element i soundet, uten tanke på å presentere noen «naturlig» stemme for lytterne. Her bruker han mange vokale forkledninger gjennom elektronisk prosessering, som noen ganger gjør det vanskelig å høre at det er Prince som synger, og som skaper innbyrdes motsetningsfylte framtoninger. I mange av 80- og 90-tallets produksjoner er ikke nødvendigvis stemmen noe musikalsk sentrum mer enn andre instrumenter og lydkilder, og andre deler av det musikalske helhetsbildet kan være mer dominerende. Tradisjonelt har stemmen vært et varemerke i popproduksjon, ikke bare musikalsk, men også som et symbol for den romantiske kunstnermyten om autentisitet og det «ekte» eller «personlige». Siden David Bowie titulerte seg selv som «actor» på LPen «Hunky dory» i 1971, har problematisering av slike relasjoner mellom artistens liv og musikk vært et tilbakevendende tema. Prince er en artist som problematiserer rockens krav til autentisitet, ved å synge uten at personlige følelser kommer til uttrykk, og ved aldri å eksponere noen autentisk jeg-person med én stemme (Bowie har også omtalt Prince som sin etterfølger). Dette fraværet av autentisitet kommer også til uttrykk i at han nesten aldri gir intervjuer, og at han fra 1993 begynte å markedsføre seg selv som en artist med et visuelt symbol i stedet for et navn.

Princes karriere fortsatte utover 90-tallet med funky og likevel uforutsigbare hitlåter som «Sexy MF» (1993) og «Come» (1994). Gjennom stadier som «Purple rain», «Sign o'the times», «Lovesexy» og «Diamonds and pearls» finner vi en utvikling mot stadig større kompleksitet, stadig større enkelhet, stadig større paradokser og stadig større frihet overfor konvensjonene. Prince er kompleks og flertydig på mange forskjellige nivåer i sine musikalske og estetiske budskap. Han demonstrerer tydeligere enn de fleste hvordan eklektismen har blitt dominerende som prinsipp i 80- og 90-åras rock. Mens Elvis Presley på 50-tallet oppnådde suksess ved å gå på tvers av tradisjonelle stilkonvensjoner, gjør Prince det samme – men på et langt mer detaljert og avansert nivå. I likhet med Bruce Springsteen, som han for øvrig ikke har mye til felles med, representerer Prince nærmest en ny type artist idet han sammenfatter og oppsummerer store deler av rocken og den populærmusikalske tradisjon. Dette er ikke bare eklektisme, men det er et illustrerende eksempel på den postmoderne tilstand i 90-tallets rock.

Samtidskultur og postmodernisme

Begrepet «postmoderne», det vil si «etter-moderne», har siden 70-tallet ofte blitt brukt for å karakterisere samtidas kultur. Selve begrepet «postmodernisme» betegner en rekke oppbrudd og nyorienteringer som har funnet sted innen kulturlivet etter annen verdenskrig. Begrepet viser til en holdning som kommer til uttrykk i forskjellige kulturytringer – hva man kan kalle den postmoderne tilstand. Postmodernisme-begrepet brukes innen både arkitektur, litteratur, filosofi, billedkunst og musikk, og er også brukt for å karakterisere medievirkeligheten.

Den postmoderne samtidskulturen utpreger seg ved å smelte sammen fragmenter av helheter på nye måter, på tvers av tradisjonelle, geografiske, nasjonale, kulturelle eller historiske grenser. Dette er muliggjort ikke minst gjennom den moderne informasjonsteknologien; dette er «dagene med laserlys i jungelen», som Paul Simon synger. Den er kjennetegnet av fragmentering og av mangel på historiske sammenhenger, en tilstand hvor ironien er den herskende holdning, og hvor det ikke eksisterer objektive, absolutte vedtatte sannheter. Informasjonsteknologien og medievirkeligheten er illustrerende for dette: Postmodernismen har blitt karakterisert som en selvrefererende, kannibalistisk kultur, hvor all verdens ulike bilder møtes hver kveld som en collage på TV-skjermen. «Every artist is a cannibal,» for å sitere Zoo TV. En elektronisk storm av tegneseriestemmer, reklame, filmbiter og TV-dialog, muzak, virkelige nyheter og viktige debatter kan gi en følelse av kulturell bakrus. (Legger vi i denne karakteristikken til fragmenter av funk, tromme-breaks, blåseriff og biter av gamle plater man så vidt kan huske, har vi dessuten beskrevet en typisk rap-låt.) Postmodernismen er tilstanden hvor ingenting er sant eller rett, og hvor ingenting egentlig henger sammen, og hvor ingenting helt sikkert er virkelig. Dette er verden som møter den såkalte «generasjon X» – hippienes og sekstiåtternes barn.

Innen den klassiske musikken brukes begrepet «postmoderne» for å karakterisere komponistenes frie utnyttelse av et hvilket som helst musikalsk materiale fra fortid og samtid. Men som innfallsvinkel til de postmoderne trekk i populærmusikken, og da særlig i rocken, vil vi ta utgangspunkt i hvordan dette begrepet brukes i litterær sammenheng. Den såkalt postmoderne litteraturen kjennetegnes av begrepet «metafiksjon»; det vil si litteratur som kommenterer seg selv og sin egen tilblivelse, ved hjelp av ulike kommentarnivåer som bruk av ironi og parodi, ved innmontering av lånte tekster, og ved aktivt å involvere leseren. Den eksperimenterer med selve formspråket, stiller spørsmål ved forholdet mellom tekst og virkelighet, og den tar avstand fra «de store fortellingene» i den klassiske litteraturen. Den viser til oppløsning og brudd på helheter, og uttrykker anti-holdninger som får det meste til å virke rotløst i et verdimessig vakuum. På denne måten blir postmodernismen også sterkt selvopptatt og narsissistisk. Tomhet og fravær er stikkord. Gammelt og nytt, komisk og tragisk blir blandet. Postmodernismebegrepet har blitt kritisert for å være en overdrevet forklaringsmodell. Vi kan sette spørsmålstegn ved hvor viktig dette begrepet er, men det kan likevel være en fruktbar innfallsvinkel til å forstå mange av prosessene i samtidas kultur.

Rocken er på 90-tallet den musikkform som klarest uttrykker en postmoderne tilstand. Derfor er også rocken 90-tallets egentlige samtidsmusikk. Grunnen til at vi tar utgangspunkt i beskrivelsen av den såkalt postmoderne litteratur, er at dette er det nærmeste vi kommer beskrivelsen av en «postmoderne rock». Denne beskrivelsen kan eksempelvis også langt på vei karakterisere budskap og uttrykk i U2 på 90-tallet. Eksemplene er mange: 80-tallet ble tiåret da eklektismen i økende grad preget utviklingen i populærmusikken. Etter hvert falt denne prosessen sammen med sterke postmoderne kjennetegn. Et eksempel er verdensmusikken, som har sprengt kulturelle, historiske og geografiske grenser ved hjelp av moderne teknologi. Et annet er montasjeteknikke-

ne i rap, house og techno. Samplingsteknikken er i sitt vesen en grunnleggende postmoderne estetisk idé. Cyber-kulturen er også postmoderne. Den nærmest ekstreme stil-eklektismen og sammenfattende holdning til populærmusikkens historie, som vi finner hos en artist som Prince, er også utpreget postmoderne. Et vell av stilretninger eksisterer på 90-tallet i beste velgående side om side, og i tiltagende grad blandes de på måter som ikke har vært gjort før. Man snakker ikke lenger om crossover – det er tilsynelatende ikke lenger noen grenser igjen å krysse. På 90-tallet er høyst usammenfallende stilretninger som country og rap brede hovedstrømninger i populærmusikken – og flere har også forsøkt å kombinere dem. Svenske Rednex fikk eksempelvis i 1994 en hit med «Cotton eye Joe», et hillbilly-tema med techno-rytmer. Grant Lee Buffalo beskrev sin musikk som «country-grunge», og Beck Hansen skapte en original blanding av hip hop, folk og psykedelia med et svært kreativt sound. Vi finner de selvrefererende, postmoderne trekkene også i den tilbakeskuende tendensen i rocken, hvor man «resirkulerer» og transformerer elementer fra forskjellige historiske perioder, og setter sammen nye musikalske helheter. Det ble på 90-tallet moteriktig også å grave enda lenger bakover i historien; man kombinerte gjerne middelaldermystikk med techno-estetikk. Tyske Enigma fikk suksess med sin blanding av bonderomantikk, techno-rytmer og etnisk sang, mens Canto Gregorianos plate med gregoriansk sang fra et spansk munkekloster solgte i flere millioner eksemplarer.

Slike eksempler viser hvordan de postmoderne trekkene også er tydelige i publikums holdning: Mens det eksempelvis på 60- og 70-tallet var nokså klare sosiokulturelle skillelinjer mellom musikkens mange verdener, er det på 90-tallet ikke utenkelig at samme person kan gå på både jazzklubb, rockkonsert, rave og klassisk konsert. Det er «tillatt» å like og å identifisere seg med høyst ulike musikkformer og tilhørende sosial praksis. Man kan i CD-hylla hjemme ha både Bach og Beatles, punk og Palestrina, gregoriansk sang og grunge, uten dermed å måtte stå til ansvar for en samlet kulturell og ideologisk kapital. 90-tallet er tiåret hvor alt er tillatt. 90-tallet har derfor også frambrakt artister hvis produksjoner neppe hadde vært mulige få år tidligere.

Fra rockplater til multimedia

Den postmoderne fragmenteringen er også tydelig i utviklingen av forbrukerteknologi: Interaktive medier har på 90-tallet gjort det mulig for musikk-konsumenten også å delta i utformingen av produktet. Gjennom et interaktivt medium som CD-ROM blir forholdet mellom kunstnerisk materiale og virkelighet problematisert. Den første kommersielle interaktive utgivelsen fra en rockartist, var Peter Gabriels CD-ROM-plate «Xplora 1» i juni 1994. David Bowie og Prince fulgte raskt etter. At disse platene var interaktive, vil si at publikum selv via hjemmedatamaskin kunne delta i for eksempel å mikse låter og redigere musikkvideoer. CD-ROM-plater inneholder i tillegg til musikk også annen informasjon, som video, tekst, lyd, bilder og datagrafikk, med intervjuer, arkivstoff og så videre. I 1995 markerte to veteraner seg på det interaktive markedet: Bob Dylan utga CD-ROM-plata «Highway 61 Interactive», med en svært omfattende stoffmengde omkring hans karriere på 60-tallet. Rolling Stones utga «Stripped», som fungerte som en vanlig musikk-CD, men som også kunne legges inn i en CD-ROM-stasjon på en datamaskin for å hente ut mer informasjon, blant annet musikkvideoer og intervjuer. Slike kombinerte CD-plater ble i 1996 av musikkbransjen lansert under betegnelsen CD-Pluss. Dessuten er også Internett tatt i bruk til formidling av musikk. I september 1996 ble David Bowie den første artist som lanserte en single på Internett, før vanlig utgivelse. Det gjenstår å se om det vil komme en ny revolusjon innenfor musikk og media, på linje med digitalteknikk og video på 80-tallet, TV på 50-tallet, radio på 20-tallet og grammofonplata før alt dette. Ett prinsipp synes det vanskelig å endre: Uansett formidlingsform og teknologisk nyhetsverdi vil alltid selve innholdet være avgjørende for publikums interesse og produktets levedyktighet.

I musikkbransjen har det blitt snakket om 90-tallets musikk som «post-rock» – tida etter at den tradisjonelle rocken døde ut, med Nirvana som det siste store rockbandet. Rock, i tradisjonen etter Beatles, Led Zeppelin, Bowie eller Nirvana, tenderer i en del ungdomsmiljøer på 90-tallet til å være nærmest en minoritetsinteresse: Techno, sport og dataspill er tilsynelatende mye mer spennende. De store selskapene i musikkindustrien er dessuten som regel eid av multinasjonale konserner som primært driver med elektronikk og informasjonsteknologi. Disse virker ofte mer opptatt av å utvikle ny hardware og teknologiske gimmicker som CD-I og CD-ROM, enn å lete etter den nye Dylan eller det nye Sex Pistols. Musikk har kanskje blitt mindre viktig enn teknologi. Samtidig er det alltid plass for konservative og glaserte tenåringsidoler som New kids on the block eller Take that – de er alltid økonomisk lønnsomme. Mange ungdommer assosierer klassikere fra rockens historie med TV-reklamer for biler, forsikringsselskaper, mineralvann eller bukser. (Et eksempel er Levis-kampanjene på 90-tallet.) Noen ser på rocken som en utdøende industri fra en fjern fortid – omtrent som skipsbygging og kullgruvedrift. Andre mener at en slik beskrivelse er sterkt overdrevet, og at rocken i tradisjonell forstand lever i beste velgående, eksempelvis i amerikansk alternativ rock og engelsk brit-pop. Denne debatten viser i hvert fall at begrepene «rock» og «populærmusikk» i den postmoderne tilstand har fått andre betydninger og annet innhold enn de hadde for et par tiår tilbake. Påstander om at fenomener er «døde» idet de blir vanskelige å forstå eller å gjenkjenne, og hjertesukk om at ungdommen er håpløs og at alt var bedre før, er like gammelt som Sokrates. Rocken er ikke «død» som noen hevder, men den har andre verdier og uttrykksformer, i en ny tid.

Feminin avantgarde inntar hitlistene

Den eklektiske 90-tallsmusikken lar seg altså ikke helt fange inn av det gamle crossover-begrepet. Et eksempel er Elvis Costello og strykekvartetten The Brodsky Quartets CD «The Juliet letters» (1993): Dette er verken pop, jazz eller klassisk musikk – men det er et typisk 90-tallsfenomen. Engelske *PJ Harvey* (Polly Jean Harvey, 1970) representerer, med to hippier som foreldre, «post rock»-generasjonen. Hun har siden debuten med «Dry» (1992) laget en unik personlig blanding med basiselementer som sex og religion, samtidig som hennes estetikk er forankret i det «stygg-vakre». Med utgangspunkt blant annet i blues, popmelodier og støyrock, ligger raseriet latent både i hennes dyriske og faretruende stemmebruk og i hennes utemmede og røffe gitarspill. På samme tid kan hun uttrykke en sensualitet som grenser mot det sakrale. Instrumentasjonen på «To bring you my love» (1995) består i stor grad av el-gitar, perkusjon og harmonium – i stedet for en tradisjonell rockbesetning eller et synth-lydbilde. Hennes rock-eksorsismer har likevel ikke vært for angstfylte og bitre i smaken til å selge til et stort publikum, mens hun på 80-tallet ville ha vært en uhyre «smal» artist. Som artist viderefører hun impulser fra undergrunnsartister som Lou Reed, Tom Waits og Nick Cave, og hennes vokale uttrykk ligger på et plan som tradisjonelt har vært oppfattet som maskulint. Hun er en moderne del av den lange og spennende avantgarde-linja i rockens historie. Hun står også som eksempel på en ny type kvinnelige artister på 90-tallet: Artister som våger å være originale, eksperimentelle og «smale» på en måte som tidligere har vært forbeholdt mannlige kolleger. Vi finner få kvinnelige forløpere for dette, men Nico og 70-tallets Patti Smith og Yoko Ono er eksempler på slike. De to sistnevnte kom for øvrig etter lang tids pause i 1996 med nye plater i dette nye musikklandskapet. PJ Harvey har også fellestrekk med kd Lang og Tori Amos, og Diamanda Galas, en vokalist som illustrerer det problematiske i å skulle skille mellom rock og klassisk samtidsmusikk. Med utgangspunkt innen den klassiske avantgarde og den tyske ekspresjonisme og musikkteater, har Galas skapt musikk som det er umulig å plassere stilistisk, bortsett fra at den er typisk for 90-tallet. Symptomatisk nok har hun samarbeidet med en av den tradisjonelle rockens store navn; hennes CD «The sporting life» (1994) ble til i samarbeid med eks-Led Zeppelin-medlemmet John Paul Jones.

Björk (Björk Gudmundsdóttir, 1966) hadde bakgrunn fra det islandske bandet Sugarcubes da hun sensasjonelt slo igjennom med sin CD «Debut» i 1993. Både denne og oppfølgeren med den illustrerende tittelen «Post» (1995) viser en artist som er trendsettende for 90-tallet. Hun forener en eksperimentell musikalsk og estetisk stil med kommersiell suksess, særlig i England, hvor hennes plater har solgt i store opplag. Med «Debut» ble hun forvandlet fra et eksentrisk kultfenomen til en moteriktig trendsetter, og hun hentet mye av inspirasjonen fra dance- og rave-scenen, blant annet ved sine valg av produsenter og remiksere. Med uhyre sofistikerte melodier og arrangementer framstår Björk samtidig som en naivistisk vokalist med en mystisk, alvelignende utstråling. Hennes musikk viser fantasi og eksperimentvilje på alle plan. Uten entydig å bevege seg innen konvensjonene i noen stilart, brukte hun ideer fra disco («Big time sensuality»), ambient og techno («One day» og «Violently happy»), minimalistisk avantgarde-jazz («The anchor song»), og komplekse orkesterarrangementer («Aeroplane»). Den episke «Venus as a boy» tar utgangspunkt i den romerske kjærlighetsgudinnen – og i asiatiske lydteksturer. Hun har dessuten på begge sine plater gjort høyst ukonvensjonelle tolkninger av Tin Pan Alley-melodier («Like someone in love», «It's oh so quiet»). Hun skaper i sine arrangementer kontraster mellom høyteknologisk databasert lyd og «umoderne» lyder som pauker, harmonium, harpe, ekte blåsere og strykere, og ikke minst med sin høyst ukonvensjonelle stemmebruk. Hennes musikk er melodiøs og kontrastrik, eksempelvis i de elegiske og langstrukne «Isobel» og «Hyper-ballad». Den er også fylt av underfundig humor: «All the modern things have always existed / they've just been waiting to come out / and multiply and take over / It's their turn now.» I «Possibly maybe» bygges sangens underfundige sensualitet opp gjennom et hypnotisk sound av innelukkede house-rytmer, glissandi i steelgitar, et flytende teppe av 70-talls el-piano, og diverse lydeffekter (vulkanutbrudd). På «Post» samarbeidet hun også med trip-hop-produsentene Howie B og Tricky. Plata ligger musikalsk i et bokstavelig talt «post»-landskap, hvor den er umulig å plassere innen genrer som rave, rock, pop, jazz eller avantgarde. Men i stedet for å lage et musikalsk lappeteppe viser Björk originalitet og innsikt til å skape mening i det eksperimentelle, med en distinkt autoritet som kunstner. Gjennom dette har hun blitt en av tiårets nyskapende musikere.

En postmoderne vaudeville

Hva vi kan kalle *U2*s andre fase, tok til da de i 1991 utga CDen «Achtung baby». Denne står som et viktig dokument i rockens historie. Tittelen hentyder til at innspillingen ble gjort i et nylig gjenforent Berlin, under ledelse av Daniel Lanois og Brian Eno. Sistnevnte må utvilsomt tildeles mye av æren for U2s musikalske utvikling. U2s radikale utvikling kan sammenlignes med hva The Beatles gjorde i 1966–67: De lanserte nå seg selv med et nytt sound, et nytt image og nye estetiske ideer. De problematiserte 80-tallets ideologi om «autentisitet» og «jordnærhet». Musikken ble tidvis panisk intens og budskapene fragmenterte, men like fullt følelsesladede og menneskelige. Soundet og de eklektiske komposisjonene var det mest umiddelbart oppsiktsvekkende: Her forente de tradisjonell rock med et industrielt sound, house-kulturens montasjeteknikker og punkens støy. Dette er tydelig i åpningen av plata; «Zoo Station», hvor et industrielt og metallisk sound bygges opp lag for lag. Låten er basert på «naturlige» lyder som trommer og el-gitarer, men alle lydene er manipulert, til og med Bonos tidligere så «autentiske» stemme er sterkt elektronisk manipulert når han synger «I'm ready for what's next ... / I'm ready for the push». De eksistensielle og religiøse spørsmålene fra «The Joshua tree» finner vi i en enda mer intens form i sanger som «Until the end of the world» og den majestetiske «One». «You're so cruel» har en paradoksal motsetning mellom tekstens tomhetsfølelse og musikkens innholdsmettede skjønnhet, med minimalistisk tromme- og pianospill og en flytende masse av strykere som strekker seg under melodilinjene. Harmonisk er hele plata svært enkel, og bygd på få og nært beslektede treklanger. Kompleksiteten ligger mye mer i soundet, flertydigheten i uttrykk og i metaforene. I «Even better than the real thing» uttrykkes kjærlighetens banalisering gjennom å bruke et reklameslagord for Coca-Cola som metafor. Bonos «Take me higher ... Can you take me higher? ... Will you take me higher?» ironiserer over reklamespråkets tomme jakt på stadig mer. I videoen flimrer mediavirkeligheten og diverse kulturelle ikoner forbi, i TV-reklamens svimlende tempo og fragmenterte formspråk. Under ligger gitarfiguren fra «Strawberry Fields forever». «Love is blindness» og

«Who's gonna ride your wild horses» har en elegisk enkelhet og spontan nerve. «The fly» må regnes som en av U2s sterkeste singler. Her finner vi et stilisert heavy metal-sound med mye klang og ekko på støygitarene, i kombinasjon med en distinkt rock-trommegroove og Bonos blues-pregede vokal fremmedgjort gjennom filtrerte lag av støy. På tross av det nokså avantgardistiske uttrykket ble denne singlen en nr. 1-hit i England – den andre i U2s karriere.

U2 førte linja fra «Zoo station» videre inn i nye og ukjente landskap i 1993, med CDen «Zooropa» og verdensturneen «Zoo TV». Bono sang nå betegnende: «I have no compass / I have no map / and I have no reason to get back.» «Zooropa» profilerte U2 både som postmodernismens eksponenter og som dens kritikere. Den ironiserte over mediaverdenens og reklameverdenens paradokser. Samtidig reflekterte den tidsåndens mangel på allmenne verdier og sannheter. Dens bisarre musikalske kontraster og fragmenterte bilder av en forvirrende og fremmedgjort verden, hadde samtidig linjer tilbake til Bowies og Enos Berlin-periode. Coveret med sin flimrende datagrafikk, EU-stjerner, databamse, ungdomsbilde av Johnny Cash, Lenin-portrett og cybersexbilder mer enn antydet et produkt som var en radikal og poengtert samtidskritisk kommentar: Dette var nærmest et metabudskap om den postmoderne tilstand – i postmodernismens eget formspråk.

En fanfare fra en gammel sovjetisk marsj innledet de metalliske, samplede trommelydene og støygitaren i starten av «Daddy's gonna pay for your crashed car» – i teksten problematiseres tomheten og flukten i Vestens materialistiske livsstil. Både lydbilder og tekster inneholder flertydige lag. Det paranoide, angstfylte mennesket med trøst fra såpeoperaene og reklamens retorikk finner vi karakterisert både i «Zooropa» og «Numb». «Babyface» er en satire over pornografi på TV eller data, med ordspill som «Coming home late at night to turn you on». Bono stiller spørsmål ved kommersialiseringen og fremmedgjøringen av det personlig intime gjennom media: «You're coming to me from outer space / How could beauty be so kind to an ordinary guy?» I «Lemon» problematiseres framskrittsoptimismens og teknologiens iboende selvopptatthet: «A man makes a picture, a moving picture / through light projected he can see himself up close.» Dype bassriff symboliserer «rockautentisitet» og setter det sfæriske soundet i kontrast – «Lemon» låter med sin groovy falsettsang som et Rolling Stones for cyberspace-generasjonen. Et innmontert helhets-brudd kommer også med country-legenden Johnny Cash som gjestevokalist i avslutningen «The wanderer». Cash har vandret på prærien, og «vandringsmenn» har vært beskrevet utallige ganger av alt fra minstreler til lied-komponister. U2s «Wanderer» vet ikke hvor han skal. Denne koplingen blir et symbol for U2s nye posisjon som et bindeledd mellom rockens tradisjonelle røtter og dens mulige framtid.

Zoo TV-turneen i 1993 ble visuelt, teknologisk og musikalsk nyskapende. Den brukte video og data på måter som ikke tidligere var gjort på en scene, og bandet ble en ingrediens i et større multimediashow – en totalopplevelse med «the latest in software, hardware and menswear». Mens rockkonserter vanligvis bruker video for å forstørre artisten eller illustrere musikken, brukte Zoo TV i stedet et stort antall videoskjermer for å lage et TV-show på scenen, med et bombardement av fragmentariske, ironiske budskap. Ord, bilder og symboler passerte i svimlende tempo. Slagord som «Everything you know is wrong», «Watch more TV», «Manipulation is art», «You are not immune», «Silence = death», «Every artist is a cannibal», «Celebrity is a job», «Death is a career move» og «Rebellion is packaged» reiste spørsmål om forholdet mellom kunst og underholdning, makt og media, virkelighet og manipulering. Satellittsamtaler via TV-skjermen med en familie i den krigsherjede byen Sarajevo, samt en telefonoppringning til en kjent eller tilfeldig person hver kveld, ga forestillingen et element av nyhetssending og virkelighet. Bono gjorde også rockhistoriske referanser ved å synge duett med Lou Reed på video i «Satellite of love». I sin «MacPhisto»-monolog latterliggjorde han til og med djevelen, og Bono personifiserte her Goethes Mefisto-figur fra «Faust», med datakulturens og burgerkulturens «MacPhisto». Han framsto med sitt «The fly»-kostyme nærmest som en Elvis i cyberspace. Dersom «post-rock» er et relevant begrep, tok U2 virkelig konsekvensen av dette: Zoo TV var like spennende for dataspill-entusiaster, nettsurfere og TV-zappere som for rocktilhengere. Man trengte knapt være musikkinteressert for å lese disse symbolene. Likevel var det langt fra innholdsløst effektmakeri; Zoo TV hadde et radikalt og moralsk troverdig budskap, retorisk servert i et høyteknologisk og blendende ironisk formspråk. Zoo TV var en postmoderne vaudeville av cyber-kultur, rock og avantgarde. U2 ironiserte over sin egen rockstjerne-myte så vel som over medienes overfladiskhet og forbrukersamfunnets kommersialisme. Bono framsto som både avantgarde-kultfigur, popstjerne og rockmyte – og han problematiserte samtlige av sine egne roller. Slik ble han et eksempel på 90-tallets nedbrytning av kulturelle grenser: Bono er framfor alt en samtidskunstner.

Man kan stille spørsmålet om ikke Richard Wagners idé om et «Gesamtkunstwerk» ble virkeliggjort av U2 et hundreår senere – i dataalderen. En del av mediaforskeren Marshall McLuhans visjoner fra 1967 (Boka «The medium is the message») og teaterrockeren David Bowies visjoner fra 1972 («Ziggy Stardust»-konseptet) har også fått sin fullendelse i Zoo TV. Gjennom sine prosjekter på 90-tallet har U2 ikke bare vært nyskapende i rockens sound og formspråk. De har også stilt en rekke viktige spørsmål angående vår samtidskultur, og problematisert vår forståelse av hva populærmusikk kan være, og hva en rockstjerne skal være. De symboliserer også tilnærmingen mellom ulike musikkformer og kunstarter på 90-tallet, og de har bidratt til en debatt omkring forholdet mellom medium og budskap i 90-tallets mediavirkelighet.

Global samtidsmusikk

Plater som Princes «Diamonds and pearls», Björks «Post» og U2s «Zooropa», er hver på sin måte musikalsk nyskapende, samtidig som de er kunstneriske dokumenter som uttrykker noe om sin samtid og kultur også i videre forstand. I kap. 1 problematiserte vi begreper som kunstmusikk og samtidsmusikk. Dersom dette ikke er «kunstmusikk» og «samtidsmusikk» i ordets rette forstand, så kan heller ingen andre kulturuttrykk med rette gjøre krav på å være det. Underholdningsmusikk, lett musikk eller dansemusikk ville være fullstendig misvisende begreper. På 90-tallet har skillelinjene i musikkens verden blitt stadig mer utydelige. Denne utviklingen gjør det ikke lettere å definere begrepet «populærmusikk», som vi forsøkte å gjøre i bokas første kapittel. Ikke bare populærmusikk-begrepet, men også jazz-begrepet, folkemusikk-begrepet og samtidsmusikk-begrepet er i ferd med å bli svært problematiske. Det finnes sterke strømninger på tvers av slike inndelinger, som for eksempel sammenhengene rock/avantgarde/techno/klassisk samtidsmusikk, eller hip hop/jazz/fusion, eller folkemusikk/verdensmusikk/house. Genredistinksjoner gir i denne utviklingen stadig mindre mening. Populærmusikken har forlatt mange av sine selvfølgelige konvensjoner og gått nye veier. De musikalske trendene i 90-tallets populærmusikk kan samles i fire stikkord: Videreføring av tradisjoner, grensesprengende eklektisme, bruk av moderne teknologi og utvisking av kulturelle skillelinjer.

Vi kan forsøke å antyde noen generelle musikalske trekk ved 90-tallets populærmusikk med det vi har beskrevet som dens postmoderne kjennetegn. Den har forlatt mange av sine tradisjonelle verdier, strukturer og uttrykksformer. Disse nyorienteringene kan vi beskrive i fem hovedpunkter. For det første er den ekstremt teknologisk. Dette gjelder produksjonsmåter og sound. Tidsepoken da synthesizeren bare var ett av flere instrumenter i et band, er forbi. Nå er den en integrert del av et databasert sound. Store deler av 90-tallets sound er basert på sampling og sequensing – men samtidig er man svært fascinert av «etniske», autentiske lyder. Dette er tydelig for eksempel i forbindelsene mellom house, techno og verdensmusikk.

For det andre får dette konsekvenser for publikums smak: Oppfatningen av hva som er et «naturlig sound», er radikalt endret i forhold til for noen år tilbake. En rockplate trenger ikke være basert på bass, trommer, gitarer og keyboards, og det vokale trenger ikke å være en «naturlig» menneskestemme med personlig autentisitet og en solistisk funksjon. Denne endringen i publikums smak kan man lese ut av hitlistene.

Det tredje punktet gjelder stilistiske kilder: Tradisjonelle musikalske formler og rytmiske mønstre fra rocken brukes i mindre grad enn før. Hos noen komponister er de bortimot forlatt. Det gir liten mening å beskrive moderne rock som musikk med utgangspunkt i blues og country – som var utgangspunktet for rock'n'roll. De er bare to av mange kilder. Ikke siden omkring 1970 har det kommet en ny genre som hovedsakelig bygger på en av disse.

For det fjerde beveger musikken seg i et radikalt annerledes strukturelt landskap enn rocken fra 60- og 70-tallet. Dette gjelder ikke minst harmonikk, melodikk og form. Dette har sterk sammenheng med framveksten av modalitet og sykliske eller statiske formstrukturer. Bluesprogresjoner, funksjonsharmonikk, dur- og molltonearter og lineær, fremadrettet formutvikling er langt mindre vanlig i moderne rock og populærmusikk enn tidligere.

For det femte har den elektroniske prosesseringen, montasjeteknikkene og fragmenteringen som den moderne teknologien har muliggjort, skapt en avstand til rockens tradisjonelle live-idealer. Spontanitet og improvisasjon er i tradisjonell forstand knapt et ideal hos mange 90-tallsartister. Utviklingen som startet da rocken ble studiomusikk i 1966, har på 90-tallet nådd et foreløpig klimaks.

Midt i alt det nye lever også tradisjonene fra populærmusikkens mangfoldige og kontrastrike historie videre. Noe er nytt, men noe er også omtrent som før. Det er fremdeles plass for underholdning, for easy listening, for rock'n'roll, for suggererende danserytmer. Det er ikke slik at hver musikalske store eller lille revolusjon visker ut den forrige: I de aller fleste populærmusikalske genrer finner vi en kontinuerlig eksistens og til dels også utvikling. En rekke høyst ulike genrer og trender eksisterer både parallelt og i kulturell utveksling i populærmusikken på 90-tallet: Synth-pop og soul-basert pop, roots-musikk og nytradisjonalisme, verdensmusikk, heavy metal, rap, house og techno. Samtidig har på ingen måte eldre genrer som blues, country, gospel, R&B, soul, folk, reggae, funk, disco eller punk mistet sin relevans. Tradisjonene fra populærmusikken før rock'n'roll er heller på ingen måte døde. Populærmusikkens historie har frambrakt mange navn som har satt sitt varige preg på samtid og ettertid, hvis livsverk vil fortsette å gi inspirasjon og glede til framtidige generasjoner. Innflytelsen fra stilskapere og symboler som Jimmie Rodgers, Robert Johnson, Mahalia Jackson, Frank Sinatra, Muddy Waters, Hank Williams, Chuck Berry, Elvis Presley, The Beatles, Bob Dylan, James Brown, Aretha Franklin, Rolling Stones, Jimi Hendrix, Led Zeppelin, Bob Marley, David Bowie og Bruce Springsteen synes ikke å avta, snarere tvert imot. På 90-tallet er populærmusikken sosialt og politisk akseptert som en vesentlig nøkkel til forståelse av vår samtid og nære historie, og den er akseptert som en essensiell del av vår kultur.

Populærmusikk er et språk som omfatter tradisjonsbærerne og de eksperimentelle nyskaperne, en felles arena for primitivisme og profesjonalisme, for underholdning og kunst, for overfladiskhet og dybde, for banalitet og genialitet – et universelt nettverk av kulturell tilhørighet. Populærmusikken er kanskje det nærmeste vi kommer et globalt fellesspråk i det 20. århundre.

Litteratur

Bashe, Philip: Heavy metal thunder. London 1985.
BBC Publications: Anatomy of pop. London 1971.
Bergman, Billy. African Pop: Goodtime kings. London 1985.
Berry, Chuck: The autobiography. Isalee Publishing 1987.
Boom, Michael: Music through MIDI. Washington D.C. 1987.
Brolinson, Per-Erik & Holger Larsen: Rock... Aspekter på industri, elektronik och sound. Falköping 1981.
Brolinson, Per-Erik & Holger Larsen: ...and roll. Aspekter på text och vokal gestaltning.
Brolinson, Per-Erik & Holger Larsen: Satisfactions. Stockholm 1990.

Brolinson, Per-Erik & Holger Larsen: Good vibrations. Rockmusikens stilar och trender. De första 25 åren. Stockholm 1994.
Bull-Hansen, Haakon: Rock. Oslo 1984.
Burton, Kim (red.): World Music – the rough guide. London 1994.
Chase, Gilbert: America's music – from the pilgrims to the present. Chicago 1987.
Clarke, Donald: The rise and fall of popular music. London 1995.
Clarke, Donald (red.): The Penguin encyclopedia of popular music. London 1990.
Cohn, Nik: AwopBopaLooBopAlopBamBoom – Pop from the beginning. Aylesbury 1969.
Danielsen, Anne: My name is Prince – en studie i Diamonds and pearls. Hovedoppgave, Universitetet i Oslo 1993.
Davies, Hunter: The Beatles. London 1968, 2. utg. 1978.
Dickey, Lorraine (red.): The Virgin Encyclopedia of rock. London 1993.
Dr.Licks: Standing in the shadows of Motown. The life and music of legendary bassist James Jamerson. Milwaukee 1989.
Eisen, Jonathan: The age of rock. New York 1989.
Engelstad, Harald: Halvparten av det jeg sier er meningsløst. John Lennons tekster fra Please please me til Plastic Ono Band. Oslo 1988.
Escott, Colin: Hank Williams – the biography. 1994.
Forsgren, Arne (red.): Rock-leksikon. Oslo 1992.
Friedman, Myra: Buried alive – the biography of Janis Joplin. 1973.
Frith, Simon og Andrew Godwin (red.): On Record. Rock, pop and the written word. London 1990.
Gambaccini, Paul: Masters of rock. London 1982.
Gammond, Peter: The Oxford Companion to Popular Music. Oxford 1991.
Garland, Phyl: The sound of soul. Chicago 1970.
Gillett, Charlie: The sound of the city. New York 1972, rev. utg. London 1983.
Hamm, Charles: Yesterdays. New York 1979.
Hardy, Phil og Dave Laing (red.): The encyclopedia of rock 1, 2 og 3. St. Albans 1976.
Hertsgaard, Mark: A day in the life. The music and artistry of The Beatles. London 1995.
Ihlemann, Lisbeth: Roll over Beethoven. Om analyse af rockmusik. I Cæcilia Aarbog 1991. Musikvidenskabeligt Institut, Aarhus Universitet.

Lanza, Joseph: Elevator music: A surreal history of Muzak, easy-listening, and other moodsong. New York 1994.
Larkin, Colin (red.): The Guinness encyclopedia of popular music (6 bind). 1995.
Larkin, Colin (red.): The Guinness who's who of blues. London 1993.
Larkin, Colin (red.): The Guinness whos's who of country music. London 1993.
Larkin, Colin (red.): The Guinness who's who of sixties music. London 1992.
Lewisohn, Mark: The complete Beatles recording sessions. The official story of the Abbey Road years. London 1988.
Lilliestam, Lars: Musikalisk ackulturation – från blues till rock. Gøteborg 1988.
McLuhan, Marshall: War and peace in the global village. New York 1968.
Malone, Bill C.: Country music USA – revised. Texas 1985.
Marcus, Greil: Mystery train – Images of America in Rock'n'roll. New York 1975.
Marcussen, Tor (norsk hovedred.): Historien om rock, 20-bindsverk. Den Norske Bokklubben 1990.
Martin, George og Jeremy Hornsby: All you need is ears. New York 1979.
Mellers, Wilfrid: Twilight of the gods. The Beatles in retrospect. London 1976.
Van Der Merwe, Peter: Origins of the popular style. The antecedents of twentieth-century popular music. Oxford 1992.
Middleton, Richard: Studying popular music. Milton Keynes 1990.
Miller, Jim (red.): The Rolling Stone illustrated history of rock & roll. London 1981.
Molde, Audun: There never could be a better moment: Paul McCartneys musikalske stil. Hovedoppgave, Universitetet i Oslo 1992.
Neises, Charles P. (red.): The Beatles Reader. Ann Arbor 1984.
Nicholson, Lois P.: Michael Jackson – Entertainer. New York 1994.
Norman, Philip: The Stones. Guernsey 1984.
Oliver, Paul: The story of the blues. 1969.
Oliver, Paul: The New Grove Gospel, blues and jazz. London 1986.
Pareles, Jon (red.): The Rolling stone encyclopedia of rock & roll. London 1983.
Rander, Tommy og Håkan Sandblad: Rockens rolle. Oslo 1977.
Riley, Tim: Tell me why. New York 1988.

Rolness, Kjetil: Vulgær og vidunderlig. En studie i utsøkt dårlig smak. Oslo 1992.
Russell, Dave: Popular music in England. Manchester 1987.
Sadie, Stanley: The New Grove Dictionary of music and musicians. London 1980.
Sadie, Stanley (red.): The New Grove Dictionary of musical instruments. (3 bind) London 1995.
Sandblad, Håkan: Popmusik – extas, revolt och industri. 1969.
Shuker, Roy: Understanding popular music. London 1994.
Skårberg, Odd: 40 år med rock og pop. Stilistisk utvikling og estetiske trekk. Kompendium, Universitetet i Oslo 1994.
Sneum, Jan (red.): Verdensrock – udenlandske navne gennem 30 år. København 1986.
Southall, Brian: Abbey Road. Cambridge 1982.
Stambler, Irwin (red.): The encyclopedia of pop, rock & soul. London 1989.
Stuessy, Joe: Rock & roll. Its history and stylistic development. New Jersey 1990.
Tagg, Philip: Analysing popular music: Theory, method and practice. Cambridge 1982.
Taylor, Paul: Popular music since 1955. London 1985.
Tobler, John og Stuart Grundy: The record producers. London 1982.
Toop, David: Rap Attack 2, African rap to global hip hop. London 1991.
Tvärspel. Festskrift för Jan Ling. Göteborg 1984.
Ward, Ed, Geoffrey Stokes og Ken Tucker: Rock of ages: The Rolling Stone history of rock & roll. New York 1986.
Whitburn, Joel: Pop memories 1890–1954 – the history of American popular music. 1986.
Wilder, Alec: American popular song. The great innovators. New York 1972.
Williams, Paul: Bob Dylan – performing artist 1960–1973, the early years. London 1991.
Øien, Frode: Oppslagsverk for hard rock og heavy metal. Oslo 1993.

Register

C

d

h

i

j

k

l

p

q

r

S

t

u